DAS GROSSE MÜNCHEN
FÜR KLEINE LEUTE

Ein Wegweiser
für das Leben mit Kindern
in München

Heide Bongers
Christian Hülsmeier
Gabriele Schwietering

DAS GROSSE MÜNCHEN FÜR KLEINE LEUTE

Ein Wegweiser für das Leben mit Kindern in München

Berichte, Tips, Informationen und die wichtigsten Adressen, die schönsten Ausflüge, Kultur- und Freizeitideen für Kinder von 0-12, ihre Eltern, Omas, Opas und Erziehende

Redaktion: Anna Brigitta Walter, Ulrike Lichtner, Dr. Sabine Wiegand, Jessika Kneher, in Zusammenarbeit mit Parallel Media München
Lektorat: Elisabeth Helming

© 1996 by STADTWEGE-Verlag Köln
Alle Rechte vorbehalten.
Kein Teil des Werkes darf in irgendeiner Form (durch Fotografie, Abschrift oder Mikrofilm oder durch andere Verfahren) reproduziert, verarbeitet, vervielfältigt oder verbreitet werden.

Redaktionelles
Allen, die mitgearbeitet, Tips, Informationen und Anregungen gegeben haben, sei herzlich gedankt, auch dem Kindergartenmagazin "Krakelinchen" vom Montessori Kinderhaus St. Alban für gute Ideen und Hinweise.

Druck: Druckerei Uhl, Radolfzell
Fotos: Michael Piontek, STADTWEGE-Archiv
Illustrationen: Caspar, Anna, Leo, Laura

ISBN 3-930446-05-7

Unserer Zukunft zuliebe ist dieses Buch auf 100% Recycling Papier gedruckt.

Liebe Leserinnen und Leser,

"Das Große München für Kleine Leute" ist der erste umfassende Stadtführer in München für Eltern und solche, die es werden wollen, Omas und Opas und für alle, die mit Kindern leben und arbeiten. Wir haben Informationen über alles zusammengetragen, was für Kinder und mit Kindern wichtig ist: Über Entbindungskrankenhäuser und Betreuungsmöglichkeiten, wo Sie ein Musiktalent fördern können, welche Sportmöglichkeiten die Stadt Kindern bietet, über Kinderkrankheiten und welches Krankenhaus für Kinder das richtige ist, über die schönsten Ausflüge in München, wo Sie kinderfreundliche Restaurants finden oder einen Zuschuß für Familienferien beantragen und und und …
Im Magazin "Kinderkram", das sich speziell dem Thema Sachen für Kinder in München widmet, finden Sie alle kommerziellen Anbieter rund ums Kind vom Anhänger fürs Fahrrad bis zum Zauberbedarf, vom Babyjogger bis zur Ballettmode für die Kleinsten. – Alles zu kaufen, leihen, mieten …
"Das Große München für Kleine Leute" und das Magazin "Kinderkram" informieren nicht nur breit, sondern auch tief. Wir haben monatelang Behörden, Verbände und Geschäfte mit unseren Anrufen und kleinlichen Nachfragen genervt, aber auch erfahrene Eltern nach Geheimtips ausgequetscht. Wohin geht man, wenn die zweijährige Tochter beim Einkaufsbummel gerade mal doch eine neue Windel braucht? So etwas wissen Eltern. Aber wer sagt einem, wieviel Förderung eine Tagespflegestelle bekommt? Das weiß nur die richtige Behörde. Beides finden Sie bei uns.
"Das Große München Für Kleine Leute" ist kein reines Nachschlagewerk, denn nicht alle Informationen lassen sich in Stichworten vermitteln. Sie werden das Buch zum Beispiel gern zur Hand nehmen, wenn Sie mit Ihrem Kind etwas unternehmen wollen, Ihnen aber auf Anhieb nichts gefällt.
Zu einem großen Lebensbereich von Kindern finden Sie hier nichts: zur Schule. Demnächst wird bei STADTWEGE ein eigener Schulführer für München herauskommen.
Und noch etwas! – Trotz aller sorgfältiger Recherchen wissen wir, daß in einer lebendigen Stadt manches rascher veraltet, als Kinder wachsen: Telefonnummern, Öffnungszeiten, Preisangaben, Adressen … Die Schnellebigkeit mancher Dinge wollen und können wir nicht abschaffen. – Aber wir wollen am Ball bleiben; und wenn Sie gute Tips oder Neuigkeiten für uns haben, freuen wir uns über jede Nachricht – für die nächste überarbeitete Ausgabe.

Ihre Redaktion vom

"Großen München für Kleine Leute" und dem Magazin "Kinderkram"

Mit dem STADTWEGE-Verlag wird die Stadt zum Erlebnis.

1 UNSER BABY

Die Geburt vorbereiten 10 • Beratungsstelle für natürliche Geburt 17
Das Geburtshaus München 17 • Ambulante Entbindung 18
Hausgeburt und Hebammen 19 • Checkliste für das wichtigste nach der Geburt 20
Standesamtsanmeldung 21 • Namensrecht 21 • Stillgruppen 24 • Was das Baby sonst noch braucht 24 • Babys Fläschchen 24 • Schnuller – Latex oder Silikon? 27
Schönheit, Fitness und Wohlbefinden 31 • Babyschwimmen – Was ist davon zu halten? 32
Babypflege 34 • Windeln 34 • Babys Kosten 35

2 KINDERBETREUUNG

Betreuung zu Hause - Babysitter 40 • Tagesmütter 43 • Au-pair 45
Betreuung außer Haus - Kinderkrippen 46 • Elterninitiativen 49
Voraussetzung für die Gründung einer Initiative 50 • Platz und Räume 51 • Kindergarten 51
Das Kinderbüro München 54 • Tagespflege 55 • Kinderheime 56 • Literatur 57

3 KINDER UND RECHT

Mutterschutz 60 • Mutterschaftshilfe 61 • Mutterschaftsgeld 61 • Entbindungsgeld 63
Erziehungsgeld 63 • Erziehungsurlaub 65 • Vaterschaftsanerkennung 66
Steuern/Freibeträge 66 • Kindergeld 68 • Wohngeld 69 • Wohnungsbauförderung 70
Ausbildungsförderung 72 • Sozialhilfe 73 • Rente/Alterssicherung 75
Kinder im Erbrecht 76

4 KINDER & GESUNDHEIT

Die Entwicklung des Kindes 82 • Ärzte und Fachärzte für die Kleinen 86
Zähne 86 • Ein wichtiges Thema: die Ernährung 88 • Sexualität im Kindesalter 91
Impfungen 92 • Arzneimittel 94 • Kinder und Krankheiten 94 • Infektionskrankheiten 96
Chronische Erkrankungen 97 • Kinder mit besonderen Bedürfnissen 99
Kinder mit Behinderungen 101 • Frühförderung 101 • Wahrnehmung und Entwicklung 105
Legasthenie 105 • Das Kind im Krankenhaus 106 • Haushaltshilfe / Häusliche Pflege 108
Eltern-und-Kind-Kuren 110 • Wer hilft meinem Kind? 111
Wer ist zuständig/ Was ist ein Notfall? 117 • Kinderkliniken 118

5 SPIELE

Spiele auswählen 122 • Die schönsten Spielplätze 123
Bau- und Abenteuerspielplätze 128 • Kinder- und Jugendforen 132
Spielend durch den Sommer 132 • Kinder - Sommer 136 • Videospiele 137

6 KINDERFESTE FEIERN

Einladungen, Tischkarten, Dekorationen 142 • Essen und Trinken 143 • Spielend feiern 146
Kleine Spiele 148 • Plätze zum Feiern 148 • Fest-Künstler und Feier-Profis 150

7 KINDER, KUNST UND KULTUR

Jugendkunstschulen 155 • Fotografieren 155 • Malen/Gestalten 155
Materialien 156 • Vorsicht bei Klebern! 157 • Malen und Basteln ohne Gefahr 158
Schule der Phantasie 159 • Kino für Kinder 160 • Museen 161 • Theater 166
Kultur- und Freizeiteinrichtungen 171 • Fernsehen 172 • Rundfunk 173

8 MUSIC MAKES THE WORLD GO ROUND!

Klangspielzeug 176 • Instrumente 177 • Musikschulen/Musikunterricht 178
Üben 178 • Musikalische Früherziehung 179 • Rhythmik 179 • Musikschulen 180
Musikunterricht/Instrumentalunterricht 183 • Singen – Chöre 193
Musikkassetten/Schallplatten/CD's 194

9 BÜCHER FÜR KINDER & ELTERN

Die ersten Bücher 201 • Bilderbücher 201 • Vorlesebücher 205 • Spielebücher 208
Erzähl- & Lesebücher 209 • Lern- § Sachbücher 211 • Lesen lernen 213
Jugendbücher 214 • Bücher für Mädchen 217 • Bücher für Eltern 219 • Neue Väter 220
Kinderzeitungen Und Infodienste 221 • Leselust wecken 222 • Bibliotheken &
Büchereien 222 • Medien 226 • Mehr Informationen über Bücher 228

10 AUSFLÜGE

Biergärten 234 • Tierparks 236 • Museen 237 • Pferderennen 239 • Flughafen 239
Stadtrundfahrten 239 • Die schönsten Parks 241 • Spaß mit Wasser 243 • Die Seen 244
Tips nicht nur für knappe Ausflugskassen 245 • Erlebnisbäder 246
Natur-, Märchen- und Erlebnisparks 248 • Reiten, Postkutschen- und Planwagenfahren 250
Ballonfahren 248 • Essen gehen mit Kindern 252 • Märkte 253 • Ausflüge ohne Eltern 254

11 FERIEN, REISEN & MOBIL SEIN

Reisetips für Eltern 259 • Mit Kindern im Auto 260 • Reisen mit Kindern im Zug 263
Reisen mit Kindern im Flugzeug 263 • Familienferien 265 • Ferien auf dem Bauernhof 265
Ferien in den Bergen 268 • Winterferien mit Kindern 268 • Familienhotels 269
Ferienfreizeiten für Familien 271 • Reisen mit Handicap 272 • Ferien ohne Eltern 273
Sprachferien 275 • Ferien und Bildung 276 • Familienerholung 277
Kinder unterwegs in Bus, Straßen- und U-Bahn 277 • Kinder auf dem Rad 279
Kinder lernen Fahrradfahren 281

12 SPORT FÜR KIDS

Bewegung für die Kleinen 288 • Gewinnen & Verlieren 289
Aggressionen 289 • Mannschafts-/Einzelsport 290 • Unsportliche Kinder 290
Sportliche Grenzen 291 • Die richtige Entscheidung für eine Sportart 291
Sport von A-Z 293

13 STADTKINDER & IHRE UMWELT

Umweltgruppen für Eltern und Kinder 316
Pflanzen 327 • Tiere 329 • Bücher und Broschüren 332

14 SICHERHEIT

Formaldehyd im Haus? 337 • Kinder im Auto 338
Kinder auf dem Fahrrad 338 • Der sichere Schulweg 340 • Sicherheitstraining 340
Feuerwehr und Hilfsorganisationen 343 • Was tun, wenn doch etwas passiert ist? 346

15 RICHTIG VERSICHERT

Die gesetzliche und die private Krankenversicherung 350
Die private Haftpflichtversicherung 352 • Die gesetzliche Unfallversicherung 353
Die private Familien-Unfallversicherung 354 • Mehr zum Thema Versicherungen 355

16 KINDER HABEN RECHTE

Körperliche Unversehrtheit 359 • Rat in Notsituationen 360
Gewalt gegen Kinder 361 • Schulpflicht 364 • Wenn Eltern sich trennen 366
Adoption 368 • Pflegestellen 370

17 ALLEIN ZU DRITT?

Jugendamt/Amtspflegschaft 357 • Namensrecht bei nichtehelichen Kindern 357
Umgangsrecht 357 • Sorgerecht 376 • Adoption des eigenen Kindes 376
Unterhaltsgeld/Unterhaltsvorschuß 377 • Kindergarten- und Betreuungsplätze 379
Haushaltsfreibetrag/Kinder-betreuungskosten 379 • Sozialhilfe 290
Beihilfe für Alleinerziehende 380 • Hilfe bei Wohnungsnot 382
"Vaterschaftsprobleme" 382 • Vormundschaft und Erbe 383 • Verbände 385

18 POLITIK FÜR KINDER

Das Jugendamt 390 • Hilfe in Notsituationen 391 • Kinder- und Jugendforen 393
Spiellandschaft Stadt 394 • Freie/Private Träger der Jugendhilfe 396
Kreisjugendring München 397 • Jugendverbände und -Gemeinschaften 397 • Sport 398
Beruf und Politik 398 • Konfessionelle Jugendverbände 400
Wohlfahrt und helfende Jugendverbände 403 • Natur und Umwelt 310
Pfadfinder 405 • Interkulturelle Jugendverbände 406 • Internationale Jugendverbände 408
Hobby 409 • Gesellschaftspolitik 410 • Familien- und Sozialverbände 410
Ausländische Kinder, Jugendliche und Familien 411 • Politik für Eltern und Kinder 412
Internationale Organisationen 415

UNSER BABY

▶ DIE GEBURT VORBEREITEN

▶ ENTBINDUNGSKLINIKEN

▶ GEBURTSHAUS

▶ HAUSGEBURT UND HEBAMMEN

▶ AMBULANTE GEBURT

▶ CHECKLISTE FÜR DAS

WICHTIGSTE NACH DER GEBURT

▶ STILLGRUPPEN

▶ WAS DAS BABY

SONST NOCH BRAUCHT

▶ ELTERN-KIND-GRUPPEN

▶ SCHÖNHEIT, FITNESS UND

WOHLBEFINDEN

▶ BABYSCHWIMMEN

▶ BABYGYMNASTIK UND -MASSAGE

▶ BABYPFLEGE

▶ WINDELN

▶ LITERATUR

Ein Kind zu bekommen, verändert das Leben fundamental – und damit auch eine Partnerschaft. Die gemeinsame Vorfreude während der Schwangerschaft und nach der Geburt, das gemeinsame Glücksgefühl und die Liebe zu dem Kind zu erleben, das schweißt Paare zusammen und hilft, mit neuen Belastungen fertig zu werden. Doch in vielen Fällen reicht dies nicht: Das Scheidungsrisiko ist in den ersten zwei Jahren nach der Geburt des Kindes am größten. Ein Leben zu dritt ist eben etwas anderes als die zuvor geübte und bewährte Zweisamkeit. Zärtlichkeit und Aufmerksamkeit gebühren nunmehr in erster Linie dem Baby, die Partnerschaft kommt oftmals zu kurz, das Sexualleben leidet unter kurzen, vielfach unterbrochenen Nächten und Mangel an Schlaf.
Rollenkonflikte sind kaum zu vermeiden. Denn beide Partner müssen ihre Rolle als Vater und Mutter und das dadurch neu bestimmte Verhältnis zueinander erst finden. Ängste und Unsicherheiten plagen junge Eltern, die sich fragen, ob sie im Umgang mit dem Baby alles richtig machen. Die Sorge um einen kleinen, unselbständigen Menschen, die Verantwortung für dessen Wohlergehen bestimmen das Leben und verlangen Eltern neue Qualitäten ab.
Der Abschied vom – vergleichsweise – unbekümmerten und ungebundenen Leben zuvor fällt bei aller Begeisterung für das Kind schwer, die Zwänge des neuen Lebens werden allmählich bewußt: Es gilt, mit ihnen umzugehen, sie zu akzeptieren. Kleine Probleme des Alltags zu dritt sind beständig zu lösen: Was tun, wenn das zahnende Baby weint? Wer steht nachts auf, wer wickelt, badet und spielt wann mit dem Kind? Wie läßt sich die Zeit für und mit dem Baby mit beruflichen Notwendigkeiten verbinden? Wie werden die Aufgaben zwischen Haushaltsführung und Kinderbetreuung künftig geteilt? Wer geht wann aus, wer bleibt zu Hause? Kann man das Baby zum Fest mitnehmen, und wer kümmert sich dort um das Kind?
So sehr sich das Leben ändert, um so reicher wird es jedoch auch. Kinder geben Sinn und Liebe, verführen zum Lachen, ermutigen zu vorbehaltloser Freude und Zärtlichkeit. Darum sind die mit Kindern verbundenen Herausforderungen in der Regel zu bewältigen, Eltern wachsen mit ihren Kindern (nicht nur in eine neue Rolle hinein). Doch sollten sich Eltern zu den Problemen, die sie vermutlich er- und durchleben, bekennen – in dem Wissen, daß es anderen nicht anders geht und ergangen ist. Und beide Partner sollten mehr noch als zuvor das Gespräch miteinander suchen, auch streiten, und immer wieder darauf achten, daß sie Zeit füreinander haben. Probleme ausleben, miteinander und mit Menschen in ähnlicher Situation zu reden, das ist nach aller Erfahrung die beste Voraussetzung, die mit der Elternrolle einhergehenden Schwierigkeiten letztlich lösen zu können.

DIE GEBURT VORBEREITEN

Fast alle Geburtskliniken bieten Geburtsvorbereitungskurse an. Wer jedoch lieber gemeinsam mit anderen werdenden Eltern in seinem Stadtteil oder zumindest in Stadtteilnähe einen solchen Kurs besuchen möchte, oder aber wer gezielt nach Informationen und Vorbereitungsmöglichkeiten zur Natürlichen Geburt sucht, der sollte sich an die Familienzentren, Familienbildungsstätten oder aber an spezialisierte Institutionen wenden.
Hier die wichtigsten Adressen:

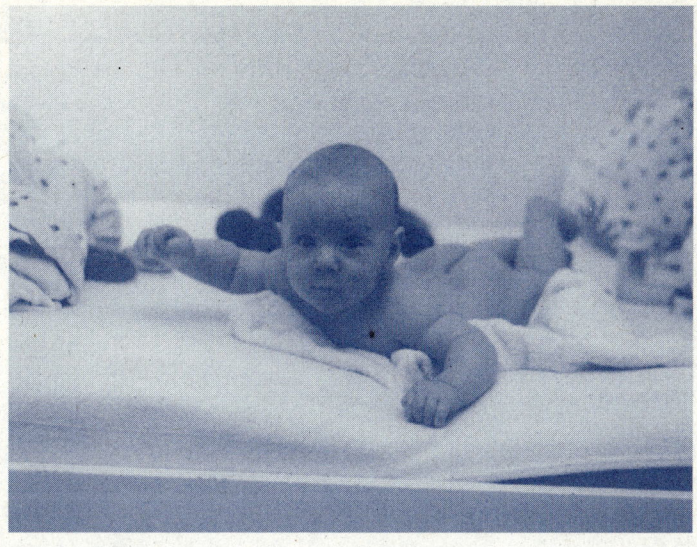

DA IST ES NUN. MASSIV MISCHT ES DEN ALLTAG UND DIE BEZIEHUNG DER ELTERN AUF.
MIT DER FREUDE UND DEM SPAß AM BABY KOMMEN AUCH NEUE AUFGABEN UND PROBLEME.

GEBURTSVORBEREITUNGSKURSE

Praxis Kidlerstraße
Kidlerstraße 19
81371 München
Tel. 089/7256858
Anmeldezeiten Mo 15.00-17.00 h,
Mi 8.30-10.30 h, Fr 8.30-10.30 h
Angebot: Geburtsvorbereitung,
Gesprächsgruppen, Partnerkurse,
Einzelberatung und -behandlung,
Schwangerschafts- und Rückbildungsgymnastik, Beckenbodengymnastik, Ernährungsberatung, Babymassage, Tragetuchkurs,
Entspannung, Atemtherapie,
Qigong, Tanz

**Evangelische Familien-
Bildungsstätte**
Herzog-Wilhelm-Straße 24
80331 München
Tel. 089/5522410
Bürozeiten Mo-Fr. 9.00-12.00 h,
Mo,Di un Do 14.00-17.00 h,
während der Ferien geänderte Zeiten

Familienzentrum "FAM"
St-Johann-Str. 24-26
80999 München
Tel. 089/8122651
Bürosprechzeiten Mi 9.00-11.00 h

Familienzentrum Trudering
Bahnstr.5
81827München
Tel. 089/4303696
Bürozeiten Mo-Fr 9.00-11.00 h,
Di 17.00-19.00 h, Öffnungszeiten
Mo-Fr 8.00-12.00 h und
14.00-19.00 h

Haus der Familie
Schraudolphstr. 1
80799 München
Tel. 089/280659
Angebot: psychosomatische
Geburtsvorbereitung, Atemübungen,
Übungen zur Körperwahrnehmung
und Entspannung, Säuglingspflege,
Geburtsvorbereitung für Paare

Haus der Familie
Außenstelle Dantestr
Dantestraße 1
80637 München
Tel. 089/1571656

**Paritätische Familien-
Bildungsstätte Neuperlach**
Peschelanger 11/5.Stk
81735 München
Tel. 089/6371623 oder 985621
Bürozeit Do 9.00-11.00 h

**Paritätische Familien-
Bildungsstätte Pasing**
August-Exter-Straße 1
81245 München
Tel. 089/8206525 oder 985621
Bürozeit Mo 9.30-11.00 h,
Di 14.00-17.00 h

GEBURTSVORBEREITUNGSKURSE

**Beratungsstelle
für Natürliche Geburt**
Häberlstraße 17
80337 München
Anmeldung und Beratung
Tel. 532076, Hebammenpraxis
Tel. 534615, Soziales Netz rund um
die Geburt Tel. 53763
Termine und Anmeldung
Mo-Fr 9.00-13.00 h
Hebammenpraxis Mo-Fr 9.00-12.00 h
(Termine nach Vereinbarung)
Soziales Netz rund um die Geburt
Mo-Do 9.00-12.00 h
Angebot: Ein breites Veranstaltungsspektrum um Natürliche Geburt und Eltern-Sein. So u.a. regelmäßige Gesprächsabende zur Hausgeburt mit den Hebammen des Hausgeburten-Teams München. Außerdem Geburtsvorbereitungskurse für Paare, Frauen und Alleinerziehende, auch Einzelstunden sind möglich. Schwerpunkte: Bewegung und Körperarbeit, Atem- und Entspannungsübungen, Yoga für Schwangere, Bauchtanz vor und nach der Geburt, Partnerübungen; Beratung zu Fragen der pränatalen Dianostik, sowie Rechtsberatung (für Vereinsmitglieder). Das Angebot umfasst daneben Fortbildungs- und Informationsveranstaltungen, Rückbildungskurse, Stillcafé, Gesprächs- und Selbsthilfegruppen für die Zeit nach der Geburt.

**Paritätische Familien-
Bildungsstätte, Hasenbergl**
Wintersteinstraße 16
80933 München
Tel. 089/3131378 o. 985621
Bürozeiten Di u. Do. 9.00-12.00 h

**Mütter-Väter-Zentrum
Neuhausen**
Nymphenburger Str. 38
80335 München
Tel. 089/188307
Bürozeiten Mo-Fr 10.00-12.00 h

**Paritätische Familien-
Bildungsstätte Thalkirchen**
Bleyerstraße 6
81371 München
Tel. 089/ 7232745 oder 985621
Bürozeit Di 9.00-11.00 h und
Do 12.00 -14.00 h

Paritätische Familien-Bildungsstätte, Bogenhausen
Richard-Strauss-Straße 47
81677 München
Tel. 089/985621
Telefonische Kursanmeldung
Mo-Fr 9.00-12.15 h,
Do 14.00-17.00 h

Die Frage nach dem Entbindungsort stellt sich im Laufe jeder Schwangerschaft: Krankenhausentbindung oder Hausgeburt? – Wie sich werdende Mütter entscheiden, ist vor allem vom Schwangerschaftsverlauf und dem gesundheitlichen Befinden abhängig. Bei Risikoschwangerschaften (Beckenendlage, Zwillinge, Gestosen) raten die meisten Hebammen von einer Hausgeburt ab.
Bei einer Krankenhausentbindung empfiehlt es sich, im voraus Informationen über die verschiedenen Entbindungsstationen einzuholen. Es ist nicht nur einfach schöner, das Kind in angenehmer Atmosphäre zu bekommen, sondern es erleichtert auch die Geburt selbst, da die Umgebung zur Entspannung beiträgt. Ist die Wahl getroffen, melden sich Schwangere sechs bis drei Wochen vor dem Entbindungstermin im jeweiligen Krankenhaus an.

ENTBINDUNGSKLINIKEN IN MÜNCHEN

Klinik	Ausstattung	Weitere Angebote
Klinikum rechts der Isar Frauenklinik und Poliklinik der Technischen Universität München Ismaningerstr. 22 81675 München Zentrale: Tel. 089/4140-0 Kreißsaal: Tel. 41402400 Information/Anmeldung: Tel. 4140-2446	3 Entbindungsräume, 2 Vorwehenzimmer, 28 Wochenbetten und ebensoviele Neugeborenenbetten, außerdem 6 Betten auf der Kinderintensivstation. Die Wochenbetten verteilen sich auf 2 Einzelzimmer, 3 Zweibett- und 10 Mehrbettzimmer, hiervon 3 Zimmer mit separater Dusche und WC. Ambulante Entbindung, 24Std-Rooming-In und Wahl zwischen verschiedenen Geburtspositionen.	Geburtsvorbereitungskurse, regelmäßige Informationsveranstaltungen, Rückbildungsgymnastik und Hebammennachsorge. Die Frauenklinik rechts der Isar verfügt über Betreuungsmöglichkeiten für schwerkranke Schwangere und Wöchnerinnen, sowie über eine Neugeborenenintensivstation. Hier wird sehr viel Wert gelegt auf Qualitätssicherung und Kontrolle, die Komplikationsrate selbst bei schwierigen Risikogeburten ist erfreulich gering. Besuchszeiten: Mo, Di, Do, Fr von 18.00-19.00 h, Mi, Sa, So u. Feiertags 14.00-16.00 h
Städtisches Krankenhaus Schwabing Gynäkologisch-geburtshilfliche Abteilung Kölner Platz 1 80804 München Zentrale: Tel. 089/30680 Kreißsaal/Information/Anmeldung: Tel. 3068-420	3 Entbindungszimmer, 1 Vorwehenzimmer, je nach Bedarf bis zu 30 Wochen- und Neugeborenenbetten. Die Anzahl der Einzel-, Doppel- und Mehrbettzimmer ist variabel, 3 Zimmer verfügen über separate Dusche/WC. Ambulante Entbindung, 24-Std.-Rooming-In und Wahl zwischen verschiedenen Geburtspositionen.	Geburtsvorbereitungskurse, regelmäßige Informationsveranstaltungen, Rückbildungsgymnastik sowie in Zusammenarbeit mit der Kinderklinik spezielle Hilfen für Eltern von Frühgeburten. Zum medizinischen Standard zählen spezielle Möglichkeiten der vorgeburtlichen Diagnostik, rund um die Uhr voll funktionsfähige geburtshilfliche und anästesistische Teams und die ständige Anwesenheit von spezialisierten Kinderärzten. Die Besuchszeiten sind nicht reglementiert.
Städtisches Krankenhaus Neuperlach Oskar-Maria-Graf-Ring 51 81737 München Zentrale: Tel. 089/67941 Pforte: Tel. 67941-255/256 Kreißsaal: Tel. 67941-474 Information, Anmeldung über Kreißsaal	3 Entbindungsräume, 3 Vorwehenzimmer, 18 Wochenbetten, 36 Neugeborenenbetten. 2-Bett-Zimmer mit Dusche, WC, Bidet. Ambulante Entbindung, freie Wahl der Gebärposition (Hacher Seil, Pezzi-Ball, Seitenlage, Knie-Ellbogen, Vierfüßer), 24Std.-Rooming-In.	Geburtsvorbereitung, Informationsveranstaltungen, Wochenbettgymnastik, Rückbildungsgymnastik. Anwendung von Homöopathie, Bachblüten, Aromatherapie. 2 Wärmebetten, 4 Inkubatoren. Besuchszeiten: täglich 14.00-16.00 h und 18.00-19.00 h

ENTBINDUNGSKLINIKEN IN MÜNCHEN

Klinik	Ausstattung	Weitere Angebote
Frauenklinik vom Roten Kreuz Taxisstr. 3 80637 München Zentrale: Tel. 089/157060 Kreißsaal: Tel. 15706600 Information, Anmeldung am Empfang	6 Entbindungszimmer, 3 Vorwehenzimmer, mehr als 60 Wochen- und Neugeborenenbetten. Ca. 16 Einzelzimmer, 70 2-Bettzimmer 10 3-bzw. 4-Bett-Zimmer. Alle Zimmer mit WC, Dusche, Tel. und Fernseher.	Ambulante Entbindung ab 1996, 24Std.-Rooming-In erwünscht. Eine Wahl zwischen verschiedenen Geburtspositionen ist jederzeit möglich, Neuerungen werden immer wieder mit aufgenommen. Säuglingspflegekurse, Informationsveranstaltungen einmal im Monat, Rückbildungsgymnastik, Wochenbettgymnastik, Fußreflexzonenmassage, Aromatherapie und Homöopathie in der Geburtshilfe von Hebammen und Ärzten. Rauchen ist im gesamten Krankenhaus (bis auf Cafeteria und Garten) verboten. Besuchszeiten: täglich bis 21.00 h
Frauenklinik Dr. Geisenhofer Hirschauer Str. 6 80538 München Zentrale: Tel. 089/3831-0 Information, Anmeldung, Kreißsaal Tel. über Zentrale	5 Entbindungszimmer, die Wöchnerinnenstation verfügt bei Bedarf über bis zu 50 Betten, die Anzahl der Einzel-, 2Bett- und 3Bettzimmer ist variabel. Alle Zimmer mit separatem WC/Dusche. Ambulante Entbindung, 24Std.-Rooming-In und freie Wahl zwischen verschiedenen Geburtspositionen.	Geburtsvorbereitungskurse, regelmäßige Informationsveranstaltungen und Hebammensprechstunden, sowie Rückbildungsgymnastik während der Zeit des Krankenhausaufenthalts. Auf Grund ihrer Lage in einem kleinen Parkgelände direkt am Englischen Garten, vor allem aber dank der hellen, freundlichen Athmosphäre des gesamten Klinikbaus gehört die Geisenhofer-Klinik zu den schönsten Geburtskliniken im Innenstadtbereich. Die Besuchszeiten sind nicht reglementiert.
Kreiskrankenhaus München Pasing Steinerweg 5 81241 München Zentrale: Tel. 089/8892-0 Kreißsaal: Tel. 8892-2325 Anmeldung/Information: Tel. 8892-2327	3 Entbindungszimmer, 1 Vorwehenzimmer, 24 Wochen- und 34 Neugeborenenbetten. 4 Einzelzimmer, 7 Zweibettzimmer 2 Dreibett-Zimmer. 6 Zimmer mit WC, Dusche. Ambulante Entbindung, 24Std.-Rooming-In, Wahl zwischen verschiedenen Geburtspositionen.	Neuerungen werden immer wieder mit aufgenommen. Geburtsvorbereitungskurse, Informationsveranstaltungen, Rückbildungsgymnastik, Wochenbettgymnastik, Babytreff. Außerdem: Akupunktur, Homöopathie, Bachblüten, Aromatherapie. Besuchszeiten: täglich von 11.00 bis 19.00 h

ENTBINDUNGSKLINIKEN IN MÜNCHEN

Klinik	Ausstattung	Weitere Angebote
Frauenklinik Dr. Wilhelm Krüsmann Schmiedwegerl 2-6 81241 München Zentrale: Tel. 089/820990 Kreißsaal: Tel. 82099-118 Information: Tel. 82099-118	3 Entbindungszimmer, 1 Vorwehenzimmer, mehr als 20 Wochen- und Neugeborenen- betten. Ca.7 Einzelzimmer, 20 Zweibettzimmer, 12 Dreibettzimmer. Bislang 23 Zimmer mit WC, Dusche (die Kliniksanierung wir derzeit fortgesetzt)	Ambulante Entbindung, 24Std.-Roo- ming-In (nach Unterschrift) Eine Wahl zwischen verschiedenen Geburtspositionen -abhängig vom Geburtsverlauf. Die Klinik ist ausge- stattet für Entbindungen bis zu Drillingen. Geburtsvorbereitungs- kurse, Informationsveranstaltungen, Rückbildungsgymnastik, Wochenbett- gymnastik. 24stündige Laborbereit- schaft, Hüftdysplasie-Screening. Besuchszeiten: täglich von 14.00 bis 20.00 h
Klinikum Großhadern Marchioninistraße 15 81377 München Zentrale: Tel. 089/70951 Kreißsaal: Tel. 7095-3800 Information, Anmeldung: Tel. 7095-3813	5 Entbindungszimmer, 2 Vorwehenzimmer (mit Zugang zum Garten), 43 Wochen- und 39 Neugeborenenbetten (10 Beatmungsplätze auf der Intensivstation) 6 Einzelzimmer, 16 Zweibettzimmer, bei Bedarf auch Dreibett-Zimmer. Alle Zimmer mit WC.	Ambulante Entbindung, 24Std.-Roo- ming-In und Wahl zwischen ver- schiedenen Geburtspositionen. Geburtsvorbereitungskurse, Informa- tionsveranstaltungen, Rückbildungs- gymnastik, Akupunktur, 24Std-PDA (Anästhesie im Haus), Kinderarzt im Haus. Besuchszeiten: täglich von 9.00 bis 20.00 h
Krankenhaus III.Orden Menzinger Str. 44 80638 München Zentrale: Tel. 1795-0 Kreißsaal, Information, Anmeldung Tel. über Zentrale	4 Entbindungszimmer, 2 Vorwehenzimmer, mehr als 24 Wochen- und Neugeborenen- betten. 3 Einzelzimmer, 8 Zweibett-Zimmer, 1 Dreibett-Zimmer. Alle Zimmer mit WC, Dusche.	Ambulante Entbindung, 24Std.-Roo- ming-In und Wahl zwischen ver- schiedenen Geburtspositionen möglich. Geburtsvorbereitungskurse, Informationsveranstaltungen, Rückbildungsgymnastik. Besuchszei- ten: täglich von 13.00 bis 19.00 h
Klinik Dr. Wolfart Waldstraße 7 82166 Gräfelfing Zentrale: Tel. 089/8587-0 Kreißsaal Tel. über Zentrale o. Wochenstation Wochenstation: Tel. 8587-155	3 Entbindungsräume und 1 Vorwehenzimmer. 30-40 Wochenbetten und ebenso- viele Neugeborenenbetten. Einzel-, Zwei- und Dreibettzimmer nach Bedarf. Alle Zimmer mit Dusche, WC und Balkon.	Ambulante Entbindung, verschie- dene Geburtspositionen. Die Kreißsäle sind mit allen technischen Gegebenheiten ausgestattet, dabei trotzdem sehr gemütlich. 24Std.- Rooming-In ist möglich. Geburtsvor- bereitung, Informationsveranstaltun- gen und Rückbildungsgymnastik im Wochenbett. Besuchszeiten: täglich 15.00 bis 16.00 h und 18.00 bis 19.00 h

ENTBINDUNGSKLINIKEN IN MÜNCHEN

Klinik	Ausstattung	Weitere Angebote
Städtisches Krankenhaus München-Harlaching Sanatoriumsplatz 2 81545 München Kreißsaal: Tel. 089/6210510/509 Information, Anmeldung: Tel. 6210506	3 Entbindungsräume und 3 Vorwehenzimmer. 28 Wochenbetten und 35 Neugeborenenbetten. 3-5 Einzelzimmer, 6 Zwei- und 4 Mehrbettzimmer. Alle Zimmer mit WC, 3 Zimmer mit Dusche	Ambulante Entbindung, 24Std.-Rooming-In, verschiedene Geburtspositionen. Man bemüht sich sehr auf die individuellen Bedürfnisse und Wünsche der Frauen einzugehen und zugleich größtmögliche medizinische Sicherheit zu gewährleisten. Geburtsvorbereitung, Informationsveranstaltungen und Rückbildungsgymnastik im Wochenbett.
Frauenklinik Bogenhausen Dr. Boruth Röntgenstraße 15 81679 München Zentrale: Tel. 089/92201-0 Kreißsaal: Tel. 089/92201-158 Information, Anmeldung: Tel. 089/92201-0	2 Entbindungsräume, 15 Wochenbetten, 20 Neugeborenenbeten. 8 Einzelzimmer, 10 Zweibettzimmer, alle Zimmer mit Dusche und WC.	24Std.-Rooming-In, Wahl zwischen verschiedenen Geburtspositionen, Geburtsvorbereitungskurse und regelmäßige Informationsveranstaltungen an jedem letzten Donnerstag des Monats. Besuchszeiten: täglich von 14.00 bis 19.00 h, Besuche von Kindern unter 12 Jahren sind nicht gestattet.
Paracelsus Klinik Mozartstraße 21 80336 München Zentrale: Tel. 089/5158-0 Kreißsaal: Tel. 5158-209 Information/Anmeldung: Tel. 5158-205 (Di u.Do 18.00-20.00)	2 Entbindungsräume, 2 Vorwehenzimmer, 21 Wochenbetten und ebenso viele Neugeborenenbetten. Die Anzahl der Einzel-, Zweibett und Mehrbettzimmer variiert je nach Bedarf. Alle Zimmer verfügen über Dusche und WC.	Ambulante Entbindung, 24Std-Roominng-In, Wahl zwischen verschiedenen Geburtspositionen sind, Geburtsvorbereitungskurse und Informationsveranstaltungen (jeden 2. Montag, Anmeldung notwendig) Besuchszeiten: täglich von 14.30 bis 16.15 h)
Ludwig Maximilians Universität I. Frauenklinik Maistraße 11 80337 München Zentrale: Tel. 5160-1 Kreißsaal: Tel. 5160-4263 Information/Anmeldung: Tel. 5160-4263/4260	4 Entbindungsräume, 1 Vorwehenzimmer, 41 Wochenbetten, 50 Neugeborenenbetten. 11 Einzelzimmer, 12 Zweibettzimmer, 2 Dreibettzimmer, hiervon sind 4 Zimmer mit Dusche/WC.	Ambulante Entbindung, 24 Std.Rooming-In, Wahl zwischen verschiedenen Geburtspositionen (einschl. Gebärhocker), Geburtsvorbereitungskurse, Rückbildungsveranstaltungen und wöchentliche Informationsveranstaltungen (jew. Do, 18.00 h). Die Frauenklinik der LMU verfügt über eine eigene Kinderintensivstation, außerdem gehört eine Hebammenschule zum Haus. Besuchszeiten: täglich von 14.00 bis 19.00 h

BERATUNGSSTELLE FÜR NATÜRLICHE GEBURT

Eine wichtige Anlaufstelle für alle, die sich über Alternativen zur Krankenhaus-Entbindung informieren wollen, ist die "Beratungsstelle für Natürliche Geburt" in der Häberlstraße. Hier kann man sich unverbindlich beraten lassen über die Risiken und Vorteile von Hausgeburten und ambulanten Geburten. Regelmäßig finden hier Gesprächsabende mit den Hebammen des "Hausgeburten-Teams" München statt. Nachsorge bei Hausgeburten und ambulanten Geburten und Untertützung im Haushalt für die Zeit nach der Geburt leistet das "Soziale Netz rund um die Geburt", das der Beratungsstelle angegliedert ist.

Darüberhinaus wird ein umfassendes Veranstaltungsspektrum geboten, so u.a. Geburtsvorbereitungskurse für Paare, Frauen und Alleinerziehende, auch Einzelstunden sind möglich. Schwerpunkte: Bewegung und Körperarbeit, Atem- und Entspannungsübungen, Yoga für Schwangere, Bauchtanz vor und nach der Geburt, Partnerübungen; Beratung zu Fragen der pränatalen Dianostik, sowie Rechtsberatung (für Vereinsmitglieder)
Das Angebot umfasst ein breites Spektrum von Fortbildungs- und Informationsveranstaltungen, Rückbildungskurse, Stillcafé, Gesprächs- und Selbsthilfegruppen für die Zeit nach der Geburt.

- **Beratungsstelle für Natürliche Geburt**
  Häberlstraße 17, 80337 München
  Tel. Anmeldung und Beratung Tel. 532076
  Hebammenpraxis Tel. 534615
  Soziales Netz rund um die Geburt Tel. 53763

CHECK-LISTE GEBURTSKLINIK

- Wie ist der Kreißsaal?
- Wieviele Hebammen sind zuständig für wie viele Geburten?
- Werden verschiedene Gebärhaltungen unterstützt?
- Wie ist die Haltung zur "natürlichen" Geburt und zu Medikamenten?
- Ist Rooming-In (Zusammensein von Mutter und Kind) möglich?
- Wieviele Betten sind in den Zimmern auf der Wöchnerinnenstation?
- Dürfen vertraute Personen (Partner, Kinder, Freunde) bei der Geburt dabei sein?
- Ist eine Kinderabteilung (mit Neugeborenenbehandlung) im Krankenhaus oder in der Nähe?
- Wie ist der Ablauf bei Kaiserschnittgeburten?
- Werden die Kinder generell nach der Geburt angelegt?
- Ist genügend Ruhe-Zeit und -Raum für die neue Familie nach der Geburt?
- Wie ist die Neugeborenen-Station? (Kinderärztin), wird zugefüttert und was?)
- Gibt es Stillberatung?)

DAS GEBURTSHAUS MÜNCHEN

Das Geburtshaus bietet eine Alternative zur Krankenhausentbindung für Frauen, die eine komplikationslose Schwangerschaft haben und bei denen eine normale spontane Geburt zu erwarten ist. Das Team des Geburtshauses leistet die notwendige Hilfe zur sanften Geburt und einer selbstbestimmten Entbindung in vertrauter Umgebung. Die Geburtshilfe wird von Hebammen geleistet, die die Frauen auf Wunsch auch während der Schwangerschaft und im Wochenbett betreuen. Zum Team gehören derzeit 6 Hebammen und 2 Ärzte.
Die Gebärende kann jederzeit zwischen verschiedenen Geburtspositionen wählen. Die Verweildauer nach der Geburt beträgt ca. 3 Stunden.
Ausstattung: Im Geburtshaus stehen 2 Entbindungsräume, 1 Vorwehenzimmer, Badezimmer, Praxis-

raum zur Verfügung. Eine Notfallausrüstung für Mutter und Kind ist stets einsatzbereit. Narkosen, Schmerzmedikamente, Blutkonserven und Blutplasma werden nicht verabreicht. Sie stehen, falls erforderlich, in der nahegelegenen Frauenklinik des Roten Kreuzes zur Verfügung. Zum Angebot gehören außerdem Geburtsvorbereitungskurse für Paare und Informationsveranstaltungen zu verschiedenen Themen in Zusammenarbeit mit der Beratungsstelle für natürliche Geburt.

- **Geburtshaus München**
  Nymphenburger Straße 147 a, 80636 München, Tel. 089/164184

AMBULANTE ENTBINDUNG IM KRANKENHAUS ODER IN EINER PRAXIS

Bei einer ambulanten Entbindung kommt das Kind im Krankenhaus oder in der Arztpraxis zur Welt. Ein paar Stunden danach ist die Mutter wieder in der ihr vertrauten Umgebung zu Hause, wo sie das Wochenbett verbringt.

Bei der ambulanten Entbindung sollte die Organisation des Haushaltes durch eine Haushaltshilfe ebenso gewährleistet sein wie bei der Hausgeburt. Des weiteren empfiehlt es sich, daß Schwangere möglichst frühzeitig mit der Hebamme in Kontakt treten, die nach der Geburt ihre Pflege übernehmen. Jede Frau kann übrigens vor und nach der Geburt die Dienste einer Hebamme in Anspruch nehmen, und zwar im Normalfall für zehn Hausbesuche. Die Leistungen der Hebamme werden von den gesetzlichen und privaten Krankenkassen übernommen. Sie sehen neben der persönlichen Beratung (z.B. über Ernährung) die Betreuung bei Schwangerschaftsbeschwerden oder Schwangerschaftswehen vor. Ebenso die Untersuchungen, die sich im Lauf einer Schwangerschaft ergeben können (z.B. Abhören der kindlichen Herztöne) und natürlich den ganzen Bereich der Geburtsvorbereitungen in Form von Kursangeboten für werdende Eltern. Auch wenn Frauen in der Klinik entbinden, haben sie Anspruch auf Hebammenhilfe bis zum 10. Tag nach der Entbindung. Ambulant (d.h. wenn sie ein paar Stunden nach der Geburt wieder nach Hause gehen wollen) können Frauen in Kliniken ohnehin nur entbinden, wenn sie eine Hebamme nachweisen können. Zum Leistungsangebot einiger Hebammen gehört auch die ambulante Geburtshilfe außerhalb von Krankenhäusern und gegebenenfalls Hilfe bei Hausgeburten.

Wichtig ist, sich rechtzeitig um eine Hebamme zu bemühen, spätestens im 4. oder 5. Schwangerschaftsmonat. Denn gemessen an der Zahl der zu betreuenden Frauen gibt es noch immer zu wenig freiberuflich tätige Hebammen.

Für krankenversicherte schwangere Frauen in Pflicht- und Ersatzkassen gelten folgende Leistungen:

- Regelmäßige ärztliche Betreuung während der Schwangerschaft inklusive Vorsorgeuntersuchungen
- freie Arztwahl
- Arznei-, Verband- und Heilmittel bei Schwangerschaftsbeschwerden und bei der Entbindung
- Hebammenhilfe
- Stationäre Entbindung anschließend sechstägige Pflege

- Bei Hausentbindung Betreuung durch einen Arzt und/oder eine Hebamme
- Ärztliche Abschlußuntersuchungen: eine innerhalb der ersten Woche, die zweite sechs bis acht Wochen nach der Entbindung
- Befreiung von der Rezeptgebühr (Apotheke) im Rahmen des Vorsorgeprogrammes und bei Erkrankungen im Zusammenhang mit der Schwangerschaft
- Fahrkostenerstattung für Fahrten zu und von der Klinik, wenn sie mehr als 20 Mark je Fahrt betragen
- häusliche Pflege, falls sie während der Schwangerschaft oder bei der Entbindung nötig ist (sofern keine im Haushalt lebende Person die häusliche Pflege übernehmen kann)
- Haushaltshilfe, wenn Sie wegen Schwangerschaft oder Entbindung den Haushalt nicht weiterführen können (sofern keine im Haushalt lebende Person die häusliche Pflege übernehmen kann)
- Mutterschafts- und Entbindungsgeld

HAUSGEBURT UND HEBAMMEN

Wird eine Hausgeburt erwogen, sollten sich die Schwangere frühzeitig mit ihrer/ihrem Gynäkologin/Gynäkologen und einer Hebamme oder einem Geburtshelfer in Verbindung setzen. Es gilt, sich auf die Geburt vorzubereiten (Atmungs- und Entspannungsübungen, Schulung des Körpergefühls durch Gymnastik, Massage, Brustpflege).

Zu den Vorteilen einer Hausgeburt zählt, daß sich die werdende Mutter in ihrer vertrauten Umgebung wohl fühlt und ein gutes Verhältnis zu Mitbewohner/innen herrscht. Außerdem sollte eine Versorgung von Mutter und Kind, des Haushaltes und weiterer Kinder in der ersten Zeit nach der Entbindung gesichert sein.

> **TIP**
>
> Auch wenn sie eine Hausgeburt planen, sollten Schwangere sich zur Geburt in einem Krankenhaus anmelden.
> Falls während der Geburt Komplikationen auftreten und die zu Hause begonnene Geburt im Krankenhaus beendet werden muß, sind Krankenhäuser wie Gebärende besser darauf vorbereitet, und schnelle Hilfe ist gesichert.

Hebammenzentrale München

Da Adressen und Telefonnummern freiberuflicher Hebammen häufig kurzfristigen Änderungen unterliegen, wurde die "Hebammenzentrale München" gegründet. Ihre Aufgabe ist es, Betreuung suchenden Frauen aktuelle Adressen, Telefonnummern und Tätigkeitsbereiche freiberuflicher Hebammen zu vermitteln.
Die Hilfe dieser Hebammen ist eine Leistung der Krankenkassen, sie kann direkt und ohne ärztliche Anordnung oder Rezept in Anspruch genommen werden.

- **Hebammenzentrale München**
  Rauchstraße , 81679 München, Tel. 089/982111, Sprechzeiten: Mo, Di, Do 10.00-12.00 h

CHECKLISTE FÜR DAS WICHTIGSTE NACH DER GEBURT

Vorsorgeuntersuchung U 2
Die zweite Vorsorgeuntersuchung am 5. oder 6. Tag nach der Geburt (s. Kapitel Gesundheit).

Anzeige der Geburt
Innerhalb von einer Woche nach der Entbindung müssen Sie beim Standesamt die Geburt Ihres Kindes anzeigen. Wenn die Klinik es nicht gemacht hat oder Sie zu Hause entbunden haben.

Namen des Kindes
Den Vornamen des Kindes müssen Sie dem Standesamt innerhalb von vier Wochen nach der Geburt melden.

Familienpflege
Falls Sie nach der Geburt feststellen, daß Sie aus gesundheitlichen Gründen nicht in der Lage sind, Ihren Haushalt und Ihre anderen Kinder zu versorgen, setzen Sie sich sofort mit Ihrer Krankenkasse in Verbindung, denn möglicherweise haben Sie Anspruch auf Unterstützung.

Den Kinderarzt
oder die Kinderärztin sollten Sie suchen, denn Sie wissen nie, ob Ihr Kind nicht unerwartet krank wird.

Kinderbetreuung
Falls Sie Ihr Kind außer Haus betreuen lassen wollen, sollten Sie Ihr Kind jetzt bei den Einrichtungen anmelden, bei denen man sich erst nach der Geburt vormerken lassen kann.

Privat versichert
Teilen Sie Ihrer Versicherung die Geburt des Kindes mit und lassen es ggf. in die Versicherung aufnehmen.

Das Erziehungsgeld
Väter oder Mütter haben Anspruch auf Erziehungsgeld, wenn Sie Ihr Kind selbst betreuen und nicht mehr als 19 Stunden wöchentlich erwerbstätig sind. Achtung: Den Antrag frühzeitig stellen, denn es wird höchstens sechs Monate rückwirkend gezahlt (s. Kapitel Recht).

Der Erziehungsurlaub
Eltern können inzwischen bis zum Ende des dritten Lebensjahres Erziehungsurlaub nehmen. Der Arbeitgeber muß Sie beurlauben und die Wiederaufnahme der gleichen Arbeit garantieren. Sie haben allerdings keinen Anspruch auf Lohnfortzahlung (s. Kapitel Recht).

Das Kindergeld
Für alle Kinder bis zum vollendeten 18. Lebensjahr wird Kindergeld gezahlt. Es muß schriftlich bei der Familienkasse des für Sie zuständigen Arbeitsamtes beantragt werden. Warten Sie nicht zu lange damit, denn rückwirkend wird Kindergeld für höchstens sechs Monate vor Antragstellung

gezahlt. Vordrucke sind bei der Familienkasse erhältlich (→ Kapitel "Recht").
Zur Familienförderung durch steuerliche Entlastung gehören z.B. Kinderfreibeträge, Berücksichtigung von Kindern bei der Kirchensteuer, Ausbildungsfreibeträge, Baukindergeld, Freibeträge für Haushaltshilfen sowie bei Krankheit oder Behinderung. Detaillierte Informationen zu diesen Steuervorteilen erhalten Sie bei Ihrem Finanzamt oder Steuerberater (→Kapitel "Recht"). In jedem Fall sollten ArbeitnehmerInnen die Steuerkarte ändern lassen.

Arbeitgeber
Teilen Sie Ihrem Arbeitgeber den Geburtstermin mit (ggf. rechtzeitig Erziehungsurlaub beantragen (→Kapitel "Recht").

STANDESAMTSANMELDUNG

Namensrecht
Die Familiennamensregelung für Kinder ist einzelfallabhängig. Bei Kindern, bei denen ein Elternteil Ausländer ist, gilt es bei der Namensführung das jeweilige Recht des ausländischen Staates zu berücksichtigen. Informationen hierzu beim Standesamt, Sachgebiet Beurkundungen von Geburten.

Vornamen
In der Wahl des Vornamens sind die Eltern dem Staat gegenüber frei. Der Name muß jedoch als Vorname geeignet sein. Namenszusätze, wie z.B. Junior etc. sind ungeeignet. Es dürfen auch keine anstößig, lächerliche oder sonst das Kind belastende Vornamen erteilt werden.
Der Name muß das Geschlecht des Kindes erkennen lassen. Namen, die das gegenteilige Geschlecht des Namensträgers indizieren, sind unzulässig. Bei der Vergabe eines einzelnen Vornamens dürfen die Eltern eines Jungen somit nur einen eindeutig männlichen Vornamen wählen, die Ausnahme ist der Vorname Maria, der aus alter Tradition auch einem Jungen gegeben werden darf. Eltern eines Mädchens dürfen nur eindeutig weibliche Vornamen wählen.
Wollen die Eltern ihrem Kind mehrere Vornamen geben, so muß nur einer der Vornamen geschlechtsspezifisch sein, die anderen können geschlechtsneutral sein.

Nachnamen Im gesetzlich neugeregelten Namensrecht wird beiden Ehepartnern die Möglichkeit eröffnet, nach der Eheschließung ihren Namen zu behalten. Als Familiennamen, der auch Geburtsname des Kindes wird, können sie auch den Geburtsnamen der Frau oder des Mannes wählen. Im Streitfall der (künftigen) Eheleute entscheidet das Vormundschaftsgericht, wer das Namensbestimmungsrecht ausüben darf.
Der Partner, dessen Name nicht Familienname wird, kann wie bisher seinen Namen voranstellen oder hinzufügen. Ein gemeinsamer Doppelname kann nicht als Familienname gewählt werden.

Heirats- und Geburtsurkunden werden von dem Standesamt ausgestellt, das die Beurkundung vorgenommen hat. Beglaubigte Abschriften aus dem Familienbuch werden von dem Standesamt ausgestellt, in dessen Bereich das Ehepaar seinen Wohnsitz hat. Ist ein Ehegatte verstorben, wird das Familienbuch am Wohnsitz des überlebenden Ehegatten geführt, bei getrennt lebenden

Ehegatten am Wohnsitz des Ehemannes. Bei Geschiedenen wird das Familienbuch dort geführt, wo der Ehemann zum Zeitpunkt der Scheidung seinen Hauptwohnsitz hatte. Ledige kriegen kein Familienbuch, sondern nur eine Geburtsbescheinigung.

Bei Geburten in Krankenhäusern wird die Beurkundung in Form einer schriftlichen Anzeige in die Wege geleitet. Bei Hausgeburten oder privaten Entbindungskliniken ist die Anzeige durch die Eltern oder eine andere Person, die persönlich von der Geburt unterrichtet ist, hier anzuzeigen (Nachweis zur Person des Anzeigenden ist mitzubringen, d.h. Personalausweis oder Reisepaß). Die Anzeige soll innerhalb einer Woche erfolgen. Für die Anzeige einer Totgeburt gilt gleiches.

URKUNDEN FÜR DIE STANDESAMTSANMELDUNG		
Staatsangehörigkeit	deutsch	ausländisch
ledig	Geburts- oder Abstammungsurkunde der Kindesmutter	wie bei Deutschen, jedoch zusätzlich Nachweis der Staatsangehörigkeit (z.B. Paß)
verheiratet	Heiratsurkunde oder falls nach dem 1.1.1958 in der Bundesrepublik geheiratet eine begl. Abschrift aus dem Familienbuch	wie bei Deutschen, jedoch zusätzlich der Nachweis der Staatsangehörigkeit
verwitwet	Heiratsurkunde mit Sterbevermerk oder falls nach dem 1.1.1958 in der Bundesrepublik geheiratet, aktuelle Anschrift aus Familienbuch	wie bei Deutschen, jedoch zusätzlich Nachweis der Staatsangehörigkeit (hilfsweise auch Heirats- und Sterbeurkunde)
geschieden	Heiratsurkunde mit Auflösungsvermerk oder falls nach dem 1.1.1958 in der Bundesrepublik geheiratet aktuelle Abschrift aus Familienbuch mit Auflösungsvermerk	wie bei Deutschen, jedoch Nachweis der Staatsangehörigkeit. Ggf. Anerkennung des ausländischen Scheidungsurteils durch das Regierungspräsidium oder durch den Hessischen Justizminister

Die Geburtsurkunde des Kindes mit dem Vermerk "Gültig in allen Angelegenheiten der Mutterschaftshilfe" möglichst schnell wegen des Mutterschafts- bzw. Entbindungsgeldes bei der Krankenkasse einreichen. Anmeldungen eines Neugeborenen können in München beim zuständigen Standesamt gemacht werden:

Standesamt I
Mandlstraße 14, Tel. 396096

Standesamt II
Mariahilfplatz 9, Tel. 6514025

Standesamt III
Allescherstraße 14, Tel. 7911022

Standesamt IV
Nymphenburger Straße 45, Tel. 1290037

Standesamt Pasing
Pasinger Rathaus, Tel. 89617/0

Sprechzeiten: Mo-Fr. 8.00-12.00 Uhr

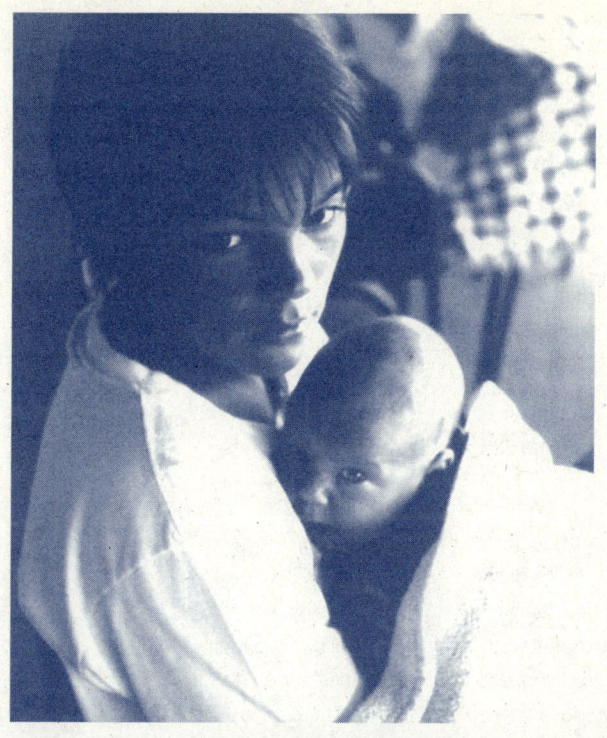

BERATUNGSSTELLEN FÜR SCHWANGERE UND JUNGE ELTERN

Pro Familia
Türkenstraße 103
80799 München
Tel. 089/399079

**Gesundheitsamt
Beratungsstelle für Schwangere und für Familienplanung**
Karlstraße 40
80333 München
Tel. 089/5207-256
Humangenetische Beratungsstelle:
Telefon: 5207-429
Außenstelle Goethestraße
Internationales Beratungszentrum
Goethestraße 53
80336 München
Tel. Voranmeldung über die
Gesundheitsbehörde: 089/5207256

Ehe-, Partnerschafts- und Familienberatung, München e.V.
Erzdiözese München und Freising
Rückertstraße 9
80336 München
Tel. 089/544311-0
Die katholische Familienberatungsstelle unterhält 12 weitere Außenstellen in verschiedenen Münchner Stadtteilen, an die die Ratsuchenden von der Zentrale aus weiterverwiesen werden können.
Beratungsstelle für Schwangerschaftsfragen

Sozialdienst katholischer Frauen
Marsstraße 5
80335 München
Tel. 089/55981-0

Staatliches Gesundheitsamt
Am Neudeck 6
81541 München
Tel. 089/62430

Evangelisches Beratungszentrum
Landwehr Straße 15/IV
80336 München
Tel. 089/59048-150

STILLGRUPPEN

Auch Stillen will gelernt sein. Die kleinen Tricks und Kniffe lernen junge Mütter am besten von Frauen, die schon einmal gestillt haben. Hebamme und Säuglingsschwester können ebenso wichtige Tips geben, wenn es zu Beginn noch Probleme gibt. Vor allem helfen aber die vielen Stillgruppen. Fragen wie "Bekommt mein Baby auch genug Nährstoffe?", "Wie lange darf ich/soll ich stillen?" "Wie funktioniert das Abstillen?" werden gemeinsam besprochen.

Frauen, die aus medizinischen oder sonstigen Gründen nicht stillen können oder wollen, finden bei Hebammen und den Leiterinnen von Stillgruppen Rat (z.B. über die beste Zusammensetzung der Ernährung über die Flasche).

WAS DAS BABY SONST NOCH BRAUCHT

Ob Babys gestillt werden oder mit der Flasche gefüttert: Im ersten Lebensjahr brauchen sie zusätzlich Vitamin D zur Vorbeugung von Rachitis sowie Fluorid zur Vorbeugung von Karies. Über Menge und Dosierung gibt der Kinderarzt Auskunft.

Erhält das Baby fertige Säuglingsnahrung oder wird es gestillt, so ist es nicht notwendig, in den ersten sechs Lebensmonaten zuzufüttern. Eltern, die Säuglingsnahrung selbst herstellen, sollten ab der 6. Woche darauf achten, daß ihr Baby ausreichend Vitamin A (Karottensaft oder -brei) und Vitamin C (Obstsaft, insbesondere Apfelsinen) erhält. Pro Fläschchen läßt sich zunächst ein halber Teelöffel Saft geben, dann empfiehlt sich eine allmähliche Steigerung auf zwei Teelöffel.

Spätestens ab dem 7. Monat benötigen Babys sogenannte Beikost zur Muttermilch oder der Säuglingsnahrung: Gemüse, Obst, Kartoffeln, Butter, Eier und Getreide zum Beispiel. Es ist nicht schwierig, Babynahrung selbst herzustellen, vorausgesetzt man vermeidet, scharfe Gewürze, Zucker und Salz zuzugeben. Babynahrung selbst zu kochen, ist gemeinhin preiswerter als die speziellen Gläschen aus industrieller Fertigung. Allerdings sind diese in Nährwert und Verträglichkeit auf die Bedürfnisse der Kinder abgestellt, und die Nahrungsmittel stammen zumeist aus biologisch kontrolliertem Anbau.

> **MUTTERMILCH IM LABOR**
>
> Muttermilchanalysen werden kostenlos durchgeführt von der Münchner Gesundheitsbehörde
>
> - Gesundheitsbehörde, Muttermilchanalyse
>   Frau Dr. Pauletzki, Tel. 089/5207-368

BABYS FLÄSCHCHEN

Ob aus Glas oder Plastik, in der täglichen Praxis macht dies keinen Unterschied. Wichtig ist dagegen, daß Babyflaschen einen weiten Hals haben, damit sie leicht zu reinigen sind. Ein Schraubverschluß ist allein deshalb Pflicht, weil die Flasche dann beim Transport mit einem Deckel zuzuschrauben ist.

Aus hygienischen Gründen sollte jede Flaschennahrung frisch angerührt werden. Bereits vorbereitete Fläschchen, die womöglich über Nacht im Fläschchenwärmer stehen, sind für Krankheitserreger sehr anfällig. Babys verfügen noch nicht über die gleichen Abwehrkräfte wie Erwachsene, und gerade der Magen-Darm-Trakt reagiert ausgesprochen empfindlich auf Bakterien, Pilze oder Viren.

ADRESSEN STILLGRUPPEN

Stillgruppen
Fleischhauer, Annette
Vertreterin der
La Leche Liga München
Eichendorffplatz 9
81369 München
Te. 089/7693617
Stillberatung am Telefon,
Vermittlung von Stillgruppen in der
Nachbarschaft, Milchpumpen-Verleih

Stedman, Raewyn
Ruffinistr. 34
80637 München
Tel. 089/166249

Emata, Chris
Frans Hals Str. 15a
81479 München
Tel. 089/799362

Andrews, Angelika
Sebastian-Bauer-Str. 30a
81737 München
Tel. 089/6371694

Weidemeier, Yasemin
Mettenstraße 34
80368 München
Tel. 089/7693617

Monika John
Allinger Str. 24
81249 München
Te. 089/8642602

Familienzentrum "FAM"
St-Johann-Str. 24-26
80999 München
Tel. 089/8122651
Bürosprechzeiten
Mi 9.00-11.00 Uhr

Familienzentrum Haar
Ingrid Dierolf
Salzgasse 2
85540 Haar
Tel. 089/46002-493

Familienzentrum Trudering
Bahnstr. 5
81827 München
Tel. 089/4303696

Mütter-Väter-Zentrum Neuhausen
Nymphenburger Str. 38
80335 München
Tel. 089/188307

Mütterzentrum Neuaubing
Wiesentfelserstr. 68
81249 München
Tel. 089/870392

SIAF e.V.
Stadtteil-Initiative für
Alleinerziehende Frauen
Sedanstraße 7
81667 München
Tel. 089/4488281

Frauen Stadtteilzentrum Haidhausen
c/o Sigrid Stieren
Sedanstraße 37
81667 München
Tel. 089/361022

Frauentreffpunkt Neuperlach
Oskar Maria Graf Ring 20/22
81737 München
Tel. 089/6706463

Dietrich Bonhoefer Kirche
Goethestr. 28
82110 Germering
Tel. 089/8417980

Caritaszentrum Freimann
Pferggasse 6
80939 München
Tel. 089/3114092 (Dora Stöhr)
Tel. 3116766 (Marion Lehnberger)

Pfarrheim Schweitenkirchen
Nanci Sobier-Maier
85301 Schweitenkirchen
Tel. 08444-1800

Frauentreffpunkt Neuperlach
Oskar Maria Graf Ring 20/22
81737 München
Tel. 089/6706463

Arbeitskreis der Stillgruppen München u. Umgebung
c/o Münchner Kinder- und
Familienbüro
Pettenkoferstr. 40, Rgb
80336 München
Tel. 089/535354
Treffen jeden 1. Di des Monats
ab 19.30 h,
Sprechstunden Mi 9.00-11.00 h

La Leche Liga e.V.
Postfach 96
81214 München
Der gemeinnützige Verein gibt das
"Handbuch für die stillende Mutter"
heraus.

Arbeitsgemeinschaft Freier Stillgruppen (AFS)
gibt eine Stillgruppenliste heraus,
zu bestellen bei Sabine Baldo,
Buchenweg 44
21509 Glinde
Tel. 711 26 71.

MÜTTERBERATUNGSSTELLEN

Eine wichtige Anlaufstelle für alle Fragen der Gesundheit und Ernährung von Babies und Kleinkindern sind die örtlichen Kinderschwestern, die entweder telefonisch oder in den Mütterberatungsstellen der einzelnen Stadtviertel zur Verfügung stehen (telefonische Sprechzeiten von Di-Fr 7.30-9.00 Uhr, oder über das Gesundheitsamt 5207/374):

**Mütterberatung
Altstadt, Ludwigvorstadt**
Tumblingerstraße 6
80337 München
Tel. 089/2335865

**Mütterberatung
Au/Untergiesing**
Mariahilfplatz 10
81541 München
Tel. 089/661672

**Mütterberatung
Berg am Laim**
Echardinger Straße 1a
81541 München
Tel. 089/4316532

**Mütterberatung
Bogenhausen/Oberföhring**
Gebelestraße 2
81679 München
Tel. 089/981706

**Mütterberatung
Fürstenried**
Schaffhauser Str. 17
81476 München
Tel. 089/7553966

**Mütterberatung
Giesing/ Obergiesing**
Tegernseer landstraße 119
81539 München
Tel. 089/6923649

**Mütterberatung
Großhadern**
Maxstadtstraße 38
80689 München
Tel. 089/5469250

**Mütterberatung
Haidhausen**
Bazeillesstraße 8
81669 München
Tel. 089/487400

**Mütterberatung
Harlaching**
Rotbuchenstraße 81
81547 München
Tel. 089/6902343

**Mütterberatung
Hasenbergl**
Petrarcastraße 2
80933 München
Tel. 089/3132435

Mütterberatung Milbertshofe
Torquato-Tasso-Straße 8
80807 München
Tel. 089/3594959

**Mütterberatung
Moosach, Olympiastadt,**
Nanga-Parbat-Straße 105
80992 München
Tel. 089/1491767

**Mütterberatung
Neuhausen/Nymphenburg**
Südl. Auffahrtsallee 80
80639 München
Tel. 089/177593

**Mütterberatung
Pasing/Obermenzing**
Hillernstraße 1
81241 München
Tel. 089/89617-324

**Mütterberatung
Perlach/Neuperlach**
Quidde-/Heinrich-Wieland-Str
81241 München
Tel. 089/671888

**Mütterberatung
Schwabing/Maxvorstadt**
Georgenstraße 13a
81825 München
Tel. 089/343861

**Mütterberatung
Stadtzentrum**
Dachauer Straße 90
80335 München
Tel. 089/5207-356

**Mütterberatung
Trudering/Riem**
Feldbergstraße 85
81825 München
Tel. 089/4393279

**Mütterberatung
Waldfriedhofsviertel**
Werdenfelsstraße 58
81377 München
Tel. 089/7146206

Daher achten Eltern darauf, Flaschennahrung nur mit abgekochtem Leitungswasser oder Mineralwasser zuzubereiten. Flaschennahrung sollte stets auf 40 Grad erwärmt sein. Läßt sich das Fläschchen ohne unangenehme Gefühle an das Augenlid halten, ist es auch nicht zu heiß für das Baby. Vorsicht mit der Mikrowelle: Nach dem Erwärmen das Fläschchen gut durchschütteln, sonst verbrennt sich das Baby. Oft ist der Hitzepunkt in der Mitte und ohne Schütteln nicht zu bemerken. Und immer ohne Schnuller erwärmen!
Fläschchen und Sauger gehören stets ausgekocht, sie müssen dabei vollständig mit Wasser bedeckt sein. Beide können auch in der Geschirrspülmaschine gereinigt werden, allerdings erst bei Temperaturen über 65 Grad (keine Schnellwaschgänge). Geeignet ist auch die Sterilisation im Schnellkochtopf oder die Reinigung mit Hilfe spezieller desinfizierender Bäder.
Übrigens: Babys benötigen rund fünf bis sechs Mahlzeiten pro Tag, nicht jede Flasche muß stets ausgetrunken werden.

SCHNULLER – LATEX ODER SILIKON?

Rund 95 Prozent der auf dem Markt angebotenen Flaschen-Sauger sind aus Latex, dem Saft des Kautschukbaums, gefertigt. Dieses Naturprodukt altert im Laufe der Zeit, doch ist dies kein Grund zur Sorge. Selbst weniger ansehnliche Sauger versehen nach wie vor ihren Dienst zur vollen Zufriedenheit des Babys und ohne es zu gefährden. Die chemischen Stoffe, die einigen Latexschnullern wegen der Haltbarkeit zugefügt waren, haben vor einiger Zeit großes Aufsehen erregt, so daß die Hersteller versprochen haben, Latexschnuller in Zukunft nur noch ohne Zusatzstoffe zu produzieren.

Silikon-Sauger altern, rein optisch, nie. Dem chemischen Kunstprodukt attestieren Fachleute eine völlige Unbedenklichkeit, doch hapert es bei Schnullern aus Silikon an der Reißfestigkeit. Das ist freilich erst dann der Fall, wenn der Schnuller von scharfen Kinderzähnen angekratzt wird. Daher: sobald sich die ersten Zähne beim Baby einstellen, ist der Wechsel auf Latex-Schnuller empfehlenswert. Flaschen-Sauger aus Silikon sind dagegen aufgrund ihrer hohen Haltbarkeit die erste Wahl. Denn anders als Latex-Produkte können sie nahezu ewig ausgekocht werden, ohne an Haltbarkeit zu verlieren.

ELTERN-KIND-GRUPPEN

Offene ElternKindGruppen und altersspezifische Krabbelgruppen, Gelegenheit zum Kaffeetrinken, Zeitunglesen oder Plaudern bei gleichzeitiger Kinderbetreuung, häufig auch Stillberatung und wechselnde Kurse und Veranstaltungen wie Spielfeste, Second Hand Märkte etc. bieten folgende Treffs und Institutionen.

ANGEBOTE FÜR VERSCHIEDENE STADTTEILE

Stadtteil: Zentrum

Evangelische Familien-Bildungsstätte
Herzog-Wilhelm-Straße 24
80331 München
Tel. 089/5522410
Anmeldung Miniclubs: Tel. 52241-13
Mi 9.00-12.00 h, Krabbelgruppen und Miniclubs (wöchentliche Treffs in einer festen Gruppe ca. 1-2Jahre) für Eltern mit Kindern von 1-3 Jahren werden von hier aus organisiert und angeboten in den Kirchengemeinden
Bogenhausen Tel. 956955
Hadern Tel. 7193406
Laim Tel. 83397
Neuhausen Tel. 08142-54944,
Nymphenburg Tel. 1575362,
Oberföhring Tel. 952308
Olympia Dorf Tel. 3511479
Pasing Tel. 52241-12

Beratungsstelle für Natürliche Geburt
Häberlstraße 17
80337 München
Gesprächsgruppen für Mütter, Alleinerziehende, Vätergruppen, Selbsthilfegruppen für verwaiste Eltern.

Haus der Familie
Schraudolphstr. 1
80799 München
Tel. 089/280659
ElternKindGruppen, Mütter- und Vätergruppen frühpädagogische Vortragsreihen und Gesprächsabende für Eltern, Gesprächsabende für Adoptiveltern, Gruppen für behinderte Kinder in verschiedenen Stadtteilen Münchens

Nachbarschaftshilfe Westermühlbach
Geyerstraße 22
80469 München
Telefon. 089/2014144
Mo-Fr. 9.00-17.00 h, 5 Krabbelgruppen und 2 regelmäßige Café-Nachmittage für Eltern mit Kindern.

Westend Internationales Müttterzentrum
Guldeinstraße 31 u.36
80339 München
Tel. 089/ 5025592 o.5022598
Besonderheiten: internationaler Treffpunkt für Mütter mit Kindern, MütterKindGruppen für griechische, türkische und Frauen aus dem ehemalige Jugoslawien, Sozial-Beratung für ausländische Familien, Feste, kulturelle Veranstaltungen, eutschkurse, Café und Spielzimmer, Bibliothek, Informationsbörse für Nachbarschaftshilfe, Kinderbetreuung, etc.

Stadtteil: Nymphenburg/ Neuhausen/Gern

Haus der Familie, Außenstelle Dantestr
Dantestraße 1
80637 München
Tel. 089/1571656

ANGEBOTE FÜR VERSCHIEDENE STADTTEILE

Mütter-Väter-Zentrum Neuhausen
Nymphenburger Str. 38
80335 München
Tel. 089/188307

Stadtteil: Schwabing

Haus der Familie
Schraudolphstr. 1
80799 München
Tel. 089/280659
ElternKindGruppen, Mütter- und Vätergruppen frühpädagogische Vortragsreihen und Gesprächsabende für Eltern, Gesprächsabende für Adoptiveltern, Gruppen für behinderte Kinder
Information über ElternKindGruppen, die in den einzelnen Stadtteilen durchgeführt werden.

Stadtteil: Haidhausen

SIAF e.V.
Sedanstraße 7
81667 München
Tel. 089/4488281
Besonderheiten: Alleinerziehendentreffs, MütterKindGruppen und Freizeitangebote vor allem für alleinerziehende Frauen

Stadtteil: Hasenbergl

Paritätische Familien-Bildungsstätte, Hasenbergl
Wintersteinstraße 16
80933 München
Tel. 089/3131378
Altersgemischter Kinder-Elternclub (offener Stadtteiltreff für Eltern mit Kleinkindern von 6 Mon. bis 4 Jahren), Kindergruppe und Eltern-Kindgruppe "Montessori für Kleinstkinder" von 1-3 1/2 Jahren, Frauentreff mit Kinderbetreuung

Paritätische Familienbildungsstätte, Freizeittreff Burmesterstraße
Burmesterstraße 27
80939 München
Tel. 089/3131378 und 985621
Kinder-Elternclub (offener Treff, altersgemischt von 6 Mon.- 4 Jahren), feste Spielgruppen und Kindergruppen ab 2 1/2 Jahren

Stadtteil: Moosach, Allach, Untermenzing

Müttertreff Moosach
Scharnhorststr. 2
80992 München
Tel. 089/1491532
Offene Elternkindgruppen, Gelegenheit zum Kaffeetrinken, Zeitunglesen o. Plaudern bei gleichzeitiger Kinderbetreuung und wechselnde Kurse, Vorträge und Veranstaltungen wie Second Hand Märkte etc.

Mütterzentrum Allach-Untermenzing
St.-Johann-Str. 26
80999 München
Tel. 089/8122651

Stadtteil: Pasing

Paritätische Familien-Bildungsstätte Pasing
August-Exter-Straße 1
81245 München
Tel. 089/8206525
Spiel- und Kindergruppen (ohne Eltern) für Kinder ab 1 Jahr, Miniclub und Mini-Max (offene Treffs für Eltern mit Kindern bis 14 Monaten bzw. von 1-2 Jahren)

Stadtteil: Sendling

Mütterzentrum Sendling e.V.
Daiserstr. 5
81371 München
Tel. 089/777744

Praxis Kidlerstraße
Kidlerstraße 19
81371 München
Tel. 089/7256858

Stadtteil: Thalkirchen

Paritätische Familien-Bildungsstätte Thalkirchen
Bleyerstraße 6
81371 München
Tel. 089/7232745
Spielgruppen (mit und ohne Eltern), offene Treffs für Eltern mit Kleinkindern

Stadtteil: Forstenried

Bürgertreff München Süd
Limmatstraße 6
81476 München
Tel. 089/7559373

ANGEBOTE FÜR VERSCHIEDENE STADTTEILE

Stadtteil: Giesing

Mütterladen Giesing
Brünnsteinstraße 5
81541 München
Tel. 089/6925102 o. 6926319

Stadtteil: Au/Berg am Laim

Nachbarschaftshilfe in der Au
Am Herrgottseck 4
81669 München
Tel. 089/4488967 o. 486772

Stadtteil: Ramersdorf

Mütterzentrum Ramersdorf
Zornedinger Str. 1c
81671 München
Tel. 089/491571

Stadtteil: Bogenhausen

Paritätische Familien-Bildungsstätte, Bogenhausen
Richard-Strauss-Straße 47
81677 München
Tel. 089/985621
ElternKindGruppen, Spielgruppen und offene Treffs für Eltern mit Kleinkindern, Vätersamstage, außerdem Kurse zur Säuglingspflege, sowie Vorträge und Informationen zur frühkindlichen Entwicklung

Stadtteil: Neuperlach

Nachbarschaftshilfe Neuperlach
Albert-Schweitzer-Str. 64
81735 München
Tel. 089/677826
Mo-Do 9.00-12.00 Uhr
3 fachlich betreute MutterKindGruppen, Babysitter-Vermittlungsservice, 2 Spielstuben, die täglich von 8.30-12.00 h Kinderbetreuung anbieten.

Paritätische Familien-Bildungsstätte Neuperlach
Peschelanger 11/5.Stk
81735 München
Tel. 089/6371623
Miniclub (offener ElternKindtrefffür Eltern mit Kindern von 2-14 Monaten), Montessori-ElternKindGruppe für Eltern mit Kindern von 1-2 Jahren, Spielgruppe im Siemens-Freizeitpavillon für Eltern und Kinder ab 2 Jahren, VäterKindGruppen, VaterKindWerkstatt und Samstags-Club für Väter mit Kindern

Frauentreffpunkt Neuperlach
Oskar Maria Graf Ring 20/22
81737 München
Tel. 089/6706463

Familienzentrum Neuperlach
Ollenhauerstraße 7
81737 München
Tel. 089/672033

Stadtteil: Allach/Untermenzing

Familienzentrum "FAM"
St-Johann-Str. 24-26
80999 München
Tel. 089/8122651

Stadtteil: Neuhadern

Nachbarschaft Neuhadern
Stiftsbogen 93
81375 München
Tel. 089/704414 u. 7002800
Krabbelgruppen, Spielstube, Kinderbetreuungsangebote für Kinder ab 2 Jahren, außerdem Babysittervermittlung und Hausaufgabenhilfe.

Stadtteil: Giesing, Harlaching

Nachbarschaftshilfe Fasangarten e.V.
Balanstr. 361
81549 München
Tel. 089/684800

Stadtteil: Laim

Familienzentrum Laim
Fürstenriederstr. 109
80686 München
Tel. 089/566933
Besonderheiten: regelmäßiger Alleinerziehendentreff, Eltern/Kindgruppen, Familienberatung, offene Kinderbetreuung, Infobörse Kinderbetreuung

Stadtteil: Trudering

Familienzentrum Trudering
Bahnstr.5
81827 München
Tel. 089/4303696
Besonderheiten: offene Treffpunkte und feste Spielgruppen für Eltern und Kinder, für Familien mit behinderten Kindern und Zwillingseltern Trudering

Außenbezirke:

Gröbenzell
Unsere Frühchen
Waldstraße 2
82194 Gröbenzell
Tel. 08142/53976
Besonderheiten: regelmäßiger Frühchen-Spieltreff, monatliche Treffen von Eltern Frühgeborener, abwechselnd finden Fachvorträge und offene Gesprächsabende statt.

Haar
Nachbarschaftshilfe Haar e.V.
Kirchenplatz 2
85540 Haar
Tel. 089/46002-495

ANGEBOTE FÜR VERSCHIEDENE STADTTEILE

Familienzentrum Haar
Salzgasse 2
85540 Haar
Tel. 46022-493
Besonderheiten: offene Treffs und feste Gruppen für Mütter mit Kindern, ein regelmäßiger Vätertreff, eine japanische und eine englischsprachige Mutter-Kindgruppe, außerdem regelmäßig gemeinsame Feste und Ausflüge

Ismaning
Nachbarschaftshilfe Ismaning e.V.
Schloßstr. 2
85737 Ismaning
Tel. 089/96090039
5 ElternKindGruppen und tägliche Kleinkindbetreuung für Kinder ab 2 Jahren. Außerdem zweimal wöchentlich Hausaufgabenbetreuung für deutsche und ausländische Schüler.

Garching
Nachbarschaftshilfe Garching-Hochbrück e.V.
Rathausplatz 5
85748 Garching
Tel. 089/3201348

Oberschleißheim
Nachbarschaftshilfe Oberschleißheim
Theodor-Heuss-Str. 29
85764 Oberschleißheim
Tel. 089/3152787

Unterhaching
Nachbarschaftshilfe Unterhaching
Rathausstraße 36
82008 Unterhaching
Tel. 089/6111273
Sprechzeiten: Mi 15.00-18.00 Uhr
regelmäßige ElternKindGruppen und 4 Kinderparks, in denen zu festgelegten Zeiten Kinderbetreuung angeboten wird.

Unterschleißheim
Nachbarschaftshilfe Unterschleißheim e.V.
Alex-Pachmann-Str. 40
85716 Unterschleißheim
Tel. 089/3102165
Ein breitgefächertes Angebot an MutterKindGruppen, offenen Treffs mit Kinderbetreuung, Still- und Neugeborenengruppen. Auch spezielle Angebot für Alleinerziehende.

Taufkirchen
Nachbarschaftshilfe Taufkirchen
Pappelstraße 12
82024 Taufkirchen
Tel. 089/61125609
Bürozeiten: Di/Do 9.00-11.00 h, Mi 16.00-18.00 h, MutterKindGruppen sowie tägliche Kinderspielkreise mit Kinderbetreuung für Kinder im Vorkindergartenalter.

Fast alle Kirchengemeinden bieten darüberhinaus konfessionell nicht gebundene ElternKindGruppen an.

SCHÖNHEIT, FITNESS UND WOHLBEFINDEN

Neun Monate hat die Schwangere ihren Körper mit ihrem Kind geteilt – ein einmaliges Erlebnis. Wenn die Geburt jedoch kurz bevorsteht, der Bauch kugelrund ist und die Spannung ihren Höhepunkt erreicht hat, wird der Wunsch immer größer, das Kind möge gesund auf die Welt kommen, um selbst den Körper wieder für sich alleine zu haben.

Nach der anstrengenden Schwangerschaft benötigen Mütter vor allem Ruhe und Zeit, um sich der eigenen Wünsche und Gefühle bewußt zu werden. Der ersten Glücksphase über den neuen kleinen Erdenbürger folgt häufig der Babyschock; Depressionen und Ängste trüben das Mutterglück. Gespräche und Kontakte zu Frauen in der gleichen Situation können helfen, sich mit diesem Problem erfolgreich auseinanderzusetzen.

Für Mütter, die ihren Körper nach den Strapazen der Schwangerschaft, der Geburt und der Stillzeit wieder kräftigen wollen, bieten Hebammen und Institutionen spezielle Kurse wie Rückbildungsgymnastik, Yoga oder Bauchtanz an. Mit diesem Training soll vor allem die Muskulatur von Rücken, Bauch und Beckenboden langsam wieder aufgebaut werden. (Adressen ➜ "Hebammen", "Beratungsstellen")

INSTITUTIONEN DIE RÜCKBILDUNGSGYMNASTIK ANBIETEN

Evangelische Familien-Bildungsstätte
Herzog-Wilhelm-Straße 24
80331 München
Tel. 089/5522410
Anmeldung Miniclubs:
Tel: 52241-13 Mi 9.00-12.00 h,
Bürozeiten Mo-Fr 9.00-12.00 h,
Mo, Di und Do 14.00-17.00 h,
während der Ferien geänderte Zeiten

Familienzentrum "FAM"
St-Johann-Str. 24-26
80999 München
Tel. 089/8122651
Bürosprechzeiten Mi 9.00-11.00 h

Familienzentrum Trudering
Bahnstr. 5
81827 München
Tel. 089/4303696
Bürozeiten Mo-Fr 9.00-11.00 h, Di 17.00-19.00 h,
Öffnungszeiten Mo-Fr 8.00-12.00 h und 14.00-19.00 h

Haus der Familie
Schraudolphstr. 1
80799 München
Tel. 089/280659
Außenstelle Dantestr.
Tel: 089/1571656

Mütter-Väter-Zentrum Neuhausen
Nymphenburger Str. 38
80335 München
Tel. 089/188307
Bürozeiten Mo-Fr 10.00-12.00 h

Paritätische Familien-Bildungsstätte Neuperlach
Peschelanger 11/5.Stk
81735 München
Tel. 089/6371623 oder 985621
Bürozeit Do 9.00-11.00 h

Paritätische Familien-Bildungsstätte Pasing
August-Exter-Straße 1
81245 München
Tel. 089/8206525 oder 985621
Bürozeit Mo 9.30-11.00 h,
Di 14.00-17.00 h

Paritätische Familien-Bildungsstätte Thalkirchen
Bleyerstraße 6
81371 München
Tel. 089/7232745 oder 985621
Bürozeit Di 9.00-11.00 h und
Do 12.00-14.00 h

Paritätische Familien-Bildungsstätte, Bogenhausen
Richard-Strauss-Straße 47
81677 München
Tel. 089/985621
Telefonische Kursanmeldung Mo-Fr 9.00-12.15 h, Do 14.00-17.00 h

BABYSCHWIMMEN – WAS IST DAVON ZU HALTEN?

Den meisten Säuglingen macht das Planschen und Spielen in der Badewanne großes Vergnügen. Um die Bewegungsfreude der Kinder im Wasser zu fördern, werden in manchen Städten heute bereits Schwimmkurse für Säuglinge angeboten. Allerdings sollte man wissen: richtig schwimmen kann ein Säugling eigentlich noch nicht. Er macht eher Reflexbewegungen.
Die Voraussetzungen für das technische Schwimmen, nämlich einen gut aufeinander eingespielten Bewegungsablauf aller Körperteile, eine angepaßte Atemtechnik und ein gewisses Verständnis besitzt das Kind im allgemeinen erst gegen Ende des 2. Lebensjahres. Man kann aber schon ab dem 2. Lebensmonat mit dem Schwimmspiel beginnen. So können schon sehr früh Reflexe zu bewußten Bewegungsabläufen erweitert werden und zu einem freien Fortbewegungsspiel des Säuglings im Wasser führen. Das Wasser wird eigens für die Kleinen auf mindestens 32 Grad Celsius erwärmt. Außerdem gehört eine besonders hygienische Kontrolle des Wassers dazu. Geschulte Schwimmlehrer können den Eltern die entsprechenden Anweisungen geben. Besondere Hilfsmittel, wie Schwimmflügel, sind nicht nötig. Das Kind lernt sich frei bewegen, gestützt auf die breitgefächerte Hand der Eltern oder mit Hilfe eines Schwimmrings.
Drei Dinge sollten Sie dabei beachten:

1. Das Wichtigste ist: Kein Zwang! Wird das Baby nämlich gezwungen, eine Tätigkeit auszuüben, die ihm widerstrebt, so wird es nicht nur in seinem augenblicklichen Wohlbefinden beeinträchtigt, sondern kann auch eine langanhaltende Abneigung gegen diese Tätigkeit entwickeln.
2. Die Eltern sollten nicht zu ehrgeizig sein und keine schwimmenden Wunderkinder erwarten.
3. Auch wenn das Kleinkind schwimmen kann, muß es im Wasser beaufsichtigt werden, weil seine Vernunft noch nicht ausreicht, seine Fähigkeiten richtig einzuschätzen.

BABYGYMNASTIK UND BABYMASSAGE

Größer als das Angebot an Babygymnastik-Kursen ist derzeit die Auswahl an Institutionen, die Babymassage anbieten. Hier einige der wichtigsten Adressen:

Familienzentrum Trudering
Bahnstr. 5
81827 München
Tel. 089/4303696
Bürozeiten Mo-Fr 9.00 - 11.00 h,
Di 17.00 -19.00 h,
Öffnungszeiten Mo-Fr 8.00-12.00 h
und 14.00- 19.00 Uhr

Paritätische Familien-Bildungsstätte Pasing
August-Exter-Straße 1
81245 München
Tel. 089/8206525 oder 985621
Bürozeit Mo 9.30-11.00 h,
Di 14.00-17.00 h

Evangelische Familien-Bildungsstätte
Herzog-Wilhelm-Straße 24
80331 München
Tel: 089/5522410
Bürozeiten Mo-Fr. 9.00-12.00 h,
Mo,Di un Do 14.00-17.00 h,
während der Ferien geänderte Zeiten

Babygymnastik und Babymassage
Größer als das Angebot an Babygymnastik-Kursen ist derzeit die Auswahl an Institutionen, die Babymassage anbieten. Hier einige der wichtigsten Adressen:

Paritätische Familien-Bildungsstätte Neuperlach
Peschelanger 11/5.Stk
81735 München
Tel. 089/6371623 oder 985621
Bürozeit Do 9.00-11.00 h

Paritätische Familien-Bildungsstätte Pasing
August-Exter-Straße 1
81245 München
Tel. 089/8206525 oder 985621
Bürozeit Mo 9.30-11.0 h,
Di 14.00-17.00 h

Beratungsstelle für Natürliche Geburt
Häberlstraße 17
80337 München
Termine und Anmeldung
Tel. 089/532076
Mo-Fr 9.00-13.00 h

Paritätische Familien-Bildungsstätte, Bogenhausen
Richard-Strauss-Straße 47
81677 München
Tel. 089/985621
Telefonische Kursanmeldung
Mo-Fr 9.00-12.15 h,
Do 14.00-17.00 h
Massage, Bewegungsübungen und Gymnastik für Babys

Praxis Kidlerstraße
Kidlerstraße 19
81371 München
Tel. 089/7256858
Anmeldezeiten Mo 15.00-17.00 h,
Mi 8.30-10.30 h, Fr 8.30-10.30h
Babymassage, Gymnastik für Mütter mit Klein- und Krabbelkindern

Nachbarschaftshilfe in der Au
Am Herrgottseck 4
81669 München
Tel. 089/4488967 o. 486772
Mo-Fr. 19.00-21.00 h

Babyschwimmen

- **Klinikum Großhadern, physikal.Abt.**
  Marchioninistr.15, 81377 München, Tel. 089/70954094 Herr Bauer

- **Nordbad**
  Schleißheimerstr.142, 80797 München, Tel. 089/186166 Frau Kästle

- **Schwimmbad Manzostraße**
  Manzostraße 105, 80997 München, Tel. 08233/3921 Frau Glas

- **Schwimmbad Schmädelstraße**
  Schmädelstraße 29, 81245 München, Tel. 089/882700 Herr Toth

- **Schwimmschule Bauermeister**
  Connollystraße 18, 80809 München, Tel. 089/3515051 Frau Schönfeld

BABYPFLEGE

Ganze Koffer voll Probefläschchen und -tiegeln schleppen manche Eltern aus dem Entbindungskrankenhaus mit nach Hause. Doch ist ein Großteil dieser Pflegebatterien völlig überflüssig, wenn nicht sogar schädlich.

Ein gutes Pflanzenöl ohne Konservierungsstoffe – so empfehlen Kinderärzte – ist ideal als Badezusatz und zum Reinigen der Babyhaut. Nur wenn Babys wund werden oder schon wund sind, müssen sie mit einer guten Schutzcreme eingecremt werden.

Kann das Baby sich ohne Windel im warmen Raum aufhalten, schützt das am besten die Haut. Eines seht fest: nur häufiges Wickeln schützt wirklich vor Windeldermatitis.

Pflegecremes für die Gesichtshaut sind in der kalten Jahreszeit manchmal notwendig.

Die Zeitschrift Öko-Test veröffentlichte im Heft 4/1994 Testergebnisse von Babyölen, Babybädern und Babypflegetüchern. Sie weist außerdem auf das Sonderheft "Kleinkinder" hin, das im Mai 1994 erschien und ausführlich neuere Ergebnisse vorstellt.

WINDELN

Sie sollen dicht halten, müssen saugfähig sein, dürfen nicht drücken, das Baby soll nicht wund werden: Windeln gehören zur wichtigsten Ausstattung in jedem Babyhaushalt. Eindeutig bevorzugen die Bundesbürger dabei die praktischen Höschenwindeln. Etwa sechs Millionen Wegwerfwindeln landen jeden Tag im Hausmüll. Eine Alternative dazu sind Stoffwindeln aus Baumwolle, gelegentlich zusätzlich mit Vlieswindeln aus Zellwolle zur besseren

> **TIP**
>
> Die Stadt München plant, ab Januar 1996 die Benutzung von Stoffwindeln zu bezuschussen. Vorgesehen ist dabei ein Zuschuß von maximal DM 80,- für die Inanspruchnahme eines Windelservice oder den Kauf der Grundausstattung. Informationen beim Amt für Abfallwirtschaft, Tel. 233/7700, Herr Deeg.

Aufnahme von Feuchtigkeit bestückt. Fraglich ist freilich, ob das häufige Waschen von Stoffwindeln die Gewässer weniger belastet und letztlich nicht mehr Energie verbraucht als die Nutzung von Wegwerfprodukten. Eine aussagekräftige Ökobilanz dazu liegt bislang nicht vor. Unterschiedlich sind auch die Aussagen von Eltern, wann das Baby eher wund wird. Ob Stoff- oder Höschenwindeln Feuchtigkeit besser aufnehmen und für das Hautklima verträglicher sind, darüber streiten sich Eltern mit Lust – und ohne eindeutiges Ergebnis.

Wichtig ist, angesichts der riesigen Auswahl an Höschenwindeln die wirklich tauglichen und preiswerten herauszufinden. Dabei können sich Eltern auf Ergebnisse einer Untersuchung der Zeitschrift Öko-Test stützen. Danach erweisen sich die Boy-Windeln von Fixis, Luvs und Pampers als besonders saugfähig und halten Feuchtigkeit am besten zurück. Diese Windeln waren freilich auch die teuersten im Test. Auch die anderen der insgesamt 20 getesteten Höschenwindeln konnten gut oder zufriedenstellend abschneiden. Generell gilt offenbar, daß Druckstellen, Hautrötungen, Ärger mit Klebestreifen und mangelnde Paßform in dem Maße zunehmen, wie die Preise billiger werden. Problemlos kamen die Test-Eltern auch mit den sogenannten Unisex-Windeln zurecht – Windeln, deren Saugfähigkeit nicht besonders auf die unterschiedliche Pinkelrichtung von Jungen und Mädchen ausgelegt sind.

Übrigens: Alle getesteten Windeln waren frei von Parfümierung, enthielten weder Phenole noch Formaldehyd. Informationen über Windelkosten und eventuelle Zuschüsse gibt es beim

■ **Amt für Abfallwirtschaft, Tel. 233/7700**
Herr Deeg

WINDEL-SERVICE

Keine Lust Windelpakete zu schleppen? Abfall vermeiden?
Dann probieren Sie doch den Windel-Service aus! Windeln werden ein mal wöchentlich gebracht und geholt.

Marion's Windelwaschdienst
Tel. 089/562931

Windel-Leasing Kracht
Viktor-Scheffel-Straße 14, 80803 München
Tel. 089/398700

BABYS KOSTEN

Der Beratungsdienst der Sparkassen hat in einer detaillierten Übersicht aufgelistet, mit welchen finanziellen Belastungen ein Haushalt von der Geburt des Babys bis zum Ende des ersten Lebensjahres rechnen muß. Danach kommen auf die junge Familie zusätzliche Ausgaben zwischen ca. 5500 Mark (wenn das Baby gestillt wird) und ca. 6350 Mark (bei Flaschennahrung) zu.

KOSTENLOSE BROSCHÜREN ZUM BESTELLEN

Das Leben vor der Geburt
Bundeszentrale für gesundheitliche Aufklärung, Postfach 91 01 52, 51109 Köln

Schwangerschaft
Informationen für werdende Eltern. Bundeszentrale f. gesundheitliche Aufklärung. s.o.

Das Baby
Ein Leitfaden für werdende Eltern. Bundeszentrale für gesundheitliche Aufklärung, s.o.

Entwicklungskalender für Kinder bis zum 18. Monat
Bundeszentrale für gesundheitliche Aufklärung, s.o.

Die neue Sicherheitsfibel
Ein Ratgeber für Eltern – zur Vermeidung von Kinderunfällen. Bundeszentrale für gesundheitliche Aufklärung, s.o.

Sicherheitslexikon für alle Haushalte
(über die techn. Sicherheit von Möbeln und Geräten). Ministerium für Arbeit, Gesundheit und Soziales, Postfach 11 34, 40219 Düsseldorf

Mutterschutzgesetz
Leitfaden zum Mutterschutz Bundesminister für Frauen und Jugend, Postfach, 53113 Bonn

Erziehungsgeld – Erziehungsurlaub
Bundesministerium für Familie und Senioren, Postfach 20 15 59 53113 Bonn

Kindergeld
Bundesministerium für Familie und Senioren, s.o.

Politik für die Familie
Presse- und Informationsamt der Bundesregierung, Welckerstr. 11, 53113 Bonn

Rentenreform 1992
Bundesminister für Arbeit und Sozialordnung, Referat Öffentlichkeitsarbeit, Postfach, 53113 Bonn

Unsere Kinder
Alles Wichtige über Mädchen und Jungen im Alter von 2 bis 6 Jahren. Bundeszentrale für gesundheitliche Aufklärung, s.o.

Kinderspiele
Bundeszentrale für gesundheitliche Aufklärung, s.o.

Elterninfos Kind
(bei jeder AOK Geschäftsstelle)

WEITERFÜHRENDE LITERATUR

Schwangerschaft und Geburt

Andere Umstände
Blume, Angelika: Eine Orientierungshilfe für Vorsorge, Geburtsvorbereitung und Geburt, Rowohlt, Reinbek 1982.

Natürliche Schwangerschaft
Balaska, Janet: Mosaik Verlag, München 1991

Frauen berichten vom Kinderkriegen
Reim, Doris Hrsg.): dtv, München 1984

Das Leben vor dem Leben
Zimmer, Katharina: Die seelische und körperliche Entwicklung im Mutterleib. Kösel Verlag, München 1984

Geburtsvorbereitung
Handbuch für werdende Mütter und Väter. Albrecht-Engel, Ines: Rowohlt, Reinbek 1993

Hausgeburt - besser für Mutter und Kind.
Die neuen Erkenntnisse, die richtige Vorbereitung. Kelm-Kahl, Inge: Rowohlt, Reinbek 1995

Die natürliche Alternative - Warum Hausgeburt?
Kitzinger, Sheila: dtv, München 1988

Kaiserschnitt
ein praktischer und psychologischer Ratgeber. Mühlratzer, Eva/Henkel, Wilhelm Dr. med.: Kösel, München1 1990

Frühgeborene
Babys, die nicht warten können. Steidinger, Jürgen/ Uthike, Klaus: Rowohlt, Reinbek 1989

WEITERFÜHRENDE LITERATUR

Zeit für uns.
Ein Buch über Schwangerschaft, Geburt und Kind. Wilberg, Gerlinde: Frauenbuchverlag, München 1980

Schwangerschaft, Geburt und 1. Lebensjahr.
Hilsberg, Regina: Rowohlt, Reinbek 1988

Schwangerschaftssprechstunde
Ein "Buch für die anderen Umstände" von Leib und Seele van Leeuwen, Christa/Maris Bartholomeus: Stuttgart 1995

Eltern

Mutterwerden - der Sprung in ein anderes Leben.
Beck-Gensheim, Elisabeth: Fischer Taschenbuch, Frankfurt/Main 1993

Kinder fordern uns heraus
Dreikurs, Rudolf: Klett-Cotta, Stuttgart 1994

Eigentlich sollte ich glücklich sein
Hilfe und Selbsthilfe für überforderte Mütter. Dix, Carol: Kreuz Verlag, Zürich 1987

Kinder sind Gäste, die nach dem Weg fragen.
Prekop, Jirina/Schweizer, Christel: Kösel, München 1994

Säuglinge und Kleinkinder

Das Stillbuch
Lothrop, Hannah: 17. Aufl., Kösel, München 1991.

Die Kunst des Stillens nach neuesten Erkenntnissen.
Brunn, Sylvia/Schmidt E. Prof. Dr. med.: Falken Verlag, Niedernhausen/Ts 1984

Ich stille mein Baby
Das umfassende Handbuch für die junge Mutter. Kitzinger, Sheila: Kösel, München 1989, 1995 Überarbeitet

Stillen
Messenger, Maire: Otto Meyer Verlag, Ravensburg 1982

Leben mit einem Neugeborenen
Sichtermann, Barbara: Fischer, Frankfurt am Main 1993

Babys erstes Lebensjahr
Unterschiede in der geistigen und körperlichen Entwicklung. Brazelton, T. Berry: dtv, München 1980

Die ersten 365 Tage im Leben eines Kindes
Hellbrügge, Theodor/ von Wimpfen, J. Hermann: Knaur Verlag, München 1973

Schreiende Babys, schlaflose Nächte
Ratschläge, Beruhigungsmethoden, praktische Tips. Jones, Sandy: Otto Maier Verlag, Ravensburg 1988

Sanfte Hände
Die traditionelle Kunst der Babymassage. Leboyer, Fréderick: Kösel, München 1983

Das Baby Massage Buch
Wachsen durch Berühren. Heindl, Tina: Jungfermann Verlag, Paderborn 1983

Das Prager-Eltern-Kind Programm
Spiel und Bewegung mit Babys. Polinski, Liesel: Rowohlt, Reinbek 1993

Kursbuch Kinder
Ernst, Andrea/Herbst, Vera u.a.: Kiepenheuer und Witsch, Köln 1993

Öko-Test
Ratgeber Kleinkinder, Rowohlt, Reinbek 1994

Kranke Kinder

Aus der Praxis einer Kinderärztin
Brehmer, Gisela: Rowohlt, Reinbek 1993

Das große Buch der Kinderkrankheiten.
Stoppard, Miriam Dr.: Otto Maier Verlag, Ravensburg 1987

Kindersprechstunde
Goebel, Wolfgang/ Glöckler, Michaela: Urachhaus, Stuttgart 1992

Unser kankes Kind
Besser verstehen - einfühlsamer helfen. Hopf, Hans H.: Rowohlt, Reinbek 1982

Wenn Kinder krank werden
Nees-Delval, Barbara: Falken Verlag, Niedernhausen/Ts. 1993

Ernährung

Kinderernährung
Katalyse Umweltgruppe: Kiepenheuer & Witsch, Köln 1987

So ernährt man Kinder richtig
Martin, Katja: BLV Verlagsgesellschaft, München 1985

Ketchup, Big Mac, Gummibärchen
Pudel, Volker/ Bauer, Jutta Butz, Quadriga, Weinheim 1995

KINDER- BETREUUNG

- BABYSITTER
- TAGESMÜTTER
- AU-PAIR
- KINDERKRIPPEN
- ELTERNINITIATIVEN
- VORAUSSETZUNG ZUR GRÜNDUNG VON ELTERNINITIATIVEN
- PLATZ UND RÄUME
- KINDERGÄRTEN
- DAS KINDERBÜRO MÜNCHEN
- TAGESPFLEGESTELLEN
- KINDERHEIME
- LITERATUR

Eltern können nicht stets 24 Stunden am Tag für ihre Kinder da sein. Somit müssen sie Personen oder Einrichtungen finden, die ihnen die Aufgabe der Betreuung zumindest eine Zeitlang abnehmen. Denn trotz aller Improvisationskunst fällt es nicht leicht, ohne Babysitter, Tagesmutter oder Kindergarten auszukommen. Doch den richtigen Platz für das eigene Kind zu finden, ist oft schwieriger als gedacht.

BETREUUNG ZU HAUSE

BABYSITTER

Vor allem berufstätige Eltern und Alleinerziehende kennen das Problem: Wer paßt auf, versorgt und kümmert sich um das Kind, wenn Vater, Mutter oder beide Elternteile dazu einmal nicht in der Lage sind? Die Hilfe von Großeltern, Freunden und Bekannten erweist sich in einer solchen Situation zumeist nur als Notlösung. Großeltern, gerade im fortgeschrittenen Alter, fühlen sich mit der Betreuung insbesondere von Kleinkindern schnell überfordert – und nicht in jedem Fall sind die familiären Bindungen noch so intensiv, daß Eltern ihre Kinder in die Obhut der Großeltern geben möchten oder daß Meinungsverschiedenheiten in Erziehungsfragen ohne schwerwiegende Konflikte zu bewältigen sind. Die Bereitschaft von Freunden oder Bekannten, als Betreuungsperson einzuspringen, stößt ebenfalls rasch an Grenzen: Sie haben ihre eigenen Verpflichtungen, die erste Begeisterung für den Babysitter-Job ist allzu oft gerade dann vorbei, wenn regelmäßige Betreuung des Kindes notwendig wird.

Können und/oder wollen sich Eltern nicht selbst beständig um ihre Kinder kümmern, empfiehlt es sich, die erforderliche Betreuung auf anderem Wege zu organisieren. Notwendig sind Lösungen, die Verläßlichkeit garantieren. Zum einen brauchen Eltern die Gewißheit, daß sie zum Beispiel beruflichen Verpflichtungen nachgehen können – ohne Sorge, wie und ob das Kind währenddessen versorgt und untergebracht ist. Zum anderen benötigen auch Kinder Regelmäßigkeit – selbst wenn sie flexibler sind, als Erwachsene gemeinhin glauben. Wechselnde Betreuer zu unterschiedlichsten Zeiten und ohne jeden Lebensrhythmus: da rebellieren auch Kinder von besonders ruhigem und ausgeglichenem Temperament. Ohne Babysitter scheint daher kaum eine Familie mehr auszukommen.

ANZEIGENANNAHMEN

Natürlich bieten auch die lokalen Zeitungen in ihrem Anzeigenteil immer wieder eine Auswahl von Adressen potentieller Babysitter, oder aber die Möglichkeit, selber zu inserieren.

- Abendzeitung
  Sendlinger Straße 10, 80331 München
  Anzeigenannahme: Tel. 2377-777

- Süddeutsche Zeitung
  Sendlinger Straße 8, 80331 München
  Anzeigenannahme: Tel. 236080

- TZ/Zeitungsgruppe Münchner Merkur
  Paul-Heyse-Str. 2-4, 80336 München
  Anzeigenannahme: Tel. 5306-666

Eine gut funktionierende Informationsbörse für die Suche nach Betreuungsmöglichkeiten ist das Anzeigenmagazin "Kurz und Fündig", das eine umfangreiche Rubrik "Kinderbetreuung" bietet. Hier kann man kostenlos inserieren.

Kurz & Fündig
Frankfurter Ring 209, 80807 München
Anzeigenannahme: Tel. 391315

BABYSITTER IN MÜNCHEN

Mütterzentrum Sendling
Daiserstraße 5
81371 München
Tel. 089/777744

**Arbeitsamt München
Studentenservice**
Tel. 089/530980-30

**Nachbarschaftshilfe Bayern
Vereinigung deutscher
Tagesmütter**
Tel. 089/2999-00

Darüberhinaus gibt es in den einzelnen Stadtteilen eine Reihe von Einrichtungen, die oft für geringes Entgelt oder sogar kostenlos zu verschiedenen Zeiten Kinderbetreuung auch von Kleinkindern oder einen Vermittlungsdienst für Babysitter anbieten:

**Kinderstube
Mütterzentrum Neuaubing**
Aubingerstraße 57, 81249 München
Kurzzeit-Kinderbetreuung für Kinder von 0-6Jahren, Säuglinge und Kleinstkinder von 0-2 Jahren sollten telefonisch angemeldet werden (außerdem Windeln nicht vergessen), Brotzeit von ca. 10.00-10.30 h, bitte geben Sie Ihrem Kind etwas zum Essen mit.

Nachbarschaftshilfe Puchheim
Aubinger Weg 8, 82178 Puchheim
Tel. 089/802451 o. 089/8002749
Die Nachbarschaftshilfe Puchheim bietet einen Vermittlungsservice für Babysitter, Kleinkinderbetreuungsgruppen vom 1. Lebensjahr an und Hausaufgabenbetreuung, Mittagstisch, gezielte Nachhilfe und Freizeitgestaltung für Grund-, Haupt- und weiterführende Schulen durch fachkundige Kräfte.

**IN VIA
Verband f. katholische
Mädchensozialarbeit**
Schellingstr.47/49
80799 München
Tel. 089/2809721

**Internationales
Mütterzentrum**
Guldeinstraße 31 u.36
80339 München
Tel. 089/ 5025592 o.5022598
Informationsbörse für Nachbarschaftshilfe, Kontakte und Kinderbetreuung für ausländische und deutsche Mütter im Westend.

Nachbarschaft Neuhadern
Stiftsbogen 93, 81375 München
Tel. 089/704414 u. 7002800
Mo-Fr 9.00-12.30 Uhr. Zum Angebot gehören Krabbelgruppen, Spielstube und Kinderbetreuungsangebote für Kinder ab 2 Jahren, Babysitter-Vermittlung und Hausaufgabenhilfe.

**Nachbarschaftshilfe
Unterhaching**
Rathausstraße 36
82008 Unterhaching
Tel. 089/6111273
Sprechzeit Mi 15.00-18.00 h
Regelmäßig wird in 4 "Kinderparks" in Unterhaching Kleinkinderbetreuung angeboten, außerdem Hausaufgabenhilfe für die Größeren.

**Nachbarschaftshilfe
Neuperlach**
Albert-Schweitzer-Str.64
81735 München
Tel. 089/677826
Mo-Do 9.00-12.00 h. Zum Agebot gehören 2 Spielstuben mit täglicher Kleinkindbetreuung von 8.30-12.00 h, außerdem ein Babysitter-Service und Nachhilfe für Schüler.

Nachbarschaftshilfe Ismaning
Schloßstr.2
85737 Ismaning
Tel. 089/96090039
Bürozeiten: Mo/Di/Do 9.00-12.00 h, Mo 14.00-16.00 h, 5 Eltern-Kind-Gruppen und tägliche Kleinkindbetreuung für Kinder ab 2 Jahren (in 4 Kinderpark-Spielgruppen). Außerdem zweimal wöchentlich Hausaufgabenbetreuung für deutsche und ausländische Schüler.

**Nachbarschaftshilfe
Taufkirchen**
Pappelstraße 12
82024 Taufkirchen
Tel. 089/6125609
Bürozeiten: Di/Do 9.00-11.00 h, Mi 16.00-18.00 h,
Angebot: Mutter-Kind-Gruppen, tägliche Kinderspielkreise, wo Kinder im Vor-Kindergartenalter von Mitarbeiterinnen betreut werden, außerdem ein
Helferinnen-Notdienst.

**Nachbarschaftshilfe
Fasangarten**
Balanstraße 361
81549 München
Tel. 089/684800
Sprechzeiten: Mo-Fr 9.00-10.00 h

**FrauenStadtteilzentrum
Haidhausen und SIAF e.V.
Statteil-Initiative
für Alleinerziehende Frauen**
Sedanstraße 37
81667 München
Kinderbetreuung im Stadtteil, Babytreff, Hausaufgabenbetreuung, Mädchenprogramm, Offene Kinderarbeit: Kindertheater, Malaktionen, gemeinsame Unternehmungen

Jugendliche als Babysitter

Vielfach offerieren Babysitter ihre Dienste via Aushang, zum Beispiel in Supermärkten oder am Kiosk. Dabei handelt es sich häufig um SchülerInnen, die nebenbei Geld verdienen möchten. SchülerInnen als Babysitter zu engagieren, ist in der Regel billiger, als zum Beispiel auf das Angebot einer professionellen Babysitter-Vermittlung zurückzugreifen. Doch sollten Eltern darauf achten, daß die jugendlichen Babysitter bereits über Erfahrung im Umgang mit Kindern verfügen und überhaupt in der Lage sind, Verantwortung für ein Baby oder Kleinkind zu übernehmen.

MÜTTERBERATUNG

Eine gute Informationsbörse für alle Eltern-Kind-Angebote im Stadtviertel sind die Kinderschwestern, die über die Mütterberatungsstellen zu erreichen sind: Sie wissen häufig, wo in unmittelbarer Nachbarschaft ein erfahrener Babysitter zu finden ist, welche Mutter mit gleichaltrigem Kind interessiert ist, sich die Kinderbetreuung zu teilen oder eventuell stundenweise mit zu übernehmen, wo sich gerade neue Krabbelgruppen gründen u.v.m.

Mütterberatung Waldfriedhofsviertel
Tel. 089/7146206

Mütterberatung Trudering/Riem
Tel. 089/4393279

Mütterberatung Stadtzentrum
Telefon: 089/5207-356

Mütterberatung Schwabing/Maxvorstadt
Tel. 089/343861

Mütterberatung Perlach/Neuperlach
Tel. 089/671888

Mütterberatung Pasing/Obermenzing
Tel. 089/89617-324

Mütterberatung Neuhausen/Nymphenburg
Tel. 089/177593

Mütterberatung Moosach, Olympiastadt, Untermenzing, Allach
Tel. 089/1491767

Mütterberatung Milbertshofen, Am Hart, Alte Heide
Tel. 089/3594959

Mütterberatung Laim/Blumenau
Tel. 089/5804913

Mütterberatung Hasenbergl
Tel. 089/3132435

Mütterberatung Harlaching
Tel. 089/6902343

Mütterberatung Haidhausen
Tel. 089/487400

Mütterberatung Großhadern
Tel. 089/5469250

Mütterberatung Giesing/ Obergiesing
Tel. 089/6923649

Mütterberatung Fürstenried/ Forstenried/Solln
Tel. 089/7553966

Mütterberatung Bogenhausen/Oberföhring
Tel. 089/981706

Mütterberatung Berg am Laim
Tel. 089/4316532

Mütterberatung Au/Untergiesing
Tel. 089/661672

Mütterberatung Altstadt, Ludwigvorstadt
Tel. 089/2335865

FÜR KINDER IST WICHTIG,
DASS SIE DEN BABYSITTER ODER DIE TAGESMUTTER MÖGEN.

TAGESMÜTTER

Die Betreuung von Kindern durch Tagesmütter gewinnt zunehmend an Bedeutung. Das hat seinen Grund nicht nur darin, daß es an Krippen- und Kindergartenplätzen mangelt. Vielmehr bietet diese Form der Betreuung auch Vorteile: für Eltern wie für die zu betreuenden Kinder.
Tagesmütter sind zumeist Frauen, die selbst Kinder haben. Gegen Bezahlung und auf Zeit kümmern sie sich um weitere Kinder, oftmals mit großem persönlichem Engagement und viel Liebe. Die Betreuung erfolgt in der Regel in der Wohnung der Tagesmutter. Je nach Absprache kommt die Tagesmutter aber auch in die Wohnung des zu betreuenden Kindes, gegebenenfalls mit ihren eigenen Kindern. Die Kinder, vielfach im gleichen Alter, können Freundschaft schließen, werden schnell Spielkameraden. Einzelkindern kommt dies besonders zugute. Sie erleben eine geschwisterähnliche Nähe zu anderen Kindern. Zudem haben sie mit der Tagesmutter ein feste Bezugsperson, zu der sie nicht selten ein inniges Verhältnis entwickeln.
Eltern wiederum wissen es zu schätzen, daß sie mit der Tagesmutter flexiblere Regelungen vereinbaren können, als dies etwa im Kindergarten möglich ist. Die Betreuungszeiten können sich nach dem individuellen Rhythmus des Kindes sowie beruflicher Anforderungen der Mütter und Väter richten. Im Normalfall wird die Tagesmutter auch Verständnis dafür zeigen, wenn Eltern ihr Kind ab und an länger bei ihr lassen müssen, als ursprünglich vereinbart. Tagesmütter gehen mit kränkelnden

Kindern auch schon einmal zum Arzt oder zur Vorsorgeuntersuchung. Schwierig wird es jedoch, wenn die Tagesmutter selbst erkrankt. Dann gibt es - anders als im Kindergarten - keinen Ersatz.
Die Beziehung zur Tagesmutter ist indes nicht immer konfliktfrei. Unterschiedliche Erziehungsstile und Ernährungsvorstellungen können ebenso Quelle von Auseinandersetzungen sein, wie die Furcht der Eltern, ihr Kind an die Tagesmutter zu verlieren. Denn die ist schließlich ein Großteil der Zeit mit dem Kind zusammen. Da mischen sich gelegentlich Eifersucht und das schlechte Gewissen, das eigene Kind zu vernachlässigen, zu einer brisanten Mischung.
Aber auch für die Tagesmutter ist der Job keineswegs eine problemfreie Möglichkeit, während der Zeit etwas hinzuzuverdienen, in der sie sich sowieso um ihre eigenen Kinder kümmert. Gelegentlich bestehen zum Beispiel die Kinder der Tagesmutter auf das Recht einer bevorzugten Behandlung, ein anderes Mal sind es die zu betreuenden Kinder, die sich zurückgesetzt oder vernachlässigt fühlen.
Schwierigkeiten dieser Art lassen sich am besten bewältigen, wenn ein vertrauensvolles Verhältnis zwischen der Tagesmutter und den Eltern der von ihr betreuten Kinder geschaffen werden kann. Notwendig ist ein offener Dialog, um gemeinsam nach ehrlichen Lösungen zu suchen und Konflikte nicht nur oberflächlich zu übertünchen. Denn andernfalls brechen diese mit Gewißheit - und dann heftiger - wieder auf.

Häufige Konflikte

Konflikte zwischen Mutter und Tagesmutter entstehen häufig,

- wenn keine Eingewöhnungs- und Kontaktphase stattfindet
- wenn Abholzeiten nicht eingehalten werden
- wenn Erziehungskonflikte nicht besprochen werden
- wenn die Tagesmutter eifersüchtig auf die Berufstätigkeit der Mutter ist
- wenn die Tagesmutter sich unterbezahlt fühlt

Es kommt also darauf an, möglichst schon zu Beginn die richtige Tagesmutter zu finden. Das ist keine einfache Sache, denn wem fällt es schon leicht, sein Kind einer zunächst fremden Person anzuvertrauen.
Eltern sollten sich daher Zeit für intensive Gespräche mit möglichen Tagesmüttern nehmen. Zu klären sind ihre Befähigung, ein Kind zu betreuen (Ausbildung), mögliche Referenzen (Eltern früher schon einmal betreuter Kinder) und ihre Vorstellungen zu Erziehungsfragen. Dazu zählen zum Beispiel das Verhältnis von Disziplin und Toleranz, die Gestaltung der Betreuungszeit sowie die Frage nach der Regelung von Essens- und Schlafenszeiten. Die Eltern sollten sich auch die Wohnung der potentiellen Tagesmutter einmal ansehen und mit dem Kind einige Tage bei ihr verbringen. Das erleichtert zum einen den Übergang - vor allem für das Kind, aber auch für die Eltern. Zum anderen können die Eltern die Athmosphäre in der Wohnung in sich aufnehmen und sich selbst ein Bild davon machen, in welcher Umgebung ihr Kind betreut werden soll.
Am wichtigsten ist es jedoch, daß das Kind und die Tagesmutter einander mögen. Das ist rasch erkennbar, unter anderem an der - beiderseitigen! - Bereitschaft zum körperlichen und spielerischen Kontakt. Bei Vertragsabschluß sollten ebenfalls schon mögliche Streitpunkte von vornherein

ausgeräumt werden. Durch klare Regelungen zum Beispiel hinsichtlich der Bezahlung, von Urlaubs- und Kündigungszeiten. Die Bezahlung von Tagesmüttern ist von kommunalen Gepflogenheiten abhängig. Anhaltspunkte für eine realistische Vereinbarkeit liefern die Tarife der Kommunen, die unter bestimmten Bedingungen und in Abhängigkeit vom Einkommen die Beschäftigung von Tagesmüttern bezuschussen.

Kontakte zu Tagesmüttern lassen sich am besten durch einen Blick in die Zeitung herstellen. Dort annoncieren viele Tagesmütter. Aber auch Eltern, die eine Tagesmutter suchen, können natürlich selbst eine entsprechende Annonce schalten. Als Kontaktadressen empfehlen sich darüberhinaus:

- **Stadtjugendamt München - Familienergänzende Hilfen**
  Orleansplatz II, 81667 München, Tel. 233-23309
  Angebot: Vermittlung von Tagesmüttern, Information und Beratung, Prüfung der Qualifikation von Tagesmüttern, Empfehlungen für Bezahlung und Arbeitsverträge etc.

- **"Tageseltern München und Umgebung"**
  Wörthstraße 20, 81667 München
  Angebot: Interessensvertretung der Tageseltern gegenüber und in Zusammenarbeit mit dem Jugendamt und den zuständigen staatlichen Stellen, Beratung und Information für Tageseltern und Tagesmütter, Netzwerk für Notfälle, Informationen über gesetzliche Neuerungen und Qualifizierung der Tageseltern durch Aus- und Fortbildungsmaßnahmen

- **"Tagesmütter" Bundesverband für Kinderbetreuung in Tagespflege e.V.**
  Breite Str. 2, 40670 Meerbusch, Tel. 02159/1377. Bürozeiten: Mo–Do 10–16 Uhr

- **Kinderschutz und Mutterschutz e.V.**
  Liebherrstraße 5, 80538 München, Tel. 089/222435

- **Sozialdienst kath. Frauen**
  Herzogspitalstr. 7, 80331, München, Tel. 089/2603047

- **Evangelische Jugendhilfe**
  Blutenburgstr. 71, 80636 München, Tel. 089/126991-50

AU-PAIR

"Au-pairs" spielen bei der Kinderbetreuung eine große Rolle. Während die Eltern arbeiten, sorgt die Au-pair-Kraft täglich über einen längeren Zeitraum hinweg – manchmal bis zu zwei Jahre lang – für das Kind und für den Haushalt. Zu den Vorteilen gehört, daß das Kind eine feste Bezugsperson hat. Es bleibt auch genügend Zeit für das Kind, sich an den neuen Betreuer oder die neue Betreuerin zu gewöhnen. Die allgemein üblichen Bedingungen sind im Einvernehmen mit der

Bundesanstalt für Arbeit geregelt:

1. Die Au-pair-Kraft hilft der Familie bei der Betreuung der Kinder und bei allen anfallen den Hausarbeiten, sie kann jedoch keine Putzfrau ersetzen und soll nicht zu grober Arbeit herangezogen werden. Bei Berufstätigkeit beider Eltern sollte der Haushalt so organisiert werden, daß der Arbeitsanfall und die Verantwortung für die Au-pair-Kraft nicht zu groß werden.
2. Die Mithilfe beträgt 5-6 Stunden täglich bzw. 30 Wochenstunden. Zwei bis dreimal wöchentlich kann abends Babysitting gefordert werden. Der Au-pair-Kraft müssen aber genügend Zeit für Sprachkurse, Fortbildung und Freizeitgestaltung zur Verfügung stehen.
3. Als Gegenleistung erhält die Au-pair-Kraft ein eigenes Zimmer, volle kostenlose Verpflegung und ein Taschengeld von 350 DM monatlich. Hinzu kommt eine Monatskarte für die öffentlichen Verkehrsmittel.
4. Die Au-pair-Kraft hat Anspruch auf einen freien Tag pro Woche. Bei einem Aufenthalt über 6 Monate hinaus sind ca. drei Wochen Ferien üblich.
5. Familie muß für die Au-pair-Kraft eine Kranken- und Unfallversicherung abschließen.
6. Bei Unstimmigkeiten zwischen der Au-pair-Kraft und der Familie ist nach Rücksprache mit der Vermittlungsstelle eine Auflösung des Verhältnisses innerhalb von 1–2 Wochen möglich.
7. Die Kosten für die Hin- und Rückfahrt sowie für Sprachkurse trägt die Au-pair-Kraft selbst.

Die Organisation erhebt von der Familie eine Vermittlungsgebühr von 40 DM sowie eine pauschale Auslagenerstattung von 240 DM für einen einjährigen Au-pair-Aufenthalt. Bei kürzeren Aufenthalten reduziert sich dieser Betrag.

Weitere Informationen erteilt:

- **Verein für Internationale Jugendarbeit, Au-Pair Vermittlung**
  Friedrich-Loy Str. 16, 80796 München, Tel. 089/3007594

- **Gesellschaft für Internationale Jugendkontakte –
  Au Pair International (Zentrale)**
  Postfach 200562, Ubierstr. 92–94, 53135 Bonn, Tel. 0228/957300, Fax 0228/9573010.
  Goerdeler Str. 32, 82008 Unterhaching, Tel. Und Fax 089/625 11 45

- **IN VIA, Verband f. katholische Mädchensozialarbeit**
  Klarastraße 10, 80636 München, Tel. 089/184082

BETREUUNG AUSSER HAUS

KINDERKRIPPEN

In Krippen werden Kinder bis zum Kindergartenalter betreut - wenn die Eltern denn einen der wenigen, begehrten Plätze finden. Krippenkinder sind also in einem Alter, in dem sie noch sehr viel individuelle Zuwendung bedürfen, ständig neue Entwicklungsschritte in einem fast atemberauben-

STÄDTISCHE KINDERKRIPPEN

Jugendamt München
Fachabteilung Kinderkrippen
Paul Heyse Straße 20
80336 München
Tel. 089/233-23875 Fax: 233-6867

Adalbertstr. 10
80798 Schwabing
Tel. 271 12 37

Baaderstr. 9
80469 Isarvorstadt
Tel. 291 643 81

Charles-de-Gaulle-Str. 15
81737 Neuperl. Zentrum
Tel. 670 90 35

Clemensstr. 37
80803 Schwabing
Tel. 29 58 67

Deisenhofener Str. 51
81539 Obergiesing
Tel. 697 18 54

Dom-Pedro-Platz 1
80637 Neuhausen
Tel. 159 190 56

Ebenböckstr. 13
81241 Pasing
Tel. 896 891 34

Flurstraße 12
81675 Haidhausen
Tel. 47 14 51

Grafinger Str. 96
81671 Berg am Laim
Tel. 490 000 79

Gustav-Heinemann-Ring 137
81739 Neuperl.-Süd
Tel. 637 91 47

Hansastraße 66
81373 Sendling
Tel. 769 80 21

Hugo-Wolf-Str. 66
80937 Harthof
Tel. 312 159 67/8

Jakob-Sturm-Weg 12
80995 Feldm. Anger
Tel. 314 23 66

Keilberthstr. 12
80939 Freimann
Tel. 316 980 67/70

Kidlerplatz 5
81371 Untersendling
Tel. 77 61 37

Kistlerhofstr. 89
81379 Obersendling
Te. 78 29 99

Körnerstr. 1
80469 Isarvorstadt
Tel. 201 01 35

Krüner Str. 1, 81373 Westpark
Tel. 769 41 20

Mathunistr. 6
80686 Laim
Tel. 546 621 31

Meißener Str. 10
80992 Moosach
Tel. 40 790 03

Mondstr. 32
81543 Untergiesing
Tel. 62 40 0806/7

Ödkarspitzstr. 13
81671 Berg am Laim
Tel. 40 47 97

Oskar-Maria-Graf-Ring 24
81737 Neuperlach
Tel. 670 64 64

Reschreiterstr. 25
80933 Hasenbergl
Tel. 312 157 0/1

Robert-Koch-Str. 5
80538 Lehel
Tel. 22 27 22

Scapinellistr. 15
81241 Westkreuz
Tel. 8968043/4

Schaffhauser Str. 17
81476 Fürstenried
Tel. 745 760 77

Schrenkstraße 2
80339 Westend
Tel. 50 36 84

Schwanthalerstr. 128
80339 Westend
Tel. 502 44 08

Teutoburger Str. 8
81543 Untergiesing
Tel. 65 50 75

Therese-Giehse-Allee 13
81739 Neuperlach
Tel. 670 62 66

Thorwaldsenstr. 13
80335 Neuhausen
Tel. 123 74 76

Violenstraße 4
80689 Kleinhadern
Tel. 740 290 71

Weißenburger Str. 10
81667 Haidhausen
Tel. 48 43 08

Westendstr. 97
80339 Westend
Tel. 50 13 04

Städt. Kooperationseinrichtung
Kinderkrippe und Kindergarten,
Kellerstr. 8
81667 Haidhausen
Tel. 688 67 85

den Tempo machen, in dem sie sich aber erst langsam andere Kinder als wichtige Bezugspersonen für sich entdecken. Wesentliches Kriterium für die Entscheidung, ein Kind in eine Krippe zu geben, ist daher die Zahl der Kinder, um die sich eine Betreuungsperson zu kümmern hat. Mehr als sechs Kinder in einer Gruppe sind kaum verkraftbar.

Fast ebenso entscheidend ist die Ausstattung der Räume. Sie müssen behaglich und in warmen Farben gehalten sein, viel Platz zum Spielen und Herumtollen, zugleich aber auch ruhige Nischen bieten, in denen sich Kinder zurückziehen können. Krippen sollten Kindern zudem ermöglichen, ihren ganz eigenen Rhythmus beizubehalten. Vorgeschriebene Zeiten zum Schlafen, Essen, Waschen und Wickeln sind damit nicht vereinbar.

Krippen unterscheiden sich voneinander dadurch, ob stets Kinder eines Alters einer Gruppe angehören oder ob Säuglinge, Krabbelkinder sowie Ein- und Zweijährige gemeinsam eine Gruppe bilden. Altersgemischte Gruppen sind der überkommenen "klassischen" Krippenform vorzuziehen. Zum einen lernen Kinder voneinander, zum anderen bleiben die Kinder bei einer betreuenden Person über die gesamte Krippenzeit. Und schließlich ist eine Betreuungsperson rasch überfordert, wenn es gilt, zum Beispiel sechs Säuglinge zu ähnlichen Zeiten zu füttern und zu wickeln. Die Chance zur individuellen Betreuung ist dann vertan.

Relativ neu und wenig verbreitet sind sogenannte Familiengruppen. In ihnen ist die Altersmischung der Kinder noch größer und reicht vom Säugling bis zum Hortkind. Die Vorteile gegenüber der "kleinen" Altersmischung werden bei dieser Betreuungsform konsequent und weitergehend verwirklicht. Die älteren Kinder lernen Verantwortung für kleinere zu übernehmen und stärken auf diese Weise ihr eigenes Selbstbewußtsein. Die kleineren Kinder wiederum orientieren sich stark am Vorbild der älteren - und lernen von diesen, daß auch sie selbst in späteren Jahren ebenfalls kleinere Kinder an die Hand nehmen, sie vor Gefahren beschützen und Wissen zu vermitteln. Die Sorge von Eltern, daß die Großen die Kleinen dominieren oder daß die Großen wegen der Rücksichtnahme auf die Kleinen immer wieder zu kurz kommen, bestätigt sich in der Praxis nicht. Es ist im Gegenteil eine erfreuliche Erfahrung, wie stark die Kinder aus eigenem Antrieb selbst ausgesprochen soziale Verhaltensnormen entwickeln und beibehalten. Voraussetzung dafür ist allerdings ein ausreichendes Platzangebot. Die Kinder dürfen sich nicht gegenseitig auf den Füßen stehen und einander beständig stören.

Damit sich Krippenkinder in ihrer neuen Umgebung wohlfühlen, ist ihnen eine ausreichende Eingewöhnungszeit zuzugestehen. In dieser Zeit sollte ein Elternteil zunächst mit dem Kind die Krippe besuchen, mit ihm die Zeit dort verbringen (mindestens drei Tage) und ihm alle gewohnte Aufmerksamkeit schenken - vom Füttern bis zum Wickeln und Trösten. In dieser Zeit lernen sich zugleich das Kind und die Betreuungsperson langsam kennen. Vorsichtig, in Abhängigkeit von den Reaktionen des Kindes, übernimmt diese Aufgaben, die zuvor die Mutter oder der Vater erfüllt hat, die Betreuungsperson. Dann kommt die Phase der ersten Trennungsversuche, in denen sich die Eltern zunächst für kurze Zeit (einige Minuten) von der Gruppe entfernen, aber in der Nähe bleiben. Sie sind immer erreichbar, wenn das Kind nach ihnen verlangt. Die Zeit der Trennung wird jetzt langsam ausgedehnt (eine Stunde). Danach folgt die Schlußphase, in der das Kind die Betreuungsperson vollkommen akzeptiert hat und eine Trennung über längere Zeit verkraftet, ohne sich unsicher und schutzlos zu fühlen. Dann ist die Eingewöhnungsphase zu Ende. Wie lange sie sich hinzieht, das differiert von Kind zu Kind. Sechs Wochen sollten Eltern aber auf jeden Fall für diese Zeit einplanen.

ELTERNINITIATIVEN

Immer mehr Eltern greifen zur Selbsthilfe und organisieren – notgedrungen – die Betreuung ihrer Kinder selbst. Es fehlt an Kindergarten-, Hort- und Krabbelgruppenplätzen in ausreichender Zahl, der Bedarf ist weit größer als das Angebot.

Die Zahl der Tagesstättenplätze steht in keinem Verhältnis zu der Suche insbesondere von berufstätigen Eltern nach einer Betreuungsmöglichkeit für die Kinder. Von den insgesamt rund 1,4 Millionen Kindergartenplätzen im Westen Deutschlands sind gerade 200000 auf Ganztagsbetreuung ausgerichtet.

Der sogenannte Versorgungsgrad für Kinder vom dritten Lebensjahr bis zum Beginn der Schulpflicht liegt in den alten Bundesländern bei knapp 69 Prozent. Das heißt, für rund ein Drittel der Kinder im Vorschulalter gibt es keine Kindergartenplätze. Bei jüngeren Kindern tendiert das Betreuungsangebot mit einem Versorgungsgrad von 2,7 Prozent gegen Null. Und nur für rund fünf Prozent aller Schulkinder in Westdeutschland existieren Betreuungsmöglichkeiten nach dem Unterricht.

Kein Wunder also, daß die Zahl der selbstorganisierten Einrichtungen und Elterninitiativen beständig wächst.

Elterninitiativen in München

Mit einem Angebot an Kindergartenplätzen von ca. 82 Prozent für Kinder vom dritten Lebensjahr bis zur Schulpflicht sehen die Vergleichszahlen für Bayern erheblich günstiger aus als in anderen Bundesländern. Die mehr als 120 Elterninitiativen, die allein in München in eigener Regie Krabbelstuben-, Kinder- und Schülerladenplätze geschaffen haben, verstehen sich daher auch gar nicht als Lückenbüßer für fehlende Krippen- und Kindergartenplätze.

Sie zeichnen sich vor allem durch das überdurchschnittliche Engagement und die Tatkraft ihrer Mitglieder aus. Die kümmern sich um die Einstellung von Personal, packen bei der Renovierung der Gruppenräume eigenhändig mit an und besprechen regelmäßig möglicherweise auftretende Probleme. Außergewöhnlich sind auch die sozialen Bindungen, über die Öffnungszeiten etwa des Kindergartens hinaus. Dann organisieren die Eltern nicht selten gemeinsam Freizeit mit den Kindern, kümmern sich um zusätzliche Betreuungsmöglichkeit, wo es erforderlich ist, und helfen sich gegenseitig etwa bei der Beantragung von wirtschaftlicher Jugendhilfe.

Dahinter steht ein Konzept, das den Lebensbereich Familie/Kindergruppe wieder näher zusammenrücken will, auf Selbstverwaltung und Selbstverantwortung der Eltern setzt, konkrete Nachbarschaftshilfe leisten will und Entlastung für Frauen, für Alleinerziehende und für die Situation des Einzelkinds bieten will.

Typisch für die Münchner Eltern-Kind-Initiativen sind neben der intensiven Elternmitarbeit kleine Gruppen mit gemischter Altersstruktur und flexible Öffnungszeiten.

Der weitaus größte Teil der Münchner Eltern-Kind-Initiativen ist im Kleinkindertagesstätten e. V. (KKT) zusammengeschlossen. Für Eltern, die einen Platz in einer Eltern-Kind-Initiative suchen, oder für diejenigen, die zur Gründung einer neuen Initiative Gleichgesinnte finden wollen, übernimmt der KKT eine entscheidende Beratungs- und Vermittlerfunktion.

Der Kindergruppen-Alltag ist in der Regel durch die zahlreichen Anrufe interessierter Eltern überlastet. Die Erzieherinnen bitten daher darum, sich bei der Suche nach einem Betreuungsplatz immer zuerst an den Vermittlungsdienst des KKT und nicht an die Kindergruppen direkt zu wenden.

- **KKT Kleinkindertagesstätten e.V.**
  Einsteinstraße 111, 81675 München, Tel. 089/4702309
  Di-Do 10.00-13.00 Uhr, Di 14.00-16.00 Uhr, Fr. 10.00-12.00 h

Eltern-Kind-Initiativen werden in den ersten 3 Jahren durch die Selbsthilfeförderung der Stadt München gefördert, danach kann die Übernahme in die sogenannte Regelförderung des Jugendamts erfolgen. Zuschüsse können bis zur Hälfte der Personal- und Raumkosten gewährt werden. Die Elternbeiträge dürfen dabei die Höhe der für städtische Einrichtungen geltenden Gebührensätze nicht unterschreiten.

VORAUSSETZUNG UND WEGE ZUR GRÜNDUNG EINER INITIATIVE FÜR DIE BETREUUNG VON KINDERN

Wer sich entschließt, auf eigene Faust einen Kinderladen zu gründen, muß zunächst auf zahlreiche bürokratische Hürden gefaßt sein. Schon von daher empfiehlt es sich, die Unterstützung des KKT in Anspruch zu nehmen.

Für die Gründung einer Kindergruppe in Selbstorganisation sind folgende Punkte zu beachten:

(1) Die Eltern sollten Kontakt mit dem KKT oder aber einem anderen Dachverband aufnehmen, sich dort beraten und informieren lassen. Eventuell können sie sich in Form einer Mitgliedschaft diesem Dachverband anschließen.

(2) Zuschußanträge für Eltern-Kind-Initiativen und die dazugehörige Konzeption der Münchner Selbsthilfeförderung sind bei der Arbeitsgruppe Selbsthilfeförderung im Sozialreferat zu erhalten. Sowohl die Arbeitsgruppe Selbsthilfeförderung als auch der KKT e.V. helfen bei der Antragstellung.

- **Arbeitsgruppe Selbsthilfeförderung, Abt. Sozialplanung im Sozialreferat**
  Orleansplatz 11, 81667 München, Tel. 089/233-23618 o. 233-23404

(3) Bei einer Beantragungshöhe von über 12.000,- DM aus dem Münchener Selbsthilfefond ist ein Verein zu gründen. Der KKT hat hierfür eine Mustersatzung verfaßt und eine Informationsmappe zur Vereinsgründung zusammengestellt. Beides ist auf Anfrage hier erhältlich.

(4) Versicherungen: Sowohl eine Unfallversicherung für die Kinder der Eltern-Kind-Initiativen als auch eine Haftpflichtversicherung für den Betrieb sind unbedingt erforderlich. Auch hier bietet der KKT Informationen und relativ günstige Versicherungspakete an.

(5) Personalsuche, Übernahme von Arbeitgeberverpflichtungen für ErzieherInnen und PraktikantInnen, Gehaltsabrechnungen, Formulierung von Arbeits- und Ausbildungsverträgen - die Bewältigung von Verwaltungsfragen wie diesen überfordert in der Regel schon allein die zeitlichen Kapazitäten selbst der engagiertesten Eltern. Auf Wunsch übernimmt der KKT daher die Arbeitgeberfunktion und alle damit verbundenen verwaltungstechnischen Arbeiten.

PLATZ UND RÄUME

Eltern-Kind-Initiativen müssen gewerblich genutzte Räume anmieten, was aufgrund der Raumknappheit und der ständig ansteigenden Mieten eine der größten Schwierigkeiten bei der Gründung einer Eltern-Kind-Initiative ist. Räume zur Kinderbetreuung sollten groß, hell, günstig gelegen, gut belüftbar – kurz: schön sein und über Außenanlagen verfügen!
Entsprechende Räume auf dem freien Markt zu finden, ist nicht einfach. Hier sind Beharrlichkeit und Phantasie gefragt. Vielleicht hat die Bürgermeisterin oder der Bürgermeister eine Idee, wo die Kinder untergebracht werden können. Manchmal sind Gemeinderäume zur Nutzung optimal.

Vorgeschriebene räumliche Voraussetzungen:
- Mindestgröße für den Gruppenraum
- Beschaffenheit der Sanitäranlagen
- Küche, Garderobe etc.
- direkt zugängliches eigenes Außengelände oder leicht erreichbare Nähe eines Spielplatzes oder Parks
- die Räume müssen entweder als Gewerberäume ausgewiesen sein oder es muß eine "wohnwirtschaftliche Ausnahmegenehmigung vom Zweckentfremdungsverbot von Wohnraum" beim Bauaufsichtsamt beantragt werden.

Für das "Innenleben" der Räume wäre ein großer Raum zum Toben, Rennen, Turnen und für Feiern oder Feste optimal. Daneben brauchen die Kinder eine Möglichkeit, sich zurückzuziehen: Nischen, kleine Räume, kuschelige Ecken laden Kinder zum Ruhen, Schmusen oder Lesen ein.
Da meist nur wenig Platz vorhanden ist, empfiehlt sich eine multifunktionelle Nutzung der Räume. So kann im Flur ein Kaufladen aufgebaut werden, oder die Eßtische dienen als Basteltische. Anregungen für die Einrichtung der Räume holt man sich am besten bei anderen Kindergruppen oder Kindertagesstätten. Dort sprechen die Mitarbeiter nämlich aus Erfahrung. Der KKT vermittelt Kontakte und hat die wichtigsten Kriterien der Raumsuche in einem Faltblatt zusammengefasst.

KINDERGARTEN

In Deutschlands Städten kommen Familien ohne einen Platz im Kindergarten kaum mehr zurecht. Nicht nur berufstätige Eltern benötigen das Betreuungsangebot für Kinder im Vorschulalter, um Erziehungsaufgaben und Anforderungen am Arbeitsplatz bewältigen zu können. Auch für Eltern, die im Prinzip die Betreuung des Kindes allein leisten könnten, ist der Kindergarten unverzichtbar. Denn der Kindergarten ist oftmals der einzige Ort, wo Kinder mit Gleichaltrigen tagtäglich zusammenkommen: um gemeinsamen zu spielen, um miteinander an der frischen Luft zu toben, um voneinander zu lernen.
Die Verstädterung und die Tendenz zur Ein-Kind-Familie machen es immer schwieriger, kindergerechte Tagesabläufe zu organisieren. Die Möglichkeiten zum unbeschwerten Spiel ohne ständige Aufsicht schrumpfen, die lockereren Familienbande und kleinen Familiengrößen vermindern die soziale Kontakte. Anregungen holen sich Kinder daher heute vor allem im Kindergarten.

PLÄTZE IN KINDERGÄRTEN UND HORTEN SIND RAR.
DA HILFT OFT NUR, WENN SICH ELTERN DIE BETREUUNG TEILEN.

Im Kindergarten lernen Kinder zum Beispiel Spielkameraden aus dem Stadtviertel kennen, mit denen sie sich auch am Wochenende oder nachmittags verabreden können. Allein deshalb ist es ratsam, sich um einen Platz in einer Einrichtung zu bemühen, die möglichst nahe der eigenen Wohnung gelegen ist. Zudem belasten lange An- und Abfahrten sowohl die Kinder als auch deren Eltern. Und nach der Kindergartenzeit treffen Kindergartenkinder in der Schule ihre Freunde wieder. Über den Kindergarten vermittelt, gibt es zugleich einen stabilen Kontakt zwischen Eltern mit gleichen Sorgen und Interessen, oftmals über viele Jahre hinweg.

Ein Kindergarten ist um so besser geeignet, die Bedürfnisse von Kindern zu erfüllen, je mehr Platz zum Spielen er bietet. Vor allem im Freien. Die Ausstattungsstandards der verschiedenen Einrichtungen mit Spielen und Geräten zum Beispiel unterscheidet sich selten deutlich. Wichtiger ist, daß nicht mehr als 18 bis 20 Kinder und jeweils zwei BetreuerInnen eine Gruppe bilden. Sind die Gruppen größer, läßt dies den ErzieherInnen kaum die Chance, auf einzelne Kinder mit ihren jeweils verschiedenen Charakteren einzugehen. Statt dessen sind dann mehr Disziplin und Unterordnung notwendig.

Kindergärten sollten ebenso wie Krippen und Horte Rückzugsmöglichkeiten für Kinder bereithalten, die eine Zeitlang für sich sein wollen. Kinder brauchen ihre Winkel, in denen sie auch dem Auge der Aufsichtsperson einmal entgehen können. Kinder sollen zudem die Chance haben, möglichst viel selbständig zu spielen und nicht immer wieder zu Gruppenaktivitäten mehr oder minder gezwungen werden. Und sie brauchen Rücksichtnahme auf ihre jeweiligen Gewohnheiten - zum Beispiel beim Essen.

Die pädagogischen Konzepte der meisten Kindergärten sind mittlerweile sehr ähnlich. Die Kinder bilden altersgemischte Gruppen von drei bis sechs Jahren. Die ErzieherInnen bieten Aktivitäten an, an denen sich Kinder beteiligen können, es aber nicht müssen. Frühstücken dürfen die Kinder zumeist, wann sie Lust dazu haben, das gemeinsame Mittagessen ist obligatorisch.

Die Entscheidung für einen Kindergarten richtet sich daher zumeist nach dessen Öffnungszeiten - sie sollen möglichst den Bedürfnissen und Zwängen der Eltern entsprechen. Wird ein Ganztagsplatz gesucht, ist es oftmals nicht möglich, einen solchen Platz im nahegelegenen Kindergarten zu erhalten - wenn überhaupt. Auf jeden Fall sollte dann die Gruppenzahl kleiner sein. Kinder, die fast den gesamten Tag im Kindergarten verbringen, benötigen mehr Aufmerksamkeit und Zuwendung.

In den Kindergarten gehen Kinder in einem Alter, in dem sie die Lust am Spiel mit anderen entdecken, sich auf das Abenteuer der Welt außerhalb der Familie einlassen. Deshalb müssen sich Eltern nicht sorgen, wenn ihr Kind zunächst Eingewöhnungsschwierigkeiten zeigt. Kinder benötigen Zeit, bis sie sich wohlfühlen in der neuen Umgebung. Daß dies nicht bei jedem Kind sofort der Fall sein kann, ist ganz normal.

Kinder haben dann die Kindergartenreife erlangt, wenn sie eigene Wünsche äußern und Fragen stellen können, wenn sie sich für das Spiel mit anderen Kindern begeistern und wenn sie ohne Angst bereit sind, sich eine Zeitlang von ihren Eltern zu trennen. Nach der Eingewöhnungszeit von ein bis zwei Wochen, in der Eltern ihr Kind nach kurzer Zeit (ein bis zwei Stunden) aus dem Kindergarten wieder abholen, sollten sich Eltern jedoch an eine Regel halten: Die Trennungssituation muß kurz und schmerzlos sein. Eine langes Hin und Her verunsichert Kinder, sie müssen statt dessen in dem Gefühl bestärkt werden, daß nach einer bestimmten Zeit die Eltern sie wieder abholen kommen.

Wichtig ist es, mit den ErzieherInnen in stetem Kontakt zu bleiben. Sie sollten zum Beispiel über Vorlieben, Ängste und Eigenarten des Kindes informiert werden. Sie müssen auch wissen, wann das Kind aufgrund besonderer Umstände (Scheidung, Tod, Streit in der Familie) besonderer Unterstützung bedarf. Und natürlich wissen sich die ErzieherInnen wiederum ein eigenes Urteil zu bilden: Eltern wären dumm, würden sie von ihnen keine Ratschläge annehmen und die zumeist erfahrenen Betreuungsperonen nicht bitten, darüber zu berichten, wie sich das Kind in der neuen Welt behauptet.

Der Mittagsschlaf ist in den meisten Ganztagseinrichtung nicht mehr Pflicht. Das folgt der Erfahrung, daß Kinder sich in ihrem Schlafbedürfnis ebenso unterscheiden wie die Erwachsenen: Die einen brauchen mehr, die anderen weniger Schlaf.

Die Anschriften der ca. 500 städtischen, kirchlichen und verschiedensten gemeinützigen Trägern angeschlossenen Kindergärten, Horte und Schulkindergärten sind erfasst **im München-Handbuch,** das kostenlos in der Stadt-Information am Stachus oder beim Presse- und Informationsamt (Rathaus, Marienplatz 8, 80331 München) erhältlich ist.

- Auskünfte über Einschreibungstermine (jeweils im März), die nächstgelegenen Kindergärten, Kindertagesstätten und Horte erteilt das
  Schulreferat - F5 Kindertagesstätten
  Neuhauser Straße 39, 80331 München, Tel. 089/233/6605

Gesetze zu Tageseinrichtungen, Kindergärten und Tagespflege
Das Kinder- und Jugendhilfegesetz (KJHG)
Der Bund hat sich mit dem KJHG weitgehend auf Grundsatzregelungen beschränkt und im übrigen bestimmt, daß Inhalt und Umfang der Aufgaben in diesem Bereich durch Ausführungsgesetze der Länder geregelt werden.

Gesetze und Informationen sind in der Broschüre "Das neue Kinder- und Jugendhilfegesetz" zusammengefaßt, die beim Bundesministerium für Frauen und Jugend kostenlos erhältlich ist. Informationen beim Schulreferat - F5 Kindertagesstätten, Neuhauser Straße 39, 80331 München, Tel. 089/233/6605

Betriebskindergärten/Firmeninitiativen
Einige Firmen bieten ihren Mitarbeitern die Möglichkeit, Kinder im werkseigenen Kindergarten während der Arbeitszeit unterzubringen. Insbesondere qualifizierte Mitarbeiterinnen mit Kindern sollen so dem Betrieb erhalten bleiben: Sie sind nicht mehr gezwungen, den Beruf aufzugeben, weil sie keinen Platz zur Betreuung ihrer Kinder finden.

Dennoch scheint der Unterhalt eines eigenen Betriebskindergartens vielen Betrieben nicht rentabel. Die Stadt München hat daher ein Kooperationsmodell entwickelt, das innerhalb kürzester Zeit einige interessierte Münchner Unternehmen - u.a. Mac Donalds, die Verlage Bertelsmann und Beck, die Hypobank und das Finanzamt- zur Beteiligung am Bau neuer Kindergärten bewegen konnte. Die Stadt stellt hierbei in der Regel das Grundstück für den Neubau, sorgt für das Personal und den Unterhalt des Kindergartens, während die Betriebe die Kosten für Bau und Einrichtung übernehmen. Die Kindergartenplätze werden nach einer bestimmten Belegungsquote verteilt, sodaß ein Teil des Kontingents immer auch den Kindern des Stadtviertels zur Verfügung steht.

- **Landeshauptstadt München, Schulreferat - Rechtsabteilung**
  Ansprechpartner: Frau Schwager
  Neuhauser Straße 39, 80331 München, Tel. 089/233/8659

DAS KINDERBÜRO MÜNCHEN

Bereits 20 meist größere Industrieunternehmen und Banken in Deutschland, bieten ihren Mitarbeitern und Mitarbeiterinnen einen besonderen Service: Auf Kosten der Firma können sich Väter und Mütter seit 1991 vom "Kinderbüro" in München, eine Tagesbetreuung für ihre Sprößlinge vermitteln lassen; sei es eine Tagesmutter, eine Kinderfrau, die ins Haus kommt, eine "Notmutter" bei nur kurzfristigen Betreuungs-Problemen oder auch ein Au-pair-Mädchen. Bezahlen müssen die Familien die Betreuungskraft selbst. Der Vorteil der Vermittlung durch das "Kinderbüro" ist die professionelle Auswahl der Frauen.
Speziell für Münchener Unternehmen wurde vom Kinderbüro das Konzept "betriebliche Elterninitiativen" entwickelt, das zunächst bei BMW erfolgreich in die Tat umgesetzt wurde und aus dem Elterninitiativtopf der Stadt gefördert wird. Nach diesem Konzept gründen Mitarbeiter/-innen der Firma (oder mehrerer mit dem Kinderbüro kooperierender Firmen) einen gemeinnützigen Verein, der zum Träger der Elterninitiative wird. Das "Kinderbüro" berät die Eltern dabei in Fragen der Satzung, Eintragung, etc. Der Betrieb stellt die Mittel für die Miete zur Verfügung und für 10% der Personalkosten, 40% der Personalkosten trägt die Stadt München. Die Eltern sind mit dem Rest der Personalkosten, d.h. einem Elternbeitrag von etwa DM 500,- pro Kind und Ganztagsplatz zwar relativ hoch belastet, genießen aber die Vorteile eines altersgemischten Konzepts, das Kinder bereits im Krippenalter aufnimmt, sowie eine weitgehende Mitsprache und Einbindung in die Gestaltung des

Kindergartenalltags, und nicht zuletzt: die ständige Nähe ihres Kindes bei ihrem Arbeitsplatz.
Die Idee für das Kinderbüro hatte Gisela Anna Erler. Als Mutter zweier Kinder, Sozialpädagogin und langjährige Mitarbeiterin am Münchner Jugend-Institut brachte sie viel persönliche und Forschungs-erfahrung mit in die praktische Arbeit, deren Vorbild sie in den USA kennengelernt hatte. Mittlerweile betreuen Erlers Büros zwischen 400 und 500 Familien. Denn auch die langfristige Beratung der Eltern ist ein Teil der Arbeit der Büros.

- **Kinderbüro**
  Zenettistr. 27, 80337 München, Tel. 089/7470198

TAGESPFLEGESTELLEN

Das Kinder- und Jugendhilfegesetz betrachtet die Betreuung eines Kindes in einer Tagespflegestelle ausdrücklich als Alternative zur Förderung in Tageseinrichtungen. Eltern bleibt die Entscheidung überlassen: Unterbringung im Kindergarten oder Hort oder aber Betreuung durch die Kinderfrau (seltener: den Kindermann). Tagespflege bedeutet, daß ein Kind tagsüber oder für einen Teil des Tages in einer anderen Familie oder auch in der Wohnung der Eltern durch eine Pflegeperson betreut wird. Grundsätzlich kommt die Tagespflege für Kinder aller Altersstufen in Betracht.
Der Vorteil liegt in der flexiblen Anpassung der Betreuungszeit an die Arbeitszeiten der Eltern. Auch die stundenweise Betreuung des Kindes nach dem Kindergarten ist möglich. Eltern sollten daher vor der Entscheidung zwischen Tageseinrichtung und Tagespflegestelle prüfen:
- Welches Angebot sichert die Betreuung des Kindes am besten?
- Ist eine für das Kind geeignete Tageseinrichtung in der Nähe vorhanden?
- Ist das Kind für Krankheiten besonders anfällig, so daß eine Tagespflegestelle für seine Gesundheit günstiger wäre als eine größere Krabbelgruppe?
- Ist eine geeignete Tagesmutter, ein geeigneter Tagesvater oder gar eine Tagesfamilie vorhanden?

Es gibt folgende verschiedene Arten von Tagespflege:

- Tagespflegefamilien, die ein bis drei Kinder aufnehmen,
- Tagesgroßpflegestellen, die vier bis fünf Kinder aufnehmen,
- die Kurzzeitpflege, bei der die Betreuung nur über einen begrenzten Zeitraum, zum Beispiel während der Ferienzeit einer Kindertageseinrichtung, erfolgt,
- die Betreuung durch eine Tagespflegeperson, im Haushalt der Eltern.

Das Jugendamt hilft bei der Vermittlung einer Tagespflegestelle. Nach dem Gesetz ist es auch die Aufgabe des Jugendamtes, sich um die Werbung und Vermittlung solcher Pflegestellen entsprechend dem Bedarf zu kümmern. Leider machen das die meisten Jugendämter nur für Alleinerziehende oder Problemfamilien. Die Tagespflegeeltern erhalten neben dem Honorar die durch die Betreuung entstehenden Aufwendungen einschließlich der Kosten für die Erziehung ersetzt. Die Eltern des jeweiligen Kindes müssen die Tagespflegestelle bezahlen; allerdings kann das Jugendamt einen Teil der Kosten oder sogar auch die gesamten Kosten übernehmen, entsprechend der finanziellen Leistungsfähigkeit der Eltern. Das Jugendamt übernimmt die Vergütung der Tagesmutter aber nur dann, wenn es oder ein Träger der freien Jugendhilfe die Tagesmutter vermittelt hat und "die Förderung des Kindes in Tagespflege für sein Wohlergehen geeignet und erforderlich" ist (§23 Abs. 3 KJHG). Als Vergütung für ganztägige Betreuung durch Tagesmütter gibt es in Bayern zur Zeit keine Empfehlung.

Dabei sind Versicherungen zu berücksichtigen. Weitere Auskünfte erteilt das Jugendamt:

- **Abt. Pflegekinderdienst und Adoption, - Tagespflege -**
  Frau Paarmann
  Orleansplatz 11, 81667 München, Tel. 089/233-23225

Neben dem Jugendamt informieren:

- **"Arbeitsgemeinschaft Tagesmütter"**
  Bundesverband für Kinderbetreuung in Tagespflege e.V.
  Breite Str. 2, 40670 Meerbusch; Tel. 02159/1377. Bürozeiten: Mo–Do 10–16 Uhr

- **"Tageseltern München und Umgebung"**
  Wörthstraße 20, 81667 München, Tel. 089/6887707

KINDERHEIME

Kinderheime sind in der Regel Häuser zur Unterbringung und Betreuung von Klein- und Schulkindern in Form von Erholungsheimen, Waisenhäusern, Heimen für geistig oder körperlich Behinderte sowie für Fürsorgezöglinge. Sowohl Gerichte als auch das Jugendamt können eine Unterbringung des Kindes im Heim veranlassen. So werden häufig körperlich und sexuell mißbrauchte Kinder vorübergehend oder auf Dauer in einem Heim untergebracht. Stets wird berücksichtigt, daß die Rückkehr des Kindes in eine intakte Familie anzustreben ist.
Im Gegensatz zu den Kindertagesstätten oder Kindertagesheimen verbringen Kinder im Kinderheim auch die Nächte. Die Kinder werden im Haus mit Essen versorgt; sie erhalten auch pädagogische und psychologische Hilfe.
Kinderheime sind institutionelle Unterbringungsmöglichkeiten, d.h. Plätze werden nur vom Jugendamt vergeben!
(Stadtjugendamt, Abt. Fremdunterbringung, Tel. 233/5736)

LITERATUR

Erziehung als Lebenshilfe.
Bettina Schubert
Fischer Verlag,
Frankfurt 1993

Vom ersten Schrei zur ersten Liebe.
Ursula Neumann
Kreuz Verlag 1993

Kinder von Aggressiv bis Zerstreut.
Kobi, Emil E./ Roth, Heidi:
Herder Verlag
Freiburg 1994

Psychomotorische Spiele für Kinder in Krippen und Kindergärten
FIPP-Verlag
Crellestr. 34,
10827 Berlin

Pädagogik des Spiels – Eine Zukunft der Pädagogik?
PA/Spielkultur
Reichenbachstr. 12
80469 München

Kinder brauchen Märchen.
Bruno Bettelheim
dtv, München 1993

Wir krabbeln über alle Grenzen
von G. Preuschoff, Selbstverlag der Interessengemeinschaft der mit Ausländern verheirateten Frauen

Arbeitsplatz Kinderkrippe und Krabbelstube
C. Bacherl, C. Bock, H. Kallert

Zur Entwicklung von Sozialbeziehungen zwischen Kindern unter 3 Jahren
K. Schneider in Blätter der Wohlfahrtpflege 9/82

Die Gestaltung des gleitenden Übergangs vom Kindergarten zur Grundschule
Hess. Institut für Bildungsplanung und Schulentwicklung, Heft 17

Damit wir wissen, was sie tun
Methoden zur Erstellung eines päd. Konzepts im Team, MSP 15, Eigenverlag des Deutschen Vereins für öffentliche und private Fürsorge

Raumgestaltung und päd. Konzept im Kindergarten
MSP 11, Eigenverlag des Deutschen Vereins für öffentliche und private Fürsorge

Integrative Erziehung behinderter und nichtbehinderter Kinder
MSP 16, Eigenverlag des Deutschen Vereins für öffentliche und private Fürsorge

Ein Kindergarten für behinderte und nichtbehinderte Kinder
Werkstattbericht Nr. 40,
Hrsg. Bu Bildung und Wissenschaft, veröffentlicht in:
DJI Materialien,
München, DJI-Verlag

Gemeinsame Erziehung behinderter und nichtbehinderter Kinder im Kindertagesheim
Diakonisches Werk Bremen,
Rembertistr. 64
28195 Bremen

Erfahrungen aus der Sicht der Erzieherinnen und der Kinder
zum Thema Altersmischung;
aus: Theorie und Praxis der Sozialpädagogik.
Luther-Verlag
Postfach 140380
33602 Bielefeld

Auf die Mischung kommt es an
G. Petersen, aus: Kinderzeit.
Sozialpädagogische Blätter, 88/89

Kindergarten in Bayern
Information des Bayerischen Staatsministeriums für Unterricht, Kultus, Wissenschaft und Kunst,
Salvatorstraße 2
80333 München. 1994

Leitfaden zur Tagesbetreuung.
Informationen für Tagesmütter/-väter und abgebende Eltern.
Herausgeber: Stadtjugendamt München, Familienergänzende Hilfen, S-II-F2 Tagesbetreuung.
Orleansplatz 11
81667 München. 1994

Wie gründe ich eine Elterninitiative in München?
Herausgegeben
vom Kleinkindertagesstätten e.V.
Einsteinstraße 111
81675 München. 1994

KINDER & RECHT

3

- MUTTERSCHUTZ
- MUTTERSCHAFTSGELD
- ENTBINDUNGSGELD
- ERZIEHUNGSGELD
- ERZIEHUNGSURLAUB
- STEUERN/FREIBETRÄGE
- KINDERGELD
- WOHNGELD
- WOHNUNGSBAUFÖRDERUNG
- SOZIALHILFE
- RENTENANRECHNUNG
- KINDER IM ERBRECHT

Eltern müssen keine Juristen sein, noch stets bei einem Anwalt Zuflucht suchen, um ihre Rechte wahrzunehmen. Doch lohnt es sich, die staatlichen Vergünstigungen für Eltern und Familien zu kennen. Vom Mutterschutz über Kinder- und Erziehungsgeld bis hin zu Ausbildungsförderungen und steuerlichen Vorteilen reicht die Palette der Instrumente, mit denen ein Ausgleich für die besonderen Belastungen von Familien geschaffen werden soll. Ein Überblick.

MUTTERSCHUTZ

Das Mutterschutzgesetz umfaßt alle Arbeitsverhältnisse. Es gilt ebenso für Frauen, die noch in der Ausbildung sind, wie für Teilzeitbeschäftigte oder Haushaltsgehilfinnen, für Arbeiterinnen und angestellte Arbeitnehmerinnen. Lediglich Selbständige und Hausfrauen fallen nicht unter den Geltungsbereich dieses Gesetzes.
Der für Frauen wichtigste Punkt des Mutterschutzgesetzes ist der Kündigungsschutz, den schwangere Frauen genießen. Die normalen Kündigungszeiten sind außer Kraft gesetzt, wenn eine Arbeitnehmerin ein Kind bekommt. Während der Schwangerschaft und in den ersten vier Monaten nach der Geburt hat sie ihren Arbeitsplatz sicher, kann nicht entlassen werden. Die werdende Mutter sollte darum auch ihrer gesetzlichen Verpflichtung nachkommen und den Arbeitgeber unverzüglich von der Schwangerschaft unterrichten, sobald sie selbst Klarheit darüber hat.
Eine etwa bereits erfolgte Kündigung verliert ihre Wirkung, wenn der Arbeitgeber innerhalb von zwei Wochen nach Zugang der Kündigung über die bestehende Schwangerschaft unterrichtet wird. Nehmen Sie nach einer Eigenkündigung innerhalb eines Jahres die Arbeit im alten Betrieb wieder auf, so gilt das Arbeitsverhältnis als nicht unterbrochen – vorausgesetzt, Sie waren zwischenzeitlich nicht bei einem anderen Arbeitgeber beschäftigt. Befristete Arbeitsverträge werden leider durch das Mutterschaftsgesetz nicht verlängert und enden mit Fristablauf.
Darüber hinaus haben schwangere Frauen besondere Rechte am Arbeitsplatz. Frauen dürfen nicht im Akkord arbeiten, schwere körperliche Arbeiten verrichten, gesundheitsgefährdenden Stoffen und Strahlen ausgesetzt werden und ab dem fünften Schwangerschaftsmonat nicht mehr als vier Stunden täglich bei der Arbeit stehen. Zudem ist es den Arbeitgebern untersagt, werdende Mütter an Sonn- und Feiertagen sowie in der Nacht zwischen 20.00 und 6.00 Uhr zu beschäftigen. Macht dies einen Arbeitsplatzwechsel erforderlich und ist eine Veränderung der Lohngruppe die Folge, dann hat das keine finanziellen Konsequenzen: Die Schwangere erhält weiterhin ihren gewohnten Verdienst.
Sechs Wochen vor der Geburt beginnt eine Schutzfrist, während der die Schwangere von der Arbeit befreit ist. Diese Zeit endet bei einer normalen Geburt acht Wochen, bei Früh- oder Mehrlingsgeburten zwölf Wochen nach der Entbindung. In der Zeit nach der Geburt darf eine Frau auch dann nicht beschäftigt werden, wenn sie selbst es wünscht. Das ist in den sechs Wochen vor der Geburt anders. Da hat die Schwangere die freie Wahl.
Stillende Mütter haben auch nach Ablauf der Schutzfrist die gleichen Rechte auf einen möglichst wenig belastenden Arbeitsplatz wie werdende Mütter. Zudem sind durch das Mutterschutzgesetz Stillzeiten garantiert, zweimal täglich eine halbe Stunde, ohne Verdienstausfall.
Gibt es deswegen Ärger mit dem Chef oder der Chefin, dann hilft der Betriebsrat. Auch die staatlichen Gewerbeaufsichtsämter haben den Auftrag, dafür zu sorgen, daß sich der Arbeitgeber an die Auflagen des Mutterschutzgesetzes hält.

ERWERBSTÄTIGKEIT UND DAS LEBEN MIT KINDERN ZU VEREINBAREN BEDEUTET DOPPELBELASTUNG, DIE MEISTENS DIE FRAUEN BETRIFFT.

MUTTERSCHAFTSHILFE

In der gesetzlichen Krankenversicherung haben Frauen, die ein Kind bekommen, Anspruch auf die sogenannte Mutterschaftshilfe. Zu deren – kostenfreien – Leistungen gehören

- die ärztliche Betreuung der Schwangeren und Hebammenhilfe,
- die stationäre Entbindung,
- das Entbindungsgeld,
- die häusliche Pflege nach der Geburt,
- die Haushaltshilfe nach der Geburt und
- das Mutterschaftsgeld.

MUTTERSCHAFTSGELD

erhalten berufstätige, auch in Heimarbeit beschäftigte Frauen in der Zeit, in der sie den gesetzlichen Mutterschutz genießen. Das Mutterschaftsgeld tritt an die Stelle der normalen Lohn- und Gehaltszahlung. Bei arbeitslos gemeldeten Frauen ersetzt es das Arbeitslosengeld oder die Arbeitslosenhilfe. Mutterschaftsgeld bekommen Frauen während der sechs Wochen vor dem voraussichtlichen Geburtstermin und für die acht Wochen nach der Geburt. Bei Früh- oder Mehrlingsgeburten verlängert sich die Zahlung des Mutterschaftsgeldes auf zwölf Wochen.

Ausgezahlt wird das Mutterschaftsgeld von der Krankenkasse. Die Krankenkasse selbst kommt dabei für maximal 750 DM monatlich auf. Den Rest – bis zu dem Betrag, der dem gewohnten Nettoeinkommen entspricht – zahlt der Arbeitgeber. Frauen, die Mutterschaftsgeld beziehen, sind automatisch renten-, kranken- und arbeitslosenversichert.

Irrt sich der Arzt über den Zeitpunkt der Entbindung, verlängert sich die Bezugsdauer für das Mutterschaftsgeld entsprechend. Den Antrag muß man in jedem Fall vor der Entbindung stellen, weil sonst die Berechnung nach dem mutmaßlichen Entbindungstermin entfällt und der Tag der tatsächlichen Entbindung maßgebend für die Bezugsdauer des Mutterschaftsgeldes wird. Dadurch können finanzielle Einbußen entstehen. Der Zuschuß des Arbeitgebers läuft sozusagen automatisch und muß nicht gesondert beantragt werden. Das Mutterschaftsgeld und der Arbeitgeberzuschuß ist zudem steuerfrei.

Während der Schutzzeiten besteht weiterhin der Anspruch auf vermögenswirksame Leistungen. Die Krankenkassen zahlen ein entsprechend höheres Mutterschaftsgeld bzw. der Arbeitgeber berücksichtigt den Betrag bei seinem zu zahlenden Zuschuß.

Auch im Mutterschutz besteht der Anspruch auf die tarifvertraglich vereinbarten Sonderzahlungen (13. Monatseinkommen) in voller Höhe.

Der Anspruch auf Mutterschaftsgeld ist an eine Voraussetzung geknüpft: Die werdende Mutter muß während der Schwangerschaft – und zwar in der Zeit vom 4. Schwangerschaftsmonat bis zum Geburtstermin – mindestens zwölf Wochen lang krankenversichert sein. Sie muß also entweder zwölf Wochen lang sozialversicherungspflichtig gearbeitet haben oder zwölf Wochen lang Arbeitslosengeld oder -hilfe bezogen haben.

Arbeitnehmerinnen, die zwar die Bedingung der zwölf Wochen Versicherungs- und Beschäftigungszeit erfüllen, zu Beginn der Mutterschutzfrist aber nicht versichert oder (nur) privat krankenversichert sind, haben Anspruch auf eine einmalige Zahlung in Höhe von 400 DM.

Diese Summe gibt es auf Antrag vom Bundesversicherungsamt. Dem Antrag ist – wie auch bei allen anderen Anträgen auf Mutterschaftsgeld – eine ärztliche Bescheinigung über den zu erwartenden Geburtstermin beizulegen. Den Antrag ist zu richten an das

- **Bundesversicherungsamt**
  (Mutterschaftsgeld)
  Reichpietschufer 74-76, 10785 Berlin.

FINANZIELL VORSORGEN

**Arbeitslose Frauen sollten sich frühzeitig um eine Betreuung für das Baby kümmern. Andernfalls kann das Arbeitsamt – nach Ablauf der Mutterschutzfrist – die Fortsetzung der Zahlung von Arbeitslosengeld und -hilfe verweigern.
Das Mutterschaftsgeld der Krankenkasse und die Zuschüsse von Arbeitgebern oder Arbeitsamt lassen manchmal auf sich warten. Ein Gespräch mit der Bank ist daher empfehlenswert. Es sollte mögliche Mißverständnisse über die eigene finanzielle Situation ausräumen, noch ehe sie überhaupt entstehen können.
Zu klären sind auch die Bedingungen, durch die sich kurzfristige, unnötige Geldsorgen vermeiden lassen.**

ENTBINDUNGSGELD

Schülerinnen und Studentinnen gelten nicht als berufstätige Frauen, ihnen steht damit auch kein Mutterschaftsgeld zu. Sie erhalten ebenso wie Frauen, die nicht berufstätig, wohl aber (freiwillig) krankenversichert sind, ein Entbindungsgeld. Das ist eine einmalige Zahlung durch die Krankenkasse in Höhe von 150 Mark.

Nach Ablauf der Mutterschutzfrist müssen arbeitslose Mütter Arbeitslosengeld oder -hilfe neu beantragen. Diese Leistungen des Arbeitsamtes laufen nicht automatisch weiter. Übrigens: Arbeitslose Frauen, die nach Ablauf der Mutterschutzfrist erwerbstätig sein möchten, müssen gegenüber dem Arbeitsamt belegen, daß sie dazu in der Lage sind. Das heißt, es muß eine Betreuung des Kindes durch andere während der gewünschten Arbeitszeit gesichert sein und nachgewiesen werden. Nähere Auskünfte dazu gibt es beim Arbeitsamt.

ERZIEHUNGSGELD

Alle Mütter oder Väter, die ihr Kind ganz oder überwiegend selbst betreuen und nicht mehr als 19 Wochenstunden erwerbstätig sind, erhalten vom Staat das steuer- und pfändungsfreie Bundes-Erziehungsgeld von maximal 600 DM, längstenfalls zwei Jahre lang.

Im Anschluß an das Bundeserziehungsgeld wird in Bayern für weitere sechs Lebensmonate ein Landeserziehungsgeld von DM 500,- monatlich gewährt. Wahlweise zum Landeserziehungsgeld kann auch die einmalige Zahlung der Familienbeihilfe (DM 1000,- für das erste Kind, DM 1500,- für jedes weitere Kind, in besonderen Härtefällen bis zu DM 3000,-) in Anspruch genommen werden. Dies ist vor allem für Eltern und Alleinerziehende interessant, die eine volle Erwerbstätigkeit ausüben.

Der Anspruch auf Erziehungsgeld/Familienbeihilfe ist einkommensabhängig. Der Antrag muß frühzeitig gestellt werden, denn es wird höchstens sechs Monate (beim Bundeserziehungsgeld) höchstens zwei Monate (beim Landeserziehungsgeld) rückwirkend gezahlt! In den ersten sechs Lebensmonaten des Kindes wird ein Erziehungsgeld in Höhe von monatlich 600 DM bis zu einem Jahresnettoeinkommen von 100000 DM bei Verheirateten und 75000 DM bei anderen Berechtigten gezahlt. Die Einkommensgrenzen vom 7. bis zum vollendeten 30. Lebensmonat: Volles Erziehungsgeld erhalten Ehepaare bis 29400 DM, Alleinstehende bis 23700 DM Nettoeinkommen. Für jedes weitere Kind werden jährlich 4200 DM hinzugerechnet. Bei höherem Einkommen wird das Erziehungsgeld entsprechend gemindert. Für die Zeit nach der Geburt des Kindes gezahltes Mutterschaftsgeld wird auf das Erziehungsgeld angerechnet. Ausnahme: das Mutterschaftsgeld privat versicherter Mütter.

Auch wer die Einkommensgrenze übersteigt, kann bis zum dritten Geburtstag des Kindes Erziehungsurlaub nehmen. Während des Erziehungsurlaubs gilt der erweiterte Kündigungsschutz.

Das Erziehungsgeld gibt es zusätzlich zu anderen Sozialleistungen. Das heißt, Wohngeld-, Sozialhilfe- und Arbeitslosenhilfe-Zahlungen laufen zum Beispiel in voller Höhe weiter. Auch Kindergeld und Kindergeldzuschlag werden unabhängig vom Erziehungsgeld gezahlt. Gleiches gilt für den Anspruch der Studierenden auf BAföG oder sonstige Ausbildungsbeihilfen.

Ganz anders ist das beim Arbeitslosengeld: Beides gleichzeitig, Arbeitslosen- und Erziehungsgeld, können Arbeitslose nicht erhalten (→ Kapitel "Erziehungsurlaub").

Bei erwerbstätigen Müttern wird zudem das Mutterschaftsgeld (bis zu acht Wochen nach der Geburt) angerechnet. Frauen, die mehr als 600 DM Mutterschaftsgeld bekommen, haben also während dieser Zeit keinen Anspruch auf Erziehungsgeld. Nimmt jedoch der Vater bereits während der Mutterschutzfrist Erziehungsgeld in Anspruch, bleibt das Mutterschaftsgeld – also das Einkommen der Frau – unberücksichtigt! Das bedeutet, daß Frauen letztlich das Recht auf Erziehungsgeld in voller Höhe um fast zwei Monate gekürzt wird!

Werden weitere Kinder in der Zeit geboren, in der noch die Zahlungen für das erste Kind laufen, so gibt es für jedes der Kinder Erziehungsgeld (in voller Höhe, wenn die Bedingungen – Einkommensgrenze – erfüllt sind).

Wer Erziehungsgeld bekommt und vorher in der gesetzlichen Krankenversicherung war, ist automatisch und beitragsfrei krankenversichert. Das gilt auch dann, wenn nach dem 6. Monat gar kein Erziehungsgeld gezahlt wird, weil die Einkommensgrenzen überschritten sind (→ Kapitel "Erziehungsurlaub").

Erziehungsgeld wird prinzipiell unter der Voraussetzung gezahlt, daß der erziehende Vater oder die Mutter des Kindes nicht berufstätig sind, sondern sich eben um das Kind kümmern. Das Erziehungsgeld soll also prinzipiell den daraus folgenden Einkommensverlust (zumindest teilweise) ausgleichen.

Erlaubt ist jedoch eine Erwerbstätigkeit von nicht mehr als 19 Stunden pro Woche (Beamte: bis zur Hälfte der regelmäßigen Wochenarbeitszeit), ohne daß sich dies auf den Anspruch auf Erziehungsgeld auswirkt. Auszubildende und Studenten dagegen verlieren ihren Anspruch auf Erziehungsgeld auch dann nicht, wenn sie ihre Ausbildung ungeschmälert fortsetzen.

Anspruch auf Erziehungsgeld haben auch nichteheliche Väter, wenn sie mit dem Kind in einem Haushalt leben, nicht mehr als 19 Wochenstunden arbeiten und die Mutter des Kindes ihre Zustimmung gibt. Gleiches gilt nach der Scheidung für Väter. Erziehungsgeldberechtigt sind ebenso Groß- und Stiefeltern sowie Verwandte, wenn ihnen das Sorgerecht für das Kind übertragen worden ist. Bis zur Vollendung des 7. Lebensjahres des Kindes können ggf. Adoptiv- oder Pflegeeltern Erziehungsgeld erhalten.

Erziehungsgeld nach BErzGG (Bundeserziehungsgeldgesetz) "Gesetz über die Gewährung von Erziehungsgeld und Erziehungsurlaub 1. Abschnitt §1-§14.

ERZIEHUNGSGELD

Es lohnt sich, Erziehungsgeld möglichst rasch nach der Geburt des Kindes zu beantragen. Von der Antragstellung bis zum ersten Geld vergehen mindestens drei Monate. Erziehungsgeld muß außerdem für jedes Lebensjahr neu beantragt werden, wobei der Antrag für das zweite Lebensjahr ebenso wie der Antrag auf Landeserziehungsgeld frühestens ab dem 9. Lebensmonat des Kindes gestellt werden kann. Es empfiehlt sich, den Zweitantrag auf Bundeserziehungsgeld gemeinsam mit dem Antrag auf Landeserziehungsgeld einzureichen.

Wer Erziehungsgeld beantragt, benötigt dazu eine Geburtsurkunde des Kindes, den eigenen Personalausweis oder eine Meldebescheinigung und einen Einkommensnachweis sowie den Einkommens- oder Lohnsteuerbescheid für das vorletzte Kalenderjahr. Zuständig für die Bearbeitung der Anträge ist

- Amt für Versorgung und Familienförderung München I
Richelstraße 17, 80634 München,
Tel. 089/13011 (Buchstaben A-H)

- Amt für Versorgung und Familienförderung München II
Bayerstraße 32, 8033 München
Tel. 089/51431 (Buchstaben I-Z)

ERZIEHUNGSURLAUB

Viele berufstätige Eltern möchten sich in den ersten Monaten oder Jahren nach der Geburt nicht gern von ihrem Baby trennen. Sie haben die Möglichkeit, den Erziehungsurlaub in Anspruch zu nehmen – wenn sie es sich bei monatlich 600 MD fiErziehungsgeld leisten können.

Der Erziehungsurlaub dauert inzwischen maximal bis zum Ende des dritten Lebensjahres des Kindes. Während des Erziehungsurlaubes ruht das Arbeitsverhältnis, es ist nicht durch eine Kündigung unterbrochen. Das bedeutet, daß nach Ablauf des Erziehungsurlaubes das Beschäftigungsverhältnis ganz normal weiterläuft. Es gibt jedoch keinen Anspruch, auf genau den alten Arbeitsplatz zurückzukehren. Die Arbeit, die in der Zwischenzeit im Betrieb neu verteilt sein kann, muß lediglich den im Arbeitsvertrag beschriebenen Anforderungen entsprechen.

Anspruch auf Erziehungsurlaub haben berufstätige Mütter und Väter, wenn das Kind mit ihnen in einem Haushalt lebt und sie es überwiegend selbst betreuen und erziehen. Ist ein Elternteil aber nicht erwerbstätig, dann gibt es auch keinen Anspruch auf Erziehungsurlaub. Das bedeutet: Ein Ehepartner kann in den Erziehungsurlaub gehen, wenn der andere entweder berufstätig oder arbeitslos gemeldet ist (und bleibt) oder sich in Ausbildung befindet. Das gilt ebenso für die Partner nichtehelicher Lebensgemeinschaften.

Eltern können sich während des Erziehungsurlaubs dreimal mit der Betreuung des Kindes abwechseln. So könnte zum Beispiel die Mutter das erste Jahr Erziehungsurlaub nehmen, dann der Vater für anderthalb Jahr und dann noch einmal die Mutter für ein halbes Jahr. Der Arbeitgeber kann dagegen prinzipiell nichts einwenden. Unter einer Bedingung: Der Erziehungsurlaub muß spätestens einen Monat vor Beginn beantragt werden. Und es muß verbindlich erklärt werden, wie lange der Erziehungsurlaub dauern soll. Den Erziehungsurlaub vorzeitig zu beenden oder nachträglich zu verlängern, ist nur in Ausnahmefällen möglich.

Während des Erziehungsurlaubs ist der Arbeitnehmer/die Arbeitnehmerin vor einer Kündigung geschützt, der Arbeitgeber darf das Beschäftigungsverhältnis nicht auflösen. Dieser besondere Kündigungsschutz beginnt bereits mit der Anmeldung des Erziehungsurlaubes – höchstens jedoch sechs Wochen vor dessen Beginn. Lediglich in einigen wenigen Ausnahmefällen ist eine Kündigung möglich, die gegenüber dem zuständigen Gewerbeaufsichtsamt begründet werden muß, und dann muß die Gewerbeaufsicht auch noch zustimmen. Kündigen können jedoch ArbeitnehmerInnen zum Ende des Erziehungsurlaubs, wenn dabei eine dreimonatige Kündigungsfrist eingehalten wird.

Während des Erziehungsurlaubs ist auch eine Teilzeitbeschäftigung möglich. Bis zu 19 Stunden pro

ERZIEHUNGSURLAUB

Auch Arbeitslose können Erziehungsurlaub nehmen. Nach Ablauf des Erziehungsurlaubes besteht der alte Anspruch auf Arbeitslosenunterstützung weiter. Das heißt, das Arbeitslosengeld wird in gleicher Höhe und für den selben Zeitraum wie zuvor gezahlt.

PRIVAT VERSICHERT

Mitglieder einer privaten Krankenversicherung verlieren pro Erziehungsurlaub rund 20000 bis 30000 Mark. Sie müssen ihre monatlichen Krankenversicherungsbeiträge nicht nur weiter zahlen, sondern darüber hinaus fallen auch die Zuschüsse des Arbeitgebers weg, so daß der volle Krankenversicherungsbeitrag aus dem eigenen Budget aufgebracht werden muß. Daher lohnt es sich, in der gesetzlichen Krankenversicherung zumindest solange zu bleiben, bis die Zeit der Erziehungsurlaube vorbei ist. Eine "private" ärztliche Betreuung oder der Krankenhausaufenthalt im Zwei-Bett-Zimmer lassen sich auch mit einer privaten Zusatzversicherung garantieren.

Woche darf gearbeitet werden, ohne den Anspruch auf fiErziehungsgeld zu gefährden. Teilzeitarbeit in einem anderen Betrieb setzt die Zustimmung des alten Arbeitgebers voraus. Widersetzt er sich dem, so hat er dies innerhalb von vier Wochen schriftlich zu begründen. Eine Ablehnung kann er nur rechtfertigen, wenn der Teilzeitarbeit in einem anderen Unternehmen eigene betriebliche Interessen entgegen stehen.

Die Mitgliedschaft in der gesetzlichen Krankenversicherung bleibt während des Erziehungsurlaubes erhalten. Völlig beitragsfrei versichert sind jedoch nur Mitglieder, die außer dem Erziehungsgeld keine weiteren, beitragspflichtigen Einnahmen haben.

Übrigens: Anspruch auf Erziehungsurlaub haben auch die Eltern von Adoptiv- und Stiefkindern sowie nichtehelicher Kinder. Erziehungsurlaub nach BErzGG 2. Abschnitt §15–§21.

VATERSCHAFTSANERKENNUNG

→ siehe "Allein zu Dritt"

STEUERN/FREIBETRÄGE

Eltern zahlen weniger Steuern als kinderlose Steuerzahler. Der sogenannte Kinderfreibetrag – je Kind 6264 Mark pro Jahr seit 1996 und ab 1.1. 1997 6912 Mark – wirkt sich steuermindernd aus. Bei dauernd getrennt lebenden oder geschiedenen Eheleuten sowie im Fall nichtehelicher Kinder steht grundsätzlich jedem Elternteil ein halber Kinderfreibetrag (3132 Mark) zu. Unter bestimmten Voraussetzungen (im Rahmen der Einkommensteuererklärung, mit Zustimmung beider) kann dem anderen Elternteil der eigene Kinderfreibetrag übertragen werden – und andersherum. Das lohnt sich zum Beispiel, wenn nur ein Elternteil berufstätig ist, der andere also keinen Nutzen von einem steuerlichen Freibetrag hat.

Seit dem 1.1.1996 sind der Kindergeldzuschlag sowie die einkommensabhängige Minderung des Kindergeldes entfallen. Die Kindergeldberechtigten könen künftig schon zu Jahresbeginn zwischen Kinderfreibetrag und Kindergeld wählen (Optionsmodell). Die dafür notwendigen Voraussetzungen sollen möglichst bis zum 1.1.1997 geschaffen werden. In der Übergnagszeit entsteht aber niemandem ein Nachteil. Bei der Steuerveranlagung wird nämlich von Amts wegen geprüft, ob die Berücksichtigung des Kinderfreibetrags für die Berechtigten günstiger gewesen wäre. Wenn der Kinderfreibetrag eine höhere Steuerentlastung bewirkt hätte, werden die fehlenden Beiträge zusammen mit dem Lohn- und Einkommensteuerausgleich nachgezahlt.

Bis zu 12000 Mark pro Jahr können als steuermindernde Ausgaben für eine Haushaltshilfe geltend gemacht werden. Voraussetzung: Zum Haushalt des Steuerpflichtigen müssen mindestens zwei Kinder unter zehn Jahren gehören, und es muß ein sozialversicherungspflichtiges Arbeitsverhältnis bestehen, d.h. die Haushaltshilfe muß auf Steuerkarte arbeiten. Alleinstehende können diese Steuervergünstigung bereits in Anspruch nehmen, wenn zu ihrem Haushalt ein weniger als zehn Jahre altes Kind gehört. Wenn jedoch zwei Alleinstehende zusammenleben, ist es nur einmal möglich, den Höchstbetrag steuermindernd abzusetzen.

FAMILIEN MIT KINDERN HABEN WEIT WENIGER FINANZIELLE SPIELRÄUME ALS ALLEINSTEHENDE OHNE KINDER.

Ist der Steuerpflichtige oder sein Ehepartner älter als 60 Jahre, oder sind sie selbst, ein zum Haushalt gehörendes Kind oder ein anderer Angehöriger dauernd krank, dann lassen sich die Aufwendungen für eine Hilfe im Haushalt ebenfalls von der Steuer absetzen: in diesem Fall allerdings nur bis zu einem Betrag von 1200 Mark pro Jahr. Dieser Höchstbetrag steigt auf 1800 Mark, wenn eine der Personen hilflos oder schwerbehindert und darum eine Haushaltshilfe notwendig ist. Eine schwere Behinderung liegt vor, wenn der Grad der Behinderung mindestens 45 Prozent beträgt.
Ausbildungsfreibeträge gibt es – auf Antrag – für über 18jährige Kinder im Haushalt des Steuerpflichtigen: 2400 Mark pro Jahr und Kind. Erfordert es die Ausbildung der Kinder, diese auswärts unterzubringen, dann lassen sich für Kinder über 18 Jahre 4200 Mark steuermindernd veranschlagen, bei Kindern unter 18 Jahren sind es immer noch 1800 Mark pro Jahr. Die Aufwendungen für die Berufsausbildung eines Kindes werden mit diesen Freibeträgen und dem Kinderfreibetrag abgegolten. Als Berufsausbildung gilt auch der Besuch normaler Schulen (Haupt- und Realschule, Gymnasium).
Hat das Kind eigene Einkünfte, so vermindert sich der Freibetrag um diese Summe. Leben die Eltern getrennt oder sind sie geschieden, dann teilen sie sich den Ausbildungsfreibetrag. Grundsätzlich steht einem Steuerpflichtigen immer nur dann ein halber Ausbildungsfreibetrag zu, wenn er auch nur einen halben →Kinderfreibetrag erhält.
Zu den Sonderregelungen des Steuerrechts gehört der Fall, daß Kinder eine Ersatz- oder Ergänzungsschule besuchen. Seit 1991 können 30 Prozent des Schulgeldes als Sonderausgaben geltend gemacht werden – mit Ausnahme des Entgelts für Beherbergungen, Betreuung oder Verpflegung.
Unter Umständen können zudem die Ausgaben für die Betreuung minderjähriger Kinder das zu versteuernde Einkommen mindern. Anrechenbare Kinderbetreuungskosten entstehen Alleinerziehenden, die erwerbstätig, behindert oder krank sind und deshalb ihr Kind von einer anderen Person behüten lassen müssen. Bei Eheleuten werden Kinderbetreuungskosten als steuermindernde Aus-

gaben anerkannt, wenn beide krank oder behindert sind. Generell gilt, daß im Einzelfall zu prüfen ist, ob, in welchem Umfang und für welchen Zeitraum Kinderbetreuungkosten absetzbar sind.

Mit steuerlichen Vergünstigungen hilft der Staat Familien, die den Traum von den eigenen vier Wänden verwirklichen möchten. Ein Instrument dazu ist das **Baukindergeld.**

Für Wohnobjekte, die ab 1990 gekauft oder gebaut worden sind, betrug das Baukindergeld bislang 1000 Mark pro Kind. Seit 1996 heißt das Baukindergeld "Kinderzulage" und wurde auf 1500 Mark angehoben. Das heißt: Statt 8000 Mark Steuern pro Jahr zahlt zum Beispiel der Bauherr mit zwei Kindern nur 5000 Mark Steuern.

Nähere Auskünfte dazu erteilen das zuständige Finanzamt, der Steuerberater oder die Verbraucherberatung. Die Freibeträge werden durch das Einwohnermeldeamt direkt auf der Steuerkarte vermerkt – sofern dies beantragt worden ist.

KINDERGELD

Für das Kindergeld ist der Arbeitgeber oder die "Familienkasse" beim Arbeitsamt zuständig. Beim Arbeitsamt gibt es Antragsformulare, und sie sollten rasch nach der Geburt ausgefüllt werden. Die Bearbeitung dauert in den überlasteten Ämtern häufig seine Zeit. Bezüglich der Höhe und der Zahlungsweise des Kindergeldes gibt es seit Januar 1996 eine Neuregelung. Das – steuerfreie – Kindergeld wird alle zwei Monate ausgezahlt (für Beschäftigte des öffentlichen Dienstes monatlich) und beträgt pro Monat für das erste und das zweite Kind 200 Mark, für das dritte Kind 300 Mark und für jedes weitere Kind 350 Mark.

Der Kinderfreibetrag ist seit 1996 auf 6264 DM (das sind monatlich 522 DM) festgesetzt. Ab 1997 beträgt er 6912 DM (monatlich 576 DM). Das Kindergeld erhält man für eigene Kinder (eheliche, nichteheliche, für ehelich erklärte, adoptierte Kinder) und für Kinder, die im Haushalt leben (Stief-, Enkel- und Pflegekinder sowie für Geschwister).

Das Kindergeld wird seit der Neuregelung Arbeitnehmern durch den Arbeitgeber monatlich zusammen mit der Lohn- und Gehaltszahlung ausgezahlt. Dem Arbeitgeber muß hierfür eine Bescheinigung über das monatlich auszuzahlende Kindergeld vorgelegt werden, die bei der Familienkasse (das sind die bisherigen Kindergeldkassen bei der Bundesanstalt für Arbeit) zu beantragen ist.

KINDERGELDANTRAG

Geburtsurkunde und Meldebescheinigung des Kindes, Personalausweis: Diese Unterlagen müssen dem Kindergeldantrag beigelegt werden.

Antragsformulare werden auf Wunsch zugesandt, doch das dauert nicht selten einige Zeit. Es empfiehlt sich daher ein formloser Antrag: Hiermit beantrage ich …

Kindergeldanträge können mit der Post zugestellt oder persönlich abgegeben werden.

- **Arbeitsamt München
   (Leistungsabteilung Familienkasse)
   Geyerstr. 32, 80469 München**

Die Bearbeitung der Kindergeldanträge von Inländern erfolgt entweder in

- **Deggendorf (Buchstaben A-K)
   Tel. 185061, 185053, 185030
   oder in Passau (Buchstaben L-Z)
   Tel. 185062, 185063, 185064**

Telefonische Auskunft erhält man zum Ortstarif. Anträge von Ausländern werden in München bearbeitet (Tel. 5154-9567).

Bei Angehörigen des öffentlichen Dienstes übernimmt der Dienstherr die Aufgaben der Familienkasse. Statt des bisherigen Nebeneinanders von steuerlichem Kinderfreibetrag und Kindergeld gibt es jetzt ein Wahlrecht: entweder Kindergeld oder Kinderfreibetrag. Sofern der Kinderfreibetrag günstiger ist, wird er bei der Einkommenssteuerveranlagung berücksichtigt und das Kindergeld der Steuerschuld hinzugerechnet. Für rund 95 % aller Eltern ist das Kindergeld günstiger.

Eltern, die nicht Arbeitnehmer sind (z.B. Gewerbetreibende, Landwirte, Freiberufler, Rentner) erhalten das Kindergeld direkt von der Familienkasse ausgezahlt. Das gleiche gilt auch für in Deutschland nicht steuerpflichtige Eltern. Die Voraussetzungen für die Gewährung von Kindergeld bzw. Kinderfreibetrag sind vereinheitlicht worden. In beiden Fällen gilt in Zukunft das Monatsprinzip. Kinder werden bis zur Beendigung des 18. Lebensjahres immer berücksichtigt. Ferner werden Kinder bis zum 27. Lebensjahr berücksichtigt, wenn sie für einen Beruf ausgebildet werden. Sofern die über 18 Jahre alten Kinder eigene Einkünfte und Bezüge von mindestens 12.000 DM jährlich (ab 1997: 12360 und ab 1999: 13020) haben, entfallen Kindergeld und Kinderfreibetrag.

Für Kinder, die aufgrund ihrer Behinderung außerstande sind, sich selbsr zu unterhalten, gibt es keine Altersgrenze für die Zahlung.

Kindergeldzuschlag

Der Kindergeldzuschlag entfällt im Rahmen der Erhöhung des Kindergeldes seit Januar 1996.

WOHNGELD

Das Wohngeld ist eine staatliche Unterstützung, wenn das eigene Einkommen nicht ausreicht, die Miete zu bezahlen. Wohngeld gibt es aber nicht nur als Mietzuschuß, sondern Wohngeld kann auch gewährt werden, wenn die Belastung durch die Eigentumswohnung oder das Familienheim die finanziellen Möglichkeiten im Einzelfall überschreitet.

Anspruch auf Wohngeld hat jeder, sofern die gesetzlichen Voraussetzungen für die Wohngeldzahlung erfüllt sind. Ob und in welcher Höhe Wohngeld in Anspruch genommen werden kann, ist abhängig vom Familieneinkommen, von der Zahl der zum Haushalt gehörenden Familienmitglieder und von der Höhe der Miete oder der finanziellen Belastung durch Wohneigentum.

Seit 1986 sollen einige Erleichterungen bei der Wohngeldgewährung das Zusammenleben mehrerer Generationen unter einem Dach erleichtern. Gehören zu einem Haushalt Verwandte über 62 Jahre und ist ein Familienmitglied jünger als 25 Jahre, dann gelten besondere Freibeträge bei der Ermittlung des Familieneinkommens. Das heißt, der Mietzuschuß wird eher gewährt und fällt höher aus, als wenn es diese Freibeträge nicht geben würde. Freibeträge werden zudem für Kinder in Höhe des gesetzlichen Kindergeldes eingeräumt, und selbst, wenn Kinder zwischen 16 und 25 Jahren über ein eigenes Einkommen verfügen, lassen sich noch weitere Freibeträge bei der Errechnung des Familieneinkommens absetzen.

KOSTENLOSE BROSCHÜRE

Wohngeld
Bauen, Kaufen, Steuern sparen
Die steuerliche Wohneigentumsförderung
Bundesministerium der Finanzen, Referat Öffentlichkeitsarbeit, 53105 Bonn

Einen speziellen Freibetrag gibt es auch für alleinerziehende Elternteile, die mit Kindern unter zwölf Jahren zusammenleben und aufgrund von Erwerbstätigkeit oder Ausbildung nicht nur kurzfristig vom Haushalt abwesend sind.

Das Amt für Wohnungswesen unterhält außerdem eine spezielle Betreuungsstelle für Schwangere und junge Mütter in Wohnungsnot, die für alle Miet- und Wohnraumprobleme zur Verfügung steht. Hier wird dafür gesorgt, daß Schwangere (Nachweis durch ärztliches Attest oder Mutterpaß) vorrangig Wohnraumvermittlungsangebote erhalten und Verbindungen zu möglichen Vermietern geschaffen werden. Diese Sonderbetreuung kann ein Jahr lang in Anspruch genommen werden.

Die Mieterberatung des Amt für Wohnungswesens, eine Zweigstelle des Münchener Anwaltvereins, steht allen Mietern und Vermietern offen. Für eine umfassende Beratung ist es sinnvoll, sämtliche Unterlagen über das Mietverhältnis und das jeweilige Problem zur Sprechstunde mitzubringen.

- **Mieterberatung:**
  Mo, Mi und Fr 8.30-12.00 Uhr,
  Mi außerdem 15.00-17.00 Uhr
  Telefonische Anmeldung unter: 233/22790

WOHNUNGSBAUFÖRDERUNG

WOHNGELDANTRAG
Mietverträge, Meldebescheinigungen, Einkommensnachweise und – gegebenenfalls – der Mutterpaß für Alleinerziehende sind die Unterlagen, die bei der Beantragung von Wohngeld vorzulegen sind. Fragen – nicht nur hierzu – beantwortet das
- Amt für Wohnungswesen Bewilligungsstelle für Wohngeld Schwanthalerstraße 9-11
Bei Fragen und Anträgen zum Mietzuschuß: - Tel. 233/5309, 233/5306, 2334081
Bei Fragen und Anträgen zum Lastenzuschuß (bei Eigentumswohnungen und Einfamilienhäusern): - Tel. 233/5305 Sprechzeiten Mo, Mi, Do 8.30-12.00 h für Berufstätige Mi 15.00-17.00 h
Der Wohnberechtigungsschein ist die Voraussetzung, um eine Sozialwohnung anmieten zu können. Das Amt für Wohnungswesen erteilt auf Antrag Wohnberechtigungsscheine, vermittelt Wohnungen, berät und hilft bei Mietproblemen und in Fragen zum Wohngeld.
- Amt für Wohnungswesen Abt. Sozialwohnungen Burgstraße 4 Tel. 233/5445, 233/6187, 233/5380 Sprechzeiten: Mo, Mi, Do, Fr 8.30-12.00 h für Berufstätige Mi 15.00-17.00 h

Im Rahmen der Wohnungsbauförderung stehen öffentliche Baudarlehen, sogenannte Aufwendungsdarlehen sowie nicht rückzahlbare Zuschüsse zur Verfügung. Unterschieden wird in verschiedene Fördermöglichkeiten, die sich nach dem Einkommen bzw. dem Personenkreis richten. Gefördert werden Eigentumsmaßnahmen, allerdings ausschließlich Neubauten.
Es können nur die Mittel eines Förderungswegs beantragt werden. Auf die Gewährung dieser Fördermittel besteht auch bei Erfüllung aller Voraussetzungen kein Rechtsanspruch, da die zur Verfügung stehenden Mittel nicht ausreichen, um alle Antragsteller zu berücksichtigen. Die Auswahl der zu fördernden Bauvorhaben richtet sich nach der sozialen Dringlichkeit der Anträge. Auskünfte über wirtschaftliche und finanzielle Enzelheiten erteilen die für den Bauort zuständigen Landratsämter.

■ **Bewilligungsstelle München, Referat für Statplanung und Bauordnung**
Blumenstraße 31, 80331 München
Tel. 089/233/6628 (Buchstaben A-K), 233/8028 (Buchstaben(L-Z),
Besuchszeiten Mo/Di/Do/Fr 8.30-12.00 Uhr

Erster Förderungsweg

Gefördert werden vordringlich Familien in einer besonders schwierigen sozialen Situation oder Gruppenselbsthilfemaßnahmen. Das anrechenbare Haushaltseinkommen darf eine bestimmte Einkommensgrenze um nicht mehr als 5% überschreiten.
Für einen Alleinstehenden liegt die Grenze bei einem Jahreseinkommen von 23.000.- DM, bei einem Haushalt mit 2 Personen bei 33.400.- DM, für jeden weiteren Haushaltsangehörigen erhöht sich die Grenze um 8.000.- DM jährlich. Bei der Ermittlung des anzurechnenden Einkommens werden Frei- und Abzugsbeträge für Kinder, zum Haushalt gehörende schwerbehinderte Personen oder für junge Eltern (bis zum 40. Lebensjahr) oder zu zahlende Unterhaltsbeiträge abgesetzt. Abzüge von 10% für Steuern und Versicherungsbeiträge sind außerdem abzurechnen. (Kindergeld bleibt bei der Berechnung unberücksichtigt)
Die Förderung besteht aus Aufwendungszuschüssen, öffentlichen Baudarlehen und Familienzusatzdarlehen. Das öffentliche Baudarlehen ist zunächst zinslos und muß von seiner Auszahlung an mit jährlich 1% getilgt werden. Die Höhe des Darlehens richtet sich nach dem örtlichen Kostenniveau und der Lage des Einzelfalls. Es wird so bemessen, daß Belastungen erreicht werden, die unter Berücksichtigung etwaigen Wohngelds tragbar sind. Als Anhaltspunkt gilt in München für eine Vier-Zimmer-Wohnung von 70 qm ein Durchschnittssatz von 140.000.- DM.
Anspruchberechtigte Bauherren können außerdem unter bestimmten Voraussetzungen zinslose Familienzusatzdarlehen erhalten, und zwar bei einem Kind 2000.- DM, bei zwei Kindern 4000.- DM, bei drei Kindern 7000.- DM und für jedes weitere Kind 5000.- DM
Neben den öffentlichen Darlehen wird ein Aufwendungszuschuß 15 Jahre lang gezahlt. Er beträgt anfangs 2.- DM/m2 Wohnfläche/Monat und vermindert sich alle drei Jahre um 0.40 DM/m2 Wohnfläche/Monat.

Zweiter Förderungsweg

Auf diesem Weg werden AntragstellerInnen gefördert, die bis zu 60% über der Einkommensgrenze liegen, oder AntragstellerInnen, die eine Sozialwohnung frei machen, unabhängig vom Einkommen. Vorzugsweise werden junge Familien gefördert, dazu gehören auch Alleinerziehende.
In diesem Fall wird mit Aufwendungsdarlehen gefördert. Der Anfangsbetrag der Förderung beträgt 7,20 DM pro Quadratmeter Wohnfläche monatlich bzw. für Haushalte, deren Einkommen die Einkommensgrenze nur bis 10% übersteigt, 9.- DM pro Quadratmeter. Diese Beträge können sich erhöhen, wenn die Belastung sonst unvertretbar hoch wäre. Das Aufwendungsdarlehen wird auf die Dauer von 16 Jahren zins- und tilgungsfrei gewährt. Danach ist es mit jährlich bis zu 6% zu verzinsen und mit jährlich 2 % zuzüglich ersparter Zinsen zu tilgen. Zinsen und Tilgung werden halbjährlich fällig.
Der Zweite Förderungsweg hat in Bayern eine Besonderheit. Das aus Landesmitteln bestehene Teilprogramm trägt die Bezeichnung "Junge und wachsende Familie" und ist für Familien gedacht, bei denen keiner der Ehepartner älter als 40 Jahre ist. Bei der Bewilligung der Förderung erhält die Familie die Zusage, daß sie für jedes inerhalb von zehn Jahren geborene Kind ein zusätzliches Auf-

wendungsdarlehen von anfangs 105.- DM monatlich bekommt. Der Betrag vermindert sich jährlich um ein Fünfzehntel des Anfangsbetrags. Das Darlehen ist 16 Jahre lang zins- und tilgungsrei und wird danach bis zu 6% verzinst und ist mit % zuzüglich ersparter Zinsen zu tilgen.
In diesem Programm kann unter bestimmten Bedingungen auch der Erwerb von vorhandenem Wohnraum oder eine bestehende Eigentumswohnung gefördert werden

Dritter Förderungsweg
Im dritten Förderungsweg können Antragsteller, deren anrechenbares Jahreseinkommen die o.ag. Einkommensgrenze um nicht mehr als 30% überschreitet, leistungsfreie Baudarlehen für den Bau oder Ersterwerb eines Eigenheims oder einer eigengenutzten Eigentumswohnung erhalten. Wer eine Sozialmietwohnung freimacht, die noch mindestens 5 Jahre sozialgebunden ist, kann dieses Darlehen schon erhalten, wenn sein Jahreseinkommen die Einkommensgrenze um 60% überschreitet.
Gefördert wird mit einem Baudarlehen, das praktisch einem Zuschuß gleichkommt: für die Dauer der bestimmungsgemäßen Belegung der geförderten Wohnung (15 Jahre) ist es zins- und tilgungsfrei, danach wird es erlassen., wenn die vertraglichen Vereinbarungen erfüllt sind. Die Höhe der Förderung hängt ab von Lage und Wohnungsgröße

Weitere Hilfen:
Das Darlehens-Programm "Junge Ehepaare":
Der Freistaat Bayern verwendet einen Teil des auf ihn entfallenden Gewinns der Bayerischen Landesbank Girozentrale für das Programm "Junge Ehepaare". In diesem Programm werden Ehepaaren, bei denen keiner der Ehepartner das 40. Lebensjahr vollendet hat, in den ersten 5 Jahren der Ehe Darlehen zum Bau oder Ersterwerb von Familieneigenheimen und eigengenutzten Eigentumswohnungen in Höhe von bis zu 40.000 DM vergeben. Der Kapitalmarktzins für diese Darlehen wurde durch Subventionen des Landes auf jährlich 5,5% in den ersten 10 Jahren gesenkt. Die Tilgung beträgt in diesem Zeitraum 1% jährlich.
Das Einkommen darf 60% der o.ag. Einkommensgrenze nicht überschreiten. Das Darlehen kann allein oder zusammen mit einem der drei Förderungswege beantragt werden.
Zusätzliche Darlehensprogramme gelten für den Neubau oder Ersterwerb von Familienheimen in den bayerischen Grenzgebieten zur Tschechischen Republik und zu den neuen Bundesländern Sachsen und Thüringen. Außerdem werden besondere Beihilfen der Behebung von Wohnungsnotständen für Kranke und Behinderte gewährt.

AUSBILDUNGSFÖRDERUNG

Die Ausbildung der Kinder ist teuer, vor allem dann, wenn sie lange dauert. Das kann sich zum Nachteil von Kindern aus weniger finanzkräftigen Familien auswirken. Darum gibt es das Bundesausbildungsförderungsgesetz, besser bekannt unter der Abkürzung BAföG. Es fördert den Besuch von Schulen und Hochschulen mit finanziellen Zuschüssen und zinsgünstigen Darlehen.
Ob und in welcher Höhe ein Anspruch auf Förderung besteht, ist eine Frage der Einkommensverhältnisse. Schüler ab Klasse 10, allerdings nur bei auswärtiger Unterbringung, erhalten frühestens Ausbildungsförderung.

Weitere Auskünfte erteilen die Studentenwerke an den (Fach-)Hochschulen und im Fall des Schüler-BAföGs das Städtische Amt für Ausbildungsförderung, Schwanthalerstraße 40/VI, Tel. 233/8687, Öffnungszeiten Di und D 9.00-12.00 Uhr und 14.00-16.00 Uhr.

SOZIALHILFE

Immer noch gibt es viele Bürger, die sich scheuen, Sozialhilfe zu beantragen, wenn sie in Not geraten. Dabei handelt es sich bei der Sozialhilfe keineswegs um Almosen, sondern um einen Rechtsanspruch im Sozialstaat.
Die Hilfe steht all denjenigen zu, die den eigenen Lebensunterhalt nicht aus eigenen Kräften und Mitteln zu bestreiten vermögen. Das bedeutet, daß die Sozialhilfe auch erst dann gewährt wird, wenn alle anderen Möglichkeiten erschöpft sind. Einkommen und Vermögen, Unterhaltszahlungen, Arbeitslosengeld und -hilfe, Kindergeld und Kindergeldzuschlag sowie das Wohngeld werden dementsprechend bei der Prüfung, ob und wieviel Sozialhilfe eventuell gezahlt wird, voll angerechnet. Das fiErziehungsgeld hingegen gibt es zusätzlich zur Hilfe zum Lebensunterhalt.
Die Sozialhilfe soll das zum Leben Notwendige sichern. Der Bedarf einer Familie ergibt sich aus den Kosten der Unterkunft (Miete, Hauslasten) und den sogenannten Regelsätzen für jedes einzelne Familienmitglied.

Wer hilft weiter
Frauen mit niedrigen Einkommen und diejenigen, die bereits Sozialhilfe beziehen, werden im Fall einer Schwangerschaft vom Sozialamt besonders unterstützt.
Möglich sind einmalige Leistungen etwa für Schwangerschaftsbekleidung, Krankenhausbedarf, Babyausstattung (Kleidung, Kinderwagen und -bett) und zur Wohnungseinrichtung.
Auch Studentinnen haben Anspruch auf einmalige Leistungen, wenn die Bedürftigkeit auf die Schwangerschaft oder das Kind zurückzuführen ist.
Auskunft zu allen Fragen der Sozialhilfe gibt es beim Sozialamt der Stadt. Wer Sozialhilfe beantragen möchte, benötigt dazu an Unterlagen den Personalausweis, gegebenenfalls auch Mutterpaß und Geburtsurkunde(n), Meldebescheinigung(en), Einkommensnachweise, Mietvertrag, Belege über Heiz- und Stromkosten, die Mitgliedsnummer der Krankenkasse, einen Nachweis über Versicherungsbeiträge und – je nach Einzelfall – den Schwerbehindertenausweis, Scheidungsdokumente, Unterhaltsbescheinigung, Vaterschaftsanerkenntnis, Bescheide über Arbeitslosengeld oder -hilfe sowie BAföG.
Es empfiehlt sich, vor dem Besuch im Sozialamt Rat bei einer Selbsthilfegruppe zu suchen. Denn die Regelungen zur Sozialhilfe sind zum einen kompliziert und zum anderen unterschiedlich auslegbar. Da kann es nur nützlich sein, über die eigenen Rechte und Möglichkeiten genauestens Bescheid zu wissen.

Selbsthilfe- und Arbeitslosenzentren, die in Fragen der Sozialhilfe beraten:

- **Selbsthilfezentrum**
  Bayerstraße 77a, RGB, 80335 München, Tel. 089/53295611
  Die zentrale Vermittlungs- und Anlaufstelle für die Münchner Selbsthilfegruppen ist das Selbsthilfezentrum in der Bayerstraße (SHZ). Da ständig neue Inititiativen gegründet werden, Ansprechpartner und Adressen häufig wechseln, ist es sinnvoll, dort nachzufragen, wenn man zu speziellen gesundheitlichen oder sozialen Fragen nach Information, Beratung und Erfahrungsaustausch mit anderen Betroffenen sucht. Das Adressen-Verzeichnis des SHZ ist immer auf dem aktuellsten Stand.

- **Arbeitslosen-Zentrum der Inneren Mission**
  Blutenburgstr. 65, 80636 München, Tel. 089/126991-70

- **Arbeitslosentreff München-West**
  Orthstraße 14, 81245 München, Tel. 089/831392

- **BRK allgemeine Sozialberatung**
  Telefon: Herr Springmann: Tel. 089/2373-264

- **Arbeitslosen-Treff-Haidhausen**
  Pariser Str. 8, 81669 München, Tel. 089/4484598

- **Familienzentrum Neuperlach**
  Ollenhauerstraße 7, 81737 München, Tel. 089/672033

Stiftungen für soziale Notsituationen von Schwangeren und Familien:

- **Landesstiftung "Hilfe für Mutter und Kind"**
  Schellingstraße 155, 80797 München
  Finanzielle Beihilfen (z.B. für Umstandskleidung, Babyausstattung, Kaution oder notwendige Haushaltsgegenstände) während der Schwangerschaft und bis zu drei Jahren nach der Geburt sowie finanzielle Unterstützung für kinderreiche Familien, die unverschuldet in eine Notlage geraten sind, werden hier unbürokratisch und schnell, aber natürlich auch ohne einen Rechtsanspruch gewährt.

- **Aktion für das Leben**
  Prannerstr. 9, 80333 München
  Die "Aktion für das Leben" bietet überwiegend Einzelfallhilfe für Mütter/Eltern in Notsituationen. So u.a. bei der Babyausstattung und Anschaffungen für Kleinkinder, Übernahme von Pflegekosten für Babys berufstätiger Mütter, Hilfen zum Lebensunterhalt für Mutter und Kind, monatliche Hilfe für Studentinnen und Sozialhilfeepfäger, Entschuldungsprogramme, Wohnungskautionen, und -Einrichtungen

SOZIALÄMTER

Sozialamt der Stadt München
Orleansplatz 11
81667 München
Tel. 089/23322852
Den zuständigen Ansprechpartner in der Außenstelle des jeweiligen Stadtbezirks erfährt man über Tel. 233-0 und 233-1
Sprechzeiten in allen Außenstellen: Mo, Mi, Fr 8.30-11.00 h

Allgemeiner Sozialdienst
Orleansplatz 11
81667 München
Tel. 089/234361
Als kommunaler Beratungsdienst bietet der Allgemeine Sozialdienst Information und Beratung über Serviceleistungen und Hilfsangebote der Stadt, der freien Träger und Stiftungen; er hilft außerdem bei der Durchsetzung von Ansprüchen nach den Sozialleistungsgesetzen. Die Mitarbeiter unterliegen der Schweigepflicht. Die Außenstellen der einzelnen Stadtbezirke (Sprechzeiten von 8.30-11.00 h jew. Mo, Mi und Fr.):

Allgemeiner Sozialdienst Nord 1
Winzererstraße 47
80797 München
Tel. 089/30624/1

Allgemeiner Sozialdienst Nord 2
Nymphenburger Straße 120
80636 München
Tel. 089/126805-0

Allgemeiner Sozialdienst Ost 1
Thomas Dehler Straße 16
81737 München
Tel. 089/62737-0

Allgemeiner Sozialdienst Ost 2
Gammelsdorfer Straße 7
81671 München
Tel. 089/233/1

Allgemeiner Sozialdienst Stadtmitte
Goethestraße 11
80336 München
Tel. 089/233-1

Allgemeiner Sozialdienst Süd
Plinganserstraße 40
81369 München
Tel. 089/7263-1

Allgemeiner Sozialdienst West
Landsberger Straße 486
81241 München
Tel. 089/8891-1

RENTE/ALTERSSICHERUNG

Wer Kinder groß zieht, sollte deswegen im Alter keinen Nachteil haben. In der Tat ist es aber so, daß der (häufige) Verzicht auf (volle) Berufstätigkeit sich nicht zuletzt in niedrigeren Altersrenten auswirkt. Die Anrechnung von Kindererziehungszeiten schafft einen – freilich immer noch unzureichenden – Ausgleich für diese Benachteiligung. Immerhin hat die Rentenreform von 1992 schon einen deutlichen Fortschritt gebracht. Für die Erziehung eines ab 1992 geborenen Kindes werden nunmehr drei Jahre als Pflichtbeitragszeit bei der Berechnung der späteren Rente anerkannt, ohne daß hierfür Beiträge zu zahlen sind. Für früher geborene Kinder bleibt es bei der Anrechnung von lediglich einem rentensteigernden Jahr.

Grundsätzlich wird die Erziehungszeit, die nach Ablauf des Geburtsmonats beginnt, dem Elternteil zugeordnet, der das Kind betreut. Das gilt auch für Adoptiv-, Stief- und Pflegeeltern (Geburtsjahrgang 1921 und jünger). Die Eltern können mit einer übereinstimmenden Erklärung selbst regeln, wem die Erziehungszeit zuzuordnen ist – und diese auch aufteilen. Diese Erklärung ist für künftige Kalendermonate abzugeben. Eine rückwirkende Zuordnung dagegen ist für maximal zwei Monate eben noch möglich. Wird keine Erklärung abgegeben, dann schreiben die Rentenversicherungsträger die Erziehungszeit automatisch der Mutter gut.

Die Anrechnung von Kindererziehungszeiten wirkt sich nicht nur rentenerhöhend, sondern auch rentenbegründend aus. Mit zwei Geburten nach 1992 ist bereits die sogenannte allgemeine Wartezeit von fünf Jahren überschritten. Das heißt: Die Bedingung für eine spätere Regelaltersrente kann erfüllt werden, ohne auch nur eine Mark in die Alterskassen eingezahlt zu haben.

KINDER IM ERBRECHT

Kinder sind der Dreh- und Angelpunkt des Erbrechtes. Sie schließen sämtliche anderen Verwandten aus der gesetzlichen Erbfolge aus. Kompliziert wird die Materie nur bei den nichtehelichen Kindern (→ Kapitel "Alleinerziehende"). Und was ist mit den adoptierten oder für ehelich erklärten Kindern? Sogar Stiefkinder können Ansprüche gegen den hinterbliebenen Ehegatten erheben, obwohl sie mit ihm gar nicht verwandt sind.

Über das Erbrecht der Kinder entscheidet die rechtliche Verwandtschaft.

Ein Kind erbt von seiner Mutter und seinem Vater und deren Verwandtschaft. Mit einer überraschenden Ausnahme: Bekommt eine verheiratete Frau ein nichteheliches Kind, dann gilt dieses als mit dem Ehegatten verwandt und beerbt ihn, solange der Ehegatte die Vaterschaft nicht anficht. Die rechtliche Verwandtschaft ist also entscheidend.

Die Rechte der ehelichen Kinder

Der Erbteil des Kindes bemißt sich letztlich nach der Zahl der Geschwister und dem Erbrecht des Ehegatten, das aus dem Güterstand der Ehe erwächst. Unter mehreren Kindern wird zu gleichen Teilen geerbt. Den Kindern steht ein Pflichtteil als Mindesterbe zu, das die Hälfte des gesetzlichen Erbteils umfaßt. Ein Pflichtteilsrecht, das nur bei gravierenden Verstößen (Anschlag auf Leib und Leben des Erblassers) außer Kraft gesetzt werden kann.

■ **Für ehelich erklärte Kinder haben volles Erbrecht**

Da immer mehr Paare ohne Trauschein zusammenleben, werden immer mehr nichteheliche Kinder geboren, die aber bei ihrer leiblichen Mutter und ihrem leiblichen Vater aufwachsen. Will der leibliche Vater nicht nur für das Kind sorgen, sondern es auch in das volle Erbrecht einsetzen, so kann er das Kind auch ohne Heirat für ehelich erklären lassen.

■ **Adoptierte Kinder sind leiblichen, ehelichen gleichgestellt**

Allerdings: Wird eine volljährige Person adoptiert, dann gilt der oder die Adoptierte nur mit dem oder der Adoptierenden als verwandt. Er beerbt weder die Verwandten noch verliert er die verwandtschaftlichen Beziehungen inklusive Erbrecht gegenüber der Ursprungsfamilie.

WER HILFT WEITER

- Rechtsanwaltskammer München, Landwehrstr. 61, Tel. 089/532944

Ihr Steuerberater (Erbschaftsteuer) oder Ihre Bank (z.B. Mündelsicherheit, Anlageberatung)

■ Die Kinder der geschiedenen Ehe haben volle Erbansprüche

Sie haben gegenüber beiden Elternteilen das volle Erbrecht. Das Kind aus erster Ehe erbt zu dem gleichen Anteil wie alle weiteren Kinder eines Elternteils. Das Kind aus einer früheren Ehe wird in der gesetzlichen Erbfolge vollberechtigtes Mitglied der Erbengemeinschaft.

■ Pflegekinder haben keinerlei Ansprüche,

da kein rechtliches Verwandtschaftsverhältnis besteht.

Das nichteheliche Kind

Zu Erbschaftsstreitigkeiten führt immer wieder die rechtliche Stellung des nichtehelichen Kindes, auch wenn der Gesetzgeber seit dem 1. Juli 1970 eheliche und nichteheliche Kinder gleichgestellt hat. Gibt es kein Testament, erben die nichtehelichen Kinder neben Ehegatten den gleichen Anteil wie die ehelichen Kinder. Bedingung, daß die Erbfolge eintritt, ist bei den Vätern natürlich, daß sie die Vaterschaft anerkannt haben oder die Vaterschaft auf gerichtlichem Wege festgestellt worden ist. Allerdings hat der Gesetzgeber trotz dieser vollen Gleichstellung zwischen ehelichen und nichtehelichen Kindern bei der Reform von 1970 einige Sonderregelungen für nichteheliche Kinder erlassen.

■ Mütter vererben ihren Kindern die vollen Ansprüche.

In der Regel wachsen nichteheliche Kinder bei ihren Müttern auf. Mütter nichtehelicher Kinder haben daher eine enge Beziehung zu ihrem Kind. Der Gesetzgeber hat dieser Situation Rechnung getragen: Auch das nichteheliche Kind erbt von der Mutter den vollen Anteil wie jedes andere Kind.
Ohne die Zustimmung des nichtehelichen Kindes kann eine Immobilie des Nachlasses nicht verkauft, beliehen oder vermietet werden.
Achtung: Wenn ein nichteheliches Kind bei seinem leiblichen Vater aufwächst und er entsprechend das Sorgerecht hat, behält das Kind volles Erbrecht gegenüber der Mutter.

■ Der Vater vererbt dem nichtehelichen Kind unter Umständen nur Erbersatzansprüche.

Das nichteheliche Kind erbt, falls kein Testament da ist, als Alleinerbe den gesamten Nachlaß. Sind eheliche Kinder da, erbt das nichteheliche Kind seinen Anteil nur in Form eines Erbersatzanspruches – allerdings in gleicher Höhe wie die Anteile der ehelichen Kinder. Ihm steht also nur der Wert seines Erbanteils in Form von Bargeld zu, das ihm die Erbengemeinschaft auszahlen muß. Das nichteheliche Kind ist nicht Mitglied der Erbengemeinschaft und hat kein Anrecht auf Gegenstände aus dem Nachlaß. Es kann auch über deren Verwendung, etwa bei Immobilien, nicht mitbestimmen. Das gilt selbst dann, wenn dieses Kind in der Familie lebt. Soll das nichteheliche Kind gleichberechtigt erben, muß dazu ein Testament errichtet werden.
Vom Erbersatzanspruch abgesehen, ist das nichteheliche Kind einem ehelichen Kind völlig gleichgestellt. Es beerbt auch die Verwandten, wenn es in der Erbfolge an der Reihe ist.

- **Ein nichteheliches Kind kann vorzeitigen Erbausgleich fordern.**
  Den vorzeitigen Erbausgleich kann nur das nichteheliche Kind fordern, Väter können diese Ablösung der Erbansprüche nicht einleiten – allenfalls gesprächsweise. Der vorzeitige Erbausgleich soll ja nicht den Vater vom eigentlichen Erbanspruch des Kindes befreien.

- **Einbenannte Kinder**
  Nichteheliche Kinder werden einbenannt, wenn sie den Familiennamen eines Ehepaares erhalten, obwohl sie nur von einem der Ehepartner abstammen. Die Einbenennung, die durch eine einfache Willenserklärung vor dem Standesamt erfolgen kann, schafft aber keinerlei verwandtschaftliche Beziehungen, also auch keinerlei Erbrechte des einbenannten Kindes.

- **Stiefkinder haben ein Recht auf die Finanzierung der Ausbildung.**
  Stiefkinder, also Kinder, die nichtehelich sind oder aus einer früheren Ehe des Gatten stammen, sind mit ihrem Stiefvater oder ihrer Stiefmutter nicht verwandt und haben daher kein Erbrecht dem Stiefelternteil gegenüber. Zumindest solange, wie sie das Kind nicht adoptieren.
  Allerdings kann ein Stiefkind einen Anspruch auf die Finanzierung einer Ausbildung entwickeln. Stirbt die leibliche Mutter oder der leibliche Vater des Kindes ohne Testament, und kann nun dieses Kind seine Ausbildung nicht finanzieren, so muß zumindest bis zur Höhe des pauschalen Zugewinnausgleichs die Ausbildung des Stiefkindes vom hinterbliebenen Ehepartner finanziert werden. Wird allerdings durch ein Testament, also durch den ausgesprochenen Willen des verstorbenen Ehegatten, geerbt oder gibt es nur einen Pflichtteilsanspruch, ist niemand zu dieser Unterhaltszahlung gegenüber dem Stiefkind verpflichtet.

- **Minderjährige Erben: Was dürfen die Eltern?**
  Wenn Kinder mehr als 10 000 Mark erben, hat das Vormundschaftsgericht ein Wort mitzureden: Die Eltern oder der hinterbliebene Ehegatte müssen ein Vermögensverzeichnis vorlegen, aus dem hervorgeht, wie sich der Erbteil des Kindes zusammensetzt. Dieser Eingriff des Staates in die elterliche Vermögensverwaltung soll sicherstellen, daß die Eltern nicht mit dem Vermögen eines unmündigen Kindes riskante Spekulationsgeschäfte machen und es dabei aufs Spiel setzen. Zugleich verlangt der Gesetzgeber, daß das Vermögen des Kindes "nach den Grundsätzen einer wirtschaftlichen Vermögensverwaltung" angelegt wird. Es geht also auch nicht an, daß ein erheblicher Erbteil eines Kindes nur zum Spareckzins auf ein Sparkonto mit gesetzlicher Kündigungsfrist gelegt wird, sofern für diese Entscheidung keine wirtschaftlichen Gründe angeführt werden können. Das Geld muß im eng gesteckten Rahmen der sogenannten "Mündelsicherheit" so ertragreich wie möglich angelegt werden.

- Wenn Teile des Nachlasses nicht risikofrei angelegt sind, kann das Vormundschaftsgericht verlangen, daß diese Werte "mündelsicher" gemacht werden.

- Das kann in der Praxis beispielsweise bedeuten: Aktienvermögen muß verkauft und der Erlös in "mündelsichere" Papiere gesteckt werden.

- Was eine "mündelsichere" Geldanlage ist, welche dieser Anlagen besonders ertragreich ist, beschreibt § 180 BGB die Mündelsicherheit. Im wesentlichen handelt es sich dabei um Pfandrechte und bestimmte Bundeswertpapiere sowie Konten bei Kreditinstituten, die einer Sicherungseinrichtung angehören.

Wenn sich die gesetzlichen Vertreter des Kindes in der Verwaltung des Erbteils des Kindes schwerwiegende Versäumnisse zuschulden kommen lassen, kann ihnen die Vermögenssorge vom Vormundschaftsgericht entzogen werden. Es wird dann ein Vermögensverwalter eingesetzt, der bis zur Volljährigkeit des Kindes die wirtschaftlichen Interessen des Kindes wahrnimmt.

KOSTENLOSE BROSCHÜREN

jeweils bei der herausgebenden Behörde erhältlich:

Eltern und ihre Kinder
herausgegeben vom Bayerischen Staatsministerium der Justiz, Prielmayerstraße 7
80097 München

Sozialfibel
Lexikon über soziale Hilfen, Leistungen und Rechte, herausgegeben vom Bayerischen Staatsministerium für Arbeit und Sozialordnung, Familie, Frauen und Gesundheit, Winzererstraße 9,
80792 München

- Steuertips für die Familie
- Steuertips für Haus und Grund
- Steuerliche Wohneigentumsförderung im Überblick

herausgegeben vom Bayerischen Staatsministerium der Finanzen, Odeonsplatz 4
80539 München

Bayerischer Behördenwegweiser
Merkblatt über die Förderung des Baus und Erwerbs von Familienheimen und eigengenutzten Eigentumswohnungen in Bayern, herausgegeben vom Bayerischen Staatsministerium des Innern, Franz-Josef-Strauß-Ring 4,
80535 München

- Mutterschutz
- Kindergeld
- Erziehungsgeld /- Erziehungsurlaub
(→ siehe "Unser Baby")

BÜCHER ZUM ERBRECHT

Erbschaftsblock
Bundesverband der Deutschen Volksbanken und Raiffeisenbanken und R + V-Versicherungen (Hrsg.)
Presseverlag Plötz
Vertrieb D6 Verlag
Leipziger Str. 35
65191 Wiesbaden
Schutzgebühr 10,– DM

Erbschaften
Arbeitsgemeinschaft der Verbraucherverbände e.V. (Hrsg.)
Ein Ratgeber für Erben und Erblasser
zu bekommen bei:
Verbraucher Zentrale NRW e.V.
Mintropstr. 27
40215 Düsseldorf,
Tel. 0211/3809-0
Schutzgebühr 6,– DM

KINDER & GESUNDHEIT

4

▶ DIE ENTWICKLUNG DES KINDES

▶ KINDERÄRZTINNEN

▶ ZÄHNE

▶ ERNÄHRUNG

▶ SEXUALITÄT

▶ IMPFUNGEN

▶ KINDERKRANKHEITEN

▶ INFEKTIONSKRANKHEITEN

▶ CHRONISCHE KRANKHEITEN

▶ KINDER MIT BESONDEREN BEDÜRFNISSEN

▶ KINDER MIT BEHINDERUNGEN

▶ DAS KIND IM KRANKENHAUS

▶ WER HILFT MEINEM KIND ?

Wie Erwachsene auch, reagieren Kinder ganz unterschiedlich auf scheinbar gleiche Bedingungen. Während das eine Kind vor Gesundheit nur so strotzt und selbst bei Wind und Wetter draußen spielt, ohne sich zu erkälten, liegt das andere mit Schnupfen, Husten und Fieber immer wieder kränkelnd im Bett. Das kann die verschiedensten Ursachen haben. Es fängt bereits bei der Ernährung an. Sie schwächt oder stärkt möglicherweise den kindlichen Körper und dessen Immunsystem. Doch auch der Einfluß des psychischen Wohlseins ist nicht zu unterschätzen. Glückliche, selbstbewußte und zufriedene Kinder trotzen Krankheitserregern sicherlich eher als Kinder, die wiederum aus einer Vielzahl von möglichen Gründen gerade eine kleine Krise durchmachen. Das ist bei Kindern eben nicht anders als bei Erwachsenen.

Ob die kindliche Entwicklung normal verläuft, darüber geben die kostenlosen Vorsorgeuntersuchungen Aufschluß. Sie beginnen schon vor der Geburt (im Rahmen der Schwangerenvorsorgeuntersuchungen) und werden bis ins Schulalter von der Ärztin/dem Arzt fortgesetzt. Eltern sollten dieses Angebot auf jeden Fall nutzen. Denn so lassen sich frühzeitig Gesundheitsstörungen oder Entwicklungsverzögerungen feststellen, und das ist die beste Voraussetzung, dem Kind die notwendige Unterstützung bieten zu können. Viele Krankheiten sind vermeidbar, andere trotz aller Vorsorge manchmal unumgänglich. Am häufigsten treten Infekte der oberen Atemwege sowie des Magen-Darm-Traktes auf. Aber vor einer Reihe von Infektionskrankheiten schützen rechtzeitige Impfungen. Manche Kinder leiden unter chronischen oder lebensbedrohlichen Krankheiten. Diese Kinder - und ihre Eltern - benötigen umfassende ärztliche und therapeutische Hilfen, aber auch den Kontakt zu Menschen, mit denen sie ein ähnliches Schicksal teilen.

Bei Verletzungen und Vergiftungen ist vor allem schnelle Hilfe entscheidend. Erste-Hilfe-Maßnahmen können lebensrettend sein, vermeiden häufig Folgeschäden und verkürzen den Heilungsprozeß. Detaillierte Informationen zu diesen und anderen Fragen finden sich auf den folgenden Seiten. Darüber hinaus gibt dieses Kapitel Anregungen zu einer ausgewogenen Ernährung, die das Wohlbefinden und die Gesundheit des Kindes stärkt.

DIE ENTWICKLUNG DES KINDES

Noch nie gab es so gute Möglichkeiten der Früherkennung und Gesundheitsvorsorge wie heute. Wichtig sind insbesondere die kostenlosen Vorsorgeuntersuchungen für Kinder. Die Teilnahme an diesem Vorsorgeprogramm ist natürlich freiwillig, doch ein Kind sollte möglichst keine der insgesamt zehn Untersuchungen versäumen. Das gilt auch für Kinder, die putzmunter und offenbar ohne jedes gesundheitliche Problem aufwachsen. Sprachschwierigkeiten, Sehstörungen und Hörschwächen zum Beispiel werden sonst häufig erst spät entdeckt und sind dann in der Regel sehr viel schwieriger zu behandeln. Die einzelnen Vorsorgetermine enthält das "Untersuchungsheft für Kinder", ein gelber Gesundheitsfahrplan, den Eltern bei der Geburt des Kindes vom Krankenhaus oder der Hebamme, später auch noch vom Kinderarzt erhalten. Die Untersuchungen sollten bei Kinderärzten erfolgen, denn aufgrund ihrer Erfahrung mit Kindern sind sie besonders befähigt, etwaige Fehlentwicklungen oder Gesundheitsstörungen frühzeitig festzustellen. Mit dem Katalog medizinischer Fachbegriffe zu jeder Untersuchung können Eltern allerdings zumeist wenig anfangen. Daher empfiehlt es sich, nach der Untersuchung noch ein Gespräch über den Gesundheitszustand des Kindes mit der Ärztin/dem Arzt zu führen.

VORSORGE UNTERSUCHUNGEN KÖNNEN HELFEN,
EINE GESUNDE ENTWICKLUNG DER KINDER ZU FÖRDERN

U1: 1. Tag
Die erste Vorsorgeuntersuchung erfolgt unmittelbar nach der Geburt. Die Geburtshelfer prüfen insbesondere Atmung und Herzschlag des Neugeborenen, das sich ja nun alleine mit Sauerstoff versorgen muß. Muskelspannung, Farbe der Haut sowie Reflexe werden ebenfalls geprüft, das Kind zudem gewogen und gemessen.

U2: 3.-10. Tag
Die U2 ist normalerweise die erste kinderärztliche Untersuchung. Sie wird entweder noch in der Klinik oder bei einer Kinderärztin/einem Kinderarzt der Wahl durchgeführt. Am besten erkundigen sich die werdende Mütter schon vor der Geburt nach der Möglichkeit eines Hausbesuchs. Neben der gründlichen körperlichen Untersuchung steht bei der U2 vor allem die Früherkennung von Stoffwechselstörungen im Vordergrund. Nur ein Blutstropfen aus der Ferse des Kindes reicht aus, um eine Schilddrüsenunterfunktion sowie Eiweiß- und Zuckerstoffwechselstörungen zu erkennen. Zur Vermeidung schwerer kindlicher Hirnblutungen werden Vitamin-K-Tropfen empfohlen. Die Leber benötigt Vitamin K zur Bildung von Blutgerinnungseiweißen. Die Ärztin/der Arzt sollte zudem über Rachitis-Vorbeugung durch Vitamin D in Tablettenform und über Fluor zur Kariesprophylaxe informieren.
Ein Tip für junge Eltern: Suchen Sie sich frühzeitig eine Kinderärztin/einen Kinderarzt Ihres Vertrauens. Die Kinderärztin oder der Kinderarzt berät nicht nur bei Gesundheitsfragen, sondern unterstützt auch bei Sorgen und Problemen. Beobachten Sie Ihr Kind genau und teilen Sie Ihrer Kinderärztin/Ihrem Kinderarzt alle Auffälligkeiten mit.

U3: 4.-6. Woche
Der Säugling sollte nun schon in der Lage sein, den Kopf aus der Bauchlage heraus für kurze Zeit zu heben. Er reagiert auf Stimmen und Geräusche und verfolgt bewegtes Spielzeug mit seinen Augen. Die Ärztin/der Arzt achtet bei der gründlichen körperlichen Untersuchung des Kindes besonders auf das Gewicht und den Ernährungszustand. Das Hauptaugenmerk bei der U3 liegt jedoch auf eventuellen Hautveränderungen und dem Skelettsystem. Untersucht werden die freie Beweglichkeit der Hüftgelenke, die Füße, Fehlhaltungen der Wirbelsäule und das Schädelwachstum.

U4: 3.-4. Monat
Jetzt kann das Baby sich schon von allein aus der Seitenlage auf den Rücken rollen. Es beginnt Laute zu bilden und reagiert mit Lächeln. Es kann Dinge fest- und den Kopf schon länger hochhalten. Das Kind sollte auf Geräusche reagieren und einen Gegenstand mit den Augen verfolgen können. Eltern beobachten ihr Kind sorgfältig und achten darauf, ob sich ihr Baby entsprechend verhält.
Bei dem Vorsorgetermin werden vor allem das Nervensystem, das Bewegungsverhalten sowie die Haut untersucht. Viele Kinder in diesem Alter leiden an atopischer Dermatitis, besser bekannt als Neurodermitis (→Neurodermitis). Die U4 beinhaltet gleichzeitig den ersten Impftermin (→Impfkalender). Die Kinderärztin/der Kinderarzt sollte über alle anstehenden Impfungen sprechen und die Eltern ausführlich beraten.

U5: 6.-7. Monat
Das Kind sollte sich in diesem Alter alleine vom Rücken auf den Bauch drehen. Es stützt sich aus der Bauchlage mit gestreckten Armen ab, interessiert sich für Spielzeug in seiner Nähe und spielt mit den eigenen Füßen. Das Kind beginnt zu plappern und bildet Silbenketten (Wa-wa, Da-da usw.) Die Kinderärztin/der Kinderarzt untersucht die altersentsprechende Entwicklung, insbesondere die Sinneswahrnehmungen von Auge und Ohr. Ein hörgestörtes Kind wird auch Lall-Laute bilden, es hört aber schon nach wenigen Wochen mit dem Plappern wieder auf, weil es keine Reaktion darauf vernimmt. Jetzt gilt es auch, Sehschwächen (z.B. Schielen) zu erkennen. Mit der frühzeitigen Behandlung von Seh- und Hörstörungen steigt die Chance, bleibende Schäden zu verhindern.

U6: 10.-12. Monat
Der die Ärztin/der Arzt achtet besonders auf die im ersten Lebensjahr gelernten Fähigkeiten: Mit dem Ende des Säuglingsalters kann das Kind krabbeln, sich alleine aufsetzen, hochziehen und kurze Zeit stehen. Es greift kleine Gegenstände mit Daumen und Zeigefinger, dem sogenannten Pinzettengriff. Außerdem ahmt es Gesten und Gebärden (z.B.: Winke-Winke) nach und reagiert auf seinen Namen. Bei der körperlichen Untersuchung wird die Entwicklung der Geschlechtsorgane (z.B.: Hodenhochstand) beurteilt.

U7: 21.-24. Monat
Am Ende des zweiten Lebensjahres kann das Kind sicher gehen und problemlos Treppensteigen. Es bildet Zwei-Wort-Sätze und beginnt, alleine zu essen und zu trinken. Da seit dem letzten Vorsorgetermin ein ganzes Jahr vergangen ist, sind nun eine Vielzahl von Untersuchungen durchzuführen: Körpermaße werden gemessen, Herz und Lunge abgehört, das Skelett wird auf Fehlhaltungen (Beckenschiefstand, X- oder O-Beine usw.) und die altersgerechte Entwicklung generell überprüft.

U8: 43.-48. Monat

Bei der U8 stehen neben der körperlichen Entwicklung insbesondere die Weiterentwicklung der Persönlichkeit und das soziale Verhalten des Kindes im Vordergrund. Spielt das Kind gerne mit anderen Kindern? Geht es gerne in den Kindergarten? Bleibt es tagsüber trocken und sauber? Zieht es sich ohne Hilfe an? Kennt es den eignen Vor- und Nachnamen und spricht es einfache Sätze? Die Überprüfung der körperlichen Geschicklichkeit (z. B. Stehen auf einem Bein) ist ebenso wichtig wie eine erneute Untersuchung von Kopf bis Fuß.

U9: 60.-64. Monat

Die U9 bietet die Gelegenheit, Krankheiten, Entwicklungsstörungen und Fehlfunktionen der Sinnesorgane vor Beginn der Schulzeit zu entdecken. Die körperliche und seelische Entwicklung des Kindes ist weiter fortgeschritten: Es spielt nun konzentriert, bastelt und entwickelt vermehrt Rollenspiele. Das Kind spricht flüssig und in ganzen Sätzen. Erste Neigungen und Begabungen werden offensichtlich.

Bei der körperlichen Untersuchung kontrolliert die Ärztin/der Arzt Größe und Gewicht, Unter- bzw. Übergewicht können mit Hilfe einer gezielten Diät ausgeglichen werden. Bei der erneuten Untersuchung der Geschlechtsorgane können z.B. Entzündungen oder eine Vorhautverengung erkannt und behandelt werden. Nun sollte auch die vollständige Kontrolle über Blase und Darm vorhanden sein. Ist dies nicht der Fall, beraten Sie sich mit Ihrer Kinderärztin/ihrem Kinderarzt.

U 10: 12-13 Jahre

Die U10/J1 ist die vorläufig letzte Vorsorgeuntersuchung. Darüberhinaus ist es eine erste Jugendgesundheitsberatung (deshalb J1), von denen noch mehrere in regelmäßigen Abständen bis zum 18. Lebensjahr durchgeführt werden sollten. Sie beinhaltet die gründliche körperliche Untersuchung, Erfassung der Körpermaße und bekannter Gesundheitsstörungen, Blutdruckmessung und Urinuntersuchung. Ziel des ärztlichen Gesprächs ist das erfassen des sozialen Verhaltens /z.B. familiäre Integration, Beziehungen zu Freunden, Alltags- und Freizeitverhalten). Wesentlich ist auch der Aspekt des Ernährungs- und Gesundheitsverhaltens. Erste Hinweise auf Alkohol- und/oder Drogenkonsum können sich hier ergeben.

SCHULÄRZTLICHER SPRECHSTUNDEN

Schulärztlicher Beratungs- und Untersuchungsdienst für alle Schüler, Eltern und Lehrkräfte werden regelmäßig wöchentlich in 15 Münchner Schulsprengeln abgehalten. Ihre Aufgabe ist neben der Erstellung von schulärztlichen Zeugnissen die Beratung bei Schul- und Lernschwierigkeiten, bei Fragen zur gesunden Lebensweise, zu Impfungen, chronischen Erkrankungen, Verhaltensauffälligkeiten oder Suchtgefährdung. Regelmäßige Untersuchungen (incl. Hör- und Sehtests) werden im Kindergarten, zur Einschulung, in der 2., 5. und 9. Klasse durchgeführt.

Informationen über Ort und Zeit der Schulärztlichen Sprechstunden in den einzelnen Bezirken gibt die

- Jugendgesundheitsdienst-Zentrale
  Dachauer Straße 90
  Tel. 089/5207-448
  (Frau Dr. Meyer, Leitung)
  Tel. 5207-371 (Frau Pfeifer)

ÄRZTE UND FACHÄRZTE FÜR DIE KLEINEN

Ein Arztbesuch ist für Kinder wie Eltern oftmals kein leichter Gang. Das Kind, ist es krank, fühlt sich schon zuvor nicht gut und fürchtet sich vielleicht. Schnell spüren Kinder zudem die Anspannung der Eltern, die sich Sorgen machen. Dies überspielen zu wollen, mißlingt zumeist, verunsichert nicht selten die Kinder nochmals. Zu einer guten Vorbereitung des Arztbesuchs gehört denn auch, mit dem Kind zuvor durchzusprechen, vielleicht sogar durchzuspielen, wie die Untersuchung womöglich verlaufen wird. Beim Arzt selbst macht es wenig Sinn, auf ein aufgeregtes Kind einzureden, es dauernd ablenken zu wollen oder es zur Ordnung zu rufen. Wichtiger sind Nähe und Hautkontakt, die beruhigende Wirkung des Händehaltens. Und natürlich kommt es auch auf den Arzt oder die Ärztin an. Generell gilt, daß eine Praxis, die kindgerecht gestaltet ist und zum Beispiel Möglichkeiten zum Spielen im Wartezimmer läßt, einer normalen, seelenlosen und furchteinflößenden Praxis vorzuziehen ist. Und es kommt darauf an, daß die jeweiligen Ärzte sich wirklich darauf einlassen, Kinder zu behandeln – mit all ihrem Temperament und mit all ihren Ängsten. Spezielle Behandlungszimmer und Sprechstunden für Kinder sind dazu ein guter Ansatz.

Die Stadt ist gut versorgt mit niedergelassenen FachärztInnen für Kinderheilkunde. Am besten besucht man einfach einige in der Nähe der Wohnung, und entscheidet sich dann für den richtigen Arzt oder die richtige Ärztin für das eigene Kind. Die Praxis sollte in der Nähe sein, weil größere Kinder schon allein zu ihrem Arzt oder ihrer Ärztin gehen können. Oft jedoch ist es gar nicht so einfach, Fachärzte verschiedener Fachrichtung, die auch mit Kindern umgehen können bzw. Arbeitsgeräte in Kindergrößen haben, zu finden. Am besten fragen Sie Ihren Kinderarzt oder Ihre Kinderärztin.

ZÄHNE

Der Zeitpunkt, an dem die ersten Zähnchen kommen, variiert von Kind zu Kind. Vom 4. bis 6. Monat an kann man mit ihnen rechnen. Manchmal ist aber auch im 10. Monat noch kein Zahn sichtbar - die Natur hält sich nicht immer an einen Terminkalender. Zahnende Kinder sabbern viel, stecken dauernd die Finger in den Mund, sind oft weinerlich, quengelig und anfällig für fieberhafte Infekte: alles ganz normal und kein Grund zur Besorgnis. Äußerlich lassen sich meist erst kurz vor Durchtritt der Zähne Rötungen oder leichte Entzündungen feststellen. Dann helfen dem Kind Dinge, auf denen es herumbeißen kann: Brotrinde und kühlbare Beißringe zum Beispiel. Außerdem gibt es bewährte Zahnungshilfen, die entzündungshemmend und schmerzlindernd wirken. Die Milchzähne haben als Platzhalter für die nachfolgenden bleibenden Zähne eine wichtige Funktion. Deshalb beginnt die Zahnpflege schon

KINDERARZT: DIE RICHTIGE WAHL

Die richtige Kinderärztin, den richtigen Kinderarzt zu finden, ist für Eltern wie Kinder von besonderer Wichtigkeit. Denn sie/er begleitet die Familie in der Regel über die Jahre der Entwicklung hinweg, oftmals auch in - für das Kind und/oder die Eltern - schwierigen Zeiten. Grundlage einer Vertrauensbasis ist zunächst einmal eine gewisse Sympathie. Darüber hinaus sollten sich Kind und Eltern in ihren Sorgen ernstgenommen fühlen, Fragen ausführlich beantwortet werden. Zeit für Beratung muß sein, auch darüber, auf welche Behandlungsmethoden die Ärztin/der Arzt festgelegt sind (Schulmedizin, Naturheilverfahren). Zudem sollten die üblichen Wartezeiten nicht zu lang, ein zusätzliches Wartezimmer für Kinder mit ansteckenden Krankheiten vorhanden und die Bereitschaft zu Hausbesuchen im Notfall gegeben sein.

ZAHNÄRZTE, DIE BESONDERS ERFAHREN SIND IM UMGANG MIT KINDERN

Dr. S. Angela Freundorfer
Berlepschstr. 2
81373 München
Tel. 089/7252598

Dr. Cheryl L Butz
Reichenbachstr.3a
80469 München
Tel. 089/291140

Creative Zahnärzte
am Olympiaberg
Tel. 089/15956440
Hier arbeitet ein Team von männlichen uns weiblichen ZahnärztInnen.

Dr. Bernhard Ulsamer
Fichtenstraße 6
82041 Deisenhofen
Tel. 089/6134853

Dr. Robert und Martha Papra
Tengstr.27
80798 München
Tel. 089/2712765

mit den ersten Zähnen. Von Anfang an sollte das Kind eine eigene Zahnbürste benutzen und möglichst spielerisch an den Umgang damit üben. Das Verschlucken von Kinderzahncreme ist nicht gefährlich. Ausspülen und ausspucken erlernt das Kind erst ab dem Kindergartenalter. Regelmäßiges Putzen nach den Mahlzeiten und vor allem nach Süßigkeiten sowie eine gesunde Ernährung sind die besten Voraussetzungen für gesunde Zähne. Der erste bleibende Backenzahn kommt schon im Alter von sechs Jahren (6 Jahres Molar). Karies (sog. Zahnfäule) ist eine weitverbreitete Krankheit schon im Kindesalter, über 50 Prozent aller Dreijährigen leiden darunter. Fluor macht den Zahnschmelz härter und vermindert so das Risiko einer Karieserkrankung. Deshalb empfehlen Kinderärzte und Zahnärzte schon vom Säuglingsalter an die regelmäßige Gabe von Fluorid-Tabletten zur Kariesvorbeugung. Dies ersetzt aber nicht die regelmäßige Zahnpflege. Es gibt unterschiedliche Meinungen zur Fluoridprophylaxe; bei Fragen oder Bedenken berät die Ärztin/der Arzt.
Wichtig ist, das Kind auf den Zahnarztbesuch gut vorzubereiten. Wissen doch selbst kleine Kinder noch vor dem ersten Zahnarztbesuch, daß ihnen – Stoff vieler Erzählungen – nichts gutes bevorsteht. Aber es gibt sie tatsächlich: Zahnärzte, die Kindern die Angst zu nehmen wissen, weil sie sich mit der Kinderpsyche ein wenig auskennen. Eine nicht zu unterschätzende Qualität.

- **Mundhygienezentrum**
  Agnes-Bernauer-Straße 216, 81241 München, Tel. 089/7005044
  Eine einzigartige Institution im Bereich der Zahnpflege, Zahnbehandlung und Vorbeugung von Zahnkrankheiten für Kinder ist das Mundhygienezentrum München, in dessen Haus man auch einen Zahnarzt und eine Zahnärztin findet, die hervorragend mit Kindern umgehen können. Hier erhält man außerdem wichtige Tips zur Einführung in die Zahnpflege von Kleinkindern, Beratung für Eltern von (durch schlechte Erfahrungen) schwer behandelbaren Kindern, Aufklärung über Krankheitsbilder (Karies, Parodontose) und deren Verlauf, sowie über die derzeitige Lage Arzt/Patient in Folge der Gesundheitsreform.

Mit einer positiven Einstellung kommt die Angst vor dem Zahnarzt erst gar nicht auf. Fragen zum Thema Zähne und Pflege beantwortet natürlich der Zahnarzt selbst, zum Beratungsangebot des Stadtgesundheitsamtes und der **Jugendzahnärztlichen Beratungsstelle (Tel.52071)** gehören auch Aktionen und Broschüren.
Die Adressen der verschiedenen Beratungsstellen und des Jugendzahnärzt

FLUOR

Vor allem im Zusammenhang mit der Zahnpflege und zur Vorbeugung gegen Karies ist Fluor in den letzten Jahren ins Gespräch gekommen. Karies ist die schnellste Reaktion unseres Organismus auf Fehlernährung und dem daraus resultierenden körperlichen Streß. Die weitgehenden Folgen wie z.B. Rheuma, Altersdiabetes, Osteoporose bzw. Rachitis treten erst nach viel längerer Zeit durch Symptome wie Schmerzen ins Bewußtsein.
Es gibt genug Materialien über Fluor und seine Folgen. M. O. Bruker hat in seinem Buch "Vorsicht Fluor!" eine Fülle von Forschungsergebnissen zusammengetragen ("Vorsicht Fluor!" M.O. Bruker, bioverlag gesundleben, Hopferau '84). In manchen Kindergärten werden immer noch Fluortabletten kostenlos gegeben. Auch von vielen Zahnärzten wird Fluor kleinen Kindern in Form von Tabletten verordnet, und Fluor ist in vielen Zahnpasten zugesetzt.
Durch eine halbwegs konsequente Orientierung des Speiseplans an "Vollwerternährung" erübrigt sich nicht nur die Fluoreinnahme, zugleich sorgen Eltern damit auch für ihre Gesundheit bestens vor. Fisch, Meeresfrüchte und Meeresgemüse sind wertvolle Fluorlieferanten.
Aber Achtung: Wenn Sie Ihren Kindern Fluortabletten geben, sollten Sie darauf achten, keine fluorhaltigen Zahncremes für die Kleinen zu kaufen. Die verschlucken nämlich die Zahncreme gerne – vor allem, wenn sie gut schmeckt. Dann wird die Fluormenge viel zu hoch! Warnsignale einer Fluorüberdosierung sind dann weiße bis bräunliche Flecken im Zahnschmelz.

lichen Dienstes erfahren Eltern im **Gesundheitshaus, (Dachauer Str. 90, Tel. 2071)** In vielen Kindergärten und in den Schulen finden regelmäßige zahnärztliche Kontrolluntersuchungen statt. Außerdem gibt es Anleitung zur richtigen Zahnhygiene. Bei speziellen Problemen und Fragestellungen nehmen Eltern ihre Sprößlinge mit in die **Kindersprechstunde der Uniklinik, Abt. f. Kinderzahnheilkunde, Goethestr. 60, 80336 München, Tel. 089/5160-0.**

EIN WICHTIGES THEMA: DIE ERNÄHRUNG

Ein vielseitiges und ausgewogenes Nahrungsangebot ist unerläßlich. Es besteht aus den drei Grundnährstoffen Eiweiß, Fett und Kohlehydrate, die dem Körper jeweils spezielle (essentielle) Bausteine liefern:
- Eiweiße mit ihren lebenswichtigen Aminosäuren sind vor allem in Milch und Milchprodukten - wie z.B. Käse, Joghurt und Quark - sowie in Fleisch und Fisch enthalten.
- Fette liefern die gesättigten und ungesättigten Fettsäuren und ermöglichen die Aufnahme der fettlöslichen Vitamine A, D, E und K.
- Kohlehydrate sind ein wichtiger Energielieferant. Kohlehydratreiche Nahrungsmittel - z.B. Brot, Nudeln, Reis, Kartoffeln, Gemüse und Obst - enthalten außerdem eine Vielzahl von wasserlöslichen Vitaminen, Mineralien, Spurenelementen und Ballaststoffen.

Wie wichtig eine vernünftige Ernährung für die Gesundheit (nicht nur) von Kindern ist, das wissen Eltern, und in der Regel legen sie auch großen Wert darauf. Das freilich garantiert allzu oft Streit mit den uneinsichtigen Ketchup-Cola-Fritten-Fans. Eltern sollten in diesen Situationen Standfestigkeit aber gleichfalls Kompromißfähigkeit beweisen: Ab und zu ein Hamburger oder Pommes schaden – bei sonst vielseitiger Ernährung – keinem Kind. Und natürlich sollte die Kost des Kindes nicht nur ausgewogen sein, sondern vor allem auch wohlschmeckend sein.

KARTOFFELN, NUDELN, SPINAT - DIE MISCHUNG
BIETET JEDEM GESCHMACK ETWAS

Vitamine/Mineralien

Vitamine müssen dem Körper mit der Nahrung zugeführt werden. Nur die Vitamine D und K kann der Körper unter bestimmten Voraussetzungen selbst herstellen. Es gibt fett- und wasserlösliche Vitamine:

Mineralstoffe und Spurenelemente gehören ebenfalls zu den unerläßlichen Bestandteilen der gesunden Ernährung. Sie sind in einer ausgewogenen, abwechslungsreichen Ernährung ausreichend vorhanden. Eine Ausnahme bildet Jod. Um einem Mangel vorzubeugen, empfiehlt sich das Kochen und Backen mit Jodsalz.

Eltern machen immer wieder die Erfahrung, daß ihr Kind zeitweise nur wenig essen will. Kein Grund zur Sorge - das Kind holt nach, was es braucht. Das Risiko, Kinder zu überfüttern, ist mittlerweile größer als die Gefahr von Mangelerscheinungen. Kinder sollten nicht gezwungen werden, den Teller leerzuessen. Kinder wissen, wann sie satt sind. Ständige Nahrungsverweigerung kann jedoch ein Hinweis auf seelische Probleme sein. Es ist wichtig, dieses Warnsignal ernst zu nehmen und frühzeitig ein Gespräch mit der Ärztin/dem Arzt darüber zu führen. In vielen z.T. kostenlosen Broschüren (→Kapitelende) finden sich weitere Anregungen und Informationen zum Thema Ernährung. Dazu zählen insbesondere die Publikationen der Deutschen Gesellschaft für Ernährung (DGE). Das Schriftenverzeichnis ist zu bestellen bei:

> **TIP**
>
> **7 Geschichten zum Vorlesen:
> "Bettina im Schlaraffenland"
> Moderne Ernährungsmärchen
> Kostenlos zu bestellen bei:**
>
> - **Auswertungs- und Informationsdienst für Ernährung, Landwirtschaft und Forsten e.V. (AID)
> Konstantienstr. 124, 53179 Bonn**

- **Deutsche Gesellschaft für Ernährung**
Im Vogelsang 40, 60488 Frankfurt, Tel. 069/976803-0
Broschüren, die hier kostenlos erhältlich sind:

- "Empfehlungen für die Ernährung von Säuglingen"
- "Empfehlungen für die Ernährung von Klein- und Schulkindern"
- "Empfehlungen für die Ernährung bei Kuhmilcheiweißallergie"
- "Empfehlungen für die Ernährung von behinderten Kindern und Jugendlichen"
- "Empfehlungen für die Ernährung von Mutter und Kind"
- "Empfehlungen für die Ernährung von Teens und Twens: 'Mahlzeit'"
- "Gesund essen und gemeinsam abnehmen"
- "Iss was - ein Magazin für Kinder"

DIE WICHTIGSTEN FETTLÖSLICHEN VITAMINE

fettlösliche Vitamine:

A
Funktion: Wichtig für die Funktion von Haut und Schleimhäuten sowie für das Immunsystem. Beteiligt am Sehvorgang.
Vorkommen: Karotten, Lebertran, Eier, Milch und Milchprodukte, Spinat, Tomaten, Grünkohl

D
Funktion: Unerläßlich für die Bildung der Zähne und der Knochen. Notwendig für den Calcium- und Phosphatstoffwechsel. Rachitisprophylaxe.
Vorkommen: Hering, Sardinen, Lachs, Thunfisch, Milch und Milchprodukte, Eigelb

Achtung,
überschreiten Sie bei zusätzlicher Gabe nicht die von Ihrer Ärztin/Ihrem Arzt empfohlenen Dosierungen. Zuviel Vitamin A und D kann zu Schädigungen führen.

E
Funktion: Wichtig für den Fettstoffwechsel, schützt die ungesättigten Fettsäuren vor Zerstörung durch Sauerstoff.
Vorkommen: Pflanzenöle, Butter, Margarine, Eier, Sojabohnen, Spinat, Brokkoli, Rosenkohl

K
Funktion: Wichtig für die Blutgerinnung.
Vorkommen: Tomaten, Kohl, Spinat, Milch, Yoghurt, Eigelb, Kopfsalat, Lebertran

wasserlöslichen Vitamine:

B1
Funktion: Unentbehrlich für das Nervensystem und den Kohlenhydratstoffwechsel (Zuckerabbau).
Vorkommen: Vollkornprodukte, Milch, Hefe, Schweinefleisch, Kartoffeln.

B2
Funktion: Unentbehrlich zum Aufbau des roten Blutfarbstoffes, wichtig für Haut und Sehvorgang, am Fett-, Kohlehydrat- und Eiweißstoffwechsel beteiligt.

Vorkommen: Milch und Milchprodukte, Hefe, Vollkornprodukte, Fisch, Eier, Kartoffeln, Gemüse

B6
Funktion: Wichtig für das Nervensystem und den Eiweißstoffwechsel
Vorkommen: Bananen, Honigmelonen, Rindfleisch, Kartoffeln, Gemüse, Milch, Bierhefeflocken, Kohl, Vollkornprodukte, Sardinen, Makrelen.

B12
Funktion: Wichtig bei Wachstumsvorgängen und für die Blutbildung.
Vorkommen: Eier, Milch, Quark, Rind- und Schweinefleisch

C
Funktion: Erhöht die Abwehrkräfte gegen Infektionskrankheiten, wichtig für die Knochen-, Zahn- und Blutbildung. Antioxydant.
• Vorkommen: Kartoffeln, Blumenkohl, Paprika, Zitrusfrüchte, Kiwi, Tomaten, Beeren, Weißkohl

SEXUALITÄT IM KINDESALTER

Zur gesunden Entwicklung gehört es, daß ein Kind seinen Körper mit allen Teilen erforscht und Scheide oder Glied lustvoll betastet. Dabei kann das Glied auch mal steif werden. Eltern fällt es manchmal schwer, unbefangen damit umzugehen. Schließlich haben auch nicht alle Eltern ein problemloses Verhältnis zu ihrer eigenen Sexualität. Von der Reaktion der Eltern auf die Entdeckung der eigenen Geschlechtsteile durch das Kind ist aber der spätere natürliche Umgang mit Sexualität stark abhängig. Früh erlebt das Kind Sexualität als etwas "Verbotenes" und "Heimliches", wenn Eltern verwirrt oder erschrocken reagieren.

Zwischen dem zweiten und dritten Lebensjahr beginnen sich Kinder für den geschlechtlichen Unterschied zu interessieren. Viele Fragen nach der Herkunft der Babys und ihrer Geburt werden gestellt. Kinder spielen in dieser Zeit gerne Doktorspiele, die Gelegenheit zum Kennenlernen des eigenen Körpers und dem der Spielkameraden geben. Die Beschäftigung mit dem "kleinen Unterschied" beeinflußt Fühlen, Denken und Handeln des Kindes.

Dieses Interesse nimmt zur Einschulung wieder deutlich ab und ist dann mit dem Einsetzen der Pubertät wieder verstärkt spürbar.

In die Zeit der Entdeckung des Geschlechts fällt die erste große Verliebtheit des Mädchens in den Vater, des Jungen in die Mutter. Wer kennt nicht die Äußerung: "Wenn ich groß bin, heirate ich dich, Papi". Dabei wird der gleichgeschlechtliche Elternteil zuweilen als Rivale erlebt, was wiederum zu Schuldgefühlen führen kann. Diese Zeit ist manchmal sehr anstrengend und kann mit Schlafstörungen, nächtlichem Einnässen und schweren Träumen einhergehen.

Wissen Eltern um diese Schwierigkeiten, können sie ihnen verständnisvoll begegnen. Die Aufklärung des Kindes erstreckt sich über die ganze Kindheit. Das Kind fragt viel, und es braucht offene und altersgemäße Antworten. Fragt ein Kind nie, fehlt ihm möglicherweise vorübergehend das richtige Vertrauen, oder es bemerkt, daß sich die Eltern durch seine Fragen unangenehm berührt fühlen.

Die Fähigkeit, Sexualität unbeschwert zu erleben, entwickelt sich im Laufe des Lebens, und Eltern können durch Einfühlsamkeit einen positiven Einfluß darauf nehmen.

RACHITIS

Rachitis ist eine Mangelerkrankung, bei der die Grundsubstanz der Knochen nicht richtig verknöchert sind. Sie tritt hauptsächlich bei Säuglingen und Kleinkinder (ca. 3. Monat bis 2. Jahr) auf. Das Krankheitsrisiko ist von 2 Faktoren abhängig: zuwenig Sonnenlicht und mangelndes Vitamin D durch einseitige Ernährung. Eine mögliche Folge sind X- und O-Beine. Neben einer ausgewogenen Ernährung ist insbesondere viel Spiel und Bewegung im Freien - möglichst bei Sonnenschein - notwendig, um der Rachitis vorzubeugen. Der Körper kann mit Hilfe von Sonneneinwirkung Vitamin D selbst bilden (siehe Vitamin D Prophylaxe U2).

BUCHTIP

Buchtip: Ketchup, Big Mac, Gummibärchen
Ein Buch über kindliche Eßgewohnheiten und kindgerechte Ernährung, sehr informativ und lesefreundlich. Es zeigt, daß Kinder oft anders essen als Erwachseneund hilft durch eine Nähstofftabelle, den Gehalt der Lieblingsspeisen im Auge zu behalten.

Pudel, Volker:
Ketchup, Big Mac, Gummibärchen.
Mit Illustrationen von Jutta Bauer.
Beltz Quadriga, Weinheim 1995.

IMPFUNGEN

Krankheitserreger lauern überall: im Wasser, in der Luft und in der Erde. Sie werden mit dem Atem (z.B. über Husten oder Niesen) oder durch Berührungen übertragen und mit der Nahrung zu sich genommen. Es besteht fast jederzeit Ansteckungsgefahr.

Vor vielen Krankheiten aber schützen Impfungen. So konnten z.B. Pocken durch rigorose Impfpflicht weltweit ausgerottet werden. Andere gefährliche Krankheiten wie Diphtherie und Kinderlähmung sind heute selten und haben als Folge einer hohen Impfrate ihre Schrecken weitgehend verloren. Allerdings sind diese Krankheiten und ihre verheerenden Folgen dadurch auch in Vergessenheit geraten. Dies mag einer der Gründe dafür sein, daß das Impfangebot immer weniger in Anspruch genommen wird. Groß ist freilich auch die Unsicherheit hinsichtlich möglicher Impfschäden. Fragen nach dem individuellen Impfrisiko des Kindes sollten mit der Kinderärztin/dem Kinderarzt geklärt werden. Die meisten Kinder überstehen Impfungen problemlos. Die Kinderärztin/der Kinderarzt überprüft zudem vor jeder Impfung den Gesundheitszustand, denn nur gesunde Kinder dürfen geimpft werden.

IMPFKALENDER

Impfempfehlungen der Ständigen Impfkommission des Bundesgesundheitsamtes. Stand: September 1993

Alter	Wer?	Welche Impfung?
ab 3. Monat	alle Säuglinge	**Diphtherie, Keuchhusten (Pertussis), Tetanus** 3 mal im Abstand von 4 Wochen **HIB (Haemophilus influenzae Typ b)**, 2 mal im Abstand von mind. 6 Wo. **Kinderlähmung (Poliomyelitis)**, 2 mal im Abstand von mind 6 Wo.
ab 15. Monat	alle Kleinkinder	**Masern, Mumps und Röteln**, Kombinationsimpfung
ab 18. Monat	alle Kleinkinder	**Diphtherie, Keuchhusten, Tetanus**, Abschluß der Grundimmunisierung **HIB**, 3. Impfung **Kinderlähmung (Poliomyelitis)**, 3. Impfung
ab 6. Jahr	alle Kinder	**Masern, Mumps und Röteln**, Wiederimpfung **Tetanus, Diphtherie**, Auffrischung Nachhol-Impfungen für versäumte außer Keuchhusten und HIB
ab 10. Jahr	alle Kinder	**Kinderlähmung (Poliomyelitis)**, Wiederimpfung
ab 11. Jahr	alle Mädchen	**Röteln**, auch wenn bereits im Kleinkindesalter geimpft
ab 11. Jahr	alle Kinder	**Tetanus**, Auffrischung **Diphtherie**, Auffrischung Der Abstand zur letzten Auffrischung sollte nicht kürzer als 5 Jahre sein.

Bei erhöhter Ansteckungsgefahr ist darüber hinaus ein Impfschutz gegen folgende Krankheiten möglich: Tuberkulose, Leberentzündung (Hepatitis B) und Hirnentzündung (Zeckenenzephalitis).

Risiken für die Gesundheit von Kindern lassen sich bei Impfungen freilich nie vollkommen ausschließen. Gefürchtet werden vor allem Schädigungen des Hirns, die zu Krampfanfällen oder Intelligenzverlust führen können. Doch nicht nur Komplikationen von solch schwerwiegender Natur treten gelegentlich als Folge einer Impfung auf. Dazu gehören auch Rötungen, Schwellungen und Schmerzen, die über das Maß einer üblichen Infektion hinausgehen. Auf manchen Impfstoffen zugesetzte Konservierungsmittel reagieren Kinder zudem in einigen Fällen allergisch.
Ob Impfungen sinnvoll oder überflüssig sind, das zu beurteilen, ist nicht nur ein medizinisches Problem.

- Die Gefährlichkeit der zu verhütenden Krankheit und das Impfrisiko sind gegeneinander abzuwägen.
- Die individuellen Voraussetzungen jedes Kindes müssen berücksichtigt werden: Geschlecht, Alter, Gesundheitszustand, eventuell auch chronische Krankheiten oder Allergien.
- Die Entscheidung für ein Ja zum Impfen kann auch aus Gründen sozialer Verantwortung fallen. Denn je mehr Menschen geimpft sind, um so stärker sind auch diejenigen geschützt, die sich nicht haben impfen lassen (Kinderlähmung!).
- Viele Mediziner erklären, es sei günstig für die seelische und körperliche Entwicklung von Kindern, wenn sie Kinderkrankheiten durchmachen – ein Grund für ein Nein zum Impfen in einigen Fällen.
- Erwerbstätige Eltern schreckt meist jede ansteckende Kinderkrankheit, bricht doch mit der Krankheit auch ein ausgetüfteltes Kinderbetreuungssystem zusammen.

Impfungen beruhen auf dem Prinzip, den Körper mit Krankheitserregern in abgeschwächter Form zu konfrontieren. Das Immunsystem des Menschen bildet dann die sogenannten Antikörper: Bei einem späteren Kontakt mit den jeweiligen Krankheitserregern sind genügend Abwehrstoffe vorhanden, um die Krankheitskeime unschädlich machen. Das verhindert den Ausbruch der Krankheit. Ein ausreichender Schutz erfordert einmalige oder mehrmalige Impfungen. In mehrjährigen Abständen müssen die Impfungen aufgefrischt werden. Eltern sollten bei dieser Gelegenheit auch ihren eigenen Impfschutz überprüfen!

Zeckenimpfung

Viele Eltern sorgen sich, ihr Kind könnte nach einem Zeckenstich an einer gefährlichen Hirnhautentzündung erkranken. In Deutschland registrieren die Behörden jährlich zwischen 60 und 120 Infektionen mit dem von Zecken übertragenen FSME-Virus (Frühsommer-Meningoenzephalitis). Eine bereits ausgebrochene FSME-Erkrankung ist mit keinem Medikament wirksam zu bekämpfen. In ihrer Erscheinungsform ähnelt sie zunächst einer Grippe, die sich schließlich zur Hirnhautentzündung entwickelt (nur selten bei Kindern unter drei Jahren).
Da liegt es nahe, dieses Risiko durch eine Impfung von vornherein auszuschließen. Aber jedes fünfte geimpfte Kind reagiert darauf mit Hautrötungen, Gliederschmerzen, Müdigkeit, Fieber oder Allergien. In schwereren Fällen kann es zu Krämpfen, Kopf- und Nackenschmerzen sowie Lähmungen kommen - erste Anzeichen einer Gehirnhautentzündung. Die Risikorate dafür liegt bei eins zu 32.000 Impfungen. Und: Eine FSME-Impfung schützt nicht vor anderen, von Zecken häufiger übertragenen Viren. Eine Impfung empfiehlt sich folglich vor allem dann, wenn das Kind in einer Region lebt, in der FSME-Erreger tragende Zecken überhaupt auftreten: im Odenwald, um Bad Kreuznach herum, am

Bodensee, im südlichen Schwarzwald, um Passau, Stuttgart und Karlsruhe herum, in den Donau-Seitentälern sowie einigen Gegenden Österreichs. In Bayern trägt jede 900. Zecke das FSME-Virus (in Österreich jede 30.). Nach einem Stich einer FSME-Zecke kommt es trotz Infektion nur in jedem dritten Fall zur Erkrankung und noch seltener zu schweren Krankheitsverläufen.

DER UMGANG MIT ARZNEIMITTELN

Gegen viele Krankheiten gibt es viele Arzneimittel. Aber keines hilft in jedem Fall. Wichtig ist ein verantwortungsbewußter Umgang mit Medikamenten. Medikamente, die für Erwachsene bestimmt sind, gehören niemals in Kinderhände. Die empfohlene Dosierung von Medikamenten für Kleinkinder sollte nicht überschritten werden.

Generell gilt: Arzneimittel haben in Kinderhand nichts zu suchen! Sie sind in einer verschlossenen, von Kindern nicht erreichbaren Hausapotheke zu verwahren und dürfen niemals einfach herumliegen. Denn Kinder, von Natur aus neugierig, können nicht wissen, daß die bunten Schachteln, Fläschchen und Röhrchen keine Süßigkeiten enthalten, sondern oft todbringende Arzneimittel. Kinder sollten daher von ihren Eltern erfahren, was es mit den bunten Pillen auf sich hat: Medikamente sind nur für Kranke da.

KINDER UND KRANKHEITEN

Fieber
Die normale Körpertemperatur liegt zwischen 36,5 und 37,5 Grad Celsius. Bis zu 38,5o spricht man von erhöhter Temperatur. Darüber beginnt das Fieber. Fieber ist eine sinnvolle Reaktion des Körpers, da sich manche Viren bei Temperaturen von über 38 Grad nicht mehr vermehren können. Fieber über 40 Grad sollte gesenkt werden, da bei hohem Fieber die Gefahr von Fieberkrämpfen besteht. Zum Fiebersenken eignen sich Wadenwickel besonders gut: Ein Taschentuch oder ein kleines Handtuch wird mit handwarmem Wasser getränkt und um die Beine gewickelt. Nach ca. 10 Minuten erneuert man den Wickel, insgesamt dreimal. Danach folgt eine längere Pause. Wadenwickel dürfen nie bei kalten Beinen angelegt werden!

Durchfall/Erbrechen
Während alle Säuglinge mehr oder weniger spucken und sabbern, kann Erbrechen - oft gefolgt von Durchfall - ein Zeichen für eine Erkrankung sein. Im Bauchraum sind meist heftige gluckernde Geräusche wahrzunehmen. Sobald der feste Stuhl ausgeschieden ist, kommt es zum Durchfall, und das Erbrechen hört meist sofort auf. In der Erbrechensphase sollte das Kind ca. sechs mal pro Stunde 1-2 Teelöffel Flüssigkeit bekommen, am besten eignet sich eine Zucker-Elektrolyt-Lösung (z.B. Elotrans). Eine fettfreie Diät aus zerkleinerter Banane, Karottenmus und geriebenem Apfel bekämpft Durchfall am besten. Nach 4-5 Tagen kann meist wieder vorsichtig zu normaler Nahrung übergegangen werden.

Bei andauerndem Durchfall und Erbrechen verliert der kindliche Organismus große Mengen an Flüssigkeit und Mineralstoffen. Im Vergleich zu Erwachsenen kann dies schnell lebensbedrohlich

BEWEGUNG UND WASSER MACHEN ALLEN KINDERN SPAß.

werden. Kindern sollten daher ausreichend trinken. Sollte ein Kind jegliche Nahrung verweigern, eine trockene Zunge bekommen und auch die Windel nicht mehr einnäßen, muß umgehend die Kinderärztin/der Kinderarzt verständigt werden.

Bauchweh
Alle Kinder klagen irgendwann über Bauchweh. Es muß sich dabei aber nicht wirklich um Schmerzen im Bauchbereich handeln. Auch Kopfweh, Ohrenschmerzen und andere Formen des Unwohlseins werden vom Kind mit Bauchweh gleichgesetzt. Die Ursachen echter Bauchschmerzen sind zumeist harmloser Natur: Magen-Darm-Infekte, Blähungen oder ganz einfach ein verdorbener Magen. Wärmflasche und Fenchel-Kümmel-Tee schaffen leicht Abhilfe.
Bei stärkeren und länger anhaltenden Schmerzen ist der Besuch bei der Kinderärztin/dem Kinderarzt angezeigt. Sie/Er wird das Kind gründlich untersuchen. Eventuell verbergen sich hinter dem Bauchweh eine Blinddarmentzündung, Harnwegsinfektion, Nierenbeckenentzündung oder in seltenen Fällen Vergiftungen, Koliken oder Wurmerkrankungen. Auch fremde Situationen und ungewohnte Umgebung "schlagen" Kindern gelegentlich "auf den Magen" und verursachen "Bauchweh".

Erkältungskrankheiten
Die Widerstandskraft des Säuglings gegen Infektionen ist geringer als im späteren Leben. Sollte das Baby sich erkältet haben, braucht es viel frische Luft und warme Kleidung. Die verstopfte Nase erschwert die Atmung. In diesem Fall kann eine Salzlösung - wie unten beschrieben - hilfreich sein. Bekommt das Baby zusätzlich anhaltenden Husten und hohes Fieber, sollte die Kinderärztin/der Kinderarzt konsultiert werden.
Nasentropfen: 0,9% Kochsalzlösung. Diese Lösung können Sie leicht selbst herstellen: ein gestrichener Teelöffel Salz auf 1/2 Liter lauwarmen Wassers - oder fertig aus der Apotheke.

INFEKTIONSKRANKHEITEN

Diphtherie
Bakterielle Erkrankung
Inkubationszeit: 2-7 Tage
Krankheitsbild: Diphtherie ist eine lebensgefährliche Erkrankung, die aufgrund des mangelhaften Impfschutzes der Bevölkerung in jüngster Zeit wieder verstärkt auftritt. Durch bakterielle Gifte - bzw. durch Membranbildungen im Kehlkopf - treten Lähmungen oder Erstickungsanfälle auf. Gefürchtet ist vor allem die Schädigung des Herzmuskels.

Keuchhusten
Bakterielle Erkrankung
Inkubationszeit: ca. 7-14 Tage
Krankheitsbild: Beginnt mit Schnupfen, Husten und Fieber. Nach ca. einer Woche steigert sich der Husten zu beängstigenden Anfällen, die vor allem nachts auftreten. Die Kinder erleiden krampfartige Hustenanfälle mit vorgestreckter Zunge und hochrotem Kopf, häufig folgt Erbrechen von glasigem Schleim. Zwischen den Hustenanfällen bleibt kaum Zeit zum Luftholen. Durch Verengung der Stimmritze entsteht beim Einatmen ein pfeifender Ton. Keuchhusten dauert meist ca. 6 Wochen. Im Säuglingesalter ist die Keuchhustenerkrankung lebensbedrohlich, neuere Forschungsergebnisse deuten auf einen Zusammenhang zum plötzlichen Kindstod hin.

Kinderlähmung (Poliomyelitis)
Viruskrankheit
Inkubationszeit: 3-14 Tage
Krankheitsbild: Die Krankheit beginnt häufig wie ein grippaler Infekt mit leichtem Fieber, Kopf- und Gliederschmerzen. Bei schwerem Krankheitsverlauf treten bleibende Lähmungen auf und es kann zum Erstickungstod kommen.

Masern
Viruskrankheit
Inkubationszeit: 10-14 Tage
Krankheitsbild: Erste Symptome ähneln einer starken Erkältung: Husten, Fieber, laufende Nase und gerötete, wäßrige Augen. Sog. Koplíksche Flecken, weiße Punkte auf der Wangenschleimhaut, kommen am 2. oder 3. Tag nur bei dieser Kinderkrankheit vor. Am 3. Tag oft Nachlassen des Fiebers, um am 4. Tag auf über 40 Grad anzusteigen. Gleichzeitig beginnt hinter den Ohren ein Ausschlag mit unregelmäßigen roten Flecken, der sich bald über den ganzen Körper ausbreitet. Als Komplikationen können Mittelohr- und Kehlkopfentzündungen sowie schwere Lungen- und Gehirnentzündungen auftreten.

Mumps (Ziegenpeter)
Viruskrankheit
Inkubationszeit: ca. 14 Tage.
Krankheitsbild: Fieber und generelles Unwohlsein. Die Speicheldrüsen unter und vor den Ohren schwellen - normalerweise zuerst auf einer Seite beginnend - stark an. Mundtrockenheit und

Schluckbeschwerden folgen. Komplikationen: Hoden- bzw. Eierstockentzündungen mit drohender Unfruchtbarkeit, Hirnhautentzündung.

Röteln
Viruskrankheit
Inkubationszeit: 14-21 Tage
Krankheitsbild: Das Kind fühlt sich kaum krank. Vom Gesicht aus breiten sich rote Flecken über den ganzen Körper aus. Lymphknoten im Nacken sind tastbar. Die Rötelerkrankung hat bei Kindern einen leichten Verlauf. Für das Ungeborene jedoch können schwerwiegende Mißbildungen die Folge sein, wenn die Mutter während der Schwangerschaft an Röteln erkrankt.

Scharlach
Bakterielle Erkrankung
Inkubationszeit: 2-5 Tage.
Krankheitsbild: hohes Fieber, Kopf- und Halsschmerzen, Erbrechen. Die Zunge ist himbeerrot. Die Halslymphknoten sind geschwollen, auf den Mandeln erkennt man Eiterflecken. In Gesicht, Leistenbeugen und Achselhöhlen ist ein kleinfleckiger, roter Ausschlag zu erkennen, die Mundpartie bleibt jedoch blaß. Bakterielle Gifte können schwere Schäden - vor allem an Herz, Nieren und Gelenken - verursachen. Scharlach kann mehrmals im Leben auftreten. Eine Behandlung mit Antibiotika ist möglich. Eine Impfung gibt es nicht.

Windpocken
Viruskrankheit
Inkubationszeit: ca. 2-3 Wochen
Krankheitsbild: Beginn mit leichtem Fieber und kleinen juckenden Bläschen mit rotem Hof. In den darauffolgenden 3 bis 4 Tagen entstehen ständig neue Bläschen, die im Verlauf platzen und verkrusten. Die Krusten fallen nach ca. zwei Wochen ab. Aufgekratzte Blasen hinterlassen Narben. Windpocken sind sehr ansteckend.

Chronische Erkrankungen
Rund ein Drittel der Kinder und Jugendlichen in Deutschland leiden unter Allergien - bei steigender Tendenz. Aber nicht nur die körperlichen Symptome sind schlimm, gerade auch die psychosomatischen Auswirkungen beeinträchtigen die Betroffenen sehr schwer. Viele Allergien sind erblich. Es bedarf aber des Zusammentreffens von verschiedenen Faktoren, damit eine Allergie zum Ausbruch kommt.

Asthma
Asthma ist die in Deutschland am meisten verbreitete chronische Krankheit.
Bei Asthma kommt es zu einer Verstopfung der kleinsten Bronchien durch Schleim, entzündlicher Schleimhautschwellung und krampfhafter Verengung der kleinen Atemwege. Besonders die Ausatmung ist stark behindert. Ein Asthmaanfall führt häufig zu schweren Hustenanfällen und u.U. zu erheblicher Atemnot. Die meisten Kinder haben wegen der akuten Angst weit aufgerissene Augen. Sie benötigen schnelle ärztliche Hilfe - verständigen Sie den Rettungsdienst.

AUFENTHALTE AM MEER LINDERN
OFT ATEMWEGS- UND HAUTERKRANKUNGEN

Neurodermitis
Bei Neurodermitis handelt es sich um die angeborene Bereitschaft zu einer chronisch-entzündlichen Hauterkrankung. Ihre Ursachen sind nicht völlig bekannt. Sie tritt schubweise auf und geht mit einem stark juckenden Hautausschlag einher. Phasen der Besserung wechseln mit Phasen der Verschlechterung ab. Die dauerhafte Vermeidung von Lebensmitteln, die zu einer Verschlechterung des Zustandes geführt haben, ist anzuraten. Eltern sollten sich dringend mit der Kinderärztin/dem Kinderarzt bzw. dem Hautarzt beraten. Da die Haut zumeist sehr trocken ist, vermeidet man zu häufiges Baden. Die Haut muß mehrmals täglich mit einer speziellen, von der Ärztin/dem Arzt verordneten Salbe eingecremt werden. Cortisonpräparate sollten nur auf Anweisung der Ärztin/des Arztes verwendet werden - auf keinen Fall aber als Dauertherapie. Eine Heilung von Neurodermitis ist bisher nicht möglich, wohl aber kann die Zeit der Nichterkrankung ausgedehnt werden. Nicht zu vernachlässigen ist die psychische Komponente der Neurodermitis. Ruhe und autogenes Training lindern, Streß und Anspannung bringen eine Verschlechterung mit sich. (→Selbsthilfegruppen)
Pseudokrupp
Pseudokrupp wird durch eine Virusinfektion des Kehlkopfes verursacht. Als Folge schwillt der Kehlkopf an und entzündet sich. Dies erschwert das Einatmen, das begleitet wird von einem pfeifenden Geräusch sowie bellendem Husten. Eine ärztliche Versorgung ist dringend nötig (→Selbsthilfegruppen).

KINDER MIT BESONDEREN BEDÜRFNISSEN

Kinder, die an **AIDS** erkranken, sind entweder über die HIV-positive Mutter oder nach Transfusionen infiziert. Eltern, die fürchten, ihr Kind könne das Virus in sich tragen, haben die Möglichkeit, anonym vom Gesundheitsamt, den AIDS-Hilfe-Organisationen oder auf Krankenschein vom Hausarzt, einen Test durchführen zu lassen. In Deutschland gibt es gut 1000 bekannte Fälle von HIV-positiven Kindern. AIDS ist eine Infektion mit HIV-Viren. Sie schwächen das körpereigene Immunsystem. Bei Kindern zeigt sich dies beispielsweise daran, daß sie länger und härter von den üblichen Kinderkrankheiten betroffen sind, häufig fiebern und oft von Lungenentzündungen heimgesucht werden. Gewichtsverlust, vergrößerte Lymphknoten sowie eine zögerliche geistige und körperliche Entwicklung sind weitere Krankheitsanzeichen. AIDS-Kinder könnten zwar im Prinzip genauso aufwachsen wie andere, doch die Angst vor einer Ansteckung läßt dies kaum zu. Die AIDS-Hilfe vermittelt Ärzte, die HIV-positive Kinder besonders betreuen, und gibt Informationen zu allen Fragen des Umgangs mit der Krankheit. Darüber hinaus vermittelt die AIDS-Hilfe Kontakte für psychische Betreuung und zu anderen, gleichfalls erkrankten Menschen.

- **Anonyme Aids-Beratung, städtische Gesundheitsbehörde**
  Dachauer Straße 90, 80336 München, Tel. 089/5207387

- **Münchner AIDS-Hilfe e.V.**
  Corneliusstr. 2, 80469 München
  Tel. Büro 089/268071; Beratung 089/19411

- **Aids-Beratung in der Dermatologischen Klinik**
  Frauenlobstr. 9, 80337 München
  Tel. 089/5397659 o. 5397698

- **Aids-Beratung in der Dermatologischen Klinik der TU**
  Biedersteinstr. 29, 80802 München,
  Tel. 089/3849-3216

- **AIDS-Beratungsstelle der Caritasverbandes**
  Schrenkstraße 3, 80339 München,
  Tel. 089/5021101/02

Krebserkrankungen können schon im Kleinkindalter auftreten. Sie bedeuten für das betroffene Kind und die Familie extreme Belastungen. Die Chance, Krebserkrankungen bei Kindern zu heilen, ist in den letzten Jahren gestiegen. Allerdings sind langwierige

---

HERZENSWÜNSCHE

Lebensbedrohlich erkrankten Kindern eine Freude zu machen, diese Aufgabe hat sich der Verein "Herzenswünsche" zum Ziel gesetzt. Die bundesweite Organisation ehrenamtlich Aktiver erfüllt – im Sinne seines Namens und wenn irgendmöglich – Herzenswünsche. Dadurch soll der Lebensmut der Kinder geweckt werden. In der Regel suchen Mitarbeiter des Vereins die jeweiligen Kinder mehrfach im Krankenhaus auf und sprechen mit ihnen über deren Herzenswünsche. Oder man wendet sich direkt an den Verein mit der Bitte um die Erfüllung eines konkreten Wunsches. Dann müssen die Kinder dazu ein Bild malen und einschicken. Die Finanzierung der Herzenswünsche erfolgt aus Spenden und Mitgliedsbeiträgen.

- **Herzenswünsche e.V.**
  Rückerstraße 6
  50935 Köln
  Tel. 0221/4303832

und schmerzhafte Behandlungen - wie Operationen, Chemotherapie und Bestrahlungen - manchmal unumgänglich. Auf Eltern kommt in dieser Zeit die Aufgabe zu, dem Kind im Krankenhaus beizustehen und es zu Hause zu betreuen und zu pflegen. Dem Kind und auch den Eltern helfen Gespräche, die auf die Behandlung vorbereiten: das Kind braucht Erklärungen über das, was mit ihm geschieht. Angst, Trauer und Unsicherheit begleiten die ganze Familie durch die Behandlung. Diese Gefühle mit anderen Eltern zu teilen, die ähnliche Erfahrungen durchmachen, ist hilfreich.

- **Elterninitiative krebskranker Kinder**
  Kapuzinerstr. 31, 80337 München, Tel. 089/534026

- **Bayerische Krebsgesellschaft**
  Maistraße 12, 80337 München, Tel. 089/551175

- **Hilfe für Krebskranke Kinder**
  Komturstraße 4, 60528 Frankfurt, Tel. 069/671033

- **Deutsche Krebshilfe**
  Thomas Mann Str. 40, 53111 Bonn, Tel. 0228/729900

- **Deutsche Leukämie-Forschungshilfe Aktion für krebskranke Kinder e.V.**
  Joachimstraße 20, 53113 Bonn, Tel. 0228/221833

Zusammenschluß regionaler Elterngruppen mit den Schwerpunkten Betreuungsverbesserung, Beratung und Unterstützung angeschlossener Vereine und Initiativen, Öffentlichkeits- und Aufklärungsarbeit, Unterstützung klinischer Forschung, sozialrechtliche Beratung und ggf. finanzielle Unterstützung Betroffener.

Eßstörungen äußern sich im zwanghaften Umgang mit der Nahrungsaufnahme und beginnen oft schon im Kindesalter. Essen oder nicht essen - dies stellt oft den Lebensmittelpunkt der Betroffenen dar. Man unterscheidet drei Krankheitsbilder:

- Von Magersucht sind vor allem junge Mädchen betroffen. Die Magersüchtigen versuchen einem nur ihnen verständlichen Schlankheitsideal nahezukommen. Sie bemühen sich, auch dann noch abzunehmen, wenn Sie schon "spindeldürr" sind. Die Erkrankung ist nur schwer therapierbar. Wenn das Gewicht eine kritische Untergrenze erreicht hat, ist Magersucht lebensbedrohlich.

- Unter Bulimie versteht man eine Freß- und Brechsucht bei meist normalem Körpergewicht, die hauptsächlich bei Mädchen anzutreffen ist. Es gibt Heißhungerattacken, bei denen große Mengen an Nahrungsmitteln verzehrt werden, die dann sofort wieder - meist heimlich - aus Angst dick zu werden, erbrochen werden. Häufig werden große Mengen Abführmittel eingenommen. Das Krankheitsbild geht einher mit Schuldgefühlen, Depressionen und Ängsten.

- Eigentlich ganz normal: wer viel ißt, wird auch dick. Doch hier kann eine Suchterkrankung die Ursache sein. Ebenso wie es eine Tabletten- und Alkoholsucht gibt, gibt es eine Eßsucht. Betroffen sind Mädchen und Jungen gleichermaßen. Psychische Probleme wie Versagensängste, eingeschränkte Selbstkontrolle, Kontaktstörungen und vieles andere sind oftmals die Ursache. Heißhungerattacken werden mit großen Mengen an Nahrung befriedigt. Eine Zunahme des Körpergewichts ist die Folge, das Idealgewicht wird weit überschritten. Der Leidensdruck steigt und wird mit immer neuen Freßorgien kompensiert. Diäten alleine helfen nicht, da die Sucht keinerlei Berücksichtigung findet. Therapeutische Hilfe zur Behandlung der Eßstörung ist dringend erforderlich.

- **Aktionskreis Eß- und Magersucht**
  Westendstraße 35, 80339 München, Tel. 089/5021212

- **ANAD Selbsthilfe**
  Ungererstr. 32, 80802 München, Tel. 089/333877

- **Frauengesundheitszentrum**
  Nymphenburgerstr. 38, 80335 München, Tel. 089/1291195

Ernährungsberatung bieten auch die Krankenkassen an (für Nichtmitglieder gegen Gebühr).

KINDER MIT BEHINDERUNGEN

Kinder mit angeborenen oder erworbenen Behinderungen brauchen oft besondere Hilfestellungen für ihre Entwicklung. Das kann sich auf die Pflege, aber auch auf die Behandlung und Betreuung der Kinder beziehen. Wie schon bei den Vorsorgeuntersuchungen beschrieben, wirkt die Früherkennung entscheidend auf die weiteren Entwicklungsmöglichkeiten ein. Frühe gezielte Hilfe für die Betroffenen erleichtert auch die persönliche Auseinandersetzung mit der Behinderung. Eltern behinderter Kinder finden Kontakte und Austauschmöglichkeiten in Vereinen und Selbsthilfegruppen. Viele Vereine sind aus Elterninitiativen entstanden. Sie haben gesellschaftspolitische Entwicklungen, wie z.B. die Integration behinderter Kinder in Kindergärten und Schulen gefordert und entscheidend vorangetrieben.

FRÜHFÖRDERUNG

Die Frühförderung hat heute eine große Bedeutung. Sie richtet sich an behinderte, von Behinderung bedrohte sowie entwicklungsgefährdete bzw. -verzögerte Kinder und deren Familien. Ihnen soll ein interdisziplinäres Behandlungsangebot zur Verfügung stehen. In diesem Sinne arbeiten die verschiedenen Frühförderstellen und Sozialpädiatrischen Zentren mit medizinischem, medizinisch-therapeutischem, pädagogischem und psychologischem Fachpersonal. Das medizinisch-therapeutische Fachpersonal besteht aus Krankengymnasten, Ergotherapeuten und Logopäden. Alle Stellen arbeiten ambulant und/oder mobil und stehen in Kontakt mit den niedergelassenen Kinderärzten.

FRÜHFÖRDERSTELLEN, BERATUNGSZENTREN UND SELBSTHILFEGRUPPEN

Kindernetzwerk e.V.
Hanauer Straße 15
63739 Aschaffenburg
Tel. 06021/12030
Eine wichtige zentrale Anlaufstelle für Eltern von kranken, behinderten oder leistungsgestörten Kindern ist das Kinderetzwerk in Aschaffenburg. Ca 11.000 Adressen von Selbsthilfegruppen und Beratungszentren zu den verschiedensten oft auch sehr seltenen Krankheiten sind hier erfasst, hierbei auch über hundert Ansprechpartner aus dem Münchner Raum. Die Adressenliste wird permanent aktualisiert und ist gegen einen geringen Unkostenbeitrag erhältlich.

Landesarbeitsgemeinschaft Hilfe für Behinderte (LAGH)
Weißenburgstr.43
81677 München
Tel. 089/459924-0
Die LAGH ist die Dachorganisation der Behinderten-Selbsthilfeverbände in Bayern. In der Geschäftsstelle stehen den verschiedenen Gruppierungen Räume zur Verfügung. Wer einen Verband sucht, der die Interessen einer spezifischen Behindertengruppe vertritt, kann sich hier informieren.

Frühförderung, Carolinenhilfe
Dülferstr.68
80995 München
Tel. 089/3144640
und Stanigplatz 10
80933 München
Tel. 089/314001/30/31/32 und
Tel. 314001/0

Kinderzentrum München
Heiglhofstraße 63
81377 München
Tel. 089/71009-0
Das Kinderzentrum, Aktion Sonnenschein, ist seit mehr als 25 Jahren eine der führenden Institutionen in den Bereichen der Behinderten-Diagnostik u. Therapie. Das Spektrum der Aktivitäten umfasst heilpädagogische Tagesstätten, sozialpädiatrische Ambulanz, Entwicklungsdiagnostik u. -therapie, Krankengymnastische Abteilung, Montessori-Therapie, Orff-Musiktherapie, Sprachabteilung, Ultraschalldiagnostik, Montessori-Kindergärten und -Schule, Forschung, Fort- und Ausbilung an der Deutschen Akademie für Entwicklungs-Rehabilitation u.v.m.

Beratungsstelle f. seelisch und geistig mehrfachbehinderte Kinder u. Jugendliche
Dachauer Str. 90
80335 München
Tel. 089/5207-231 oder 372

Beratungsstelle für Körperbehinderte
Dachauer Str. 90
80335 München
Tel. 089/5207/355
Beratung über gesetzliche und soziale Möglichkeiten für körperbehinderte Kinder, u.a. Pflegegeld, Selbsthilfegruppen, ambulante Dienste, Freizeitangebote

Arbeitsvermittlung für behinderte Jugendliche
Kapuzinerstr.26
80337 München
Tel. 089/5154/3155

Pädoaudiologische Beratungs- u. Frühförderstelle f. hörgeschädigte Kinder
Fürstenrieder Str. 155
80686 München
Tel. 089/7146024
Pädagogische Förderung, Frühförderung, Hör- und Spracherziehung allgemeine Hilfen und Ausbildungsberatung für hörgeschädigte Kinder

Kinder- und Jugendpsychiatrische Beratungsstelle
Rottmannstraße 1
80333 München
Tel. 089/5207-231
Beratung, Untersuchung, Begutachtung nach dem Bundessozialhilfegesetz und Informationen über Frühförderung, heilpädagogische Tagesstätten, Pflegegeld, sonstige Hilfsmaßnahmen.

Ausbildungshilfen (Stadtjugendamt)
Orleansplatz 11
81667 München
Tel. 089/233/5738
Zuständig für Eingliederungs- und Ausbildungshilfen für seelisch, geistig und körperlich behinderte Kinder und Jugendliche in heilpädagogischen Tagesstätten

Bayerische Landesschule für Blinde
Wintrichring 84
80992 München
Tel. 089/179050
Information und Beratung zur Entwicklung und Ausbildung sehgeschädigter Kinder

FRÜHFÖRDERSTELLEN, BERATUNGSZENTREN UND SELBSTHILFEGRUPPEN

**Bayerische Landesschule
für Gehörlose**
Fürstenrieder Str. 15
80336 München
Tel. 089/714 60 21
Schulvorbereitende Einrichtung
(Kindergarten, Volksschule, Real-
schule und Tagesstätte)

**AKG Arbeitskreis Kunstfehler
in der Geburtshilfe e.V.**
Weltistr. 79
81477 München
Tel. 089/7917319

**Deutsche Interessen-
gemeinschaft für Kinder mit
Phenylketonurie (PKU) e.V.**
Am Teil 1
86949 Windach-Schöffelding
Tel. 08193/371

**Hilfe für das autistische
Kind e.V.**
Ostpreußenstraße 9c
85386 Eching
Tel. 089/3193852

**Stotterer-Selbsthilfegruppe
München**
Jennerstr. 22
80999 München
Tel. 089/8124001

**Verein zur Förderung der
Kinder mit MCD**
Friedemann Bach Str. 1
82166 Gräfelfing
Tel: 089/8543141

**VIF Vereinigung
Integrationsförderung**
Klenzestraße 57c
80469 München
Tel. 089/2015466

**Verein zur Förderung d.
Integration Behinderter u.
Nichtbehinderter**
Barlachstraße 30
80804 München
Tel. 089/303148

**Ökumenischer
Begegnungsladen Siloah**
Schmied von Kochel Str. 2
81371 München
Tel. 089/777297

**"Wir" Arbeitskreis
Körperbehinderter**
Schöttlstr. 3
81369 München
Tel. 089/7237390
Beratung Behinderter und ihrer
Angehörigen durch eine Dipl. Psy-
chologin, außerdem Stammtisch,
Teestube und Freizeitveranstaltun-
gen zur Integration Behinderter
und Nichtbehinderter

**Behindertenprogramm der
Münchner Volkshochschule**
Barlachstr. 26
80804 München
Tel. 089/302008
Bildungs- und Förderprogramme für
Blinde, Hörbehinderte, Körperbehin-
derte und psychisch Behinderte
jeden Alters, u.a. Kulturprogramme,
Schwimmen, Reiten, Computerkurse

**Beratung
für Gehörgeschädigte**
Muspillistr. 21
81925 München
Tel. 089/954824

**Beratungsstelle f. geistig u.
seelisch Behinderte**
Hirtenstr. 4
80335 München
Tel. 089/551690

**Beratungsstelle für
sehbehinderte Kinder**
Raiffeisenstr. 25
85716 Unterschleißheim
Tel. 089/310001-17/19

**Beratungsstelle für
sehgeschädigte Kinder**
In den Kirschen 1
80992 München
Tel. 089/179050

**Beratungsstelle für
sprachbehinderte Haupt-
schüler und Jugendliche**
Blumenstraße 61
80331 München
Tel. 089/766736

**Beratungsstelle für sprachbe-
hinderte Kinder**
Fasanenstr. 67
82008 München
Tel. 089/617897

BRK-Service für Behinderte:
Behindertenfahrdienst, Hilfsmittel-
verleih (Verleih von Rollstühlen,
Gehhilfen etc) und Freizeitangebote
für Behinderte: Herr Brosch 2373-
266/274; Frau Habicht 2373-268
Kinderstadtranderholung für behinderte und nichtbehinderte Kinder:
2372-276/8

Echo e.V.
Westendstr. 115/Rgb
80339 München
Tel. 089/5020148
Eine Fülle von Spiel- und Freizeit-
Angeboten für behinderte und
nichtbehinderte Kindern und
Jugendliche.

FRÜHFÖRDERSTELLEN, BERATUNGSZENTREN UND SELBSTHILFEGRUPPEN

Evangelische Jugend München
Birkerstr 19
80636 München
Tel. Offene Behindertenarbeit:
Tel. 12005642 und 43;
Soziale Rehabilitation:
Tel. 12005618
Freizeitclub, Teestuben, Sportangebote, Wochenend- und Urlaubsfahrten für Behinderte und Nichtbehinderte

Familienentlastende Dienste (FED)
Plinganser Str. 26
81369 München
Tel. 089/777117

Ferienfahrten f. behinderte Jugendliche, Stadtjugendamt
Tel. 089/233/7453 und 7451

Fördergemeinschaft Cunit e.V.
Gotzingerstr.8
81371 München
Tel. 089/7251214
Integrative Begegnungsstätte, Beratungs- und Veranstaltungszentrum vor allem für schwerstkörperbehinderte Spastiker. Hier werden auch gemeinsame Ferienfreizeiten mit Nichtbehinderten und Ausflüge angeboten.

Friedel Eder Schule
Max Proebstl Str.11
Tel. 089/933093
Anthroposophischer Kindergarten und Schule für ca. 120 Kinder ab 4 Jahren.

Gemeinsam leben lernen
Christoph von Gluck-Platz 9
80807 München
Tel. 089/3594339

Heilpädagogisch psychotherapeutische Kinder- und Jugendhilfe e.V.
Adalbertstr.86
80799 München
Tel. 089/2713489

Hilfe für das mehrfachbehinderte blinde Kind
Winthirstr. 24
806369 München
Tel. 089/167812-0

Lebenshilfe f. geistig Behinderte e.V.
Gabrielenstraße 9/II
80636 München
Tel. 089/184085

MOP 27 Modellprojekt
Clemensstr. 62a
80803 München
Tel: 089/304073
Cafébetrieb und Gruppenangebote (u.a. Foto-, Film-, Video- und Musik/Percussion-gruppen), sowie Ferienfahrten für Behinderte und Nichtbehinderte

Schule f. Schwerhörige
Blumenstr.61
80331 München
Tel. 089/2332748

Heilpädagogisches Centrum Augustinum
Rainfarnstr. 44
80933 München
Tel. 089/3141019 (zentrale Verwaltung); Tel. 3141022 (Schule für geistig Behinderte); Tel. 3142021 (heilpädagogische Tagesstätte für Geistigbehinderte)

Offene Behindertenarbeit der Evangelischen Kirche
Birkerstr. 19
80636 München
Tel. 089/120056-50/51

Sozialberatungsstelle . Bayer. Landesverb. f. die Wohlfahrt Gehörgeschädigter
Haydnstr.12
80336 München
Tel. 089/534635
Allgemeine Lebensberatung, Rechtsberatung, Familien-, Erziehungs, Berufsberatung und Dolmetschungen

Stiftung Pfennigparade
Barlachstr 24-28
80804 München
Tel. 089/306161
Beratungsdienst, Wohnungen, Grund-, Haupt- und Realschule, Orthopädie-Werkstatt und Werkstätten für Körperbehinderte

Verein Freizeitgestaltung behinderter Kinder e.V.
Tel. 089/9570103

Verein zur Betreuung und Integration behinderter Kinder
Heidemannstr. 25
80939 München
Tel. 089/3165008
Ambulanter familienunterstützender Dienst für Familien mit behinderten Kindern, u.a. stundenweise Betreuung und sonstige Entlastungsangebote.

Wohngemeinschaft f. geistig Behinderte und Nichtbehinderte
Johann-Sebastian- Bach-Str. 20
80637 München
Tel. 089/1665276

FRÜHFÖRDERSTELLEN, BERATUNGSZENTREN UND SELBSTHILFEGRUPPEN

Kunst und Spiel
Leopoldstraße 48
80802 München
Tel. 089/3816270
Eine Liste mit Literaturempfehlungen zum Thema "Leben mit behinderten Kindern" ist im anthroposophischen Buch- und Spieleladen erhältlich. Die Bücher können hier auch telefonisch bestellt werden.

Wohngruppen und Schwerstbehindertenarbeit der evang. Kirche
Benediktstr. 10
85716 Unterschleißheim
Tel. 089/3171114

Marianne Strauss Stiftung
Die Marianne Strauss Stiftung hat einen Schwerpunkt ihrer Arbeit bei der Unterstützung von Familien mit behinderten Kindern gesetzt. Die Mitarbeiterinnen bitten aus organisatorischen Gründen, von telefonischen und schriftlichen Anträgen bei der Stiftung abzusehen und sich stattdessen an den Sozialdienst katholischer Frauen (089/55981-0) oder den Allgemeinen Sozialdienst der Stadt (233/4361) zu wenden.

WAHRNEHMUNG UND ENTWICKLUNG

Über die Sinnesorgane Haut, Augen, Nase, Ohren, Mund nehmen Menschen ihre Umwelt wahr und treten mit ihr in Kontakt. Anfangs kommt besonders der Haut und dem Gleichgewichtsorgan - im Ohr - große Bedeutung für die Wahrnehmung zu. Babys fühlen mit ihrer Haut ihre Umgebung, lernen angenehme und unangenehme Reize zu unterscheiden. Sie suchen Wege, angenehme Reize wieder zu erhalten und unangenehme Reize zu vermeiden. Es entsteht ein System von Wahrnehmungen, das man sich in spiralförmiger Weise vorstellen muß: Das Baby macht Erfahrungen, reagiert darauf und wirkt mit seiner Reaktion wieder auf die Umwelt ein. Dabei erweitert sich sowohl der eigene Handlungsspielraum als auch die Art der Erfahrungen.
Daß solch komplexe, gleichzeitige Abläufe sehr störanfällig sind, ist leicht vorstellbar. In den Vorsorgeuntersuchungen U1-U9 wird daher ein Schwerpunkt auf die Überprüfung der Sinnesorgane gelegt. Hört ein Kind z.B. nicht richtig, kann dadurch die Sprachentwicklung in Mitleidenschaft gezogen werden. Sieht ein Kind nicht richtig, wird es auch weniger gezielt greifen lernen und Dinge weiter weg gar nicht entdecken, die sonst seine Neugier erregt hätten.
Nicht immer sind solche Störungen so gravierend, daß sie Entwicklungsstörungen erwarten lassen. Zumal dann nicht, wenn die Störung erkannt und korrigiert werden kann.
Schwere Wahrnehmungsstörungen liegen oft bei körperlich oder geistig behinderten Kindern vor. Sie können aufgrund ihrer körperlichen Konstitution ihre Umwelt nur begrenzt erfassen.

LEGASTHENIE

In den letzten Jahren werden Eltern und Schulen zunehmend mit dem Problem der Lese-Rechtschreibschwäche konfrontiert. Betroffen sind in der Regel durchschnittlich intelligente Kinder, die in anderen Gebieten hohe Leistungen erbringen. Als Ursache muß eine Vielzahl von umwelt- und anlagebedingten Faktoren, z.B. Wahrnehmungsstörungen des Hörens und Sehens angenommen werden. Legasthenie ist heute zum Überbegriff für alle Störungen im Schreib- und Leselernprozeß geworden. Dahinter verbergen sich unter Umständen auch Verknüpfungen körperlicher und seelischer Ursachen. Die Kinder bedürfen unbedingt spezieller Hilfestellungen, da andernfalls ihr Selbstwertgefühl stark leidet und psychische Störungen zu erwarten sind. Wenn Sie sich mit anderen Betroffenen austauschen möchten und/oder Rat und Hilfe brauchen, wenden Sie sich an

- **Landesverband Legasthenie Bayern e.V.**
  Waldstr. 3a, 82166 Gäfefing
  Frau Eckal-Riesch, Tel. 089/851911

- **Bundesverband Legasthenie e.V.**
  Königsstr. 32, 30175 Hannover
  Tel. 0511/318738, Fax 0511/318739

Rat und Hilfe finden Sie auch beim Schulpsychologen und/oder bei der Kinderärztin/dem Kinderarzt.

ZUSATZVERSICHERUNG

Mütter oder Väter von Kleinkindern sollten eine private Zusatzversicherung abschließen, die es ihnen erlaubt, in einem gemeinsamen Zweibettzimmer das Kind rund um die Uhr zu betreuen. Die Eltern können in einem solchen Fall selbst dann für ihr Kind da sein, wenn das aus rein medizinischer Sicht nach Ansicht der Ärzte nicht geboten ist. Daß "rooming-in" zum Leistungskatalog der privaten Krankenkassen gehört, sollte schriftlich bestätigt werden. Es ist nicht immer automatisch Bestandteil der tariflichen Leistungen.

DAS KIND IM KRANKENHAUS

Daß Kinder ins Krankenhaus müssen, kommt nicht alle Tage vor. Manche Erkrankungen machen jedoch einen Krankenhausaufenthalt unumgänglich. Wenn dies der Fall sein sollte, dann gehören die Eltern dazu. Das ist schon allein deshalb wichtig, weil das Kind einer Vielzahl fremder Menschen begegnet, sich rasch ausgeliefert und verängstigt fühlt, wird es allein gelassen. Eine Situation, die auch den Heilungsprozeß kaum fördert. Viele Kinderabteilungen ermöglichen daher bereits den Aufenthalt eines Elternteils oder einer Bezugsperson rund um die Uhr, um die Behandlung günstig zu beeinflussen. Einige Häuser verfügen zudem über besondere pädagogische (z.B. Schule im Krankenhaus) und psychologische Angebote für Kinder. Dies ist besonders bei Langzeitaufenthalten wichtig. Bescheinigt die behandelnde Ärztin/der Arzt, daß eine Betreuung des Kindes durch ein Elternteil aus medizinischen Gründen erforderlich ist, werden die Kosten von der Krankenkasse getragen. Andernfalls müssen Eltern Verpflegung und/oder Unterbringung aus der eigenen Tasche bezahlen, diese Ausgaben sind dann nicht in den Pflegesatzpauschalen der Krankenkassen enthalten. Die Kosten können pro Tag zwischen 20 und 200 DM liegen.

Ist ein Krankenhausaufenthalt absehbar, empfiehlt es sich, folgende Fragen zu klären:

- Welches Krankenhaus kommt in Frage?
- Kann ich mein Kind dorthin begleiten?
- Welche Betreuungsmöglichkeiten hat mein Kind dort?

Den Kindern ein Stück Sicherheit zu vermitteln, ist schwerer, wenn andere Verpflichtungen einen gemeinsamen Krankenhausaufenthalt verhindern (z.B. weitere Kinder, berufliche Zwänge). In diesem Fall sollten feste Besuchszeiten mit dem Kind vereinbart werden. Verläßlichkeit ist gerade in dieser Situation für Kinder von großer Bedeutung. Und Abschiedsszenen sind im Interesse des Kindes wie der Eltern kurz zu halten – ohne daß das Kind den Eindruck erhält, die Eltern wollten sich rasch davonstehlen.

Rat und Hilfe:

- **EKIKO, Verein zur Förderung des Eltern-Kind-Kontakts im Krankenhaus**
Säckingenstraße 22, 81545 München, Tel. 089/647841

- **Wohngruppe St Lorenz**
Blutenburgstraße 65, 80636 München, Tel. 089/185236
Wohnmöglichkeit und Begleitung für Eltern herzkranker Kinder

- **Aktionskomitee "Kind im Krankenhaus"**
Kirchstraße 10a, 6370 Oberursel, Tel. 06172/303600
Hilfe, Informationen und Verhaltenstips für den Fall, daß Ihr Kind ins Krankenhaus muß, kann man hier bekommen. Außerdem eine Kinderbuchliste, die speziell für solche Situationen zusammengestellt ist.

- **Deutscher Kinderschutzbund**
Pettenkoferstr. 10a, 80336 München
Tel. 089/555359
Ein unentgeltlicher Besuchsdienst für Kinder, deren Eltern nicht in München leben, für Alleinerziehende, Berufstätige, oder privat Überlastete. Auch Säuglingsbetreuung, Begleitung vor und nach einer Operation, Spielaktionen und langfristige Pflegedienste, die kein medizinisch geschultes Personal erfordern

- **Aktion "das fröhliche Krankenzimmer"**
Modellbücherei Kinderklinik
Universität München
Lindwurmstr. 4, 80337 München
Tel. 089/51602728

Schule im Krankenhaus

Kinder, die länger im Krankenhaus bleiben müssen, können den in der Schule versäumten Lehrstoff oft nur schwer wieder aufholen. Daher ist es nützlich, wenn das Krankenhaus über eine eigene Schule bzw. über Lehrpersonal verfügt. Erlaubt es die Krankheit des Kindes, kann der Krankenhausaufenthalt auch als Unterrichtszeit genutzt werden. Das ist gerade für Kinder mit chronischen Erkrankungen von besonderer Wichtigkeit.
Mit den Schulen für Kranke und dem Hausunter-

FREISTELLUNG

Jeder berufstätigen Mutter, jedem berufstätigen Vater stehen jeweils pro Jahr bis zu zehn Tagen Freistellung von der Arbeit zu, um ein krankes Kind (bis zum Alter von 14 Jahren) zu versorgen. Alleinerziehende haben Anspruch auf 20 Tage Freistellung. Sind mehrere Kinder zu pflegen, erhöht sich die Zahl der Freistellung auf maximal 25 Tage, für Alleinerziehende auf bis zu 50 Tage. Voraussetzung: Eine ärztliche Bescheinigung über Krankheit und Pflegebedürftigkeit des Kindes, vorzulegen beim Arbeitgeber und der Krankenkasse. Als Ausgleich für den Verdienstausfall zahlt die Krankenkasse Krankengeld.
Zum Thema Kinderpflege-Krankengeld informiert Sie Ihre Betreuungsgeschäftsstelle der Krankenkasse im Detail. Ein Anspruch auf Freistellung besteht aber nicht, wenn das Kind im Krankenhaus ist. Der Gesetzgeber meint offenbar, in dieser, für Kinder schwierigen Situation sei die Anwesenheit der Eltern nicht notwendig. Eltern, die ihr krankes Kind von Familienangehörigen betreuen lassen, können Fahrtkosten und Verdienstausfall dieser Personen erstattet bekommen (Antrag beim Jugendamt), die Unterstützung durch Bekannte und Nachbarn wird mit einer Unkostenpauschale abgegolten.

richt verfügt Bayern über zwei Angebote, die den Verbleib in der Stammschule bzw. der bisherigen Jahrgangsstufe ermöglichen sollen. Derzeit 26 bayerische Schulen für Kranke versorgen die in ihrem Einzugsbereich liegenden Krankenhäuser, sie werden kurzfristig eingerichtet, sobald wenigstens 40 Schüler zu versorgen sind. Wenn eine geringere Anzahl von Schülern (mindestens 10) zu versorgen ist, stehen Schulen für Kranke zur Verfügung, die den Schulen für Behinderte angegliedert sind.

Doch auch wenn keine dieser Schulen zur Verfügung steht, müssen Eltern nicht befürchten, daß ihr Kind den Anschluß in der Schule verliert. In diesem Fall können erkrankte Schüler Hausunterricht erhalten, der entweder vom Lehrer der Stammklasse erteilt wird, oder aber durch spezielle Lehrkräfte, die von der Stammschule über die bisher behandelten und geplanten Lehrziele informiert werden. Der Unterricht erfolgt in der Regel als Einzelunterricht und soll die individuellen Auswirkungen der Krankheit auf die Leistungsfähigkeit berücksichtigen. Er umfasst 10-12 Wochenstunden, bei einer Dauer der Erkrankung von mehr als sechs Monaten je nach Schulart bis zu 25 Wochenstunden.

HAUSHALTSHILFE/HÄUSLICHE PFLEGE

Das Projekt "Zuhause Gesundwerden", ein häuslicher Betreuungsdienst für kranke und genesende Kinder, vermittelt kurzfristig Helferinnen in Familien mit kranken Kindern. Die Vergütung beträgt 12,-DM pro Stunde (plus Fahrtkosten), für sozial schwach gestellte Familien kann der Allgemeine Sozialdienst Unterstützung gewähren. Das Konzept des Betreuungsdiensts wurde 1989 vom Verein für Fraueninteressen in Zusammenarbeit mit dem Allgemeinen Sozialdienst erarbeitet. Es war der erste Dienst dieser Art in der Bundesrepublik.

- **Verein für Fraueninteressen "Zu Hause Gesund Werden"**
  Maximilianstr. 6, 80539 München, Tel. 089/2904463

- **Bayerischer Mütterdienst**
  Postfach 190238, 80602 München, Tel. 089/17860180
  Der Bayerische Mütterdienst versteht sich als Ansprechpartner für Mütter in psychischen oder körperlichen Belastungssituationen. Er vermittelt in solchen Fällen Haus- und Familienpflege oder Kuren für Mütter oder Mütter mit Kindern.

In vielen Gemeinden gibt es zudem die Nachbarschaftshilfe. Dies ist der Name für die Organisation ehrenamtlicher sozialer und caritativer Hilfsdienste. Sie umfaßt u.a. Einkaufshilfen, Hausbesuche, Babysitting und kann in Notsituationen wie z.B. der Krankheit der Mutter angefragt werden. Diese Form der Hilfe erfolgt stundenweise und ist zeitlich und inhaltlich klar begrenzt. Wer Hilfe benötigt, wendet sich an sein zuständiges Pfarramt oder die nächstgelegene Nachbarschaftshilfe
(siehe →"Unser Baby")
Informationen zur häuslichen Pflege erhalten Sie auch bei Ihrer Ärztin/Ihrem Arzt, oder nach einem Krankenhausaufenthalt vom Krankenhaussozialdienst. Ansprechpartner für Information und Hilfe in Krankheits- und Genesungssituationen sind der Allgemeine Sozialdienst, die freien Wohlfahrtsverbände und die mobilen Hilfsdienste:

- **Allgemeiner Sozialdienst**
  Orleansplatz 11, 81667 München, Tel. 089/234361

- **Caritasverband für die Erzdiözese München**
  Hirtenstraße 4, Tel. 45169/0

- **BRK - Bayerisches Rotes Kreuz, Erholungsmaßnahmen f. Kinder und Mütter**
  Seitzstraße 8, Tel. Frau Poth 2373-267

- **Deutscher Paritätischer Wohlfahrtsverband**
  Landesverband Bayern, Düsseldorfer Straße 22, Tel. 30611/0

- **Arbeiterwohlfahrt, Kreisverband München-Stadt**
  Schwanseestraße 14-18, Tel. 6245/0

- **Verein für Innere Mission e.V.**
  Landshuter Allee 40, Tel. 126991/0

- **BRK: Mobiler sozialer Hilfsdienst**
  Tel. 089/2373-263

- **Krankenpflege zu Hause**
  Peter Kreim, Neumarkter Str. 86a, 81673 München, Tel. 089/4361498

- **Sozialwerk der Christengemeinschaft in Bayern e.V.**
  Kaulbachstr. 95, 80802 München, Tel. 089/395886

- **Hauspflegeverein**
  Telefon: 089/5306586

- **Pius-Maria-Heim**
  Mauerkircherstr. 79, 81925 München
  Vermittlung von Familienpflegerinnen bei Risikoschwangerschaften, nach Hausgeburten oder ambulanten Geburten. Es handelt sich um Überbrückungshilfen, also eine Pflegeauer von 1-6 Wochen. Beratung für die Übernahme der Kosten durch die Krankenkassen oder Unterstützung durch das Sozialamt wird von der Stiftung geleistet.

ELTERN-UND-KIND-KUREN

Die gesetzlichen Krankenkassen können aus medizinischen Gründen erforderliche Maßnahmen zur Rehabilitation und zur Gesundheitsvorsorge finanzieren. Im Mittelpunkt der Eltern-Kind-Kuren stehen die Mütter oder Väter. Sie erhalten medizinische Anwendungen und die Gelegenheit zu Gruppen- und Einzelgesprächen. Währenddessen werden die Kinder betreut.
Die Barmer Ersatzkasse (BEK) z.B. hat eigene Häuser für Mutter-und-Kind-Kuren, bringt z.T. aber auch in Häusern des Müttergenesungswerks unter. Bisher sind dazu nur Mütter mit Kindern zwischen 3-12 Jahren berechtigt, wenn die medizinische Notwendigkeit der Kur bescheinigt wird. Die Kurdauer beträgt vier Wochen. Der Eigenbeitrag der Mutter ist 12,- DM/Tag. Kinder zahlen nichts dazu. Mutter und Kind(er) sind in einem gemeinsamen Zimmer untergebracht. Vater-Kind-Kuren gibt es bei der BEK bisher nicht. Über die verschiedenen Kurmöglichkeiten berät Sie Ihre BEK Geschäftsstelle. Die gesetzlichen Krankenkassen, der Allgemeine Sozialdienst oder die Freien Wohlfahrtsverbände sind Ansprechpartner für Kuren:

- **Allgemeiner Sozialdienst**
  Orleansplatz 11, 81667 München, Tel. 089/234361

- **Caritasverband für die Erzdiözese München**
  Hirtenstraße 4, Tel. 45169/0

- **BRK - Bayerisches Rotes Kreuz, Erholungsmaßnahmen f. Kinder und Mütter**
  Seitzstraße 8, Tel. Frau Poth 2373-267

- **Deutscher Paritätischer Wohlfahrtsverband, Landesverband Bayern**
  Düsseldorfer Straße 22, Tel. 30611/0

- **Verein für Innere Mission e.V.**
  Landshuter Allee 40, Tel. 126991/0

- **Bayerischer Mütterdienst**
  Postfach 190238, 80602 München, Tel. 089/17860180

- **Familienhilfswerk Bayern**
  Mettenstraße 24, 80636 München, Tel. 089/1782598

- **AWO-Reisen**
  Karlstr.42, 80333 München, Tel. 089/545809-10

WER HILFT MEINEM KIND?

Logopäden und Sprachheilpädagogen
Logopäden und Sprachheilpädagogen behandeln Kinder mit Stimm- und Sprachstörungen: Stotterer, Polterer (Schnellsprecher), aber auch Kinder, die gar nicht sprechen wollen. In der Regel beginnt die Behandlung mit dreieinhalb Jahren, es ist aber auch eine frühere Förderung möglich. Die Krankenkassen übernehmen die Kosten, zumeist auch eine - manchmal schon ausreichende - Beratung der Eltern.

LOGOPÄDEN, DIE BESONDERS GERNE UND GUT MIT KINDERN ARBEITEN

Praxisgemeinschaft Elisabeth Hackl
Mariannenstraße 3
80538 München
Tel. 089/293636

Elisabeth Horstmann-Neu
Widenmeyerstr. 23
80538 München
Tel. 089/292421

Annelie Bullwein
Elsenheimerstr.4
80687 München
Tel. 089/578133

Elisabeth Antoine
Bauerstr.15
80796 München
Tel. 089/2719167

Karin Knittel
Georgenstraße 61
80799 München
Tel. 089/271727990

Annette Keck
Leopoldstr. 102
80802 München
Tel. 089/392125

Georg Näbauer
Belfortstr.4
81667 München
Tel. 089/4488111

Stephanie Sapper
Maria Theresia Str. 1
81675 München
Tel. 089/474482

Eva-Maria Reitschuster
Richard Strauss Str.56
81677 München
Tel. 089/919618

Annelott Butzke
Floßmannstr.17
81245 München
Tel. 089/831663

Beratung findet man außerdem bei:
der Stotterer-Selbsthilfegruppe München
Jennerstr.22
80999 Müchen
Tel. 089/8124001

Krankengymnastik

Schon viele Babys brauchen spezielle Bewegungsübungen. Aber auch Kinder mit Störungen der motorischen Entwicklung oder Verletzungen benötigen krankengymnastische Betreuung. Verschiedene Techniken und Methoden auf neuropsychologischer Grundlage wie z.B. Gymnastik nach Bobath und nach Vojta werden angewandt. Mit ihrer Hilfe wird nicht nur die körperliche, sondern auch die geistige Entwicklung entscheidend gefördert.

KRANKENGYMNASTIK

Kinderklinik u. Kinderchirurgische Klinik im Dr.v. Haunerschen Kinderspital
Lindwurmstraße 4
80337 München
Tel. 089/5160-0
Das Zentrum für Frühförderung der "Haunerschen Kinderklinik" übernimmt auch ambulante Therapie und vermittelt Patienten weiter an freie Krankengymnasten.

Krankengymnasten, die spezialisiert sind auf die Arbeit mit Kindern:
A. Arendt
Baierbrunner Str. 22
81379 München
Tel. 089/7853333

A. Koberstein
Waldeck Str. 23
81543 München
Tel. 089/6517034

E. Reiter
Wardeinstr. 14
81825 München
Tel. 089/4201294

G. Reissig
Blumenstraße 1
80331 München
Tel. 089/266305

Gemeinschaftspraxis Bischoff und Nürnberger
Schellingstr. 109a
80798 München
Tel. 089/5237344

Gemeinschaftspraxis U. Burkart, D. Bender, U. Landauer, U. Schröder
Verdistr. 7
81247 München
Tel. 089/8113000

J. Taylor
Feldmochinger Straße 53
80993 München
Tel. 089/1492383

K. Rohmeder-Lehmann
Herzogstr. 78
80796 München
Tel. 089/3081398

S. Starcke-Langosch
Wensauerplatz 15
81245 München
Tel. 089/8344909

THERA FORUM
Züricherstraße 37
81476 München
Tel. 089/7593999

THERAPIE 54
Prinzregentenstraße 54
80538 München
Tel. 089/29160001

Beschäftigungstherapeuten (Ergotherapeuten)

Bei angeborenen oder erworbenen Störungen der motorischen Entwicklung, der Sinne, der Wahrnehmung und der psychosozialen Entwicklung ist eine ergotherapeutische Behandlung angezeigt. Ziel der Ergotherapie ist es, die körperliche, geistige und soziale Selbständigkeit zu erreichen. Dies wird mit Übungen, die sich auf die alltäglichen Bedürfnisse der Betroffenen konzentrieren, angestrebt. Fähigkeiten, die nicht erworben werden, können kompensiert werden. Auch dabei zeigen die Ergotherapeuten Wege auf.

- **Deutscher Verband der Ergotherapeuten (Beschäftigungs- und Arbeitstherapeuten) e.V**
Postfach 2208, 76303 Karlsbad-Ittersbach, Tel. 07248/6328, Fax 8913

THERAPEUTINNEN UND FACHÄRZTINNEN

In der Regel empfiehlt die Kinderärztin/der Kinderarzt einen Therapeuten oder Facharzt zur Mit- oder Weiterbehandlung. Hier finden Sie eine Auswahl von Fachärzten, die viel Erfahrung haben in der Behandlung von Kindern:

Psychotherapie:

Dr. Beckmann
Ungererstr. 42
80802 München
Tel. 0899/337153

Dr. Joseph Stauber
Landsberger Str. 476
81241 München
Tel. 089/8212288

Dr. Kastert
Gartenpromenade 17 1/2
82131 Gauting
Tel. 089/8505985

Dr. Lembach
Gebrüder Ott Weg 7
81241 München
Tel. 089/8344100

Dr. Pögel
Steinstr. 85
81667 München
Tel. 089/487560

Dr. Schmidt-Sibeth
Nymhenburger Str. 155
80634 München
Tel. 089/163802

Dr. Strünkelnberg
Gerhart-Hauptmann-Ring 58
81737 München
Tel. 089/6706175

Dr. Wild
Liebergesellstr. 4
80802 München
Tel. 089/346822

Augenheilkunde:

Dr. Peter Haydn
Briennerstr. 11, 80333 München
Tel. 089/227085

Chirotherapie:

**Gemeinschaftspraxis
Dr. Biemer, Dr. Dingler,
Dr. Weichel**
Lachnerstraße 1
80639 München
Tel. 089/162414 und 161850,
physikalische Therapie: Tel. 132998

Chirurgie:

Dr. Angerpointner
Zenettistraße 48
80335 München
Tel. 089/7212611

Dr. Kohler
Lena-Christ-Straße 1
80807 München
Tel. 089/6417841

HNO

Dr. Joussen
Briennerstr. 1
80333 München
Tel. 089/294404

Orthopädie

**Gemeinschaftspraxis
Dr. Marianowicz und
Dr. Zanzinger**
Kreillerstraße 62 a
81673 München
Tel. 089/432596

**Gemeinschaftspraxis
Dr. Schroers und Dr. Siedow**
Naupliaallee 8
85521 Ottobrunn
Tel. 089/6097064

Dr. Wolfgang Remus
Weißenburger Str. 25
81667 München
Tel. 089/4481078

Dr. Gerhard Fischer
Eversbuschstr. 121a
80999 München
Tel. 089/8128076

Homeopathie

Dr. Siegfried Stippig
Schloß Prunn Str. 1
81375 München
Tel. 089/7140989

Dr. Vera Rosival
Grünbauerstr. 1
81479 München
Tel. 089/7911606

E.M. Kracht
Friedrichstr. 20
80101 München
Tel. 089/398700

Motopäden

Die Psychomotorik macht die enge Wechselbeziehung zwischen motorischen und psychischen Prozessen zur Grundlage des therapeutischen Handelns. Die Befähigung des Kindes zu selbstbestimmtem, eigenverantwortlichem Handeln sind Ziel und Methode der Therapie.
Bei Entwicklungsverzögerungen oder -störungen im Bereich Wahrnehmung und Bewegung wird von den Motopäden Psychomotorische Behandlung angeboten.

- **Deutscher Berufsverband der MotopädInnen/MototherapeutInnen DBM**
  Tannenkamp 5, 49143 Bissendorf, Tel. 05402/4819, Fax 5368

Gesundheitsamt

Die Kinderschwestern des Gesundheitsamts melden sich in der Regel nach der Geburt eines Kindes und bieten Eltern kostenlose regelmäßige Beratungen an. Sie stehen in den mehr als 30 Mütterberatungsstellen der Stadtteilen in der Regel Di-Fr von 7.30-9.00 für telefonische Auskünfte und Terminvereinbarungen zur Verfügung.
Die nächstgelegene Mütterberatung kann bei der Gesundheitsbehörde (Dachauer Straße 90, 80335 München, Tel: 5207/374) erfragt werden.
Im Gesundheitshaus in der Dachauer Straße (Zentrale 52071) erfährt man auch die Sprechzeiten folgender Beratungsstellen:

- **Anonyme Aids-Beratung, städtische Gesundheitsbehörde**
  Tel. 089/5207387

- **Beratungsstelle für Körperbehinderte**
  Tel. 089/5207/355

- **Suchtberatung**
  Tel. 089/5207/343

- **Impfberatung**
  Tel. 089/5207-357

- **Sportärztliche Beratung**
  Tel. 089/5207/317

- **Beratungsstelle f. seelisch und geistig mehrfachbehinderte Kinder u. Jugendliche**
  Tel. 089/5207-231 oder 372

- **Kinder- und Jugendpsychiatrische Beratungsstelle**
  Rottmannstraße 1, 80333 München, Tel. 089/5207/231 o. 372 o. 228

- **Städtische Drogenberatung**
  Augustenstr. 47, 80333 München, Tel. 089/233/8166

- **Humangenetische Beratung**
  Karlstraße 40, 80333 München, Tel. 089/5207-429

REGIONALE- UND ÜBERREGIONALE SELBSTHILFEGRUPPEN

Regionale und überregionale Beratungsstellen und Einrichtungen für Selbsthilfegruppen:
Beratungsstellen informieren und beraten über die Arbeit von Selbsthilfegruppen, sie vermitteln Interessierte an Selbsthilfegruppen und helfen bei der Neugründung einer Selbsthilfegruppe.

Regionale Selbsthilfrgruppen:

Selbsthilfezentrum SHZ
Bayerstraße 77a, RGB
80335 München
Tel. 089/53295611
Di, Mi: 10.00-13.00 h
Mo, Mi, Do: 15.00-18.00 h
Die zentrale Vermittlungs- und Anlaufstelle für die Münchner Selbsthilfegruppen ist das Selbsthilfezentrum in der Bayerstraße (SHZ). Da ständig neue Inititiativen gegründet werden, Ansprechpartner und Adressen häufig wechseln, ist es sinnvoll, dort nachzufragen, wenn man zu speziellen gesundheitlichen oder sozialen Fragen nach Information, Beratung und Erfahrungsaustausch mit anderen Betroffenen sucht. Das Adressen-Verzeichnis des SHZ ist immer auf dem aktuellsten Stand!

Überregionale Selbsthilfegruppen:

Nationale Kontakt- und Informationsstelle zur Anregung und Unterstützung von Selbsthilfegruppen (NAKOS)
Albrecht-Achilles-Straße 65
10709 Berlin
Tel. 030/8914019

Deutsche Arbeitsgemeinschaft Selbsthilfegruppen
Friedrichstr. 28
35392 Gießen
Tel. 0641/7022478

Komitee Kind im Krankenhaus e.V.
Kirchstraße 34
61440 Oberursel
Tel. 06172/303600

Kindernetzwerk e.V.
Hanauer Straße 15
63739 Aschaffenburg
Tel. 06021/12030
Mo, Di, Do 9.00-12.00 h
Eine wichtiges Informationszentrum für Eltern von kranken, behinderten oder leistungsgestörten Kindern ist das Kinderetzwerk in Aschaffenburg. Ca 11.000 Adressen von Selbsthilfegruppen und Beratungszentren zu den verschiedensten oft auch sehr seltenen Krankheiten sind hier erfasst, hierbei auch über hundert Ansprechpartner aus dem Münchner Raum. Die Adressenliste wird permanent aktualisiert und ist gegen einen geringen Unkostenbeitrag erhältlich.

Allergie- und Asthma Bund e.V.
Hindenburgstraße 110
41061 Mönchengladbach
Tel. 02161/10207

Arbeitsgemeinschaft Allergiekrankes Kind e.V.
Hauptstraße 29
35749 Herborn
Tel. 02772/9287-0

Arbeitsgemeinschaft für Kinder-und Jugendgynäkologie
Am Bonneshof 30
40474 Düsseldorf
(bitte schriftlich Kontakt Aufnehmen)

Bundesarbeitsgemeinschaft Hilfe für Behinderte e.V.
Kirchfeldstraße 149
40125 Düsseldorf
Tel. 0211/310060

Bundesgemeinschaft der Eltern und Freunde schwerhöriger Kinder e.V.
Pirolkamp 18
22397 Hamburg
Tel. 040/6070344

Bundesverband d. Elternkreise Drogengefährdeter u. Drogenabhängiger Jugendlicher
Köthener Str. 38
10963 Berlin
Tel. 030/2626089

REGIONALE- UND ÜBERREGIONALE SELBSTHILFEGRUPPEN

Bundesverband Legasthenie e.V.
Königsstr. 32
30175 Hannover
Tel. 0511/318738
Fax: 0511/318739

Bundesverband Neurodermitis-Kranker
Oberstraße 171
56154 Boppard
Tel. 06742/2598

Bundesverband, Hilfe für das autistische Kind
Bebelallee 141
22297 Hamburg
Tel. 040/5115604

Bundeszentrale f. gesundheitliche Aufklärung
Ostheimer Str. 200
51107 Köln
Tel. 0221/891031

Dachverband Deutsche Leukämie-Forschungshilfe Aktion krebskranke Kinder e.V.
Joachimstraße 20
53113 Bonn
Tel. 0228/221833

Deutsche Behindertenhilfe Aktion Sorgenkind e.V.
Franz Lohe Str.17
53129 Bonn
Tel. 0228/2261

Deutsche Gesellschaft für Ernährung e.V.
Feldbergstr. 28
60323 Frankfurt
Telefon: 069/9768030

Deutsche Rheuma-Liga, Landesverband Bayern
St-Paul-Straße 9
80336 München
Tel. 089/530389

Deutsche Stiftung für Psoriasis- und Neurodermitisforschung
Fontanestraße 14
53113 Bonn

Deutsche Zöliakie Gesellschaft
Filderhauptstraße 61
70599 Stuttgart
Tel. 0711/454514

Deutscher Diabetiker Bund Bundesgeschäftsstelle
Danziger Weg 1
58511 Lüdenscheid
Tel. 02351/989153

Deutscher Neurodermitiker Bund
Mozartstraße 11
22083 Hamburg
Tel. 040/230744

Deutscher Psoriasis Bund e.V.
Oberaltenallee 200A
22081 Hamburg
Tel. 040/2270985

Bundesverband Kleinwüchsige Menschen und ihre Familien
Westerstraße 98-104
28199 Bremen
Tel. 0421/502122 oder 507873

Hilfe für Krebskranke Kinder
Komturstraße 4
60528 Frankfurt
Tel. 069/671033

Hilfswerk f. umweltgeschädigte Kinder in Europa
Thomas Mann Str. 16
18055 Rostock

Informationszentrum Epilepsie
Herforder Straße 5-7
33602 Bielefeld
Tel. 0521/124117

einfälle - Zeitschrift für Epilepsie Selbsthilfe
Zillestr. 102
10585 Berlin
Tel. 030/3414252

Kinder- und Rheumaklinik
Gehfeldstrae 24
82467 Garmisch Partenkirchen
Tel. 08821/7010

Lernen Fördern Bundesverband zur Förderung Lernbehinderter
Rolandstraße 61
50667 Köln
Tel. 0221/380666

Schutzverband für Impfgeschädigte
Postfach 1160
57259 Hildenbach
Tel. 0271/55019

Telefonische Pollenflugvorhersage (bundesweit)
Tel. 0190/114580

REGIONALE- UND ÜBERREGIONALE SELBSTHILFEGRUPPEN

Verwaiste Eltern e.V.
Evang. Akademie Nordelbien
Esplanade 15
20354 Hamburg
Tel. 040/3550560

**Zentrum für
Wachstumsforschung**
Hardenbergstraße 5-6
28201 Bremen
Tel. 0421/ 556200

**Deutsche Hauptstelle gegen
die Suchtgefahren e.V.**
Postfach 1369
59003 Hamm
Tel. 02381/9015-0

**Verein zur Förderung der
Umweltmedizin
der Kassenärzte Schleswig-
Holsteins e.V.**
Bismackallee 1–2
23795 Bad Segeberg
Tel. 04551/890

**Bundesverband Herzkranke
Kinder e.V.**
Kullenhofwinkel 24a
52074 Aachen
Tel. und Fax 0241/82328

**Deutsche Sarkoidose-
Vereinigung e.V.**
Uerdinger Str. 43, 40668 Meerbusch
Tel. 02150/7360

**Bund diabetischer Kinder und
Jugendlicher e.V.**
Hahnbrunner Str. 46
67659 Kaiserslautern
Tel. 0631/76488

Arbeitskreis Überaktives Kind
Dieterichstr. 9
30159 Hannover
Tel. 0511/3632729

**Bundesverband "Das frühge-
borene Kind" e.V.**
Von-der-Tann-Str. 7, 69126 Heidelberg
Tel. 06221/32345, Fax 373991

**Bundesvereinigung für
Gesundheitserziehung**
Viktoriastr. 28
53175 Bonn
Tel. 0228/361548

**Netzwerk ABC-Club e.V.
Int. Drillings- und
Mehrlingsinitiative**
Helga Grützner-Könnecke
Strohweg 55
64297 Darmstadt
Tel. 06151/55430

**Regenbogen
(Glücklose Schwangerschaft)**
Kontaktkreis für Eltern, die ein Kind
vor, während oder nach der
Entbindung verloren haben
Kontaktstelle: Barbara Künzer-Riebel
Rosenstr. 9
73550 Waldstetten
Tel. 07171/41713

**Schutzverband
für Impfgeschädigte**
Postfach 1160
57259 Hildenbach
Tel. 0271/55019

**Verein zur Förderung und
Unterstützung neurologisch
erkrankter Kinder
und deren Familien e.V.**
Gereonstr. 26
48145 Münster
(bitte schriftlich Kontakt
aufnehmen)

Wer ist zuständig/Was ist ein Notfall

Bei leichten Verletzungen und Erkrankungen ist zuerst der Haus- oder die Kinderärztin/der Kinderarzt aufzusuchen. Sie/er kann nach gründlicher Untersuchung und der Erstversorgung über eine weitere Behandlung oder die Überweisung an einen Spezialisten entscheiden. Außerhalb der Sprechzeiten ist der Ärztliche Notdienst für Hilfesuchende da.
Bei schweren Verletzungen und lebensbedrohlichen Erkrankungen ist sofort der Rettungsdienst - Notruf 112 - zu verständigen.

Erste Hilfe
Ausführliche Informationen zum Kursangebot für Eltern und Kinder finden Sie im Kapitel Sicherheit.

Notrufe
- Rettungsdienst/ Notarztwagen: 112
- Ärztlicher Notdienst: 558661
- Vergiftungszentrale München: 4140/2211
- Nothilfestationen für Kinder - Krankenhaus München Schwabing:
- Chirurgische Nothilfe für Kinder 3068/459
- Internistischer Notdienst für Kinder 3068/589
- Dienstbereite Apotheken: 594475

> **TIP**
> Kostenlose Kursangebote bieten verschiedene Krankenkassen zu folgenden Themen an: (Baby) Ernährung, Bewegung, Entspannung, Familienkrankenpflege. Erkundigen Sie sich bei Ihrer Krankenkassengeschäftsstelle.

KINDERKLINIKEN

Kinder unterscheiden sich als Patienten von Erwachsenen. Ihr Körper ist mitten im Wachstumsprozeß und die Gefahr ist daher groß, daß zum Beispiel eine Verletzung zu dauerhaften Schäden führt. Auch die kindliche Psyche verarbeitet Krankheit anders, als Erwachsene dazu in der Lage sind. Ängste gehen tiefer, sind unmittelbarer und rational eben nicht in dem Maße beherrschbar, wie dies ältere Menschen vermögen.

Das gilt insbesondere zu berücksichtigen, wenn ein Aufenthalt im Krankenhaus nicht zu vermeiden ist. Denn nicht jedes Hospital eignet sich in gleicher Weise zur Behandlung von Kindern. Zu den Krankenhäusern mit Fachrichtung Kinderheilkunde zählen:

KINDERKLINIKEM

Städtisches Krankenhaus München-Schwabing
Kölner Platz 1, 80804 München
Tel: 089/3068-1 Notfallversorgung für Kinder Tag und Nacht: 3068/459 (Chirurgie); 3068/589 (Internistische Abteilung) Kinderchirurgische und Kinderinternistische Notfallklinik, Poliklinik der TU München und Kinderambulanz für Hydrocephalus und Myelomeningocele (Kinderchirurgie)

Kinderkrankenhaus an der Lachnerstraße
Lachnerstraße 39, 80639 München
Tel: 089/126020

Kinderklinik u. Kinderchirurgische Klinik im Dr.v. Haunerschen Kinderspital
Lindwurmstraße 4, 80337 München
Tel: 089/5160-0
Die "Haunersche Kinderklinik" ist eine wichtige Adresse in Fragen der Frühförderung. Die Abteilung für Entwicklungsneurologie übernimmt auch ambulante Krankengymnastik oder vermittelt Patienten weiter an freie Krankengymnasten, die spezialisiert sind auf die Arbeit mit Säuglingen, Kindern und Kleinkindern.

Deutsches Herzzentrum München
Lothstr.11, 80335 München
Tel: 089/1275-1

Heckscher Klinik für Kinder und Jugendliche des Bezirks Oberbayern
Heckscher Straße 9, 80804 München
Tel: 089/360970

Max Planck Institut für Psychiatrie, Deutsche Forschungsanstalt f. Psychiatrie
Kraepelinstr.2, 80804 München
Tel: 089/30622-1

Städtisches Krankenhaus München-Harlaching
Sanatoriumsplatz 2, 81545 München
Tel: 089/6210-1

KOSTENLOSE BROSCHÜREN

- Gesundheits-Kalender
- U - Untersuchungen
- Impfkalender
- Entwicklungskalender
- Wenn der Hefeteig spazieren geht
- iss was?
- Eßgeschichten

Bundeszentrale für gesundheitliche Aufklärung
Postfach 910152, 51071 Köln
Tel. 0221/8992-0, Fax 8992-300

Von Klein auf Vollwert-Ernährung
Für Schwangere, Säuglinge und Kleinkinder. Verband für Unabhängige Gesundheitsberatung e.V. - Deutschland
Keplerstr. 1, 35390 Gießen
Tel. 0641/77789

Der komplette Vorsorgeplan Was tun gegen Sucht
(7 Vorschläge für Eltern und Erzieher). Vorsorge Initiative der Aktion Sorgenkind. Lersnerstr. 40, 60322 Frankfurt, Tel. 550651

Tip:
Außer den hier aufgeführten Broschüren gibt es ein reichhaltiges Angebot von Schriften, z.B. der Krankenkassen, Versicherungen, Babynahrungshersteller und Arzneimittelfirmen, die bei Ihrer Ärztin/Ihrem Arzt oder Apotheker erhältlich sind.

WEITERFÜHRENDE LITERATUR

Gesunde Ernährung von Kindern und Jugendlichen
Holtmeier, H.-J.:
Georg Thieme Verlag, Stuttgart 1989

Das essen Kinder
Forst, Marietta/Schubert, Kurt:
Ecora-Verlag, Prien am Chiemsee 1995
Rezepte für Kinder, u.a. auch für die Zubereitung von Säuglingsnahrung

GEO Wissen:
Kindheit und Jugend
Nr. 2/ September 1993

Allergie-Ganz einfach
Wahl, Rüdiger:
Dustri-Verlag, 1995

Das große Buch der Kinderkrankheiten
Ein Nachschlagewerk für Mütter und Väter. Stoppard, Miriam Dr.:
Otto Maier Verlag, Ravensburg 1995

Bücherempfehlungen der Stiftung Warentest
test spezial – Sonderheft Kleinkind 1991

Wenn Kinder krank werden
Medizinischer Ratgeber für Eltern
Nees-Delaval, Barbara:
Falken Verlag Niedernhausen 1993

Kindersprechstunde
Ein medizinisch-pädagogischer Ratgeber
Goebel, Wolfgang/Glöckler, Michaela:
Urachhaus Verlag Stuttgart 1995

Baby-Lexikon
Ratgeber für Eltern gesunder und kranker Kinder A–Z. Leiber, Bernfried Prof. Dr. med./Schlack, Hans Dr. med.
Mas Verlag Stuttgart 1991

Das Kind von 0–6
Ärztliche Ratschläge bis zum Schulalter
Hellbrügge, Theodor Prof. Dr.med./Hertl, Renate Dr. med.: Klett Cotta Verlag
München 1995

Krankheitszeichen, Behandlungsmöglichkeiten, Pflege zu Hause
Das Kind im Krankenhaus
Hertl, Michael Prof. Dr. med./Hertl, Renate Dr. med.: Verlad Stuttgart 1991

Hausmittel für Kinder Naturgemäß vorbeugen und heilen
Lange, Petra:
Rowohlt, Reinbek bei Hamburg 1987

Kinderkrankheiten natürlich behandeln
Ein naturmedizinisches Handbuch für Eltern. Stellmann, H. Dr. med.:
Verlag München 1995

So hilft Homöopathie bei Kinderkrankheiten
Stumpf, Werner: Verlag Ort 1991

Ernährung unserer Kinder
Renzenbrink, Udo Dr. med.:
Verlag Freies Geistesleben, Stuttgart 1990

SPIELE IN DER GROSSEN STADT

5

- SPIELE AUSWÄHLEN
- DIE SCHÖNSTEN SPIELPLÄTZE
- BAU- UND ABENTEUERSPIELPLÄTZE
- SPIELBUSSE
- KINDER - SOMMER
- VIDEOSPIELE

Spielend schaffen sich Stadtkinder zwar auch in den großen Metropolen Raum zum Toben, Abenteuerchen erleben, bewegen und die Welt auszuprobieren – zum Spielen eben. Doch nicht überall sind die Spielverhältnisse in der großen Stadt günstig. Durch zunehmenden Verkehr, Stadtverdichtung und Umweltschäden werden sie sogar mehr und mehr eingeschränkt. Die Spiellandschaft Stadt will hier ein Gegengewicht setzen durch Spielraumerweiterungen, Schulhoföffnungen, Hof- und Straßenspiele, Spielen auf Wegen und mehr Umweltbewußtsein. Mit anderen Worten: Wenn es darum geht, die Stadt als Spiellandschaft zurückzuerobern werden Kinderinteressen tatkräftig unterstützt. Doch vor allem Eltern können es ihren Sprößlingen leichter machen, wenn sie wissen, welche Mitsprachechancen ihre Kinder haben und welche Möglichkeiten sich Kindern wo zum Spielen bieten.

Spielen ist kein unnützer Zeitvertreib, sondern ein menschliches Grundbedürfnis und die erste Form der Auseinandersetzung des Kindes mit seiner Lebensumwelt. Bereits kleinste Kinder lernen im Spiel mit Bauklötzen oder mit einem Ball Bewegung, Raum, Form, Greifbarkeit und Farben einzuschätzen. Ältere Kinder, die sich spielend in der Rolle von Vater und Mutter, von Oma und Opa oder von Freunden und Bekannten einleben, üben zugleich Verhalten in bestimmten Situationen und lernen damit fürs Leben.

Spielende Kinder sind in hohem Maße kreativ. Sie lösen Probleme, die sich im Spiel stellen, sie bewegen und benutzen Geräte, verwenden die unterschiedlichsten Materialien. Im gemeinsamen Spiel lernen Kinder, aufeinander einzugehen und aufgeschlossen gegenüber Ideen und Vorschlägen anderer zu sein.

Weil aber das kindliche Spiel viel eigene Kreativität verlangt, kann es nicht wie Fernsehen beispielsweise ausschließlich konsumiert werden. Spielen setzt eigene Aktivität voraus, und die sollte nicht in vorgegebene Bahnen gelenkt werden. Das Spiel ist im Prinzip ziel- und zweckfrei. Daher widersprechen zum Beispiel "Lernspiele" dem natürlichen – und sinnvollen – Spieldrang von Kindern. "Lernspiele" trainieren bestimmte Fähigkeiten, das vorgegebene Ziel begrenzt die spielerischen Möglichkeiten, die dem Kind bei anderen Spielen zur Verfügung stehen. Das zeigt bereits, wie wichtig die richtige Auswahl von Spielzeug ist.

SPIELE AUSWÄHLEN

Spielzeug muß nicht perfekt und schon gar nicht automatisiert sein. Im Gegenteil: einfaches Spielzeug fördert die Phantasie der Kinder. Eine Plastikpuppe mit eingebautem Sprech- und Weinmechanismus gibt dem Kind vor, was die Puppe kann und wie mit ihr zu spielen ist. Dagegen kann eine einfachere Stoffpuppe in der Welt des kindlichen Spieles alle nur denkbaren Verhaltensformen annehmen. Kinder, die damit beschäftigt sind, einen Mechanismus richtig auszulösen, werden in ihrem eigenen Einfallsreichtum eingeschränkt.

Prinzipiell sollte Spielzeug vielseitig zu verwenden und ausbaubar sein. Ein Baukastensystem, das die Möglichkeiten zum Spiel ständig erweitert, ist mehreren unterschiedlichen Systemen vorzuziehen, die sich gegenseitig ausschließen.

Spielzeug sollte der Entwicklung des Kindes entsprechen. Spielzeug, das Kinder überfordert, landet ungenutzt in der Ecke. Spielzeug, das Kinder unterfordert, wird schnell langweilig. Beim Kauf achten Eltern daher nicht so sehr auf die Altersgruppe (für Kinder ab ... Jahren), sondern orientieren sich am unterschiedlichen Entwicklungsstand von Kindern. Der wird bestimmt von Temperament, Interessen und Eigenarten des jeweiligen Kindes. Im Prinzip spielen Mädchen nicht anders als Jungen – und umgekehrt. Es gibt daher auch kein Spielzeug ausschließlich für Mädchen oder Jungen. Spätere und häufige Unterschiede im spielerischen Verhalten sind meistens erlernt. Beim Spielzeugkauf empfiehlt es sich daher, nicht so sehr darauf zu achten, ob es sich um Spielzeug für Jungen oder Mädchen handelt, sondern darauf, daß es den Interessen und Fähigkeiten des Kindes entspricht. Kriegsspielzeug ist kein Spielzeug für Kinder. Auch im Spiel wird der Freund zum Feind und spielerisch "getötet". Spielzeug muß sicher sein, es darf weder scharfe Kanten aufweisen noch sollte es splittern. Spielsachen aus Metall sind zwar häufig bruchsicher, doch ist darauf zu achten, daß es nicht rostet. Die verwendeten Farben müssen zudem ungiftig und speichelfest sein. Vorsicht ist bei PVC-haltigen Spielsachen, insbesondere bei Wabbeltieren, angebracht: Verschlucken bedeutet Lebensgefahr. Generell gilt: Holz, Leder, Metall, Papier und Stoffe sind Materialien, die sich für Spielsachen eher eignen als Kunststoffe. Von diesen ist das Kind bereits in der alltäglichen Lebensumwelt im hohen Maße umgeben, die natürliche Vielfalt der Welt sollte sich daher zumindest im Spielzeug wiederfinden. Spielzeug, das gut verarbeitet und strapazierfähig ist, rechtfertigt auch einen höheren Preis. Preisvergleiche lohnen sich immer – und mit Sicherheit auch ein Blick auf das Angebot in Secondhand-Läden oder auf Tauschbörsen.

SPIELPLÄTZE

Platz zum Spielen ist auf Spielplätzen. In München gibt es sage und schreibe 500 öffentliche Spielplätze und 126 Bolzplätze. Den nächstgelegenen Spielplatz kennen Eltern natürlich, doch nicht in jedem Fall die besonders schönen und außergewöhnlichen Spielplätze, etwa Bau- und Abenteuerspielplätze oder Wasserspielplätze. Im Sommer möchten Kinder nicht nur draußen spielen, sondern sich gerade bei warmem oder gar heißem Wetter auch erfrischen und abkühlen. Dies ermöglichen Wasserspielplätze. Dort stehen Klettergerüste, aus denen kühles Wasser strömt: spielen und planschen, spritzen und klettern in einem.

KNETE SELBSTGEMACHT

Rezept:
200 g Mehl
100 g Salz
1 Eßlöffel Alaunpulver
in eine Schüssel geben
1 1/2 Eßlöffel Öl
1 Teelöffel Lebensmittelfarbe
in 1/4 l lauwarmen Wasser auflösen.

Aufgelöste Lebensmittelfarbe in die Schüssel geben und alles zu einem glatten festen Teig kneten.
Alaunpulver ist in der Apotheke erhältlich.

RICHTIGES SPIELZEUG

0-1
Badewannenspielzeug, Mobile, Glöckchen, erste Puppe aus einem Tuch geknotet, Stofftier, Wollknäuel

ab 1
Puppenbett aus einem Karton, Wiege aus Holz, Schaukelpferd, Abfallstücke vom Schreiner, Bauklötze, Nachzieh- und Schiebespielzeug, Hampelmann, Lastwagen zum Fahren und Draufsitzen, Holzeisenbahn, Dreirad, Eimer, Schaufel, Schlitten, Holzautos, Bücher

ab 3
einfache Puppe, Puppenkleider, alte Kleidungsstücke zum Verkleiden, alte Handtasche, Kreppapier, Wachsfarbstifte, Malblock, Handspielpuppen, Knetmaterial, Wasserfarben, Kreisel, KettCar, Fahrrad, Roller, Drachen, Schaukel, Schubkarre, erste Puzzle, Steckspiele und Steckbausysteme

ab 5
Puppenmöbel, Fahrzeuge mit verschiedenen Funktionen (Kran, Bagger, Traktor, Feuerwehrauto), Springseil, Hammer und Nägel, leere Schachteln und Dosen, Murmeln, Papierflugzeuge, Roller, Puzzle, Tafel und Kreide, Kasperletheater, Kaufladen

ab 6
Puppe, Nähsachen und Stoffe, Fahrrad, Wurfspiele, Stelzen, Ballspiele, Werkzeuge zum Schnitzen (dabei helfen!), Modelliermasse, Material zum Zinn- oder Gipsgießen, Musikinstrumente, Webstuhl, Spielesammlung, Schiff, Flugzeug, leere Kartons für ein kleines Theater mit Figuren aus Pappe, Experimentiermaterial, Lederreste, Fellstückchen, Textilien (ungiftig!), Roll- und Schlittschuhe, Kletterseil

ab 10
Eisenbahn mit Netzstecker, Nähmaschine, Aquarellfarben, Zirkel, Experimentiermaterial, Sportspiele, Modellbauwerkzeug, Gummi-Twist, Mikroskop, Marionetten, elektronische Spiele

DIE SCHÖNSTEN SPIELPLÄTZE IN MÜNCHEN

Marienhof
Fast ein Kunstwerk, in exklusiver Lage, ist der Spielplatz auf dem Marienhof, gleich hinter dem Rathaus. Hier ist fast alles rund: Sandrotunden mit Wippen und Spielgeräten ohne Ecken und Kanten. Die silbrig glänzende Halbkugel läßt spielerisch Rundheit erfahren und ist eine neue Herausforderung für Kletter- und Gleitbalancen. Keine Rutsche herkömmlicher Art ist auch der gebogene Formkörper zum Hangeln, Klettern, Turnen, Rutschen und Durchflutschen. "Futuristische" Spielmobiles schwingen, erzeugen Klänge, wenn man sich mit den Bewegungskörpern dreht. Auch die ganz Kleinen finden hier ihren Spaß. Wer optische Spiele liebt, kann die Rieseltafel drehen und wechselnde Sandstrukturen und Bilder hervorbringen (vom Chaos bis zur neuen Ordnung) oder sich von der Scheinkörper-Spirale faszinieren lassen. Nicht-lineare, flexible Erfahrungswelten und Bewegungsspiele mit Spür-, Gehör- und Tatsinn, das bringt Spaß und regt die kindliche Phantasie an.

Westpark
Viele spannende Spielmöglichkeiten bietet der Westpark. Mit sanften Wiesenlandschaften und Hügeln und jeder Menge Grün: Bäumen, Sträuchern, Buschdickicht, versteckten und abwechslungsreichen Winkeln, Seen und einem Biotop hält er viele Überraschungen bereit. Auch das Federgetier: Gänse, Enten, Blesshühner etc. ist mit von der Partie. Auf den Wiesen kann man toben, Feder-

ball und Fußball spielen oder Drachen steigen lassen. Die großzügig angelegten Wege laden zum Rollschuhlaufen, Inlineskate- oder Radfahren ein. Es gibt viele Tischtennisplätze, und eine Anlage zum Bolzen und Basketballspielen ist auch vorhanden. Beim Bayerwaldhaus gibt es den ganzen Sommer über Spielnachmittage im Park, die das Schulreferat/Sportamt veranstaltet.

Einer der allerschönsten Spielplätze Münchens ist im Westteil beim Rosengarten zu finden. Einmalig ist diese Spiellandschaft mit Spielhütten, Riesenrutschen, Abenteuerbahnen, Kletterfelsen, Höhlen und dem großen Wasserspielplatz, wo geplanscht, gespritzt und rundum viel Wasser vorhanden ist. Hier gibt es auch große Kletternetze und ganz viel Sand. Ein weiterer Wasserspielplatz ist bei der Spielalm zu entdecken: ein Bach, der aus dem Felsen kommt, plätschert den Felshang hinunter und bietet viele Möglichkeiten zum Stauen oder Stegebauen. Eine Attraktion besonders für die Kleinen ist der Kinderspielplatz mit der großen Eisenbahn und dem Kletterschiff mit Sandrutschen, den Wippentchen und Kletternetzen. Gleich am Eingang auf der Ostseite treffen sich die Schifferlbauer. Hier kann man Modellböotchen fahren lassen, fachsimpeln oder einfach zuschauen.

Englischer Garten

Als Volkspark zur "allgemeinen Ergötzung" wurde der Englische Garten vor über 200 Jahren eingerichtet. 374 Hektar groß, mit seinem alten Baumbestand, dem Eisbach und dem Kleinhesseloher See und vielen Enten, Gänsen und Schwänen, nicht zuletzt aber durch seine Biergärten und Freizeitmöglichkeiten ist er nach wie vor für viele Münchner eine beliebte Erholungsstätte mitten in der Stadt. Hier kann man radeln, reiten und rudern, auf den Wiesen spielen oder Sonnen(baden), und es gibt eine ganze Menge offizieller und inoffizieller Spielplätze, auf denen sich Kinder gerne aufhalten, zum Beispiel gegenüber dem Kleinhesseloher See (ein umzäunter Spielplatz mit Spielhäuschen, Sandkasten, Schaukeln und Federwippen), hinter dem Rumfordschlössl beim chinesischen Turm mit Karussell, Sandplatz, Kletterturm und Wipptieren (auch von einem Zaun umgeben) oder am Hirschanger in der Nähe der Prinzregentenstraße, wo Kinder in der geschützten Anlage im Sand spielen, klettern, schaukeln, turnen oder wippen können. Nicht weit davon entfernt gibt es auch einen Bolzplatz und Tischtennisplatten. Umzäunte Kleinkinderspielplätze findet man in Nähe der Eingänge Ohmstrasse und Veterinärstrasse. Es versteht sich von selbst, daß die Isar in Verlängerung des Englischen Gartens mit

GEDÄCHTNISSPIELE

Kim-Spiele sind Gedächtnisübungen, die spielerisch Beobachtungsgabe und Merkvermögen schulen.
**Der Name dieser Spiele geht auf eine alte Geschichte zurück: Kim, ein Waisenkind, lernt einen Händler kennen, der das „Juwelenspiel" vorführt. Er breitet Edelsteine auf einem Tablett aus, Kim soll sie beobachten und dann, nachdem ein Tuch die Juwelen verdeckt, beschreiben, welche Edelsteine und wieviele er gesehen hat. Das ist bis heute der Inhalt aller Kim-Spiele.
Es werden verschiedene kleine Gegenstände, z.B. ein kleines Spielzeugauto, eine Pfeife, ein Stift, ein Kamm usw. auf ein Tablett gelegt und mit einem Tuch verdeckt. Dann werden sie allen Kindern etwa 2 Minuten lang gezeigt und anschließend wieder verdeckt. Nachdem der Spielleiter einen der (verdeckten) Gegenstände weggenommen hat, wird das Tuch wieder weggenommen und die Kinder müssen raten, welcher Gegenstand fehlt.
Eine weitere Variante: Die Kinder ändern an sich selbst etwas, z.B. Haarspange, Hosenträger, Schuhe, Brille auf- bzw. anziehen. Dann soll erraten werden, was es ist.**

ihren Auen und Kiesstränden ein Spielparadies ist. Beliebt ist der Spielplatz in Höhe der Eduard-Schmid-Straße im Stadtteil Au. Das Hochwasserbett der Isar hinter dem Spielplatz hält viele außergewöhnliche Spielmöglichkeiten bereit. Der "Flaucher" in Thalkirchen- umgeben von den Isarwassern - ist eine einzigartige große Spielanlage. Hier gibt es einen Spielplatz mit Schaukeln, Klettern, Wippen und Rutschen sowie Tischtennisplätze und Bocciabahnen. Viel Raum bieten die Wiesen für Ballspiele. Auf der kleinen Insel in der Nähe kann man sogar Schifferl fahren lassen. Aber: Vorsicht bei den Wasserfällen! Hier haben die Kleinen allein nichts zu suchen.

Ostpark
Das Spielgelände an der Weißensee-/ Untersbergstraße wurde gemeinsam mit den Kindern geplant. So konnte ein abwechslungsreicher Spielpark entstehen mit Klettergerüsten, Reifen (schaukeln), Wippen, Sandkästen und einer Rutsche sowie ein Naturspielgelände auch für Wasserspiele. Außerdem gibt es kleine Teiche und ein Feuchtbiotop, Wiesen und Obstbäume. Auch der Sport kommt nicht zu kurz: an Plätze zum Basketball und Fußballspielen und an Tischtennisplatten wurde ebenfalls gedacht. Der BMX-Hügel bzw. die Rodelbahn bieten zu jeder Jahreszeit besonderes Vergnügen. Spielnachmittage im Park bietet das Schulreferat/ Sportamt mehrmals im Jahr.

Spielplatz an der Münchner Freiheit
Dieses Spielgelände ist nicht nur bei den Schwabinger Kindern sehr beliebt. Auf dem Wasserspielplatz Wasser pumpen und matschen, mit Reifen schaukeln und die Rutschen hinuntersausen, das bringt Spaß. Es gibt eine große Seilkletteranlage und ein Holzklettergerüst, das man mit Seilen erklimmen kann. Mehrere Sandspielplätze sind vorhanden. Aus dem schönsten ragen Nilpferde aus Stein empor, die als Spieltiere dienen. Außerdem sind Tischtennisplatten da. Die Großen können Bodenschach spielen oder sich im Café "Münchner Freiheit" stärken. Regelmäßig finden hier auch Flohmärkte statt.

Spielplatz im Leopoldpark
Gleich beim Unikindergarten ist er zu finden. Ein großes buntes Klettergerüst mit Holzhängebrücke und Sandrutsche, Sandspielplätze und ein Spielhäuschen mit Sandwaage und Rutsche bereiten den Kleinen große Spielfreuden. Im hinteren Teil gibt es Schaukeln und außerhalb des umzäunten Bereichs kann man Tischtennis, Basketball oder Fußball spielen.

Spielplatz an der Tengstrasse
In der Nähe vom Josephsplatz, gleich hinter dem Alten Nördlichen Friedhof, ist dieser große Spielplatz zu finden. Den Kindern bietet er Spielhäuschen, Rutschen, Sandkästen und Wippen, einen Bolzplatz, Tischtennisplatten, Bodenschach und eine große Kletternetzanlage. Gerade mit neuen Spielgeräten und Sand ausgestattet und dem " Görres(bier)garten" gleich gegenüber mit dem kinderfreundlichen Restaurant "Il Mulino" ist er für Eltern und Kinder eine Attraktion.

Spielplatz am Maßmannsbergl
Gleich neben dem Jugendtreff liegt diese große Spielanlage. Es gibt Spielhäuschen zum Klettern, Abseilen und Rutschen, eine große Seilkletteranlage, viele Sandkästen und Wippen. Großzügig angelegt sind die Sportanlagen: Fußballfeld, Bolzplatz, Tischtennisplatten und Sommerstockbahnen. Auch auf den Wiesen läßt sich herrlich Fußball oder Federball spielen.

Isarinsel Oberföhring

Beim Isarwehr, dort, wo aus der Isar der Mittlere Isarkanal hervorgeht, ist eine Insel entstanden, die den Kindern viel Spaß mit Wasserspielen bietet. Es gibt einen Bach, der von koboldartigen Steingesichtern freigegeben und wieder aufgenommen wird – für sich allein genommen schon eine phantasieanregende Sehenswürdigkeit – und einen kleinen See. Wasserfreudige Kids kommen hier gerne zum Spielen hin.

Hirschgarten

Dieser Park würde ungefähr zur gleichen Zeit wie der Englische Garten errichtet, ist also gut 200 Jahre alt und eine Naturlandschaft mit altem Baumbestand. Wer von der La Paz - Strasse kommt, findet bald den spritzigen Wasserspielplatz mit Klettergerüsten, dem großen Wasserbecken und Wasserrutschbahnen. Außerdem gibt es ein Wildgehege (weshalb der Park ja Hirschgarten heißt), einen Ententeich und viele Spielmöglichkeiten, Sandkästen, ein Kinderkarusell beim Biergarten und einen Hügel, der ideal für´s Drachensteigen ist. Natürlich kann man im Hirschgarten auch Fußball, Volleyball oder Tischtennis spielen. Eine Skateboardbahn wurde ebenfalls angelegt.

Indianerspielplatz Aubing

Der Freizeitpark an der Mainaustrasse ist ein großes Gelände mit viel Platz zum zum Spielen, Toben, Tischtennisspielen, Rollschuhfahren und Skaten. Der Indianerspielplatz an der Sipplingerstrasse hat viele (auch alte) Bäume und Büsche und bietet aufregende Spielmöglichkeiten zum Verstecken und Fangen, eine Tarzanbahn, Röhrenrutschen, Schaukeln, Klettergerüste und sogar einen Rodelberg. Auf der Wiese finden großartige Indianerspiele und Spielaktionen statt.

Olympiapark

Im Ostteil, am besten dort über den Eingang beim Martin-Luther-King Weg zu erreichen, etwas verborgen zwischen Büschen und Bäumen ist der Kinderspielplatz zu finden mit Spielhäuschen, Kletterdrachen, Sandkasten und Wippen. Ideal zum Verstecken und fangen spielen. Weiter oben lädt die große Wiese vor dem Olympiaberg zum Ballspielen und Drachensteigen ein. Am Willi-Gebhardt-Ufer des Olympiasees gibt es einen Streetballplatz und Sommerstockbahnen. Hier ist auch der Bootsverleih. Und natürlich gibt es viele asphaltierte Straßen zum Radeln oder Skaten und eine Skateboardbahn. Eine Attraktion für Kinder ist die bunte Bimmelbahn, mit der man durch das Gelände fahren kann.

SPIELPLATZPATEN

Eine Aufforderung an alle Kinder und Erwachsene, die ihren Spielplatz in gutem Zustand erhalten oder verbessern wollen, ist das Projekt „Spielplatzpaten". Spielplatzpaten engagieren sich für Spielräume, achten darauf, daß der Spielplatz sauber bleibt. Defekte Spielgeräte können gemeldet, Vorschläge für die Spielplatzgestaltung und Spielideen gesammelt, neue Spielmaterialien untereinander ausgetauscht werden. Erweiterte Spiel- und Erfahrungsmöglichkeiten für Kinder entstehen und bereichern den ganzen Stadtteil. Interessenten wenden sich an: Spiellandschaft Stadt in der Albrechtstrasse 37, 80636 München, Tel.: 18 33 35

BAU- UND ABENTEUERSPIELPLÄTZE

Auf Bau- und Abenteuerspielplätzen kann gebastelt und gehämmert werden, und es entstehen Jahr für Jahr neue Holzbauten und -burgen. Bau- und Abenteuerspielplätze sind werktags nachmittags bis in den frühen Abend hinein geöffnet, in den Ferien auch vormittags. Die Kinder werden von Pädagogen betreut, die ihnen nicht nur mit Rat und Tat zur Seite stehen, sondern beim Bau des Kindertraumschlosses selbst mitanpacken. Und auch sonst bieten sie viele abwechslungsreiche Spielmöglichkeiten.

Abenteuerspielplatz Neuhausen, Hanebergstraße

Das rund 7ooo qm große Gelände ist -von Bäumen und Büschen umgeben- eine grüne Oase mitten in der Stadt. Die Elemente Erde, Feuer, Wasser und Luft bestimmen den Spielplatzalltag.
Baubereich: In der Hüttenstadt wird gebaut, gemalt, renoviert. Bretter schweben zwischen Himmel und Erde, und die Kinder lernen, Gefahren einzuschätzen und mit Werkzeug umzugehen. An den "Sonnenhäusern" dürfen alle Kinder freihändig arbeiten. Gemeinschaftsbauten, wie zum Beispiel die "Stadtmauer" werden von Kindern und Betreuern gemeinsam weiterentwickelt. Und dann gibt es noch die "Hütten der Kinder", sozusagen in Privatbesitz, die von mehreren Kindern betreut werden. Wer HausbesitzerIn werden will, braucht einen Spielplatzausweis und muß das "Gesetz der Hüttenstadt" einhalten. Die Werkzeugausgabe steht allen Schulkindern offen. Am Abend müssen die Werkzeuge zurückgegeben werden.

Mit dem Spielplatzausweis können Kinder:

- Spiele auf dem ASP ausleihen
- Tischtennisschläger und -bälle benutzen
- den Wasserschlauchwagen aus dem Lager holen
- an Zeltlagern und Ausflügen teilnehmen
- Hausbesitzer oder Hausbesitzerin werden
- Mitbestimmen und Mitentscheiden
- das "Honighaus" für Tischtennis nutzen

Bei trockenem Wetter kann die 20 Meter lange Luftschlange auf der Wiese gemeinsam aufgeblasen werden. Ein nasser und rasanter Spaß ist im Sommer die 40 Meter lange Wasserrutschbahn.
Einen Sand- und Matschbereich mit Wasserleitung vom Brunnen gibt es in einer etwas abgelegeneren Ecke des Abenteuerspielplatzes. Auch Eltern mit Kleinkindern können ihn nutzen.
In der Spielhütte kann gemalt, gebastelt, gelesen werden. Brettspiele können hier ausprobiert werden. Es gibt Grillabende, Feste, Kochen auf dem Lehmofen (auch bei Kindergeburtstagen), Lagerfeuer und nicht zuletzt das handwerkliche Zeltlager auf dem Abenteuerspielplatz, fünf Tage und fünf Nächte lang mit Holzarbeiten, großen und kleinen Basteleien.

- **Abenteuerspielplatz Neuhausen, Hanebergstraße**
  Hanebergstrasse 14, 80637 München, Tel. 15 53 33
  Träger: Kreisjugendring München-Stadt

Abenteuerspielplatz Hasenbergl

Kinder unterschiedlicher Nationen im Alter zwischen 6 und 14 Jahren, die Hälfte davon sind Mädchen, besuchen diesen Spielplatz. Viele Kinder haben mindestens ein "ausländisches" Elternteil, gehören zu eingebürgerten Familiien in unserer Stadt. Auch für Kinder der umliegenden Asylantenheime steht der Abenteuerspielplatz offen. Eine Anlaufstelle für Kinder in Krisen (KIK) wurde eingerichtet. Auch Eltern wird individuelle Hilfe bei Konflikten geboten.

Interkulturelle Verständigung ist deshalb hier ein besonderes Anliegen. Weshalb denn auch ein Projekt: "Weiterentwicklung der interkulturellen Praxis" als eine von sechs Modelleinrichtungen des Kreisjugendring München-Stadt beim Abenteuerspielplatz Hasenbergl in Auftrag gegeben wurde. Aber auch das Spiel kommt nicht zu kurz: Das große Gelände rund um's Spielhaus bietet Bauplätze mit Holz- und Holzrecyclinglager, Werkzeugcontainer, eine Grill- und Feuerstelle (auch für Feiern), Dusch- und Matschplätze, einen Sandbereich mit Seilbahn und Schaukelanlage, ein Biotop mit Wildgelände, Blumen- und Gemüsebeete im Garten.

Für Mädchen steht ein Containerhaus zur Verfügung, das die Mädchen selbst eingerichtet haben und für ihre speziellen Bedürfnisse nutzen. In der Werkstatt können Buben wie Mädchen ihre Fahrräder reparieren und die Haustechnik benutzen. Baugruppen zur Renovierung des Hauses in Eigenarbeit wurden eingerichtet. B.O.H.R. heißt dieses Projekt, das für "Berufliche Orientierungshilfen und Renovierung" steht. Hier können die Kinder Fertigkeiten erwerben, die ihnen auch später per Zertifikat beim Lehrstelleneinstieg weiterhelfen können. Auch sonst gibt's draußen viel Raum für Spiel, Spaß und Sport für Fuß- und Volleyball zum Beispiel. Turniere werden ausgetragen, mit gemischten Mannschaften und Fair Play. Auch eine fast nur aus Mädchen bestehende Mannschaft hat sich formiert.

Im Spielhaus gibt es eine Küche, in der täglich gemeinsam ein Mittagessen gekocht wird. Hier und in der Werkstatt kann auch gemalt, getöpfert und gebastelt werden. Trommelkurse werden speziell für Mädchen angeboten. Flohmärkte, internationale Kochfeste, Faschings- und Sommerfeste sowie Ferienfahrten werden veranstaltet.

- **Abenteuerspielplatz Hasenbergl**
  Weitlstrasse 125, 80935 München
  Tel. 314 11 45
  Träger: Kreisjugendring München-Stadt

SANDKÄSTEN

Wenn Sie den Verdacht haben, daß der Boden eines Spielplatzes verseucht ist: Für Sandprobenuntersuchungen zuständig ist der
- TÜV Bayern
  in der Westendstrasse 199
  80686 München, Tel: 5791-0

In München ist die Stadtgartendirektion für das Auswechseln des Sandes auf öffentlichen Spielplätzen verantwortlich. Dies geschieht im regelmäßigen Turnus.
- Adresse: Stadtgartendirektion
  Eduard-Schmid-Strasse 36
  81541 München, Telefon: 233-92791

Hierhin kann man sich wenden, wenn der Sand ungepflegt erscheint. Machen Sie Hundebesitzer darauf aufmerksam, daß sie sich strafbar machen, wenn sie Spielplätze oder Sandkästen als Hundeklo benutzen. Sagen Sie vor allem auch Ihren Kleinen, daß auf umzäunten Spielplätzen die Eingangs-Türchen zugemacht werden müssen. Klären Sie Kinder darüber auf, daß sie gefundene Spritzbestecke nicht anrühren sollten und behalten Sie kleinere Kinder im Auge.
In öffentlichen Sandkästen sollten Kleinkinder erst spielen, wenn sie die zweite Diphterie-Polio-Tetanus-Impfung hinter sich haben.
Kaufen Sie für private Sandkästen keinen industriell gewaschenen Sand wie „Quarzsand". Er taugt nicht zum „Backen" und Bauen.

Abenteuerspielplatz Ramersdorf

Auf einem dicht mit Büschen und Bäumen bewachsenen Gelände (10 000 qm) wurde der Abenteuersspielplatz Ramersdorf eingerichtet. Rund 5000 qm groß bietet er viel Freiraum zum Spielen und Bauen. Im Bauhüttenbereich können die Kinder ihre handwerklichen Fähigkeiten schulen und dabei erfahren, was man in Gemeinschaftsarbeit entstehen lassen kann. So konnte inzwischen eine kleine Stadt mit Zugbrücke und Turm errichtet werden.

Im Garten gibt es den Beetebereich zum Anpflanzen von Blumen, Beeren und Gemüse, Obstbäume und ein kleines Biotop zur Beobachtung der Tier- und Pflanzenwelt. Im Sommer bietet das Plantschbecken mit Wasserrutsche viele Möglichkeiten, spannende Wasserspiele auszuprobieren. Auf dem Platz kann man auch Lagerfeuer machen und Grillfeste (auch bei Geburtstagsfeiern) veranstalten.

Der Kleinkinderbereich ist mit einem Sandkasten, einer Rutsche und einem eigenen kleinen Häuschen ausgestattet. Auch sonst gibt es viel Raum zum Spielen, Klettern und Schaukeln. Bildnerisches Gestalten, Malen und Basteln mit Holz, gemeinsames Kochen sowie Theaterkurse werden angeboten. Außerdem können die Kinder Videofilme drehen, Hörspiele produzieren und an der Kinderzeitung mitarbeiten. Einmal in der Woche gibt es eine Bürgerversammlung der Kinder, in der alles Wichtige besprochen und entschieden wird. Spezielle Spielprogramme werden in den Ferien angeboten. Ab und zu sind auch Theater- und Musikgruppen zu Gast.

■ **Abenteuerspielplatz Ramersdorf**
Ottobrunnerstrasse 10, 81737 München, Tel. 680 65 17
Träger: SJD - Die Falken

Abenteuerspielplatz Germering

Das Spielgelände mit großem Hüttenbaubereich, Kleintiergehege, Bolzplatz und Rodelberg und das Spielhaus mit Spiele-, Werk- und Toberaum steht allen Kindern zwischen 6 und 13 Jahren zur Verfügung. Aktive Freizeitgestaltung und verantwortungsvolles Handeln sollen gefördert werden.

Draußen kann man Hütten bauen, Hasen und Meerschweinchen streicheln und füttern, Fußball und Basketball spielen, Radl reparieren, klettern, Einrad fahren, Stelzen laufen, Feuer machen und grillen, im Sand spielen, Wasserrutsche rutschen, Bumerang werfen, Drachen steigen lassen und im Winter Skibobs bauen und den Rodelberg hinunterfahren. Werkzeuge und Spielgeräte können ausgeliehen werden.

Im Hause gibt viele Möglichkeiten zum Spielen, Malen, Töpfern, Basteln, Trampolin springen, Tischtennisspielen, Filme anschauen oder Theater spielen. In den Ferien gibt es immer ein großes Programm, meistens auch mit Kindertheater und einem Flohmarkt verbunden.

■ **Abenteuerspielplatz Germering**
Aubinger Weg 8, 82110 Germering, Tel. 841 11 00
Träger: Stadt Germering

Abenteuerspielplatz Neuperlach (Maulwurfshausen)

Dieser Abenteuerspielplatz mit Spielhaus gleich am Ostpark ist eine richtige Spielstadt für Kids mit Stadtverwaltung und Bürgerversammlungen. Hier sollen die Kinder mitentscheiden, ihre eigenen

Bedürfnisse artikulieren und die Interessen anderer Kinder mitberücksichtigen. Nicht zuletzt aber können Kreativität und Phantasie angeregt und spielerischer Umgang mit Werkzeugen und Materialien erlernt werden. Alle Angebote gelten für Jungen und Mädchen.

Der Hüttenbaubereich ist in Maulwurfshausen wie eine kleine Stadt aufgebaut. Ein Haus oder Laden kann gemietet oder das Wirtshaus gepachtet werden. Es gibt Berufe und Arbeitsmöglichkeiten, die mit dem eigenen Spielgeld, den "Maulis" entlohnt werden. Wer zum Beispiel beim Holzrecycling und im Holzlager mitarbeitet, kann sich einen Hausgutschein oder "Maulis" verdienen. Jeder kann werkeln und bauen. Doch größere "Bauprojekte" wie zum Beispiel die Stadtmauer oder Gemeinschaftsgebäude werden in der "Bürgerversammlung" beschlossen und dann gemeinsam umgesetzt. Kinder, die nicht bauen wollen, können an der Feuerstelle den richtigen Umgang mit diesem Element üben oder draußen mit den verschiedensten Materialien basteln und schnitzen, zum Beispiel Türschilder aus Sperrholz oder Figuren aus Pappmaché, Steinmännchen oder Schmuck. Die Wasserutsche sorgt an heißen Tagen für Attraktion.

Im Wirtshaus kann man Saft, Kuchen, Müsliriegel, Kressebrote etc. mit "Maulis" erstehen. Oben auf dem Dach ist das Terrain für die Spieler: Kartenspiele, Fantasy-Spiele und Schach werden hier mit Bedacht - oft über viele Tage - ausgetragen. Im Winter steht im Spielhaus der Toberaum zur Verfügung. Tischtennis oder Jakkolo spielen können die Kids im Keller. Hier gibt es auch Raum für Tanz und zum Theaterspielen. Im Bastel- und Werkraum kann gemalt, emailliert, getöpfert, im Tonofen gebrannt oder glasiert werden. Die "Spielearena" ist jetzt der Treffpunkt für die Brett- und Phantasiespieler. Und ganz oben im Wolkenzimmer gibt es eine gemütliche Leseecke und eine Bibliothek und viele Spiele, die auch über das Wochenende ausgeliehen werden können.

Einmal im Monat gibt es Kinderkino. Außerdem stehen Sonderaktionen mit vielen Überraschungen auf dem Plan: Theaterveranstaltungen, Kasperlbühne, Gaukeleien und nicht zuletzt die Spielhausgeisterbahn.

■ **Abenteuerspielplatz Neuperlach (Maulwurfshausen)**
Albert-Schweitzer-Str. 24, 81735 München,
Tel. 670 11 31
Träger: Kreisjugendring München-Stadt

WINDMÜHLE

Material:
- eine leere Küchenpapierrolle
- Pinsel und Farbe zum Bemalen
- ein Bogen Faltpapier (etwa 15 x 15 cm)
- eine Schere
- zwei Perlen
- eine Stecknadel mit dickem Kopf
- ein Korken

Anleitung:
Die leere Rolle bunt anmalen und trocknen lassen. Das Faltpapier zweimal über Eck knicken. Dann mit der Schere die Knicke bis etwa 4 cm vor dem Mittelpunkt einschneiden. An jeder Ecke gibt es nun zwei Spitzen. Eine Perle auf die Stecknadel stecken und nacheinander die jeweils rechte Spitze einer Ecke auf die Stecknadel schieben und die Nadel dann durch den Mittelpunkt stecken. Dann kommt noch eine Perle dahinter.
Zum Schluß noch das Ende der Stecknadel durch die Küchenrolle stecken und innen mit dem Korken befestigen.

KINDER- UND JUGENDFORUM

Von typischen Spielplätzen scheinen sich die Mädchen zwischen sechs und zwölf Jahren immer mehr zurückzuziehen. Mädchen ab zwölf überlassen den Jungs häufig ganz das Feld. Grund: Während für Jungen meist richtige Angebote (Bolzplätze) bereitstehen, fehlen entsprechende Angebote für Mädchen fast völlig.

Das läßt sich ändern, wenn man sich an das Kinder und Jugendforum wendet. Hier können Kinder ihre Wünsche einbringen und äußern, was sie ärgert. Ist der Spielplatz verdreckt, der Weg zur Schule gar nicht sicher und der Schulhof langweilig? Jeden zweiten Mittwoch-Nachmittag trifft sich die Aktionsgruppe im Kindercafé der Pasinger Fabrik. Die Aktionsgruppe ist auch in den Stadtteilen unterwegs, um zu erfahren, was Kinder fordern oder verändern möchten. Mitmachen können alle Kinder und Jugendliche ab 9 Jahren. Inzwischen gibt es auch schon eine ganze Reihe dezentraler Kinder- und Jugendforen in den Stadtteilen und ihre Zahl wächst. Das Ziel: noch mehr Öffentlichkeit für Kinderanliegen und Problemlösungen vor Ort.

- **Kinder- und Jugendforum-Büro in der Pasinger Fabrik**
  Donnerstag nachmittag 15 -17.30 Uhr , Tel. 88 21 11 00.

Spielplatzentwicklungsplanung:
Inzwischen wurden schon einige Modellprojekte verwirklicht, bei denen Kinder in die Gestaltung ihres Spielraumes mit einbezogen werden, zum Beispiel im Bürgerpark Aubing und im Freizeitpark im Ostpark.

Spielforscher und Stadtlpäne:
Sind die kindlichen Spielforscher unterwegs, um ihren Stadtteil zu erkunden, dann werden viele Infos und Tips zusammengetragen und publik gemacht. Wenn sich dann auch noch Sponsoren finden, gibt es bald wieder einen neuen Stadtteilplan von Kindern für Kinder. Darin enthalten sind öffentliche Spielplätze, selbstgewählte Treffs und Spielmöglichkeiten, Naturbesonderheiten, Wildgelände, Spielstrassen, Bolz- und Ballspielplätze, Radfahrwege, Flohmärkte und was es sonst noch im Stadtteil zu erleben gibt ....natürlich spielerisch erforscht und kindlich bewertet. Da gibt es das lachende Mondgesicht: dieser Spielplatz ist super! Das Mondgesicht mit Mundwinkeln weit nach unten zeigt: hier hat es uns überhaupt nicht gefallen! Das alles und viele historische Schmankerln erfährt kind auf lustige Weise in den Kinderstadtteilplänen. Auch für Erwachsene eine anregende Lektüre.

- **Bezugsadresse: Kinderinformationsladen der Spiellandschaft Stadt**
  Albrechtstrasse 37, 80636 München, Tel.: 18 33 35

SPIELEND DURCH DEN SOMMER MIT SPIELBUSSEN

Viel Spaß mit Spielmobilen: die neun Spielbusse der Pädagogischen Aktion/Spielkultur e.V. sind von Mai bis September in Aktion. An über 50 verschiedenen Stellen tauchen sie auf. Auf Spielplätzen und Schulhöfen, in Parks und Schwimmbädern bieten sie Überraschung und Attraktion.

- **der Zirkus Pumpernudl,** der erste Münchner Mitmachzirkus , seit der Olympiade 1972 in München in Aktion, sorgt nach wie vor für Sensation. Der "Pumpernudl" rollt an, die Manege wird aufgebaut, ein Zelt kommt darüber, Theaterkostüme und Masken werden an die Kinder verteilt und schon kann geprobt werden: Jumpies-Springer, Parterre- und Leiterakrobatik, Schwebebalken, Stelzenlaufen, Zaubern mit allen Tricks, Bimbo der Flohzirkus, Kiki der schlaue Esel, Tierdressur mit wildesten Tieren, Hellseher, Schlangenbeschwörer, Fakir, Jongleur, Clown und vieles mehr.........alles natürlich selbst gemacht.
Klar: die Nummern können von den Kindern ergänzt oder verändert werden. Doch schon bald geht der Vorhang auf! Akteure werden Zuschauer, Zuschauer werden Akteure. Lernort Zirkus eben. Eine Woche oder ein paar Tage lang.

- **der Wasserspielbus:** ein alter feuerroter Feuerwehrwagen wurde erstmals 1972 für Kinder ins Rollen gebracht. Mit Schläuchen, Röhren, Rutschen und ganz viel Wasser lädt er die Kinder zum Mitmachen, Plantschen und Spritzen ein.

- **das Sensomobil bietet** mit Spielen rund um die Sinne und Bewegung viele Überraschungen und Ideen zum Hören, Riechen, Schmecken und Fühlen.

- **das Malbobil** bietet Spielraum mit Farben und fährt auch die Unterkünfte von Asylbewerbern an.

- **das Globus-Interplay** bringt internationale Spiele auf die Münchner Spielplätze. Die Idee: interkulturelle Spiele als Begegnungsmöglichkeit mit anderen Kulturen.. Ein Nomadenzelt mit Bühne, großer Weltkarte und Puppentheater bietet ein Forum für multikulturelle Spiele. Landestypisches Spielzeug wird vorgestellt, Modelle für Hütten und Häuser werden gebaut, die landdesspezifische Buntheit der Märkte und ihre Angebote simuliert. Symbolische Landschaften und Räume werden errichtet. Geschichten, Musik, Tanz und Theater weisen in ein buntes Miteinander mit viel Spaß und gemeinsamen Erlebnissen.

- **Das Lunamobil** ist ein Festspielbus. Als selbstgebasteltes Panoptikum von Seltsamkeiten, Spielfestattraktionen und Kinder-/ Familienspielen fordert es zum Mitmachen und Mitgestalten auf.

- **Das Jokerteam** bringt je nach Wetter und Gelegenheiten neue Spiele (von Bayern bis Kalifornien) in den Alltag der Kinder. Die Spielmoderatoren bieten Bewegungsspiele wie Fangen, Raten, Werfen etc.; dabei kommen auch Softbälle, Sprungseile, Schwungtücher, Erdbälle oder Wasserbomben zum Einsatz. Kinder und Familien können viele Spiele erleben oder neu erlernen und dann auch allein weiterspielen - sozusagen eine unterhaltsame "Schule des Spielens".

- **Das Museomobil** ist ein umgebauter, roter Linienbus. Der "mobile Dienst" des Kinder- und Jugendmuseums fährt das ganze Jahr über durch die Stadt, in Stadtteile und Parks, auf Schulhöfe, Plätze und zu Freizeitstätten. Und wartet mit spannenden, lustigen, interessanten, sinnenreichen und lustigen Themen auf:

  - Kinderthemen wie Winnetou und Dinosaurier
  - Aktionsprogramme in Kooperation mit anderen Museen, wie zum Beispiel Tick, Trick und Troja: Schliemanns Schätze und das große Pferd
  - Stadt(teil)geschichten: Ausstellungen von Kindern über ihreStadtteile, wie zum Beispiel das mittelalterliche München rund ums Salz.
  - Sammelsurium und Panoptikum: Museumsspiele
  - Kinderflohmärkte Kinder machen Museum, Kinder sammeln für´s Museum ....

  ... durch Selbermachen, Ausprobieren, Mitgestalten im unmittelbarem Kontakt mit den Dingen: berühren, begreifen, anfassen, erfassen, umgehen und verstehen. Spielen und Lernen im Umgang mit den Dingen, vertrauten und fremden, alten und neuen, das ist die Idee des " Kinder- und Jugendmuseum München". Seit kurzem hat es auch einen festen Platz, am Starnberger Flügelbahnhof in der Arnulfstrasse 3 (siehe auch Kapitel 8 Kunst und Kultur).

- **das erste Münchner Spiele - Casino**
  ist eine mobile und stationäre Spielesammlung mit Brett-, Tisch- und Gesellschaftsspielen. Das rollende Spiele-Casino: ein alter Doppeldecker aus Schottland mit viel Platz zum Spielen veranstaltet Spielaktionen in Parks und öffentlichen Einrichtungen. Brettspielmeisterschaften werden ausgetragen und thematisch orientierte Spielgelegenheiten zwischen ökologischem

Lernen und "Zockertreffen" geboten. Über 200 Brett- und Gesellschaftsspiele stehen zur Verfügung. Zu Hause ist das Spiele-Casino bei der Pädagogischen Aktion/Spielkultur und dort jeden Mittwoch ab 16 Uhr geöffnet. Die Spiele können auch ausgeliehen werden.
Für Festveranstaltungen kann auch die gesamte Spielesammlung verliehen werden.

Über Termine und Modalitäten informiert
- **die Pädagogische Aktion/ Spielkultur e.V.**
Reichenbachstrasse 12, 80469 München, Tel. 260 92 08

- **Der Logopogo, der Postwiesenbauwagen**
steht jeden Sommer in Haidhausen auf der Postwiese (Orleans-/ Ecke Pariserstraße). Kinder können neue Spiele aus Holz bauen, malen und basteln oder als ForscherInnen Haidhausen erkunden ... und natürlich bei wechselndem Programm ihre Wünsche ein bringen.

Arbeitskreis für Ausländerfragen Haidhausen e.V.
Rosenheimerstrasse 123, 81667 München, Tel. 484542
(siehe ➜ "Kunst und Kultur")

- **Der Spielbus boomerang**
  gehört zum Spielhaus in Moosach.. Mit vielen Spielaktionen und neuen Spielprojekten wie die Spieleerfinderwerkstatt, Jahrmarktspielen und Themen rund um die "dicke Luft" lädt er mobil zum Forschen und Spielen ein. (siehe ➜"Spielhaus-Spielbus boomerang")

- **Skatemobil**
  Neu ist die mobile Skateboard-Bahn, die in vielen Stadtteilen Station macht, zum Beispiel auf Schulhöfen, die außerhalb der Schulzeiten für Spiele geöffnet sind. Übrigens: in München gibt es fünf feste Skateboardbahnen und zwar im Olympiapark, im Hirschgarten, in Thalkirchen (Neuhofer Berg/Ecke Wackersbergerstrasse) und in Neuperlach am Annette-Kolb-Anger sowie am Karl-Marx-Ring gegenüber vom Peschelanger.

- **Kasperltheater im bunten Bauwagen**
  Damit zieht die MobilSpiel-Projektgruppe im Sommer durch die Stadt. Im "Drachenwagen" mit Platz für 30-50 Kinder kommt das Kasperl so richtig in Fahrt, mit vielen Stücken je 20 bis 30 Minuten lang. Das Kasperltheater ist für Kinder ab 3 Jahren geeignet. An vielen belebten Plätzen wird es eingesetzt. Ausgeliehen werden kann es obedrein.
  Adresse: Rupprechtstrasse 25-27, 80336 München, Tel. 18 19 32

KINDER - SOMMER

Sommerzeit - Festzeit, mit vielen Feiern: Stadtteilwochen, Stadtteilkulturwochen, Familiensonntage, Ferienfeste, Straßenfeste, Spielwochen und Spielnachmittage: überall in München finden sie statt. München spielt und es gibt viele Aktionen rund um's Spiel für das kindliche Vergnügen: Jahrmarktspiele, Aktionen zum Spielebauen, Wasserspiele, Mitmachtheater, Kindervorstellungen mit bekannten Künstlern und Kleintheatern und vieles mehr wird aufgeboten für den Kinder-Sommer! Sommerspielaktionen: Die Spielbusse der Pädagogischen Aktion/ Spielkultur e.V. fahren durch die Stadt und bieten pädagogisch betreuten Spielspaß oder Spielprogramme wie zum Beispiel Indianerdorf, Piratenlager oder Zirkuslust.

- **Pädagogische Aktion e.V.**
  Reichenbacherstr. 12, 80469 München
  Tel. 2609208

Kultur- und Spielraum e.V. bietet Sommerspiele wie "Leben im Mittelalter", Ausstellungen mit Begleitprogrammen, zum Beispiel rund um die "verflixte Schönheit", Drachenausstellungen oder Mitmachaktionen für Kinder und Familien wie " das lebendige Kunstwerk", an denen alle in ein lebendiges Szenario aus dem Bildnis ins Leben spielend einsteigen können.

FERIENPASS

Ein buntes Programm in den Sommerferien hält das Stadtjugendamt parat.
Der Ferienpaß ist für 5,--DM zu erstehen und bietet allen Kindern, die im Stadtgebiet wohnen zu ermäßigten Preisen oder kostenlos an die hundert unterschiedliche Ferienangebote mit Spielen, Sport, Ausflügen, Veranstaltungen, Ausflügen und Besichtigungen bis hin zur Stadtranderholung. Und, was das Schöne ist: Jeder kann sich sein eigenes und abwechslungsreiches Programm selbst gestalten.....

- **Kultur- und Spielraum e.V.**
  Ursulastr. 5, 80802 München, Tel. 341676 (siehe →Kapitel "Politik und Verbände")

Immer was los ist auch im Dschungelpalst des Feierwerk: Den ganzen Hansapalast in eine Burganlage umwandeln? Kein Problem, wenn Kinder ein paar Wochen basteln, schreinern und viel Papier bemalen. Am Ende findet dann ein großes Spielfest statt. Wie zum Beispiel im Zeichen des Einhorn. Viele Angebote koordiniert die Spiellandschaft Stadt mit ihren über 100 Mitmachern: Vereine, Institutionen, Initiativen und Ämter der Stadt München, die sich zusammengeschlossen haben mit dem Ziel: Spielräume und Spielaktionen für Kinder zu schaffen.
Alle zwei Jahre wieder findet „Mini München" in den Sommerferien statt: eine Spielstadt mit Rathaus und Stadtratswahlen, Spielregeln wie im richtigen Leben mit Arbeitsamt und Jobs z.B. als Handwerker, Gärtner, Koch oder Taxifahrer. Das dabei verdiente Spielgeld, die "Mimüs" kann man in der Bank anlegen, in den Läden, auf dem Markt, im Zirkus, im Kino oder im Gasthaus "Zur fetten Sau" ausgeben. Es gibt Werkstätten zum Schreinern, Basteln und Werken, Radl reparieren und sogar ein eigenes Fernsehstudio, Filmfestivals, Musikfeste, Luftballonwettbewerbe. Drei Wochen lang, mit mehr als 2000 Besuchern pro Tag. Ein echter Hit für Kids, auch in Zukunft, sofern sich wieder Sponsoren finden.

- **Auskunft über Spielfeste und Spielaktionen in der ganzen Stadt:**
  Kinderinformationsladen der Spiellandschaft Stadt
  Albrechtstrasse 37, 80636 München, Tel. 18 33 35
  von Dienstag bis Freitag in der Zeit von 13-17Uhr
  oder das Kinderinformationstelefon rund um die Uhr Tel. 18 33 33 Auskunft.

Spielzeugtauschbörsen und Kinderflohmärkte werden in München an vielen Stellen organisiert. Vor allem auf Kinderspielplätzen und in Freizeiteinrichtungen, Schulen und Kindergärten oder bei Stadtteilfesten werden sie zum Vergnügen der Kinder eingerichtet.

VIDEOSPIELE

Das Interesse von Kindern und Jugendlichen an Videospielen wächst beständig. Die Qualität der – mittlerweile in kaum mehr zu überschauender Vielzahl – angebotenen Spiele ist freilich alles andere als zufriedenstellend. Ein Gutteil eignet sich nicht als Spielmittel für Kinder. Das beginnt bereits bei der vielfach brutalen und aggressionsfördernden Handlung: Gewalt und Krieg bestimmen häufig das Videospiel. Kampfspiele sind freilich nur eine der insgesamt fünf Kategorien, denen Videospiele zugeordnet werden können.
Fachleute unterscheiden
- Kampfspiele
- Abstrakte Denk- und Geschicklichkeitsspiele,
- Funny-Games
- Simulationen und
- Spielgeschichten.

Das hilft ratsuchenden Eltern, deren Kids sich für den "Game boy" begeistern, aber noch nicht weiter. Hilfestellung leistet da eine pädagogische Beurteilung von ausgewählten Videospielen, aufgestellt von der Fachhochschule Köln in Zusammenarbeit mit dem Jugendamt der Stadt. In einer ausführlichen Broschüre werden die allesamt (mehr oder weniger) empfehlenswerten Spiele (s. Kasten) mit ihren Stärken und Schwächen detailliert beschrieben.

Die Broschüre "Computer- und Videospiele pädagogisch beurteilt", Band 4 ist mittlerweile zu beziehen. Bestellungen an:

- **Kölner Jugendpark e.V.**
  Sachsenbergstraße, z. Hd. Peter Beu, 50679 Köln, Tel. 0221/81 11 98

EMPFEHLENSWERTE VIDEOSPIELE

Name des Spiels	Hersteller	Spieltyp
7 Colours	Infogrames	interaktives Denkspiel
Chuck Rock	Core	Comic Adventure
Gem'x	Kaiko	Positionsspiel
Lemmings	Psygnosis	Denklabyrinth
Logical	Rainbow Arts	Positionsspiel
New Zealand Story	Ocean	Comic Adventure
Pick'n Pile	Ubi Soft	Abräumspiel
Pipe Mania	Empire	Bauspiel
Rock'n'Roll	Rainbow Arts	Denklabyrinth
Rolling Ronny	Starbyte	Comic Adventure
Shufflepuck Cafe	Broderbund	Brettspielsimulation
The Duel – Test Drive II	Accolade	Autofahrspiel
Apidya	Play Byte	Kämpferspiel
Bumpy's Arc. Fantasy	Loriciel	einfache Labyrinthe
Fire + Ice	Graftgold	Comic-Adventure
Goblins	Coktel Vision	Text- und Graphikadventure
James Pond 2	Millennium	Comic-Adventure
Lotus III	Gremlin	Fahrzeugspiel
Pinball Dreams	21st Century	Gesellschaftsspiele
Premiere	Core Design	Comic-Adventure
Tennis-Cup II	Loriciel	Sportspiel
The Humans	Mirage	Denklabyrinth
Volfied	Empire Soft	Lenkungsspiel
Wizkid – Wizball II	Ocean	Comic-Adventure
Zool	Gremlin	Kämpferspiel

BROSCHÜREN

Arbeitsgemeinschaft für Gefährdetenhilfe und Jugendschutz in der Erzdiözese Freiburg e.V. (AGJ)
Oberau 21
79102 Freiburg im Breisgau
- **Spiel mal wieder -
  Ein pädagogischer Ratgeber**
50 ausgewählte Brettspiel für Kinder, Jugendliche und Eltern
Nr. 18 der Schriftenreihe der AGJ
- **Kultur- und Persönlichkeitsentfaltung im Spiel**
Sonderdruck der AGJ
- **FRIEDEN FÄNGT klein AN**
Kooperative Spielebücher, Kooperative Brettspiele, Broschüre zu einer Aktions- und Ausstellungswoche zur Friedenserziehung

spiel gut
Arbeitsausschuß Kinderspiel und Spielzeug e.V., Geschäftsstelle
Heimstraße 13
89073 Ulm
Tel. 0731/65653
- **"Gutes Spielzeug von A-Z"**
Ratgeber für Kinderspiel und Spielzeug. 13,80 DM zuzgl. Versandkosten
- **19. spiel gut Verzeichnis 1993**
1700 geprüfte Spielzeuge, Spiele, Materialien ... für jedes Alter.
14,80 DM zuzgl. Versandkosten

Aktueller Rat
(Lieferung einschl. Porto gegen Briefmarken)
- **Umweltfreundliches Spielzeug**
3.00 DM
- **Elektronik für Kinder - Was? Wann? Wozu?**
3.00 DM
- **Horror Spielzeug - die neue Gewalt im Spiel**
2.00 DM
- **Spielzeug schenken - leichter gemacht**
2.00 DM
- **Viel Spaß für wenig Geld - Gutes Spielzeug unter 10 Mark**
für 2.00 DM

Aktion Jugendschutz (AJS)
Landesarbeitsstelle Nordrhein-Westfalen e.V.
Hohenzollernring 85-87
50672 Köln
Tel. 0221/511075
Fax 0221/529158
- **Computerspiele - Spielspaß ohne Risiko**
Hinweise und Empfehlungen

ComPäd
Computer und Pädagogik e.V.
Rehbergstraße 5
30173 Hannover
Tel. 0511/803055
- **Spielplatz Computer - Empfehlenswerte Computerspiele**
3.00 DM

Bundeszentrale für politische Bildung,
Referat Neue Medien
Postfach 2325
53113 Bonn
Die Empfehlungen zu den Computerspielen wurden auf der Grundlage von Erfahrungsberichten aus Kölner Kinder- und Jugendeinrichtungen erstellt.
- **Computerspiele auf dem Prüfstand**
erscheint 2-3 mal im Jahr und wird kostenlos abgegeben.

Bundeszentrale für gesundheitliche Aufklärung
Postfach
51101 Köln
- **Kinderspiele, Anregungen zur gesunden Entwicklung von Kleinkindern.**
Kostenlose Broschüre.
- **Nicht nur laufen lassen - Kinder und Fernsehen**
(Und was Eltern und Kinder ander(e)s machen können)
Kostenlose Broschüre.

KINDERFESTE FEIERN

▶ EINLADUNGEN

▶ ESSEN UND TRINKEN

▶ SPIELEND FEIERN

▶ KLEINE SPIELE

▶ PLÄTZE ZUM FEIERN

▶ FESTKÜNSTLER

▶ FEIERPROFIS

Es gibt viele Möglichkeiten, das Fest zu einem Erlebnis zu machen, ohne vor lauter Hektik vollkommen außer Atem zu geraten. Einfache Spiele, die ohne großen Aufwand zu organisieren sind, ausgefallene aber kindgerechte Speisen und Überraschungen aller Art garantieren ein gelungenes Fest, das beide, Kinder wie Eltern, genießen. Für diejenigen, die zu Hause keinen Platz für ein großes Fest haben, gibt es genügend Ausweichmöglichkeiten, vom Schwimmbad bis zum Grillplatz. Spielzeug aller Art ist mietbar, Dekoration und Ausstattung für die Feier in spezialisierten Fachgeschäften erhältlich. Und auch Kinder genießen die Vorfreude in besonderem Maße, sie möchten und können an den Vorbereitungen beteiligt werden.

EINLADUNGEN, TISCHKARTEN, DEKORATIONEN

Abwechslung und Phantasie, Dekorationen, leibliche Genüsse oder Spielen: Alles für Kinder. Schön ist es, wenn Kinder ihr Fest selbst mitplanen und vorbereiten können.

■ Käferkarten
Material: festes grünes Tonpapier (pro Karte 15 cm x 10,5 cm), rote Kerze, schwarzer Stift
Die Tonpappe einmal in der Mitte falten. Anschließend werden seitlich auf die Karte einige Wachspunkte getropft, die die Körper eines Käferchens darstellen. Danach werden an jeden Wachspunkt Kopf, Fühler und Beinchen mit einem schwarzen Stift gemalt. Zum Schluß nur noch den Namen des Gastes auf die Karte schreiben.

■ Strohhalmfähnchen
Material: Tonpapier, Stift, Strohhalm
Zuerst aus dem Tonpapier kleine Fähnchen schneiden. Seitlich die Fahne einschneiden. Anschließend den Namen des Gastes auf die Fahne schreiben und auf den Strohhalm schieben.

■ Blumeneinladung
Material: Tonpapier, Wasser- oder Fingerfarbe
Aus dem Tonpapier in beliebiger Größe Karten schneiden. In der Mitte als Doppelkarte knicken. Auf die Vorderseite mit dem Finger die Blumenmitte und Blütenblätter drucken. Zum Schluß noch Stengel und Blätter mit einem Pinsel an die Blüte malen.

■ Luftballon-Einladung
Material: Luftballon, wasserfester Stift mit dünner Mine Ballon aufblasen und verknoten. Auf den Ballon mit dem wasserfesten Stift den Text der Einladung schreiben. Gut trocknen lassen und anschließend den Knoten des Ballons wieder öffnen. (Damit der Gast die Einladung lesen kann, muß er den Ballon erst selbst wieder aufblasen!)

EINLADUNG

Die Einladung sollte mindestens folgende Informationen beinhalten:

- Wann das Fest beginnt
- Wo das Fest stattfindet
- Ob der Gast am Ende des Festes abgeholt werden muß oder ob er nach Hause gebracht wird
- Ob gegebenenfalls spezielle Kleidung notwendig ist (z.B. Hausschuhe, Gummistiefel, Kostüme...)

BEIM SCHMINKEN PROBIEREN
KLEINE KINDER EINE NEUE ROLLE AUS.

- **Fähnchengirlande**

Material: buntes Tonpapier, mehrere Farben, Kordel, Klebstoff
Rauten aus der Tonpappe schneiden, in der Mitte knicken. Auf einer Seite mit Klebstoff bestreichen und anschließend um die Kordel kleben.

- **Luftballongirlande**

Material: viele bunte Luftballons, Kordel
Luftballons aufblasen und dicht beieinander an die Kordel knoten.

ESSEN UND TRINKEN

Eis lieben fast alle Kinder, und es ist einfach selbstzumachen. Lecker ist Eis, das mit Milch hergestellt wird, und dazu enthält es noch die Mineralstoffe und Spurenelemente, die die Milch so gesund machen.

- Milcheis enthält mind. 70% Milch
- Sahneeis enthält mind. 60% Sahne
- Cremeeis enthält mind. 10% Eidotter
  Dazu kommen bei allen Sorten Zucker, Aromastoffe und evtl. Fruchtfleisch.
  Zusätzlich gibt es noch

- Eiscreme, die aus einer Mischung aus Zucker, Milch, Sahne und/oder Butter, Geschmackszutaten und 10% Milchfett besteht. Und zum Schluß noch das

- Kunstspeiseeis, das aus Zucker, Wasser, künstlichen Aromastoffen (z.B. Colageschmack) und künstlichen Farbstoffen besteht.
  Bei Lust auf Wassereis lieber Fruchtsäfte einfrieren. Gefäße für selbstgemachtes Eis am Stiel gibt es in Haushaltswarengeschäften.

Sahneeis (Halbgefrorenes)
Zutaten: 250 ml süße Sahne, 2 Eier, 80 g Zucker, 1 Prise Salz, 1 Päckchen Vanillezucker.
So wird Sahneeis daraus: Eier und Zucker schaumig rühren – sehr gründlich, damit der Schaum beständig bleibt. Die Sahne schlagen und unter die Zucker-Eimasse heben. Dieses Grundrezept kann mit Schokolade, Nüssen, Mandeln, Fruchtpüree etc. verändert werden.
Die Masse in Gefrierdosen füllen und im Tiefkühlfach 6-24 Stunden einfrieren. Nach ungefähr einer Stunde im Tiefkühlfach das Eis nochmals durchrühren, damit die schweren Bestandteile sich nicht am Boden absetzen.

Eisschale
Zutaten: Eis, Obst, Sahne, Schokoladensoße, Mandelsplitter.
Wenn alle Gäste aus einer gemeinsamen Schale löffeln, ist der Spaß besonders groß.

Waffeln (mit heißen Kirschen und Sahne)
Zutaten (für 5-6 Waffeln): 200 gr. Haferflocken (oder Vollkornmehl), 1 Tl Trockenhefe, 250 ml Milch, 60 g Margarine (Butter), 2 El Zucker, 1 Tl Zimt, 2 Eier.
Hefeteig (zunächst ohne Eier) zubereiten, etwa 1 Stunde quellen lassen. Eigelb und halb geschlagenes Eiweiß unter den Teig heben, Waffeln backen.

Schokoladenfondue
Bedarf: feuerfeste Kasserolle aus Keramik oder Glas, Stövchen mit Teelicht oder Rechaud, Fonduegabeln oder Kuchengabeln.
Zutaten für die Soße (4 Personen): 3 Tafeln Vollmilchschokolade, 3-4 Eßlöffel Wasser, 4 Eßlöffel Sahne, in der Kasserolle erhitzen!
Zum Einstippen: kleingeschnittenes Obst (damit es nicht braun wird, mit Zitrone beträufeln!), Löffelbiskuits.

Obstsaft-Bowle
Obst in Stücke schneiden und in Gläsern deponieren. Besonders gut eignen sich Apfelsinen, Pfirsiche, Weintrauben, Kirschen, Melonen.
Die Flüssigkeit mixen aus: 1/3 Saft, 1/3 Zitronenlimonade oder kalter Früchtetee, 1/3 Mineralwasser. Abschmecken mit Zitronensaft und – wenn nötig – Zucker. Die Gläser mit dem Getränk auffüllen und dekorieren (Obstscheiben, Trinkhalme, Schirmchen o.ä.).

EINFACHE REIGENSPIELE MACHEN
GERADE KLEINEREN KINDERN IMMER WIEDER SPAß

Obstsaft-Punsch (schön bei Festen im Herbst oder Winter)
Zutaten: 1/3 schwarzer Tee mit Orangengeschmack, 1/3 Hibiscustee oder Hagebuttentee, 1/3 schwarzer Johannisbeersaft, 1 Apfelsine, gewürfelt (für 1 l Punsch), Zucker, Gewürze (Zimtstänge, Nelken, Sternanis, Anis oder fertige Punschgewürzmischung).
Den Kräutertee mit den Gewürzen aufkochen und 10 Minuten ziehenlassen, durchsieben, den aufgebrühten schwarzen Tee und den Saft hinzugeben, mit Zucker abschmecken. Die Apfelsinenstücke vor dem Servieren in den erhitzten Punsch geben.

Bananenmilch
200 g reife Bananen auf 1 l Milch. Die zerdrückten Bananen mit der Milch in einem Mixer gut durchmixen. Nach Belieben mit Vanillezucker oder Honig süßen.

Mini-Pizza
Zutaten (für 10-12 Stück):
Teig: 300 g Roggenmehl, 200 g Weizenmehl, 40 g Hefe, 100 g Margarine, 300 ml Buttermilch, 1 Tl Salz.
Belag: 1 El Margarine (oder Butter), 500 g Spinat, grob gehackt (Frisch- oder Tiefkühlware), 200 g Salami in Scheiben, 200 g Käse (mittelalter Gouda), 200 g pürierte Tomaten. Gewürze: Knoblauch, Salz, Pfeffer.
Hefeteig herstellen, 10-12 kleine Pizzaböden formen und auf ein gefettetes Blech legen. Den aufgetauten oder blanchierten Spinat mit dem Fett und Gewürzen abschmecken. Pizzaböden mit Tomatenpüree bestreichen, mit Spinat und Käse belegen. Bei 220 °C im vorgeheizten Ofen 15-20 Minuten backen. Die Salami sollte erst in den letzten 5 Backminuten auf den Käse gelegt werden!

Übrigens: In der Regel neigen Eltern dazu, den Appetit der (kleinen) Gäste eines Kinderfestes zu überschätzen. Kinder haben normalerweise zwar einen Bärenhunger, doch im aufgeregten Trubel fehlt es zumeist an Zeit und Ruhe. Kinder vergessen oft, daß sie die ein oder andere Köstlichkeit noch verspeisen wollten. Es empfiehlt sich also, nicht mit größeren, sondern eher mit kleineren Portionen pro Person zu kalkulieren.

Kinderfeste können natürlich auch ein Motto haben. Ein Gespensterfest zum Beispiel ist leicht zu organisieren und verspricht fast immer allen Kindern Spaß zu machen. Mit wenig Mühe lassen sich gruselige Effekte erzielen, mit kleinen Tricks eine gespenstische Atmosphäre hervorrufen und mit kleinen Zaubereien Neugier und Erstaunen wecken. Das befreiende Lachen löst am Ende die Spannung.

SPIELEND FEIERN

Gruselsack

Man benötigt dazu einen gruselig aussehenden Sack (ein uralter Kartoffelsack etwa) und glitschige, kalte oder nasse Scheußlichkeiten, zum Beispiel einen nur wenig aufgeblasenen Luftballon, ein Stück Pelz, eine halbe Zitrone, eine Schlange aus Lakritz, eine glitschige Gummispinne, in einer kleinen Tüte verpacktes Knetgummi.

Das Spielzimmer wird verdunkelt, alle Spieler sitzen im Kreis und reihum greift jeder, der mutig ist, in den Sack und versucht, einen Gegenstand zu erraten. Wenn dieser richtig ertastet wurde, darf der Spieler ihn aus dem Sack nehmen.

Geisterbahn

Man braucht dazu mehrere gleich große Kartons (vom Elektro- oder Möbelhändler), verschiedene Planen oder Decken und einen Kassettenrekorder mit Gruselgeräuschen: Kettenrasseln, Schreie, hämisches und gespenstisches Lachen, Sturmgetöse, Donner und klirrende Geräusche.

Zur weiteren Geisterbahn-Ausstattung gehören: Kreppapierbänder, Jahrmarkt-Gummispinnen, nasse Tücher, Fellstücke, Fledermäuse, schaurige Masken, Taschenlampen (eventuell mit rotem oder grünem Licht), Luftballons, Gardinenstoffe.

Deckel und Boden der Kartons offen und zu einem Tunnel zusammenstellen. Kurven: Kartons im Abstand von etwa einem Meter aufstellen und über die Lücke eine Plane oder Decke legen. An die Kartoneingänge Kreppapierstreifen oder Gardinen hängen, von den Kartondecken baumeln schaurige Überraschungen. Auf den Boden Pelzstücke oder Luftballons mit aufgemalten Grimassen kleben. Als Beleuchtung dienen einige Taschenlampen, hinter Masken, Plüschtieren oder Gardinen versteckt. Für weitere Gruselstimmung sorgt die im Hintergrund spielende Geistermusik.

Flaschengeist

Auf die Öffnung einer leeren, im Gefrierfach gut gekühlten Flasche eine nasse Münze legen. Das Obergespenst umfaßt mit seinen Händen die Flasche (dafür sollte es sich eine gute Begründung überlegen). Kurz darauf beginnt die Münze auf dem Flaschenhals zu klappern. Das liegt an der Luft in der Flasche, die durch die Hände erwärmt wird und sich ausdehnt. Die Luft kann nur nach oben entweichen, der Luftzug bewegt die Münze.

Zirkus

Zu den notwendigen Utensilien gehören unter anderem: ein Zylinder für den Zirkusdirektor, eine getigerte Wolldecke für Raubtiernummern, Turnanzüge für Akrobaten und Seiltänzer, allerlei (Ver-)Kleidungsstücke für die Clowns, Matratzen für Kunststücke, ein auf dem Boden liegendes Seil für Seiltänzer, zum Durchspringen Reifen für Akrobaten und Tiger, Musik. Das Zirkuszelt läßt sich leicht und einfach mit einer Deckengirlande imitieren. Notwendig dazu: Kreppapierstreifen, Kordel.

Alle Kreppapierstreifen an einem Ende zusammenkleben, eine Kordel darumbinden und in der Mitte der Zimmerdecke befestigen. Die anderen Enden der Kreppapierstreifen an den Zimmerwänden befestigen, so daß ein Zirkuszeltdach entsteht.

BUCHTIP

Die vielfältigsten Anregungen zum Schminken und Verkleiden – ausgewählt von Ursula Barff. Mit zahlreichen farbigen Fotos, Illustrationen und Schnittmusterbogen zum Selbstanfertigen von Kostümen. Zusätzliche pädagogische Hinweise runden diesen Band zum ganzheitlichen Konzept zur Kinderbeschäftigung ab.

"Schminken und Verkleiden rund ums Jahr"
Wilma Stelzenhammer
Verlag, Ort Jahr

"Toll Geschminkt in fünf Minuten"
für Maskerade und Kinderfeste ein praktisch, schönes Buch für den Alltagsgebrauch
Delphin Verlag , Köln 1992

Olympiade

Für Feste im Freien mit Wettkampfdisziplinen wie

■ Dosenpyramide

Zubehör: 6 leere Konservendosen, Tisch oder Brett und Hocker, Ball.
Dosen pyramidenförmig auf dem Tisch aufbauen. Aus einer Entfernung von 2-3 Metern mit dem Ball auf die Dosen werfen. Es gewinnt, wer mit den wenigsten Versuchen alle Dosen umwirft.

■ Sackhüpfen

Zwei große Säcke (feste Müllsäcke oder Kartoffelsäcke) reichen schon aus. Die Kinder werden in zwei Mannschaften aufgeteilt. Jede erhält einen Sack. Nach dem Startkommando klettert der erste Sackhüpfer jeder Mannschaft in den Sack, hält ihn mit den Händen fest, hüpft zum vereinbarten Wendepunkt und wieder zurück. Dann steigt der nächste in den Sack. Die Mannschaft siegt, deren Hüpfer zuerst im Ziel sind.

■ Kartoffelrennen

Pro Mannschaft 1 Eßlöffel und 1 große Kartoffel.
Die Kartoffel auf dem Löffel mit dem gestreckten Arm vom Start zum Wendepunkt und zurück transportieren. Um die Strecke schwieriger zu gestalten, Hindernisse, zum Beispiel eine zu übersteigende Schnur, einbauen. Wer die Kartoffel fallen läßt, muß sie mit dem Löffel wieder aufheben. Die Mannschaft gewinnt, deren Läufer zuerst die Strecke überwunden haben.

Bei allen Disziplinen werden den Siegern Punkte gutgeschrieben. Derjenige mit den meisten Punkten ist Gewinner der Olympiade. Zu einer Olympiade gehören selbstverständlich auch Medaillen. Man kann sie ganz einfach selbst herstellen: Bierdeckel mit farbigem Papier bekleben. Nach Belieben bemalen und beschriften.

KLEINE SPIELE

■ Topfschlagen (für Kinder ab 4 Jahren)

Man braucht: 1 großen Topf, 1 Holzlöffel, 1 Schal oder Tuch zum Augenverbinden, kleine Gewinne, die unter dem Topf versteckt werden. Dem Spieler die Augen verbinden. Ein Kind versteckt den Topf, mit Gewinn darunter, im Zimmer. Bevor der Spieler mit dem Holzlöffel in der Hand krabbelnd versucht, den Topf zu finden, wird er noch einmal gedreht. Die übrigen Kinder sind bei der Suche behilflich, indem sie mit Zurufen die Richtung weisen ("heiß" oder "kalt").

■ Bonbonkette (für Kinder ab dem 1. Lebensjahr)

Man benötigt dazu: 1 lange Kordel, viele Bonbons.
An die Kordel die Bonbons binden, je nach Körpergröße der Kinder die Kordel im Zimmer spannen oder im Zimmer von 2 Personen festhalten lassen. Abhängig vom Alter der Kinder die Augen verbinden. Die Bonbons dürfen nur mit dem Mund geschnappt werden. Die Bonbonkette leicht auf und ab oder hin und her bewegen.

■ Schokoladenessen
(für Kinder, die schon sicher mit Messer und Gabel umgehen können)

Man braucht: 1 Tafel Schokolade, Zeitungspapier, Schnur, Messer und Gabel, Handschuhe, Mütze, Würfel. Die Schokolade mehrfach in Papier verpacken, anschließend die Schnur darum knoten. Die eingepackte Schokolade sowie Handschuhe, Mütze und Besteck in die Tischmitte legen. Alle Kinder stehen oder sitzen um den Tisch und würfeln reihum. Würfelt ein Kind eine 6, so darf es Mütze und Handschuhe anziehen und mit dem Besteck die Schokolade auspacken. Währenddessen würfeln die anderen schnell weiter. Hat das nächste Kind eine 6, so nimmt es dem anderen Handschuhe, Mütze, Besteck und Schokolade ab, um in gleicher Weise zu versuchen, an das Innere der Schokolade zu gelangen. (Das Zeitungspapier sollte möglichst nicht zerrissen werden!) Das Spiel endet, wenn die Schokolade vollständig vertilgt ist.

■ Klopapiereinwickeln (für Kinder ab 6-8 Jahren)

Man braucht nur mehrere Rollen Klopapier. Die Kinder müssen sich paarweise zusammentun. Zwei Teams spielen jeweils gegeneinander. Die Aufgabe: Der eine Spieler des Teams wickelt den anderen von Fuß bis Kopf mit Klopapier ein. Welches Team das als erstes schafft, gewinnt.

PLÄTZE ZUM FEIERN

Auch Familien, die eher beengt wohnen, brauchen deshalb auf eine ausgelassene Kinderparty nicht zu verzichten. Mit Kindern ab acht Jahren ist es zum Beispiel bereits möglich, Kegeln zu gehen. Eine Kegelbahn läßt sich in vielen Gaststätten anmieten. Auch ein gemeinsamer Schwimmbadbesuch ist eine Alternative zu einem herkömmlichen Fest in der Wohnung. Einen wohl bekannten Service für Geburtstagsfeiern von Kindern bietet McDonalds, aber inzwischen lassen sich auch in Theatern und vielen Freizeitstätten Kindergeburtstage feiern.
(→ Kapitel "Ausflüge" und "Kunst und Kultur")

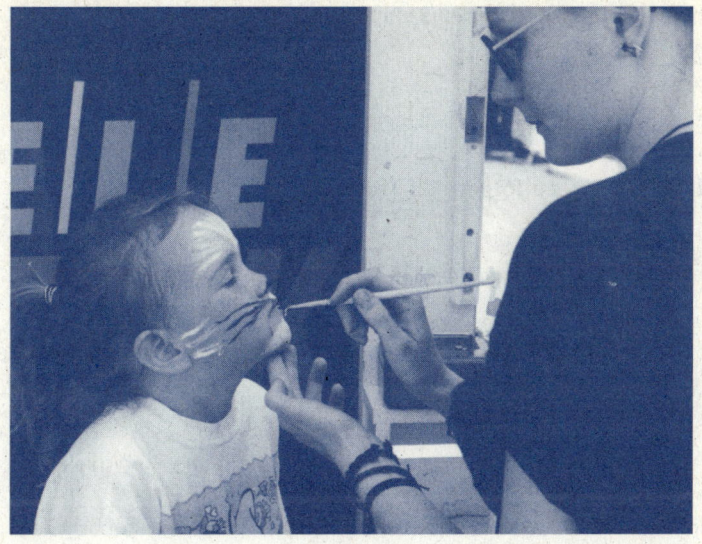

LÖWE, TIGER, INDIANER, SEERÄUBER ODER SCHMETTERLING - DIE SCHMINKECKE IST EINE ATTRAKTION AUF JEDEM KINDERFEST

- Das Münchner Spielkistl: Bunt bemalte Bauwägen mit maßgeschneiderten Spielangeboten stehen für Multiplikatoren der offenen Kinder- und Jugendarbeit und selbstorganisierte Spielaktionen, Feste und Feiern bereit. Dieser Spielspaß mit spannenden Spielsituationen eignet sich für Aktionen mit Kindern und Jugendlichen im Alter von 3 bis 14 Jahren... und nicht zuletzt auch für Erwachsene. Es gibt:
- das Kleinkindkistl für 3 bis 6jährige mit Handspielpuppen, Plantschbecken und Kriechtunnel etc.
- das Überraschungskistl für jedes Alter mit Riesenbausteinen, Kriechtunnel, Stelzen, Fallschirmen und Schminke
- das Holzwerkstattkistl mit Werkbänken, Sägen, Hämmern und Bearbeitungsmaterial
- das Winterspielkistl mit Schlitten und Eisstöcken etc.
- das Ökokistl mit Gruppensätzen für Erkundungen von Wald und Wasser oder Wald und Erde sowie das Papierschöpfkistl für Papierrecycling und die die Papierwerkstatt zum Basteln.

Natürlich gibt es auch aufblasbare Spielgeräte wie die Riesenschlange sowie Hüpfburgen und Hüpfkissen oder das Wasserbett für´s feuchte Vergnügen. Wer´s ausleihen will wendet sich an:

- **MobilSpiel e.V.**
in der Rupprechtstraße 25-27, Tel. 18 19 32, im Bereich der Ökopädagogik:
MobilSpiel e.V. Ökoprojekt
(Münchner Umwelt-Zentrum e.V.), Welserstrasse 15, 81373 München, Tel. 769 60 25

■ **Spiele Informationsdienst der Spiellandschaft Stadt**
Wer auf der Suche nach neuen Spielen und Spielaktionen z.B. für einen Kindergeburtstag ist, kann sich an diesen Service der Spiellandschaft Stadt wenden. Die Spielkoffer sind mit Materialien und Tips gefüllt und geben viele Spielanregungen.

Spielvorschläge gibt es zu folgenden Themen:

- Bewegungsspiele
- Wahrnehmungsspiele
- Materialspiel/ Werken
- Pantomimische Spiele
- Ratespiele, Quiz
- Sportspiele
- Tanzspiele

- Theaterspiele
- Malspiele
- Musikspiele
- Puppen-, Masken-, Schattenspiele
- Spielaktionen, Spielfeste
- Sprach-, Schreib-, Diskussionsspiele
- Ulk- und Partyspiele

Der Spieleinformationsdienst ist ein zusätzlicher Service und gibt Auskunft über alle erprobten Spiele für drinnen und draußen, einschließlich Ausleihmöglichkeiten, Ideen und Hilfen für Spielfeste.

■ **Adresse: Spiellandschaft Stadt**
Albrechtstrasse 37, 80636 München, Tel. 18 33 35

■ **Spielgeräteverleih der Stadt München**
Für Kindergärten, Schulen, Pfarrgemeinden, Münchner Vereine, Elterninitiativen etc besteht die Möglichkeit, Spielgeräte auszuleihen. Das Spielgeräte - Tel. 233 - 87 15

■ **Brett-, Tisch- und Gesellschaftsspiele können auch im Spiele Casino der Pädagogischen Aktion / Spielkultur e.V.**
Reichenbachstrasse 12, 80469 München, Tel. 260 92 08
oder in der Kinder- und Jugendbibliothek im Gasteig ausgeliehen werden.

FEST-KÜNSTLER UND FEIER-PROFIS

■ **Breuer Clown Comedy**
Nymphenburgerstrasse 38, 80335 München, Tel.. 12 39 22 03
Animation, Bühnenshow, Clownerie und Zauberei für Kinder. Eine Spezialität ist das Kinderstück "Schurli Wupp", das Jonglierdarbietungen, Clown - Nummern, Zauberei und ein Märchenspiel verbindet.

■ **Dieter von Berg**
Berg 4, 82386 Oberhausen, Tel. 08802 - 1215
Zauberkünstler, Lehrer an der Zauberschule München Kinderzauberei, Geschichtenerzählen, Mitmachgeschichten für Kinder, Animation für Kinder

- **Dr. Huppertz**
  Bahnhofstrasse 28, 82065 Baierbrunn, Tel. 793 46 78
  Ein Märchen- und Geschichtenerzähler, der ins Haus kommt, wenn Sie sich selbst oder Ihren Kindern einmal wieder Märchen erzählen lassen wollen.

- **Magic Masquerade**
  Peer Vanzo und Christian Koch
  Degerndorfer Straße 10 b, 82547 Achmühle, Tel. 721 27 05
  Zauberei, Clownerie, Ballonmodellieren, Akrobatik, Stelzenlaufen, Entertainment, Moderation

- **Michael Schlesak, Zauberer**
  Tel. 53 57 91

- **Reibig & Williams Entertainment**
  Anett & Robert, Tel. 769 60 85
  Kautschukakrobatik, Drahtseilakte, Jonglieren, Einrad, Stelzenlaufen und jede Menge Zauberei und Show für Kinder

- **Zauberer Rudolfo**
  Tel. 32 56 57
  Taschentricks, Ballonmodellieren, Party-, Tisch- und Kinderzauberei

- **Zaubertheater Rumpelstilz**
  Wemdingerstrasse 1, 81671 München, Tel. 49 51 21
  Professionelle Kinderunterhaltung mit pädagogischem Konzept

- **Fernandos Zauberzirkus**
  Breisacherstrasse 2, 81667 München, Tel. 448 14 26
  Zaubereien und Clownerien für Kinder zum Mitspielen nach pädagogischen Gesichtspunkten

- **Zauberzentrale und Zauberschule München**
  Harold Voit
  82049 Pullach, Kirchplatz 9, Tel. 793 82 83
  Wer Zauberlehrling werden möchte sollte mindestens 16 Jahre alt sein. Die Ausbildung dauert zwei Jahre. Einmal pro Woche kommen die Zauberlehrlinge abends zusammen. In den ersten zwei Semestern werden die Grundlagen des Zauberns vermittelt, und danach kommt wieder, zwei Semester lang, das Zauberüben mit Routinevermittlung.

KINDER, KUNST & KULTUR

- JUGENDKUNSTSCHULEN
- SCHULE DER PHANTASIE
- KINO FÜR KINDER
- KINDER- UND JUGENDMUSEEN
- MUSEEN
- THEATER
- FERNSEHEN
- RADIO
- KULTURWERKSTÄTTEN
- KREATIVE ZENTREN

Das kunterbunte kulturelle Stadtleben bietet Kindern alle Chancen, die eigenen Fähigkeiten und Neigungen zu entdecken und auszuprobieren. Zu den kindlichen Klassikern gehören sicher Malen und Basteln, aber auch die einst so betulichen Museen und Theater werben mittlerweile mit kindgerechten Angeboten um Nachwuchs und das Publikum der Zukunft.

Wenn Erwachsene sie lassen, sind Kinder aus ganzem Herzen kreativ. Sie singen und tanzen, malen und basteln, erfinden und erzählen Geschichten, verkleiden sich und andere. Die Freude daran bleibt ihnen erhalten, solange sie sich nicht dem Zwang zur Perfektion ausgesetzt sehen.

Kinder brauchen Freiraum, um sich entsprechend ihrer jeweiligen, mit dem Alter verändernden Möglichkeiten auszudrücken. Dabei entwickeln sie künstlerische Fähigkeiten - in unterschiedlichem Maß. Entscheidend ist das Verhalten der Eltern und die kulturelle Tradition des Familienhauses. Eltern können Kinder fördern, aber auch entmutigen. Sicher ist, daß (ältere) Kinder um so eher künstlerisches und kulturelles Engagement zeigen, je mehr Spaß Eltern selbst daran haben. Gemeinsames Singen, Tanzen oder Malen als sinnenfreudige Alltagserfahrung in der Familie läßt dies zur „normalen" Ausdrucksform für Kinder werden. Doch auch Eltern, die es nicht gewohnt sind und es nicht mögen, ihrer eigenen künstlerischen Ader freien Lauf zu lassen, können Kindern Mut machen, kreative Fähigkeit umzusetzen.

Das gilt vor allem für die Hochzeit der Kinderkunst. Im Alter zwischen drei und acht Jahren leben sich Kinder beneidenswert unbekümmert in allen Formen der "klassischen" Kunst aus. Lustvoll und zugleich hochkonzentriert gehen Kinder dabei zu Werke. Etwa wenn sie ohne Rücksicht auf gewohnte Grenzen Farben und Formen kombinieren, Fakten und Phantasie mischen.

Die reine Lust der Kinder am eigenen Gestalten in die "richtigen" Bahnen lenken zu wollen, ist der erste, schwerwiegendste und häufigste Fehler, den Eltern begehen. Kinder nehmen die Welt anders wahr als Erwachsene. Sie zeichnen, frei von vorgebenen "realen" Proportionen, zum Beispiel das, was ihnen wichtig erscheint, besonders groß, lassen anderes weg. Kinder mitten im Schaffensprozeß aus der "Arbeit" herauszureißen, schafft Frustrationen. Es zeigt ihnen, daß ihr Werk nicht ernstgenommen wird. Dabei brauchen Kinder Anerkennung. Eltern, die sich mit ihren Kindern über deren Bilder oder Bauten unterhalten, sie sich erklären lassen, beweisen Einfühlungsvermögen und Interesse. Hilfe benötigen Kinder nur dann, wenn sie diese selbst einfordern.

Kulturelles Interesse entwickelt sich aus dem Alltag der Lebenserfahrung heraus. Die Begeisterung der Eltern für Fotografie, Handwerken und Theater teilt sich Kindern mit. Sie erleben, daß auch das Einrichten der Wohnung ein Gefühl für Harmonie erfordert, daß Tanzen beschwingt, Theater und Museen bereichern. Kunst und Kultur bedeuten nicht, Perfektion passiv zu bestaunen, sondern sind Ergebnisse aktiven, kreativen Handelns - in der Ganzheit der Lebenswelt.

Kinder wissen dies noch ohne intellektuelle Auseinandersetzung. Es gehört zur Natur der Kindheit. Eltern sollten dies berücksichtigen, auch wenn es ihnen manchmal viel Toleranz abverlangt. Zum Beispiel, wenn Möbel und Kleidung zum Theaterspiel und Wände oder Tapeten als Malfläche zweckentfremdet werden. Kinderkunst überschreitet die herkömmlichen kulturellen Grenzen - und die der Vorstellungskraft strapazierter Eltern – immer wieder.

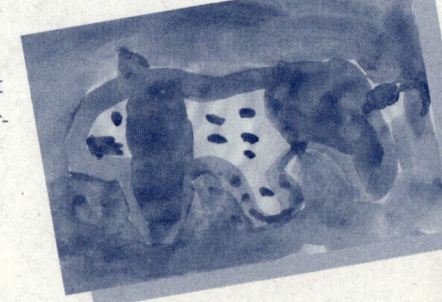

JUGENDKUNSTSCHULEN

Jugendkunstschulen bieten Kindern das breiteste Angebot, ihre künstlerischen Fähigkeiten zu erproben und zu entfalten. Das Spektrum der Möglichkeiten reicht von Musik-, Mal-, Werk- und Theater-Kursen bis hin zum Film-, Video- und Foto-Programm oder zur künstlerischen Früherziehung. Ihre kreativen Seiten können Kinder bereits ab dem dritten Lebensjahr austoben, die Jugendkunstschulen bleiben aber auch für Jugendliche über die Pubertät hinaus noch interessant.

Das hat seinen Grund nicht zuletzt darin, daß Jugendkunstschulen keineswegs mit herkömmlichen Schulen zu verwechseln sind, an denen ein vorgegebener Unterrichtsstoff gepaukt wird. Die Jugendkunstschulen lassen Kindern jeden erdenklichen Freiraum zum Experimentieren, zur eigenen Gestaltung, zur spielerischen Inspiration. Der weitgehend offene Unterricht findet zumeist in Gruppen statt, auch Eltern-Kind-Kurse zum gemeinsamen Erleben von Kreativitätsschüben werden angeboten. Einzelunterricht ist jedoch selten.

An Attraktivität haben die Jugendkunstschulen vor allem auf Grund ihrer mittlerweile durchweg hervorragenden Ausstattung gewonnen. Dazu zählen zumeist Keramik- und Druckwerkstätten, Filmstudio und Fotolabor, eine eigene Bühne sowie natürlich ein Fundus an Kostümen und Masken. Holz, Stein und Linoleum gehören zu den bevorzugten Materialien, ebenso wie der in seiner Beliebtheit kaum zu übertreffende Ton.

FOTOGRAFIEREN

"Das Bild habe ich gemacht!" So lautet regelmäßig der Kommentar der Kinder, werden Fotos zum Beispiel vom Urlaub oder einem Fest angeschaut. Für Kinder sind Fotografien nicht nur Dokumente vergangener Erlebnisse, sondern - faszinierender noch - Resultate des eigenen Handelns. Fotografieren erfüllt Kinder mit Stolz, weil sie unmittelbar erfahren, daß auch sie zu ansehbaren Werken in der Lage sind, die der Wirklichkeit standhalten. Die Begeisterung, eine technisches Gerät wie die Kamera zu beherrschen, verbindet sich mit dem Interesse an ihrem Innenleben, an den verschiedenen Knöpfen und dem immer wieder überraschendem Blitzlichteffekt. Die ersten Fotos schießen Kinder bereits im Vorschulalter mit dem Apparat der Eltern, ab dem 6. Lebensjahr können sie eine eigene, einfache Kamera (Autofocus) nutzen. Dann nehmen Kinder auch schon Tips an, etwa zur optimalen Belichtung. Klar ist, daß empfindliche und teure Kameras nicht in Kinderhände gehören: Der Spaß am Fotografieren soll nicht dadurch verleidet werden, daß der Apparat schnell kaputt geht oder der Schaden groß ist, fällt der Zauberkasten einmal hin.

MALEN/GESTALTEN

Sprache ist in der Erwachsenenwelt zwar die wichtigste, für Kinder aber eine der schwierigsten Ausdrucksformen. Sprechen zu lernen, braucht viele Jahre Zeit. Kaum leichter fällt es Kindern, sich in Zeichnungen auszudrücken. Die späteren Malversuche wissen Kinderpsychologen zum Beispiel so zu deuten, daß sie Rückschlüsse auf Ängste, Träume und die Entwicklung(sphasen) des Kindes zu ziehen vermögen. So durchschreiten beispielsweise alle Kinder die gleichen Zeichen-Stadien, wenn auch zu unterschiedlichen Zeitpunkten. Den frühen Kritzeleien folgen geometrische Formen (im Alter von 3 bis 4 1/2 Jahre), Strahlen- und Kopffüßler (4 bis 5 1/2 Jahre), schwebende, landende und schließlich stehende Menschenfiguren (5 bis 6 1/2 Jahre), Menschenfiguren in Verbindung mit anderen Dingen wie Häusern oder Bäumen (6 bis 7 1/2 Jahre) und dann der handelnde Mensch, in Gemeinschaft mit anderen (7 bis 8 1/2 Jahre). Eltern sollten sich daher hüten, Kinderbilder hübsch oder häßlich zu finden, Kindern bestimmte Formen beim Malen abzuverlangen. Sie haben ihre eigene Vorstellungen, Fähigkeiten und Sicht der Dinge, bestimmt von ihrem jeweiligen, ganz individuellen Entwicklungstempo. Aber Eltern können ihre Kinder unterstützen, indem sie Bedingungen zum Malen oder auch zum Gestalten schaffen, wie Kinder sie mögen.

Mit der zunehmenden Geschicklichkeit der Hände verändert sich etwa die Auswahl an geeigneten Stiften. Während zunächst dicke Wachs- und Buntstifte, die mit der ganzen Faust zu umfassen sind, dem Kleinkind gerecht werden, bieten danach Kreiden und leuchtende Filzstifte neue Möglichkeiten. Bei größerer Fingerfertigkeit sind dünne Stifte jeder Art anzuraten: je größer die Auswahl desto lieber, inklusive Wasser- und Fingerfarben.

Kinder lieben große Flächen zum Malen. Eltern, die um ihre Tapeten fürchten, bieten Kindern daher Alternativen: am besten eine freie Wand im Kinderzimmer. Aber auch die muß irgendwann neu gestrichen werden. Doch der Zeitpunkt läßt sich hinauszögern. Zum Beispiel mit Hilfe einer "Leinwand", speziell für die kleinen Künstler im Haus. Eine solche "Leinwand" läßt sich mit Hilfe einer großen Sperrholzplatte errichten, die mit Schichten von Packpapier beklebt wird. Das Packpapier kann abgerissen werden, wenn es vollgemalt ist. Spaß macht es ebenfalls, auf Leinentüchern oder Spannplatten zum Beispiel mit Wasserfarben oder mit Kreide auf Tafeln zu malen. Malbücher mit fertigen Figuren oder Formen, die Kinder nur noch bunt ausmalen (sollen), hemmen übrigens die Phantasie eher, als daß sie die Malfreude fördern. Sie zwingen Kinder zu einer Perfektion, die der Vorstellungswelt der Erwachsenen, nicht aber von Kindern entspricht.

Genauso gern, wie sie zeichnen, basteln Kinder. Am liebsten natürlich mit Knete. Dieses Material ist allerdings nur bei kleinen Figuren geeignet; größere Werke verlangen nach Ton. In Bastelgeschäften kann er gebrannt werden. Formen und Modellieren mit der ganzen Hand bereitet nicht nur Vorschulkindern Freude, auch wenn sie wohlmöglich am lustvollsten zu Werke gehen. Erfolgserlebnisse haben sie dabei eher, wenn einzelne Elemente einer Figur auch in einzelnen Teilen hergestellt und dann miteinander verbunden werden. Damit das hält, ist es wichtig, die Kanten ordentlich zu verstreichen!

Anerkennung erfahren Kinder, wenn ihre Werke einen Platz in der Wohnung finden, wenn zum Beispiel die gemalten Bilder Wände oder das Nilpferd aus Ton die Fensterbank schmücken. Daß Kreativität ein wichtiger, schöner Teil des Alltags ist, erfahren Kinder auch, wenn sie selbst Post- oder Glückwunschkarten gestalten, Blumenvasen aus Dosen fabrizieren oder die ersten "Bücher" - mit eigenem Text, Fotos und Zeichnungen - produzieren. Wichtige Regel für Eltern: Nur wenn den Kindern ihre eigenen Werke auch gefallen und sie einverstanden sind, sollten diese ausgestellt werden.

MATERIALIEN

Eltern müssen sich nicht mehr sorgen, wenn ihre Kinder Blei- und Malstifte in den Mund nehmen. Es gibt mittlerweile kindgerechte Stifte, an denen die kleinen Künstler herumkauen können, ohne sich gefährliche Schwermetalle zuzuführen. Buntstifte für Kinder kommen ohne Lacke an den Außen-

ARBEITEN IN DER HOLZWERKSTATT – HIER DÜRFEN DIE KINDER NACH LUST UND MEIST MIT VIEL GESPÜR FORMEN, MATERIAL UND WERKZEUGE AUSPROBIEREN.

flächen aus, ebenso wie Filzstifte, Finger-, Ol- und Wandfarben ohne Lösungsmittel. Die Euro-Norm 71 verlangt einen niedrigen Schwermetallgehalt in allen Farben. Das CE-Zeichen auf Stiften garantiert, daß diese Grenzwerte auch eingehalten werden. Das ist bei Produktbezeichnungen wie Bio, Öko oder Natur nicht immer der Fall, denn sie sind nicht gesetzlich geschützt. So wie sich beim Malbedarf – zumindest auf Nachfrage – kindgerechtes Material finden läßt, ist dies auch bei Bastelbedarf möglich. Kindgerechte Produkte sind zumeist nicht die billigsten. Im Gegenteil: Gerade billige, oft importierte Angebote erweisen sich häufig als deplaziert im Kinderzimmer oder in Kinderhänden. Umwelt- und Gesundheitsschutz haben in der Regel ihren Preis.

VORSICHT BEI KLEBERN!

Die härtesten Geschütze unter den Klebstoffen sind die Reaktionskleber. Sie setzen sich aus äußerst reaktionsfreudigen Inhaltsstoffen zusammen, die während des Abbindens der Klebemasse einen stabilen Kunststoff bilden, der praktisch nicht mehr auseinandergerissen werden kann. Besonders tückisch sind Fabrikate, die nicht aus zwei, sondern nur aus einer Komponente bestehen. Zu ihnen zählen die sogenannten Sekundenkleber. Kaum sind sie aus der Tube, entfalten sie auch

KNETE SELBER HERSTELLEN

Rezept:
200 g Mehl, 100 g Salz, 1 Eßlöffel Alaunpulver (erhältlich in der Apotheke) in eine Schüssel geben, 1 1/2 Eßlöffel Öl, 1 Teelöffel Lebensmittelfarbe in 1/4 l lauwarmen Wasser auflösen Aufgelöste Lebensmittelfarbe in die Schüssel geben und alles zu einem glatten und festen Teig kneten.

schon ihre mitunter verheerende Wirkung. In Sekundenschnelle können Finger schier untrennbar zusammenkleistern. Noch schlimmer ist es, wenn der Stoff in die Augen kommt. Der Reaktionskleber darf nicht in die Hände von Kindern gelangen!

Relativ harmlos sind dagegen all jene Klebstoffe, die statt organischer Lösemittel Wasser enthalten. In diese Produktgruppe gehören Leime, Gummierungen und Kleister für Papier sowie inzwischen auch einige Alleskleber, die von den Herstellern entweder in flüssiger Form oder als Stifte angeboten werden. Sie sind allerdings oft ein Eldorado für Schimmelpilze und Bakterien. Aus diesem Grund macht die Industrie diese Produkte chemisch haltbar. Dazu verwendet sie vorwiegend Konservierungsstoffe aus der Lebensmittel- und Kosmetikbranche. Aber auch diese Haltbarmacher sind nicht immer ganz ungefährlich. Wer jedoch glaubt, Tapetenkleister sei ein idealer Kinderkleber, der irrt. Das weiße Mehl besteht zwar größtenteils aus unbedenklicher Methylcellulose. Doch ihr sind neben geringen Mengen an Konservierungsstoffen auch noch Pilzblocker (Fungizide) zugesetzt. Ob sich hinter Hinweisen wie "konservierende Zusätze verhindern den Schimmelbefall" oder "enthält pilzhemmende Wirkstoffe" harmlose Konservierungsmittel oder gefährliche Biozide verbergen, weiß nur der Hersteller. Kinder sollten daher von Produkten mit solchen Aufdrucken besser die Finger lassen.

Lavo-Tapetenkleister enthält laut Herstellerauskunft keine konservierenden Zusätze. Das gleiche gilt übrigens auch für das entsprechende Produkt der Firma Auro.

MALEN UND BASTELN OHNE GEFAHR

Zehn goldene Regeln für Eltern, Erzieher und Lehrer

1. Überlegen Sie, ob ihre Kinder die Industrie-Produkte überhaupt brauchen. Viele Bastelutensilien lassen sich mit etwas Phantasie aus natürlichen Zutaten selbst herstellen (Knete).
2. Verlassen Sie sich beim Einkauf von Industrie-Produkten auf Ihre Nase und ihren Geschmackssinn. Wenn etwas nach "Chemie" riecht oder schmeckt, lassen Sie es besser im Regal stehen.
3. Schauen Sie die Packungen genau an. Produkte mit den folgenden (oder ähnlich lautenden) Warnhinweisen gehören grundsätzlich nicht in Kinderhände:
   - "Feuergefährlich"
   - "Von Kindern fernhalten"
   - "Reizt Augen und Haut"
   - "Nicht in das Abwasser gelangen lassen"
4. Die Produktkennzeichnungen "Öko", "Bio" oder "Natur" sind nicht gesetzlich geschützt. Selten halten die Erzeugnisse, was diese Aufdrucke versprechen. Das gleiche gilt auch für den Begriff "ungiftig".
5. Auch wenn die lieben Kleinen riesige Mengen "verbasteln" – lassen Sie sich auf keinen Fall dazu verleiten, Reste der Wohnungsrenovierung dafür herzugeben. Auch so vermeintlich ungefährliche Materialien wie die mit dem Umweltengel ausgezeichneten Wasserlacke eignen sich nicht für Kinder.
6. Betrachten Sie Billigware mit Skepsis. Oft handelt es sich dabei um Importartikel, die nicht wie hierzulande üblich gekennzeichnet sind.

7. Vermeiden Sie Verpackungen, die mit Lebensmittelverpackungen verwechselt werden können oder auf denen Lebensmittel abgebildet sind.
8. Kaufen Sie keine aromatisierten Produkte, da sie von vornherein zum Lutschen, Naschen oder Schnüffeln verführen.
9. Achten Sie darauf, daß die Kinder die Materialien nur zu dem Zweck verwenden, für den sie ausdrücklich bestimmt sind.
10. Lassen Sie Ihre Kinder beim Basteln nicht allein. Sorgen Sie dafür, daß immer Erwachsene in der Nähe sind.

BUCHTIP

Das Umwelt-Bastelbuch für Kinder
150 umweltfreundliche Bastelideen mit Vorlagen in Originalgröße
Christopherus Verlag in Zusammenarbeit mit der Zeitschrift „Öko Test"

SCHULE DER PHANTASIE

Kreativität macht Schule: seit 1980 gibt es in München die " Schule der Phantasie". Das Ziel: Förderung von schöpferischer Eigeninitiative im musischen Bereich als Ausgleich zum Schulalltag. Es gibt etwa 160 Kurse, die an Grundschulen und in 14 Ateliers stattfinden sowie spezielle Angebote für Kinder in Münchner Kliniken und Tagesheimschulen. Über 80 KursleiterInnen - Künstler, Kunstpädagogen, Studenten der Kunstakademie - vermitteln bildnerisches Gestalten und betreuen die kleinen Künstler in allen ihren künstlerischen Ausdrucksformen. Pro Kurs können 12-17 Kinder teilnehmen. Kosten: 50.- DM pro Jahr.

In Nachmittagskursen einmal wöchentlich zwei Stunden lang haben die Kinder die Möglichkeit, ihre Phantasie in Bilder, Farben, Figuren, Architekturen, Technikgebilde, Spiele, Geräusche, Klänge und Theaterszenen frei und spontan umzusetzen und Selbstvertrauen in ihre bildnerisch-theatralischen Ausdrucksformen zu entwickeln:

Kunterbunte Phantasiewelten entstehen, Phantasieblumen und Schmetterlinge, schwimmende Palastgärten, Unterwasserwelten, Schattenspiele, Raumschiffreisen ins All, Begegnung mit fremden Wesen werden gemalt und individuell ausgedrückt. Harlekinbilder und Pappfigurenorchester tanzen und spielen. Selbstgebastelte Figuren treten auf der Bühne auf. Phantasievolle Architekturen und Landschaften werden groß in Szene gesetzt, Wunschträume in erdachten Welten - und sei sie auch nur pappschachtelklein- gestaltet. Und das Teufelchen springt bestimmt aus der Streichholzschachtel mit (von Kindern) selbst gebastelter Feder und großem Hallo-Effekt.

Die verwendeten Materialien sind einfach und kindgerecht: Kartons, Papier und Pappe, Fliegendraht, Obstkistenholz, viele Mal- und Bundstifte, selbstgeschnitzte Federn, Wasser- und Plakafarben, Fell, Korken, Wolle und sogenannte Wegwerfdinge wie Zitronennetze und Blechdosen.

Die Kinder lernen gleichzeitig mit Materialien umzugehen, handwerkliche Fähigkeiten zu entwickeln und kreativ-technische Lösungen für ihre Phantasievorstellungen zu realisieren.

■ **Schule der Phantasie:**
Haimhauserstrasse 23 ,80802 München, Tel. 39 12 74
Träger: Landeshauptstadt München/ Schulreferat
Auch ein Videoband über die Schule der Phantasie - ein Film über Kinder, Kreativität und Begeisterung kann man bestellen und zwar in der Osserstrasse 28, 81679 München

KINO FÜR KINDER

Filmstadt München: Kein Wunder, daß es hier auch ein vielseitiges Kinoangebot für Kinder gibt. Natürlich bieten die vielen Lichtspielhäuser immer wieder Kinderfilme an. Weniger bekannt sind im allgemeinen die speziellen Kinderkinos und Veranstalter, die preisgünstig oder sogar kostenlos Kinderfilme zeigen:

KINO FÜR KINDER

KIKO Schwabinger Kinderkino bei Heppel & Ettlich
Kaiserstrasse 67
80801 München
Tel. 34 93 59 / 30 03 10

Kinderkino im Olympiadorf/ Forum 2
Nadistrasse 3
80809 München, Tel. 149 14 53

Kinderkino Moosach/ Milberthofen
Simon-Knoll-Platz 1
81669 München, Tel. 480 14 48

KIM Kino im Museum Haidhausen
Kirchenstrasse 24
81675 München, Tel. 448 52 92

Kinderkino am St.-Jakobs-Platz
St.-Jakobs-Platz 1
80331 München, Tel. 233 223 48

Kinderkino im Dschungelpalast
Hansastrasse 41
81373 München, Tel. 769 56 37

Kinderkino in der Pasinger Fabrik
August-Exter-Straße 1
81245 München, Tel. 888 88 06

Kinderkino in der Internationalen Jugendbibliothek
Schloß Blutenburg
81247 München, Tel. 811 20 28

Kinderkino im Gasteig Münchner Stadtbibliothek
Rosenheimerstrasse 5,
81667 München, Tel. 480 98 - 270
Fast alle Münchner Stadtbibliotheken bieten Kinderkino an. Der Eintritt ist frei. Doch sollte man sich vorher anmelden und erkundigen, was wann läuft. Adressen und Telefonnummern Kapitel "Bücher".

Kino für Kinder bieten auch viele Münchner Freizeitstätten. Hier eine Auswahl:

Kinderhaus am Wolkerweg
Wolkerweg 15a
81375 München, Tel. 70 17 17

Haus am Schuttberg
Belgradstrasse 169
80804 München, Tel. 300 78 88

Spiel- und Begegnungszentrum am Hart
Arnauer Strasse 5
80937 München, Tel. 311 18 40

Kinder- und Jugendtreff Rumfordschlößl
Englischer Garten 5
80538 München, Tel. 34 11 97

Kinder- und Jugendtreff AKKU
Agilofinger Platz 1
81543 München, Tel. 65 90 34

Kinderhaus Bogenhausen
Scherfweg 6
81677 München, Tel. 91 40 27

Kinderhaus Sophienstrasse
Sophienstrasse 11
80333 München, Tel. 59 10 98

Jugendtreff Maßmannbergl
Maßmannstrasse 10
80333 München, Tel. 52 91 36

Jugendtreff Au
Kegelhof 8
81669 München, Tel. 48 43 51

Jugendtreff Trudering
Feldbergstrasse 62a
81825 Münche, Tel. 439 29 62

SOS-Familienzentrum
Ollenhauerstrasse 7
81737 München, Tel. 67 20 33

Schülercafé Treibhaus
Züricherstrasse 39
81476 München, Tel. 759 53 33

Treff 21
Terofalstrasse 68
80696 München, Tel. 700 30 31

MUSEEN

Zunehmend bemühen sich mittlerweile auch Museen um eine kinderfreundliche Atmosphäre. Sind bestimmte Voraussetzungen erfüllt, dann wird der Ausflug in die ehemals verstaubten Tempel der hohen Kultur schon für kleine Kinder zu einem spannenden Erlebnis.

Ausstellungen, die nichts anderes bieten, als die gezeigten Gemälde zu bestaunen, eignen sich kaum für Kinder. Für Abwechselung sorgen dagegen Videos und Fotos, vor allem aber Werke und Objekte, die berührt oder sogar bewegt werden können. Nicht selten sind die Ausstellungsstücke zudem für Kinder viel zu hoch angebracht, den Blicken neugieriger Kinderaugen damit entzogen. Daß es den kleinen Museumsbesuchern dann schnell langweilig wird, ist nicht verwunderlich. Kinder sollten zudem die Möglichkeit haben, sich in den Museumsräumen frei zu bewegen, ohne beständig von wachhabenden Personal zur Ordnung gerufen zu werden.

Zu einem erfolgreichen - also freudvollen - Museumsbesuch gehört, Kinder nicht zu überfordern. Sie sollen sich das ansehen dürfen, wozu sie Lust haben, weitergehen können, wann es ihnen beliebt. Damit sie die neuen Eindrücke auch zu verarbeiten vermögen, ist es sinnvoll, sich auf einige Ausstellungsschwerpunkte zu beschränken. Kinder interessieren sich stets für die Geschichte(n) von Menschen und deren Leben, kaum aber für Kunstgeschichte und Kulturtheorie. Der Besuch eines Völkerkundemuseums begeistert selbst kleine Rapper und Punker. Und zur Überraschung vieler Eltern finden Kinder häufig moderne Kunst und Pop-art faszinierender als Erwachsene.

Museen, die auf der Höhe der Zeit sind, bemühen sich, mit speziellen Kinderführungen um die Besucher von morgen. Ziel ist es, Kindern die hemmende Scheu vor den heiligen Hallen der Kunstgrößen zu nehmen. Gute Museen zeichnen sich dadurch aus, daß sie eine lebendige, sinnenfreudige Atmosphäre vermitteln, in der Kinder selbst einmal etwas ausprobieren: zum Beispiel die Techniken, die ausstellende Künstler bei der Schaffung ihrer Werke verwandt haben. Kunst als - im Wortsinn - hautnahes Erlebnis weckt die Lust auf mehr, nicht aber der Museumsbesuch als entrückte Zeremonie elitärer Bewunderung.

Kinder und Jugendmuseum

Anfassen, ausprobieren, spielen...... direkter Kontakt mit den Dingen. Das Kinder- und Jugendmuseum hält zu allen möglichen Themen Dinge bereit, die erlebt, erfaßt und begriffen werden können. Lebendiges Kindermuseum orientiert sich an kindlichen Aneignungsformen und Lernmöglichkeiten. Ein Ort, an dem Kinder und Jugendliche sich gern aufhalten, beschäftigen und mit Spaß etwas lernen können. Seit Ende November 1995 hat das Kinder- und Jugendmuseum (vorläufig?) einen festen Platz. Noch ist es in der Aufbauphase als stationäres Projekt, doch seit 1991 bewährt hat es sich durch das Museomobil, das nach wie vor in den Stadtteilen Museumsspiele anbietet. Mit Begeisterung haben die Kinder ihre Stadtteile erforscht, vom Sammelsurium bis zum Panoptikum alles zusammengetragen, was ihr eigenes Museum ausmachen könnte. Geschichtliches und "Heutiges" wurden miteinander verbunden, Fundstücke nachgeformt und eigene Sammelstücke eingebracht, beschriftet, katalogisiert und die Ausstellungen im Bus präsentiert. Und mehr noch: Die Geschichte(n) wurden auch mit viel Phantasie und Einfühlungsvermögen nachgespielt. Das soll auch so bleiben! Denn das Museomobil ist auch weiterhin in Aktion.

Das Kinder- und Jugendmuseum, das jetzt im Starnberger Bahnhof sein Domizil hat, bietet viele Erlebnismöglichkeiten für Kinder, Jugendliche und deren Familien. Für Schulklassen gibt es spezielle Programme. Und außerdem: Mitgestaltung und Mitbestimmung sind hier Teil des Programms. Handelt es sich doch um ein Kinder- und Jugendmuseum, das auch Sinn, Aufgaben und das Wissen um "Museales" erfahrbar machen möchte. Nach dem Motto: früh übt sich, wer Museum genießen möchte. Vorerst, in der Aufbauphase, können die Kids die Geheimnisse eines Labyrinths erforschen, optisches Spiele und das Kaleidoskop erleben und viel über die naturwissenschaftlichen Grundlagen erfahren. Bastel- und Spielmöglichkeiten gibt es obendrein. Außerdem wird Kino für Kinder und Jugendliche geboten. Für seine Ausstellungen ist das Kinder- und Jugendmuseum bereits jetzt bekannt und natürlich wird es sie in der "Feststation" auch präsentieren, mit immer neuen Themen, nachvollziehbar, anschaulich und mit vielen überraschenden Effekten für jung und alt. Denn, wer zum Beispiel möchte nicht auch einmal eine Seifenblasenausstellung miterleben?

- **Kinder- und Jugendmuseum**
  Arnulfstrasse 3, 80335 München, Tel. 55 82 00

Museums-Pädagogisches Zentrum (MPZ)
Lebendiges Museum - anschauliches Museum: Was viele Münchner Museen zu bieten haben, das wird Schulklassen, Kinder- und Jugendgruppen in MPZ-Führungen und -Veranstaltungen nahe gebracht. Die MPZ-MitarbeiterInnen bieten nach Voranmeldung Begleitung bei Museumsbesuchen, erklären Exponate und Ausstellungen. Dabei sind die Führungen je nach Alter thematisch aufgebaut.
Im MPZ-Studio in der Neuen Pinakothek können die Erlebnisse vertieft werden durch Zeichnen, Malen, bildnerisches Gestalten oder Geschichte(n) nachspielen. Sonderaktionen und Freizeitveranstaltungen zum Mitmachen für Kinder werden in Zusammenarbeit mit den einzelnen Museen geboten.

Museumspädagogische Begleitung wird an folgenden Münchner Museen und in Ausstellungen geboten:

- **Abgüsse klassischer Bildwerke**
  Meiserstrasse 10, 80333 München, Tel. 5 59 15 60
  Kinderliebe und Elternliebe, Kinderleben in der Antike werden anhand ausgewählter Statuen aufgezeigt.

- **Staatliche Sammlung Ägyptischer Kunst**
  Residenz München, Eingang Hofgartenstrasse, Tel. 559 14 86
  Was Tiere im alten Ägypten bedeuteten wird an verschiedenen Exponaten erklärt. Ältere Kinder kommen dem Geheimnis der Hieroglyphen auf die Spur. Außerdem gibt es Führungen zum Thema altägyptische Götterwelt, Totenkult und Jenseitsvorstellungen.

- **Staatliche Antikensammlungen**
  Königsplatz 1, 80333 München, Tel. 59 83 59
  Hier kann man etwas über die griechischen Wettspiele in Olympia erfahren, das Alltagsleben in der Antike oder Episoden von Ilias und Odyssee auf griechischen Vasen kennenlernen.

- **Botanischer Garten Nymphenburg**
  Menzinger Strasse 61, 80638 München, Tel. 1792-310
  Naturmuseum: Anpassungen von Pflanzen an unterschiedliche Standorte z.B. in Wüste,
  Regenwald oder Moor: die Entwicklungsgeschichte der Pflanzenwelt kann man hier
  museumspädagogisch erkunden oder Wildgetreide und neue Getreidesorten identifizieren
  und miteinander vergleichen.

- **Deutsches Museum**
  Museumsinsel 1, 80306 München, Tel. 217 91
  Ein geradezu unerschöpflicher Fundus an Meisterwerken aus allen Zeiten im naturwissen-
  schaftlichen und technischen Bereich bietet.sich im Deutschen Museum.
  MPZ-Führungen gibt es zum Beispiel durch das Bergwerk und die Abteilung Technische
  Chemie (Kunststoffentwicklung und Kunststoff- verarbeitungsverfahren).
  Von der Dampfmaschine bis zur Magnetschwebebahn, von der Kutsche bis zum Auto-
  mobil, hier kann man alles über die Geschichte des Verkehrs kennenlernen.
  Keramiktechniken von der Jungsteinzeit bis heute oder die Geschichte der Papierher-
  stellung und ihre Auswirkungen werden anschaulich erklärt. Und wer etwas über die
  "Industrielle Revolution" von der Hand-Arbeit bis zur computergesteuerten Massen-
  produktion wissen will, kann es zum Beispiel in der Textilabteilung erfahren.

- **Städtische Galerie im Lenbachhaus**
  Luisenstrasse 33, 80333 München, Tel. 23 33 20 - 00.
  Ob die Bildsprache der Künstler des Blauen Reiter oder ausgewählte Werke von Kandinsky,
  ob gegenständlich oder abstrakt: Farben und Formen werden zum Sprechen gebracht.

- **Staatliche Münzsammlung**
  Residenzstrasse 1, 80333 München, Tel. 22 722 21
  Tierbilder und Sagen auf antiken Münzen kennenlernen, ihre Bedeutung erkennen, das
  bietet eine Führung durch die Münzsammlung. Am Ende gibt es noch eine Gaudi:
  Münzen werden selbst hergestellt.

- **Bayerische Staatsgemäldesammlungen. Alte und Neue Pinakothek**
  Barerstrasse 29, Tel. 23 80 51 95
  Gespräche vor ausgewählten Bildern der Alten und Neuen Pinakothek bieten Freude
  am eigenen Entdecken, wecken Verständnis für bildliche Begegnungen.
  Bildwelten und Weltbilder werden ergründet, und die Erkenntnis von bildnerischen
  und inhaltlichen Zusammenhängen vertieft.

- **Paläontologisches Museum**
  Richard-Wagner-Straße 10, 80333 München, Tel. 520 33 61
  Von Dinos, Mammuts, Urvögeln, Elephanten und Krokodilen etc. ist hier die Rede.
  Die Beispiele stammen aus Bayerns Vorzeit, belegen die Veränderungen der Lebensbedin-
  gungen und werfen die Frage auf: warum sterben Arten aus?

■ **Prähistorische Staatssammlung, Museum für Vor- und Frühgeschichte**
Lerchenfeldstrasse 2, 80538 München, Tel. 29 39 11
Auf den Spuren von Asterix und Obelix wandeln: Comic-Serien und archäologische Funde aus der Keltenzeit werden miteinander verglichen, Opferbräuche, Hinkelsteine, Zaubertrank und gallische Eßgewohnheiten unter die Lupe genommen. Das Leben zur Römerzeit in Bayern kann man hier erleben: Waffen, Handwerk und römischen Alltag. Vom Tauschhandel zum Zahlungsverkehr: über Tauschgüter, Verrechnungseinheiten, das legendäre "Münzschüsselchen" und die Einführung des Münzgeldes kann man hier viel erfahren.

■ **Residenzmuseum/ Schatzkammer**
Max-Joseph-Platz 3, 80539 München, Tel. 22 46 41
Entdeckungen in der Kunst- und Wunderkammer: bayerische Herrscher werden in der Ahnengalerie und im Antiquarium vorgestellt, ihre kunstvollen Schätze und Kuriositäten in der Schatzkammer gezeigt.

■ **Schloß Nymphenburg, Bayerische Verwaltung der staatlichen Schlösser, Gärten und Seen:**
80638 München, Tel. 179 08 - 661
Ein Rundgang durch den Nyphenburger Park macht mit Figuren und den Parkburgen bekannt.

■ **Staatsgalerie moderner Kunst**
Prinzregentenstrasse 1, 80538 München, Tel. 21 12 71 37 (Haus der Kunst, Westeingang)
Viele zeitgenössische Themen werden hier gezeigt, zum Beispiel die Schicksale von Künstlern und ihren Werken in der Zeit des Nationalsozialismus

■ **Stadtmuseum mit Puppentheater-, Foto- und Filmmuseum, Musikinstrumentenmuseum**
St.-Jakobs-Platz 1, 80331 München, Tel. 233- 223 70
Hier gibt es immer wieder spannende Führungen, zum Beispiel zur Entwicklung Münchens im Mittelalter, die Bedeutung des Salzhandels, historische Wege, Ritterspiele. Hier kann man auch das Sandtnersche Modell des mittelalterlichen Münchens besichtigen. Bei Stadtspaziergängen zum Alten Hof bis hin zum Isartor werden Erinnerungen an Kaiser Ludwig den Bayern und die mittelalterliche Herzogsresidenz wach.

■ **Frauenkirche**
Rundgänge durch den Dom: Statuen, Gemälde, Glasmalereien und Grabmäler. Gemeinschaftsleistungen der Münchner Bürger, Sagen wie zum Beispiel der Teufel stritt oder Legenden rund um die Glocke werden hier lebendig.
Museums-Pädagogisches Zentrum (MPZ), Barer Straße 29,
80779 München, Tel. 238 05 - 192
MPZ- Studio in der Neuen Pinakothek, Barer Straße 29,
80799 München, Tel.: 23 80 51 92
Träger: Freistaat Bayern, Landeshauptstadt München

Auch die Münchner Volkshochschule hat Programme entwickelt, in denen Eltern mit Kindern spielerisch und kindgerecht Ausstellungen und Sammlungen erleben können. Das Motto hierfür lautet: Museumswerkstatt. Für Kinder bis zu 12 Jahren sind diese Programme gebührenfrei. Doch unbedingt vorher einschreiben! Für den Eintritt in das jeweilige Museum gibt es ermäßigte Preise.
Die Veranstaltungen im Lenbachhaus und im Stadtmuseum werden in Zusammenarbeit mit dem Museums-Pädagogischen Zentrum (MPZ) gestaltet.

DIE MÜNCHNER VOLKSHOCHSCHULE

- **Lenbachhaus**
  Schon mit Vorschulkindern kann man Farbenpracht und Farbgeschichten erleben, zum Beispiel mit Rot, Gelb und Blau oder Abenteuer mit dem gelben Tiger. In der Regenbogenwerkstatt gibt es Zwergerlkurse für Eltern mit Vorschulkindern. In der Malwerkstatt können Mütter, Väter und ihre Kinder ab 5 Jahren die Bilderwelt des "Blauen Reiter" nachempfinden.

- **Stadtmuseum**
  Interessante Sammlungen bieten viel Stoff für Familienerlebnisse und Anschauungsmaterial für die kreative Werkstatt. Farbige Schattenspielereien: Zauberwelten erschließen sich im Puppentheatermuseum. Anschließend werden eigene Figuren gestaltet, die auf der Schattenbühne auftreten.

- **Prähistorische Staatssammlung**
  Hier gibt es Sonntagswerkstätten für Eltern mit Kindern ab 6 Jahren, zum Beispiel zum Thema keltischer Schmuck oder römisches Mosaik. In der "Zweigstelle" der Prähistorischen Staatssammlung, dem Bergmuseum Grünwald, werden Mitmachprogramme für Eltern, Großeltern und Kinder ab 5 Jahren sowie Abenteuerspiele in der Burg geboten.

- **Deutsches Museum**
  Märchenreisen zum Himmelszelt, Schiffahrtabenteuer mit Sindbad dem Seefahrer, Märchenstunden beim Töpfern oder im Bergwerk, Alchimistenspiele: Neue kindliche Erlebnspektren mit vielen technischen Möglichkeiten tun sich auf. Es gibt die Modellbauwerkstatt für Eltern und Kinder ab 5 Jahren oder die Experimentierwerkstatt für jung und alt ab 8 Jahren mit verblüffenden Entdeckungen aus der Physik. Die Experimentierwerkstätten bieten auch Einblick in die Funktionsweise von Computern, Elektromotoren oder optischen Spielen. Im Zweigmuseum "Flugwerft Schleißheim" kann man nicht nur die historische Flugwerft besichtigen, sondern auch unter Anleitung Papierfliegerwettbewerbe austragen.

- **Museum Mensch und Natur**
  Im Schloß Nymphenburg ist es angesiedelt. Mit Fröschen, Pflanzen und dem Urvogel Irapuru, magischen Geschichten aus dem Urwald kann man hier gemeinsam viel erleben, dem Geheimnis von Mineralien und Fossilien auf die Spur kommen oder Wabenspiele am Bienenkorb entdecken.

- **Informationen über das Familienprogramm der Münchner Volkshochschule**
  Fachgebiet Museumswerkstatt: Ursula von Gemmingen, Tel. 480 06 - 130

THEATER

Wenn Kinder Theater machen, dann üben sie - gelegentlich zum Leidwesen ihrer Eltern - menschliche Rollen und Ausdrucksformen ein. Wie im richtigen Schauspiel lernen sie, durch veränderte Mimik und Gestik Gefühle mitzuteilen. Sie proben bis sie zum Beispiel die Vater- oder Mutterrolle beherrschen. Das geschieht bereits in den ersten fünf Lebensjahren. Spätestens zum Ende dieser Phase beginnt die Lust am Verkleiden. Jetzt geben Kinder gern Vorstellungen, das Spiel folgt - immer wieder variierten - Handlungsmustern. Ihre Improvisationskunst beweisen Kinder beispielsweise, wenn sie Werbespots mit einer Kreativität abändern, um die sie die Professionellen der Werbebranche nur beneiden. Eltern sind denn auch schlecht beraten, wollen sie ihre Kinder anhalten, etwa eine Geschichte aus dem Bilderbuch "korrekt" nachzuspielen. Eingriffe dieser Art mindern den Spaß am (Schau)Spiel und der eigenen Entfaltung. So sollten sich Eltern nicht wundern, wenn Aschenputtel den schlafenden Prinzen Batman wachküßt, sondern Kinder ermuntern, unterschiedliche Rollen zu übernehmen. Mädchen müssen nicht auf die eher "schwachen" festgelegt sein.

Besonders im Alter von neun bis zwölf Jahren ist die Spielfreude groß, der Einfallsreichtum schier unerschöpflich. Kinder versetzen sich in Zauberwelten der Phantasie, ein Gegengewicht zur oft allzu realen Welt der Schule und ihren Anforderungen. Aber auch die Realität kann im Theater der Kinder verarbeitet werden: zum Beispiel in Form von Kindernachrichten aus Familie, Schule und Freizeit.

Feststellbar ist ein derzeit wachsendes Bemühen der Theatermacher in nahezu allen größeren Städten um die Beteiligung Kinder. Dabei suchen die Bühnen in den Kids nicht nur das mehr oder weniger passive Publikum, sondern sie beziehen Kinder in die Aufführungen ein. Das gelingt nicht zuletzt dank der kindergerechten Stücke, maßgeschneidert für das jugendliche Interesse.

Ein Theaterbesuch sollte dennoch vorbereitet sein. Die Aufmerksamkeit von Vorschulkindern zum Beispiel ist in der Regel nach längstenfalls einer halben Stunde erschöpft. Als Start in die Welt der großen Theater eignen sich natürlich die klassischen Puppen- und Figurenspiele am besten. Kasperle und Grimms Märchen gehören zu den bevorzugten Aufführungen.

Alle Kinder lieben abenteuerliche Geschichten mit einer klaren Trennung von Gut und Böse sowie einem Ende in Harmonie. Ironie ist eine Ausdrucksform, die Kinder nicht vor dem neunten Lebensjahr verstehen. Dauert ein Stück länger als 45 Minuten, läßt auch die Konzentration von Schulkindern nach. Die Aufnahmefähigkeit schwindet in dem Maße, wie es die Vielfalt ungewohnter Eindrücke zu verarbeiten gilt. Das klappt um so besser, wie Kinder emotional mitgehen dürfen, zum Beispiel mitsingen, -tanzen oder -klatschen können. Eine Pause kommt dem Bewegungsdrang entgegen und hilft, Spannung abzubauen. Zu den Rennern zählen ohne Zweifel Aufführungen, die Musik, Tanz und Theater verbinden, wie zum Beispiel Kindermusicals ("Karneval der Tiere") oder Kinderopern ("Peter und der Wolf"). Auf besondere Begeisterung bei Kindern stoßen zudem freie Kinder- und Jugendtheater, die mit eigenen Stücken von Stadt zu Stadt ziehen und dort auftreten. In der Regel sind sie darauf bedacht, die Kinder einzubeziehen und die Inspirationen der jungen Zuschauer in die Aufführung einfließen zu lassen. Die Rolle der Kinder wandelt sich vom passiven Zuschauen hin zum aktiven Mitmachen. Natürlich gibt es auch Angebote für Kinder, die selbst auf der Bühne stehen möchten. Mitspielangebote und Theater-Workshops bieten zum Beispiel die Bayerische Theaterakademie, die Kinder und Jugendkulturwerkstatt Seidlvilla, das Mal - Bastel und Spiel - Theater, das Musische Zentrum und die Schule der Phantasie. Nicht zuletzt aber der Zirkus Trau Dich. Auch viele Freizeitstätten und Bibliotheken haben Theater- und Improvisationsspiel in ihrem Programm.

Internationaler Kinder-Zauber-Zirkus Trau Dich

Dieser Mitmachzirkus ist ein Begenungsprojekt für deutsche und ausländische Kinder und Jugendliche zwischen 7 und 15 Jahren.
Zirkusspiel - Zauber der Manege: früh übt sich, wer Artist im Zirkus Trau Dich werden will. Etwa 50 Kinder üben wöchentlich in mehreren Gruppen ihre Kunststücke ein: Akrobatik, Tanzen, Jonglieren, Zaubern, Clown- und Wilde-Tiere-
Spielen, Pantomime, Seiltanzen oder Einradfahren. Jedes Kind kann die verschiedenen Künste ausprobieren und sich mit anderen im Wechselspiel messen. Eine gute Gelegenheit, Kinder aus verschiedenen Ländern im Spiel kennenzulernen. Gemeinsam werden Ideen entwickelt, die dann zu einer bühnenreifen Zirkusnummer führen.
Treffpunkt ist der Gemeindesaal der St. Matthäuskirche in der Nußbaumstrasse 1 am Sendlinger-Tor-Platz. Hier finden auch vier mal im Jahr Zirkusaufführungen statt. Außerdem gibt es die geschlossene Akrobatik-Gruppe "Mikados", in der talentierte Kinder frühestens ab 8 Jahren gezielt gefördert werden.

- **Internationaler Kinder-Zauber-Zirkus Trau Dich**
  Goethestrasse 53, 80336 München, Tel./Fax 535611
  Träger: Freundschaft zwischen Ausländern und Deutschen e.V.

Bayerische Theaterakademie, Theater + Schule im Prinzregententheater:
Theaterpädagogik: Vermittlung zwischen Theater und Schule, Theaterbesuche, Theaterworkshops und Spielberatung, das ist das Ziel der Bayerischen Theaterakademie. Das Theater in all seinen Facetten soll Kindern und Jugendlichen vorgestellt, die Begeisterung für´s Theater geweckt und zum "Selbermachen" angeregt werden. Pädagogen, Kinder und Jugendliche können an Workshops teilnehmen, einen Blick hinter die Kulissen werfen und sich die verschiedenen Arbeitsbereiche des Theaters erklären lassen. Für Theaterbesuche wird Unterrichtsmaterial zur Verfügung gestellt. Künstler kommen in die Schule und erklären Stücke, in denen sie selbst mitwirken. Schauspielschüler bereiten mit der Klasse Theaterbesuche vor, gehen gemeinsam mit den Kindern in ausgewählte Stücke und besprechen die Eindrücke nach dem Theaterbesuch.
Die Programme der Bayerischen Theaterakademie werden in Zusammenarbeit mit renommierten Theatern wie die Bayerische Staatsoper, das Opernstudio, das Staatsballett, das Gärtnerplatztheater, das Residenz Theater, die Kammerspiele, das Volkstheater und anderen bekannten Bühnen entwickelt.

Workshops:
"Theaterspielen macht Spaß" - vom Ausprobieren zum Improvisieren für Kinder von 9-12 Jahren, 15 Teilnehmer, Teilnahmegebühr 8.- DM.
Workshops für Lehrer und Schüler, die selber Theater machen: Vorsicht Explosiv! Alles, was dampft, qualmt und kracht - und wie man es selbst herstellt.
Für 20 Teilnehmer, Teilnahmegebühr 25.- DM.

Für Jugendliche ab 14 Jahren gibt es workshops zum Bühnenbilderbau oder zum Thema Theaterkritik. Lehrer können sich in besonderen Seminaren für ihre Theaterarbeit mit Schülern fit machen.

Theatervorstellungen und Studio-Besuche:
Sondervorstellungen oder Theaterbesuche für Schulen werden im Prinzregententheater (zum Beispiel "Krabat", "die Kluge" oder "Hoffmanns Erzählungen") und im Gärtnerplatztheater (wie "Hänsel und Gretel" oder "Peter und der Wolf") in der Pasinger Fabrik, im Münchner Volkstheater oder im Schauspielhaus der Münchner Kammerspiele geboten. Im Studio des Prinzregententheater werden Theaterstücke, Choreographien oder Operninszenierungen erläutert, einzelne Szenen gespielt oder ganze Stücke im Anschluß an die Einführung aufgeführt. Während der Umbauphase des Prinzregententheaters bis November 1996 finden die Vorstellungen an verschiedenen anderen Veranstaltungsorten statt. Wo was wann läuft, erfährt man bei der Bayerischen Theaterakademie.

Konzerte für Kinder und Jugendliche:
Das musikalische Angebot: Kammerkonzerte der Münchner Philharmoniker für Kinder, Jugendkonzerte der Münchner Philharmoniker, Konzerte und Veranstaltungen im Prinzregententheater, im Gärtnerplatztheater oder im Gasteig, Jugendkonzerte/Akademiekonzerte des Bayerischen Staatsorchesters im Nationaltheater bieten eine altersgemäße Auswahl für den Kunstgenuß.

- **Bayerische Theaterakademie/ Theater + Schule**
  Prinzregentenplatz 12, 81675 München, Tel. 2175-2830

Theatervorstellungen für Kinder:
Ein Blick auf den Spielplan der großen Bühnen lohnt immer. In jeder Saison gibt es Stücke, die man auch zusammen mit Kindern besuchen kann.
Nationaltheater (Bayerische Staatsoper): Diese große Bühne von Weltrang bietet Kindern und Jugendlichen unter dem Motto "Junges Publikum" Sitzplatzkarten zum Einheitspreis von 10.- DM an. Das gleiche gilt für Familienvorstellungen: Hier bezahlen Kids bis zu 14 Jahren ebenfalls nur 10.- DM.

- **Nationaltheater (Bayerische Staatsoper)**
  Max-Joseph-Platz, 80539 München. Vorverkauf: Maximilianstrasse 11,
  Tel. 2185-1920, Ansagedienst über den Kartenstand Tel. 2185-1919

- **Staatstheater am Gärtnerplatz**
  Viele Aufführungen, die auch für Kinder geeignet sind, wie Peter und der Wolf oder der Zauberlehrling stehen auf dem Spielplan.
  Gärtnerplatz 3, 80469 München, Tel. 201 67 67

- **Prinzregententheater**
  Wegen Renovierung ist dieses Theater bis November 1996 geschlossen. Ab dann sind wieder viele Stücke auch für kleine Leute im Programm. Veranstaltungsorte im Rahmen von Inszenierungen in Zusammenarbeit mit der Bayerischen Theaterakademie siehe oben.
  Prinzregentenplatz 12, 81675 München, Tel. 2185-2959

- **Münchner Volkstheater**
  Diese Bühne bietet in jeder Spielsaison eine Neuinszenierung für Kinder und Jugendliche an. In Zusammenarbeit mit der Bayerischen Theaterakademie werden passende Stücke aus der alten in die neue Spielzeit übernommen.
  Am Stiglmaierplatz, 80333 München, Tel. 523 46 55

- **Münchner Theater für Kinder**
  Wer mit Pippi Langstrumpf, dem Räuber Hotzenplotz, Max und Moritz und vielen anderen Abenteuer erleben will, besucht dieses Schauspiehaus für Kinder. Auf dem Spielplan stehen Theaterstücke aus der Weltliteratur und der Kinderliteratur, Opernbearbeitungen für Kinder (z.B. die kleine Zauberflöte), Zauberer- und Clownnachmittage. Nach jeder Aufführung können Kinder mit den Theaterkostümen spielen. Auch Kindergeburtstage können im Theater gefeiert werden.
  Dachauer Straße 46, 80335 München, Tel. 59 54 54, 59 38 58

- **Schauburg am Elisabethplatz, Theater der Jugend**
  Realistische Märchen und phantastische Geschichten: Alltagssituationen und Geheimnisse des Lebens, Abenteuer und Lebensbotschaften. Ob Monkey, das verlorene Äffchen, erzählt, der Mond den Zirkus besucht oder die Ankunft des Brüderchens "Über Morgen" bevorsteht: bereits für Kinder ab 4 Jahren gibt es hier ein anregendes Theaterprogramm. Auch Schulvorstellungen und eine mobile Produktion für's Klassenzimmer werden geboten.
  Franz-Joseph-Straße 47, 80801 München, Tel. 237 21 - 365

- **Theater Trampelmuse**
  Hier werden Kinder einfühlsam an das Thema "sexueller Mißbrauch" herangeführt. Im Anschluß an das Theaterstück gibt es für Eltern und Kinder eine Nachbearbeitung. Auch Gastvorstellungen.
  Isabellastraße 49, 80976 München, Tel. 271 86 36

- **Jörg Maurers Unterton**
  Diese Kleinkunstbühne hat regelmäßig Kindertheater und Zauberspiele in ihrem Programm.
  Kurfürstenstrasse 8, 80796 München, Tel. 33 39 33

- **Blutenburg-Theater**
  Mit Münchens Kriminalbühne erleben die Kids aufregende Stücke, zum Beispiel Super-Thriller von Agatha Christie wie die Zehn kleinen Negerlein.
  Blutenburgstrasse 35, 80636 München, Tel. 123 43 00

- **Festspielhaus München, Kobold e.V.**
  Eine neue Bühne für experimentelle Kunstformen, zum Beispiel Kombinationen für Video und Tanz, Theater und Tanzperformance, Produktionen der Theatergruppe Kasperl-Produktion. Für ältere Kinder geeignet.
  Quiddestrasse 17, 81735 München, Tel. 67 20 20

- **Spectaculum Mundi**
  Diese Einrichtung bietet Theater, Musical, Varieté, Kabarett und Tanzperformance.
  Auch ältere Kinder finden hier ihr Modern-Art-Vergnügen.
  Graubündener Straße 100, 81475 München, Tel. 759 44 04

- **Georg Maier's Iberl Bühne**
  Im bayerischen Originalton kann man hier Kasperl G'spui, Gauner- und Schmugglerpossen oder Wuiderer'gschtn erleben.
  Wilhelm-Leibl-Straße 22, 81479 München, Tel. 79 42 14

- **Münchner Ludwig-Thoma-Theater**
  In diesem Theater für bayerische Komödien gibt es viel Spaß mit Ludwig Thoma.
  Auch Kinder erfreuen sich zum Beispiel am " Münchner im Himmel" oder an anderen Einaktern und Stücken des großen Humoristen.
  Thalkirchner Straße 76, 80337 München, Tel. 791 17 16

- **Münchner Theater in der Au**
  Auch hier geht es "bayrisch" zu mit heiteren und lustigen Theaterspielen und Choreographien.
  Am Herrgottseck, Mariahilfplatz 4, 81541 München, Tel. 300 30 13/300 11 92

- **Gesellschaft zur Förderung des Puppenspiels e.V. München**
  Im Puppentheatermuseum im Münchner Stadtmuseum hat diese Einrichtung ihren Sitz.
  Monatlich werden Puppentheateraufführungen mit nationalen und internationalen Figurentheatern und jedes Jahr im November ein internationales Figurentheaterfestival veranstaltet.
  St.-Jakobs-Platz 1, 80331 München, Tel. 233-4482

- **Münchner Marionettentheater**
  Regelmäßig werden nachmittags Märchen wie Kalif Storch, Hänsel und Gretel oder Kasperl stücke gespielt, oder auch Opern wie die Kluge oder die Entführung aus dem Serail.
  Blumenstrasse 29a, 80331 München, Tel. 26 57 12

- **Ludwig Krafft Theater, Otto Bille's Marionettenbühne**
  Ob die Bremer Stadtmusikanten, das tapfere Schneiderlein, Froschkönig oder Rumpelstilzchen: dieses Puppentheater bietet für Kinder ein umfangreiches Märchenspielprogramm.
  Bereiteranger 15, 81541 München, Tel. 150 21 68 oder 310 12 78

- **Das kleine Theater im Pförtnerhaus**
  An den altersgemäßen kindlichen Erlebnis- und Erfahrungsmöglichkeiten orientieren sich die selbstgeschriebenen Kasperl- und Figurentheaterstücke für Kinder ab drei, vier oder fünf bis zehn Jahren: von Darstellungen aus dem familiären Bereich bis hin zu komplexeren Szenen mit Räubern, Drachen und Magiern. Kindergeburtstage können im Haus gefeiert werden.
  Auch Gastvorstellungen mit Zirkusspielen werden geboten.
  Oberföhringer Straße 156, 81925 München, Tel. 95 31 25

■ **Theater im Bus**
Das rollende Theater von Josef Schwarz fährt durch die Lande und vermittelt Kleinkunst für jung und alt: Kasperlstheater für Kinder von 3-10 Jahren mit Clownszenen und spannenden Kasperlgeschichten (z.B. Kasperl und die drei Teufel). Klassiker wie der kleine Prinz, Nestroy-Collagen und literarisches Kabarett stehen ebenfalls auf dem Spielplan. Der Theaterbus kann auch gemietet werden.
Brandstrasse 4, 8013 Haar, Tel. 46 65 74

In München gibt es darüber hinaus viele Kultur- und Freizeiteinrichtungen, die entweder aus eigener Produktion oder in Zusammenarbeit mit der farbigen Münchner Kleinkunstszene Kindertheater, Puppen-, Figuren- und Zauberspiele anbieten:
Kindertheaterarbeit ist geeignet, jungen Menschen gesellschaftliche Werte aufzuzeigen, Möglichkeiten der Verarbeitung eigener Probleme und Gelegenheit zur Veränderung von Standpunkten und Sichtweisen zu geben. Kindertheater weckt die Gestaltungsfreude und Phantasie und erlaubt - ja fordert es - fremde Rollen einzunehmen.

KULTUR- UND FREIZEITEINRICHTUNGEN

Kinder- und Jugendkulturwerkstatt Pasinger Fabrik/Kultur und Spielraum
August-Exter-Straße 1
81245 München, Tel. 888 88 06

Feierwerk/ Dschungelpalast
Hansastrasse 41
81373 München, Tel. 769 56 37

Evangelische Familien-Bildungsstätte
Herzog-Wilhelm-Straße 24
80331 München, Tel. 55 22 41 - 0

Musisches Zentrum
Georgenstrasse 13a/Rückgebäude,
80799 München, Tel. 34 87 21

Kinder- und Jugendkulturwerkstatt Seidlvilla/Kultur und Spielraum
Nikolaiplatz 1b
80802 München, Tel. 34 16 76 (Kultur und Spielraum)

Jugendtrefftreff am Biederstein
Gohrenstrasse 6
80802 München, Tel. 34 37 76

Haus der Eigenarbeit
Wörthstrasse 42/Rückgebäude
81667 München, Tel. 448 06 23

Bürgerhaus Glockenbachwerkstatt
Blumenstrasse 7
80331 München, Tel. 26 88 38

Kinderhaus Wolkerweg
Wolkerweg 15a
81375 München, Tel. 70 17 17

Haus am Schuttberg
Belgradstrasse 169
80804 München, Tel. 300 78 88

Spielhaus Känguruh
Aubinger Straße 57
81243 München, Tel. 83 444 55

Spielhaus Boomerang
Pelkovenstrasse 128
80992 München, Tel. 149 16 13

Kinder- und Jugendtreff Moosach
Leipzigerstrasse 2
80992 München, Tel. 140 38 50

FERNSEHEN

Ob Kinder fernsehen dürfen, welche Sendungen und wie lange: die dauerhafte Auseinandersetzung zwischen Eltern und Kindern ist garantiert, geht es darum, die richtigen Regeln im Umgang mit der Fernsehwelt zu finden. Eltern, die ihren Kindern jeglichen Fernsehkonsum untersagen möchten, kommen wohl kaum umhin, den Fernseher ganz abzuschaffen. Zumindest ist das Argument, Fernsehen schade dem Kind, spätestens dann unglaubwürdig, wenn die Eltern selbst – möglicherweise sogar gerne und häufig – die Kiste anschalten.

Realistischer und ratsamer dürfte es sein, Fernsehen unter bestimmten Bedingungen zu erlauben. Erste Voraussetzung: ein Wochenplan. Kindern muß klar sein, daß sie nicht alles gucken können, und sie sollten - natürlich in Abstimmung mit den Eltern - mitentscheiden: was sie sehen möchten und worauf sie dann verzichten. Das nimmt die Kinder mit in die Verantwortung und erspart ein wenig an Konflikten.

Beachtenswert sind dabei folgende Grundsätze:

- Niemals mehr als eine Sendung ohne Pause anschauen: Kinder brauchen Zeit, das Gesehene zu verarbeiten.
- Jede Woche hat zwei, mindestens einen fernsehfreien Tag: So "normal" Fernsehen ist, so klar sollte auch sein, daß es auch ohne Fernsehen geht.
- Kinder verkraften Fernsehkonsum nicht unbegrenzt, die tägliche Dosis liegt bei maximal einer halben Stunde im Alter von vier bis fünf Jahren, bei maximal einer Stunde bis zum siebten Lebensjahr, bei maximal anderthalb Stunden bis zum neunten Lebensjahr und bei maximal zwei Stunden für ältere Kinder. Kleinkinder sollten gar nicht fernsehen.
- Empfehlenswert sind spezielle Kindersendungen, insbesondere der öffentlich-rechtlichen Programme ("Sesamstraße", "Die Sendung mit der Maus"). Bei Vorabendserien sind Eltern manchmal zu Kompromissen gezwungen. Schulkinder möchten zum Beispiel mitreden, wenn die Freunde Streifen mit viel Action gucken, von denen die Eltern wenig begeistert sind.
- Eltern sollten an Sendungen Anforderungen stellen, die ihren Wertvorstellungen entsprechen: Filme, die auf alten Rollenklischees, Vorurteilen und Gewaltbereitschaft basieren, sollten aus dem Wochenprogramm der Kinder fliegen.
- Beim Gucken muß ein vernünftiger Abstand eingehalten werden, eine Lichtquelle hinter der Glotze schont die Augen.
- Fernsehen beim Essen oder während eines Gesprächs lenkt ab, stört das Familienleben.
- Über das Gesehene sollten Kinder immer sprechen können. Das verlangt nach echter Aufmerksamkeit, damit Kinder im Gespräch mit Älteren das verarbeiten, was sie beschäftigt.
- Niemals direkt nach dem Gucken ins Bett. Kinder müssen sich noch einmal bewegen dürfen und vor dem Schlafen Abstand zu möglicherweise aufwühlenden Szenen gewinnen können.

Bayerisches Fernsehen

Das Bayerische Fernsehn strahlt täglich außer am Wochenende um 17.05 h Sendungen für Kinder aus. Da gibt es die beiden Kindermagazine Floris Zapp Zarapp (mittwochs) und Pumuckl TV (frei-

MALEN UND BASTELN MIT NAHELIEGENDEN MATERIALEN

tags). An den übrigen Tagen stehen die Kindersendung Käpt´n Blaubär Club (montags), Zeichentrickfilme mit Prinz Eisenherz (dienstags) oder die Sendung mit der Maus (donnerstags) auf dem Programm.

Bayern 2 Radio
Hörfunkprogramme werden täglich um 14 Uhr in der Sendung "Für Kinder" geboten: Märchenerzählungen oder Hörspiele wie das Dschungelbuch und Dr. Doolittle und der Zirkus. Ab und zu werden samstags von Kindern gestaltete Sendungen gebracht. Das Stichwort hierfür: "Kinder machen Radio". Rundfunkmäßig ist dabei alles drin: von Hörspielszenen über Interviews und Reportagen bis zu Hörcollagen und Musik. Kindergruppen aus ganz Bayern können sich melden beim BR Kinderfunk.

■ Rundfunkplatz 1, 80336 München, Tel. 59 00 22 97.

Radio Maroni: das Radio für Kids und deren Eltern
Frühaufsteher können jeden Sonntag (auf 92,4 KHz) zwischen 7-9 Uhr diese Sendung für Kinder hören: lustige und informative Geschichten mit Musik und Pep. Was in der Kinderszene am Sonntag und in der kommenden Woche läuft kann man dabei gleichzeitig erfahren. Wer selbst gern Kinderradio mitgestalten oder sogar live dabei sein möchte ist in der Radio Maroni - Kinderredaktion am richtigen Platz: Interviews machen, Gedichte vorlesen, anderen Kindern Tips geben, bei Hörspielen mitmachen oder sogar eine Radiosendung moderieren, das alles ist hier möglich.

■ Dschungelpalast, Hansastrasse 41, 81373 München, Tel. 769 69 99

MUSIC MAKES THE WORLD GO ROUND

- KLANGSPIELZEUG
- INSTRUMENTE
- MUSIKUNTERRICHT
- ÜBEN
- MUSIKALISCHE FRÜHERZIEHUNG
- RHYTHMIK
- INSTRUMENTALUNTERRICHT
- SINGEN - CHÖRE
- MUSIKKASSETTEN
- SCHALLPLATTEN
- CD'S

Vom Knabenchor bis zur Rockband für punkige Kids, von der Märchen-CD bis zum Klavierunterricht, von der Kinder-Oper bis zum Kinderkarneval, von der 1/2-Violine bis zur musikalischen Früherziehung: Auf dem Freizeitsektor Musik gibt es nichts, was es nicht auch für Kinder gibt.

Musik begleitet Kinder von klein auf. Schon Kleinkinder sind es gewöhnt, daß das Radio läuft, ebenso wie der Plattenspieler oder der CD-Player. Weniger melodisch ist die Geräuschkulisse, die moderne Stadtkinder zu ertragen haben - vom Straßenlärm bis zum Staubsaugerbrummen zu Hause. Bei dieser Dauerbeanspruchung von Kinderohren, fällt es oftmals schwer, das Hören als ein bewußtes, sinnenreiches Erlebnis zu entdecken. Das aber ist die Voraussetzung zu eigener musikalischer Entfaltung.

"Hör mal, die Stille!" Ausflüge in die geräuscharme Abgeschiedenheit von Wäldern und Wiesen sind eine Möglichkeit, mit Kindern neue Töne und Geräuschkulissen kennenzulernen. Aber ebenso wichtig ist es, daß Kinder die Eltern singen oder musizieren hören: laut und falsch wohlmöglich, aber immer voller Lebenslust. Denn natürlich wächst ihre Lust auf Musik um so eher, wenn sie zu Hause erfahren, daß es Spaß bereitet, Musik selber zu machen.

Zwar singt nicht jedes Kind gerne - genau wie viele Erwachsene -, aber alle Kinder haben Rhythmus im Blut. Den leben sie aus, wenn sie Krach machen, dazu tanzen und singen. Die Einheit von Bewegung und Musik wird im Rhythmikunterricht spielerisch gefördert, und dabei entwickeln Kinder auch ihre Hörfähigkeit.

KLANGSPIELZEUG

Es muß nicht immer das Kochgeschirr sein. Doch Kinder, die immer wieder die absonderlichsten "Instrumente" entdecken, sollten von Erwachsenen auch nicht stets gebremst werden. Im Gegenteil: Musikbegeisterte Eltern wissen, daß Kinder zunächst kaum zwischen Krach und Musik, Klang und Geräusch unterscheiden. Kinder verdienen darum Unterstützung, wenn es gilt, allerlei Töne und ihre Quellen zu erforschen. Das Ohr wird geschult, wenn Kinder lernen, darauf zu achten, wie Töne entstehen und welche Klangfarben womit zu erzeugen sind - auch wenn sich Elternohren dadurch manches Mal echt herausgefordert fühlen. Natürlich nervt es, wenn Kinder Gläser zum Singen bringen, indem sie mit den Fingern über den Rand fahren. Natürlich fordert es Geduld, wenn Kinder Steine aneinander schlagen, mit halbvollen Dosen klappern oder mit Löffeln und Gabeln merkwürdige, vor allem laute Rhythmen klopfen. Aber es bereitet zum Beispiel ungeheuren Spaß, mit diesen und anderen "Instrumenten" aus dem Lebensalltag ein Konzert zu veranstalten, es auf Kassette aufzunehmen und später abzuspielen. So lassen sich auch kleine, musikalische Hörspiele selbst produzieren - zur ungeteilten Begeisterung der ganzen Familie.

MUSIC MAKES THE WORLD GO ROUND!

INSTRUMENTE

Für viele kleine Musiker ist die gute alte Blockflöte noch immer aller Instrumente Anfang. Kein Wunder, läßt sich doch das Flötenspiel vergleichsweise rasch und - für Kinder besonders wichtig - gemeinsam mit anderen Altersgenossen erlernen. Aber natürlich können Kinder auch mit anderen Instrumenten ihre Musiker-Karriere starten. Wichtigstes Kriterium für die Wahl des jeweiligen Instruments ist die Begeisterung, die Kinder dafür aufbringen. Zu den Voraussetzungen bei der Instrumentenwahl gehört natürlich ebenso, Musiklehrer zu finden, die sich auf einen kindgerechten Unterricht verstehen. Sonst geht die anfängliche Begeisterung schnell verloren.

Verabschiedet hat sich die moderne Musikpädagogik von früher eher beachteten Altersgrenzen. 1/8- und 1/4-Geigen ermöglichen zum Beispiel bereits Fünfjährigen das Spiel dieses Streichinstruments. Ebenso gibt es beispielsweise schon Kontrabässe für die Kleinsten, aber auch kleine Waldhörner oder Klarinetten erlauben einen Unterrichtsstart, noch ehe die zweiten Zähne ausgebildet sind. Hauptsache, die Puste ist kräftig genug.

Jede Liebe zu einem Instrument erlischt bei Kindern jedoch regelmäßig, werden sie im Unterricht oder von ehrgeizigen Eltern überfordert. Je früher ein Kind ein Instrument zu spielen beginnt, desto rascher müssen keineswegs die Fortschritte bei dessen Beherrschung sein. Die Befähigung zu bestimmten Schwierigkeitsgraden im Instrumentenspiel kommt erst mit den Lebens-, nicht mit den Unterrichtsjahren.

Zu berücksichtigen ist, daß Instrumente wie das Klavier oder Geige und Cello viel Geduld von Kindern erfordern. Zudem bietet der Klavierunterricht kein Gemeinschaftserlebnis wie etwa Flöte oder Gitarre. Eltern von kleinen Blechbläsern oder Schlagzeugern sollten daran denken, daß diese Instrumente einen dezibel-schluckenden Raum zum Üben benötigen. Sonst sind Konflikte mit lärmempfindlichen Nachbarn vorprogrammiert.

Ein Verbot, im Haus Musik zu machen, widerspricht übrigens der Rechtsprechung. Die erlaubt das Musizieren - in einem vernünftigen Rahmen. In der Nacht (ab 22.00 Uhr) und in der Zeit des Mittagsschlafes (13.00 bis 15.00 Uhr) sollte Ruhe herrschen (Hausordnungen!). Um die Nerven der Mitmenschen zu schonen, ist es zudem ratsam, monotone Tonleitern nicht gerade am Wochenende zu üben.

MUSIKSCHULEN/MUSIKUNTERRICHT

Musikunterricht soll Spaß machen und Kindern ein Instrument spielerisch näher bringen. Gerade weil es nicht ohne Konzentration und ohne ein wenig Geduld gelingt, das Instrument zu erlernen. Drill aber verleidet jedem Kind die Freude an der Musik. Daher ist es wichtig, die richtige Musikschule beziehungsweise die richtigen Musiklehrer zu finden.

Eltern verlassen sich dabei am besten auf den eigenen Eindruck, den sie gewinnen, wenn sie an einem Kursus ein oder zwei Unterrichtsstunden lang teilnehmen. Das sollten Musikschulen immer ermöglichen. Eine freundliche, unbefangene Stimmung ist ein wichtiges Merkmal für eine gute Musikschule. Die Schüler müssen die Chance haben, ihre Spontaneität auszuleben. Das bedeutet, daß die Lehrer improvisieren, den Bedürfnissen der Kinder entgegenkommen: zum Beispiel mit einem gemeinsam gesungenen Lied oder indem sie das von den Kindern gewünschte Stück noch einmal spielen. Das Unterrichtstempo darf sich zudem nicht allein nach den Fortschritten der besten Schüler richten, Lob und Aufmerksamkeit verdienen auch die langsameren in der Gruppe. Die Größe einer Unterrichtsgruppe ist natürlich von entscheidender Bedeutung. Mehr als zehn Kindern kann kein Musiklehrer gleichzeitig gerecht werden. Bei jüngeren Kindern in der musikalischen Früherziehung sollte die Gruppengrenze bei maximal acht - besser sechs - Kindern erreicht sein. Zu einem gelungenen Musikunterricht gehört freilich auch, von Zeit zu Zeit gemeinsam Feste zu feiern, die mehr bieten als den Leistungsnachweis durch Vorspielen.

ÜBEN

Die Technik eines Instruments zu beherrschen, setzt Ausdauer beim Üben voraus. Dazu haben Kinder natürlich nicht immer Lust. Eltern müssen Kinder daher schon einmal zum Üben anhalten, damit die Sprößlinge nicht irgendwann enttäuscht aufgeben, weil sie auf dem Instrument nicht weiterkommen. Und Kinder freuen sich - allen gelegentlichen Konflikten zum Trotz -, wenn sie das Interesse ihrer Eltern an ihrem musikalischen Engagement spüren.

Gleichwohl sollte die Ermutigung zum Üben nicht so ausarten, daß sich Kinder unter einen ungerechten Zwang gesetzt sehen. So hat es sich zum Beispiel bewährt, mit dem Kind jeweils feste Zeiten zu vereinbaren, zu denen für 20 bis 30 Minuten geübt wird. Wichtig ist dabei das Element der Freiwilligkeit. Kinder sollen selbst mitbestimmen, wann sie lieber und wann sie weniger gerne üben. Aufgabe der Eltern bleibt es, dafür zu sorgen, daß ihre Kinder beim Üben nicht gestört werden - zum Beispiel durch das Telefon, Radio oder Fernsehen. Wenn Kinder erfahren, daß sich Erfolge einstellen, wächst in der Regel die Bereitschaft zur Selbstdisziplin - wie bei Erwachsenen auch.

MUSIKALISCHE FRÜHERZIEHUNG

Wenn Eltern erfahren möchten, ob ihr Kind ein Talent wie Mozart besitzt, oder ob sie ihm lediglich den Zugang zur Musik eröffnen wollen, in jedem Fall ist die musikalische Früherziehung die richtige Entscheidung. Alle Musik-Instrumente können von Mädchen wie Jungen erlernt werden. Manche setzen aber wegen der physischen Belastung ein bestimmtes körperliches Entwicklungsstadium voraus, können also, wie Oboe und Fargott, erst etwa ab dem 11. bzw. 13. Lebensjahr erlernt werden. Die Fähigkeit, ein Instrument erfolgreich zu spielen, hängt unter anderem von dem Willen, von der Begabung und dem Fleiß ab. Tägliches Üben und Vorbereitung auf den Unterricht über einen längeren Zeitraum sind erforderlich, um ein ausreichend technisches wie musikalisches Leistungsniveau zu erreichen. Die Beziehung eines Menschen zum Instrument und zum Lehrer ist eine sehr persönliche, und die Wahl eines bestimmten Instrumentes kann zur Bereicherung der ganzen Jugendzeit und des weiteren Lebens werden - oder eine tägliche Qual bedeuten. Die Wahl des Instrumentes sollte nicht vom persönlichen Geschmack der Eltern, sondern von der Neigung ds Kindes geleitet werden. Musikalische Früherziehung oder Grundausbildung sollten also auch zum Kennenlernen vieler Instrumente dem gezielten Unterricht in einem Einzel-Instrument vorangestellt werden. Hängt die Sympathie nun einmal an der Trompete, dürfte ein Klavierunterricht, der aus Tradition sein muß, weil Generationen mehr oder weniger erfolgreich das Familienstück traktiert haben, von vornherein zum Scheitern verurteilt sein, ja sogar die Lust an der Musik gründlich verderben.

Einzelne Aspekte, die man auf alle Fälle berücksichtigen soll, sind:
1. Die Wünsche des Kindes
2. seine Konzentrationsfähigkeit und Ausdauer
3. ein geeignetes Alter sowie Körpergröße und -entwicklung
4. vorhandene und entwicklungsfähige manuelle Geschicklichkeit

Bei Blasinstrumenten können aber auf der anderen Seite auch bestimmte Schwächen des Kindes, wie Atem und Haltung, durch gezielt musikpädagogische Maßnahmen ausgeglichen werden - am besten koordiniert mit den entsprechenden Fachleuten. Weil der Ton des Blasinstrumentes z.B. durch den Körper unmittelbar erzeugt wird (im Gegensatz z.B. zum Klavier), werden Atmung und Haltung im Unterricht von Anfang an besonders beachtet.

RHYTHMIK

Rhythmik ist
- Spiel mit Musik und Bewegung
- arbeitet mit den Mitteln Musik, Bewegung, Sprache und Materialien (Instrumente und Geräte)
- fördert Konzentration, Feinmotorik, Spielfähigkeit und soziales Miteinander,
- sensibilisiert Wahrnehmen und Reagieren
- regt Phantasie und kreatives Gestalten an.

BUCHTIP

Eva Rossberg:
Musik machen mit Kindern
Reihe: Mit Kindern leben,
rororo, Reinbek 1992
Musikalische Geschichten, Spiele, Hörstücke für Kinder zum Spaßhaben

Die körperliche Auseinandersetzung über Bewegung, Aktivität, Tätigkeit, Motorik erschließt sowohl dem Kind, dem Jugendlichen als auch dem Erwachsenen die soziale Umwelt und die eigene physische, psychische und soziale Position in seiner Umwelt. Durch Bewegung nach Musik , durch Spiel in der Rhythmik lernt das Kind früh etwas über seine soziale Bedeutung und seinen Körper. Es geht nicht um Leistung in meßbaren Formen, sondern um die bildende, fördernde und auch heilende Wirkung gleichermaßen. So kann Rhythmik für Kind und Erwachsenen zur Besinnung, Entspannung und Enfaltung dienen und werden.
Es ist für Kinder ab 3 Jahren geeignet.

- Auskünfte erteilt:
  Bundesverband Rhythmische Erziehung e.V.
  Küppelstein 341, 42857 Remscheid, Tel. 02191/794294

MUSIKSCHULEN

- **Hohner - Musikgarten / Gemeinsam Musizieren**

Beim Musikgartenkonzept handelt es sich um eine einmalige Idee, die Kindern im Alter von 18 Monaten bis zu 3 Jahren und deren Eltern auf spielerische Weise den ersten Kontakt mit Musik ermöglicht. Einmal pro Woche treffen sich etwa 10 Paare
(je ein Kleinkind mit einer erwachsenen Bezugsperson), um eine halbe Stunde lang kindgerecht Musik zu "erleben". Es wird gemeinsam gesungen, getanzt, geklatscht und musiziert (zum Beispiel mit Klanghölzern, Glöckchen, Handtrommeln, Klangstäben, Eirasseln). Die Lieder, Sprechverse, Bewegungsspiele, Fingerspiele, kleine Tänze und Kreisspiele sollen dazu beitragen, die Entwicklung des Kleinkindes zu fördern. Darüber hinaus werden den Eltern Beispiele vermittelt, wie sie mit ihren Sprößlingen auch zu Hause Spaß mit Musik haben können.
Weitere Informationen zum Konzept und darüber, wer in München den Musikgarten anbietet , erhalten Sie beim Hohner Verlag.
Projektleitung Hohner - Musikgarten, Hohnerstrasse 8, 78647 Trossingen, Tel. 07425 - 20 - 380

- **Städtische Sing- und Musikschule**

Grundsätzlich wird Kindern ab 5 Jahren, bei entsprechender Reife aber bereits mit 4 Jahren Musikalische Früherziehung geboten. Nähere Einzelheiten über das umfassende Angebot dieser größten Münchner Musikschule sind im Abschnitt Instrumentalunterricht zu finden.

- **Musisches Zentrum**

Kindern ab 4 Jahren wird Musikalische Früherziehung mit Orff-Instrumentarium, Singen, rhythmische Spielübungen, Notenlernen und Gehörbildung geboten.
Georgenstrasse 13a/Rückgebäude, 80799 München, Tel. 34 87 21

- **Rhythmikon (Institut für Rhythmische Erziehung)**

Rhythmik ist ein Bewegungsunterricht mit Musik, der alle Bewegungen - auch die geistigen und emotionalen - einschließt. Deshalb sollen nicht bestimmte Fertigkeiten eingeübt, sondern vielmehr

durch gezielte Aufgaben Lernprozesse in Gang gesetzt werden. Im Unterricht wird das natürliche Bewegungsbedürfnis der Kinder genutzt und ihre Bewegung als Handlung verstanden, die Denken und Wollen zum Ausdruck bringt. Die Persönlichkeit des Kindes wird individuell unterstützt. Dabei lernen die Kinder, sich selbst einzuschätzen und ihre Möglichkeiten zu steigern. Gleichzeitig kann sich ihre Musikalität entwickeln, indem Musik in Bewegungsspiele umgesetzt wird.
In den Rhythmikunterricht werden Kinder aller Altersstufen ab 4 Jahren aufgenommen. Der Unterricht dauert 60 Minuten wöchentlich. Die Kursgebühren betragen DM 67.- monatlich, sofern ein Jahresvertrag abgeschlossen wird. Für Geschwister ermäßigt der Preis um DM 10.- monatlich. Bei kündbaren Verträgen fällt eine Kursgebühr von DM 80.- im Monat an. Eine Probestunde kostet DM 25.-.
Weißenburgerstrasse 10, 81667 München, Tel. 448 78 66

▪ Musikschule Bilan

Die Musikalische Früherziehung reicht vom Musikgarten nach dem Hohnerkonzept bis hin zu Kursprogrammen für Kinder im Alter von 4-6 Jahren. Kinder ab 4 Jahren lernen Singen und sprachliche Ausdrucksformen mit Musik, elementares Instrumentalspiel, Bewegung und Tanz, erhalten Instrumenteninformation (zum Beispiel durch Basteln von einfachen Instrumenten) und erfahren Inhalte der Musiklehre. Im Unterricht können die Kinder Hörfähigkeit und Unterscheidungsvermögen entwickeln (zum Beispiel Tonhöhen differenzieren), ihr musikalisches Gedächtnis schulen, und sie werden für die Vielfalt akustischer Reize sensibilisiert. Motorik und Feinmotorik werden gezielt gefördert und ausgebaut. 10 Kinder können an diesen Früherziehungskursen teilnehmen. Die erste Stunde findet gemeinsam mit einem Elternteil statt. Auch danach dürfen die Eltern mit dabei sein. Das Unterrichtsmaterial, Instrumente und Schlagwerk, werden von der Schule zur Verfügung gestellt.
Pulverturmstrasse 30, 80935 München, Tel. 314 20 39

▪ Musikschule Ohrwurm

Nomen est omen. Ob Klassik oder Popularmusik, von der musikalischen Früherziehung mit Orffinstrumenten bis hin zum Instrumentalunterricht und Bandworkshops mit Rock Pop und Jazz: alle, die Spaß am Musizieren haben, sind hier gut aufgehoben.
Musikalische Früherziehung: Das Kursprogramm "Spielen mit Musik und Bewegung" wendet sich an Eltern mit Kindern ab 3 Jahren. Musikalische und tänzerische Ausdrucksformen, freies Improvisationsspiel werden spielerisch erlebt, Sinne und Körperbewußtsein sensibilisiert. Die Medien hierfür: Musik, Bewegung und Material (zum Beispiel Seile). Erste Gruppenerfahrungen entstehen, und die Lust an kreativer Gestaltung wird gefördert. Kinder ab 4 oder 5 Jahren können auf spielerischem Weg ihr Bewegungs- und Klangempfinden schulen, das jedes Kind auf seine Art fühlen, ausdrücken und weiterentwickeln kann.
Hellabrunnerstrasse 30, 81543 München, Tel. 65 76 05

▪ Freies Musikzentrum München e.V.

Auch diese Musikschule bietet den Kleinen spielerische Erfahrungsräume. In der musikalischen Eltern-Kind-Gruppe für Kinder von 2-4 Jahren werden einfache Musikinstrumente, Sing- und Tanzspiele, Geräusche und Klänge ausprobiert und einfache Klanginstrumente gebastelt.
Ismangerstrasse 29, 81675 München, Tel. 470 63 14

■ Yamaha Musikschule

Musikalische Früherziehung: "Spielen mit Musik" gibt es für Kinder ab 3 Jahren und Kurse für 4-6jährige Kids. Im Gruppenunterricht lernen die Kleinen spielerisch Rhythmus, Melodie und Harmonie. Tasteninstrumente helfen, Erlerntes "begreifbar" zu machen. Die Grundlagen für eine weiterführende musikalische Ausbildung an jedem Instrument werden dabei gelegt. Eltern werden in das Unterrichtsprogramm mit einbezogen. So kann das Gelernte zu Hause geübt und vertieft werden. Interessierte Eltern können Probestunden vereinbaren.
Yamaha Musikschulen, Ganghoferstrasse 25
Sammelrufnummer für München und Umgebung Tel. 637 77 17

■ Kobayashi Musikschule München

Diese Schule bietet für Kinder im Alter von 1 1/2 bis 3 Jahren den Musikgarten an. Darauf baut die instrumentale Frühförderung für 3-6jährige Kinder auf: erste Spielerfahrungen werden mit Viola, Violine, Violoncello und Klavier gemacht. Ab dem Schulalter gibt es Instrumentalprogramme mit Einzel- und Gruppenunterricht. Bis zum Ende der Schulzeit können die Kids alle weiterführenden Programme von der Solokammermusik bis hin zu Orchesterklassen absolvieren. Meisterklassenprogramme werden für Kinder ab 12 Jahren geboten.
Kaiser-Ludwig-Platz 2, 80336 München, Tel. 53 71 55

■ Münchner Schule für Bairische Musik

Wer sich dem bayrischen Volkstum verbunden fühlt, kann sein Kind in die "Wastl-Fanderl-Schule" schicken. Musikalische Früherziehung wird für Kinder ab 4 Jahren geboten. Die Kurse dienen als Grundlage für den weiterführenden Instrumentalunterricht an der Schule.
Mauerkircherstrasse 52, 81925 München
Tel. 982 72 68

■ Evangelische Familienbildungsstätte

Musik und Bewegung für Kinder ab 2 1/2 Jahren: über die Freude an Musik und Bewegung werden die Sinne (Hören, Spüren, Sehen) geschult. Im spielerischen Tanzen, Singen und durch Tierimitationen werden kindgerechte Ausdrucksmöglichkeiten gefunden.
Herzog-Wilhelm-Straße 24, 80331 München
Tel. 550 12 71

■ Katholische Familienbildungsstätte

Hier können 3-4jährige Kinder in der Sing - Tanz - Spiel - Gruppe für kleine Leute auf musikalische

---

MUSIKUNTERRICHT

Übrigens gibt es auch an vielen allgemeinbildenden Schulen engagierte Lehrer, die mit ihren Schülern Musik-, Chor- und Bandgruppen aufziehen. Viele Freizeitstätten bieten Musik und Spielen an, unter fachkundiger Begleitung.
Und natürlich gibt es in einer Großstadt wie München auch viele private Musikschulen und – unser Tip! – auch viele Musikstudenten der Musikhochschule, die ihr Salär durch Unterricht gerne aufbessern. Ein Aushang am schwarzen Brett der Musikhochschule hilft meist weiter.

- Hochschule für Musik
  Arcisstrasse 12, 80333 München,
  Tel. 5591 - 01

- Verband Münchner Tonkünstler e.V.
  Wer sein Kind in klassischer Musik unterrichten lassen will, wendet sich an diesen großen Ortsverband. Die Adressen von qualifizierten Musiklehrern werden vermittelt, für jedes Alter und jedes Instrument, für Gesang und Kammermusik ebenso wie für Musiktheorie und Komposition. Die im Verband organisierten Musiklehrer bieten individuelle Betreuung mit flexibler Unterrichtsgestaltung.
  Linprunstrasse 16 / Rückgebäude,
  80335 München, Tel. 523 21 73

DER "SCHNUPPERKURS" HILFT DABEI, DAS RICHTIGE INSTRUMENT AUSZUSUCHEN

Entdeckungsreisen gehen: miteinander singen und tanzen, Klänge und Geräusche ausprobieren.
Schraudolphstrasse 1/Rgb., 80799 München, Tel. 28 06 59.

■ **Paritätische Familienbildungsstätte**
Es gibt Spielgruppen für Eltern mit Kindern zwischen 1 1/2 und 2 1/2 Jahren: singen, spielen und tanzen und Spaß am Umgang mit verschiedenen Materialien (zum Beispiel Farbe und Knete) haben.
Richard-Strauss-Straße 47, 81677 München, Tel. 98 56 21

MUSIKUNTERRICHT / INSTRUMENTALUNTERRICHT

Städtische Sing- und Musikschule München
Im Jahre 1830 fing es an: die Städtische Sing- und Musikschule München wurde eröffnet. Mit 130 Schülern und fünf Lehrern schon damals eine bedeutende Einrichtung. Heute besuchen 10 500 Schüler diese Musikschule, die ein umfassendes Unterrichtsspektrum bietet. Über ganz München verteilt an mehr als 140 Unterrichtsstätten, Grundschulen und Kindergärten geben 150 Musiklehrer den Unterricht. Das Angebot reicht von der musikalischen Früherziehung, über musikalische Grundausbildung und Singklassen bis hin zu Instrumentalunterricht, Sing- und Chorkreisen, Kammermusik, Orchestern und Theoriekursen.

Musikalische Früherziehung
Vorschulkinder im Alter von 4-5 Jahren können in die Musikalische Früherziehung aufgenommen werden. Die Probezeit beträgt einen Monat. Geboten wird die kindgemäße Einführung in die Elemente der Musik, Erarbeitung von kindgemäßem Liedgut, Gehörbildung, Stimmbildung, rhythmische

Erziehung in Sprache, Bewegung und Musik unter Verwendung von Orff´schen Schlaginstrumenten und Stabspielen. Musikalische Früherziehungskurse können bei einer Mindestbeteiligung von 12 Kindern in verschiedenen Kindertagesstätten oder an Volksschulen eingerichtet werden.

Grundklassen
Die Ausbildung in den Grundklassen dauert zwei Jahre. Schüler ab der ersten oder zweiten Volksschulklasse können daran teilnehmen. Auch hier gibt es eine Probezeit, die in der Regel einem Monat beträgt. Der Altersgruppe angemessen umfaßt die Ausbildung die Einführung in die Grundelemente der Musik, Singen und Erarbeitung von Liedgut, Gehörbildung, Stimmbildung, Rhythmik anhand des Orff - Instrumentariums, Grundlagen der Notenlehre sowie Grundbegriffe der allgemeinen Musiklehre.

Singklassen
Der Singklassenunterricht setzt die Gehörbildung, Ausbildung der Sprech- und Singstimme, rhythmische Erziehung und allgemeine Musiklehre (Tonarten, Taktarten, Harmonie- und Formenlehre etc.) der Grundklassen fort. Im Liedsingen soll er die Grundlage für den mehrstimmigen Chorgesang bilden und durch Spielstücke mit Orff - Instrumenten zum gemeinsamen Musizieren hinführen.

Instrumentalunterricht
Grundsätzlich gilt: nur wer die zwei Grundklassen und die Singklasse mit Erfolg besucht hat, kann am Instrumentalunterricht teilnehmen. Über die Aufnahme entscheidet die Schulleitung zusammen mit dem Grundklassen- und Instrumentallehrer. Die Auswahl erfolgt nach Eignung, Leistung und Talent Dies ist um so wichtiger, weil fast alle Instrumente an der Musik- und Singschule gelehrt und erlernt werden können: Blockflöte, Querflöte, Oboe, Fagott, Klarinette, Saxophon, Trompete, Waldhorn, Althorn, Tenorhorn, Posaune, Tuba, Violine, Bratsche, Violoncello, Kontrabaß, Gitarre, Zither, Hackbrett, Klavier, Kirchenorgel, Akkordeon, Steirische Harmonika, Schlagzeug, Harfe, Keyboard etc. Der Instrumentalunterricht wird als Gruppenunterricht mit 2-6 Schülern und als Einzelunterricht angeboten. Fortgeschrittene Streicher-, Bläser- und Schlagzeugschüler werden nach der instrumentalen Grundausbildung im musikalischen Spiel besonders gefördert. So besteht die Möglichkeit, regelmäßig an Unterrichtsstunden im Streich- und sinfonischem Orchester (Vor- und Hauptorchester) oder an Kammermusikgruppen teilzunehmen oder in Blech- und Holzbläserensembles (Blasorchester, Big Bands, kleinere Bläserkreise) sowie Schlagzeugensembles mitzuwirken. In die Orchester und Ensembles können auch Personen aufgenommen werden, die an der Städtischen Musik- und Singschule keinen Instrumentalunterricht erhalten haben.

Sing- und Chorkreise
Im Anschluß an den Singklassenunterricht wird die stimmliche Arbeit in Vokalensembles fortgesetzt. In Sing- und Chorkreisen können Kinder und Jugendliche in ihrer weiteren stimmlichen Entwicklung (Stimmerziehung,, choristische Stimmbildung, mehrstimmiger Chorgesang, Liedvortrag in Volks- und Kunstlied) gezielt gefördert werden. Sing- und Chorkreise können auch für berufstätige Jugendliche und für Jugendliche, die weiterführende Schulen besuchen, eingerichtet werden. Hier können auch Jugendliche aufgenommen werden, die vorher nicht am Klassenunterricht der Sing- und Musikschule teilgenommen haben.

Musizierkreise, Kammermusik, Orchester

Schüler, Jugendliche und junge Erwachsene haben die Möglichkeit, an Musizierkreisen (fachbezogene und gemischte Spielgruppen) teilzunehmen. Hier soll möglichst frühzeitig als Ergänzung zum Instrumentalunterricht und zur Förderung der Musizierfreude das instrumentale Zusammenspiel gepflegt werden. Außer den verschiedenen Musizierkreisen bestehen bei der Sing- und Musikschule Streichorchester (Vor- und Hauptorchester), ein sinfonisches Orchester, Kammermusikgruppen, Blech- und Holzbläserensembles, Blasorchester, Schlagzeug- und Volksmusikensemles.

Theoriekurse

Fortgeschrittene Schüler haben die Möglichkeit an Theoriekursen (Harmonielehre, Tonsatz, allgemeine Musiklehre) teilzunehmen. Sie können auch als Vorbereitung auf ein späteres Musikstudium dienen.

In die Musikerziehung für geistig Behinderte können Kinder ab 5 Jahren und SchülerInnen aufgenommen werden. Die Aufnahme in die Musiziergruppen und den Instrumentalunterricht erfolgt probeweise. Die Probezeit beträgt in der Regel 3 Monate. Über die endgültige Aufnahme entscheidet die Schulleitung.

Der Unterricht wird während des Schuljahres erteilt. Die Unterrichtszeit beträgt pro Woche

- für musikalische Früherziehungskurse, Grund- und Singklassen sowie Sing- und Chorkreise eine Doppelstunde zu 90 Minuten
- für Musizierkreise und instrumentale Ensemles sowie Theoriekurse eine Stunde zu 45 Minuten oder eine Doppelstunde zu 90 Minuten
- für den Instrumentalunterricht eine zusätzliche Stunde zu 45 Minuten
- für die Musikerziehung geistig Behinderter eine Stunde zu 45 Minuten

Der Unterricht findet in öffentlichen Schulgebäuden statt. Die Orff-Instrumente für den Klassenunterricht werden von der Schule gestellt. Die Instrumente und das Notenmaterial für den Instrumentalunterricht müssen selbst angeschafft werden. Im vorhandenen Umfang können den Schülern und Schülerinnen, besonders Anfängern, Streich-, Blech- und Holzblasinstrumente als Leihinstrumente zur Verfügung gestellt werden. Der regelmäßige Schulbesuch ist eine Selbstverständlichkeit. Wer verhindert ist muß dies sofort mitteilen. Am Ende des Schuljahres wird ein Zeugnis ausgestellt, das Auskunft über die Fortschritte gibt.

Kosten

Für den Besuch der Städtischen Sing- und Musikschule fallen pro Schuljahr folgende Gebühren an:
Für den Instrumentalunterricht:
- Einzelunterricht DM 1.155.-
- bei Gruppen mit 2 Teilnehmern pro Schüler/in DM 550.-
- bei Gruppen mit 3 Teilnehmern pro Schüler/in DM 385.-
- bei Gruppen mit 4 Teilnehmern pro Schüler/in DM 286.-
- bei Gruppen mit 5 Teilnehmern pro Schüler/in DM 231.-
- bei Gruppen mit 6 Teilnehmern pro Schüler/in DM 193.-

Für die Teilnahme im Vororchester, Jugendsymphonieorchester oder Jugendblasorchester sind im Schuljahr DM 44.- zu entrichten. Alle übrigen Kurse kosten DM 110.- im Schuljahr.
Besuchen mehrere Geschwister gleichzeitig die Sing- und Musikschule, ermäßigt sich die Gebühr für das 2. Kind um 20% und für jedes weitere Kind um 50%.

■ Die Städtische Sing- und Musikschule

bietet ein musikalisch vielfältiges und umfangreiches Konzertprogramm. Die großen öffentlichen Konzerte geben dabei gleichzeitig Aufschluß über das Leistungsniveau: Kammer- und Kammerorchesterkonzerte, Jugendsymphonie- und Blasorchesterkonzerte, Konzerte mit Instrumentalsolisten und Instrumentalensemles, Vokalabende mit Vokalsolisten und Vokalensembles, Klavier- und Gitarrenanbende, Musik für Streicher oder Akkordeon. Die Veranstaltungen finden zum Beispiel im Gasteig, im Herkulessaal der Residenz oder im Musicaleum statt. Schulhauskonzerte werden ständig an vielen der 121 Münchner Volksschulen geboten, an denen die Musik- und Singschule unterrichtet. Hier ist der Eintritt frei. Darüber hinaus gibt es Informationsveranstaltungen über das Unterrichtsanbebot. Dabei stellen die Schüler und Schülerinnen der Städtischen Sing- und Musikschule Instrumente vor, und die Schulleitung beantwortet Fragen.
Gasteig, Kellerstrasse 6, 81667 München, Tel. 480 98 - 402, - 403, - 401

■ Pestalozzi - Gymnasium München

Zur Förderung von hochbegabten Kindern, die auf ihrem Instrument bereits ein weit fortgeschrittenes Können nachweisen können, wird am Pestalozzi - Gymnasium die Einrichtung "Spezialschüler für Musik" angeboten. Integriert in den Klassenunterricht erhalten die Spezialschüler eine besondere Ausbildung im Fach Musik. Der Musikunterricht beträgt sechs bis sieben Stunden pro Woche und gliedert sich wie folgt:
- 2 Stunden instrumentaler Einzelunterricht bei einem Lehrer der Musikhochschule
- 2 Stunden Klassenunterricht in einer Klasse des Musischen Gymnasiums
- 2 Stunden (Jahrgangsstufen 5 und 6) bzw. 1 Stunde (Jahrgangsstufen 7 bis 11) Profilunterricht in der Gruppe der Spezialschüler. Hier werden die im Klassenunterricht erworbenen Fähigkeiten in gemeinsamen Projektenvertieft.

Die Spezialschüler werden in anderen Fächern vom Unterricht befreit und erhalten im Fach Musik zwei Zeugnisnoten. Eduard-Schmid-Straße 1, 81541 München, Tel. 48 28 60

■ Freies Musikzentrum München

Selbstausdruck in Klang, Rhythmus und Bewegung, eigene musikalische Möglichkeiten erforschen, schöpferische Lebendigkeit entwickeln: das Freie Musikzentrum München eröffnet Frei-Räume und Spiel-Räume. Jeder kann ohne vorgegebene Zielsetzungen seinen eigenen musikalischen Weg finden. Das offene Programm bietet umfangreiche Auswahlmöglichkeiten: von der Begegnung mit Musik im Hören und freien Spiel über den Instrumentalunterricht, Rhythmus und Percussion, Stimme und Gesang, Tanz und Bewegung bis hin zu Entspannungskursen, musischen Therapien und Musikinstrumentenbau.
Auf spielerischem Wege können schon Kinder im Vorschulalter Bewegungs- und Klangimpulse erfahren und mit einfachen Instrumenten spielen. Im Freien Musikzentrum wird auf jedes Kind ganzheitlich eingegangen, seine Neigung individuell unterstützt. Die Angebote für Kinder im Schulalter vertiefen Erlebnis und Ausdruck mit Musik. Improvisationen, Zusammenspiel, Erfahrung von

Körper und Instrument werden in kleinen Gruppen mit maximal 8 Kindern intensiv gefördert. In noch kleineren Gruppen mit maximal 4 Teilnehmern erlernen die Kinder den spielerischen Umgang mit Musikinstrumenten, erleben Musik durch instrumentenspezifische Beschäftigung.
Neben der Musikalischen Früherziehung für die Kleinen werden folgende Kursprogramme für Kinder geboten:

- **Spielen mit Musik und Bewegung** für Kinder von 4-6 Jahren
  Freie Improvisationen, Lieder, Sprechverse, Märchen und Geschichten stehen hier im Vordergrund. Sinnliche Wahrnehmung, Melodie-, Klang- und Rhythmusgefühl werden gefördert und Erfahrungen mit der Stimme und einfachen Musikinstrumenten gemacht.
  15 mal eine Stunde DM 180.-

- **Gestaltung in Rhythmus, Melodie und Bewegungsspiel**
  Anfängerkurse für Kinder ab 5 und ab 6 Jahren
  Spielerisches Erlernen der Koordination von Stimme, Körperbewegung, rhythmischem Empfinden und Zusammenspiel bilden den Schwerpunkt. Kinderrhythmik wie Klatschen, Stampfen und Trommeln der Taktformen, Gehörschulung, einfache Tanzformen, Singspiele und der Erwerb eines größeren Liedgutes werden geboten. Dabei spielen die Kinder auch Blockflöte (C-Flöte) nach der Methode von Bela Bartok zum spielerischen Erlernen der Noten.
  15 mal eine Stunde DM 210.-

- **Kindertanz, Körper- und Bewegungsschulung**
  für Kinder von 4-6 Jahren, 6-9 Jahren und 9-11 Jahren:
  hier findet Ganzkörpertraining zu Klassik-, Folklore- und Popmusik statt. Tänze und Tanzgeschichten werden erfunden und zur Aufführung gebracht.
  16 mal eine Stunde DM 192.-

- **Trommeln für Kinder** zwischen 6 und 12 Jahren und deren Eltern
  Musik mit Trommeln, Tanz und Spielen. Hier zeigt sich, wer den Ton angibt oder sich dirigieren läßt und wie man zum gemeinsamen Rhythmus findet.
  Wochenendkurse zu DM 90.- pro Teilnehmer

- **Gitarre für Kinder** ab 8 Jahren
  Im Vordergrund stehen einstimmiges Melodiespiel und leichte Liedbegleitung. Die Themenauswahl richtet sich nach dem Interesse der Kinder, doch rhythmisches Empfinden und Zusammenspiel werden immer gefördert.
  15 mal eine Stunde DM 280.-

- **Trommeln für Kinder** von 5-6 Jahren
  Drauflos trommeln und Spaß haben, aber mit rhythmischem Gefühl und Koordinationsübungen: gespielt wird auf Indianertrommeln, Sprech- und Silbenreime dienen der rhythmischen Unterstützung. Maximal 4 Kinder.
  15 mal DM 280.-

- **Rhythmus und Percussion** für Kinder von 6-8 Jahren
  Komplexeres rhythmisches Zusammenspiel wird geübt, grundlegende Hand- und Sticktechniken für Percussions-Instrumente vermittelt. Maximal 4 Kinder, 15 mal DM 280.-

- **Einführungskurse von der Trommel zum Drum Set**
  In jeder Gruppe können maximal 4 Kinder Schritte in diese Richtung unternehmen: die Haltung von Drum Sticks üben und die Koordination beim Spielen über mehrere Trommeln erlernen. 15 mal DM 280.-

- **Schlagzeug** für Kinder von 8-12 Jahren
  Spielen auf dem Kinder - Drum - Set, Basis - Rhythmen und der richtige Umgang mit Schlagzeugstöcken werden in diesen Kursen unterrichtet. Maximal 4 Kinder, 15 mal DM 280.-

- **Baukurse für Instrumente**
  Kinder zwischen 6 und 10 Jahren und ihre Eltern stellen Klanginstrumente her (Regenrohr, Windspiel, Rasseln, Glocken und andere Klangerzeuger) und spielen damit. Nachmittagsveranstaltungen, DM 45.- pro Teilnehmer

- **Geige** für Kinder ab 7 Jahren
  Spieltechnik und Erlernen der Grundlagen des Violinspiels stehen im Vordergrund (Haltung und Bogenführung, Hand- und Fingerstellung beim Greifen, Intonationssicherheit, Tonstudien etc.) Die Originalliteratur wird erarbeitet.
  15 mal 45 Minuten, Einzelunterricht DM 600.-, zu zweit DM 375.-

- **Klavierspiel** für Kinder ab 7 Jahren
  Technische und musikalische Grundtechniken werden erlernt, neue Ausdrucks- und Gestaltungsmöglichkeiten entdeckt. Freies und notengebundenes Spiel sind möglich.

- **Münchner Harfenprojekt**
  Kinder und Erwachsene können hier das Harfespiel erlernen oder sich weiterbilden. Es gibt es breit gefächertes Kursangebot mit Harfen jeder Art. Auch Schnupper- und Aufbaukurse sind möglich.

- **Speziell für Jugendliche gibt es Anfängerkurse in E-Gitarre.**
  Grundlagen und Anregungen für das elektronische Gitarrenspiel werden geboten. Verschiedene Gitarrenstile der Rock- und Popmusik werden erklärt, Technik und Tricks, der Umgang mit Verstärkern und Effektgeräten vermittelt. 10 mal 45 Minuten DM 260.-

Instrumentalunterricht wird Anfängern auf vielen Ebenen geboten: Gitarrenunterricht, E-Bass, Querflöte, Saxophon, Grundlagenkurse in Conga, Bongo, Djembe, Schlagzeugkurse für Einsteiger, Workshops für Marimba und Vibraphon, Afrodrum, afrikanisches Trommeln und Tanzen, arabische Percussionen, Indianertrommeln und vieles mehr. Natürlich kommt auch der "innere Sänger" zum tönenden Wort, wenn es um Körper, Atem und Bewußtheit geht. Ganzheitliche Stimmbildung und Gesamtklänge, Töne von innen nach außen verbinden sich zu musikalischen Erlebnissen. Tanzerfahrungen mit Musik: ob Jazz, Step oder freie Improvsationen, Flamenco, Bauchtanz oder afrikanischer Tanz mit Gesang, Samba oder Tango und das ganze Spektrum an lateinamerinischen Rhythmen, indische Choreographien, japanische Butoh-Tänze: Musik und Tanz im Freien Musikzentrum repräsentieren Weltkultur.

Freies Musikzentrum München, Ismaningerstrasse 29, 81675 München, Tel. 470 63 14

■ Musikschule Bilan

Musikunterricht interessant, lebendig und vor allem familiär zu gestalten ist das Anliegen dieser Musikschule für jung und alt. Über den Unterricht hinaus wird deshalb das gemeinsame Orchester- und Ensemblespiel der Schüler gepflegt, Ausflüge, Konzerte und Wettbewerbe veranstaltet.

Auf einer altersgemäßen kindlichen Ebene werden die Kinder für das aktive Musikmachen begeistert, ihr Bewegungs-, Erkundungs- und Nachahmungstrieb und ihre Lust am Spielen und Singen auf natürliche Weise genutzt. Nach der Musikalischen Früherziehung mit Musizieren und rhythmischen Bewegungen werden die erworbenen Fähigkeiten in der instrumentalen Grundausbildung mit einfachen Instrumenten wie Blockflöte oder Melodica weitergeführt. In der Regel beginnt dieser Unterricht ab dem ersten Grundschuljahr. In der Grundausbildung für Kinder werden Notenkenntnisse erworben und die Feinmotorik der Finger weiterentwickelt. Darauf baut der instrumentale Unterricht auf. Hier steht dem Kind eine große Palette an erlernbaren Instrumenten offen. Je nach Begabung, Neigung und Alter des Kindes werden den Eltern weiterführende Möglichkeiten für den Instrumentalunterricht aufgezeigt: Akkordeon, Klavier, Heimorgel, Keyboard, Hackbrett, Querflöte, Zither, Steirische Harmonika, Schlagzeug, Gitarre, Klarinette, Saxophon sowie Orchester- und Ensemblemusik. Für Kinder werden Einzel- und Gruppenunterricht geboten. Zum Musikunterricht kommen die Lehrer auch ins Haus und bieten "häusliches Musizieren" an. Beim Orchester- und Ensemblespiel lernen die Kids Gruppenmusizieren und werden für konzertantes Vorspiel fit gemacht. Spaß und Freude daran vorausgesetzt.

Die Preise:
- Einzelunterricht bei Hausbesuchen 45 Minuten wöchentlich DM 150.- im Monat, (bei 35 Minuten wöchentlich DM 125.- monatlich, bei 45 Minuten 14tägig DM 80.- monatlich)
- Einzelunterricht mit Instrumentenschulung bei "Bilan": 45 Minuten wöchentlich DM 130.- monatlich (bei 30 Minuten wöchentlich DM 105.- monatlich, 45 Minuten 14tägig DM 70.- monatlich)
- Gruppenunterricht bei Hausbesuchen 45 Minuten wöchentlich (Quartett) zu je DM 41.- monatlich, 45 Minuten wöchentlich (Trio) zu je DM 53.- monatlich, 45 Minuten wöchentlich (Paar) zu je DM 76.- monatlich.
- Gruppenunterricht mit Instrumentenschulung bei "Bilan": 45 Minuten wöchentlich (Quartett) zu je DM 36.- monatlich, 45 Minuten wöchentlich (Trio) zu je DM 46.- monatlich, 45 Minuten wöchentlich (Paar) zu je DM 66.- monatlich.
- Des weiteren gilt in der Musikschule Bilan im Bereich Orchester- und Ensemblemusik ein Preis von DM 7,50 pro Teilnehmer monatlich bei 45 Minuten Übungszeit wöchentlich. In der Musikalischen Früherziehung fallen pro Halbjahr DM 120.- an für wöchentliche Meeting zu 45 Minuten.

Musikschule Peter Bilan, Pulverturmstrasse 30, 80935 München, Tel. 314 20 39 oder 313 35 6

■ **Musikschule Ohrwurm**
Die Musikschule Ohrwurm wurde 1981 mit dem Ziel gegründet, der modernen Musik eine angemessene künstlerische Grundlage zu geben. Klassisch ausgebildete Musiker bzw. Musiklehrer und Jazz- und Rockmusiker entwickelten gemeinsam eine Unterrichtsdidaktik, die auf Trennungslinien zwischen E-Musik und U-Musik verzichtet und die Lust am Musizieren in den Vordergrund stellt. Grundsätzlich kann bei Ohrwurm jede Musikrichtung der Gegenwart erlernt werden, ohne daß bestimmte Ausrichtungen und Lernziele vorgeben werden. Ob Rock, Jazz oder Klassik: mit der Schulung der technischen Fähigkeiten und des harmonischen Verständnisses wird das Bedürfnis nach anspruchsvollen Bereichen musikalischer Ausdrucksformen geweckt. Stilerweiterungen werden in den Unterricht eingebracht und die Übergänge zu anderen Stilarten einbezogen. Beim Band- und Ensemblespiel ist die Sensibilisierung für andere Instrumente eine wichtige Erfahrung: Das "Aufeinanderhören" wird zum wesentlichsten Faktor für das musikalische Verständnis. Das Arrangieren eigener Kompositionen, Aufnahmen in Tonstudios, das Erlernen von Praktiken moderner Musikproduktionen und die Erfahrung eigener Live-Auftritte werden als Voraussetzung für Kritikfähigkeit und Geschmacksbildung angesehen.
Speziell für Kinder werden bei Ohrwurm neben der Musikalischen Früherziehung folgende Kursprogramme angeboten:

■ **Musikalischer Grundkurs**
In diesem Kurs wird Kindern ab 6 Jahren elemetare Musik- und Bewegungserziehung geboten. Die Erfahrungen der Musikalischen Früherziehung werden vertieft, die Grundtechniken im musikalischen und tänzerischen Bereich erweitert, das musikalische Verständnis durch Instrumenteninformation erhöht und der spätere Instrumentalunterricht vorbereitet.

Elementare Musik- und Bewegungserziehung ist eine ganzheitliche, erlebnisorientierte Unterrichtsmethode, die wichtige musikalische Details über die Bewegung erfahrbar macht. Im Unterricht lernen die Kinder ebenfalls, Metallinstrumente zu unterscheiden oder Notationszeichen auf ein Instrument zu übertragen. Spielerisch kann sich das Interesse der Kinder an der Musik entfalten. Neben der elementaren Musik- und Bewegungserziehung für die verschiedenen Altersstufen bietet Ohrwurm für Kinder ab 6 Jahren zunächst die Blockflöte im Kinderunterricht an. Neben ihrer Eigenständigkeit als Konzertinstrument gilt die Blockflöte als Basis für alle anderen Blasinstrumente. Auch Schlagwerk- und Percussionensembleunterricht wird Kindern erteilt.

■ **Kinderunterricht am Schlagzeug**
Für Kinder im Alter von 3 bis 7 Jahren erteilen besonders geschulte Lehrkräfte Schlagzeugunterricht. Ein spezielles Kinderschlagzeug steht im Unterricht zur Verfügung.
30 Minuten Einzelunterricht in der Woche, kosten monatlich 85.-, Jahresgebühr DM 1.020.-

■ **Klassikunterricht**
Instrumentalunterricht wird Kindern und Erwachsenen in allen Bereichen der klassischen Musik geboten. Um das Musikverständnis zu vertiefen, werden Faktoren wie Ausdruck, Komposition, Stil etc. in den Unterricht einbezogen. Nicht zuletzt aber ist der Schüler aufgefordert, seine eigene Interpretation der Musik einzubringen.

- **Ohrwurm Bandworkshops**
Nicht nur Ohrwurm-Schüler, sondern jeder angehende Musiker, der gerne mit anderen Musik machen möchte, kann in den Bandworkshops lernen, wie man mit einfachen Mitteln gute Musik macht, seine Kenntnisse anwendet und erweitert. Bestehende Bands können mit professioneller Hilfe ihren Stücken den letzten Schliff geben, das "Aufeinanderhören" lernen und ihr Zusammenspiel gruppendynamisch trainieren. Bühnenpräsentationsarbeit gehört ebenfalls zum Ohrwurmkonzept. Ohrwurm-Bands spielen im Hansapalast, auf Pop-Nachwuchs- oder Open-Air-Festivals oder auf Ohrwurmveranstaltungen im eigenen Konzertsaal. Übrigens: die jüngste Rockband ist mit 12-13jährigen Kids besetzt. Im Ohrwurm-Soundstudio können Aufnahmen mit ganzen Bands in CD-Qualität produziert werden. Darüber hinaus wird im Rahmen der Ohrwurm-Talentförderung jungen Bands Hilfestellung gegeben, von der Produktion der Demos, Singles oder CD´s bis hin zum Bandmanagement.

Ohrwurm-Musikschulen gibt es in Giesing (Schulleitung), Sendling, Laim, Schwabing und Bogenhausen. Kontakt-Adresse: Hellabrunnerstrasse 30, 81543 München, Tel. 65 76 05

Wer sich für Mitspielmöglichkeiten in Bands oder Bandworkshops interessiert, sollte sich auch in folgenden Einrichtungen erkundigen:

- **Soundcafé**
Traubestrasse 5, 80805 München, Tel. 361 84 07

- **Spiel- und Begegnungszentrum am Hart:**
Arnauerstrasse 5, 80937 München, Tel. 311 18 40

- **Yamaha Musikschule**

An den Yamaha Musikschulen in Perlach, Pasing, Laim, München - Stadtmitte, Fürstenfeldbruck und Wolfratshausen werden bereits Kinder im Vorschulalter auf das Instrumentalspiel vorbereitet. Beinahe jedes Instrument kann erlernt werden: Keyboard, Klarinette, Orgel, Piano, Jazz-Piano, Querflöte, Saxophon, Trompete, Geige, Akkordeon, Schlagzeug, Gitarre, E-Gitarre, E-Bass etc. - das passende Alter natürlich vorausgesetzt. Kursprogramme gibt es ebenfalls in Gesang, Harmonielehre, Orchester- und Bandmusik. Wer das Angebot testen möchte, kann den "Schnupperkurs" besuchen: 2 Wochen Unterricht zur Probe für DM 20.-.

Unterrichtshonorare:
- Gruppenunterricht 45 Minuten-Wochenstunde DM 1.020.- pro Jahr
- Einzelunterricht 45 Minuten-Wochenstunde DM 2.160.- pro Jahr
- Einzelunterricht 30 Minuten-Wochenstunde DM 1.440.- pro Jahr
- Kindermusikstunde 25 Minuten-Wochenstunde DM 660.- pro Jahr
- Musikalische Früherziehung 45 Minuten-Wochenstunde DM 660.- pro Jahr

Einmalig ist eine Aufnahmegebühr von 50.- DM zu bezahlen. Der Familienrabatt beträgt pro Person 10%. Kontaktaufnahme unter der Sammelnummer 637 77 17 in der Zeit von 14-17 Uhr.

■ Münchner Schule für Bairische Musik (Wastl-Fanderl-Schule)
"Hört's zua wia's singa und spuin": Die Münchner Schule für bairische Musik ist eine Einrichtung des Münchner Kreises für Volksmusik, Lied und Tanz e.V. zur Pflege und Verbreitung der Volksmusik des bairisch-alpenländischen Raumes. Kinder und Erwachsene haben die Möglichkeit, ein Instrument zu erlernen oder früher erworbene Kenntnisse aufzufrischen. Programm-Schwerpunkt ist das gesellige Singen und Musizieren. Der Unterricht wird durch neu entwickelte, speziell für die Volksmusik geeignete Lehrmethoden erteilt. Die Spielliteratur wird vorwiegend dem bayrischen Volksmusikgut entnommen. Das instrumentale Lehrangebot ist umfassend. Im Einzel- und Gruppenunterricht erlernt werden können folgende Instrumente: Zither, Hackbrett, Gitarre, Harfe, Akkordeon, Steirische Harmonika, Klavier, Geige, Bratsche, Violoncello, Kontrabaß, Blockflöte, Querflöte, Schwegel, Klarinette, Trompete, Flügelhorn, Posaune, Tenorhorn, Waldhorn und Tuba.
Neben der Musikalischen Früherziehung und der instrumentalen Grundausbildung werden Kindersingen, Volkstanzkurse für Anfänger, Grundkurse auf alpenländischen Instrumenten für Kinder, Gruppenmusizieren sowie Notenkurse und Harmonielehre angeboten.
Mauerkircherstrasse 52, 81925 München, Tel. 982 72 68

■ Musikbund von Ober- und Niederbayern e.V.
Ob Trompete, Flügelhorn oder Klarinette: Blasmusik erfreut sich steigender Beliebtheit. Sind die Einsatzmöglichkeiten doch sehr flexibel. Vom Spielmannsflötenspiel bis hin zu Blasorchsterkonzerten mit großen Tuben: Beim Musikbund von Ober- und Niederbayern wird diese Form der Instrumentalmusik gepflegt. Der Musik- und Instrumentalunterricht wird in den angeschlossenen Blaskapellen erteilt. Jugendarbeit ist hier ein besonderes Anliegen. Die Adressen der Blaskapellen kann man beim Musikbund erfragen.
Lindenstrasse 24, 85716 Unterschleißheim, Tel. 317 45 60

■ Bund Deutscher Zupfmusiker e.V., Landesverband Bayern
Gitarren- und Mandolinenspiel: speziell für Kinder und Jugendliche werden Workshops geboten, zum Beispiel Wochenend-Kinderkurse für 7-10jährige oder einwöchige Kurse für Jugendliche. Die Workshops finden in der Regel im fränkischen Raum statt. Wer in München Gitarren- oder Mandolinenunterricht erteilt, kann man beim Verband erfahren.
Friedrich-Stein-Straße 10, 97421 Schweinfurt, Tel. 09721 - 25148

■ Zither- und Volksmusik - Landesverband Bayern e.V.
Bereits Kinder ab 10 Jahren können in Zithermusikvereinen mitwirken und bis hin zur Aufnahmeprüfung an weiterführenden Schulen ausgebildet werden. Das Landesjugendorchester steht Kindern und Jugendlichen ab 12 Jahren offen. Adressen von Zithermusikvereinen sind über den Landesverband erhältlich.
Veldener Straße 53a, 84036 Landshut, Tel. 0871 - 45364

■ Landesverband Bayern im Deutschen Harmonikaverband e.V.
Akkordeonspiel, Ensembles und Orchester: Einige Clubs und Musikschulen, die dem Verband angeschlossen sind, bieten Kindern Ausbildung sowie Mitspielmöglichkeiten im Orchester. Die Adressen von Musikschulen und Orchestern werden vom Landesverband weitergegeben.
Eichendorffstrasse 17, 82223 Eichenau, Tel. 08141 - 70627 oder in München Tel. 641 34 89

- **Musik- und Spielmannswesen im Bayerischen Turnverband e.V.**
Spielmannszüge: Ihre Tradition reicht bis tief ins Mittelalter zurück. Das Musik- und Spielmannswesen im Bayerischen Turnverband engagiert sich für Volksmusik und internationale Folklore, insbesondere im Bereich der Blasmusik. Musikunterricht wird in Flöte, Waschtrommel, Schlagzeug, Lyra und Fanfarenblasmusik erteilt. In München selbst gibt es derzeit keine Angebote, dafür aber im Umkreis. Wer mehr darüber erfahren will, wendet sich an den Landeswart Heinz Rüffler, Werderstrasse 30, 86159 Augsburg, Tel. 0821 - 57 14 57

SINGEN / CHÖRE

Kinderchöre waren in den fünfziger und sechziger Jahren in Deutschland eine beliebte Attraktion, dann verlor sich ihr Freizeitwert in einer aktiven Medienwelt. Doch in jüngster Zeit steigen Kinderchöre und Singen zu lernen wieder in der Gunst der kleinen Leute.
Singen im Chor schult nicht nur das Gehör, das Gedächtnis und die Entwicklung der Stimme; es lehrt auch die Grundregeln der Musik und des Zusammenlebens.
Wer im Chor mitsingen oder gar bei Aufführungen mitwirken will, muß sehr regelmäßig am Chorleben und an Übungen teilnehmen.
Die Fluktuation in Kinderchören ist recht hoch, da die Mädchen zumeist nur bis zum 16. oder 17. Lebensjahr im Chor bleiben, die Jungen sogar nur, bis ihre Stimme mit 14/15 allmählich in die tiefe Lage gleitet.

- **Städtische Sing- und Musikschule München**
Diese Schule bietet ein komplexes Unterrichtsangebot für die Gesangausbildung und gleichzeitig ein Forum für Vokalsolisten und Vokalensembles an. Einzelheiten sind im Abschnitt Musikunterricht / Instrumentalunterricht zu entnehmen.

- **Bayerischer Sängerbund e.V.**
Der Sängerbund führt jedes Jahr in der Woche nach Ostern eine Chorschulungswoche durch, die auch Eltern mit Kindern zugänglich ist.
Hans-Urmiller-Ring 24, 82515 Wolfratshausen, Tel. 08171 - 10 182
Dem Sängerbund angeschlossen ist auch der Sängerkreis München: über Kinder- und Jugendchöre sowie musikalische Ausbildungsmöglichkeiten erteilt die Kreisjugendreferentin Petra Aulitzky Auskunft.
Möhlstrasse 29, 81675 München, Tel. 98 73 09
Informationen speziell über die Teilnahme im Münchner Kinderchor gibt Franz Frank.
Am Forstenanger 52, 82041 Deisenhofen, Tel. 613 15 38

- **Bayerische Singakademie**
Junge talentierte Sänger mit Singpraxis - solistisch oder im Chor - ab dem 14. Lebensjahr werden durch die Bayerische Singakademie gefördert. Stimmbegabten jungen Menschen wird die Möglichkeit geboten, ein Gesangstudium an einer Musikausbildungsstätte aufzunehmen mit dem Ziel einer späteren Berufswahl als Solist, Berufschorsänger oder Musiklehrer.
Bayerischer Musikrat, Linprunstrasse 16 / Rückgebäude, 80335 München, Tel. 523 40 54

- **Domsingschule München**

Die Domsingschule bietet Buben und Mädchen, die bei den Münchner Domsingknaben und der Münchner Domkantorei für Mädchen an der Frauenkirche mitwirken, eine sängerische Ausbildung an. Singfreudige Kinder können ab dem 1. Schuljahr an ein bzw. zwei Nachmittagen (Fortgeschrittene) in die Domsingschule kommen. Die Domsingschule bietet:
- kindgerechte Heranführung an die Chormusik, ihre stimmlich-musikalische Erarbeitung und inhaltliche Erfassung
- qualifizierte stimmliche Ausbildung mit Gehörbildung und allgemeiner Musiklehre (Notenlesen, Blattsingen, Rhythmik) durch erfahrene Stimmbildner
- Hausaufgabenbetreuung, Freizeitgestaltung, Mittagessen (3.- DM)
- Vermittlung von Instrumentalunterricht

Die sängerische Ausbildung ist kostenlos. Für den Instrumentalunterricht sind Beiträge zu leisten. Von den Domsingschülern wird erwartet, daß sie regelmäßig zu den Proben kommen und bereit sind, bei der Dommusik mitzuwirken. Die Konfession spielt dabei keine Rolle.
Erst 1992 gegründet hat sich die Domsingschule bereits in kurzer Zeit profilieren können zum Beispiel durch CD-Einspielungen, Fernsehauftritte, Domkonzerte mit den Domspatzen und Solo-Verpflichtungen einzelner Domsingknaben.
Münchner Dommusik, Frauenplatz 11, 80331 München, Tel. 29 00 82 40

MUSIKKASSETTEN/SCHALLPLATTEN/CD'S

Ob Geschichten, Lieder, Märchen oder Hörspiele – das Angebot für Kinder verschiedener Altersgruppen ist mehr als reichhaltig. In jeder Altersgruppe gibt es besondere "Renner", von Benjamin Blümchen bis Pippi Langstrumpf. Wie bei Kinderbüchern ist es auch bei Musikkassetten, Schallplatten und CD's nicht immer notwendig, diese neu zu kaufen. Das Ausleihangebot in den verschiedensten Büchereien ist überaus groß und oft sorgfältig ausgewählt, und auch auf Flohmärkten erwirbt man die ein oder andere Kassette ausgesprochen günstig.

Die schönsten Erzählungen und Märchen
erzählt von bekannten Personen aus Funk und Fernsehen

- **Astrid Lindgren**

Zum Geburtstag der "bekanntesten Kinderbuchautorin der Welt" gibt es einige ihrer Erzählungen mit Manfred Steffen neu auf sechs Hörfest-Kassetten (Kindertag in Bullerbü – Nils Karlsson Däumling – Lotta kann Radfahren – Der Drache mit den roten Augen – Junker Nils von Eka). Über Manfred Steffen in "spielen und lernen": "Besser kann man es nicht machen".
Auch Weihnachtsgeschichten (Weihnachten in Bullerbü – Pippi plündert den Weihnachtsbaum – Guck mal Madita, es schneit!) werden stimmungsvoll erzählt.
Empfohlen ab 4 Jahren (Hörfest)

■ Janosch
Rund 100 Bilder- und Kinderbücher hat Janosch veröffentlicht. Viele seiner Geschichten wurden international ausgezeichnet. Jedes Kind kennt Janosch, nicht zuletzt auch von "Janosch's Traumstunden" im Fernsehen. Traumstunden zum Hören sind Erzählungen, Geschichten und Märchen, an denen nicht nur Kinder ihr Vergnügen haben.
(Löwenzahn und Seidenpfote – Der Quasselkasper – Traumstunde für Siebenschläfer – Schnuddelgeschichten – Geschichten vom alten Popov – Guten Tag kleines Schweinchen – Hasenkinder sind nicht dumm – Komm wir finden einen Schatz – u.a.)
Empfohlen ab 4 Jahren (Deutsche Grammophon Junior)

■ Barbara Bartos-Höppner
Seit 20 Jahren ist "Schnüpperle" der unumstrittene Liebling von Millionen kleiner und großer Leser. Die Familiengeschichten über Schnüpperle, Annerose, Mutter, Vater, Oma und Purzel sind Klassiker der Kinderliteratur geworden. Jetzt hat Barbara Bartos-Höppner nicht nur den achten Band geschrieben, sondern sie ging auch ins Studio und erzählt nun selbst die lustigen Geschichten des kleinen Jungen (Schnüpperle und sein grüner Garten – Ferien mit Schnüpperle – Weihnachten mit Schnüpperle – u.a.)
Empfohlen ab 4 Jahren (Deutsche Grammophon für Kinder)

■ Erich Kästner
"Die meisten Menschen legen ihre Kindheit ab wie einen alten Hut. Sie vergessen sie wie eine Telefonnummer, die nicht mehr gilt. Früher waren sie Kinder, dann wurden sie Erwachsene, aber was sind sie nun? Nur wer Kind bleibt, ist ein Mensch", hat Erich Kästner einmal gesagt. Wie nur wenige Kinder- und Jugendbuchschriftsteller hat er es verstanden, Kinder so darzustellen, wie sie wirklich sind (Pünktchen und Anton – Die Konferenz der Tiere – Das doppelte Lottchen – Emil und die Detektive – Der kleine Mann und die kleine Miss – Das fliegende Klassenzimmer – u.a.).
Empfohlen ab 6 Jahren (Hörfest)

■ Paul Maar
Paul Maar ist ein großartiger Autor von Kinderbüchern, Funkerzählungen und Kindertheaterstücken. Er wurde mit dem Deutschen Jugendliteraturpreis, dem Brüder-Grimm-Preis, dem Österreichischen Staatspreis und dem Großen Preis der Deutschen Akademie für Kinder- und Jugendliteratur ausgezeichnet.
"Wenn am Sonntag die Sonne scheint, am Montag Herr Mon kommt, am Dienstag Dienst ist und am Mittwoch Wochenmitte – wenn's am Donnerstag donnert und es am Freitag frei gibt, dann kommt am Samstag das Sams". Eine Woche voller Samstage - Am Samstag kam das Sams zurück - u.a.)
Empfohlen ab 5 Jahren (Deutsche Grammophon für Kinder)

■ Brüder Grimm
Nach der Bibel gehört die Sammlung der Kinder- und Hausmärchen der Brüder Grimm zu den meistverbreiteten Büchern der Welt. In Millionen von Exemplaren sind sie seit anderthalb Jahrhunderten erschienen und in alle Kultursprachen übersetzt worden. Seitdem wachsen die Kinder durch Hören und Lesen in die bunte Bilderwelt der Märchen und in die Vertrautheit mit ihren

Gestalten hinein.
Empfohlen ab 6 Jahren (Hörfest)

Verschiedene Autoren

- Antoine de Saint-Exuperie: Der Kleine Prinz
  Empfohlen ab 8 Jahren (Deutsche Grammophon Junior)

- Peter Hacks: Der Schuhu und die fliegende Prinzessin
  Empfohlen ab 7 Jahren (Deutsche Grammophon Junior)

- Ursula Abels: Die zwei Brüder
  Empfohlen ab 6 Jahren (Phanton)

- Judith Kerr : Als Hitler das rosa Kaninchen stahl
  Empfohlen ab 10 Jahren (Deutsche Grammophon Junior)

- Anne Frank: Das Tagebuch der Anne Frank
  Empfohlen ab 8 Jahren (Deutsche Grammophon Junior)

- Christine Nöstlinger: Der liebe Herr Teufel
  Empfohlen ab 6 Jahren (Deutsche Grammophon Junior)

Es sei noch erwähnt, daß Fisher-price und Sony (My first sony) Kassettenabspielgeräte und Radios für kleine Kinder ab 3 Jahren bauen – schön bunt mit großen Bedienknöpfen und von nervender Lautqualität – so empfinden es zumindest Eltern gelegentlich (Sony gibt es im Radiofachhandel, Fisher-price in Spielzeugläden).

Musikalische Erzählungen und Balladen

- Dorothee Kreusch-Jacob: Heut nacht steigt der Mond übers Dach;
  Das Liedmobil (zum Mitmachen)
  Empfohlen ab 4 Jahren (Deutsche Grammophon Junior)

- Serge Prokofieff: Peter und der Wolf
  Empfohlen ab 4 Jahren (Deutsche Grammophon Junior)

- Camille Saint-Saëns: Karneval der Tiere
  Empfohlen ab 6 Jahren (Deutsche Grammophon für Kinder)

- Gerdrud Schneider: Musik für die Füße; Für Ohren, die auch sehen; Hammer, Hits und Spiele
  Empfohlen ab 4 Jahren (Deutsche Grammophon Junior)

- Detlev Jöckel: Lieber Herbst und lieber Winter – Spiel- und Spaßlieder für Drinnen und Draußen
  Empfohlen ab 6 Jahren (Menschenkinder)

- E.T.A. Hoffmann: Nußknacker und Mausekönig
  Empfohlen ab 6 Jahren (Deutsche Grammophon Junior)

- Hermann van Veen: Die Ente Quak
  Empfohlen ab 6 Jahren (Deutsche Grammophon Junior)

- Michael Ende/Wilfried Hiller: Tranquilla Trampeltreu; Norbert Nackendick; Filemon Faltenreich
  Empfohlen ab 5 Jahren(Deutsche Grammophon Junior)

Klassische Musik für Kinder

In Veröffentlichungen der "Deutsche Grammophon Junior" wird der Holzwurm, der Opern erzählt, zum Referenten vor allem für Kinder, die bei einer "normalen Oper" wahrscheinlich einschlafen würden. Im Zwiegespräch mit der Opernliebhaberin Madame de la Motte plaudert er recht locker über die Oper, was sowohl Handlung als auch Entstehungsgeschichte mit einschließt.

- Der Holzwurm der Opern erzählt: Don Giovanni; Figaros Hochzeit
  Empfohlen ab 6 Jahren (Deutsche Grammophon Junior)
- Blockflötenmusik für Kinder: Werke von Vivaldi, Scarlatti u.a.
  Empfohlen ab 8 Jahren (Deutsche Grammophon Junior)
- Wir entdecken Komponisten : Geschichten aus dem Leben großer Komponisten und die Entstehungsgeschichte großer Meisterwerke (Beethoven, Bach, Mozart, Dvorak, Haydn, Wagner, u.a.)
  Empfohlen ab 8 Jahren (Deutsche Grammophon Junior)
- Das Große Abenteuer Musik: Rolf Zuckowski bringt Kindern die Meisterwerke Klassischer Musik durch zeitgemäße Texte und Melodien näher, die der Popmusik ebenso nahestehen wie dem Volkslied.
  Empfohlen ab 6 Jahren (Philips Kinder Classics)

BÜCHER FÜR KINDER & ELTERN

- DIE ERSTEN BÜCHER
- BILDERBÜCHER
- VORLESEBÜCHER
- SPIELBÜCHER
- SACHBÜCHER
- LESEN LERNEN
- JUGENDBÜCHER
- BÜCHER FÜR MÄDCHEN
- BÜCHER FÜR ELTERN
- NEUE VÄTER
- BIBLIOTHEKEN UND BÜCHEREIEN
- INFORMATIONEN

Lesen scheint selbst im Zeitalter des Fernsehens, der Videospiele und Gameboys bei Kindern und Jugendlichen keineswegs – und wie häufig vermutet – out zu sein. Ein Hinweis darauf ist das riesengroße und kaum mehr zu übersehende Angebot an Literatur für Kinder in jeder Altersphase.

Kinder, die lesen lernen, machen sich auf den Weg in neue Welten. Sie entschlüsseln die geheimnisvollen Zeichen auf Schildern, Plakaten und Schaufensterscheiben, in Zeitschriften und Büchern. Dabei begegnen sie einer bis dahin unbekannten Realität, dem Alltag der tausendfachen Vorschriften, Hinweise und Informationen, mit denen sich Erwachsene beschäftigen. Aber zugleich kehren sie ein in das unbegrenzte Land der Fantasie, in das allein mit Hilfe von Büchern zu finden ist. Die Vorstellungskraft folgt den Schilderungen aufregender Abenteuer, verwunschener Märchen oder spannender Reportagen. Die Lesefreude fördert zeitgleich den Intellekt und die Konzentrationsfähigkeit.

Die ersten Leseversuche sind noch unbeholfen. Mühselig buchstabieren Kinder im Alter von fünf bis sieben Jahren, ehe sie Worte und Sätze verstehen. Lustige Lesefehler vergnügen nicht selten die Erwachsenen, die oftmals vergessen, wie schwer sie sich selbst zu Beginn des Lesens getan haben. Kinder wollen nicht komisch sein, wenn sie lesen. Lachen über witzige Mißverständnisse interpretieren sie häufig als Auslachen und werden so schnell entmutigt. Das geschieht ebenso, wenn ihnen Erwachsene größere Fortschritte beim Lesenlernen abverlangen, als sie zu leisten in der Lage sind. Wie gerne Kinder trotz des konkurrierenden Fernsehangebots lesen, belegt unter anderem eine Studie der Universität zu Köln. Danach hat die Arbeitsstelle für Kinder- und Jugendliteraturforschung herausgefunden, daß rund 40 Prozent der Kinder mehrmals in der Woche lesen, 20 Prozent sogar jeden Tag. An Wochentagen bringen sie dafür eine halbe Stunde, am Wochenende um die 50 Minuten auf.
Daß sich Kinder und Jugendliche für Bücher begeistern, liegt nicht nur an der hohen Qualität der Klassiker, die schon die Eltern verschlungen haben, sondern gerade auch neuerer Kinderbücher. Die Renaissance der Literatur für Kinder ist geprägt von zauberhaften Zeichnungen, reichhaltiger Bebilderung und Geschichten voller Phantasie und Einfühlungsvermögen für die Welt der Kinder.
An Kinderbüchern haben denn auch vielfach selbst Erwachsene ihren Spaß. Das läßt allerdings zumeist nach, wenn die Kinder älter werden und sich nicht mehr mit putzigen Bilderbüchern und kurzen (Vorlese-) Geschichten begnügen. Dabei bleibt es nach wie vor wichtig, sich mit den Kindern über das zu unterhalten, was sie lesen und beschäftigt. Eltern sollten ihren Kinder weiterhin Bücher schenken, die diese interessieren und ihnen beim Lesen Freude bereiten. Das setzt ein Mindestmaß an Kenntnis über sinnvolle und empfehlenswerte Bücher, passend zur jeweiligen Entwicklungsphase des Kindes, voraus.

"Laßt Euch entführen in das Land des Lesens, und Ihr werdet dabei entdecken, wie unendlich und geheimnisvoll dieser Erdteil ist."
(frei nach Erich Kästner)

DIE ERSTEN BÜCHER

Mit dem zweiten Lebensjahr beginnt das Kind, Bilder zu erkennen und zu benennen. Die ersten Bilderbücher sollten textfrei sein und aus großformatigen Einzelbildern bestehen. Sie helfen dem Kind, Umwelt zu erklären, und regen die Phantasie an. Mit zunehmendem Alter interessieren Bildergeschichten mit einfachen Handlungen.

DIE ERSTEN BÜCHER

EMMA
Gabriele Lorenzer
Ravensburg: Otto Maier 1987
Situationen aus dem Alltag eines zweijährigen Mädchens, in denen Kinder sich wiederfinden können: Emma turnt, verkleidet sich, ißt ihre Spaghetti...
Ganzseitige Fotos ohne Text laden zum Betrachten und Erzählen ein.

Ich bin ein Schwein und ganz allein – aber nein!
Vera Sobat
München: ars edition 1981
Dreigeteilte Pappseiten, Spiralbindung. Ein Klappbilderbuch, mit dem man Landschaften mit den unterschiedlichsten Tieren zusammenstellen kann.

Flum, Flo und Pascha
Anne Brouillard
Köln: Middelhauve 1992
Ein Buch ohne Worte in kräftigem Wasserblau: Drei Katzen beim Fischfang, daß es nur so platscht. Aber die Goldfische sorgen für eine Überraschung...

Die kleine Raupe Nimmersatt
Eric Carle
München: dtv junior 1970
Seit Jahren eins der beliebtesten Bücher für die Kleinsten: Die Raupe futtert sich durch die Lieblingsspeisen der Kinder und verwandelt sich zum Schluß in einen wunderschönen Schmetterling, nebenbei lernen die Kinder die ersten Zahlen.

Wenn ich müde bin
Jane R. Howard/Lynne Cherry
Stuttgart: Thienemann 1986
Ein Einschlafbuch für müde Kinder: Traumhaft schöne Bilder beschreiben, wo kleine Mädchen gerne schlafen: mit den Katzen im Körbchen, an einen Bären gekuschelt... oder vielleicht doch im eigenen Bett?

Vom kleinen Maulwurf, der wissen wollte, wer ihm auf den Kopf gemacht hat
Werner Holzwarth / Wolf Erlbruch
Wuppertal: Hammer 1990
Ein unbekümmertes Buch über ein – nur für Erwachsene – etwas heikles Thema: Der kleine Maulwurf findet schließlich den Schuldigen und rächt sich auf seine Weise. Für alle Kinder, die ihr Aa entdecken.

Rosa sagt: Nein!
Norbert Landa/Hanne Türk
Hamburg: Carlsen 1991
Ein kleines Schweinchen hat seine Trotzphase: Kinder werden sich mit Vergnügen darin wiedererkennen!

BILDERBÜCHER

In Bilderbüchern für die nicht mehr ganz Kleinen werden Texte zunehmend wichtiger. Die Geschichten sind komplizierter, die Themen vielfältiger. Phantastische Geschichten und Bilderbücher mit gesellschaftskritischen Themen regen zur Auseinandersetzung mit der Umwelt an.

BILDERBÜCHER

Der Seelenvogel
Michal Sunit/NBama Golomb
Reinbek: Carlsen 1984
Ein sparsam illustriertes Buch für Kinder und Erwachsene, das der Phantasie viel Raum läßt: Gestik und Mimik des Vogels drücken Gefühle wie Wut und Verzweiflung, Trauer und Freude aus.

Der Tunnel
Anthony Browne
Oldenburg: Lappan 1989
Die ängstliche kleine Schwester erlöst ihren wilden großen Bruder. Bestechend schöne Bilder erzählen eine phantastische Geschichte.

Ich will die!
Imme Dros/Harrie Geelen
Köln: Middelhauve 1992
Ein Feuerwerk von frischen Rottönen: Die hübschen roten Schuhe sind Lisa viel zu klein. Aber sie will sie unbedingt haben! Ob sie wohl damit laufen kann?

Schlaumel-Mi und ihre Ma
Erdmut Oelschlaeger
Berlin: Kinderbuchverlag 1988
Ein fröhliches Buch: Mutter und Tochter treiben soviel Schabernack, daß der Vater das Weite sucht. Zu zweit legen die beiden erst richtig los...

Wo die wilden Kerle wohnen
Maurice Sendak
Zürich: Diogenes 1967
Ein Buch, in dem ein Kind destruktive Gefühle ausleben kann, ohne bestraft zu werden, und mittlerweile ein Klassiker: "Wilder Kerl!" schimpft die Mutter und schickt Max ohne Essen ins Bett. Auf einer Traumreise wird er König aller wilden Kerle. Aber zuletzt lockt es ihn doch zurück.

Kein Kuß für Mutter
Tomi Ungerer
Zürich: Diogenes 1974
Ein weiterer Klassiker: Der kleine Kater Toby Tatze will sich nicht länger bevormunden lassen. Er mag es gar nicht, wenn seine Mutter ihn küßt und alles in allem ist er recht ungezogen bis seine Mutter mal ganz böse wird..

Schön & Blöd
Ein Bilderbuch über schöne und blöde Gefühle
Ursula Enders/Dorothee Wolters
Köln: Kiepenheuer & Witsch 1991
Ursula Enders von "Zartbitter", der Kölner Initiative gegen sexuellen Mißbrauch von Kindern, legt ein Buch vor, das Kindern hilft, sich über schöne und blöde Gefühle klar zu werden — und auch mal NEIN zu sagen.

Aldo
John Burningham
Aarau u. Frankfurt: Sauerländer 1992
Wie das Mädchen in diesem Buch erzählen viele Kinder von unsichtbaren Spielkameraden, die nur sie sehen. Gibt es Probleme, ist der Phantasie-Freund immer für sie da.

Ein Sofa schwimmt zum Nil
Behrend/Brülhart
Oberursel: Neuer Finken 1991
Kati schläft auf dem Sofa ein und erlebt eine aufregende Expedition. Wenn das die Eltern wüßten!

Dr. Xargels Buch über die Erdlinge
Jeanne Willis/Tony Ross
Buxtehude: Verlag an der Este 1992
Ein hinreißend komisches Buch: Was denkt ein grünes Männchen von einem fremden Stern über die Menschen? Sie trinken durch ein Loch in ihrem Kopf, schlafen in einer Kiste, in der ein Bär namens Teddy wohnt...

Das Bärenwunder
Wolf Erlbruch
Wuppertal: Peter Hammer 1982
Bilderbuchpreis des Deutschen Jugendliteraturpreises 1993
Wie wird aus einem Bären ein Bärenvater? Muß er auf den Storch warten? Oder vielleicht ein Ei legen? Schließlich begegnet er einer Bärenfrau...

Der Schlittschuhkarpfen
Ludwig Askenazy/Juris Petraskevics
Köln: Gertraud Middelhauve 1992
Auswahlliste zum Deutschen Jugendliteraturpreis 1993
Ein kleines Mädchen vergißt seine Schlittschuhe, und der alte Karpfen Schuppinski kann sich endlich einen Traum erfüllen: In einer Vollmondnacht zur Mondscheinsonate auf dem Eis zu tanzen. Eine poetische Geschichte mit stimmungsvollen Bildern, zum Träumen schön.

BILDERBÜCHER

Bilderbuch für "Muggeli"
Otto Dix
Ravensburg: Otto Maier 1991,
16 Aquarelle; Besondere Erwähnung der Jury des Deutschen Jugendliteraturpreises 1992. Ein Kunstbilderbuch, das Otto Dix 1922 für seinen Stiefsohn "Muggeli" malte und zeichnete.

Der Nachtschimmi
Gwen Strauss/Anthony Browne
Oldenburg: Lappan 1992
Auswahlliste zum Deutschen Jugendliteraturpreis 1993
Der einsame Erich erfindet sich eine Phantasiegestalt als Freund, den "Nachtschimmi". Erst die Beziehung zu einem wirklichen Menschen holt ihn aus seiner Traumwelt heraus.

Das Land der Ecken
Irene Ulitzka/Gerhard Gepp
Wien: Picus 1993
Wo alles eckig ist, sogar die Menschen, sorgt ein runder Ball für Unruhe: Ein Buch über Toleranz und Engstirnigkeit, ausdrucksstark und farbenfroh illustriert.

Macker
David Hughes
Frankfurt: Alibaba 1993
Bilderbuchpreis des Jugendliteraturpreises 1994, "Ein aufklärender Beitrag zur aktuellen Gewaltdiskussion", so die Jury in ihrer Begründung. Aus fröhlichem Kinderspiel wird plötzlich brutale Gewalt. Das Buch macht deutlich, wie Agression grundlos aus Frust oder Langeweile entstehen kann, auch in der scheinbar heilen Kinderwelt des Bilderbuchs.

Detektiv John Chatterton
Yvan Pommaux
aus dem Französischen von
Anima Kröger
Frankfurt: Moritz 1994
Deutscher Jugendliteraturpreis 1995
Eine Detektivgeschichte, die es in sich hat. Von Humphrey Bogard bis zu Rotkäppchen, dem bösen Wolf sowie Tim und Struppi finden sich Figuren aus den unterschiedlichsten Genres. Gezeichnet mit einer wunderschönen klaren Linie, kräftigen Farben und witzigen Farbakzenten. Für Kinder ab 4 Jahren ist es bereits ein spannendes Buch. Detektiv John Chatterton meistert natürlich mit bewundernswerter Kombinationsgabe seinen Fall. Übrigens lohnt sich ein Blick in das Verlagsprospekt.

Zasas kleiner Bruder
Cousins, Lucy
aus dem Englischen von Rolf Inhauser
Frankfurt: Sauerländer 1995
Zazas Mama kriegt ein Kind. Ihr Bauch ist dick und groß - da bleibt nicht viel Platz zum Kuscheln. Oma kommt und kümmert sich um Zaza, und Papa bringt Mama in die Klinik. Im Krankenhaus besucht Zaza ihren kleinen Bruder...
Das kleine Zebramädchen Zaza macht die Erfahrung, die jedes Kind mit jüngeren Geschwistern machen muß: wenn die Mutter ein Kind kriegt, ändert sich alles. Wie gut, wenn man dann Eltern hat, die einem zeigen, daß man auch noch gefragt ist... Lucy Cousins schafft es mit ihren witzigen und bunten Bildern, eine schwierige Geschichte leicht zu machen.

Betti Becker beißt
Barbara Bottner/Peggy Rathmann
aus dem Amerikanischen von
Stephanie Menge
München: Parabel 1995
"Als Betti eines Tages bei uns übernachten soll, halte ich es nicht mehr aus. "Betti Becker ist ein DIONOSAURIER!" schreie ich. SIE WILL MICH BEI LEBENDIGEM LEIB AUFFRESSEN!"
Kinder sind sensibel, wie Erwachsene auch - und nicht immer passen sie zusammen, auch wenn Erwachsene es gerne hätten. Mit schönen frechen etwas altmodischen Bildern.

Klar, daß Mama Ole Anna lieber hat
Kirsten Boie/Silke Brix-Henker
Zwei Bilderbücher in einem Bilderbuch
Hamburg: Oetinger 1995
Kleine Brüder sind das Gräßlichste auf der Welt, findet Anna. Anna ist fast sieben und geht in die erste Klasse. Ole ist noch nicht mal vier...Manchmal vertragen sich große Schwestern und kleine Brüder aber auch: Wenn es abends dunkel wird und Mama mal ganz kurz weg muß, zum Beispiel...

Kein Tag für Juli
Kirsten Boie/Jutta Bauer
Weinheim: Beltz & Gelberg 1991
Ein ganz normaler blöder Tag, wie ihn jeder mal hat: es passiert gar nichts besonders Schlimmes, aber die alltäglichen Kleinigkeiten, die schiefgehen, machen einen wahnsinnig. Und diese Kleinigkeiten sind so treffend und lustig dargestellt, daß jedes Kind sie in seinem eigenen (Kindergarten-) Alltag wiedererkennt.

BILDERBÜCHER

Ich mach dich gesund, sagte der Bär
Janosch
Zürich: Diogenes 1985
Einmal kommt der kleine Tiger aus dem Wald gelaufen, kann nicht mehr gehen, nicht mehr stehen und fällt um. "Ich bin so krank", sagt er, "ich kann mich fast nicht mehr bewegen." "Halb so schlimm", sagt der kleine Bär, "ich mach dich gesund" und versucht, ihn mit seiner Lieblingsspeise und viel Aufmerksamkeit gesund zu machen doch: Diese Geschichte erzählt, was alles guttut, wenn man krank ist. Ein Buch für jedes kranke Kind - und im Wartezimmer auch gut aufgehoben.

Weißt du eigentlich, wie lieb ich dich hab
Sam McBratney/Anita Jeram
aus dem Englischen von
Rolf Inhauser
Frankfurt: Sauerländer 1994
Der kleine Hase soll eigentlich ins Bett gehen, aber er hält sich noch ganz fest an den langen Ohren des großen Hasen. Er will nämlich ganz sicher sein, daß der ihm auch zuhört. "Rate mal, wie lieb ich dich hab", sagte er. "Oh, sagte der große Hase, ich glaube nicht, das ich das raten kann." Da breitet der kleine Hase seine Ärmchen aus, so weit er kann. Eine rührende Geschichte, mit wunderbar zarten, etwas altmodischen Illustrationen.

Weißt du, wo die Teddys sind
Ralph Steadman
Hamburg: Carlsen 1993
Für Kinder, deren liebstes Spielzeug immer noch der gute, alte Teddy ist: Ein alter Mann fühlt sich wieder jung, als er mit seinen Enkelkindern vernachlässigte Teddys aus einem Spielwarenladen befreit.

Morgen, Findus, wird's was geben
Sven Nordquist
aus dem Schwedischen von
Angelika Kutsch
Hamburg: Oetinger 1995
Seit der alte Pettersson seinem Kater Findus vom Weihnachtsmann erzählt hat, hat Findus nur noch eins im Kopf: daß der Weihnachtsmann auch zu ihm kommt....und er kommt tatsächlich. Ein schönes Weihnachtsbuch von Pettersson und seinen Kater Findus.

Der Regenbogenfisch
Marcus Pfister
Hamburg: Nord-Süd 1992
Inzwischen schon fast ein Klassiker und geliebt von Kindern auch wegen der Glitzereffekte. Der Regenbogenfisch ist der allerschönste Fisch im ganzen Ozean: sein Schuppenkleid schillert in allen Regenbogenfarben. Die anderen Fische bewundern ihn sehr, doch Schönheit allein reicht nicht... Eine anrührend schöne Geschichte darüber, wie man Freunde gewinnt und sie behält. Inzwischen gibt es mit dem selben Fisch eine Fortsetzungsgeschichte.
Das Buch der Regenbogenfisch ist auch im Großformat, vor allem für Kindergärten- und Kindergruppen gedacht, erhältlich.

Die wahre Geschichte von allen Farben
Eva Heller
Für Kinder, die gern malen.
Oldenburg: Lappan 1995
Deutscher Jugendliteraturpreis Auswahlliste Ein Bilderbuch über Farben und mit Farben. Eine Geschichte, wie die Farben sich benehmen, miteinander und einzeln und wie schwer sie sich tun sich zusammenzutun und was dabei herauskommt. - Das Geheimnis des Farbenkreises.

NEIN ich fürchte mich nicht NEIN NEIN
Libuse und Josef Palecek
Hamburg: Nord-Süd 1995
Von einem kleinen Tiger, der vor allem Angst hatte. Eine Geschichte über Ängste und die Kraft mit ihnen umzugehen, hübsch bebildert und liebevoll erzählt.

Benni und die sieben Löwen
Heinz Janisch/Gabriele Kernke
Wien: Annette Betz 1995
Was passiert mit der Wut? Eine Rahmenhandlungsgeschichte über den kleinen Benni, der seiner Familie erzählt, daß er sieben Löwen besiegt hat, die immer dann kommen, wenn Benni Wut hat. Eine sehr pädagogische (einsetzbare) Geschichte für das Kindergartenalter über den konstruktiven Umgang mit Wut und Aggression.

Der Bär
Raymond Briggs
Oldenburg: Lappan 1994
Ein riesiger Kuschelbär in einem ungewöhnlich großformatigen Buch verkörpert Geborgenheit und Zärtlichkeit. Die weich gezeichneten Kreidebilder in Pastellfarben lassen einen das flauschige Fell beinahe fühlen.

BILDERBÜCHER

Frau Meier, die Amsel
Wolf Erlbruch
Wuppertal: Peter Hammer 1995
Pechschwarz sind die Hausfrauensorgen, die Frau Meier niederdrücken - bis sie ihnen davonfliegt mit ihrem kleinen Ziehkind, einer Amsel, der Frau Meier das Fliegen zeigt. Ungewöhnliche Illustrationen regen die Phantasie an.

Mein Körper gehört mir
PRO FAMILIA/Dagmar Geisler
Bindlach: Loewe 1995
Ein weiteres Buch zum Thema "sexuelle Grenzüberschreitung": Pro Familia will dazu beitragen, daß Kinder eine selbstbewußtere Einstellung zu ihrem Körper lernen.

Mutter, Vater, Kind
Kirsten Boie/Peter Knorr
Hamburg: Oetinger 1994
Line spielt gern Mutter, Vater, Kind mit ihren Freunden. Aber bei dem wilden Malte muß sie immer kochen, putzen und die Kinder versorgen. Soll sie vielleicht lieber mit dem netten Daniel spielen?
Ein Bilderbuch, das Geschlechterrollen in Frage stellt.

Theos Traum
Karoline Kehr
Hildesheim: Gerstenberg 1995
Theo liebt Schuhe über alles und muß jede Nacht davon Träumen, daß sein schöner Schuhladen völlig durcheinander "fliegt"; bis er sein Traummännchen trifft. - Mit dem fliegt er in einem braunen Halbschuh in der Nacht zum Mond und fällt aus dem Schuh vor sein Bett zurück - aber der Schuh ist ganz zerkratzt. Eine sehr schön gezeichnete, schon fast gemalte Geschichte, über Traum und Wirklichkeit und die Gedankenkraft der Menschen.

VORLESEBÜCHER

Die Texte werden länger, anspruchsvoller und ergeben auch ohne Bilder eine zusammenhängende Geschichte.

Swimmy
Leo Lionni
Köln: Middelhauve 1965
Deutscher Jugendbuchpreis 1965
Ein kleiner Fisch zeigt seinen Kameraden, daß Einigkeit stark macht. Gemeinsam trauen sie sich auf die offene See hinaus, um die Wunder des Meeres zu erleben. Bilder in ungewöhnlichen Druck- und Stempeltechniken zeigen eine durchsichtige, schillernde Unterwasser-Welt.

Kleine Schwester Kaninchen
Eva Eriksson/Ulf Nilsson
Hamburg: Oetinger 1993
Die Eltern "jagen Mohrrüben", und der große Bruder muß einen ganzen langen Tag auf seine kleine Schwester aufpassen. Liebevoll kümmert er sich um sie und beweist, daß er ein großer, tüchtiger Kaninchenjunge ist.

Da liegt ein Krokodil unter meinem Bett
Mercer Mayer
Ravensburg: Ringelfant 1991
Ein Buch über nächtliche Ängste, und wie man sie besiegt: Mit viel Phantasie schafft es ein kleiner Junge, das Krokodil loszuwerden.

Mein Papi, nur meiner!
oder: Besucher, die zum Bleiben kamen
Annalena McAfee/Anthony Browne
Frankfurt: Alibaba 1984
Bilderbuchpreis des Deutschen Jugendliteraturpreises 1985
Ein Buch im Buch über Alleinerziehende mit ihren Kindern:
Der Vater liest Nicki ein Buch über Katy und ihren Vater vor. Weder Katy noch Nicki fällt es leicht, den Papi mit anderen zu teilen. Die ungewöhnlichen, surrealistischen Bilder enthalten viele phantasieanregenden Details, die über die Geschichte hinausweisen.

VORLESEBÜCHER

Anna und die Wut
Christiana und Christine Nöstlinger
Wien/München: Jugend und Volk 1991, Kinderbuchpreis der Stadt Wien
Ehrenliste zum Österreichischen Kinder- und Jugendbuchpreis
Die kleine Anna hat immer gleich eine riesengroße Wut. Überall eckt sie damit an und schadet auch sich selbst. Bis der Opa ihr eine Trommel schenkt...

Der Bär auf dem Försterball
Peter Hacks/Walter Schmögner
Köln: Middelhauve 1990
Der Schriftsteller Peter Hacks mit einer Kindergeschichte:
Als Förster verkleidet mischt sich der Bär unter die "Kollegen". Angeheitert schlägt er vor, den Bären jagen zu gehen...

Willi Wiberg spielt doch nicht mit Mädchen,
und andere Willi Wiberg-Bücher
Gunilla Bergström
Hamburg: Oetinger 1986
Er ist der "neue Mann" unter den kleinen Jungen: Die Geschichten von Willi und seinem Vater zeigen einen Kinderalltag, in dem Kinder sich wiederfinden können, und berücksichtigen dabei das veränderte Rollenverständnis von Frauen und Männern.

Märchen
James Krüss
Hamburg: Oetinger 1991
Märchen von Tieren und Menschen aus verschiedenen Ländern, erzählt von dem beliebten Kinderschriftsteller.

Abschied von Rune
Marit Kaldhol/W. Oyen
München: Ellermann 1987
Wie kann ein Kind den Tod eines Freundes verarbeiten? Stimmungsvolle, poetische Bilder erzählen von Trauer und Verlust und davon, wie ein Kind sich den Tod vorstellt.
Viveca Sundvall

Mein Bruder ist immer noch mein Bruder
Aus dem Schwedischen von Angelika Kutsch
Hamburg: Oetinger 1995
Wenn die Sonne scheint denke ich an meinen Bruder. Er ist gestorben. Mein Bruder, der wie eine Sonne war. Er hat mich gewärmt und fröhlich gemacht. Ein Buch über den Tod und das Abschiednehmen, die Gedanken an Menschen. - Aber mein Bruder ist immer noch mein Bruder.

Opa gehört zu uns
U. Kirchberg/A. Blunk
München: Ellermann 1992
Der pflegebedürftige Opa zieht zu seiner Familie anstatt in ein Altersheim. Dem siebenjährigen Felix fällt es schwer, sich an die Veränderungen zu gewöhnen.

Petruschkas Lackschuhe
Vita Andersen
Zürich: Nagel & Kimche 1992
Auswahlliste zum Deutschen Jugenliteraturpreis 1993
Zum Geburtstag bekommt Petruschka endlich die Lackschuhe, die sie sich so sehr gewünscht hat. Aber ist das gerecht, wenn ihre jüngere Schwester Marie jetzt auch sofort welche bekommt? Ein Buch über Konkurrenz innerhalb der Familie und darüber, wie man mit negativen Gefühlen umgehen kann.

Kannst du pfeifen, Johanna
Ulf Stark/Anna Höglund
Hamburg: Carlsen 1993
Kinderbuchpreis des Deutschen Jugendliteraturpreises 1994
Der siebenjährige Berra ist ein Junge ohne Opa. Aber sein Freund Ulf weiß die Lösung: Im Altersheim gibt es doch viele alte Männer! Ein sympathisches Buch, in dem Menschen über Altersgrenzen hinweg zueinander finden.

Die kleine Eule und der Weg ins Leben
Janwillem van de Wetering/Jutta Bauer
München: Carl Hanser 1994
Ein Kinderbuch im Geiste des Buddhismus: Acht Tierkinder beschreiten den achtfältigen Pfad und bemühen sich um das richtige Wissen, das richtige Reden, das richtige Handeln ... Eine wunderbar, einfach und klug erzählte Geschichte über die wichtigen Dinge und Erfahrungen des Lebens.

Dirk, der Zwerg und andere Märchen
Armando/Susanne Janssen
München: Carl Hanser 1995
Ein Prinz, der lieber wieder ein Frosch sein will, eine Hexe, die immer weint, wenn sie böse sein soll ... in diesen Märchen kommt es meistens anders, als man denkt.

VORLESEBÜCHER

Pischmarie
Dagmar Chidolue
München: dtv 1994
Marie macht dauernd Pipi in die Hose oder ins Bett. Ihre Oma nennt sie deswegen liebevoll Pischmarie, aber am Ende wird sie zur Zopfmarie. Wie Marie lernt, ihr Pipi zu steuern, Maries Geschichte und die von ihrer Familie ist in diesem wunderschön, leicht erzählten kleinen Buch geschrieben, das anrührt und auf einfache Art wie wichtige Worte und Gesten für das Wohlfühlen sind.

Erzähler der Nacht
Rafik Schami
Weinheim: Beltz & Gelberg 1989
Rattenfänger-Literaturpreis der Stadt Hameln, Phantastik-Preis der Stadt Wetzlar.
Von der Stiftung Buchkunst als eines der schönsten Bücher der Bundesrepublik Deutschland ausgewählt Geschichten wie aus tausendundeiner Nacht, erzählt von einem orientalischen Geschichtenerzähler. Ein Buch zum Lesen und Vorlesen, für Kinder und Erwachsene.

Märchen der Brüder Grimm
Gebrüder Grimm -
Nikolaus Heidelbach
Weinheim: Beltz & Gelberg 1995
Grimms Märchen sind über alle Zeit hinweg lebendig geblieben. Sie wurden kritisch oder sogar ablehnend behandelt, doch sie haben immer wieder von neuem Kinder wie auch Erwachsene begeistert. Unendlich oft wurden die unvergeßlichen Geschichten der Gebrüder Grimm schon illustriert - doch hierzulande gab es seit langem keine neue wesentliche, umfassend illustrierte Neuausgabe. Beim Nachdruck der Texte für diese Ausgabe wurde vornehmlich die Textfassung von 1819 übernommen - Nikolaus Heidelbach hat sie in dreizehnmonatiger Arbeit neu illustriert. Die entstandenen 154 farbigen Bilder zu den 101 Märchen haben eine besondere, eigentümliche Wirkung, ganz und gar nicht zuckersüß wie die vieler anderer Ausgaben: sie lassen die Märchen in Kopf und Gemüt neu entstehen.

Der Waschbär wäscht nicht mehr
Piotr Wilkon/Doris Eisenburger
Düsseldorf: Patmos 1995
Der gutmütige Waschbär will sich nicht länger ausnutzen lassen, und die anderen Tiere sind entsetzt: Wer soll nun ihre Wäsche waschen? Doch nicht etwa sie selber?

Das Buch der Märchen
Gebrüder Grimm, u.a., Renate Seelig
Ravensburg: Otto Maier 1995
In diesem Hausbuch sind 50 der bekanntesten und schönsten Märchen in ursprünglicher Textgestalt versammelt. Im Zentrum stehen die Märchen der Gebrüder Grimm, aber auch Andersen, Bechstein, Brentano, Hauff oder Musäus sind vertreten. Renate Seelig hat sie mit über 500 farbigen Bildern und Vignetten wunderschön illustriert. Besonders beachtenswert und interessant: Im Anhang präsentiert der Volkskundler Hermann Bausinger auf 50 Seiten eine Motivgeschichte der einzelnen Märchen samt literarischem Kommentar.

BILDERBUCHFIGUREN AUF CD-ROM

Pippi Langstrumpf
Astrid Lindgren/Ingrid Vang Nyman, Hamburg: Oetinger 1995
Für alle Fans, sie ist wieder da und zwar diesmal ganz neu - auf neuem Medium - als Computerspiel. Plagen den echten Fan auch zunächst Zweifel, kommen beim Spielen, der Spaß und die Fangemeinde doch auf ihre Kosten.
So geht es mit "der Maus" quer durch die Villa Kunterbunt. Mit Spielemöglichkeiten, Texten, Geschichten, können sich Kinder ab 5 Jahren durch Pippis Leben, ihre Villa und Abenteuer spielen, nett und ohne Zeigefinger, wie Pippi nun mal gemacht ist, wenn auch mit komischer Stimmlage auf dieser CD-Rom. Leider sind die Zugriffsmöglichkeiten auf die Spiele und die einzelnen Teile sehr schwerfällig, die Übergänge manchmal plump und nicht erläutert. Auch kommen die Kinder oft aus der CD-Rom "nicht heraus" ohne die Hilfe von Erwachsenen.
Die CD-Rom mit kleiner Pippi Puppe, gibt es in sechssprachiger Version und läuft unter MAC oder Windows und kostet DM 79,00.

SPIELEBÜCHER

Bücher, die nicht nur gelesen werden wollen, sondern zurück führen zum Spiel und anderen Aktivitäten.

Glucke, Puppe, Kasper, Bär, Rummelplatz und Feuerwehr
James Krüss, Petra Wiegandt
Das große Spielebuch
Erlangen: Boje 1994
Lustige Reimspiele zum Vor- und Mitlesen.

Afrikanische Kinderspiele
Truus Nijhuis
Wuppertal: Peter Hammer 1981
Ein Buch mit über 100 Fotos, das Sympathie für eine andere Kultur weckt und dazu einlädt, von ihrer Kreativität zu lernen.

Bühne frei!
Theaterspielen von der Idee bis zur fertigen Vorstellung
Helene Gate und Kent Hägglund
Mödling b. Wien: St. Gabriel 1991
Auswahlliste zum Deutschen Jugendliteraturpreis 1992
Eine einfallsreich gestaltete Einführung mit praktischen Tips für Laienspielgruppen mit unterschiedlichsten Voraussetzungen.

Gefühl bis in die Fingerspitzen
G. Falkenberg
Offenbach: Burckhardthaus-Laetare 1991
Anleitungen zu Bewegungsübungen für Kinder ab 3 Jahren.

Was mach ich wenn -
Ein Rat- und Hilfebuch für Kinder
Brigitte Smith
München: Betz 1992
Ein Buch mit vielen guten Ratschlägen für große und kleine Alltagsnöte. Ein Frage- und Antwortspiel übt Kinder darin, in schwierigen Situationen richtig zu reagieren.

Das Spiel- und Aktionsbuch
Sharla Feldscher
Reinbek: rororo 1991
Für verregnete Sonntage oder Staus auf der Autobahn ebenso geeignet wie für Kinderfeste: Jede Menge Ideen, die Laune machen.

Schattentheater
Denny Robsen/Vanessa Bailey
Niedernhausen: Bassermann 1991
Schattenspiele für geschickte Hände und selbstgebastelte Figuren aus Pappe.

Da ist der Bär los
Mit-Spiel-Aktionen für kleine und große Leute
Annette Breucker
Münster: Ökotopia 1995
Ein Buch mit Spielanleitungen, Liedern, Basteltips, Geschichten eher für Gruppen als für Einzelkinder zuhause gedacht.

AnnasusannA
Ein Pendelbuch für Rechts- und Linksleser
Hansgeorg Stengel
München: Paul List 1995
Das "Lagerregal" und den "Reliefpfeiler" kennt man, aber was ist ein "Lidokorkkrokodil"? Dies und andere wichtige Dinge erfahren wir bei einem Ausflug in die wundersame Welt der Palindrome - Wörter und Sätze, die sowohl von links nach rechts als auch von rechts nach links gelesen werden können. Ein Buch, das nicht nur Kindern Spaß macht. Mit Anleitungen zum Selber-Fabulieren.

Spiele mit Seilen und Tüchern
Uli Geißler
Tausendfüßlers Taschenbuch
Münster: Ökotopia 1992
Ein ganzes Buch nur für Spiele mit Seilen, Tüchern und Kindern mit sehr schönen und guten Anweisungen für Einzel- und Gruppenspiele

ERZÄHLBÜCHER UND LESEBÜCHER

Ab dem zweiten Schuljahr werden Bücher zum Selberlesen wichtig. Bilder sollen nur noch auflockern. Das ist mitunter dringend nötig, bei hundert und mehr Seiten - richtige kleine Romane!

Sophie macht Geschichten
Peter Härtling
Weinheim: Beltz 1981
Ein Schriftsteller schreibt für Kinder: Kleine Geschichten aus dem Alltag eines Schulmädchens.

Momo
Michael Ende
München: Heyne Verlag 1986
Ein modernes, gesellschaftskritisches Märchen: Das Mädchen Momo nimmt es mit den "grauen Herren" auf, die den Menschen die Zeit stehlen. Ein vielfach ausgezeichnetes Buch.

Siebenstorch
Benno Pludra/-
Johannes K.G. Niedlich
Berlin: Der KinderBuchVerlag 1991
Deutscher Jugendliteraturpreis 1992
Eine poetische Geschichte über Außenseitertum und Geborgenheit, Freiheit und Unterdrückung: Von seinen Eltern verstoßen, schließt sich der junge Storch einer Menschenfamilie an und weigert sich, fliegen zu lernen. Hier wie da bleibt er ein Fremder. Aber auch das Mädchen Maika hat Schwierigkeiten, ihren Weg zwischen Anpassung und Individualität zu finden.

Die Vorstadtkrokodile
Max von der Grün
Reinbek: rororo 1978 (Rotfuchs)
Auswahlliste zum Deutschen Jugendbuchpreis
Die Krokodilerbande tut sich schwer, einen querschnittsgelähmten Jungen zu akzeptieren. Aber Kurt beweist allen, daß er trotz des Rollstuhls einiges auf der Pfanne hat...

Ich häng die Sonne an die Leine
Rile Schöne/Gisela Röder
Stuttgart: Edition Anker 1995
Viele verschiedene intelligente Reimgeschichten, Rätsel, Erzählgeschichten und einige Gebete bunt durcheinandergewürfelt. Vor allem für die Kinderphase in der Wortspiele die Sprachformung und -ausbildung fördern.

Als Vaters Bart noch rot war
Wolfdietrich Schnurre
Neuwied: Sammlung Luchterhand 1988. Die einzelnen Geschichten finden sich in vielen Schullesebüchern, den ganzen Roman kennen die wenigsten: Ein Kind erlebt das Berlin der 30er Jahre. Wirtschaftskrise und Malzkaffeeduft, Rummelplatz-Atmosphäre und Schrebergärtenkolonien.

Der kleine Hobbit
John R.R. Tolkien
München: dtv junior 1974
Auswahlliste zum deutschen Jugendbuchpreis. Das Buch, mit dem der Kultautor den Grundstein zu seiner "Herr der Ringe"-Trilogie legte: Zwerge, Elben und viele andere Wesen bevölkern eine mythische Fabelwelt, in der der Hobbit Bilbo Beutlin phantastische Abenteuer erlebt.

Schwein gehabt, Knirps!
Dick King/Mary Rayner
Frankfurt: Sauerländer 1995
aus dem Englischen von Anne Braun
(Die literarische Vorlage für den Film "Ein Schweinchen namens Babe", Bauer Hogget, der sonst nur Schafe, Hunde und Enten hat, gewinnt ein Ferkel "Knirps". Das zunächst einsame Schwein wird auf dem Bauernhof langsam aber sicher "einsame Spitze", vom Liebling der Schafe bis zum gefeierten Fernsehstar und besten Hüte (hund) schwein, das Bauer Hogget je gehabt hat. Witzig liebevoll mit viel englischem Humor erzählt.

So zärtlich war Suleyken
Siegfried Lenz
Hamburg: Hoffmann & Campe 1988
Nicht speziell für Kinder geschrieben, aber trotzdem geeignet: Die lustigen Geschichten aus der Heimat des Schriftstellers bieten Kindern einen leichten Einstieg in die "große Literatur".

Lelee, das Hirtenmädchen
Abdoua Kanta
Zürich: Nagel & Kimche 1987
Der Alltag eines afrikanischen Mädchens wird einfühlsam beschrieben: Die schwere Arbeit, die strengen Verbote, aber auch die Freuden einer ursprünglichen Lebensweise, die uns fremd geworden ist.

Schere, Stein, Papier
Patricia MacLachlan
München: Carl Hanser 1994
Die zwölfjährige Larkin freut sich: Ein Findelkind kommt in die Familie. Aber die Pflegeeltern haben Angst, sich zu sehr an die kleine Sophie zu gewöhnen, da ihr eigenes Baby gestorben ist. Ein Buch über das Tabu-Thema Tod und den Umgang mit dem Schmerz.

ERZÄHLBÜCHER UND LESEBÜCHER

Wenn das Glück kommt, muß man ihm einen Stuhl hinstellen
Mirjam Pressler
Weinheim: Beltz & Gelberg 1995
Deutscher Jugendbuchpreis 1995.
Die zwölfjährige Halinka hat allen Grund, unglücklich zu sein: Sie muß im Heim leben, weil ihre psychisch kranke Mutter sie nicht will. Aber sie glaubt fest daran, daß sie eines Tages wieder glücklich sein wird. Ein Buch, das Kindern Mut macht, sich ihre Hoffnungen nicht nehmen zu lassen und einen ungewöhnlichen "Gang" einschlägt. Denn Halinka wird für ihren "beharrlichen Ungehorsam", sich ihr Glück zu suchen auch belohnt. Eine schöne Geschichte, die Mut macht.

Der Hund, der unterwegs zu einem Stern war
Henning Mankell
Hamburg: Friedrich Oetinger 1992
Kinderbuchpreis des Deutschen Jugendliteraturpreises 1993
Ein Jugendlicher schafft sich seine Phantasiewelt: Da wird ein Stein zum Erdball, ein streunender Hund erhält eine besondere Bedeutung, und von seinem Geheimbund sollen die Erwachsenen nichts wissen. So verarbeitet der elfjährige Joel den Weggang seiner Mutter und das arbeitsame, ereignislose Leben mit seinem Vater. Zwischen Geborgenheit und dem Drang nach Abenteuern findet ein Heranwachsender zu sich selbst.

Muschelkind
Rudolf Herfurtner
Hamburg: Friedrich Oetinger 1995
"Muschelkinder" sind märchenhafte Findelkinder, die in der Geschichte des Bernbaches immer wieder auftauchen. Ein Mädchen setzt diese Tradition fort, als sie den Bach vor der Verschmutzung durch eine Fabrik retten will. Ist sie auch ein "Muschelkind"? Ein phantasievolles Buch, das eine Verbindung schafft zwischen den Sagen vergangener Zeiten und unserer problembeladenen Gegenwart.

Ich heiße Kaspar
Willy van Doorselaer
aus dem Niederländischen
von Mirjam Pressler
München, Wien: Hanser 1995
Ein Buch zum Selberlesen aber auch zum Vorlesen für Kinder vor der Pubertät über eine starke Persönlichkeit, den 11jährigen Kaspar, der es schafft, dank seiner Ausstrahlung und Anstrengung die Menschen um sich herum auf den "richtigen Pfad" zu stupsen. Ein Buch, das Kindern Mut und Selbstvertrauen auf leichtem Fuß daherbringt.

Inselheimweh
Selma Noort
Weinheim: anrich 1995
aus dem Niederländischen
von Mirjam Pressler
Raven lebt auf einer Insel und muß die verlassen, um in die Schule zu gehen. Dort fühlt er sich nicht wohl und fremd. Die Umgebung gefällt ihm nicht und die anderen Kinder lachen ihn aus, wenn er von seiner schönen Insel erzählt. Erst durch die Geschichte von einem (fremden) Muschelkind können die Kinder in Ravens Klasse und kann Raven sich ein wenig einfinden in der jeweiligen Welt der anderen. Eine poetische Kindergeschichte über Ausgrenzung und Toleranz.

Mia, was ist ein Trip?
Regine Schindler/Sita Jucker
Zürich: bohem press 1994
Matz mag Mia. Er trifft sie in der Stadt, bis er sie eines Tages mit einer Spritze findet. Mia erklärt Max, was ein Trip ist.
Ein trauriges Buch über die Freundschaft eines kleinen Jungen zu einem jungen Mädchen, das süchtig ist, mit einem traurigen und etwas hoffnungsvollen Ende. Liebevoll werden die Figuren und Mias Elend erzählt, ohne Angst zu schüren, eher erklärend pädagogisch.

LERN- UND SACHBÜCHER

Sachbücher gibt es für alle Altersstufen, sogar als Bilderbücher für die Kleinsten. Für Kinder, die ihren Wissensdurst stillen möchten.

Linsen, Lupen und magische Skope
Pelle Eckerman/Sven Nordqvist
Hamburg: Oetinger 1991
farbig illustriert, mit Worterklärungen und Sachregister
Deutscher Jugendliteraturpreis 1992
Unterhaltsam und informativ werden "Guck-Apparate" wie z.B. Fernrohr, Kamera und Kaleidoskop vorgestellt. Mit Experimentier- und Bastelanleitungen.

Sie bauten eine Kathedrale
David Macaulay
München: dtv 1977
Deutscher Jugendbuchpreis 1975
Gleichzeitig ein Sach-, ein Bilder- und ein Kunstbuch. Anschaulich wird der Bau einer gotischen Kathedrale im Mittelalter beschrieben, eine Riesenaufgabe für den Architekten, die Bauleute und die Künstler.

Kinder machen 50 starke Sachen, damit die Umwelt nicht umfällt
The Earth Works Group
Textbearbeitung
von Burghard Bartos
Hamburg: Carlsen 1991
Auswahlliste zum Deutschen Jugendliteraturpreis 1992
50 Aktionsvorschläge plus Hintergrundinformationen und Tips zum Umweltschutz.

Erde, Feuer, Wasser, Luft
Hamburg: Oetinger 1991/92
In dieser neuen Sachbuchreihe erzählen bekannte Autoren wie zum Beispiel Tilman Röhrig vom Ausbruch des Vesuvs, von der Entdeckung Amerikas oder von den Steinzeitjägern.

Kirsten Boie erzählt vom Angsthaben
Kirsten Boie
Hamburg: Oetinger 1992
Ein Buch über Kinderängste: Wie entstehen sie, und wie wird man sie wieder los?

Wie es damals war
Chris und Melanie Riec/Sergio
aus dem Englischen von
Walter A. Siering
Stuttgart: Edition Anker 1995
Eine Geschichte für Kinder im Grundschulalter mit vielen Illustrationen, Skizzen und Abbildungen. Es sind im wahrsten Sinne Geschichten von Kindern in aller Welt und den verschiedensten Menschheitsepochen. Es wird erzählt, wie die Kinder leben, wie ihr Umfeld ist, was sie tun und wie sie sich kleiden, essen und trinken. Ein schönes spannendes und anschauliches Buch.

Mutter sag, wer macht die Kinder
Janosch
München: Mosaik 1992, Ein direktes, herzhaftes Aufklärungsbilderbuch

Das Aufklärungsbuch
Sylvia Schneider/Birgitt Rieger
Ravensburg: Otto Maier 1990
Ein offenes, aber gleichzeitig behutsames Buch; leicht verständlich geschrieben, auch für angehende Jugendliche, die die Pupertät noch vor sich haben. Mit witzigen Illustrationen von Birgitt Rieger.

Peter, Ida und Minimum
Grete Hagerström/Gunilla Hansson
Aus dem Schwedischen von
Angelika Kutsch
Ravensburg: Otto Maier 1987
Familie Lindström bekommt ein Baby. Peter und seine große Schwester freuen sich darauf. Sie nennen das ungeborene Geschwisterchen "Minimum". Peter und Ida stellen Fragen über die Zeugung, sie erleben die Zeit der Schwangerschaft mit und lassen sich von ihrem Vater den Geburtsvorgang erzählen, den er im Krankenhaus miterlebt hat. In dieser Geschichte finden Eltern Hilfe, ihr Kind offen und ohne zuviel Wissensballast aufzuklären. Die Art der Darstellung ist eine Mischung aus Comic und Bildergeschichte - Kinder können sich so auch gut alleine mit dem Buch beschäftigen.

Kinder feiern Feste
H. Bücken; I. Radionow/C. Funke
Ravensburg: Otto Maier 1995
Das Buch enthält zwölf komplette Kinderfeste für Kinder von 4 bis 9 Jahren. Alle Feste stehen unter einem ganz besonderem Motto und sind liebevoll und perfekt vorgeplant. Ob drinnen oder draußen, zu Hause, auf dem Grillplatz oder im Hallenbad, jedes Fest ist fix und fertig zum Nachfeiern - mit Einladung, Essensvorschlägen, Dekorationsideen und Spielen. Wer sich selbst ein Festzusammenstellen will, findet in einem Register noch einmal die über 100 Spielvorschläge, aufgelistet nach Alter, Spieltyp, Material und Spielort.

LERN- UND SACHBÜCHER

Das Kinderfestebuch
Christiane Kutik/ Stephanie Wagner
Stuttgart: Freies Geistesleben 1995
Kinder lieben Feste, und neben dem Geburtstag gibt es das ganze Jahr über Anlässe zum Feiern: Familienfeste, Feste in Spielgruppen, Kindergärten, Schulen, Sommerfeste, Abschiedsfeste - und natürlich die Feste des Jahreskreises. Das Kinderfestebuch ist ein echtes Nachschlagewerk, in dem jeder, der ein Fest feiern möchte, nach seinen Bedürfnissen etwas heraussuchen kann: Bastelvorschläge, Rezepte, Lieder, Gestaltungsideen, und jede Menge zeitgemäße Spiele für drinnen und draußen. Das Kinderfestebuch erscheint als Pendant zum bekannten und beliebten "Jahreszeitenbuch", ebenfalls von Christiane Kutik.

Himmel, Hölle, Blindekuh
Edmund Jacoby/Rotraut Susanne Berner
München: Hanser Verlag 1993
Spiele, Spiele, Spiele: alte und neue, freche und liebe, laute und leise. Spiele für Sonnentage und Regentage, für viele Kinder und für ganz wenige - eine Antwort auf die ewigen Fragen: "Was sollen wir spielen?" und: "Wie geht denn das?" Das Buch enthält 200 Spiele, die nach verschiedenen Spielarten geordnet sind: Zimmerspiele in kleine Gruppen, Wort-Schreib- und Denkspiele - Kinderpartyspiele - Kinderfest im Freien - Spiele mit und ohne Sieger - Spielen im Gelände - Alltagsspiele. Die einzelnen Spiele sind in Wort und Bild gut erklärt, so daß schon kleine Kinder sie verstehen können. Ein wirklich gelungenes Spielebuch mit tollen Spielen und vielen Einfällen für fast alle Gelegenheiten - gleichzeitig eignet sich dieser sehr schön illustrierte Band auch zum einfach nur darin blättern, stöbern, lesen.

Ich aber erforsche das Leben
Die Lebensgeschichte des Jean-Henri Fabre
Martin Auer
Weinheim: Beltz & Gelberg 1995
Der französische Insektenforscher (1823 - 1915) gilt als Vorbild einer sanften Wissenschaft. Er hat seine Beobachtungen leicht verständlich beschrieben, oft auch ausdrücklich für Kinder. Auszüge aus seinen Schriften vermischen sich mit seinem ebenso anschaulich dargestellten Leben zu einem poetischen Fabre-Lesebuch.

Möbel und Spielzeug für Kinder
Kreative Ideen zum Selberbauen
Terence Conran
München, Callwey Verlag 1994
Ein Kinderzimmer ist die Welt im Kleinen. Kein Zweifel, daß unsere Erfahrungen mit Farbe, Textilien, Design und Formen dort gemacht werden, umgeben von den alltäglichen Dingen einer Familie. Die meisten von uns erinnern sich sehr genau an die Zimmer, in denen wir aufwuchsen. Wir können uns ebensogut an unseren Lieblingsstuhl oder -tisch erinnern wie an unsere geliebte Eisenbahn. Mit seinem Buch "Möbel und Spielzeug für Kinder" regt Trence Conran, international anerkannter Designer, dazu an, die Kinderzimmer in Eigeninitiative zu gestalten. Alle vorgestellten Einrichtungsgegenstände sind flexibel. Das heißt, sie können möglichst einfach und preiswert dem Alter und den entsprechenden Bedürnissen des Kindes angepaßt werden. Mit vielen Farbaufnahmen, über 100 Zeichnungen und Tabellen zu den jeweils benötigten Materialien und Werkzeugen.

Was du schon immer über Sex wissen wolltest
R. Harris/M. Emberley
Total normal
Frankfurt: Alibaba 1995
Die genauen farbigen und sehr persönlichen Zeichnungen vergnügen schon kleine Kinder und ermöglichen ein vertrautes Gespräch bereits mit Kindern ab drei Jahren. Die ausführlichen Informationen im Textteil genügen den Ansprüchen all derer, die meinen, von den Teenie-Magazinen bereits aufgeklärt zu sein. Die Cartoons mit Vogel und Biene sind ein Vergnügen für Leserinnen und Leser jeden Alters.

Das Material-Buch
Von Steinen und Metallen, Pflanzen und Tieren und uns
Matthias Duderstadt
Frankfurt: Sauerländer 1992
Ein Weg, die Eigenschaften von Materialien sinnlich und begrifflich erfahrbar zu machen. Mit Materialkasten. Besondere Erwähnung des Deutschen Jugendliteraturpreises 1993. Nicht nur ein Buch, sondern auch eine Kassette mit 16 natürlichen Stoffen, die betrachtet und ertastet werden können. Dazu gibt es Informationen über die Bedeutung, die diese Stoffe für uns haben. Weckt Lust, selbst die Umwelt zu erkunden.

Kinder aus aller Welt
Barnabas und Anabel Kindersley
Bindlach: Loewe 1995
1996 feiert die UNICEF-Organisation ihr 50-jähriges Bestehen. Anläßlich dieses Jubiläums entstand in Zusammenarbeit mit UNICEF dieses Buch. Vorgestellt werden 37 Kinder aus aller Welt. Im Mittelpunkt steht ihr Alltagsleben: die Eltern, das Zuhause, die Schule und die Freunde.

LERN- UND SACHBÜCHER

PICASSO entdecken
Eichborns Kunst für Kinder
Veronique Antoine
Frankfurt: Eichborn 1993
Mit vielen Fotos.
Ein Kind erkundet Picassos Atelier und erfährt dabei viel über Picassos Leben und seine Kunstwerke. Auf ungezwungene, spielerische Weise soll Kindern so Kunst zugänglich gemacht werden. Andere Künstler in dieser Reihe: Miro, van Gogh, da Vinci, Gauguin, Chagall, Degas und Klee. Bisher gab es für Kinder kaum gutes Material der künstlerischen, ästhetischen Früherziehung, das hat sich mit dieser Reihe geändert.

Die Reisen der Frauen
Lebensgeschichten von Frauen aus drei Jahrhunderten
Susanne Härtel/Magdalena Köster (Hrsg.)
Weinheim: Beltz & Gelberg 1994
Frauen, die sich nicht um Küche und Kinder kümmerten, sondern als Forschungsreisende die Rocky Mountains durchquerten oder mit dem Kanu ins Innere Afrikas vordrangen. Und das nicht mit Schlafsack und Iso-Matte, sondern den Zwängen ihrer Zeit unterworfen: Mal mit Sonnenschirm und weißen Handschuhen, ein Schleierhütchen auf dem Kopf, mal als Mann verkleidet.

Bis die Katze bellt
(Liederbuch und Musikkassette)
G. Schöne/M. Bofinger
Hamburg: JUMBO 1995
"Warum macht der das so verrückt?" fragte mich mein siebenjähriger Sohn als wir zusammen die Musikkassette hörten. Damit hatte er den Untertitel des Werkes erfaßt. "Ziemlich verrückte Kinderlieder aus allen Ecken unserer total verrückten Welt". Die Verrücktheiten leuchten jedoch siebenjährigen Kindern ohne Spielaktionen wohl nicht so recht ein. Obwohl die Lieder gut gesungen sind mit schönen (auch für Eltern sehr gut erträglichen) Melodien; sind sie weniger zum alleine Hören geeignet, als zum Spiele- (Mit-) singen und miterklären in Gruppen.
Lieder aus aller Welt, zu denen man schöne Geschichten erzählen kann. Für Erzieherinnen, LehrerInnen und musikgeübte Eltern gibt es auch auch ein gut gestaltetes Liederbuch zu der Musik-Cassette.

LESEN LERNEN

Speziell für Leseanfänger bieten einige Verlage ganze Buchreihen mit extra großer Schrift an. Aber nicht nur das Lesen ist eine neue Erfahrung: Die Schulanfänger lösen sich langsam aus dem Elternhaus und müssen sich unter Gleichaltrigen behaupten.
Die Kinder lernen in dieser Phase, die Dinge nüchterner und sachlicher zu betrachten und zwischen Phantasie und Wirklichkeit sauber zu trennen. Daher dominieren bei den Erstlesebüchern realistische Alltagsgeschichten.

LESEN LERNEN

Trau-dich-Geschichten
Mirjam Pressler
Bindlach: Loewe 1992 (Leselöwen)
Neun Geschichten, die nicht nur ängstlichen Kindern Mut machen.

Mama hat heut frei
Manfred Mai
Ravensburg: Otto Maier 1988
Der Vater schimpft, weil im Haushalt nicht alles so ist, wie er es gerne hätte. Aber ob er es besser kann? Für einen Tag übernimmt er alle Pflichten...

Die Kinder kommen gleich
Ute Andresen
München: dtv junior 1992
Kleine, fröhliche Geschichten aus dem Alltag von Kindern, ihren Eltern und Geschwistern.

Der Buchstabenbär
Würzburg: Benzinger 1995
Lesenlernen mit Bildern. Für Kindergarten- und Vorschulkinder. Der Buchstabenbär hat eine kurze Geschichte in einem Band, große Fibelschrift und Bilder ersetzen die Hauptwörter. Mit Wort-Bild-Register und Beschäftigungsseite.

Laterne, Laterne
Hamburg: Oetinger 1995
Die farbige Reihe für Leseanfänger. Jeder Band von Laterne, Laterne enthält Texte in großer Fibelschrift mit weitmöglichstem Zeilenabstand, nach Sinnschritten gegliedert. Die durchgehend farbigen Bilder machen die Hälfte des Gesamtumfangs aus.

Der ABC-Bär
Würzburg: Benzinger 1995
Geschichten zum allerersten Selberlesen. Für Leseanfänger, die das Buchstabenlernen gerade erst abgeschlossen haben.
Der ABC-Bär hat mehrere Geschichten in einem Band, große Fibelschrift, einfache und leicht erfaßbare Sätze, und überschaubare Handlungseinheiten durch kurze Sinnschritte, großen Zeilenabstand und und übersichtliche Absatzgliederung. Inzwischen gibt es fünf Bände aus der Serie.

Sonne, Mond und Sterne
Hamburg: Oetinger 1995
Die Kinderbuchreihe in großer Schrift fürs erste Lesealter.

Lirum, Larum Lesemaus
Bindlach: Loewe 1995
Jeder Band enthält mehre kurze, episodenhafte Geschichten mit einer Hauptfigur, große Fibelschrift und viele bunte Bilder. Die Bilder ersetzen die Hauptwörter - mit einem Bild-Wort-Verzeichnis am Ende des Buches.

Der kleine Bücherbär
Würzburg: Benzinger 1995
Erster Lesespaß in Farbe.
Für fortgeschrittene Leseanfänger ab dem 1. Lesejahr. Der kleine Bücherbär enthält: eine längere durchgehende Geschichte, Fibelschrift, größere Handlungseinheiten durch Kapitelgliederung.

JUGENDBÜCHER

Jugendliche wollen und müssen sich von Erwachsenen abgrenzen, um die eigene Identität zu finden. Spezielle Bücher für Jugendliche bieten dazu Abenteuerliteratur, oft gleichzeitig als historische Romane, und Geschichten, die Jugendliche und ihre Probleme in den Mittelpunkt stellen. Im Trend liegt die Verarbeitung von möglichst aktuellen Themen wie zum Beispiel Ausländerhaß. Darüber hinaus lesen Jugendliche natürlich auch die gleichen Bücher wie Erwachsene.

JUGENDBÜCHER

Das Totenschiff
B. Traven
Reinbek: rororo 1954
Ein schon klassischer Abenteuerroman, der trotzdem immer modern wirkt: Der Erzähler schildert bedrückende Arbeits- und Lebensbedingungen derartig flapsig-sarkastisch, daß Jugendliche sich leicht mit ihm identifizieren können.

Du fehlst mir, du fehlst mir
Peter Pohl/Kinna Gieth
aus dem Schwedischen
von Birgitta Kiderer
München, Wien: Hanser 1994
Deutscher Jugendliteratur Preis 1995
"Die wahre Geschichte eines Mädchens, das seine Zwillingsschwester verliert, erzählt von diesem Mädchen selbst und von Peter Pohl, den sie dabei um Hilfe bat." (Der Verlag)
Es gibt viele Geschichten über eineiige Zwillinge, ihre Beziehungen und engen Bindungen, aber dieses Buch ist eine traurige, und zugleich frohe Geschichte über eine schlimme Trennung und die langsame Selbstfindung eines Mädchens.

Svenja hat's erwischt
Christian Bieniek
Würzburg: Arena 1995
"Eine Geschichte über die erste Liebe, locker und witzig erzählt" - Klappentext - und es stimmt.
Svenja ist 12 und hat sich in einen Jungen, der 15 ist, verknallt, dazu ist Svenja klein und hat auch noch einen kleinen Bruder. - Und ziemlich schnell ist klar, daß zur ersten Liebe viele Stationen von Verwirrung, Scham, Ironie, Lust, Spaß, Klavierunterricht, Pickel im Gesicht...gehören.
Diese Buch nimmt in netto Form alle menschlichen Untugenden und Tugenden auf die Schippe.

Nicobobinus
Terry Jones/Michael Foremann
aus dem Englischen von Michael Foremann
Frankfurt: Eichborn 1994
Die besten Bücher für junge Leute, Deutschland Radio "Dies ist die Geschichte des ungewöhnlichsten Kindes, das je dem Ministerpräsidenten die Zunge rausgestreckt hat. Es hieß Nicobobinus und lebte vor langer Zeit in einer Stadt namens Venedig, und es konnte einfach alles." Erzählt wird diese märchenhafte Geschichte von Terry Jones, den man bei uns in erster Linie als Mitglied der Monty Python-Gruppe kennt. In England dagegen, gehört er schon lange zu den besten und beliebtesten Kinderbuchautoren. Seine Bücher sind so erfolgreich, weil sie voller Humor und Überraschungen stecken. Terry Jones stellt die üblichen Erzählkonventionen auf den Kopf und entwirft einfach neue Regeln, was in einer Kindergeschichte passieren darf und was nicht.

Der Fänger im Roggen
Jerome D. Salinger
Reinbek: rororo 1966
Das Buch, das in den fünfziger Jahren für Aufregung sorgte, hat bis heute nichts von seiner Aktualität verloren: Der junge Holden Caulfield riskiert einen unbarmherzigen Blick auf die Verlogenheit der Erwachsenengesellschaft und geht an seiner Einsicht fast zugrunde.

Der flüsternde Berg
Joan Aiken
München: dtv 1980
Ein früher Vorläufer der Fantasy-Literatur: Halb historisch, halb märchenhaft gibt sich dieser spannende Roman, in dem das Gute über das Böse siegt und natürlich die Jugendlichen die eigentlichen Helden sind.

Der Kater...
Jo Pestum
Würzburg: Arena 1968
Die mittlerweile mehr als zehn Kommissar Katzbach Krimis sind überaus spannend und unterhaltsam, obwohl sie "nur" fiktive Fälle der Düsseldorfer Mordkommission schildern. Aber vielleicht machen gerade die unspektakulären Schauplätze und Menschen den Reiz der Geschichten aus: Deutscher Alltag mal ganz anders gesehen.

Krabat
Otfried Preußler
Stuttgart: Thienemann 1972
Deutscher Jugendbuchpreis 1972
Ein märchenhaft schönes Buch über Hexerei und Seelenverkauf und die Erlösung durch die Liebe.

Die große Flatter
Leonie Ossowski
Frankfurt: Fischer 1980
(Taschenbuch)
Jugendbuchpreis der Stadt Oldenburg 1977
Spannend und unsentimental wird vom Leben zweier Jugendlicher in einer "Asozialen-Siedlung" erzählt - das Entsetzen darüber, was mitten im reichen Deutschland möglich ist, kommt von ganz alleine.

JUGENDBÜCHER

In dreihundert Jahren vielleicht
Tilman Röhrig
Würzburg: Arena 1983
Deutscher Jugendbuchpreis 1984
Eine Jugend im Dreißigjährigen Krieg: Jockel kann nur seine Liebe zu Katharina gegen die Not und das Elend setzen — und die vage Hoffnung, daß er irgendwann einmal den Frieden kennenlernt.

Winterbucht
Mats Wahl
Weinheim: anrich 1995
John-John ist ein Junge aus Stockholm, aufgewachsen unter schwierigen Bedingungen: in ärmlichen Verhältnissen, mit einem Stiefvater, der die Familie tyrannisiert. Als er sich in ein Mädchen aus einer reichen Familie verliebt, nimmt sein Leben eine positive Wendung. Aber seine Familienverhältnisse holen ihn bald ein. Ein psychologisch fundierter Entwicklungsroman und eine zärtliche Liebesgeschichte.

Das Kartengeheimnis
Jostein Gaarder, aus dem Norwegischen von Gabriele Haefs
München: Carl Hanser 1995
Hans Thomas ist zwölf und lebt allein mit seinem Vater, einem Menschen mit philosophischen Neigungen und der Gewohnheit, seinem Sohn Vorträge über das Leben zu halten. Die Mutter hat die beiden verlassen, als Hans-Tohmas vier war - um sich selbst zu finden, wie sie sagte. Nach 8 Jahren meint der Vater, daß es keiner von beiden aushält, für den Rest des Lebens ohne die Mutter auszukommen. Deshalb begeben sie sich auf eine Reise nach Athen, wo es eine gewisse Chance gibt, die Mutter zu finden. Auf der Reise macht der Vater viele Zigarettenpausen, die regelmäßig in verkappte philosophische Vorträge ausarten; anfangs erträgt Hans-Thomas sie mehr schlecht als recht. Erst versteht er seine Ausführungen mehr als willkürliche Erklärungsversuche für sein eigenes, an vielen Stellen merkwürdig verlaufendes Leben. Doch mit der Zeit packt auch Hans-Thomas ein gesteigertes Interesse an den Fragen wie: Wer sind wir? Woher kommen wir? Das hängt allerdings stark mit seinem kleinen Buch zusammen, das den Titel: "Die Purpurlimonade und die magische Insel" trägt, und eine völlig verrückte Geschichte erzählt. "Das Kartengeheimnis" ist eine Rätselgeschichte auf mehreren Ebenen, die einen bis zuletzt in den Bann zieht. Das Buch erschien in Norwegen zwei Jahre vor "Sophies Welt" - hier geht es noch mehr um das Staunen über die Welt und die unglaublichen Dinge die darin möglich sind. Die Idee zu "Sophies Welt" kam dem Autor beim Nachdenken über die Frage, was man Hans-Thomas wohl empfohlen hätte, wenn er, zurückkehrt, in eine Buchhandlung gegangen wäre und nach einer für ihn geeigneten Philosophiegeschichte gefragt hätte.

Sophies Welt
Roman über die Geschichte der Philosophie
Jostein Gaarder
aus dem Norwegischen von Gabriele Haefs
München: Carl Hanser 1993
Diese Philosophiegeschichte von den Anfängen bis zur Gegenwart ist eingebunden in die Geschichte zweier ungleicher Mädchen und eines geheimnisvollen Briefeschreibers - sie ist eine Kriminalroman und gleichzeitig ein geistreicher Abenteuerroman des Denkens. Leider fehlen die Philosophinnen in dem Geschichtsabriß.

Der kleine Tiger braucht ein Fahrrad, CD-Rom
Janosch, München: Navigo 1995

Die Figuren von Janosch sind inzwischen multimedial in wohl jedem Kinderzimmer vertreten und auf diesem Medium als CD-Rom von der Firma Navigo sind sie besonders schön getroffen.

Die Zeichnungen und Bewegungen der Figuren sind "Janosch-gut". Die Stimmen angenehm die Farben gelungen. Kinder ab 6 Jahren können mit diesem Computerspiel gut umgehen, die Funktionsweise ist einfach erklärt und praktisch, die Spiele sind gut überschaubar. Die Fragen zur Verkehrssicherheit, die Kinder spielerisch beantworten sollen, entbehren leider nicht ganz des Zeigefingers, dafür sind die Geschichten nett und überhaupt nicht primitiv, wie so manches andere Computerspiel. Mit dieser CD-Rom können Eltern ihre Kinder getrost mal eine halbe Stunde allein lassen. Die CD-Rom für MAC und andere PC´s kostet DM 79,00.

BÜCHER FÜR MÄDCHEN

In den herkömmlichen Kinderbüchern finden sich kaum Frauenfiguren, mit denen sich Mädchen identifizieren können. Dabei sind gerade für Mädchen starke Vorbilder wichtig.

Immer noch gilt in vielen Kinderbüchern: Männer handeln, üben Berufe aus, erleben Abenteuer, sind stark und mutig, Frauen dagegen machen den Haushalt, kümmern sich um die Kinder, sind zimperlich und ängstlich oder bestenfalls passiv. Oder sie kommen gar nicht erst vor. Dieses Geschlechterbild prägt Kinder in einem Alter, in dem sie anfangen, sich selbst in ihrer Rolle als Mädchen oder Junge zu entdecken. In dieser Zeit können Bücher Mädchen helfen, sich zu selbstbewußten Persönlichkeiten zu entwickeln und den eigenen Kräften und Fähigkeiten zu vertrauen. Bei allen Buch- bzw. Lesekategorien sind schöne "Mädchenbücher" vorgestellt. In diesem Kapitel sind einige hervorgehoben. Natürlich sind die mädchenfreundlichen Bücher auch für Jungen empfehlenswert, damit die zukünftigen Männer mit einem offeneren Rollenverständnis heranwachsen.

BÜCHER FÜR MÄDCHEN

Das Märchen von der ungehorsamen Adeli-Sofi und ihrer furchtbaren Begegnung mit dem Wassermann
Björn Graf von Rosen
Zürich: Atlantis Kinderbücher 1987
Ein erstaunlich mädchenfreundliches Buch aus dem Jahre 1944: Die ungehorsame Adeli-Sofi wehrt sich erfolgreich gegen den fremden Mann. Ab 4 Jahren.

Prinzessin Pfiffigunde
Babette Cole
Reinbek: Carlsen 1987
Die Prinzessin will nicht heiraten und nur das tun, was ihr Spaß macht. Die Prinzen versagen kläglich vor den ihnen gestellten Aufgaben, nur für Prinz Prahlschnalle muß sich Pfiffigunde etwas ganz besonderes ausdenken, um ihn loszuwerden. Ab 6 Jahren.

Rosamund, die Starke
Patrick Benson/Martin Waddell (Illustrationen)
Oldenburg: Lappan 1988
Eine Prinzessin, die nicht verzaubert und nicht von einem Prinzen erlöst werden will. Stattdessen geht sie selber auf die Suche ... Ab 5 Jahren.

BÜCHER FÜR MÄDCHEN

Die Tütenprinzessin
Robert Munsch/Helge Nynche
Oldenburg: Lappan 1987
Und noch eine Prinzessin: Sie besiegt einen Drachen und rettet dadurch einen entführten Prinzen. Er aber regt sich über ihr Kleid auf... Ab 5 Jahren.

Linneas Jahrbuch
Christina Björk/Lena Anderson
München: Bertelsmann 1983
Linnea, die kleine Naturforscherin, berichtet Monat für Monat von Tieren und Pflanzen in der Stadt. Ab 6 Jahren.

Was machen die Mädchen?
Nikolaus Heidelbach
Weinheim: Beltz & Gelberg 1993
Auf 26 wundersamen Blättern gibt der Künstler Antwort auf seine Titelfrage: von Antraud bis Zeralda sind die Mädchen mit Namen nach dem Alphabet sehr mit sich beschäftigt, mit ihrer Phantasie, ihrem Hobby, ihren Spielgefärtinnen und -gefährten und seltsamen Objekten. Die unerwartete, ungewöhnliche, manchmal fast verstörende Aussage dieser Bilder erzielt ihre Wirkung auf leise Art, nicht durch laute Effekte, sondern durch bizarre Kompositionen, jeweils eingeleitet durch solch lakonische Sätze wie "Antraud ißt Brot" oder "Sybille friert". Die eine sitzt an einer langen Tafel, neben sich ein seltsames Panoptikum von Tischgenossen, die andere wartet an einer Haltestelle und wärmt sich die Hände in ihrer Katze. Heidelbach ist ein Künstler, der "seinen" Kindern - und vor allem den Mädchen - eine Individualität zugesteht wie kaum ein anderer. Ab 5 Jahren.

Morgen kommt die Weihnachtsfrau
Penny Ives, aus dem Englischen von Ishel U. Eichler
Hamburg: Carlsen 1990
Der Weihnachtsman hat, wie könnte es anders sein, natürlich auch eine Weihnachtsfrau. Gücklicherweise! Denn eines Tages, kurz vor Weihnachten, sind nicht nur er, sondern auch seine Renntiere übersät mit roten Pusteln und absolut nicht arbeitsfähig. Die Weihnachtsfrau jammert nicht lange, sondern krempelt gleich die Ärmel hoch. Sie baut nun alleine die vielen Spielsachen fertig, an denen sie zusammen mit dem Weihnachtsmann schon das ganze Jahr gearbeitet hat. Und dann konstruiert sie kurzerhand noch eine sagenhafte Fahrrad-Staubsauger-Flugmaschine, mit deren Hilfe sie am Weihnachtsabend dann die Geschenke verteilt. Erschöpft kehrt sie nach Hause zurück, wo der inzwischen genesende Weihnachtsmann bereits fürsorglich und liebevoll auf sie wartet. Ab 4 Jahren.

Laura legt los
Rosemarie Kunzler-Behncke
Annegret Ritter
München: Ellermann 1993
Alle passen auf Laura auf. "Mama paßt auf, daß Laura nicht nascht, Papa paßt auf, daß Laura sich die Nase schneuzt, Oma paßt auf, daß Laura sich die Zähne putzt, Opa paßt auf, daß Laura nicht nicht heimlich im Bett noch Bücher anschaut." In fünf Geschichten erzählt dieses Bilderbuch von Lauras Kinderalltag. Das Mädchen begegnet uns im Kreise ihrer Familie, die Laura erziehen, beschenken, belehren, verplanen oder schlichtweg von ihr nicht gestört werden will. Laura entwickelt einen gesunden Widerstand gegen die Erwachsenenvorstellungen und findet immer wieder zu den eigenen Wünschen und Bedürfnissen zurück.

Blaufrau
Ann Ladiges
Reinbek: Rowohlt 1981
(Rotfuchs-Taschenbuch)
Petra wird Maschinenschlosserin und muß sich gegen viele Widerstände durchsetzen. Mit einem Anhang zu "Frauen in sogenannten Männerberufen". Ab 10 Jahren.

BÜCHER FÜR ELTERN

Die Bedingungen, unter denen Kinder heranwachsen, haben sich verändert: Die Familien sind kleiner geworden, Kinder können kaum noch unbeaufsichtigt außerhalb der Wohnung spielen, und sie sind weitgehend aus der Erwachsenenwelt ausgeschlossen. Natürliche, spontane Erfahrungen sind seltener, stattdessen müssen spezielle Freiräume und Aktivitäten für Kinder organisiert werden. Das belastet vor allem die Mütter, die neben Beruf und Haushalt auch noch für den Tagesablauf des Kindes sorgen. Zusätzlich werden an die Eltern erzieherische Ansprüche wie nie zuvor gestellt: Das Kind und seine optimale Förderung genießen einen hohen Stellenwert. Das schlägt sich auch in den unzähligen Ratgebern des Buchhandels nieder. Im folgenden finden Sie eine kleine Auswahl interessanter Bücher, Fachbücher für Eltern und Erziehende:

BÜCHER FÜR ELTERN

Zart war ich, bitter war's
Sexueller Mißbrauch an Mädchen und Jungen
Ursula Enders (Hrsg.)
Erkennen — Schützen — Beraten
Köln: Kiepenheuer & Witsch 1990
Ein Buch der Kölner Beratungsstelle "Zartbitter".

Hilfe! Mein Sohn wird ein Macker
Katja Leyrer
Frankfurt: Fischer TB 1990
Was tun, wenn Sie Anzeichen dafür an Ihrem Sohn beobachten? Überhaupt etwas tun?

Andere Kinder dürfen alles
Irmgard Haas
München: Don Bosco 1989
Die Kinder- und Jugendpsychotherapeutin möchte mit ihrem Buch helfen, für jedes Kind die richtige Erziehungsmethode zu finden.

Die Kindersprechstunde
Wolfgang Goebel, Michaela Glöckner
Stuttgart: Urachhaus Verlag 1984, überarbeitet 1993
Ein Ratgeber für Kinderkrankheiten, gehört einfach in jeden Haushalt.

"Ich hab nur noch neun Leben" Eltern, Kinder und Computer
Ute und Karl-Heinz Diehl
Düsseldorf: Patmos 1995
Die Meldung eines Zehnjährigen "Ich hab nur noch neun Leben" versetzt nicht wenige Eltern ins Grübeln - bis der Game Boy auf dem Tisch liegt. Wenn es um die Welt der Computer geht, in der ihre Kinder sich spielend zurechtfinden, werden viele Eltern hilflos. Die Medien verbreiten alarmierende Warnungen - vor Haltungsschäden, kultureller Verarmung, gewaltfördernden Computerspielen. Das Angebot an Hard und Software ist erschlagend, Informationen sind widersprüchlich.
Ute und Karl-Heinz Diehl, geprüfte Eltern von vier "Computerfreaks", zeigen den positiven Umgang mit dem Computer, aber auch die Gefahren, widerlegen Vorurteile, beraten beim Kauf, entwickeln Kriterien für sinnvolle Spiel- und Lernsoftware und zeigen, wie man den Computer produktiv in den Familienalltag einbeziehen kann, ohne sich von ihm beherrschen zu lassen. Im Anhang ist ein ausführliches Verzeichnis von Fachbegriffen, Adressen, Literatur und Zeitschriften.

Eltern, Kind und Neurose
Die Rolle des Kindes in der Familie
Horst E. Richter
Reinbek: rororo 1969
Die Kleinfamilie als Brutstätte der Neurose.

Wie meine Mutter
Nancy Friday
Frankfurt/Main: Fischer TB 1982
Über die komplexen Beziehungsstrukturen zwischen Müttern und Töchtern.

Das Leben unerwünschter Kinder
Gerhard Amendt
Frankfurt/Main: Fischer TB 1992
Ein Buch über Kinder, die häufig ein Leben lang unter körperlichen und seelischen Beeinträchtigungen zu leiden haben.

Familienkonferenz
Thomas Gordon
Reinbek: rororo Sachbuch 1980
Ein Elternratgeber für Väter und Mütter, eine Anleitung zur Lösung von Konflikten zwischen Eltern und Kind.

BÜCHER FÜR ELTERN

Vom ABC-Schützen zum Teenager
Margaret McSpedden
München: Beust 1994
Die Eltern haben den größten Streß hinter sich, die Schule übernimmt die Erziehung, und bis zur gefürchteten Pubertät ist noch viel Zeit: Über die Altersgruppe der Fünf- bis Elfjährigen gibt es kaum Literatur. Dabei entscheiden diese Jahre darüber, welche Beziehung die Jugendlichen später zu ihren Eltern haben werden.

Das Geheimnis glücklicher Kinder
Steve Biddulph
München: Beust 1994
Ein angenehm einfacher Elternratgeber eines australischen Familientherapeuten, der die typischen Probleme leicht verständlich darstellt und anstelle psychologischer Theorien praktische Handlungsanleitungen gibt. In Australien ein großer Erfolg!

Kinderwelt
John B. Thomson
München: Mosaik 1995
Ein 351 Seiten dickes Buch über die Entwicklungsschritte der ersten sieben Lebensjahre aus dem Englischen Originaltitel "Natural Childhood." Mit vielen Informationen, Tips, Literaturhinweisen.

Kursbuch Kinder
Andrea Ernst, Vera Herbst, Kurt Langbein, Christian Skalnik
Köln: Kiepenheuer u. Witsch 1993
Ein wirklich umfassendes Kursbuch zu allen Themen die Eltern und Kinder angeben. Solide zusammengestellt und geordnet mit knappen klaren redaktionellen Texten, vielen Tips and Anlaufadressen.

Kinder sind Philosophen
Hans Ludwig Freese
Weinheim: Quadriga 1994
Mit den Kinder zu den "einfachen" Fragen und Dingen des Lebens finden und ein lebenstüchtiges und erfrischendes Denkabenteuer zu wagen, bringt vielen Erwachsenen wieder neue Perspektiven und Einsichten. Ein Buch, das anregt, Dinge und unser Leben in das "rechte Licht zu rücken".

Kinder brauchen Märchen
Bruno Bettelheim
München: dtv, Reihe Dialog und Praxis 1993
Dieser vor dem Hintergrund zahlreicher Praxiserfahrungen des amerikanischen Psychologen Bettelheim entstandenen Klassikers ist für Eltern hilfreich, die sich mit der Frage auseinandersetzen, welche Bedeutung die Märchen in der Entwicklung des Kindes haben. Sind sie zu grausam? Sollen Erwachsene beim Erzählen abschwächen und beschönigen oder die ganze Grausamkeit zulassen? Wie geht man mit der Faszination des Bösen um, das die Märchen häufig freisetzen? Diesen und anderen Fragen geht Bettelheim nach, er plädoyiert für das Märchen in der Erziehung des Kindes. Interessant ist auch seine Herkunftsgeschichte und Interpretation der Märchenmotive.

NEUE VÄTER

"Neue Männer braucht das Land" – aber wo sind die Männer, die bereitwillig alle Pflichten der Elternschaft mit den Müttern teilen? Nur langsam bewegt sich etwas in der festgefahrenen Rollenverteilung. Gerade ein Prozent aller Väter nimmt zum Beispiel den Vaterschaftsurlaub in Anspruch.

NEUE VÄTER

Auf der Suche nach den "neuen" Vätern
Ausflüge von Männern in Frauenräume
Gisela Notz
Frankfurt: Verlag für Akademische Schriften 1991 Broschüre,
Aus dem Inhalt: Die Angst, die Rückfahrkarte zu verlieren — Der Mann bleibt "Haupternährer" — Der "Rollentausch" ist für Väter unattraktiv... Wie ernst nehmen Männer ihre neue Rolle in einer gleichberechtigten Partnerschaft?

Der Mann auf der Straße
Cheryl Bernard/Edit Schlaffer
Reinbek: rororo Taschenbuch 1992
Ein Frauenstandpunkt zur Männerforschung und zum Männerleben.

"Du bist als Frau um einiges mehr gebunden als der Mann"
Gisela Notz
Die Auswirkungen der Geburt des ersten Kindes auf die Lebens- und Arbeitsplanung von Müttern und Vätern
Bonn: Dietz Verlag 1991
Wie lassen sich der Wunsch nach Kindern und der Wunsch, einen Beruf auszuüben und eigenes Geld zu verdienen, miteinander vereinbaren? Immer noch sind es meistens Frauen, die sich darüber Gedanken machen müssen. Antworten aus 28 jungen Familien.

KINDERZEITUNGEN UND -INFODIENSTE

Kinderinformationsdienst
kid-Verlag
Samannstr. 4, 53227 Bonn
Tel. 0228/443195
erscheint alle zwei Monate. Informationen von Kindern für Kinder und von Journalisten für Eltern, mit vielen Veranstaltungsterminen. Halbjahres-/ Jahresabonnement

Samsolidam
Aktionsgemeinschaft Solidarische Welt e.V.
Hedemannstr. 14, 10969 Berlin
Tel. 030/2510265
Erscheint vierteljährlich. Geschichten aus der 3. Welt. In jeder Ausgabe gibt es ein Schwerpunktthema, zum Beispiel Kinderarbeit, Südafrika, die Abholzung des Regenwaldes... Einzelheft DM 5,00, Jahresabo DM 18,00. Für DM 12,00 können drei Hefte zum Kennenlernen bestellt werden.

Der bunte Hund
Beltz & Gelberg
Am Hauptbahnhof 10
69469 Weinheim
Tel. 06201/703220
Dreimal jährlich erscheinendes Literaturmagazin für Kinder. Geschichten, Gedichte und Comics ab 8 Jahren. Bekannte und unbekannte Künstler werden neu und anders vorgestellt. Angeboten wird die ganze Bandbreite der Kinderliteratur zum freien Experiment - den Autoren, den Illustratoren und den Kindern selbst. Kinder können teilnehmen am ständigen Erzählwettbewerb zu unterschiedlichen Bildern, können geheimnisvolle Impressionen von u.a. Bauer und Waechter, Matticchio und Sauvant deuten, können zu Themen des Tages und des Traumes ihre Meinungen schreiben. Eine der schönsten Zeitschriften für Kinder.

"spielen und lernen"
Velber Verlag
Im Brande 21, 30926 Seelze
Tel. 0511/40003-0
Monatszeitschrift für Eltern und Pädagogen mit Extrateil für Kinder von 3 - 8 Jahren.

TREFF - das Schülermagazin
Velber Verlag
Im Brande 21, 30926 Seelze
Tel. 0511/400030
Erscheint monatlich, 40 S., Jede Menge Information aus Natur, Technik und Geschichte. Dazu: Ein Poster, das Schülerlexikon zum Sammeln, Basteltips, Rätsel, Spiele u.a.

SPATZ, Klens-Verlag
Prinz-Georg-Str. 44, 40477 Düsseldorf
Tel. 0211/4499250
Eine Monatszeitschrift für Kinder im Kindergartenalter - und Grundschulalter (ca. 10 Seiten) mit Geschichten zum Selberlesen oder Vorlesen, Rätsel, Spiele, Bastelanleitungen. Einzelpreis DM 1,00, Abo-Jahrespreis DM 12,00 zuzüglich Versandkosten.

LESELUST WECKEN

Fernsehen, Videos, Computerspiele machen dem Buch als Unterhaltungs- aber auch Informationsquelle für Kinder harte Konkurrenz. Lesen, das kann bedeuten: Anregung der Phantasie und Erweiterung des Sprachschatzes, Konzentrationsförderung und Anleitung zu präzisem Denken.
Für viele Kinder und Jugendliche ist der Griff zum Buch einfach nicht selbstverständlich - einmal darauf gebracht, hat sich aber manches Mädchen, mancher Junge schon als wahre Leseratte entpuppt. Aufs "Drauf-bringen" setzen also folgende Angebote und Aktivitäten :

BIBLIOTHEKEN UND BÜCHEREIEN

Neben den vielen kleinen Bibliotheken, die Schulen und Kirchengemeinden unterhalten, lohnt sich jedenfalls der Weg zur Münchner Stadtbibliothek am Gasteig mit ihrer eigenen, großen Kinder- und Jugendbibliothek oder in eine der 27 Münchner Stadtteilbibliotheken gleich vor Ort.

■ Münchner Stadtbibliothek

Mit über 3 Millionen Medieneinheiten (davon 1 Million in der Zentralstelle am Gasteig) ist die Münchner Stadtbibliothek mit ihren 27 Zweigstellen das größte kommunale Bibliothekssystem Deutschlands. Allen Nutzern im Großraum München stehen Bücher, Zeitschriften, Nachschlagewerke, Notenbände, Bild- und Tonträger zur Verfügung. Die Spezialabteilungen für Musik und Philatelie haben weltweiten Ruf. Das große audiovisuelle Zentrum macht die 42 000 Tonträger und 2900 Videocassetten und Laserdiscs auch jenen zugänglich, die zu Hause keine Abspielmöglichkeit haben. Ein Bestand an Computersoftware ist im Aufbau, ein Angebot an Datenbankdienstleistungen in Vorbereitung.
Mit einer breitgefächerten Veranstaltungspalette bereichert die Münchner Stadtbibliothek nicht nur das literarische Leben der Stadtteile, sondern spielt auch eine wichtige Rolle im Rahmen des Gasteig - Kulturzentrums. Ihre großen Literaturausstellungen wie zum Beispiel zu Erich Kästner, Erika und Klaus Mann, Annette Kolb, Kurt Tucholsky und Stefan Zweig haben bundesweite Beachtung gefunden.
Münchner Stadtbibliothek, Rosenheimer Straße 5, 81667 München, Tel. 480 98 - 203

■ Kinder- und Jugendbibliothek

Mit über 48 000 Medien, Bücher, Spiele und Cassetten, bietet die Kinder- und Jugendbibliothek eine reichhaltige Auswahl zum Ausleihen an. Bis zu 20 Medien: Bücher, Zeitschriften, Musik- und Hörspiel-Cassetten, Spiele, CD´s, Videodisketten und Comics können auch als Medienpakete 4 Wochen lang ausgeliehen werden. Einmal kann die Ausleihfrist um weitere 4 Wochen verlängert werden. Im PC-Studio stehen zur Präsenznutzung etwa 50 Softwareprogramme zum Testen bereit. Im Lernprogramm "Ran an die Maus" können Kinder ab 10 Jahren üben und trainieren.

Die Kinder- und Jugendbibliothek hat sich zur Aufgabe gemacht, Kinder rechtzeitig an den Bibliotheksbesuch zu gewöhnen und ihnen Leseförderung zu bieten. Regelmäßig gibt es Buchdiskussionen. Kinder und Jugendliche treffen sich, um unter Anleitung über interessante Bücher zu sprechen,

LESEN MACHT FRECH UND LUSTIG.

die sie zuvor gelesen haben. Autorenlesungen für Kinder und Jugendliche werden geboten. Es gibt Literaturquiz - Veranstaltungen, Schreibwettbewerbe oder Aktionen wie "Kinder interviewen Münchner Autoren", die zum aktiven Umgang mit Literatur und Sprache animieren. Jedes Jahr im Dezember werden Spieletage veranstaltet: hier können die Kids die vielen Brettspielprogramme ausprobieren. Mehr als 1200 Spiele gehören zum Bestand. Etwa 70-80 Neuerscheinungen kommen jährlich hinzu. Nicht zuletzt aber gibt es das eigene Kinderkinoprogramm: zweimal wöchentlich werden spannende Kinderfilme geboten. Für Kinder und Jugendliche bis zu 18 Jahren kostet der Eintritt 3.- DM.
Am Gasteig, Rosenheimer Strasse 5, 81667 München, Tel. 480 98 - 313

Stadtteilbibliotheken
Alle haben eine Kinder- und Jugendabteilung und sind so eingerichtet, daß auch die Kleinsten bequem und ungestört schmökern können.
Regelmäßig werden Veranstaltungen für Kinder und Jugendliche geboten z.B. Basteln, Malen, Rätsel, Bilderbuchkino, Vorlesen, Spielen… Und das alles kostenlos! Jährlich finden Aktionswochen statt, mit Autorenlesungen, Videofilmen und Kindertheater. Darüber hinaus bieten viele Münchner Stadtteilbibliotheken auch regelmäßig Kinderfilme und Theater für Kinder an.
Auskunft geben die Stadtteilbibliotheken oder die monatlich erscheinende Programmvorschau. Es lohnt sich, nachzufragen und die Ankündigungen in der Presse zu beachten.
Jede Stadtteilbibliothek stellt einen Bibliotheksausweis aus. Der ist Voraussetzung, um bis zu 20 Medien auszuleihen. In den Stadtteilbibliotheken gelten die gleichen Bedingungen wie in der Kinder-

und Jugendbibliothek am Gasteig. Natürlich verfügt nicht jede Stadtteilbibliothek über eine solch umfangreiche Auswahl wie die Kinder- und Jugendbibliothek, doch alle können auf deren Bestände zurückgreifen. Die Kinder können also über jede Stadtteilbibliothek alle Titel und Medien ausleihen, die in der Kinder- und Jugendbibliothek vorrätig sind. In allen Bibliotheken helfen Fachkräfte bei der Suche und Auswahl bestimmter Bücher. Es lohnt sich auch, nach Broschüren und Verzeichnissen zu fragen, die neue Spiele der Kinder- und Jugendbibliothek vorstellen, Büchertips aus Neuerscheinungen oder Buchempfehlungen für Kinder im ersten Schul- und Lesejahr geben. Die Ausleihe ist für Kinder und Jugendliche bis zu 18 Jahren kostenlos. Geöffnet sind die Stadtteilbibliotheken wie die Kinder- und Jugendbibliothek Mo-Fr von 10 - 19 Uhr.

STADTTEILBIBLIOTHEKEN

Münchner Stadtbibliothek Allach-Untermenzing
Pfarrer - Grimm - Straße 1
80999 München
Tel. 812 69 18
Vorlesestunden und Basteln, kreatives Gestalten und Nachspielen, Quizveranstaltungen, Filmvorführungen, Kindertheater

Münchner Stadtbibliothek Altstadt
Rosental 16
80331 München
Tel. 26 52 44
Märchen, Geschichten vorlesen, Malen, Basteln und kreatives Gestalten

Münchner Stadtbibliothek Au
Zeppelinstrasse 5-7, 81541 München, Tel. 65 95 18
Spielen, Basteln, Malen und Vorlesen, Lesen für mehrsprachige Kinder, Monatsrätsel mit Preisen, Autorenlesungen und Kindertheater

Münchner Stadtbibliothek Berg am Laim
Schlüsselbergstrasse 4
81673 München
Tel. 431 12 38
Vorlesen, Märchen erzählen, Basteln, Autorenlesungen, Kindertheater

Münchner Stadtbibliothek Bogenhausen
Rosenkavalierplatz 16
81925 München
Tel. 91 54 04 oder 91 54 34
Lesen und Vorlesen, Kinderfilme, Autorenlesungen, Mitspieltheater und Kindertheater

Münchner Stadtbibliothek Fürstenried
Forstenrieder Allee 61
81476 München
Tel. 75 33 87
Vorlesen, Autorenlesungen, Klassenführungen, Kinderfilme, Kindertheater

Münchner Stadtbibliothek Giesing
St.-Martins-Straße 2
81541 München
Tel. 69 64 38
Malen und Basteln, Vorlesen, Autorenlesungen, Kindertheater

Münchner Stadtbibliothek Hadern
Guardinistrasse 90
81375 München
Tel. 714 06 02
Vorlesen und bildnerisches Gestalten, Autorenlesungen, Theater für Kinder

Münchner Stadtbibliothek Harthof
Parlerstrasse 74
80937 München
Tel. 311 17 42
Vorlesen und bildnerisch Gestalten, Bilderbuchkino, Theater für Kinder

Münchner Stadtbibliothek Hasenbergl
Blodigstrasse 8
80933 München
Tel. 313 22 70
Vorlesen und bildnerisches Gestalten, Kinderfilme und Kindertheater

Münchner Stadtbibliothek Isarvorstadt
Kapuzinerstrasse 28
80337 München
Tel. 53 11 49
Bildnerisches Gestalten, Malen und Basteln, Vorlesen, Autorenlesungen, Monatsrätsel, Quizaktionen, Filmvorführungen, Kindertheater

STADTTEILBIBLIOTHEKEN

Münchner Stadtbibliothek Laim
Fürstenriederstrasse 53
80686 München
Tel. 580 76 78
Vorlesen und basteln, Autorenlesungen, Schulklassenführungen, Kinderfilme und Theater für Kinder

Münchner Stadtbibliothek Maxvorstadt
Augustenstrasse 92
80798 München
Tel. 52 56 85
Vorlesen und Basteln, Quizaktionen, Kinderfilme, Mitspieltheater und Theater für Kinder

Münchner Stadtbibliothek Milbertshofen
Schleißheimerstrasse 340
80809 München
Tel. 356 92 09
Bildnerisches Gestalten, Vorlesen, Spielen und Tanzen, Monatsrätsel, Filme für Kinder, Kindertheater

Münchner Stadtbibliothek Moosach
Hanauerstrasse 61a
80992 München
Tel. 140 13 29
Vorlesen und Märchen erzählen, Geschichten spielen, bildnerisches Gestalten, Autorenlesungen, Quizveranstaltungen, Kinderfilme, Mitspielaktionen, Kindertheater

Münchner Stadtbibliothek Neuaubing
Wiesentfelser Straße 68, 81249 München, Tel. 87 80 10
Kindertheater

Münchner Stadtbibliothek Neuhausen
Winthirstrasse 10
80639 München
Tel. 16 01 80
Bilderbuchkino, Monatsrätsel, Autorenlesungen, Kindertheater

Münchner Stadtbibliothek Neuperlach
Plettstrasse 19
81735 München
Tel. 67 14 85
Vorlesen, Basteln und Spielen, Quiz

Münchner Stadtbibliothek Nymphenburg
Arnulfstrasse 294
80639 München
Tel. 17 36 98 oder 17 49 88
Vorlesen, Malen und Basteln, Bilderbuchkino, Spielenachmittage, Kinderfilme, Kindertheater

Münchner Stadtbibliothek Obergiesing
Schlierseestrasse 47
81539 München
Tel. 623 05 - 107
Vorlesen und Basteln, Kindertheater

Münchner Stadtbibliothek Pasing
Bäckerstrasse 9
81241 München
Tel. 233 37 - 265
Vorlesen, Bildnerisches Gestalten, Autorenlesungen, Klassenführungen, Quizveranstaltungen, Kinderfilme, Kindertheater

Münchner Stadtbibliothek Ramersdorf
Führichstrasse 43
81671 München
Tel. 40 79 90
Autorenlesungen, Kindertheater

Münchner Stadtbibliothek Schwabing
Hohenzollernstrasse 16, 80801 München
Tel. 33 60 13
Vorlesen, Basteln und Spielen, Klassenführungen, Bücherquiz, Kinderfilme, Mitspieltheater, Kindertheater

Münchner Stadtbibliothek Sendling
Albert - Roßhaupter - Straße 8
81369 München
Tel. 726 32 41
Vorlesen und Geschichten erzählen, Bildnerisches Gestalten, Autorenlesungen, Kinderfilme, Kindertheater

Münchner Stadtbibliothek Solln-Forstenried
Stockmannstrasse 47
81477 München
Tel. 79 26 12
Vorlesen, Malen und Basteln, Brettspiele, Rätsel und Quiz, Autorenlesungen, Kindertheater

Münchner Stadtbibliothek Waldtrudering
Wasserburger Landstrasse 205
81827 München
Tel. 430 63 72
Vorlesen, Quizveranstaltungen, Autorenlesungen, Kindertheater

Münchner Stadtbibliothek Westend
Schrenkstrasse 8
80339 München
Tel. 50 71 09
Vorlesen, Basteln und Spielen, Quiz und Ratespiele, Wettbewerbe, Kindertheater

Media Tip

- **Medienzentrum München (MZM) des Institut Jugend Film Fernsehen**
Rupprechtstrasse 25, 80636 München, Tel. 129 60 80
Das MZM bietet Mitarbeitern der Jugendarbeit neben Workshops und Seminaren zum praktischen Umgang mit den verschiedenen Medien, Geräteverleih und Produktionsbetreuung etc. die Möglichkeit, Kinderfilme für die Medienarbeit mit Kindern zwischen 6 und 12 Jahren auszuleihen. Die Videos sind nicht nur unterhaltend, sondern auch für den thematischen Einsatz geeignet. Im nicht-gewerblichen Rahmen können sie auch öffentlich gezeigt werden. Gegen eine Gebühr von 5.- DM können sie 3 Tage lang entliehen werden.

Internationale Kinder- und Jugendbibliothek

Mit einer Sammlung von über 460 000 Kinder- und Jugendbüchern in mehr als 100 Sprachen ist die internationale Jugendbibliothek in Schloß Blutenburg weltweit die größte Bibliothek für internationale Kinder- und Jugendliteratur. Der Neuzugang beträgt jährlich etwa 10 000 Bücher, die sorgfältig ausgewählt werden. Zur Ausleihe für Kinder hält die Bibliothek 20 000 Buchtitel in 15 Sprachen bereit. Regelmäßig gibt es Angebote für Kinder, zum Beispiel Geschichtenstunden, Sprachkurse, Bildnerisches Gestalten, das Malstudio oder die Bücherwerkstatt mit der Druckpresse. Einzelveranstaltungen werden in Form von Autorenlesungen, Spielaktionen, Theater für Kinder, Filmvorführungen, Bücherquiz, Briefmarkentausch etc geboten.

In der Kinderbibliothek finden wechselnde Buchausstellungen zu verschiedenen Themen statt, wie zum Beispiel Andersen Märchen, japanische Bilderbücher oder Weihnachtsbücher aus aller Welt. Im Malstudio kann man zu den unterschiedlichen Ausstellungsthemen die phantasievollen Arbeiten von Kindern bewundern.

Werkausstellungen von Illustratoren und Autoren, Querschnitte durch die Kinder- und Jugendbuchproduktion einzelner Länder und Kulturkreise, Ausstellungen zu aktuellen und historischen Themen der Kinder- und Jugendliteratur werden auf einfühlsame Weise nahe gebracht. Das besondere Anliegen der Bibliothek ist es, für Besonderheiten und Gemeinsamkeiten die Augen zu öffnen, bildlich und gedanklich nachvollziehbar. Alle Ausstellungen wenden sich an Kinder und Erwachsene. Für Schulklassen werden spezielle Rahmenprogramme geboten, darunter auch die Bücherwerkstatt mit Druckpresse sowie neue Modelle der Literarurvermittlung und Leseförderung mit Theater- und Puppenspiel, Filmdiskussionen und anderen Formen des kreativen Umgangs mit Texten und Themen.

In der Präsenzbibliothek stehen Fachleuten aus aller Welt 23 000 Bände Sekundärliteratur zur Verfügung sowie 300 Fachzeitschriften, die laufend erscheinen und ein sehr umfangreiches Dokumentationsmaterial zum Beispiel über Kinderbuchautoren und Kinderbuchillustratoren. Die Studienbibliothek bietet auch Zugang zu etwa 60 000 älteren Titeln, die zwischen 1587 und 1950 verfaßt wurden.

VORLESEN IST DAS SCHÖNSTE!

- **Schloß Blutenburg**
  81247 München, Tel. 89 12 11 - 0
  Öffnungszeiten der Bibliothek für Kinder und Jugendliche: Mo - Fr 14.00 -18.00 Uhr

- **Treffpunkt Bücherbus**
  Drei Bücherbusse der Münchner Stadtbibliothek fahren speziell die Münchner Schulen in allen Stadtteilen an. Zwei weitere versorgen die Erwachsenen in den entlegeneren Gebieten Münchens. Wo und wann, sind bei der Fahrbibliothek zu erfragen.
  Tel. 480 98 - 230

Mediatips

- **Kinder- und Jugendfilm Korrespondenz (KJK)**
  Hrsg: Kinderkino München e.V.
  Erscheint 4 x jährlich. Einzige professionelle Veröffentlichung auf dem Gebiet des Kinder- und Jugendfilms in Deutschland und im Ausland.
  Werner-Friedmann-Bogen 18, 80993 München, Tel. 491453

- **Top Videos**
  Hrsg.: Kinder- und Jugendfilmzentrum in der BRD
  Erscheint 4 x jährlich. Liste mit Empfehlungen aus dem aktuellen Videoangebot. Übersichtlich mit kurzen Inhaltsbeschreibungen und Angaben zu Video-Vertriebsfirmen.
  Küppelstein 34, 42857 Remscheid, Tel. 02191-794233

MEHR INFORMATIONEN ÜBER BÜCHER

Einige Organisationen geben Broschüren mit Buchempfehlungen heraus, die in Büchereien und Buchläden ausliegen oder direkt von den Herausgebern bezogen werden können.
Ein herausragendes Beispiel ist die Landesarbeitsgemeinschaft Jugend und Literatur NRW e.V. Das 12bändige Bücherverzeichnis "Was soll ich lesen?" der LAG Jugend und Literatur NRW e.V., das 1980 zum ersten Mal erschien und in regelmäßigen Abständen durch Ergänzungsbände vervollständigt wurde, ist ein über die Landesgrenzen hinaus bekanntes und anerkanntes Nachschlagewerk für die praktische Arbeit mit Kinder- und Jugendliteratur. Es enthält ausführliche Buchbesprechungen (ca. 180 Titel pro Band, nach Themen und Problemen geordnet) von erzählenden Kinder- und Jugendbüchern sowie Sach- und Bilderbüchern. Das Bücherverzeichnis ist bei der Geschäftsstelle der LAG zu beziehen.
Darüber hinaus unterstützt und berät die LAG Jugend und Literatur NRW e.V. schreibende Jugendliche, hilft bei der Einrichtung von Kinder- und Jugendbüchereien in Jugendzentren, Schulen und Kindergärten und organisiert Fortbildungsveranstaltungen, die das Ziel haben, auf Landesebene die kulturpädagogische Arbeit mit Kinder- und Jugendliteratur in der außerschulischen Jugendbildung anzuregen und zu fördern. In den Fortbildungsveranstaltungen werden die von den Referenten erarbeiteten Konzepte und Methoden für die pädagogische Arbeit mit dem Bilder-, Kinder- und Jugendbuch in der Praxis durchgeführt. In aktiver Zusammenarbeit mit dem Referenten erleben die Teilnehmer, welche Möglichkeiten es gibt, Kinder und Jugendliche auf Bücher neugierig zu machen und selbst kreativ mit Kinder- und Jugendliteratur umzugehen.

■ Friedrich Bödecker Kreis e.V.
Schriftsteller kommen zu Kindern und jungen Leuten

1954 wurde der Friedrich-Bödecker Kreis (FBK) e.V. Hannover von engagierten Autoren und Lehrern, Buchhändlern, Verlegern und Bibliothekaren gegründet. Er trägt den Namen des niedersächsischen Pädagogen Friedrich Bödecker (1896-1954), der sich bereits in den 20er Jahren bei der Lehrerschaft dafür einsetzte, die Kinder- und Jugendliteratur als eine wirksame Erziehungshilfe zu nutzen. Er sah in der persönlichen Begegnung zwischen Autor und Schüler den einfachsten und zugleich wirkungsvollsten Weg, dieses Ziel zu erreichen. Nach dem Tod seines Vaters übernahm Hans Bödecker die Geschäftsführung des FBK-Hannover. Er setzte sich für die Gründung von Bödecker-Kreisen in den einzelnen Bundesländern ein. Der Friedrich-Bödecker-Kreis in den jeweiligen Bundesländern hat in Übereinstimmung mit der Bundesorganisation das Ziel, jugendkulturelle Bildungsarbeit auf dem Gebiet der Kinder- und Jugendliteratur zu leisten. Er will mit seiner Arbeit den jungen Menschen mit dem Kinder- und Jugendbuch vertraut machen und ihn zur aktiven Teilnahme am literarischen Leben befähigen. Der Friedrich-Bödecker-Kreis e.V. vermittelt AutorInnenlesungen im schulischen Bereich. Zielgruppe dieser Veranstaltungen sind Schüler aller Schulformen.
Die AutorInnenlesungen stehen nicht im Dienste irgendeiner Interessengruppe, sondern sind Maßnahmen literarischer Erziehung. Zu den Lesungen werde deutsche und ausländische AutorInnen eingeladen, die nicht nur diskussionswürdige Werke veröffentlicht haben, sondern die auch in der Lage sind, ihre Werke jungen Leuten selbst zu vermitteln und sich der Diskussion mit ihnen zu stellen. Durch den unmittelbaren Kontakt mit den AutorInnen wird oft, auch bei nicht lesefreudigen

Kindern und Jugendlichen, Interesse für die Lektüre eines Buches geweckt. Die SchülerInnen gewinnen im Gespräch mit dem/der AutorInnen eine neue Beziehung zum Buch, einfach durch die Erfahrung, daß hinter dem zumeist recht anonymen Buch ein Mensch mit seinen Überzeugungen und seiner Arbeit steht. Für viele von ihnen wird diese Begegnung zum mit ersten wesentlichen Leseanstoß, weil sie merken, daß Bücher doch etwas sein können, was sie angeht. Das Vertrauen das ein/eine SchriftstellerIn für sich zu gewinnen versteht, kann auf andere Autoren und andere Bücher übertragen werden. Die Auseinandersetzung mit Inhalten und Sprache, die bei einer solchen Autorenlesung gefordert wird, soll den jungen Lesern den Umgang mit Literatur, sowohl im schulischen als auch im privaten Bereich, erleichtern.

Autorenverzeichnis

Das Autorenverzeichnis aller Bödecker-Kreise mit dem Titel Autoren lesen vor Schülern - Autoren sprechen mit Schülern (Hrsg. vom Bundesverband des Friedrich-Bödecker-Kreise e.V.) enthält biografische und bibliografische Angaben von über 200 Kinder- und Jugendbuchautoren, die bereit sind, zu den Konditionen der Bödecker-Kreise zu lesen sowie organisatorische Hinweise und eine Checkliste für Veranstaltungen. Selbstverständlich können aber auch AutorInnen, die nicht in dieser Liste aufgeführt sind, zu Lesungen vermittelt werden.

Geschäftsstelle

Die Geschäftsstelle des Friedrich-Bödecker-Kreises e.V. hilft bei der Organisation und inhaltlichen Planung der Lesung(en) für Schüler, vermittelt den Autor und berät in Finanzierungsfragen.
Bundesverband der Friedrich-Bödecker-Kreise e.V., Fischtorplatz 23, 55116 Mainz, Tel. 06131/28890-0

ADRESSEN VON FACHORGANISATIONEN

Arbeitskreis für Jugendliteratur e.V.
Schlörstr. 10
80634 München
Tel. 089/1684052

Deutsches Jugendschriftenwerk e.V.
Fischtorplatz 23
55116 Mainz
Tel. 06131/288900

Stiftung Lesen
Fischtorplatz 23
55116 Mainz
Tel. 06131/288900

Deutsche Akademie für Kinder- und Jugendliteratur e.V.
Hauptstr. 42
97332 Volkach
Tel. 09381/4355

Arbeitsstelle für Kinder- und Jugendliteraturforschung
Universität zu Köln
Richard-Wagner-Str. 39
50674 Köln
Tel. 0221/4 70-4069/63

Förderzentrum Jugend schreibt e.V.
Gerverslagener Str. 4
51709 Marienheide
Tel. 02264/1567

Landesarbeitsgemeinschaft Jugend und Literatur NRW e.V.
Von-Werth-Str. 159
50259 Pulheim-Brauweiler
Tel. 02234/84286

Arbeitsgemeinschaft von Jugendbuchverlegern in der Bundesrepublik Deutschland e.V. (avj)
Pfitzerstr. 5-7
70184 Stuttgart
Tel. 0711/2191-3 59

INFORMATIONEN ÜBER KINDERBÜCHER

Deutscher Jugendliteraturpreis
Hrsg.: Arbeitskreis für Jugendliteratur e.V.
Eine jährlich erscheinende Liste der ausgezeichneten Bücher sowie der Bücher auf der Auswahlliste.
(siehe Adressen von Fachorganisationen)

**Von 3 – 8
Neue Bilderbücher, Spiele, Elternbücher**
Hrsg.: Deutsches Jugendschriftenwerk e.V.
Eine Auswahl von ca. 200 Büchern.
(siehe Adressen von Fachorganisationen)

JUGEND BUCH HEUTE
Hrsg: Arbeitsgemeinschaft von Jugendbuchverlegern (avj)
Stuttgart: 1995/96
Informationen zum Kinder- und Jugendbuch, Verlagsprogramme, Auszeichnungen, wichtige Anschriften.
(siehe Adressen von Fachorganisationen)

Das Buch der Jugend
Hrsg.: Arbeitskreis für Jugendliteratur e.V.
Eine jährlich erscheinende Liste empfohlener Neuerscheinungen und bewährter Bücher der letzten Jahre. Mit speziell empfohlenen Büchern, die als Grundstock für eine Schul- und Jugendbibliothek geeignet sind.
(siehe Adressen von Fachorganisationen)

BÜCHER
- Der Besprechungsdienst des Deutschen Jugendschriftenwerks Sozialpädagoginnen und Erzieherinnen geben ihre praktischen Erfahrungen mit Büchern weiter. Ihre Buchbesprechungen helfen bei der Arbeit in Kindergarten und Grundschule sowie den Eltern zu Hause. Mit aktuellen Artikeln zur frühkindlichen Leseerziehung und vielen anderen Informationen.
Jahresabo 12,- DM, kostenlose Probenummer. (siehe Adressen von Fachorganisationen)

INFORMATIONEN ÜBER KINDERBÜCHER

Was soll ich lesen? Band 1-12
Hrsg. Landesarbeitsgemeinschaft Jugend und Literatur NRW e.V
Ein nach Themen und Problemkreisen geordnetes Bücherverzeichnis mit ausführlichen Buchbesprechungen (ca. 170 Titel pro Band) von Bilder-, Kinder- und Jugendbüchern, Kindertheaterstücken, Kinder- und Jugendzeitschriften, Kinder-Klassikern, Gedichten, Anleitungen zum Umgang mit Büchern. Schutzgebühr: Einzelbände DM 8.-, Doppelbände DM 20.-. (siehe Adresen von Fachorganisationen)

Bulletin Jugend + Literatur
Erscheint monatlich. Kritische Monatszeitschrift für Kinder- und Jugendliteratur.
Redaktion:
Hallerplatz 5,
20146 Hamburg,
Tel./Fax 040/440865

Eselsohr
Erscheint monatlich. Fachzeitschrift für Kinder- und Jugendmedien. Probeheft gegen DM 5.- in Briefmarken bei:
Verlag Eselsohr
Rheinallee 9
55118 Mainz
Tel. 06131/676868

Fundevogel
Erscheint 4 x jährlich. Kritisches Kinder-Medien-Magazin.
dipa Verlag
Nassauer Str. 1-3
60439 Frankfurt
Tel. 069-95732044

Kinder- und Jugendzeitschriften
25 empfohlene pädagogische und trotzdem unterhaltsame Zeitschriften. Kostenlos erhältlich beim Deutschen Jugendschriftenwerk e.V. (siehe Adressen von Fachorganisationen)

Beiträge Jugenliteratur und Medien
Hrsg.: Arbeitsgemeinschaft Jugendliteratur und Medien in der GEW.
Redaktion: Spranz 10, 29499 Zernien

Lesen ist Familiensache
Ratschläge und Hintergrundinformationen sollen dazu beitragen, ein motivierendes "Leseklima" für Kinder zu schaffen. Hrsg: Stiftung Lesen Für DM 5.- erhältlich bei der Stiftung Lesen, Mainz. (Adresse siehe Adressen von Fachorganisationen)

Das Bilderbuch
Hrsg.: Arbeitskreis für Jugendliteratur e.V.
Eine Auswahl von Bilderbüchern aus aller Welt Katalog mit mehr als 300 Bilderbüchern. DM 14.-. (siehe Adressen von Fachorganisationen)

Das Kinderbuch
Hrsg.: Arbeitskreis für Jugendliteratur e.V.
Katalog mit 350 ausgewählten Büchern. Mit umfangreichen Registern und einer Übersicht über Fachliteratur DM 12.- (siehe Adressen von Fachorganisationen)

Sachbücher für Kinder
Hrsg.: Deutsche Akademie für Kinder- und Jugendliteratur e.V.
Ein Katalog über Literatur und Sachthemen, sowie Detailinformationen für Kinder, ein guter Überblick über das Sachbuchangebot, der alle zwei Jahre überarbeitet wird, DM DM 3.-. In dieser Reihe erscheinen ebenfalls alle zwei Jahre, Kataloge zu den den Sachgebieten:
Abenteuer
Geschichte
Christliche Kinder- und Jugendbücher (siehe Adressen von Fachorganisationen)

Ich Tarzan Du Jane?
Hrsg.: Arbeitskreis
für Jugendliteratur e.V. 1995
Ein Katalog mit Aufsätzen und Rezensionen über geschlechtsspezifisches Rollenverhalten in Kinderbüchern. Eine gute Übersicht über das Bilderbuchangebot, sowie Kinderhörspiele und Kindertheaterstücke. (siehe Adressen von Fachorganisationen)

Forum Lesen
Informationsdienst der Stiftung Lesen.
Erscheint 3-4 mal im Jahr.
(siehe Adressen von Fachorganisationen)

AUSFLÜGE

10

▶ BIERGÄRTEN
▶ TIERPARK
▶ MUSEEN
▶ PFERDERENNEN
▶ FLUGHAFEN
▶ STADTRUNDFAHRTEN
▶ DIE SCHÖNSTEN PARKS
▶ SPASS MIT WASSER
▶ DIE SEEN
▶ ERLEBNISBÄDER
▶ NATUR-, MÄRCHEN- UND ERLEBNISPARKS
▶ ESSEN GEHEN
▶ MÄRKTE

ünchen und das Umland stecken voller Möglichkeiten und Überraschungen. Es gilt nur, sie zu entdecken und wahrzunehmen. Wer zu Hause bleibt, ist selber schuld.

BIERGÄRTEN

Schaukeln, Sandkästen, Klettergerüste, wunderschöne Karusselle und manchmal sogar Streichelzoos: Spiel- und Erlebnismöglichkeiten für Kinder sind eine Selbstverständlichkeit in den Münchner Biergärten. Doch selbst dort, wo es keine speziellen Kinderangebote gibt, wird Herumtoben, Krachmachen und gegen alle Regeln des guten Benehmens verstoßen so gut wie nie zu einem Problem. Das liegt wahrscheinlich daran, daß es sich die Erwachsenen bei ihrem Bier im Freien endlich einmal so gut gehen lassen, wie es sonst nur Kindern gelingt - wenn man sie sein läßt, wie sie sind.

Weit mehr als 100.000 Plätze gibt es in München an den legendären, überwiegend holzgezimmerten langen Tischen, wo man seine Maß unter schattigen Bäumen genießen kann. Ein Vergnügen, das traditionsgemäß preisgünstig und familienfreundlich ist. Denn wo sonst kann man seine Brotzeit selbst mitbringen? Wo sonst kann man sicher sein, daß sich die Großeltern ebenso wohlfühlen, wie der dreijährige Sohn oder die halbwüchsige Tochter?

Kein Zweifel also: Die Müchner Eltern sind zu beneiden, denn das Biergarteln ist die familienfreundliche Gastronomieform par excellence. Es verwandelt - sobald die Saison beginnt - die Münchner Bevölkerung in eine gutgelaunte, ausgesprochen sympathische Spezies: in einen Stamm von Ausflüglern, der - egal welches Alter, egal welches Einkommen - sein Leben genießt. Eine fröhliche, neugierige, amüsante Sippe, wo es ein Vergnügen ist, Kind zu sein!

Eine "Auswahl der schönsten Biergärten" trifft man nur schweren Herzens, denn das Schöne ist: man weiß genau, es gibt bald wieder einen neuen Geheimtip zu entdecken! Und das keineswegs nur im Sommer!

■ Der fünfstöckige chinesische Turm,

das Wahrzeichen für Münchens Biergarten-Kultur, versammelt um sich Touristen wie Einheimische, Familien und Punks. Bayerns ältestes Holzkarussell hat neuerdings Gesellschaft bekommen durch einen modernen Kompaktspielturm und einen kleinen Freizeitpark für die Kleinen. Zum Entspannen ist es allerdings im Sommer viel zu voll - das wahre Vergnügen sind die Spätherbst- und Wintersaison. Dann riecht's hier nach Glühwein, der ganz familiär am Kiosk verkauft wird und in der Adventszeit lockt ein kleiner Weihnachtsmarkt. Ein paar Schritte weiter vom Monopteros aus kann man wunderbar Rodeln und der nahegelegene zugefrorene Kleinhesseloher See lädt gegen Abend bei Flutlicht zum Schlittschuhlaufen ein.

AUSFLÜGE MIT EIS SIND ERST RICHTIG GUT.

■ Im Seehaus am Kleinhesseloher See im Englischen Garten
steht nicht nur Münchens ältestes Dampfkarussell, sondern jede Menge Ruder- und Tretboote, die man leihen kann, Enten und Schwäne (die man allerdings nicht füttern darf) und im Winter Gelegenheit (abends bei Flutlicht), Schlittschuh zu laufen. Fast regelmäßig findet hier am Wochenende auch ein kleiner Flohmarkt statt. Am besten erreichbar zu Fuß von der Münchner Freiheit oder mit dem Fahrrad durch den Englischen Garten.

■ der Aumeister
ist mit Sandkasten, Wippe, Schaukel und Karussel bestens ausgestattet, ein knapp 2500 Plätze großer Biergarten im Norden des Englischen Gartens. Am besten kommt man mit dem Radl her, aber es geht auch mit der U6 bis Studentenstadt.

■ Den Augustiner-Keller
in der Arnulfstraße findet man leicht, und man bleibt in der Regel länger als geplant, denn auch die Kinder haben wie die Eltern über dem allgemeinen Flair von Ratschen, Spielen und Sichamüsieren die Zeit zum Schlafengehen längst vergessen. 5000 Sitzplätze unter über 100 Jahre alten Kastanien und ein schöner Spielplatz mit Schaukel und Kletterplatz - das alles 10 Gehminuten vom Hauptbahnhof. Was will man mehr?!

■ Im Biergarten Hirschau,
hat man das Gefühl, mittendrin und doch weit entfernt vom Verkehrslärm der Stadt zu sein. Wem das Seehaus zu chic, zu trendig und zu teuer ist, der findet hier, auf der anderen Seite des Mittleren Rings im Englischen Garten genau das Richtige: Steckerlfisch und Brotzeitstandl, Kinderspielplatz und Minigolfplatz.

- **Beim Flaucher**

in den Isarauen kurz vor Thalkirchen trifft man träge und ermattet ein vom Radln, Sonnenbaden und vom Wasserspaß an der Isar. Bei Steckerlfisch und kühlen Getränken - im Schatten unter den Kastanien wird man dann sofort wieder munter. Der (nicht einmal sehr große) Spielplatz mit Sandkiste und Schaukeln gleicht zu jeder Tageszeit einem großen Kinder- Sommerfest, und über der angrenzenden Spiel- und Sportwiese, die stets von Sonnenanbetenden Picknick-Clicquen umlagert ist, liegt immer ein Flair von "Summer in the City".

- **Der Hirschgarten,**

Münchens größter Biergarten (8000 Plätze) ist einfach ein Paradies für Familien: Hier gibt's ein Freigehege für Hirsche und Rehe und rundum die tollsten Spielmöglichkeiten! Außerdem: Fleisch und Wurstwaren aus der eigenen Metzgerei! Anfahrt am besten mit der S-Bahn (alle außer S7) bis Laim, oder mit dem Bus Linie 32 und 8 bis Romanplatz.

- **Beim Forstkasten**

in Gauting-Neuried gibt es Schafe, Ziegen und Hasen zum Anfassen und einen schönen Spielplatz in freier Natur, dazu erstklassige Küche mit selbstgebackenem Steinofenbrot. Der Weg von der S6-Station Gauting ist ausgeschildert und dauert ca. 20 Min.

- **Die Waldwirtschaft Großhesselohe,**

liegt wunderschön am Isar-Ufer im Münchner Süden. Für Kinder gibt es Schaukeln, eine Mini-Eisenbahn und einen Minigolfplatz und als besondere Attraktion: eine Schiffschaukel! Anfahrt mit der S7 bis Großhesselohe oder mit dem Rad durch die Isarauen.

TIERPARK

Ein lohnendes und für Kinder immer spannendes Ausflugsziel ist der Tierpark Hellabrunn am rechten Isarufer gegenüber von Thalkirchen. Er ist nicht nur einer der größten, sondern auch der erste GEO-Zoo der Welt - und der Service für Familien wird großgeschrieben in diesem ausgedehnten Naturpark, wo man Tiere nach Erdteilen und Landschaften beobachten kann. Einzigartig ist auch der Kindertierpark, bei dem schon allein der Verzicht auf alle Verniedlichungen à là Disneyland und andere Erholungsparks ausgesprochen wohltuend ist. Wer will, kann vom Biergarten aus die Kinder im Spieldorf beaufsichtigen, wo man auf Haflingern reiten oder die verschiedensten seltenen Tiere aus nächster Nähe erleben kann. Für Kindergeburtstage und ähnliche Feste kann man spezielle Führungen vereinbaren.

- **Tierpark Hellabrunn**
  Tierparkstr. 30, 81543 München, Tel. 625080

MUSEEN

Selbst wenn einmal ein Sonntag besonders trübe ist und die Straßen so richtig öd und leer: auf der Museumsinsel zwischen Ludwigs- und Corneliusbrücke tummeln sich immer erlebnishungrige Menschen und für alle neugierigen Kinder hat die Welt von Naturwissenschaft und Technik - so wie sie im Deutschen Museum, im IMAX-Theater oder im Planetarium dargeboten wird - eine ganz eigene Faszination. Mit rund 1,5 Mio. Besuchern pro Jahr, davon fast 800.000 Besuchern unter 20 Jahren, ist das "Deutsche Museum für Meisterwerke der Naturwissenschaft und Technik" der Star unter Münchens Museen. Mit ca. 15.000 Highlights aus der Entwicklung von Schiffahrt, Flugtechnik, Astronomie, Nachrichten, Kraftfahrzeugtechnik und vielem mehr ist es das größte technische Museum der Welt.

Im Planetarium des Deutschen Museums gibt es regelmäßig spezielle Kinderführungen und einen ganz besonderen Besuchstag ist das IMAX-Kino wert: Überwiegend naturwissenschaftliche Filme werden hier auf einer Leinwand von 22x16 Metern gezeigt. Vor allem für die größeren Kinder ist das ein Erlebnis, das man so schnell nicht wieder vergißt. Das aktuelle Programm ist den Tageszeitungen oder der Programmansage zu entnehmen. Eintrittspreise: Erwachsene 10,90 DM, Kinder, Schüler, Auszubildende, Studenten 7,90 DM.

Auf keinen Fall verpassen: ein Blick in den Museumsladen, der eine wahre Fundgrube ist für ausgefallene Spiele, Bücher, Postkarten und Bücher zur Geschichte und Gegenwart von Naturwissenschaft und Technik.

Und noch ein Tip: Für DM 68.- pro Jahr kann man im Deutschen Museum Mitglied werden und hat dann mit einer weiteren Begleitperson sowie zwei Kindern unter 18 Jahren ein Jahr lang freien Eintritt.

- **Deutsches Museum**
  Museumsinsel 1, 80538 München, Tel. 2179-1, tägl. 9.00-17.00 Uhr
  Das Deutsche Museum ist erreichbar mit jeder S-Bahn, Haltestelle "Isartor", oder mit der Straßenbahn Linie 18, Haltestelle "Deutsches Museum"

Wen der Besuch im Deutschen Museum auf den Geschmack gebracht hat, der sollte weiter auf Entdeckungsreise gehen, denn München verfügt über eine Vielzahl von Museen, die eine wahre Fundgrube sind für technikbegeisterte und naturkundlich interessierte Kinder. Hier eine kleine Auswahl der interessantesten Adressen:

Die Welt der motorisierten Verkehrssysteme von den Anfängen der Motorisierung bis zu den Entwürfen für das nächste Jahrtausend gibt es im BMW-Museum zu besichtigen. Zu den Attraktionen des Museums zählt ein eigenes Studiokino mit 100 Plätzen. Zu den Ausstellungen erscheinen in der Regel auch spezielle Kinderführer, teilweise auch in englischer Sprache. Zeichenwettbewerbe (zuletzt: "Entwerfe ein Zukunftsauto!") laden zum Mitmachen ein.

- **BMW-Museum**
  Petuelring 130, 80809 München, Tel. 895-3014
  Erreichbar mit der U-Bahn, Endhaltestelle der U3 und U8.

150 Jahre Elektrotechnik bis zu den neuesten Trends der Mikroelektronik präsentiert das Technik-Museum im Siemensforum, ein "Museum zum Anfassen", das spielerisch in die Erlebniswelt Technik einführt.

- **Siemensforum**
  Prannerstraße 10, 80333 München, Tel. 2342660

Fast jeder kennt den Bronzekeiler vor dem Eingang zum Deutschen Jagd- und Fischereimuseum, das seit 1966 in der Augustinerkirche untergebracht ist. Fast tausend Präparate vom Singvogel bis zum Hirsch, sowie eine umfangreiche Fischerei-Abteilung werden dort gezeigt. In der Streichelecke für Kinder darf man sie sogar anfassen.

- **Deutsches Jagd- und Fischereimuseum**
  Neuhauser Straße 2, 80331 München, Tel. 220522

Vor allem für die Größeren sicherlich ein interessantes Erlebnis die Ansichten und Modelle aus 5 Jahrhunderten Stadtgeschichte und die Exponate zur Kulturgeschichte des Puppenspiels mit der Abteilung Schaustellerei, Jahrmarkts- und Volksvergnügen

- **Münchner Stadtmuseum mit Puppentheater-Museum**
  St.-Jakobs-Platz 1, 80331 München, Tel. 2-22370

Günstig gelegen, auf vier Stockwerken im alten Rathausturm, findet sich die einzigartige Sammlung alter europäischer und amerikanischer Spielsachen. Wer sich und seinen Kindern nach dem Einkaufsbummel mal etwas Gutes tun will, sollte die Gelegenheit nicht versäumen und hier bei den Kinderträumen von einst unbedingt einmal Station machen.

- **Spielzeugmuseum im Alten Rathausturm**
  Marienplatz, 80331 München, Tel. 294001

So kuriose Dinge wie das Tretauto-Museum, das Nachttopf-Museum, Osterhasen-Museum, Sisi-Museum und vieles mehr finden sich im Zentrum für Außergewöhnliche Museen, direkt am Isartor.

- **Zentrum für Außergewöhnliche Museen**
  Westenrieder Str. 26, 80331 München
  Tel. 2904121

ZIRKUS

Auf keinen Fall verpassen: Ein Besuch im Zirkus Krone! Von Weihnachten bis Ende März geht die Saison im festen Winterquatier des Zirkus, dem Kuppelbau in der Marsstraße, dem einzigen festen Zirkusgebäude Deutschlands. Premiere ist traditionsgemäß am ersten Weihnachtstag, danach gibt es jeden Monat ein neues Programm.

- Zirkus Krone
  Marssstraße 43, 80335 München
  Tel. 558166

**Anfangszeiten bis 6. Januar werktags 15.00 Uhr und 20.00 Uhr, sonn- und feiertags 14.30 Uhr und 18.30 Uhr.
Ab 7. Januar werktags 20.00 Uhr, mi, fr u. sa 15.00 Uhr und 20.00 Uhr, sonntags 14.00 Uhr und 18.30 Uhr.
Der Krone-Zoo ist sonntags ab 10.00 Uhr geöffnet. Die Eintrittspreise liegen zwischen DM 18.- und DM 45.-, Kinder zahlen jeweils DM 5.- weniger.**

Fernrohrbeobachtungen, Himmelskundliche Führungen mit Planetariumsvorstellung und spezielle Kinderführungen an jedem 1. und 3. Freitag im Monat (17.00 Uhr) bietet die Volkssternwarte München.

- **Volkssternwarte München**
  Rosenheimer Straße 145a, 81671 München, Tel. 406239
  Öffnungszeiten: Mo- Fr. ab 20.00 Uhr (Sept.bis März) ab 21.00 Uhr (April bis August)

PFERDERENNEN

Ein spannendes und nicht einmal sehr teures Vergnügen: ein Besuch auf der Trabrennbahn Daglfing. Ponyreiten, Traberfahren und beim Training zusehen (allerdings sehr früh um 6.00 Uhr morgens) sind an den Wochenend-Renntagen kostenlos und für die Kleinen steht ein Kindergarten zur Verfügung. Eintritt bis 14 Jahren frei.

- **Trabrennbahn Daglfing**
  Rennbahnstr. 35, 81929 München, , Tel. 93000167

Auf der Galopprennbahn München-Riem ist der Eintritt bis 15 Jahren frei! Auch hier kann man Ponyreiten und es gibt regelmäßig Spielaktionen.

- **Galopprennbahn München-Riem**
  Graf-Lehndorff-Straße 36, 81929 München, Tel. 908881

FLUGHAFEN

Für alle technikbegeisterten Kinder, die den Flugbetrieb einmal anders erleben wollen als beim Flug in den Urlaub, sind die Besichtigungstouren auf dem Münchner Flughafen ein faszinierendes Ereignis. 1 1/2 Stunden dauert die Rundfahrt über Europas modernsten Großflughafen, sie wird von fachkundigem Personal geführt, das alle Fragen beantwortet. Im Ausstellungspavillion gibt's außerdem Filme, Schautafeln und Modelle.

- **Flughafen München,**
  Postfach 231755, 85326 München, Tel. 975-4133

STADTRUNDFAHRTEN

Stadtrundfahrten, die Kindern die alltägliche Umgebung auf ganz neue Art und Weise nahebringen können für die ganze Familie zu einem spannenden Erlebnis werden. Ausflüge in die Geschichte und Gegenwart Münchens, die keineswegs nur die touristischen Höhepunkte zeigen, werden von einer ganzen Reihe von Veranstaltern angeboten:

- **Stattreisen e.V.**
Tel. 2718940
Spezielle Stadtführungen für Kinder, auch für Jugendgruppen und Schulklassen bietet Stattreisen an. Am Wochenende sind regelmäßig Spaziergänge (Sa ab 14.30, So ab 11.00 Uhr, an Feiertagen ab 14.00 Uhr) im Angebot.

- **Gemeinnütziges Bildungswerk d. DGB e.V.**
Schwanthaler Str. 64, 80336 München, Tel. 5141675 und 5141676
Die Schauplätze der Novemberrevolution, der Räterepublik, und des antifaschistischen Widerstands lernt man kennen bei den Stadtführungen des DGB. Sonderführungen für Schulklassen auf Wunsch.

- **City Hopper Touren**
Hohenzollernstr. 95, 80796 München, Tel. 2721131
Angebot: Radl-Rundfahrten zur Stadterkundung, die zweifellos angenehmer und unterhaltsamer sind als das Stillsitzen im Bus! Mindestalter 12 Jahre. Infos anfordern!

- **Radius Touristik**
Arnulfstr. 3, 80335 München, Tel. 596113
Stadtführungen zu Fuß, mit dem Rad oder mit der Straßenbahn. Spezielle Gruppenführungen mit individuellen Schwerpunkten auf Wunsch.

- **Paritätische Familienbildungsstätte Hasenbergl, Freizeittreff Burmesterstraße**
80939 München, Tel. 3131378 und 985621
Alles, was Kinder in ihrer unmittelbaren Umgebung immer schon einmal genauer kennenlernen wollten, wird hier zum Gegenstand regelmäßiger Stadtteilexkursionen. Z.B. ein Besuch bei der Feuerwehr, eine Exkursion auf eine Baustelle, die Erforschung einer Zahnarztpraxis und vieles mehr.

BAVARIA

Zu den Klassikern unter den Ausflugszielen gehört die Bavaria-Filmtour. Wilde Stunts und faszinierende Special-Effects kann man hier hautnah erleben und mit einer kleinen Schienenbahn eine Fahrt über das Produktionsgelände so großer Kinoproduktionen wie "Das Boot" oder "Die unendliche Geschichte" unternehmen.
Der Preis für eine 1 1/2stündige Führung beträgt für Erwachsene DM 12.-,
für Kinder zwischen 4 und 14 Jahren DM 8.-
(Stuntshows nicht inclusive).

- Bavariafilmplatz 7
Tel. 6493767.
Öffnungszeiten März bis Oktober
9.00 Uhr -16.00 Uhr

DIE SCHÖNSTEN PARKS

Sie machen das Leben in den Metropolen angenehmer: die großen Parks. Oasen der Ruhe und Erholung vom hektisch-lauten Treiben. Hier bieten sich Kindern, die es gewohnt sind, in Wohnungen oder auf dem Spielplatz herumzutoben, neue Möglichkeiten: Laufen, Fahrradfahren, Versteckspielen - scheinbar - ohne Grenzen.
Die städtischen Parks sind in der Regel leicht erreichbar, kindgerecht angelegt und versprechen manch zusätzliches Abenteuer.
Die Parkanlagen in München: Wissenswertes und nützliche Tips dazu auf den folgenden Seiten.

■ Der Englische Garten

Mehr als 350 Hektar - von der Prinzregentenstraße bis weit raus zum Aumeister - erstreckt sich der Englische Garten, der 1785 nach dem Vorbild des Londoner Hyde Park angelegt wurde: eine wunderbar weiträumige und abwechslungsreiche Parklandschaft mit Bächen, Seen und einem Aussichtshügel. Hier wächst alles wie in der Natur, wild und ohne abgezirkelte symmetrische Wege und Beete, die man nicht betreten darf. Auf geheimnisvolle Weise hat man hier oft das Gefühl: dieses Paradies hat keine Grenzen! Vielleicht, weil man bei Lust und Laune ganz einfach an der Isar weiterwandern kann.
Seit über 200 Jahren also lädt der Englische Garten mit seinen riesigen freien Grünflächen zum Toben, Ballspielen, Picknicken, Radfahren und Versteckspielen ein. Jeweils in der Nähe der Haupteingänge gibt es jede Menge Spielplätze für Kinder jeden Alters und eines der schönsten Kinderkarusselle steht direkt am Chinesischen Turm. Von da aus kann man auch Kutschfahrten machen quer durch den Park und darüberhinaus durch München (April bis Oktober, Infos: Lohnkutscherei Pfeffer, Tel. 180608) Und noch eine besondere Attraktion: die mutigen Jungen und Mädchen, die direkt an der Prinzregentenstraße auf dem Eisbach surfen!
Im Winter, wenn es überall statt Eis und Luftballons Glühwein, Kinderpunsch und Johannisbrot zu kaufen gibt, lockt der Kleinhesseloher See zum Schlittschuhlaufen bei Flutlicht, auf dem Rodelberg am Monopteros ist der Teufel los und der kleine Weihnachtsmarkt am Chinesischen Turm ist spätestens mit Beginn der Dunkelheit ein Treffpunkt für heißhungrige und vom Toben müde Eltern und Kinder.

■ Der Nymphenburger Park

Älter als der Englische Garten, und nur auf den ersten Blick für Kinder, nicht so attraktiv, ist der Garten am Nymphenburger Schloß, dem früheren Sommersitz der Wittelsbacher, der Anfang des 18. Jhdts zu einer der größten Schloßanlagen Europas ausgebaut wurde. Hier scheinen alle Wege schnurgerade und wie mit dem Lineal gezogen und vor allem der Mittelteil wirkt etwas streng, mit seiner Marmorkaskade und den Götterfiguren. Doch wenn man sich etwas Zeit nimmt für Entdeckungen kann man in dieser Parklandschaft einen faszinierenden Tag verleben, denn sobald man das Zentrum verläßt und den Seitenwegen folgt, kann man ganz eigene versteckte kleine Welten finden: Kleine Schlößchen und verträumte Seen, Futterstellen für Rehe und Hirsche und das hölzerne Gartenhaus, das einmal der Spielplatz der Königskinder war. Ganz plötzlich taucht auf einer Lichtung die Magdalenenklause auf, eine künstliche Ruine mit Grottenkapelle, die sich der Kurfürst Max Emanuel als Gebetshaus bauen ließ.
Schön ist es auch im Palmenhaus mitten im Park, wo man unter Palmen und riesigen Gummibäu-

men Eisessen kann. Natürlich sollte man sich das Marstallmuseum mit seiner Sammlung prächtiger Kutschen und Schlitten nicht entgehen lassen und das Schlangenhaus besichtigen, wo 60 verschiedene giftige und ungiftige Reptilien warten.

■ Der Botanische Garten
Mit seinen 14000 verschiedenen Pflanzenarten lädt der Botanische Garten, der im Norden an den Nymphenburger Schloßpark grenzt, alle naturkundlich interessierten Kinder zu Entdeckungen ein. Die Gewächhäuser sind berühmt für ihre prachtvollen exotischen Orchideenarten, die man sonst kaum irgendwo zu sehen bekommt, außerdem gibt es seltene Kakteen, Palmen - ja sogar fleischfressende Pflanzen wachsen hier! Hübsch ist auch das kleine Café im Rosengarten und der Rhododendronhain.

■ Der Hirschgarten
Das reinste Ausflugsparadies für Familien, mit seinem riesigen Biergarten und den fantastischen Spielmöglichkeiten für Kinder, ist der "Königliche Hirschgarten" in Nymphenburg. Hier kann man Hirsche und Rehe füttern, Drachen steigen lassen und auf festen Grillplätzen grillen. Die Wege sind wie gemacht zum Rollschuhlaufen und Radeln, ein riesiges Schiff gibt es zum Klettern, Tischtennisplatten, Schachspiele, Sommerstockbahnen, und jedes Jahr im Frühling zwei Wochen vor der Sommerdult findet hier das Magdalenen-Fest statt.

■ Der Olympiapark
Ein lohneswertes Ziel im Sommer wie im Winter ist der große Freizeitpark mit dem Kunstsee zu Füßen des Schuttbergs. Immerhin hat man vom Drehrestaurant auf dem Olympiaturm aus fast 300 Metern Höhe den schönsten Blick über München und Umgebung, und eine Besichtigungstour quer über das legendäre Gelände, das Schauplatz der Münchner Olympiade war, ist allemal ein spannendes Erlebnis. Doch auch die Spielplätze und das ständig wechselndes Freizeit-Programm, das immer wieder auch Spielaktionen und Kinderfeste bereithält, sprechen für sich: Wer einmal hier war, kommt immer wieder - ob zum Schlittschuhlaufen in der Eissporthalle oder zum Bötchenfahren auf dem Olympia-See, ob zum Minigolfen, Skateboardfahren, Radeln, Rollschuhlaufen oder zum Schwimmvergnügen in der Schwimmhalle. Olympiappark GmbH, Spiridon Luis Ring 21, 80809 München, Tel. 306712415

■ Der Westpark
Seit 1983, der Internationalen Gartenbau-Ausstellung in München, gibt es den Westpark, ein Abenteuer-, Spiel- und Sportparadies für Kinder, das jede Menge Wiesen zum Ballspielen und Toben bietet, Wasser zum Plantschen, und tolle Rennstrecken zum Radfahren und Rollschuhlaufen. Außerdem einen fantastischen Abenteuerspielplatz mit Höhlen, Rutschbahnen und einem Kletterfelsen, an dem man sich mit echten Bergseilen im Bergsteigen üben kann!

■ Der Pasinger Stadtpark
Spielmöglichkeiten, Klettergerüste, Tischtennisplatten und für das Badevergnügen: das kühle Naß der Würm bietet der Stadtpark in Park, ein großzügig angelegtes Natur-, Wald- und Freizeitgelände, das sich von Pasing bis Starnberg erstreckt und wegen seiner Weitläufigkeit vor allem als Paradies zum Radln, Wandern und Picknicken beliebt ist.

SPASS MIT WASSER

Die Isar

Auch wenn aufgrund der schlechten Wasserqualität das Baden nicht mehr empfehlenswert ist - beim ersten Sonnenstrahl heißt es in München noch immer: "Volksfest im Isartal", und sobald es Sommer wird, verwandeln sich die Flußufer von Wolfratshausen bis München in einen 30 Kilometer langen Badestrand: Gelegenheit für spontane Picknicks und Grill- und Familienfeste, Spiel, Wasser- und Wildwassersport- für tausende von leichtbekleideten oder nackten Münchnern.

Einer der beliebtesten Plätze ist nach wie vor der "Flaucher" unterhalb des Tierparks in Thalkirchen, wo das weitläufige Strandgebiet, die Wiese zum Ballspielen und der Biergarten mit Kinderspielplatz locken. Aber auch direkt im Stadtgebiet, am Deutschen Museum zum Beispiel oder an den Isarauen von dort aus südlich, finden sich überall schöne Plätze, wo man sich niederlassen, Ballspielen, Picknicken und den Tag vertrödeln kann!

A propos - auch wenn's jeder macht: Das Grillen ist auf öffentlichen Grundstücken nicht erlaubt. Über alle Wenn's und Aber's und die hierfür ausgewiesenen Plätze informiert ein Merkblatt, das bei der Stadtinformation am Stachus erhältlich ist:
- Bürger-Information, Karlsplatz Untergeschoß, 80335 München, Tel. 554459.

Radtouren und Wandertouren lassen sich auf beiden Seiten der Isar vergnüglich gestalten z.B. zur Zentralfloßlände in Thalkirchen, zur Floßrutsche im Mühltal oder zum "oberbayerischen Grand Canyon" auf dem Weg von Grünwald nach Baierbrunn.

Beeindruckend ist es an der Anlegestelle der Isarflöße an der Grünwalder Brücke. Hier gibt's einen hübschen kleinen Biergarten, die Burgen Schwaneck und Grünwald liegen ganz in der Nähe und am Wochenende tobt hier das Ausflügler-Leben.

Wer selber einmal bei einer Floßfahrt dabei sein möchte, wendet sich am besten direkt an die Veranstalter:

- **FB-Freizeitservice**
  Max Anderl Str. 107, 85375 München, Tel. 08165/3838

- **Bavariaraft * Euroraft**
  Heubergstr. 6a, 82441 Ohlberg, Tel. 08841/7751

Schlauchbootfahrten

Fahrten auf der Tiroler Ache durch die Entenlochkamm zwischen hochaufragenden Felswänden sind auch für Kinder (in Begleitung Erwachsener) völlig ungefährlich. (Personalausweis mitbringen, denn man fährt über die Österreichische Grenze)

Für erfahrene Schlauchboot- und Kajakfahrer: man kann auch relativ günstig Kajaks, Schlauchboote und Neoprenanzüge leihen. Kajakkurse nach Absprache.

- Infos unter Schlauchbootfahrt in Schleching,
  Hauptstraße 3, 83259 Schleching, Telefon: 08649/243

DIE SEEN

Baggerseen im Stadtgebiet

Man staunt immer wieder, wie viele Menschen hier Platz finden. Also: Die Münchner Baggerseen sind sicherlich nicht das ideale Naturerlebnis unter den Münchner Ausflugszielen, doch mit ihren flachen Ufern sind sie wie geschaffen für Kleinkinder, angenehm viel Schatten gibt's unter den Bäumen und jede Menge Lärm, Spaß und Action im Wasser und auf den riesigen Liegegeländen. Zum Lerchenauer, Feldmochinger und Fasanerie-See empfiehlt sich jeweils die Anreise mit der U3 bis Olympiazentrum, dann zum Lerchenauer See mit dem Bus 181, zum Feldmochinger See vom Olympiazentrum aus mit dem Bus 81 bis Josef Frankl Straße. Zum Fasanerieesee auch mit dem 81er Bus, aber bis Faganastraße.

Außerhalb Münchens

Starnberger See, Ammersee, Chiemsee, Tegernsee und Königssee - das sind die Klassiker unter den Münchner Ausflugszielen im Sommer. Mit ihren idyllischen kleinen Biergärten und oft versteckten Strandbädern, den vielfältigen Möglichkeiten zu Wassersport, Badevergnügen, Dampferrundfahrten und Radlfahrten am Seeufer gehören sie nach wie vor zu den besten Adressen für einen Tag im Grünen.

Die Wasserqualität ist überall gut, die Wassertemperaturen liegen im Sommer zwischen 18° und 24°. Auf allen 5 Seen gibt es einen regelmäßigen Dampfer-Verkehr, sowohl für Rund- und Ausflugsfahrten, als auch als Fährdienst zwischen den am Ufer gelegenen Ausflugszielen. Tickets für Rundfahrten sind (auf dem Ammersee, Starnberger See, Königssee und Tegernsee) ab DM 11,50 erhältlich. Segeln ist nahezu auf allen Seen uneingeschränkt erlaubt, über die Vorschriften für Motorboote informieren die örtlichen Landratsämter.

Als Familienspaß der Sonderklasse gilt die große (gut 2stündige) Rundfahrt auf dem Starnberger See mit dem "Spiel"-Dampfer "Seeshaupt", der über einen kleinen Spielplatz und eine Kinderrutsche verfügt, die das Sonnendeck mit dem Untergeschoß verbindet. Ein gutdurchdachter Wickelraum gehört zum Service. (Wer die Kosten der großzügig angelegten, aber nicht ganz billigen Gastronomie-Flächen scheut, sollte an ausreichende Getränkevorräte denken.) Wer den See richtig genießen will, sollte sich allerdings Zeit nehmen, zwischendurch aussteigen in einem der (meistens nahe am Anlegesteg) gelegenen Strandbäder oder Biergärten Station machen und mit dem nächsten Schiff weiterfahren. Das Strandbad "Paradies" am Westufer im ehemaligen Schloßpark Possenhofen, mit seinen weiträumigen Spiel- und Liegewiesen lohnt immer einen Besuch.

Ein guter Tip ist auch das Strandbad St. Alban am Ammersee kurz vor Dießen mit seinen wunderschönen alten Bäumen (Eintrittspreis 3.- DM), das von Stegen aus, mit dem Dampfer gut zu erreichen ist. Auch hier lassen sich Radtour, Strandbad- und Biergartenbesuch bestens mit einer Dampferfahrt kombinieren. (Transportpreis für's Fahrrad DM 5.-)

> **ÜBER MÜNCHEN...**
>
> Warum nicht einmal ein Ausflug über die Dächer Münchens? Sicherlich den schönsten Blick über München und Umgebung bietet der Olympiaturm. Immerhin ist er 290m hoch. Aber auch die Bavaria direkt an der Festwiese kann man besteigen (nicht nur zur Wies'n ein vielversprechendes Vergnügen!), oder direkt im Zentrum; den Rathausturm am Marienplatz oder den Alten Peter!

WASSER LOCKT IMMER ZUM SPIELEN HERAUS

Als Deutschlands sauberster See lockt nach wie vor der Königssee inmitten des Nationalparks Berchtesgaden, wo man das berühmte Bergecho und die legendären Wasserfälle bestaunen kann.

Gollenshausen, Breitbrunn oder das Schramlbad in Prien - das sind die besten Adressen für's Badevergnügen im Chiemsee. Für Kinder, die bereits abgebrühte Ausflügler sind und eine abenteuerlichere Seereise wünschen als den Dampfer, empfiehlt sich das Ruderboot zur Fraueninsel, wo man im übrigen auch die besten und frischesten Räucherrenken bekommt.

TIPS - NICHT NUR FÜR KNAPPE AUSFLUGSKASSEN

■ **DB-Service "Fahrrad am Bahnhof":**
Am schönsten und angenehmsten lassen sich die Seen erkunden, wenn man den DB-Service "Fahrrad am Bahnhof" in Anspruch nimmt: mit der S-Bahn raus aus der Stadt, direkt am Bahnhof ein Radl mieten und auf Entdeckungstour gehen nach den idyllischen Plätzen, den kleinen versteckten Strandbäder und den Biergärten, die noch kaum jemand kennt. Den DB-Rad-Service gibts in den meisten See-Orten, die mit der S-Bahn erreichbar sind (Mietpreis ab 11.- Mark, bei Vorlage eines DB-Tickets ab 16.- DM Wert schon für 7.- DM), Info-Prospekt unter Tel. 1223315

■ **"Die blaue Kombikarte":**
49.- DM kostet der Familienausflug (2 Erwachsene, 2 Kinder, 1 Hund) zum Ammersee oder Starnberger See. Im Preis enthalten sind Anreise mit MVV bzw. S-Bahn und Tages-Tickets für Dampferrundfahrten. Infos beim MVV.

- **"4 Seen für 3 Tickets"**
  Die Bayerische Schiffahrt bietet als Gemeinschaftsangebot der Schiffahrtsgesellschaften auf dem Ammersee, Starnberger See, Königsee und Tegernsee, jeden Sommer das "4Seen-Ticket" an. Wer auf 3 Seen fährt, hat die Rundfahrt auf dem 4. See gratis. Infos bei einer der genannten Schiffahrtsgesellschaften
- Staatliche Schiffahrt Starnberger See, Dampfschiffstraße 5, 82319 Starnberg, Tel. 08151/12023
- Staatliche Schiffahrt Ammersee, Landsberger Str. 81, 82266 Inning, Tel. 08143/229
- Staatliche Schiffahrt Tegernsee, Seestraße 70, 83648 Tegernsee, Tel. 08022/4760
- Staatliche Schiffahrt Königsee, Seestraße 55, 83471 Schönau, Tel. 08652/9636-18

Die Osterseen
Schwimmen mit Blick auf die Alpen! Landschaftlich einfach traumhaft südlich von Seeshaupt am Starnberger See gelegen und dabei kristallklares Wasser! Ca. 50km von München über die Autobahn Garmisch leicht zu erreichen.

Pilsensee
Wem das Wasser nicht warm genug sein kann, der kommt hier bei Wassertemperaturen von ca. 25 Grad im Sommer voll auf seine Kosten. Die schönsten Strände liegen im Norden und Nordosten, ein großes Strandbad beim Campingplatz. Der See liegt in der Nähe von Herrsching, nicht weit von Seefeld.

Der Deininger Weiher
Eine echte Entdeckung ist dieser Moor- und Badesee, wo man hervorragende Schlammschlachten veranstalten kann. Im Biergarten beim Waldhaus Deininger gibt's im Sommer regelmäßig Live-Musik und die Küche ist hervorragend. Anfahrt Richtung Grünwald und hinter Straßlach links oder mit der S7 bis Höllriegelskreuth und anschließend mit dem Bus bis Großdingharting.

Der Buchsee
Noch ist er fast ein Geheimtip - der idyllische kleine Moorsee in der Nähe des Starnberger Sees, wo man sein Bier auf der Wiese vor einem Bauernhaus trinkt, während die Hühner umherlaufen und Getränke und Brotzeit durchs Fenster verkauft werden. Der Eintritt zum Strandbad kostet hier noch immer 1.- DM und keiner würde es wagen "oben ohne" zu baden. (Anfahrt: A95 Richtung Wolfratshausen und Höhenrain, dann links abfahren)

Der Weßlinger See
Ein wunderschöner kleiner Badesee, mit der S5 Richtung Herrsching gut zu erreichen. Ein schattiger Uferweg führt zum Badegelände, an dem sich immer freie Plätze finden.

ERLEBNISBÄDER
Wer auch im Winter keine Lust hat, auf Badespaß, Spiel und Action im Wasser zu verzichten, findet in München und in der unmittelbaren Umgebung eine Fülle von Angeboten. Die wichtigsten Adressen:

- **Olympia-Schwimmhalle**
  Die Olympiaschwimmhalle, Münchens Badeparadies mit Olympia-Flair, bietet neben Whirlpool, Familiensauna (montags) und Solarium auch Tischtennis, Billard und 13 000 qm Liegewiese mit Kinderspielplatz. Tel. 3067-2290
  Eintrittspreise: Erwachsene 5.- DM, Kinder bis 6 J. frei, von 6-18 Jahren 4.- DM

- **Michaelibad, Spaß im Naß**
  Heinrich-Wieland-Str.24, 81735 München, Tel. 407691
  Die Riesenrutschbahn mit 2 Kurvenbahnen und 2 Speedrutschen (da geht's mit fast 50 Stundenkilometern ins Wasser) muß man einfach mal ausprobieren!
  Eintrittspreise: Erwachsene 3.50 DM, Kinder ab 6 J. 2.50 DM, an Warmbadetagen Erwachsene 5.- DM, Kinder ab 6 J. 4.- DM

- **Badria**
  83512 Wasserburg, Tel. 08071/8133
  Angebot: Doppel-Wasserrutsche, Panorama-Pool, Kinderbecken, großes Freigelände mit Spielmöglichkeiten, Biergarten, Minigolf, Tischtennis, Sauna, Fitnes uvm.
  Eintrittspreise: 4 Std. f. Erwachsene 8.- DM, f. Kinder von 6-16 J. 5.50 DM; Tageskarten für Erwachsene 12.- DM, f. Kinder von 6-16 J. 7.50 DM

- **Alpamare**
  83646 Bad Tölz, Tel. 08041/509334
  Angebot: Aktion- und Abenteuer-Badevergnügen vor allem für die etwas Größeren. Hier findet sich die größte Wasser-Rutsch-Anlage Deutschlands (330m), die man mit einem Gummibob befahren kann, außedrem Labyrinthe, Tunnel mit Lichteffekten, atemberaubende Wasserachterbahnen u.v.m. Ca. 50km südlich von München, Umgehungsstraße, Ausfahrt "städtisches Krankenhaus", Zufahrtsschild Alpamare.
  Eintrittspreise: 4 Std. f. Erwachsene 35.- DM, Kinder von 6-16J. 24.-; Tageskarte f. Erwachsene 54.- DM, Kinder von 6-16 J. 35.- DM

- **Wellenberg Oberammergau**
  Himmelreich 52, 82487 OberAmmergau, Tel. 08822/6787
  Angebot: Sehr reizvoll gelegen vor der Kulisse der Berge im größten Naturschutzgebiet Deutschlands ist dies ein Ausflugsziel, das durchaus die Anreise lohnt. Zu den Angeboten gehören ein Rundwellenbad, Riesenrutschen (60 m und 120 m), Kinderspielpätze und Planschbecken, Naturbecken und Erlebnis-Pool.
  Eintrittspreise: 3 Std. f. Erwachsene 8.50 DM, f. Kinder 3.50 DM; Tageskarte f. Erwachsene 11.50 DM, f. Kinder von 6-16 J. 8.- DM

- **Alpspitz-Wellenbad**
  Klammstr.47, 82453 Garmisch-Partenkirchen, Tel. 08821/753313
  Angebot: Ein für Kinder hervorragend ausgestattetes Freizeitbad mit großen Naß- und Trockenspielbereichen, Mutter-Kind-Becken für die Kleinen, Wellenbecken und großen Spiel-

und Liegewiesen für den Sommer. Mit Berg- oder Skitouren ist der Badespaß (der für Erwachsene auch Massage, Sauna und diverse Fitnesmöglichkeiten bereit hält) gut zu kombinieren.
Eintrittspreise: 3 Std. f. Erwachsene 7.50 DM, f. Kinder von 6-16 J. 4.50 DM;
Tageskarte f. Erwachsene 10.- DM, f. Kinder 6.- DM

■ Wellenbad Penzberg
82377 Penzberg, Tel. 08856/2343
Angebot: Ca. 45km von München (Autobahn Garmisch) ist dieses Wellenbad mit Spiel- und Planschbecken, Rutschen und Spielfontaine ist ein beliebtes Ausflugsziel. Das Badevergnügen läßt sich gut kombinieren mit einem Besuch im nahegelegenen Freizeitzentrum, wo Wildwest-Fort mit Indianerzelten, Grillplätze, Bolz- und Abenteuerspielplätze locken.
Eintrittspreise: Kurztarif (1,5 Std.) f. Erwachsene 5.- DM, f. Kinder von 6-16 J. 3.- DM;
Normaltarif (4 Std.) f. Erwachsene 8.- DM, f. Kinder von 6-16 J. 6.- DM jede zusätzliche halbe Stunde 1.- DM; Abendtarif (18.00-21.00 Uhr) f. Erwachsene 6.- DM, f. Kinder 5.- DM

■ Freizeit- & Bäderpark Peißenberg
Pestlozzistr. 8, 82380 Peißenberg, Tel. 08803/5001
Angebot: Sauna, Schwimmen, Riesenrutschen, Große Spiel- und Kinderbadeflächen, Wärmehallen und Solarien. Eintrittspreise: Erwachsene 12.- DM, Kinder von 6-16 J. 8.- DM

■ Trimini
82431 Kochel am See, Tel. 08851/5300
Angebot: Panoramapools, Riesen-Wasserrutschen (160m und 90m) teilweise als Allwetter-Rutschen mit Plexiglas überkuppelt, beheizte Kinderspiel-Wasserhöhle, Gaudi-Tenne, Mini-Rutschen und jede Menge weiterer Attraktionen für Kinder. Eintrittspreise: 4 Std. f. Erwachsene 10.- DM, f. Kinder v. 6-16 J. 8.-DM, Tageskarte f. Erwachsene 14.- DM f. Kinder 10.- DM

■ Vitalis
Peter Anders Str. 13, 81245 München, Tel. 883616
Angebot: Eher ein Fitnes-Center für Erwachsene, in dem Kinder jedoch gerngesehene Gäste sind. Geboten werden Sauna, Dampfbad, Warmluftbad, Pool, Sonnenterrasse, Solarium, Biergarten und als besonderer Service: ein Kinderhort. Eintrittspreise: Einzeleintritt 39.- DM, Mitgliedspreis 80.- DM monatlich

NATUR-, MÄRCHEN- UND ERLEBNISPARKS

■ Märchenpark Wolfratshausen
Europas größter Märchenwald liegt im Isartal bei Wolfratshausen. Mehr als 260 Märchenfiguren kommen auf Knopfdruck in Bewegung (Erzählung wahlweise in Deutsch und in Englisch). Außerdem Riesenrutschen, Drachen-Schaukel, Pferdereitbahn, Tiergehege, Eisenbahn, Mini-Autos und -Hubschrauber uvm.
Märchenpark Wolfratshausen, Kräuterstr. 39, 82515 Wolfratshausen, Tel. 08171/18760

TIERGEHEGE HABEN EINE GROßE ANZIEHUNGSKRAFT AUF KINDER - KANN MAN DOCH MEISTENS DIE TIERE DORT AUCH ANFASSEN

- **Wildpark Poing**
200 freilaufende Hirsche, Füchse, Fasane, ja sogar Biber und Waschbären leben hier auf 570.000 qm fast wie in freier Wildbahn. Außerdem Spielplatz, Biergarten, Spiel- und Picknickwiese und ein Ponyhof. - Fahrtzeit ca. 24 Min. vom Münchner Stadtkern (S6 Richtung Erding)
Wildpark Poing, Hauptstraße 29, 85586 Poing, Tel. 08121/8300

- **Westernstadt No Name City**
Ab 10.30 täglich beginnt in der Westernstadt ein atemberaubendes Programm mit Stunt-Shows (Banküberfall auf der Mainstreet, kulturellen indianischen Darbietungen, Saloon-Shows (Messerwerfen, Tricklasso), Countrymusik live etc.)
No Name City, 85586 Poing, Tel. 431960

- **Schongauer Märchen- und Freizeitpark**
Auf 40.000 qm kann man hier die Märchen der Gebrüder Grimm erleben, Fasane, Rothirsche, Ziegen und Wildschweine füttern. Außerdem: ein großer Kinder- und Freizeitprak mit Oldtimer-Eisenbahn, Ponyreiten, Autoscooter und Restaurant.
Schongauer Märchen- und Freizeitpark, Dießener Str. 6, 86956 Schongau, Tel. 08861/7527

- **Märchen- und Wildpark Marquartstein**
Neben dem landschaftlich sehr reizvoll gelegenen Märchen- und Wildpark laden Sommerrodelbahn, Grillplatz und Abenteuerspielplatz mit Parkeisenbahn, Autoscooter, Röhrenrutsche, Seilbahn, Trampolins und Kinderriesenrad zum Toben ein.
Märchen- und Wildpark Marquartstein, Jägerweg 14, 83250 Marquartstein, Tel. 08641/7269

- **Märchenpark Ruhpolding**
  Die Anreise lohnt sich für einen Tag, der garantiert randvoll gepackt ist mit Erlebnissen: Mitten im Bergwald, auf dem Gelände einer alten Hörndlsäge aus dem 17. Jhdt, liegt der Ruhpoldinger Familienpark. Hier erscheint einem der letzte in Ruhpolding erlegte Bär in einer Bärenhöhle, und Gestalten aus zahlreichen Märchen werden (z.T. mit Wasserkraft angetrieben) wieder lebendig. Außerdem: Autoscooter, Abenteuer-Spielplatz mit Rutschparadies und der ersten Trockenfallrutsche Deutschlands, und ganz nebenan: das Holzknechtmuseum, die historische Glockengießerei aus dem 30jährigen Krieg uvm.
  Märchenpark Ruhpolding, 83324 Ruhpolding, Tel. 08663/1413

- **Die Kaltenberger Ritterspiele**
  Jeweils an 4 Wochenenden im Juli finden die Kaltenberger Ritterspiele statt, ein historisches Volksfest, für das ganze Straßenzüge als Kulisse aufgebaut werden. Außerdem gibt's eine bunte Vielfalt von Marktstände mit historischem Hausrat und den entsprechenden Schmankerln, Handwerksdemonstrationen der damaligen Zünfte, antike Musikinstrumente und Fanfarenbläser. Der Höhepunkt des Tages ist natürlich das Rittertournier. Ein nächtlicher Fackelzug rundet das Erlebnis ab.
  Infos unter: Rittertournier Kaltenberg, Tel. 0819/9330

- **Der gläserne Zug**
  Eine Münchner Spezialität ist der gläserne Ausflugszug, ein rundum verglaster Panoramazug, der auch für Feste und Gruppenreisen gemietet werden kann. Informationen und Programme erhält man kostenlos bei der Deutschen Bahn, Stichwort "Der gläserne Zug",
  Bahnhofplatz 2, 80335 München, Tel. 128-5846

REITEN, POSTKUTSCHEN- UND PLANWAGENFAHRTEN

Für Kinder, die gerne mit einer Pferdekutsche fahren möchten, im Winter eine Schlittenfahrt erleben oder einfach mal ein Stündchen reiten möchten, gibt es in München und Umgebung eine ganze Reihe von Möglichkeiten. Wenn die Eltern bereit sin, noch ein bißchen weiter zu fahren, läßt sich ein richtig großer Familienausflug mit Pferden Grillen und Natur organisieren.

BALLONFAHREN

Ballonfahren im Bayerischen Voralpenland ist garantiert für die ganze Familie ein unvergeßliches Erlebnis. Häufig ist für Kinder eine Mindestgröße (um 1,20 m) Bedingung. Die Konditionen können bei folgenden Veranstaltern erfragt werden.

REITEN, POSTKUTSCHEN- UND PLANWAGENFAHRTEN

Kutscherei Pfeffer
Schwere Reiter Str. 22
80797 München
Tel. 180608
Angebot: Von April bis Oktober Kutschrundfahrten vom Chinesischen Turm im Englischen Garten durch den Park und darüberhinaus auf verschiedenen Touren durch München.

FB-Freizeitservice
Max Anderl Str. 107
85375 München
Tel. 08165/3838
Angebot: Planwagenfahrten auf den Spuren des Märchenkönigs durch den 'Pfaffenwinkel' zwischen Starnberger See und Ammersee. Außerdem Ballonfahrten bei Sonnenaufgang und für die Großen Isar- und Donauflößfahrten.

Kutschbetrieb Bad Wiessee
Tel. 08022/81096

Postkutschenfahrt Garmisch-Grainau
Tel. 08821/1800

Postkutschen-Reisen
82396 Kerschlach
Tel. 08808/386

Planwagenfahrten
83358 Seebruck
Tel. 08056/448

Reitkurse, Ausritte, Kutschfahrten und andere Ausflüge für Pferdeliebhaber bieten folgende Reiterhöfe in der Münchner Umgebung:

Reiterhof und Reitschule Waldfrieden
85241 Deutenhofen
Tel. 08131/20510

Reitzentrum Stiftungsgut Erding
85435 Erding
Tel. 08122/4080

Reiterhof Plank
Brandau 44a
85356 Freising
Tel. 0811/1416

Seehaus Scheyregg
Landsberger Str. 78
82266 Inning-Stegen
Tel. 08143/8086

Reitzentrum Mischenried
Mischenried 1
82234 Weßling
Tel. 08153/2676

Reitanlage Karpfenwinkel
Am Ackerberg 1
82327 Tutzing
Tel. 08158/7137

Gut Ising
83339 Gut Ising
Tel. 08667/79-0

BALLONFAHREN

Franz Lechner GmbH
Aisinger Str. 81a
83026 Rosenheim
Tel. 08031/67854

Savoir Vivre
Agnes Bernauer Str. 216
81241 München
Tel. 089/565666

action & funtours
Paul Hey Straße 16
82131 Gauting
Tel. 089/8505904

Gossler & Grimm
Innstraße 12a
83153 Hochstätt
Tel. 08039/5800

Ballon Team Starnberg
Tel. 08151/78084

Blue Planet Ballooning
Ritter Hilprand Ballooning
82024 Taufkirchen
Tel. 089/6147317

Blue Up
Agnesstr. 6
80801 München
Tel. 089/2716443

Manfred Szemborski
Maillingerweg 5
83233 Hittenkirchen
Tel. 08051/4381

Skydive - Kangaroo
Schlesierstraße 4
82024 Taufkirchen
Tel. 089/6125000

AUSFLÜGE

ESSEN GEHEN MIT KINDERN

- **Münchner Comic-Café**
Guardinistraße 98, 81375 München, Tel. 712493
Das Kinderparadies unter den Münchner Restaurants und Cafés! Es bietet jede Menge Spiele, Comics, Quizautomaten, Billard und natürlich Essen, Trinken, Plaudern für Eltern mit Kindern. Zu erreichen mit der U6 bis Haderner Stern. Öffnungszeiten tägl. 11.00-1.00 Uhr.

- **Monaco**
Reichenbachstraße 10, 80469 München, Tel. 264181
Ein Beweis für nicht nur für die gute Küche, sondern auch für die sprichwörtliche Kinderfreundlichkeit der Italiener. Die Athmosphäre bleibt stets angenehm entspannt, auch wenn es laut wird und die aktionshungrigen Kleinen quer durch den Raum auf Entdeckungsreise gehen! Wen kümmert's da, daß die üblichen Aushängeschilder für "Kinderfreundlichkeit" - Kinderstuhl, Kinderkarte und Spielecke - fehlen!

- **Mangostin**
Maria-Einsiedel-Straße 2, 81379 München, Tel. 7232031
Gleich drei Restaurants in einem (Thaiküche, Japanisch und Kolonialküche) und noch dazu ein kleiner Biergarten (500 Plätze). Für Kinder gibt's eine Spielecke mit Schaukel und Rutsche und im Freien jede Menge Platz zum Spielen.

- **Hofbräuhaus**
Platzl 9, 80331 München, Tel. 221676
Vorurteile sind dazu da, sie zu überprüfen: Das Hofbräuhaus, das alle Münchner bereitwillig den Touristen überlassen, ist es Wert, daß man es zurückerobert. Die Spielecke im ersten Stock und die durchweg kinderfreundliche Bedienung liefern einen Grund mehr dazu.

- **Marché**
Neuhauser Str. 11, 80331 München, Tel. 2606061
Die Mövenpick-Filiale mit der bei Kindern sehr beliebten Spielecke und dem fantastischen Eis ist sicherlich nicht der gemütlichste Ort zum Essengehen, zum Ausspannen im Anschluß an den Einkaufsbummel aber kommt sie oft genug gerade richtig, und das Buffet ist für ein Selbstbedienungsrestaurant geradezu excellent.

JAHRMÄRKTE, FLOHMÄRKTE, SONDERMÄRKTE

Das Oktoberfest
Es nennt sich stolz "Der größte Jahrmarkt der Welt", ist Jahr für Jahr ein Anlaß über den Bierpreis zu schimpfen und es sich trotzdem nicht weniger schmecken zu lassen. 16 Tage lang breitet sich zum Ausklang des Sommers, Ende September bis zum 1. Sonntag im Oktober, auf der Festwiese unter der Bavaria die riesige Rummelplatzstadt aus, für die im Jahr 1810 das Hochzeitsfest König Ludwigs I. Pate stand. Heute sorgen rund 400 Schmankerln-Standln dafür, daß es überall nach paradiesischen, süßen wie deftigen Köstlichkeiten duftet. 11 riesige Bierzelte und fast 800 Schausteller mit ihren Karussells, Achter- und Geisterbahnen, Riesenrädern, Schiffsschaukeln und Schaubuden sind zuständig fürs Vergnügen. Für Familien ist das ein nicht ganz billiger Spaß. Es empfiehlt sich, den Wies'n-Besuch auf den "Kindertag" zu legen, wenn die Karussells und Jahrmarktsvergnügen nur die Hälfte kosten. Höhepunkte zum Zusehen: bei der Eröffnung der Einzug der Wies'nwirte samt Personal, der jeweils samstags den Startschuß gibt. Und natürlich am Sonntag der große Trachtenzug quer durch die Stadt.

Die Auer Dult
Schaubuden, Karussels, Süßwaren-, Geschirr- und Trödlerbuden: Die AuerDult, am Mariahilfplatz in unmittelbarer Isar-Nähe, ist zweifellos der beliebteste Jahrmarkt Münchens. Drei Mal im Jahr trifft man sich hier, schlendert, staunt, was es alles zu kaufen gibt, läßt sich die Schmankerln schmecken und kehrt beladen mit Luftballons, Spielzeug, obskuren Schnäppchen und voller Eindrücke nach Hause zurück. Maidult: Beginn erster Samstag vor dem Mai. Jacobidult im Juli und Kirchweihdult im Oktober.

Das Frühlingsfest
Die kleine und familienfreundlichere, preisgünstigere und friedlichere Variante des Oktoberfests dauert ebenfalls 16 Tage und leutet auf der Festwiese den Frühling ein.

Das Magdalenenfest
9 Tage Jahrmarkt, mitten im Grünen, 14 Tage vor der Jacobi-Dult. Ponyreiten, Karussell-Fahren und allerlei Trödel kaufen und verkaufen - das ist nicht nur für Hirschgarten-Fans ein Vergnügen!

Christkindl-Markt
Vom 1. Advents-Samstag bis zum Heiligen Abend zwischen Stachus und Marienplatz, mit zahlreichen kleinen Ablegern z.B. am Chinesischen Turm oder am Tierpark. Die Düfte nach Zimt, Lebkuchen, Zuckerwatte, Glühwein und gebrannten Mandeln machen Lust auf Schneevergnügen und auf Weihnachten.

Pferdemarkt
Auf dem Schlachthofgelände in der Zenettistraße findet regelmäßig jeden ersten Samstag im Monat ein ganz besonderes Schauspiel statt. Dann werden dort Ponys, Reit-, Renn- und Kutschpferde von ihren möglichen Käufern begutachtet, auf ihren Gesundheitszustand geprüft. Ein Kauf-Ritual, das noch wie in alten Zeiten per Handschlag besiegelt wird, und auch den Schmieden kann man hier noch bei ihrer Arbeit zusehen.

Ein Wochenendvergnügen für viele Münchner ist die Schnäppchenjagd auf den Flohmärkten. Die größten Flohmärkte in München Riem und an der Hackerbrücke finden regelmäßig an jedem Wochenende statt. Kinderspielzeug, -Kleidung und allerlei nützliche Dinge sind hier billig zu haben. Und natürlich kann hier auch jeder tauschen und verkaufen. Infos unter

- **Flohmarkt München Riem**
  Tel. 30611-0

- **Flohmarkt an der Hackerbrücke**
  Tel. 2373-1

Der Flohmarkt an der Münchner Freiheit gehört zu den beliebtesten Trödelmärkten. Hier läßt sich allerlei Kurioses auftreiben. Wie viele andere Flohmärkte, die von Bürgerzentren, Nachbarschaftshilfen und Pfarrgemeinden veranstaltet werden, findet er unregelmäßig statt. Es empfiehlt sich, für diese Termine die Terminankündigung auf der Service-Seite in der Wochenendausgabe der Tageszeitungen beachten. Eine andere Möglichkeit, sich über die stets wechselnden Flohmärkte auf dem Laufenden zu halten, ist einige der festen Veranstalter direkt anzusprechen.

- **Freizeitforum**
  Albert-Schweitzer-Straße 64, 81735 München
  Einmal monatlich findet im Freizeitforum ein kleiner Flohmarkt für Kinder- und Sportartikel statt, wo jeder kaufen und verkaufen kann.

- **Bürgerhaus Glockenbachwerkstatt**
  Blumenstraße 7, 80331 München, Tel. 268838
  Immer wieder finden hier Flohmärkte statt, bei denen jeder kaufen, tauschen und verkaufen kann. Anrufen, und sich die Termine schicken lassen!

- **Nachbarschaftshilfe Puchheim**
  Aubinger Weg 8, 82178 Puchheim, Telefon: 089/802451 o. 089/8002749
  Jeweils im Frühjahr und im Herbst an drei aufeinanderfolgenden Tagen Flohmärkte für Kinderkleidung, Sportartikel und Spielzeug. Mit Kinderbetreuung und Spielaktionen!

AUSFLÜGE OHNE ELTERN

Dampferfahrten, Reiterhöfe, Spaß- und Erlebnisbäder, Betriebsbesichtigungen, Tier- und Naturparks, Schlösser, Burgen und ökologische Bauernhöfe: Für 10.- DM pro Fahrt, incl. Mittagessen, Betreuung und Busfahrt, wird Münchner Kindern von 8 - 14 Jahren während der Ferienzeit eine breite Palette unterschiedlichster Ausflugsziele geboten. Vieles, was man immer schon wissen wollte, kann man hier hautnah erfahren, z.B: Wie werden aus Joghurtbechern Tischplatten und wo kommt das Münchner Trinkwasser her? Wie werden Polizeihunde trainiert und warum kehren Brieftauben immer wieder zu ihrem Besitzer zurück? - Fast alle Fahrten sind auch für behinderte Kinder geeignet.

■ **Stadtjugendamt,** Paul-Heyse-Straße 20/II, 80336 München, Tel. 2337450

Adventurewochenenden, Radtouren mit Zelt und jede Menge anderer Ausflugsangebote für Kinder und Jugendliche veranstalten die Naturfreunde regelmäßig.

■ **Naturfreunde München,** Reichenbachstraße 531, 80469 München, Tel. 2015777

Gemeinsame Ausflugsfahrten von behinderten und nichtbehinderten Kindern gehören zum regelmäßigen Angebot vom MOP27. Infos beim

■ **MOP Modellprojekt,** Clemensstr. 62a, 80803 München, Tel. 304073

BUCHTIPS

Stadtwiesel
Alle zwei Monate erscheint dieser Veranstaltungskalender für Kinder mit vielen Ausflugs- und Freizeittips. Er ist erhältlich u.a. bei der Stadtinformation am Stachus, an der Rathauspforte am Marienplatz, im Jugendinformationszentrum (Paul-Heyse-Str. 22) und im Kinder-Informations-Laden der Spiellandschaft Stadt (Albrechtstr. 37).
Stadtwiesel, Veranstaltungskalender f. Kinder
Orleansplatz 11
81667 München
Tel. 233-4788

Die schönsten Biergärten in München und Umgebung,
Hugendubel Verlag, München
Man kann ihn getrost als Standardwerk bezeichnen: den kenntnisreich und mit viel Liebe zu originellen Details geschriebenen Biergartenführer von Rudolf Schröck, der rund 70 der schönsten Biergärten in München und Umgebung vorstellt und dabei auch einiges über die besten Adressen für Familien mit Kindern verrät.

Radeln in Oberbayern
Sonnenstr. 10
80007 München
Tel. 597353
Eine Vielzahl von Tourentips und ausgearbeiteten Routen für's Radeln in Oberbayern erhält man hier kostenlos.

Wandern mit dem MVV
hrsg. vom MVV
Thierschstr. 2
80538 München
Tel. 23803-0
111 Ausflugideen in die nähere Umgebung Münchens, gut kommentiert und übersichtlich dargestellt finden sich in diesem kleinen Handbuch, das man für DM 19,80 im Buchhandel erwerben kann, oder in einem kleinen Auszug kostenlos direkt beim MVV bekommt.

Raus in die Stadt
Elefanten Press, Berlin
Übersichtlich, wenngleich nicht mehr auf dem aktuellsten Stand, bietet dieser Stadtführer für Kinder einen unterhaltsamen Einstieg für Exkursionen zu den schönsten und historisch bedeutsamsten Ausflugszielen der Stadt

München sehen und erleben
Ludwig Verlag, Pfaffenhofen
Ein nützliches und informatives Handbuch für historische Streifzüge durch München.

Bäriges München
Hugendubel Verlag, München
Ein kleiner, unterhaltsam geschriebener Stadtführer für Kinder, der eine Menge Ideen für unternehmungslustige Eltern und Kinder bereithält.

Abenteuer in München
hrsg. Pädagogische Aktion
Schellingstr. 109a
80798 München
Direkt aus dem Stadtteil-Leben gegriffen und überwiegend von Kindern für Kinder erzählt sind die Tips dieses umfangreichen Ratgebers, der für jedes Münchner Viertel und für jede Gelegenheit Spiel-, Abenteuer- und Ausflugsideen bereithält.

Was die Isar erzählt
Südwest Verlag, München
Historisch Wissenswertes und landschaftlich Sehenswertes längs der Isar. Hierbei auch die schönsten Camping-, Grill- und Ausflugsplätze.

FERIEN, REISEN & MOBIL SEIN

- REISETIPS FÜR ELTERN
- MIT KINDERN IM AUTO
- MIT KINDERN IM ZUG
- MIT KINDERN IM FLUGZEUG
- FAMILIENFERIEN
- FERIEN AUF DEM BAUERNHOF
- FERIEN IN DEN BERGEN
- WINTERFERIEN MIT KINDERN
- FAMILIENHOTELS
- FERIENFREIZEITEN FÜR FAMILIEN
- REISEN MIT HANDICAP
- FERIEN OHNE ELTERN
- SPRACHFERIEN
- FERIEN UND BILDUNG
- FAMILIENERHOLUNG
- KINDER UNTERWEGS
- KINDER AUF DEM RAD
- KINDER LERNEN FAHRRAD FAHREN

Der Urlaub ist für viele Menschen die wichtigste Zeit im Jahr. Kein Wunder, gibt es doch sonst kaum eine Gelegenheit, dem Streß zu entfliehen und Entspannung zu suchen. Kinder genießen den Urlaub nicht weniger – vor allem als eine Zeit, in der sie mehr als gewohnt mit den Eltern zusammen sind und etwas unternehmen können. Damit der Urlaub für alle eine schöne Zeit wird, ist es wichtig, ihn gut zu planen. Es sind entsprechende Vorbereitungen zu treffen und einige Verhaltensregeln zu beachten.

Dies beginnt bereits damit, daß Kinder nicht ohne ausreichenden Impfschutz auf Reisen gehen sollten. Dazu gehört zum Beispiel die Vorsorge gegen Wundstarrkrampf, Diphtherie und Kinderlähmung. Bei einem Urlaub außerhalb Europas und Nordamerikas oder einer Reise in ein Land der "Dritten Welt" beispielsweise sind Impfungen gegen Tuberkulose, Cholera und Gelbfieber anzuraten. Dabei sind Impfungen rechtzeitig vor Reisebeginn durchzuführen und mit dem Kinderarzt abzusprechen. Er kann zum Beispiel beurteilen, ob es möglich und empfehlenswert ist, eine Impfung bei Kleinkindern zu einem früheren Zeitpunkt durchzuführen, als es normalerweise der Fall sein würde. Malariaprophylaxe ist erst für Kinder ab 10 Jahren geeignet. Bei Fragen zu Impfungen bei Auslandsreisen hilft auch das Gesundheitsamt weiter: Impfberatung im Gesundheitshaus, Dachauer Straße 90, Tel: 5207/357, Sprechzeiten Mo-Do 8.00-15.00 Uhr.

Wenn Kinder krank sind, leiden Eltern mit. Kranke Kinder kosten zudem Nervenkraft, wenn sie quengeln und nörgeln, eben weil sie sich nicht wohl fühlen. Gerade im Urlaub tun Eltern gut daran, dies möglichst zu vermeiden.

Vorsorge zu treffen, gilt nicht nur für den Impfschutz. Kinder sollten zum Beispiel nicht zu lange baden. Auch ältere Kinder sollten nach einer Dreiviertelstunde aus dem Wasser gescheucht werden. Drei- bis Fünfjährige benötigen bereits nach 15 Minuten eine Pause. Unterkühlte Kinder erkälten sich schnell. Wer möchte schon im Urlaub fiebernde Kinder im Bett betreuen, statt am Strand zu liegen? Übrigens: Bei der Wahl des Urlaubsortes sollten Eltern darauf achten, daß die Wassertemperaturen möglichst über 18 Grad liegen. Erst ab 18 Grad empfinden Kinder das Wasser als angenehm.

Vorsicht ist auch beim Sonnenbaden angebracht. Kinder sollten mindestens eine halbe Stunde (noch besser: eine Stunde) vor dem Weg zum Strand mit einem Sonnenschutzmittel eingecremt werden. Selbst Mittel mit hohem Lichtschutzfaktor wirken erst optimal, wenn sie eine Zeitlang in die Haut eingezogen sind. Und auch wasserfeste Sonnenschutzmittel müssen nach dem Baden und Abtrocknen immer wieder neu aufgetragen werden. Spezielle Sun-Blocker eignen sich für Körperstellen, die besonders schnell von der Sonne verbrannt werden: Nase, Lippen oder Ohren. Hat das Kind dennoch einen Sonnenbrand, hilft eine spezielle Fettcreme (Apotheke). Nasse Tücher auf Stirn, Nacken und Brust helfen gegen unangenehmen Sonnenbrand. In schweren Fällen ist der Gang zum Arzt angeraten.

BLAUE EUROPA-FLAGGE

Blaue Europa-Flagge
DGU Deutsche Gesellschaft für
Umwelterziehung e.V.
Frauenthal 25
20149 Hamburg
Tel. 040/4602695

Hier kann man
- Infos über die Sauberkeit von Stränden bekommen
- Erfahrungen und Denkanstöße beisteuern

Menschen mit Kindern achten bei der Planung eines Badeurlaubs besonders auf sauberes Wasser, reine Luft und gepflegte Strände. Hilfstellung bei der Suche nach geeigneten Badeorten kann Ihnen die "Blaue Flagge" geben.

Verdünnter schwarzer Tee (kühl) hilft, den Flüssigkeitsverlust bei starkem Schwitzen auszugleichen. Auf jeden Fall aber sollten Eltern dafür sorgen, daß Kinder genügend trinken. Das gilt bereits für die Anfahrt zum Urlaubsort, wenn aufgeregte Kinder stärker als sonst schwitzen, erst recht im aufgeheizten Auto. Ein sechsjähriges Kind benötigt pro Tag bereits zwei Liter Flüssigkeitszufuhr. Aber selbst gut gekühlte Limonaden und Coca Cola machen nur noch durstiger. Besser sind Fruchtsäfte und natürlich Mineralwasser.

Ungewohnt ist an fernen Urlaubszielen die Kost. Manche Kinder reagieren empfindlich auf die Umstellung und natürlich auch auf die ungewohnten Lebensmittel sowie deren fremde Zubereitung. Wichtiger aber noch ist die Umstellung der Magen-Darm-Flora. Keime, die Einheimischen nichts ausmachen, sind für Touristen oft unverträglich. Um mögliche Infektionen zu vermeiden, empfiehlt es sich, Gemüse und Obst stets gut abzuwaschen oder besser noch zu schälen bzw. zu kochen. Rohkost (Salat) sollte man bei Empfindlichkeit meiden. Wer auf Nummer Sicher gehen möchte, kocht auch das Wasser zum Zähneputzen ab; zum Trinken gibt es nur Mineralwasser oder andere Getränke aus Flaschen mit vernünftigem Verschluß. Nur abgepacktes Eis zu kaufen und häufig die Hände zu waschen, gehört zu den weiteren, einfachen Vorsichtsmaßnahmen, die sich am Ende lohnen.

REISEAPOTHEKE

Nicht immer sind im Urlaubsland alle gewohnten Medikamente prompt verfügbar. Deshalb empfiehlt sich die Zusammenstellung einer Reiseapotheke. Bei Reisen in warme Länder ist zu bedenken, daß manche Arzneimittel hitzeempfindlich sind. Zäpfchen etwa schmelzen bei Hitze; da hilft zur Not eine Kühltasche.

Eine sinnvoll sortierte Reiseapotheke enthält:

- Medikamente, die regelmäßig eingenommen werden müssen, und solche, die sich bei leichten Krankheiten bewährt haben.
- Heftpflaster, Schnellverband, Sicherheitsnadeln, Pinzette, Schere.
- Desinfektionsmittel für Wunden.
- Fieberthermometer.
- Sonnenschutzmittel mit hohem Lichtschutzfaktor für Haut und Lippen.
- Mittel gegen Insektenstiche.
- Mittel gegen Reisekrankheit, Durchfall und Verstopfung.

REISETIPS FÜR ELTERN

Babykost im Gläschen gibt es in fast allen Ferienländern zu kaufen. Allerdings sind die Zutaten oft andere und sie unterliegen anderen Lebensmittelgesetzen. Wer also auf Nummer Sicher gehen will, sollte Gläschen von daheim mitnehmen oder selber kochen.

Insektenschutzmittel gehören nicht auf Babyhaut und Geruchsmittel auch nicht in Babys Nähe, da sie oft chemische Reizstoffe enthalten. Lieber ein paar Tropfen Nelkenöl aufs Kopfkissen geben, das mögen Mücken nicht. Am besten ist ein Moskitonetz für den Kinderwagen und für das Babybett – auch in Deutschland und im übrigen Europa!

Windeln sollten Eltern für die ersten Urlaubstage genügend dabei haben, denn oft muß man erst die richtige Art suchen.

Kleidung zum wechseln immer genügend für den Notfall im Handgepäck Griffbereit halten.

Ansteckende Kinderkrankheiten können jeden Urlaub verderben. Wegen Windpocken muß man zwar nicht die ganze Reise abblasen, muß aber im Urlaub einsam leben – will man nicht alle anderen Ferienkinder anstecken. Und Achtung, wenn in Kindereinrichtungen gerade vor dem Urlaub Masern, Scharlach oder Keuchhusten grassieren! Da fragt man am besten den Kinderarzt oder die Kinderärztin, was zu tun ist.

Die Krankenversicherung gilt nicht überall im Ausland bzw. manche Ärzte in anderen Ländern akzeptieren keinen deutschen Krankenschein (trotz staatlicher Sozialabkommen!). Deshalb schließen Sie mit Kindern lieber eine private Auslandskrankenversicherung ab. Auf Rückholservicebedingungen achten! Wer fremde Kinder mitnimmt, sollte Versicherungsfragen (Krankenversicherung, Haftpflicht, Unfall) vorher mit deren Eltern besprechen und ggf. regeln.

Babys im Flugzeug beim Start oder bei der Landung den Schnuller oder etwas zu trinken geben, um den Druckausgleich zu erleichtern. Hat das Baby Schnupfen, unbedingt Nasentropfen gegen den Ohrendruck geben, sonst hat das Baby möglicherweise starke Kopfschmerzen. (Flugpersonal darf mit Schnupfen nicht fliegen.) Alle Fluglinien erwärmen Babykost im Flugzeug.

Im Zug kann man im Zugrestaurant Babygläschen aufwärmen. Hier gibt es auch abgekochtes Wasser, um Fläschchen zuzubereiten.

Mit dem Baby wandern oder kraxeln ist kein Problem mit der Rückentrage – aber nicht länger als zwei Stunden, und das Baby braucht zwischendurch Bewegung.

Im Schnee empfiehlt sich die Rückentrage nicht! Dem Baby wird selbst im Schneeanzug schnell zu kalt, die Beinchen erfrieren. – Und niemals Sport treiben mit dem Baby auf dem Rücken – Verletzungsgefahr!

MIT KINDERN IM AUTO

Autositze, Zubehör, Reisetips für längere Strecken
Gurtpflicht auch für Babys und Kinder

Seit dem 1. April 1993 gilt folgendes Gesetz: „Kinder bis zum vollendeten 12. Lebensjahr, die kleiner als 150 cm sind, dürfen in Kraftfahrzeugen auf Sitzen, für die Sicherheitsgurte vorgeschrieben sind, nur mitgenommen werden, wenn Rückhalteeinrichtungen für Kinder benutzt werden, die amtlich genehmigt und für das Kind geeignet sind."

Babyschalen, Babywannen, Autositze und Schalenkissen

Kindersitze, Babyschalen etc. müssen der ECE-Norm 44 (Euronorm) entsprechen. Dies ist auf dem Karton der Sitze vermerkt. Außerdem sind geeignete Kindersitze mit dem GS-Zeichen gekennzeichnet. Babys bis zu 10 kg werden entweder in Babywannen oder Babyschalen im Auto transportiert. Babywannen werden wie Babyschalen auf dem Beifahrersitz mit dem 3-Punkte-Gurt ihres

BEI LÄNGEREN AUTOFAHRTEN MÖGLICHST
VIELE SPIEL- UND BEWEGUNGSPAUSEN EINLEGEN.

Autos angegurtet. Babywannen eignen sich besonders für längere Reisen; ansonsten ist die tragbare Babyschale üblich. Diese wird gegen die Fahrtrichtung angebracht, wodurch während der Fahrt Sichtkontakt mit dem Baby ermöglicht wird. Babyschalen, die ja nur wenige Monate gebraucht werden, kann man in Secondhandläden kaufen, im Schnäppchenmarkt suchen oder leihen. In Kindersitzen, die für Kinder von 9 bis 18 kg geeignet sind, muß das Kind schon aufrecht sitzen können. Sie werden auf den Rücksitzen durch die vorhandenen Gurte angebracht. Bei Autos, in denen fünf Personen zugelassen sind, können drei Kindersitze auf der Rückbank untergebracht werden. Eltern sollten beim Kauf darauf achten, daß der Kindersitz für die Befestigung mit Beckengurt (2-Punkt) konstruiert ist. Falls ein solcher Sitz nicht zu finden ist, wird der Sitz, der hierfür zugelassen ist, auf dem Beifahrersitz festgeschnallt, der erwachsene Beifahrer nimmt in der Mitte der Rückbank Platz. Sowohl Babyschalen als auch Kindersitze sind mit Y-Gurten versehen. Kindersitze gibt es ab ca. 200 DM aufwärts, je nach Geschäft und Hersteller. Schalenkissen werden von den oben genannten Herstellern ebenfalls angeboten und sind ab etwa 80 DM zu erwerben (Preise sind auch hier wieder hersteller- und geschäftsabhängig). Sie sind für Kinder zwischen 15 und 25 kg bzw. 22 und 36 kg geeignet und erhöhen die Sitzposition des Kindes so, daß es einen Erwachsenengurt tragen kann. Achtung mit Babyschalen bei Vorhandensein eines Beifahrer-Airbags. Bei manchen besteht die Gefahr, daß die Babys erdrückt werden!

Kindersitze: Wie gut sind die integrierten?
Einige Autohersteller bieten integrierte Kindersitze an. Das ist grundsätzlich begrüßenswert, denn sie sind aufs Fahrzeug abgestimmt und lassen sich leicht im Sitz versenken. Nur: Der Aufpreis für diese Sitze ist wesentlich höher als die Kosten für einen normalen mobilen Kindersitz. Für die ersten neun Monate wird zusätzlich ein Babysitz nötig, und wer seine Kinder auch mal in Omas Auto mitfahren lassen will, braucht dann doch wieder andere Kindersitze.

- Infos zum Thema "Kinderrückhaltesysteme", Tips und Kinderspiele für längere Autofahrten sind kostenlos erhältlich beim
  ADAC München
  Am Westpark 8, 81373 München
  Tel. 7676-0 oder bei der
  Verbraucherzentrale Bayern e.V.
  Mozartstr. 9, 80336 München
  Tel. 5398724.

Weiteres Zubehör

Sinnvolles Zubehör sind kindersichere Türriegel, so daß das Kind während der Fahrt nicht plötzlich die Tür öffnet. Wenn das Auto nicht bereits über einen solchen kindersicheren Türriegel verfügt, lohnt es sich, bei dem Autohändler oder dem Hersteller nachzufragen, ob er ein solches System einbauen kann. Gegen blendende Sonneneinstrahlung ist das Kind durch einen Sonnenschutz, der am Fenster angebracht wird, zu schützen.

AUTOBAHNSERVICE

Das GfN-Faltblatt "Kinderfreundlicher Autobahn-Service" zeigt auf einer Übersichtskarte, welche Raststätten, Tankstellen und Motels kinderfreundliche Einrichtungen haben. Geboten werden:

- 248 Baby-Wickelräume
- 115 Kinderspielplätze
- 31 Kinderspielecken
- Kinderstühlchen in den Raststätten
- Babybetten in den Motels

Die Broschüre kann bei der
GfN – Gesellschaft für Nebenbetriebe der Bundesautobahnen mbH – Poppelsdorfer Allee 24, 53115 Bonn, Tel. 0228/70 90, angefordert werden.

Reisetips für längere Fahrten

Vor Reisebeginn gilt es, die Route zu planen. Möglichst sollten Staus und heiße Tage vermieden werden. Ebenso sinnvoll ist es, nicht direkt am Anfang oder Ende der Ferien oder an Wochenenden zu fahren. Es empfiehlt sich, nachts zu fahren, was Kindern das Einschlafen erleichtert. Nachtfahrten sollten Eltern im ausgeschlafenen, gut vorbereiteten Zustand antreten. Dagegen sollten am Tag zuvor Kinder bis zur Müdigkeit toben.

Der Wagen darf nicht mit Gepäck überladen werden. Alkohol und Zigaretten sollten gemieden, möglichst viele Spiel- und Bewegungspausen eingelegt werden. Lüften im Auto ist notwendig, aber bei Durchzug erkälten sich Kinder. Vor allem Kinder, die unter Reisekrankheit leiden, sind für frische Luft dankbar. Auch ist es hier ratsam, das Kind während der Fahrt abzulenken und keine Säfte oder kohlensäurehaltigen Getränke und schwere Snacks (z.B. Süßigkeiten) zu geben. Kinder sollten während der Fahrt nur wenig essen. Spucktüten, einen feuchten Lappen und eventuell Kleidung zum Wechseln bereithalten! Wenn das Kind besonders anfällig gegen Reiseübelkeit ist, werden vor Reisebeginn Reisetabletten oder – besser – Reisekaugummis verabreicht. Wenn es dem Kind bereits schlecht geht, bekommt es keine Tabletten mehr, sondern höchstens ein Zäpfchen. Im allgemeinen fühlen sich Kinder, nachdem sie sich übergeben haben, sehr viel besser. Ein empfehlenswertes und harmloses Hausmittel (statt Tabletten) ist Ingwer, den Kinder vor Antritt der Reise, in Scheiben geschnitten, zum Kauen erhalten. (Wenn sie es mögen!)

Am Ziel angekommen, steigen Eltern zuerst aus und lassen ihre Kinder nur zum Bürgersteig/Radweg hin aussteigen. Beim Öffnen der Türen darauf achten, daß kein Fahrrad kommt.

Und zu guter Letzt: Die Kinder möglichst nicht alleine im Auto lassen, auch nicht, wenn sie gerade so schön schlafen! Wenn es aber mal nicht anders geht: Das Auto in den Schatten stellen, einige Fenster öffnen und das Kind im Auto beobachten. Die Autoschlüssel sollten immer abgezogen werden.

REISEN MIT KINDERN IM ZUG

Der Münchner Hauptbahnhof ist riesig und für Ortsunkundige ist es nicht unbedingt einfach, sich zurechtzufinden. Fernzüge fahren alle von der Bahnhofshalle aus ab, einige Regionalzüge vom Flügelbahnhof Nord. In der Bahnhofshalle befinden sich auch die Reiseauskunft und die Fahrkartenschalter. S- und U-Bahnen fahren vom U-Bahnbereich. Alle Ebenen sind über Rolltreppen und Aufzüge zu erreichen.

Service

Die DB bezeichnet sich als kinder- und familienfreundlich. Dieses trifft im Hinblick auf die angebotenen Tarife durchaus zu. Mittelmäßig bis schlecht sieht es dagegen mit dem Service für Familien aus. Daher wundert es auch nicht, daß die meisten Familien doch eher mit dem Auto reisen. Wickelmöglichkeiten gibt es im Eurocity und im Intercity, also auf langen Strecken, in den sogenannten "Mutter und Kind"-Abteilen. Diese müssen mindestens 24 Stunden vor Reiseantritt gegen einen Aufpreis reserviert werden. Sie sind aber vor allem zu Hauptreisezeiten stets schon frühzeitig besetzt. Platz für Kinderwagen findet man am ehesten in Nahverkehrszügen. Diese sind mit hochklappbaren Sitzen ausgestattet, an deren Stelle man Kinderwagen verstauen kann. Sie befinden sich direkt hinter den Eingangstüren. Den Kinderwagen kann man hier aber nur dann abstellen, wenn der Zug nicht hoffnungslos überfüllt ist. Der Interregio ist mit Abteilen mit je fünf Sitzen und einem Klappsitz für Kinder ausgestattet. – Nie mit dem Kinderwagen durch mehrere Waggons gehen! Wahrscheinlich bleibt man stecken.

Kinder alleine unterwegs

Kinder unter 10 Jahren sollte man möglichst nicht alleine reisen lassen. Generell bietet die DB keine spezielle Betreuung alleinreisender Kinder, so wie es allgemein bei Fluggesellschaften üblich ist. Daher sollten sich Eltern, wenn ihr Kind alleine reist, direkt an den Schaffner wenden und ihm sagen, in welches Abteil das Kind steigt, wo es aussteigen soll und vielleicht noch, von wem es abgeholt wird. Erfahrungsgemäß sorgen Schaffner dafür, daß das Kind am Bestimmungsort auch wirklich ankommt.

- **Weitere Informationen**
gibt die Reiseauskunft des Hauptbahnhofes, Tel. 19419. Außerdem in alle Reisebüros mit dem DB-Zeichen. Tel. Bestellung von Fahrausweisen: 1223-2333

REISEN MIT KINDERN IN FLUGZEUGEN

Betreuung am Boden

Der Flughafen München verfügt über verschiedene Mutter-Kind-Bereiche und Möglichkeiten zum Wickeln. So befinden sich Spielzimmer im öffentlichen Bereich C (Ebene 05) und beim kirchlichen

KINDER UNTER ZWEI JAHREN

Lassen Sie Kinder unter zwei Jahren in jedem Fall in Ihr Flugticket eintragen (manche Reisebüros geben die Auskunft, das sei unnötig), sonst gibt es doch manchmal unangenehme Überraschungen mit dem Platz. So dürfen z.B. nicht zwei Kinder unter zwei Jahren in einer Sitzreihe auf dem Schoß sitzen, weil dann nicht genügend Sauerstoffmasken in jener Reihe vorhanden sind. Für alleinreisende Mütter mit kleinen Zwillingen kann es schon ein großes Problem werden, die Kinder auf zwei Sitzreihen zu verteilen.

Sozialdienst im Zentralbereich (Ebene 03). Wickelräume befinden sich im Zentralbereich (Ebene 03) und in allen Warteräumen der Bereiche A-D. Alle Ebenen die für Reisende und Wartende von Belang sind, kann man durch Lifte erreichen. Informationen: Flughafen München, Postfach 231755, 85326 München, Tel. 975-00.

Im Flugzeug

Die Betreuung von Familien mit Säuglingen, Kleinkindern und alleinreisenden Kindern kann von Fluggesellschaft zu Fluggesellschaft unterschiedlich sein. Je nach Fluggesellschaft ist es empfehlenswert, die entsprechende Fluglinie über Details zur Betreuung und Unterbringung an Bord zu befragen. Die Telefonnummern der einzelnen Fluglinien sind direkt am Anfang der Gelben Seiten unter der Rubrik "Airlines" aufgelistet. Ansonsten sollten Eltern das Reisebüro bei der Buchung nach Einzelheiten fragen. Die folgenden Hinweise beziehen sich auf den Service von British Airways, der Lufthansa und der LTU.

PÄSSE

Es gibt keine Reisepässe für Kinder. Wenn man ein Kind in ein Land mitnehmen möchte, für das ein Personalausweis nicht ausreicht (nur noch sehr sehr wenige Urlaubsländer!), dann läßt man beim Meldeamt der jeweiligen Bezirksverwaltungsstelle einfach Lichtbilder in den Kinderausweis einfügen. Wartezeiten für Kinderausweise gibt es nicht. Der Kinderausweis wird sofort ausgestellt bzw. die Bilder werden sofort eingefügt.
Aber Achtung: viele Länder außerhalb der EU verlangen – auch für Kinder – immer noch Visa, die rechtzeitig beantragt werden müssen. Informationen über Visa gibt Ihnen das Reisebüro.

- Kinderausweis mitbringen
- 2 Lichtbilder (nur wenn er wie Reisepaß sein soll)
- Geburtsurkunde
- Unterschriften und Ausweise beider Erziehungsberechtigten

Unterbringung im Flugzeug

Familien mit Säuglingen sitzen in der ersten Reihe ihrer jeweiligen Sitzklasse, da man hier die Tragetaschen sicher an der Wand gegenüber den Sitzen befestigen kann. Falls man selbst keine Tragetasche hat, stellt die Cabin Crew der BA für Babys bis zu 12 Monaten Tragetaschen zur Verfügung. Die LTU bietet, beschränkt auf Langzeitstrecken, ebenfalls eine sichere Abstellmöglichkeit für die Babytaschen an. Allerdings werden hier keine Taschen zum Ausleihen angeboten. Bei der Lufthansa sitzen die Eltern Tischen gegenüber, die mit Halterungen für die Babytaschen versehen sind.
Für Kleinkinder kann man bei der BA den eigenen Kinderautositz mitbringen, der auf dem Nachbarsitz zu befestigen ist. Hierzu muß einschränkend erwähnt werden, daß Kinder unter zwei Jahren generell keinen Anspruch auf einen Sitzplatz haben.
Die großen Maschinen der BA und der LTU verfügen über Toiletten mit Wickeltischen. Bei der Lufthansa sind in allen Maschinen Wickeltische.

Betreuung an Bord

Babynahrung wird bei allen drei Fluglinien von der Cabin Crew in der Bordküche aufgewärmt. Die BA bietet spezielle Kindermenüs an, die möglichst vor dem Essen der Eltern serviert werden. Die Menüs bestehen aus Pizza, Früchten, Speisen mit Kartoffeln und Gemüse sowie Apfelkuchen und Schokoriegeln. Kindermenüs werden selbstverständlich auch von der Lufthansa und der LTU angeboten.

Betreuung von alleinreisenden Kindern

Vor Buchung des Fluges wird angegeben, ob das Kind alleine reist. Es muß vor dem Abflug ein Formular mit allen Informationen bezüglich der Reise ausgefüllt werden. Sowohl bei der Lufthansa ("Rotkäppchen-Service") als auch bei der BA werden die Kinder von den Stewards oder Stewardessen beim Abflug am Flughafen abgeholt, wobei sich die Eltern ausweisen müssen. Während des Fluges werden die Kinder von den Stewards/Stewardessen mit Spielzeug etc. betreut und am Bestimmungsort dem Abholer übergeben, der sich wiederum ausweisen muß. Bei der BA werden die Kinder im Nichtraucherbereich möglichst zusammengesetzt, um gezielte Betreuung zu ermöglichen. Sie dürfen nicht an den Notausgängen sitzen. Die Kinder müssen älter als 3 Monate sein, und der Service muß 14 Tage im voraus gebucht werden. Die Lufthansa erhebt für ihren "Rotkäppchen-Service" pro Flugabschnitt eine Gebühr von 50.- DM. Alleinreisende Kinder unter fünf Jahren werden jedoch nicht befördert.

Gepäck
Kinder unter zwei Jahren haben keinen Anspruch auf Freigepäck. Als Freigepäck gelten hier schon Kinderwagen, Buggys oder Tragetaschen. Kinder, für die bezahlt wird, dürfen genauso viel Gepäck mitnehmen wie Erwachsene. Das Übergepäck wird ebenfalls wie bei Erwachsenen berechnet.
Von den verschiedenen Fluggesellschaften kann prinzipiell nur eine begrenzte Zahl von Kleinkindern pro Flug mitgenommen werden, da durch die Buggys und Babytaschen zusätzliches Gepäck entsteht. Dieses wird automatisch bei der Buchung berücksichtigt.

Adressen/Telefonnummern
Informationen gibt es bei fast allen Reisebüros und der Reisegesellschaft. Außerdem:

- British Airways, Generalagent Deutsche BA, Tel. 01302580
- Deutsche Lufthansa, Stadtbüro, Lenbachplatz 1, Tel. 5455999
- LTU-Süd, Flughafen München, Tel. 9781-0

FAMILIENFERIEN

Ferien auf dem Bauernhof
Ferien auf Bauernhöfen sind für großstadtmüde Erwachsene und Kinder ein Erlebnis: frische Landluft schnuppern, der Bäuerin beim Brotbacken helfen, Tiere füttern und vielleicht sogar im Stroh übernachten.
Ferien auf Bauernhöfen sind eine echte Alternative und gerade für Kinder ausgesprochen interessant. Es gibt aufregende Tage im Hühnerstall, Reiten auf Eseln und Ponys wird angeboten, und man kann live erleben, wo die Milch herkommt und wie But-

---

ZWEI TIPS FÜR LEERE URLAUBSKASSEN

- Familien-Ferien auf dem Bauernhof sind unter bestimmten Bedingungen zuschußfähig! Vermittlung und Beratung durch das Stadtjugendamt, Abt. Fremdunterbringung, Orleansplatz 11, Tel. 233/22611
- Umsonstferien für Familien, die in der Landwirtschaft, in der Küche, bei Reparaturen, Waldaufräumungsarbeiten o.ä. mithelfen, bietet der Ferienclub Lüneburger Heide. "Muskelkraft- und Naturalienpreisliste" anfordern und telefonisch eine Preis-Leistungsvereinbarung treffen! Zu relativ günstigen Preisen und bei familienfreundlichem Service kann man hier im übrigen Reiterferien und Computerkurse machen, oder Sonderrabatte in Anspruch nehmen, wenn Kinder bzw. Jugendliche alleinreisen und mit ihren Freunden gemeinsam in einem Zimmer übernachten. Infos beim Ferienclub Lüneburger Heide, Sarenseck, 29473 Göhrde, Tel. 05862/170

ter gemacht wird. Im Schnitt zahlt man pro Übernachtung 40.- DM. Die Preise sind jedoch unterschiedlich. Sie richten sich nach Komfort und Angebot sowie danach ob sie DLG-geprüft sind oder nicht. Manche Höfe bieten auch Reit- und Wanderferien nur für Kinder an.

Über Familienferien auf Bauern- oder Winzerhöfen in touristischen Regionen Deutschlands informieren:

- **Landesfremdenverkehrsamt Bayern**
  Prinzregentenstraße 18, 80538 München, Tel. 225220

- **Arbeitsgemeinschaft "Urlaub auf dem Bauernhof"**
  Godesberger Allee 142-148, 53175 Bonn, Tel. 0228/8198220

- **Deutsche Landwirtschafts-Gesellschaft**
  Eschborner Landstraße 122, 60489 Frankfurt, Tel. 069/24788-451
  Mehr als 1700 deutsche Bauernhöfe sind im Urlaubskatalog der DLG gut kommentiert und erfasst.

Urlaub auf Bauern- Winzer- und Reiterhöfen im europäischen Ausland
Egal ob man bei der Olivenernte in Italien helfen möchte oder bei der Weinlese in Frankreich - nahezu alle europäischen Fremdenverkehrsämter bieten Spezialprospekte zum "Urlaub auf dem Bauernhof" an. Bei der Vermietzentrale "Ferien auf dem Bauernhof" (Neuengasse 1, Postfach, CH-3001 Bern, Tel. 0041/31/3125566) gibt es kostenlose Urlaubskataloge mit dem Titel "Bei Schweizer Bauern zu Gast". Die zentrale Informationsstelle für Ferien auf österreichischen Bauernhöfen ist der Bundesverband "Urlaub auf dem Bauernhof in Österreich" (Hardtgasse 19, A-1190 Wien, Tel. 0043/1/3680111)
Spezielle Prospekte für Reiterferien, Familienferien oder Gesundheitsurlaub sind hier erhältlich. Über Baby- und kindergerechte Ausstattung und Service wird sehr ausführlich informiert. Sehr reizvoll sind die Angebote des Staatlichen Italienischen Fremdenverkehrsamts (Goethestr. 20, 80336 München, Tel. 089/530369). Zum Beispiel Urlaub auf Bauernhöfen in der Region Marche, südlich von Rimini: Hier ist man nahe am Meer, aber doch jenseits der überlaufenen Touristenorte. Dabei kann man die ländliche Küche genießen und zusehen, wie ihre Produkte hergestellt werden.

Eine empfehlenswerte Adresse für den umweltbewußten Familienurlaub im europäischen Ausland ist **ECEAT**. Diese internationale Stiftung für Initiativen auf dem Gebiet umweltfreundlicher Landwirtschaft und Tourismus, vermittelt europaweit Urlaub auf Bio-Höfen. Die Unterkünfte sind oft sehr einfach, aber auch sehr preisgünstig (Doppelzimmer ab 10.- DM, Kinder bis 12 Jahren zahlen die Hälfte) 13 verschiedene Reiseführer für verschiedene europäische Länder kann man zum Preis von 12,50 DM bestellen. Infos unter:

- **ECEAT-Büro Deutschland**
  Kochstraße 15a, 50354 Hürth
  Tel. 02233-67972.

LITERATURHINWEISE

"Ferien auf dem Lande"
Zentrale für den Landurlaub
Heerstr. 73
53111 Bonn
Tel. 0228/631284
Fax 0228/631286
Taschenbuch mit mehr als 3500 Adressen (17,50 DM, 24,40 DM mit Versandkosten)

"Urlaub auf dem Bauernhof"
Bezugsadresse:
Eschborner Landstr. 122
60489 Frankfurt
Tel: 069/247880
(15.- DM & 5.- DM Versandkosten)
Katalog (nur DLG-geprüfte Unterkünfte), 1500 Höfe, hoher Qualitätsstandard (besondere Angebote)
Auch mit Hinweisen auf Eignung von Beherbergungsbetrieben für Behinderte

Fremdenverkehrsverein Ostbayern
Landshuter Str. 13
Regensburg
Tel: 0941/560260
bietet einen Katalog mit genauen Informationen an (16,50 DM)

Grüne Ferien in der Schweiz
Graubünden: Verkehrsverein
Alexanderstraße 24
CH-7001 Chur
Tel. 0041/81/221360
Fax 0041/81/227273
Französische Westschweiz:
Office de Tourisme Rural de la Suisse Romande
CH-1530 Payerne
Tel. 0041/37/616161
bieten Kataloge mit vielen Infos

Reiturlaub
Eine große Auswahl an Adressen von geprüften Reitbetrieben und zusätzlich nützliche Tips für den Umgang mit Pferden finden sich in dem Katalog "Urlaub im Sattel". Das 172 Seiten starke Büchlein ist im Buchhandel erhältlich oder über den FN-Verlag zu beziehen.
FN-Verlag
Freiherr-von-Langen-Str. 13
48231 Warendorf
Tel. 0258/7696

Ferien auf dem Bauernhof in den Alpen
Zentrale für den Landurlaub
Heerstr. 73
53111 Bonn
Tel. 0228/631284
Fax 0228/631286

Wo machen wir Urlaub mit dem Baby?
Urlaubs-Ratgeber mit Hotelführer für junge Familien, zu bestellen für 19,80 DM bei der
Büttner Medien-Gesellschaft mbH
Westendstr. 73
60325 Frankfurt/Main
Tel. 7561900

Mit Kindern unterwegs
Hrsg. von Birgitt von Maltzahn, Daniela Schetar.
Piper Verlag
München 1995

Freizeit- und Erlebnisparks in Deutschland
Verlag Fink-Kümmerly + Frei.
Ostfildern 1995

Reise- und Freizeitführer für Eltern und Kinder
sind im Verlag Rasch und Röhring erschienen (Amsterdam, Berlin, Frankfurt, Hamburg, Kopenhagen, London, München, Paris und Wien, Dänemark, Holland, Mallorca, Nordseeküste, Schleswig-Holstein, Oberbayern, Ostseeküste, Italienische Adria).

Junior Ferienbücher
Erschienen im Verlag dtv; für Italien, England, Schottland und Wales, Frankreich, Österreich.

Öko-Bauernhöfe
"Spielen und Lernen"
Im Brande 15 C
30926 Seelze
Die Zeitschrift "Spielen und Lernen" hat 15 Öko-Bauernhöfe mit DLG-Gütezeichen zusammengestellt, auf denen man Ferien machen kann, ohne sein Auto mitzunehmen. Die Liste erhalten Sie gegen einen mit 2.- DM frankierten und adressierten Rückumschlag.

Ferien in den Bergen
Viele Berghütten mit und ohne Bewirtschaftung laden zum Familienurlaub in den Alpen ein. 30 für Familien geeignete Alpenvereinshütten hat der

- **ADAC,** Am Westpark 8, 81373 München, Tel. 7676-0
in seinem Urlaubsführer "Familien-Ferien" zusammengestellt. Urlaub auf der Berghütte in Österreich, der Schweiz und den französischen Alpen vermittelt der

- **Hütten-Miet-Service,** HMS-Reisen, Postfach 1221, 77602 Offenburg, Tel. 0781/1855
Auch der Deutsche Alpenverein hat eine Broschüre (kostenlos erhältlich) zusammengestellt: "Mit Kindern auf Hütten". In ihr werden 30 familiengerechte Hütten vorgestellt und Tips für das Wandern mit Kindern gegeben. Der DAV organisiert außerdem Kinder- und Familienbergsteigertouren und bietet Jugendprogramme an wie z.B. den "Yeti-Treff im Tiefschnee" oder die "Indianerwoche". Informationen:

- **Deutscher Alpenverein e.V.,** Von Kahr Str. 2-4, 80997 München, Tel. 089/140030

Winterferien mit Kindern
Ein erfreulicher Trend ist es, daß immer mehr Veranstalter Reisen im Winter anbieten, die wirklich das Prädikat familienfreundlich verdienen: preiswert, umwelt- und nervenschonend.
Überregional haben sich einige Veranstalter als Anbieter familienfreundlicher Winterreisen profiliert. Zum Service gehört hier die engagierte Kinderbetreuung, bei der Zeit und Raum für gemeinsames Erleben bleibt. Die Anfahrt: mit dem Zug oder in Nichtraucher-Bussen mit "Liegewiese".

- **Vamos,** Flüggestr. 26, 30161 Hannover, Tel. 0511/3481917
- **Schwubs,** Bohlweg 1, 31823 Springe, Tel. 05041/8899
- **Ev. Reisedienst e.V.,** Schützenbühlstr. 81, 70435 Stuttgart, Tel. 0711/8264466
- **Kölner Club,** Alteburger Wall 29, 50678 Köln, Tel. 0221/3404655, Fax 3404658

In München bieten Sport Scheck Reisen (Tel. 2166-1267) und Sport Schuster (Reisedienst: 23707299) eine Fülle von Ski- und Winterprogrammen für Familien und Jugendliche an, immer wieder auch betreute Gruppen für alleinreisende Kinder. Skikurse für Kinder ab 8 (Alpin) bzw. ab 10 (Langlauf) organisiert das Jugendamt (Abt. Ferienmaßnahmen, Paul Heyse Str. 20, Tel. 233/1) während der Winterferien.

Empfehlungen für den familienfreundlichen Kurzurlaub im Winter erhält man beim Landesfremdenverkehrsverband Bayern (Prinzregentenstraße 18, Tel. 225250), denn schon die bayerischen Skigebiete locken mit einer Fülle von speziellen Familienangeboten. So bietet beispielsweise die

- **Kurdirektion Berchtesgaden,** Postfach 2240, 83463, Berchtesgaden, Tel. 08652/967-0
Zwergerlcamps mit stundenweiser oder ganztägiger Baby- und Kleinkindbetreuung, Skikindergärten, Kinderclubs, geführte Wanderungen für Kinder und natürlich jeder Menge Skikurse für Kinder.

Familienhotels in Bayern und Österreich

Doch auch Familienhotels mit besonderem Service für Ski- und Winterferien mit Kindern sind über das Landesfremdenverkehrsamt Bayern leicht zu finden. Zwei Beispiele: Kinderbetreuung 4 Std. täglich, Kindermenüs, Kinder-Skikurse, Ponyreiten und Tagesausflüge für Kinder bietet der Reiterhof Runding (In den Sallerwiesen 1, 93486 Runding, Telefon: 09971/999200). Das reinste Babyparadies ist der Ulrichshof, ein Baby- und Kleinkinder-Apartmenthotel im Bayerischen Wald, das sich für einen Kurzurlaub im Winter aber auch zum Ausspannen zwischendurch hervorragend eignet und seinen Namen wirklich verdient: Der Service bietet Baby- und Kleinkinderbetreuung durch Fachkräfte von 8.00-20.00 Uhr. Schon die Empfangshalle, gut ausgestattet mit Bobbycars und Spielecke, wird zum Kindertreffpunkt. Eine Spielscheune von 500 qm steht zur Verfügung, außerdem eine Reithalle, eine - auch auf die Bedürfnisse von Kleinkindern hervorragend ausgerichtete - Schwimmhalle und ein Restaurant, in dem Hochstühle, Malunterlagen, vorgezogener Kinderservice und vieles mehr selbstverständlich sind. Informationen: Ulrichshof, Zettisch 42, 93485 Rimbach, Tel. 09977/434

Österreich

Spezialist für Familienreisen mit kleinen Kindern aber ist nach wie vor Österreich. Von der Ausstattung, über die Baby- und Kinderbetreuung bis zum Unterhaltungs- und Sportprogramm perfekt auf Familien mit Kleinkindern eingestellt - sind die 83 Hotels, die sich zu den "Kinderhotels Österreichs" zusammengeschlossen haben. Hier gibt es Kinderstammtische und Krabbelräume, Windelskikurse und jede Menge ausgefallenster Abenteuer- und Action-Angebote für Kinder jeden Alters. Ein umfangreicher, gut kommentierter und bebilderter Katalog ist kostenlos zu beziehen bei der Österreich-Werbung, Rotwandweg 4, 82024 Taufkirchen, Tel. 089/773021.

"Babyurlaub maßgeschneidert" ist die Devise der 21 Hotels, Pensionen, Appartment- und Ferienhäuser des Babyferiendorfs Trebesing. Konkret bedeutet das: Baby- und Kleinkindbetreuung 5 Tage in der Woche gratis, gesicherte große Spielplätze und -einrichtungen im Freien und im Haus, Speise- und Getränkekarten für Babies und Kleinkinder, Schallüberwachung, Notrationen an Windeln und Babynahrung im Haus, spezielle Eltern-, Kind-Programme, Buggy-, Kinderwagen- und Kindertragenverleih. Informationen:

- **Europas 1. Babydorf,** A-9852 Trebesing/Oberkärnten, Tel. 0043/4732-3000

TIP: DER HAUSTAUSCH

Eine interessante Möglichkeit, mit Kindern preisgünstig Urlaub zu machen und zugleich Kontakt zum Gastgeberland zu finden ist der Haustausch. So bieten beispielsweise

- Holiday Service, Seehofstr. 50
  96117 Memmelsdorf
  Tel. 0951/43055 oder

- Intervac, Verdiweg 8
  70771 Leinfelden-Echterdingen
  Tel. 0711/7546069

weltweit einen Wohnungs- bzw. Haustausch-Service an mit Angeboten aus der Karibik, den USA, Australien, Asien, Neuseeland. Umfangreiche Kataloge stellen nicht nur mögliche Tauschpartner vor, sondern nennen auch einige erfahrene Haustauscher in der Umgebung, bei denen man sich zunächst einmal unverbindlich über diese spezielle Form des Urlaubmachens informieren kann.

WEITERE ANBIETER ÜBERWIEGEND ZUSCHUSSFÄHIGER FAMILIENFERIEN:

Evangelische Familien-Bildungsstätte
Herzog-Wilhelm-Straße 24
80331 München
Tel. 5522410
Die evangelische Familien-Bilungsstätte bietet ein breites Spektrum von Ferienfreizeiten mit Kulturprogramm, Zeltlagern, Schlauchbootfahrten und Höhlenfreizeiten für Eltern mit Kindern, Naturerkundungen und ökologische Streifzüge.

Münchner Bildungswerk
Dachauer Straße 5
80335 München
Tel. 545805-16
Bildungsfreizeiten und Kulturfahrten für Familien, auch speziell für Väter mit Kindern.

Caritasverband der Erzdiözese München u. Freising
Postfach 201143
80011 München
Tel. 55169-235 bis 239
Eine Fülle von Angeboten für Familien und Alleinerziehende mit Kindern, in der Regel mit Kinderbetreuung und speziellen Spielmöglichkeiten. Bezuschussung durch Stadt, Land oder die Erzdiözese sind unter bestimmten Bedingungen möglich.

Familienhilfswerk Bayern
Mettenstraße 24
80636 München
Tel. 1782598

Sozialer Beratungsdienst Hasenbergl
Stanigplatz 10
80933 München
Tel. 314001-25

Eltern, Kind und Schule
Liebherrstr. 5/IV
80538 München
Tel. 225436

AWO-Reisen
Karlstr. 42
80333 München
Tel. 545809-10
Zuschußfähige Familienfreizeiten, Infos anfordern!

Familienferienwerk der Deutschen Kolpingfamilie e.V.
Adolf-Kolping-Straße 1
Tel. 55158/0

Deutscher Paritätischer Wohlfahrtsverband, Landesverband Bayern e.V.
Düsseldorfer Straße 22
Tel. 30611/541

Deutscher Arbeitskreis für Familienhilfe e.V.,
Lindwurmstraße 12
Tel. 530569/60

Sozialwerk der Christengemeinschaft
Tel: 089/348298

Verein alleinerziehender Mütter und Väter
VAMV Ortsverein München
Tel. 6927060

Eltern-Kind-Programm e.V.
Stockdorf
Tel. 8571112

I.A.F Interessengemeindschaft d. m. Ausländern verh. Frauen
Tel. 531414

Kinderschutz und Mutterschutz
Tel. 2608063

Mütterzentrum Neuaubing
Wiesentfelserstr. 68
Tel. 870392

Spielratz e.V.
Grafinger Str. 66
Tel. 492679

Katholischer Arbeitskreis für Familien-Erholung
Hochkreuzallee 1
53175 Bonn
Tel. 0228/959170

Deutscher Jugendherbergsverband DJV
Postfach 1455
32704 Detmold
Jugendherbergen stehen längst nicht mehr nur Jugendlichen offen, viele von ihnen verfügen mittlerweile über einen Komfort, der dem einfacher Hotels kaum nachsteht und das Angebot auch an ausländischen Ferienanlagen (z.B. Korsika, Griechenland oder Schweden) wurde mittlerweile erheblich erweitert. Ein Blick ins Verzeichnis des DJV lohnt sich also bei der Urlaubsplanung, selbst wenn für die Nutzung der Anlagen ein Jugendhebergs-Familienausweis erforderlich ist (DM 24,- im Jahr) und die Preise häufig nicht mehr so sehr viel niedriger sind als bei kommerziellen Reiseveranstaltern.

Spezialisierte Reisebüros
für Eltern-Kind-Reisen ans Meer und in die Berge, Aktivurlaube mit Kinderkursen und Kinderbetreuung, Kanufahrten und Fahrradtouren, Studienreisen und Sprachferien für Kinder (und Eltern), Feriencamps, Ferienhäuser und -wohnungen sind im Magazin "Kinderkram" zu finden.

FERIENFREIZEITEN FÜR FAMILIEN

Eine der kinderfreundlichsten Formen des Familienurlaubs ist die Wahl einer gemeinnützigen Familienferienstätte. Die Preise sind hier sehr günstig, Unterbringung, Service, Spiel- und Betreuungsmöglichkeiten sind kindgerecht. Kinderreiche Familien mit niedrigem Einkommen können darüberhinaus von den meisten Bundesländern und Gemeinden Zuschüsse bekommen. Üblich sind in Bayern DM 18.- pro Kind/Tag bzw. DM 23.-/Tag für behinderte Kinder, aber auch höhere Zuschüsse sind in Einzelfällen möglich.

Mehr als 100 gemeinnützige Organisatoren, die in drei Arbeitskreisen zusammengeschlossen sind, bieten diese Form des subventionierten Familienurlaubs an, die der ADAC in einem Katalog erfasst hat. Dieser ständig aktualisierte Katalog "Familien-Ferien", der mit Unterstützung des Bundesministeriums für Familie herausgegeben wird, bietet die umfassendste Übersicht über gemeinnützige Familienferienstätten, Urlaubszuschüsse, Familienferien in Jugendherbergen, auf dem Bauernhof und an den verschiedensten europäischen Urlaubsorten. Fast alle dort verzeichneten Ferienheime und -dörfer sind behindertengerecht. Informationen beim

- **ADAC München,** Am Westpark 8, 81373 München, Tel. 7676-6185

WEITERE ANBIETER ÜBERWIEGEND ZUSCHUSSFÄHIGER FAMILIENFERIEN:

Deutscher Familienverband
Poppelsdorfer Allee
53115 Bonn
Tel. 0228/653215

Mehr Informationen über Familienferien
Bundeszentrale für gesundheitliche Aufklärung
Postfach 91 01 52
51109 Köln
gibt kostenlos einen Katalog mit Adressen von 172 gemeinnützigen Familienferienstätten heraus, vor allem für Familien mit geringem Einkommen. Deutsche Ferienorte preiswert und familiengerecht.

SVA-Südwestdeutsche Verlagsgesellschaft
Pressehaus am Marktplatz
68159 Mannheim
Tel. 0621/17 02-445
Hier ist ein Ferienkatalog über deutsche Urlaubsregionen und -städte erhältlich.

Familien-Ferien Führer des ADAC
enthält geförderte Ferienstätten, familiengerechte Ferienorte, für Familien geeignete Alpenvereinshütten und gewerbliche Ferienzentren Erhältlich beim ADAC München
Am Westpark 8
81373 München
Tel. 7676-0

Deutsches Erholungswerk e.V.
Schlüterstr. 26
20146 Hamburg
Tel. 040/456208
Das Deutsche Erholungswerk betreut sechs Feriendörfer in Deutschland (u.a. an der Ostsee, im Bayerischen Wald, im Schwarzwald und in der Lüneburger Heide), die überwiegend Familien mit geringem Einkommen vorbehalten sind.

REISEN MIT HANDICAP

Ferienfreizeiten für behinderte Kinder, oft auch gemeinsam mit nicht-behinderten Kindern, bieten in München eine Vielzahl von Organisationen an. Hier eine Auswahl an nützlichen Adressen: Informationsmaterial zum Thema Reisen mit behinderten Kindern ist erhältlich bei der **Bundesarbeitsgemeinschaft der Clubs Behinderter und ihrer Freunde e.V.** mit Adressen von Behindertenverbänden im Urlaubsgebiet, Listen rollstuhlgerechter Unterkünfte und Campingplätze, Adressen für rollstuhlgerechte Bus- und Schiffsreisen, Anschriften von Spezialveranstaltern (z.B. Surfangebote für Behinderte), rollstuhlgerechte Wohnmobil-Vermietungen und Ferienhaus-

REISEN MIT HANDICAP

Ferienfreizeiten für behinderte Kinder, oft auch gemeinsam mit nicht-behinderten Kindern, bieten in München eine Vielzahl von Organisationen an. Hier eine Auswahl an nützlichen Adressen:

Stadtjugendamt, Abt. Ferien- und Erholungsmaßnahmen
Paul-Heyse-Str. 20
80336 München
Tel. 233/7450 oder
Tel. 7451 o.7480

Ferien mit dem Kreisjugendring
Tel. 089/514106/0 oder

Bund der Pfadfinderinnen und Pfadfinder e.V.
Paul-Heyse Str. 22
80336 München
Tel. 514106/95

Evangelische Jugend München
Birkerstr 19
80636 München
Tel. 12005642/
Angebot: Sommer-, Winter- und Wochenendreisen für Behinderte

MOP 27 Modellprojekt
Clemensstr. 62a
80803 München
Tel. 304073

Offene Behindertenarbeit d. Lebenshilfe München
Scharnitzstraße 11
81377 München
Tel. 7140358/62
Angebot: Ferienfahrten für geistig behinderte Jugendliche

Pfadfinderschaft St. Georg
Kapuzinerstr. 39
80469 München
Tel. 2012578
Angebot: Regelmäßige Ferienfreizeiten für behinderte und nichtbehinderte Kinder

Anregungen für Ferien mit behinderten Kindern geben

Landesarbeitsgemeinschaft Hilfe für Behinderte e.V.
Weißenburger Straße 43
81667 München
Tel. 459924

Bundesarbeitsgemeinschaft Hilfe für Behinderte e.V.
Kirchfeldstraße 149
40215 Düsseldorf
Tel. 0211/310060

Reisehelfer für Körperbehinderte Selbsthilfe Körperbehind. BSK
Altkrautheimer Str. 17
74283 Krautheim
Tel. 06294/68112

Wohnmobile für Körperbehinderte Bundesarbeitsgemeinschaft der Clubs Behinderter
Eupenerstr. 5
55131 Mainz
Tel. 06131/225514 und 225778

Der Reiseveranstalter TUI
gibt jedes Jahr einen Spezialkatalog mit Urlaubsinformationen für Behinderte und ihre Begleiter heraus — er ist kostenlos bei allen TUI-Reisebüros erhältlich.
TUI in München:
TUI-Urlaubscenter
Ismaninger Straße 136
Tel. 089/988384

"Ferien auf dem Lande"
ist der Titel eines Katalogs, der für DM 17,50 plus Versandkosten bei der Zentrale für den Landurlaub erhältlich ist, und 174 behindertengerechte Urlaubsadressen auf dem Lande enthält
Zentrale für den Landurlaub
Heerstraße 73
53111 Bonn
Tel. 0228/631284

Vermittlungen. Zum Thema Reisen mit Handicap hat die **Bundesarbeitsgemeinschaft Hilfe für Behinderte** eine Broschüre erstellt (10.- DM), in der u.a. auch Veranstalter aufgeführt sind, die behindertengerechte Reisen anbieten.

Der Verein **"Reisen mit Behinderten"** überprüft die Angaben über behindertengerechte Ausstattung von Hotels auf ihren Wahrheitsgehalt und informiert über die Ergebnisse.

Ferien-Dialyse im Vogelsberg, Urlaub trotz Blutwäsche

Wenn die Nieren versagen, beginnt ein langer Leidensweg. Pumpen, Filter und Katheter bestimmen den Alltag. Die Dialyse bleibt Lebensretter, filtert dreimal wöchentlich Giftstoffe aus dem Blut.
Urlaub mit diesem Handicap wird zum besonderen Risiko. Dialyse-Stationen, die auch Gäste versorgen, sind immer noch selten. Der Fremdenverkehrsverband Vogelsberg + Wetterau bieten für nierenkranke Menschen im Lauterbacher Dialyse-Zentrum die Möglichkeit, Urlaub und Blutwäsche miteinander zu verbinden. Informationen:

- **Landratsamt Vogelsberg,** Goldhelg 20, 36341 Lauterbach, Tel. 06641/9770

HANDICAPPED REISEN

Die Bonner Fremdenverkehrsmarketing GmbH (FMG) gibt die Führer "Handicapped Reisen" für Behinderte heraus. Auf je 500 Seiten informiert Band 1 über Angebote in Deutschland, Band 2 über solche im Ausland (vor allem Österreich, Schweiz, Niederlande, aber insgesamt Ferienziele in 65 Ländern). Es sind Hotels aufgeführt, in denen behinderte Einzelreisende wie auch Familien mit körperlich oder geistig behinderten Mitgliedern willkommen sind, Maßangaben und Hinweise auf Rampen oder Stufen helfen einzuschätzen, ob die angegebene Unterkunft der jeweiligen Behinderung gerecht wird.

- Fremdenverkehrsmarketing GmbH (FMG)
  Postfach 1547, 53005 Bonn
  Tel. 0228/616133, Fax 0228/623500
  6. Aufl. 91/92, ISBN 3-926191-05-8
  Pro Band 34,– DM

FERIEN OHNE ELTERN

Wenn Eltern ihre Kinder alleine in die Ferien fahren lassen, machen beide – Eltern und Kinder – eine ganz neue Erfahrung. Beide freuen sich und sind doch auch traurig über die Trennung. Ist das Kind aber unter anderen Kindern und sind Betreuer für das Kind da, dann nimmt die neue, "elternlose" Welt es ganz gefangen: unentwegt spielen und toben, gemeinsam mit anderen Kindern vieles unternehmen, reden und fragen, Action, Spaß und Abenteuer. Das Kind wird sich wohlfühlen und schließlich gelernt haben, sich auch ohne die Eltern in fremder Umgebung zu behaupten, und wird ausgeglichen wieder nach Hause kommen. Die Eltern hingegen hatten endlich auch einmal wieder Zeit für sich selbst. Zu empfehlen ist, sich schon frühzeitig zum Jahresbeginn um Plätze zu kümmern (für die Osterferien schon im Herbst). Die Plätze sind wegen ihrer Beliebtheit schnell weg.
Die Wohlfahrtsverbände und kirchlichen Einrichtungen veranstalten Kinder- und Jugendfreizeiten und außerörtliche Erholungsmaßnahmen. Oft gibt es dabei auch Zuschüsse - je nach den finanziellen Verhältnissen des Erziehungsberechtigten bis zu 100 Prozent des Reisepreises! Zwei oder drei Wochen Ferien-Freizeiten mit Gleichaltrigen, z.B. in den Bergen, an der See, im In- oder Ausland, sind für Kinder (fast) immer eine tolle Sache, und können auch für die Eltern eine phantastische Möglichkeit sein, endlich einmal richtig Auszuspannen.

ANSPRECHPARTNER FÜR FERIEN OHNE ELTERN

Stadtjugendamt, Abt. Ferien- und Erholungsmaßnahmen
Paul-Heyse-Str. 20, 80336 München
Tel. 233/7450 o.
Tel. 7451 o. 7480

Ferien mit dem Kreisjugendring
Paul-Heyse-Straße 22, 80336 München
Tel. 514106/0
Vielfältige Ferien-Angebote von Zeltlagern bis zu Internationalen Begegnungen bieten die über 50 freien Jugendverbände Münchens, die im Kreisjugendring zusammengeschlossen sind. Informationen über den Kreisjugendring oder direkt bei den einzelnen Jugendverbänden (Aressen s. Kap. 18 Politik und Verbände)

Naturfreunde München
Reichenbachstraße 53
80469 München
Tel. 2015777

AWO-Reisen
Karlstr.42, 80333 München
Tel. 545809-10

Spielratz e.V.
Grafinger Str. 66, 81671 München
Tel. 492679
Hier gibt es jede Menge Ferienangebote für Kinder und Jugendliche, die sich für die Natur und Umwelt interessieren (Walkabouts, Mädchen on tours, Naturerkundungen) etc.

Outdoor-Club Berchtesgaden
Königsseer Str.2
83463 Berchtesgaden
Telefon: 08652/5001
Abenteuercamps für Kinder und Jugendliche, z.B. Höhlenexkursionen, Schluchtenüberquerungen, Bergtouren mit Kletterausbildung, Rafting u.v.m. Infos anfordern!

Zenetti-Teff, offene Kinder- und Jugendarbeit
Adlzreiterstr.27, 80337 München
Tel. 7254461

RaGazza - Treffpunkt f. Mädchen und junge Frauen
Jahnstr.8, 80469 München
Tel. 268921
Ferien und Wochenendfahrten, wo Mädchen ab 8 in verschiedenen Altersgruppen unter sich sein können, veranstaltet die Inititative Münchner Mädchenarbeit im Rahmen ihres Treffpunkts RaGazza

Camping ohne Betreuung
Campingplätze in München

München-Thalkirchen
Zentralländstr.49, 81379 München
Tel. 7231707

München-Obermenzing
Lochhausener Str. 59, 81247 München
Tel. 8112235

München-Langwieder See
Eschenrieder Str. 119, 81249 München
Tel. 8461566

Hits für Kids
heißt der Ferienfahrtenkatalog "für alle unter 18", den das Katholische Ferienwerk Köln jährlich herausgibt (erscheint immer zum Ende des Jahres). Ob Schwarzwald, Holland, Ost- oder Nordsee — für Kinder ab sieben bietet sich eine große Auswahl. Dabei gibt es neben Schullandheimen oder Jugendherbergen auch so aufregende Unterkünfte wie die eigens für Kinder eingerichteten Blockhäuser auf einem Reiterhof oder in einem Kinderferiendorf, das über ein eigenes Kino verfügt, Kinderdisco, See mit Sandstrand usw.

Zu beziehen über:
Kath. Ferienwerk Köln
Weißhausstr. 21a
50939 Köln
Tel. 0221/942006-0
Ebenfalls dort gibt es den umfangreichen Katalog "Gruppenreisen — Ferienzentren und Häuser für Gruppen" mit Angeboten in ganz Europa.

Jugendherbergen

Eine Übersicht über Adressen und Angebote der bayrischen Jugendherbergen ist beim Deutschen Jugendherbergsverband Bayern kostenlos erhältlich. Ausführlich kommentiert sind dort die Spiel- und Freizeitmöglichkeiten für Kinder, die Eignung für Sport- oder Kulturinteressierte, für Familien mit behinderten Kindern, Schulklassen u.ä. Zum Angebot des DJV gehören außerdem Umweltreisen, Angebote für Schulklassen und internationale Familienreisen vom europäischen Ausland bis zu den USA. Infos:
Deutscher Jugendherbergsverband
Mauerkircherstraße 5
81679 München
Tel. 922098-20

Auch der Fremdenverkehrsverein Ostbayern
Landshuter Str. 13
93047 Regensburg
Tel. 0941/560260
informiert ausführlich über die Jugendherbergen seiner Region.

Sprachferien

Eine Fremdsprache erlernt man am besten dort, wo sie gesprochen wird. Gerade für junge Teilnehmer an Sprachferien, die noch nicht über einen so großen Wortschatz verfügen, ist es wichtig, im spielerischen Umgang mit dem vorhandenen Vokabular Ängste und Hemmungen abzubauen und das Vertrauen auf das eigene Wissen zu stärken. Mit fremden Sprachen lernen Kinder Land und

WEITERE VERANSTALTER VON SPRACHREISEN

AWO-Reisen
Karlstr. 42
80333 München
Tel. 545809-10

Aktion Bildungsinformation e.V.
Alte Poststr. 5
70137 Stuttgart
Tel. 0711/299335
Eine überaus sinnvolle Anlaufstelle für alle, die sich über Sprachkurse, langfristige Schulbesuche, Studienaufenthalte, Schüleraustauschprogramme, Praktika u.ä. informieren wollen. Von den finanziellen Förderungsmöglichkeiten bis zu den rechtlichen Bedingungen und zur Markt-Übersicht über die (seriösen) Veranstalter solcher Reisen ist hier alles Wissenswerte erfasst.
Broschüren zum Thema Sprachreisen: Alles über Sprachreisen - englischsprachiges Europa, DM 15,50
Englisch lernen in Übersee: USA, Kanada, Neuseeland, DM 15,50
Schuljahres-Aufenthalte in den USA, DM 15,50
Nach Frankreich der Sprache wegen, DM 15,50, Italienisch lernen in Italien, DM 8,-, Englisch lernen in Australien, DM 13,-, (Preise jew. zuzügl. DM 4,- Versand)

Studienkreis Tourismus
Dampfschiffstr. 2
82319 Starnberg
Tel. 08151/7740

Chamberlain School of English
Andrew Rhoades
Hegelstr. 9
40882 Ratingen,
Tel. 02102/81680
Die Chamberlain School ist eine Sprachschule in Eastbourne, an der Südküste Englands. Geleitet wird sie von einem Ehepaar, das mehrere Jahre an deutschen Realschulen und Gymnasien als Lehrer gearbeitet hat. Die Sprachkurse finden in den Oster- und Sommerferien (NRW) statt und sollen zur Verbesserung der Englischkenntnisse beitragen, den SchülerInnen aber auch Land und Leute näherbringen. An diesen Kursen können alle SchülerInnen von Klasse 6 bis 13 teilnehmen. Auf Wunsch wird auch Einzelunterricht angeboten. Die Sprachschule bietet ein umfangreiches Sport- und Freizeitprogramm (Tennis, Fußball, Volleyball; Film-, Disco- und Grillabende usw.). Zu jedem Kurs gehören auch zwei ganztägige Ausflüge nach London. Während ihres Aufenthalts wohnen die TeilnehmerInnen bei Gastfamilien.

Deutsch-Französisches Jugendwerk
Rhöndorfer Str. 2
53604 Bad Honnef
Tel. 02224/1808-0
Organisiert Schüleraustauschprogramme, Sprach- und Bildungsprogramme in Frankreich.

Kompaß Sprachreisen
Limburger Str. 11b
40325 Düsseldorf
Tel. 0211/682204
Fax 0211/663417
Kompaß-Sprachreisen bieten für Jugendliche ab 11 Jahren Sprachreisen nach England, Frankreich, Malta, USA, Bermudas und Kanada an. Die Jugendlichen reisen je nach Zielort mit Bus, Bahn oder Flugzeug. Vor Ort leben die Kinder (auf Wunsch auch zu zweit) bei sorgfältig ausgesuchten Gastfamilien. Vormittags gibt es Sprachunterricht, einschließlich Konversationsübungen und Spielen, sowohl von einheimischen als auch von deutschen LehrerInnen, die auch als Ansprechpartner zur Verfügung stehen. Die Nachmittage bieten Studienbesuche, Ausflüge und Freizeitaktivitäten. Auch körperbehinderte Jugendliche können an diesen Reisen teilnehmen. Hier ist eine rechtzeitige Anmeldung unbedingt erforderlich, um geeignete Gastfamilien zu finden.

Dr. Eisenrith Tours
Amalienburgstr. 19
81247 München
Vermittlung von Privataufenthalten in England und Irland, aber auch ausgefallene Kombinationen von Sprachkursen mit unterschiedlichsten Ferienprogrammen wie Radfahren, Wandern, Golf-, Tanz- oder Bridgewochen mit gemischtsprachigen oder britischen Reisegruppen

FERIEN MIT KINDERN MÜSSEN GUT VORBEREITET SEIN,
DANN HABEN ALLE SPAß.

Leute kennen, sie werden somit weltoffener. Das Angebot ist für jüngere Kinder leider rar. Generell werden Sprachferien als Folge schulischer Aktionen (Schüleraustausch), im Rahmen eines Au-pair-Aufenthaltes und von professionellen Unternehmen veranstaltet.

Informationen über Schüleraustausch-Programme und Sprachreisen erhält man beim Schulreferat (St.-Paul-Str. 9, 80336 München, Tel. 233-6973) oder beim Bayerischen Jugendring (Herzog-Heinrich-Str. 7, 80336 München, Tel. 51458-52).
Im Auftrag des Bayerischen Staatsministeriums für Unterricht, Kultus, Wissenschaft und Kunst organisiert der Bayerische Jugendring Schüleraustausch von Familie zu Familie und Schulbesuche im europäischen Ausland (auch Osteuropa und Ukraine), USA, Canada, Neuseeland, Australien, Arabische Länder, Israel.

Ferien und Bildung
Und noch was für ganz schlaue Kids:
Organisierte Ferienlernkurse sind in der Regel nicht billig, und außerdem sollte man natürlich auch seinen Sprößlingen die wohlverdienten Ferien gönnen. Wer sich dennoch dafür interessiert, dem seien zwei seriöse Anbieter genannt:

- **Bildungs + Begabten e.V.**
  Postfach 20 14 48, 53144 Bonn, (Ferien mit Weiterbildung in vielen Fächern)

- **Schülerakademie**
  Ahrstraße 45, 53175 Bonn, Tel. 0228/302266

FAMILIENERHOLUNG (STÄDTISCH)

Das Familienerholungsangebot der Stadt München wird durch das Stadt-Jugendamt (Abteilung Ferienmaßnahmen, Paul-Heyse-Straße 20, Tel. 233/1, Mo-Fr 9.00-12.00 Uhr, Mo-Do 13.00-15.00 Uhr) sowie durch verschiedene freie Träger zusammengestellt. Teilnehmen können alle Kinder und Familien, die in München wohnen oder sich während der Ferien in München aufhalten.
Angeboten werden Tagesaktionen und -ausflüge (Bergwanderungen, Kajakkurse, Tagesskikurse, Reiten, Rodeln, Segeln u.v.m.) mehrtägige Freizeiten, Familienwochenenden, Ferienkurse, Sportangebote und Ferienspiele. Jeweils zum Ferienbeginn erscheint ein Programmheft, dem genaue Informationen, Unkostenbeiträge etc. zu entnehmen sind.

Ferienpaß

Außerdem gibt es für DM 5.- den Ferienpaß des Stadtjugendamts, mit dem alle Kinder und Jugendlichen bis 17 Jahren während der Schulferien verbilligten oder kostenlosen Eintritt zu einer Vielzahl von Freizeiteinrichtungen haben. Ein großes Angebot an Action- und Spielprogrammen, das jedes Jahr neu ausgearbeitet wird, steht außerdem zur Verfügung. Z.B. Besuche in der Bavaria-Filmstadt oder im Wildpark Poing, Bootsfahren, Computerkurse, Flughafenrundfahrten, Ausflüge zum Märchenwald, zur Sternwarte, Tanzkurse u.v.m.
Der Ferienpaß ist erhältlich u.a. in der Stadtinformation am Stachus, im Jugendinformationszentrum, (Paul-Heyse-Str.22) und beim Katholischen Jugendsozialwerk (Gundermannstr. 77).
Zusätzlich gibt es hier auch für DM 29.-(für Kinder bis 14 Jahre) eine Sonderwertmarke des MVV, die für das gesamte Tarifgebiet gilt, und eine Sonderwertmarke Baden (DM 10.-, gültig bis zum Alter von 17 Jahren), mit der man alle Freibäder beliebig oft und die Hallenbäder 5 mal benutzen kann.
Infos zum Ferienpaß beim Stadtjugendamt, Abt. Ferienmaßnahmen, Tel. 233/7450
Auch beim Münchner Kinder- und Familienbüro (Pettenkoferstr. 40, Rgb, Tel. 535356) gibt es in der Ferienzeit jede Menge Feste und Spielaktionen u.a. von der "Münchner Aktionswerkstatt Gesundheit", vom "Münchner Spielkistl", von der "Spiellandschaft Stadt" u. a..

KINDER UNTERWEGS IN BUS, STRASSEN- UND U-BAHN

Allgemeines zur U-Bahn, Bus und Straßenbahnbenutzung

In den vergangenen Jahren wurden S- und U-Bahnstationen in München entscheidend verbessert: Von den 77 U-Bahnstationenen sind bereits 67 mit Liften zu erreichen, bei den 137 S-Bahnhöfen sind derzeit ca. 50% behindertengerecht zugänglich. 24 neue Liftanlagen sind derzeit in Planung. Schrittweise werden alle Bahnhöfe im U- und S-Bahnbereich mit behindertengerechten Zugängen ausgestattet. Für Mütter und Väter mit Kinderwagen, für Kleinkinder, Behinderte und alte Menschen wird so das Erreichen der Stationen und Bahnsteige weiter erheblich erleichtert. Auf 24 Buslinien werden bereits behindertengerechte Niederflurbusse eingesetzt, deren Einstieg nur noch 34 Zentimeter hoch ist und bei Bedarf weiter abgesenkt werden kann – ebenfalls eine große Erleichterung. Der Einsatz von Niederflurstraßenbahnen wird zugweise ausgebaut. Trotzdem sind längst nicht alle Stationen, Busse und Bahnen kinderwagenfreundlich und behindertengerecht ausgestattet – das Ein- und Aussteigen kann hier ohne die Hilfe freundlicher Mitmenschen immer noch zum Abenteuer werden.

Wenn Kinder alleine unterwegs sind

Es ist sinnvoll, das Kind so früh wie möglich auf die Besonderheiten der öffentlichen Verkehrsmittel aufmerksam zu machen. So kann es später selbständig und problemlos in der Stadt und Umgebung herumfahren. Bei Ankunft von Bus und Bahn sollten Eltern und Kind vom Fahrbahnrand zurücktreten. Umsichtige Eltern achten darauf, daß sie mit ihrem Kind immer hinter dem Bus oder der Straßenbahn über die Straße gehen, da sie und vor allem das Kind vom Fahrer übersehen werden könnten. Eltern sollten grundsätzlich nie im Beisein des Kindes bei Rot über die Straße gehen, selbst auf die Gefahr hin, eine Bahn zu verpassen. Bei manchen Straßenbahnhaltestellen ist die Ampel auf die Bahn eingestellt, um zügigen und planmäßigen Transport zu gewährleisten. Gerade hier aber sind in den vergangenen Jahren mehrere tödliche Unfälle passiert. An manchen Stationen wird das schnelle Hinüberhasten zur Bahn oder zur nächsten Straßenseite durch versetzte Gitter erschwert bzw. verhindert.

Einsteigen und Aussteigen sollte man nur, wenn das Fahrzeug steht, und hier sollte dem Kind nahegelegt werden, die Handläufe zu benutzen, um Stolpern und Ausrutschen zu vermeiden. Sowohl beim Ein- und beim Aussteigen ist Schubsen und Drängeln zu vermeiden. Findet das Kind keinen Sitzplatz, sollte es sich beim Stehen an den Stangen festhalten. Grundsätzlich sollten Kinder nicht im Türbereich stehen, da man sonst das Öffnen der Türen verhindert oder gar verletzt wird.

Wenn das Kind alleine unterwegs und zu klein ist, um seine Fahrkarte am Automaten zu kaufen oder den Ausstiegsknopf zu betätigen, so sollte es eine erwachsene Person bitten, dieses zu erledigen. Im allgemeinen sind Automat und Ausstiegsknopf für 6 oder 7 jährige bereits erreichbar.

Als letztes sollten Eltern ihr Kind davor warnen, unbefugt die Notbremse zu ziehen. Dies ist nicht nur gefährlich, sondern kostet auch ein Bußgeld von 60.- DM.

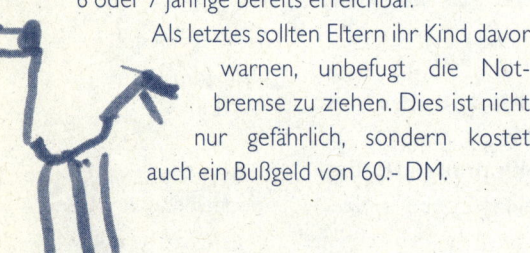

ADRESSEN

- **Münchner Verkehrs- und Tarifverbund,**
  Thierschstraße 2, 80538 München
  Tel. 089/23803-0

  Fahrplanauskünfte:
- S-Bahn 557575
- U-Bahn, Bus, Tram 2191-3322
  Tarifauskünfte:
- 2191-3287

- **Zentrale Zeitkartenstelle**
  Poccistraße 1, 80336 München
  Tel. 2191-3287

- **MVV-Zeitkartenstelle München Ostbahnhof**
  Orleansplatz 9, 81667 München

- **MVV-Zeitkartenstelle München Hbf.**
  Flügelbahnhof Nord
  Bahnhofplatz 2, 80335 München

KINDER AUF DEM RAD

Roller
Das Rollerfahren ist eine gute und sinnvolle Vorübung fürs spätere Fahradfahren. Ab welchem Alter ein Roller zu empfehlen ist, hängt vor allem von der Größe des Kindes ab. Die Kinder sollten nicht zu klein sein, da sie einerseits den Lenker erreichen und andererseits den etwa 6,5 kg schweren Roller schieben bzw. über eine Bordsteinkante hieven können müssen. Erfahrungsgemäß ist der Roller für Kinder ab 3-5 Jahren geeignet. Besser zurecht mit dem Roller kommen Kinder, die sich schon vorher mit dem Dreirad bewegt haben: sie sind bereits im Lenken und Schubumsetzen geübt. Auf dem Roller lernt das Kind nicht nur das Balancehalten, sondern gleichzeitig auch das Lenken. In der jüngsten Zeit kommt der Roller wieder in Mode, so daß es inzwischen eine ganze Modellpalette verschiedener Roller gibt. Das kleinste Modell wird für Kinder ab Größe 95 cm–125 cm angeboten (Altersempfehlung des Herstellers 3-7 Jahre). Es hat im Gegensatz zu den größeren Modellen für Größen 105–155 cm und 105-165 cm nur eine Rücktrittbremse mit einem griffigen Pedalklotz, aber keine Handbremse. Eine Rücktrittbremse ist bei kleinen Kindern einer Handbremse (auch Felgenbremse genannt) vorzuziehen, da die Bedienung einer Rücktrittbremse einfacher und ungefährlicher ist. Alle Rollertypen sollten einen stabilen Stahlrohrrahmen, eine kindersichere Klingel, einen in der Lenkermitte befestigten gepolsterten Kinnschutz sowie leicht aufpumpbare Ballonreifen mit kugelgelagerten Achsen haben. Unterschiede gibt es in der Höhe der Lenkstange und der Breite des Trittbrettes. Kinderroller kosten zwischen 80–200 DM.
Der kleine Holzroller hat zwar eine lange Tradition und ist schon wegen des Materials ein schönes Spielzeug. Zum Fahrenlernen eignet er sich jedoch aufgrund der schlechten Fahreigenschaften und seiner begrenzten Rollfähigkeit nicht. Dafür ist er für Kleinkinder nützlich, die laufen lernen und Balance halten üben.

Kinderräder

Wo kauft man am besten Kinderräder?
Fahrräder sollten beim Fachhändler gekauft werden. Ein guter Fachhändler berät und kann auch im Falle einer Reparatur oder bei Garantiefragen problemlos Ersatzteile für das Fahrrad liefern, sofern es sich um einen bekannten Hersteller handelt.

Die richtige Größe

Ob ein Fahrrad die richtige Größe für das Kind hat, ist leicht zu ermitteln: Die Füße des Kindes sollten noch den Boden berühren. Das Rad darf weder zu groß noch zu klein sein. Wenn das Kind wächst, gibt es die Möglichkeit, Sattel und Lenker zu verstellen. Ist das Rad definitiv zu klein, greift man zur nächstgrößeren Zollgröße, was bei schnell wachsenden Kindern nicht ganz billig ist. Es ist durchaus möglich, Zollgrößen zu überspringen, also z.B. von 16" auf 20".
Wenn das Kind fährt, sollten die Pedalen bequem erreichbar sein, die Knie- bzw. Ellenbogengelenke ohne Einengen abgewinkelt gehalten werden, d.h. sie sollten beim Treten und Lenken nicht gerade ausgestreckt sein. Die Füße sollten ohne Anstrengung mit der ganzen Sohle die Pedale durchtreten können.

Weitere Empfehlungen

Wichtig ist nicht nur, daß das Fahrrad "paßt", sondern auch die Sicherheit und Stabilität des Fahrrades ist entscheidend. Dazu gehören stabiler kräftiger Rahmen, geschlossener Kettenkasten, gut funktionierende Bremsen (am besten Hinterradbremsen: die können Kinder unter 10 Jahren am einfachsten bedienen), stabile Bereifung, stabile sichere Handgriffe am Lenker, Rückstrahler und Kugellager. Für kleinere Kinder sollte der Rahmen einen tiefen Rundstieg haben. Von Fachhändlern empfohlene Kinderräder erfüllen im allgemeinen das Sicherheits- und Stabilitätsbedürfnis. Kinderräder dieser Art werden in den Zollgrößen 12"-20" angeboten, die lediglich in Details voneinander abweichen. Ausführliche Testberichte über Kinderfahrräder kann man im Heft 6/92 der Stiftung Warentest nachlesen. Es ist in jedem Laden der Verbraucherberatung zu finden. Allerdings arbeiten die Kinderradhersteller gerade in jüngster Zeit die dort beschriebenen Mängel ab.
Im Alter von etwa 9 Jahren (abhängig von der Größe) kann vom Kinderrad auf Jugendräder umgestiegen werden. Wichtig sind auch hier wieder Sicherheit und Stabilität. Die Auswahl an guten Jugendrädern, Trekkingbikes und Mountainbikes (MTBs) ist genauso unterschiedlich wie die Preise. Während Kinderräder ca. 240-300.- DM kosten, muß man für ein MTB oder Trekkingbike schon an die 1000.- DM und mehr ausgeben.

BMX-Räder

BMX ist die Abkürzung für Bicycle-Moto-Cross. Bei diesen Rädern handelt es sich um reine Sporträder, die nur auf einem entsprechenden Gelände, nicht aber im Straßenverkehr benutzt werden dürfen. BMX-Räder sind mit Bremsen, einem stabilen Rahmen und 20"-Reifen ausgestattet. Je nach Verwendungszweck sind die Reifen mit oder ohne Stollen ausgestattet. Der Fahrradkette liegt offen. Zwar gibt es BMX-Räder auch schon für die ganz Kleinen ab ca. 4 Jahren, sind jedoch erst für Kinder ab 6-9 Jahren sportlich geeignet. Zusätzlich zu Fahrradhelmen werden aufgrund der waghalsigen Manöver und Kunststücke, die man auf diesen Rädern absolvieren kann, Knie- und Ellenbogenschützer angeboten. Die bekanntesten Marken für BMX-Räder sind: GT, Dyno, Hoffmann, Wilkerson Airlines und Homeless. Die Preisspanne bei diesen Rädern liegt zwischen 500.- DM und 3000-4000.- DM.

Die Investition in ein gutes BMX-Rad lohnt sich, denn sie sind geländefähig und sehr robust. Ideal sind BMX-Räder zum "Mitwachsen", sie können vom 6. bis zum 16. Lebensjahr problemlos gefahren werden, allerdings nicht für Strecken-Touring. Beleuchtung und Reflektoren müssen für den Straßenverkehr nachgerüstet werden. BMX-Räder verfügen nur über zwei Felgenbremsen, die für kleinere Kinder schwierige zu handhaben sind.

Mountain-Bikes (MTBs), All Terrain Bikes (ATBs) und Trekking Bikes

Mountain-Bikes sind nicht nur bei Erwachsenen beliebt, sondern zunehmend bei Kindern und Jugendlichen und lösen allmählich das BMX-Rad als beliebtestes Fahrrad bei Kindern ab. Ursprünglich für lange Touren in den Bergen gedacht, eignet sich das MTB aufgrund seiner robusten Konstruktion und seiner Ausstattung mit Stollenreifen und Vielgangschaltung (bis zu 18 und mehr Gängen) auch für den Stadtverkehr. Ein MTB ist neben den erwähnten Reifen und der Vielgangschaltung mit Beleuchtung, Bremsen, Kettenschutz und speziellen geraden MTB-Lenkern ausgestattet. Kinder-MTBs (24") sind nicht gerade billig. Für ein gutes MTB muß man schon an die 900-1000.- DM investieren. Preiswerter wird es bei All-Terrain-Bikes. Für ca. 600 DM kann man ein solches Rad für Kinder erwerben. Diese Kinder-ATBs haben 20" Räder, die Jugend-ATBs 24" Räder. Wie der Name schon sagt, sind diese Fahrräder vielseitig nutzbar, also sowohl in der Stadt als auch im Gelände. ATBs sind ähnlich ausgestattet wie MTBs, haben aber eine andere Reifenprofilierung und sind bei Kinder-ATBs mit bis zu 6 Gängen ausgestattet (bei Jugend-ATBs bis zu 21 Gängen). Außerdem haben sie Schutzbleche und Gepäckträger. Trekking Bikes eignen sich ebenfalls sowohl für Geländetouren als auch für den Straßenverkehr. Sie sind mit bis zu 18 Gängen ausgestattet und werden für ca. 700 DM angeboten. Auch Trekking Bikes besitzen Schutzbleche und Gepäckträger. Die wesentlichen Unterschiede zwischen MTBs, ATBs und Trekking-Bikes liegen weniger in ihrem Verwendungszweck als in ihrer Spezifikation. So gibt es z.B. Unterschiede in der Qualität der Gangschaltung oder des Rahmens. Je leichter ein Rahmen ist, desto teurer ist das Fahrrad. ATBs, MTBs und Trekking Bikes werden von Herstellern wie z.B. Kettler, Herkules und Wheeler angeboten. Hier gibt es natürlich auch wieder Qualitäts- und Preisunterschiede.

KINDER LERNEN FAHRRADFAHREN

Das richtige Alter

Wann ein Kind alt genug zum Fahrradfahren ist, hängt wie beim Rollerfahren von der Größe des Kindes ab, aber auch von seinem Selbstvertrauen und seinem Interesse. Erfahrungsgemäß beginnen Kinder mit dem Fahrradfahren im Alter zwischen 4 und 5 Jahren.
Nachdem das Kind bereits auf dem Roller lenken, auf- und absteigen und Balancehalten gelernt hat, kann es mit dem Radfahrenlernen beginnen. Beim Üben sollten Eltern stets in der Nähe bleiben, das Kind zu Anfang nur auf Spielplätzen oder verkehrsberuhigten Zonen fahren lassen.

Pro und Contra Stützräder

Alle Kinderfahrräder werden von vornherein mit abmontierbaren Stützrädern verkauft. Waren diese als Lernhilfe bis vor 10 Jahren noch selbstverständlich, sind sie hinsichtlich ihrer Effektivität heute umstritten. So werden sie vom ADFC (Allgemeiner Deutscher Fahrrad Club) gar als lernbehindernd eingestuft. Stützräder sollten im Falle der Anwendung nur für eine kurze Zeit zum

Gewöhnen an das Fahrrad beibehalten werden. Andernfalls neigen Kinder dazu, passiv auf dem Rad zu fahren, d.h. sie üben nicht, das Gleichgewicht zu halten, sondern gehen mit den Stützrädern mit und rutschen von einer Seite zur anderen.

Nach Entfernung der Stützräder

Sind die Stützräder abmontiert oder gar nicht erst benutzt worden, erfolgt der nächste Schritt: das Abmontieren der Pedalen. Das Kind erreicht nun mit den Füßen den Boden und kann sich von diesem abstützen. Das Rad funktioniert so wie ein Laufrad. Das beim Rollerfahren Erlernte kann das Kind nun anwenden. Hinzu kommt, daß es lernt, mit der Handbremse umzugehen. Ist das Kind sicher genug, werden die Pedalen wieder angeschraubt. Als Hilfsmittel kann ein Besenstiel, der als verlängerter Arm dient, am Sattelrohr befestigt werden. Fühlt sich das Kind so sicher, daß es alleine fahren möchte, ist der Besenstiel wieder zu entfernen. Als alternative Lernmethode empfiehlt es sich, den Sattel festzuhalten während das Kind versucht, die Pedale zu treten. Bei genügender Sicherheit halten Eltern ihr Kind an der Hose fest, bis es schließlich alleine fahren will (und kann).

Zubehör zur Sicherheit

Wichtiges Zubehör sind Katzenaugen und funktionierende Vorder- und Rücklichter. Kinder und Jugendliche, die aktiv am Straßenverkehr teilnehmen und ohne Strahler oder mit kaputten Lichtern von der Polizei angehalten werden, zahlen 10 DM Strafe und kommen noch mal mit einer Verwarnung davon. (Das gilt natürlich auch für Erwachsene). Außerdem sollten Kinder vor allem im Winter und bei Dunkelheit helle Kleidung tragen, um so von anderen Verkehrsteilnehmern besser gesehen werden zu können. Zum Zubehörangebot gehören lange Wimpel, die hinten am Rad befestigt werden können. Ein Vorteil dieser Wimpel ist, daß die Kinder hinter parkenden Autos oder an Einfahrten schneller gesehen werden können. Nachteil dieser Wimpel ist, daß diese schnell abknicken (können) und manchmal behindern, z.B. wenn das Fahrrad mit ins Auto soll. Einzelne Hersteller bieten inzwischen Wimpel mit Knickgelenken an. Wimpel sind nicht verpflichtend. Ein gutes Kettenschloß oder Bügelschloß, das vor Fahrraddiebstahl schützt, gehört ebenfalls zum Fahrrad.

Fahrradhelme

Im Laufe der letzten Jahre ist der Verkehr aggressiver und gefährlicher geworden, auch auf den Radwegen. Rücksichtslose Radler fahren auf den engen Wegen mit hoher Geschwindigkeit, ungeduldige Fahrradfahrer wagen riskante Überholmanöver oder Auto-Beifahrer stoßen unachtsam die Autotür auf, ohne auf den Fahrradverkehr zu achten. Sowohl Erwachsene als auch Kinder tragen als "Selbstfahrer" oder auch als "Mitfahrer" mehr und mehr Fahrradhelme. Diese werden von verschiedenen Herstellern als Hartschalenhelm oder Hartschaumhelme angeboten. Für einen gut sitzenden sicherheitsgeprüften Helm muß man ca. 70.- DM ausgeben. Beim Aussuchen eines Helmes sollte man auf guten Sitz und ausreichenden Schutz für den Hinterkopf und die Ohrenpartie achten. Außerdem sollte der Helm eine Prüfplakette nach DIN, ANSI, SNELL oder TÜV vorweisen.
Allerdings vertuschen die Kampagnen für Fahrradhelme auch, daß dem "sanften Verkehr" zugunsten des Autoverkehrs mehr und mehr Raum genommen wurde und daß man FußgängerInnen und FahrradfahrerInnen jahrzehntelang am liebsten "unter die Straße" verbannt hätte. So gesehen bietet der Fahrradhelm nur einen "Defensive" Sicherheit. Fahrradhelme gibt es in allen Fahrradfachgeschäften, in den großen Kaufhäusern in Kindermärkten.

Generelles zu Kindern im Straßenverkehr

Grundsätzlich dürfen Kinder bis zum vollendeten 8. Lebensjahr nicht am Straßenverkehr teilnehmen. Sind sie sicher genug auf dem Fahrrad und mit den Verkehrsregeln vertraut, so dürfen sie auf dem Bürgersteig oder, wenn vorhanden, auf dem Radweg fahren. Es ist empfehlenswert, das Kind schon früh zur Rücksichtnahme beim Fahren auf dem Bürgersteig oder dem Radweg zu erziehen. Kinder müssen den Straßenverkehr regelrecht "lernen". Die Deutsche Verkehrswacht hat zusammen mit dem Kinder-Verkehrs-Club (KVC) ein Verkehrserziehungsprogramm entwickelt, daß die Kinder spielerisch an eine aktive, verantwortungsbewußte Teilnahme am Verkehr heranführen soll. Angesprochen sind Eltern mit Kinder bis zur Einschulung. In dieser Zeit erhalten die KVC-Mitglieder etwa alle sechs Monate Päckchen mit altersgerechten Verkehrsspielen für das Kind und mit Anleitungsmaterial und Übungshinweisen (für drinnen und draußen) für die Eltern. Lernen im Spiel und gemeinsam mit den Eltern in der Verkehrs-Wirklichkeit üben, soll die Kinder bis zur Einschulung Schritt für Schritt so gut vorbereiten, daß der Schulweg dann kein Problem mehr ist.

Der Mitgliedsbeitrag im KVC kostet pro Kind und Jahr 42.- DM (per Lastschriftverfahren) oder 45,50 DM (bei Nachnahme), die Versandkosten sind inklusive. Nähere Informationen und Anmeldeformulare gibt es kostenlos unter folgender Anschrift:

■ **Deutsche Verkehrswacht e.V.,** Am Pannacker 2, 53340 Meckenheim, Tel. 02225/884-0

Eine weitere Möglichkeit, Kinder auf die Teilnahme am Straßenverkehr vorzubereiten, ist das spezielle Übungsprogramm, das der Deutsche Verkehrssicherheitsrat in Zusammenarbeit mit zahlreichen Verkehrsverbänden für Eltern und Kinder entwickelt hat. Zu den Schwerpunktthemen "Kinder als Fußgänger" und "Radfahren ist kein Kinderspiel" gibt es reich bebilderte Broschüren, die alle Fragen zur Verkehrssicherheit und Verkehrserziehung ansprechen und Übungsvorschläge mitliefern. Die Broschüren sind kostenlos erhältlich, sie werden allerdings nur im Rahmen von Elternabenden, die man zu diesen beiden Themenkomplexen veranstalten kann, ausgegeben. Jede interessierte Elterngruppe – ob Nachbarschaft, Kindergarten oder Verein – kann eine solche Veranstaltung organisieren; die Mindestteilnehmerzahl beträgt acht Personen. Auf Einladung kommt ein Moderator, der die Eltern mit dem Thema vertraut macht, Filme und Broschüren mitbringt; alles kostenlos. Bei welchen Regionalverbänden Moderatoren für Elternabende zur Verfügung stehen, erfährt man beim ADAC Südbayern (Ridlerstraße 35, 80339 München, 089/5195-0).

Hier gibt es auch allgemeines Informationsmaterial zum Thema "Kinder im Verkehr".
Weitere Infos zum Thema "Sicherheit im Verkehr" im Kapitel "Sicherheit". Bei speziellen Fragen kann man sich wenden an:

■ **ADFC,** Steinstraße 17, 81667 München, Tel. 4801001
■ **Verkehrspolizei, Verkehrserziehung und -Aufklärung**
Zenettistraße 2, 80337 München, Tel. 2147550

Kindersitze – Kinder als Mitfahrer auf dem Rad

Laut Gesetz dürfen nur Kinder unter 7 Jahren von mindestens 16 Jahre alten Personen auf dem Fahrrad mitgenommen werden, wenn entsprechende sicherheitsgeprüfte Kindersitze vorhanden sind. Im allgemeinen darf das Gewicht der mitfahrenden Kinder nicht 22 kg überschreiten. Die heute im Handel angebotenen Kindersitze erfüllen im allgemeinen das Sicherheitsbedürfnis, sind TÜV-geprüft. Die Sitze sollten verstellbare Fuß- und Kopfstützen, eine stabile Rückenlehne sowie Hosenträgergurte haben und werden am Sattelrohr (nicht am Gepäckträger selbst, wie das in den 70er Jahren noch üblich war) montiert. Von dem Transport des Kindes am Lenker ist eher abzuraten, da das Rad sich schlechter lenken läßt, die Sicht auf die Straße durch das Kind behindert werden könnte und zudem das Kind mehr Abgase einatmet, wenn Sie direkt hinter einem Auto anhalten müssen. Fahrradsitze kosten zwischen 100.- und 150.- DM.

Eine zusätzliche Sicherheitsmaßnahme für mitfahrende Kinder ist ein Klemmschutz, der die Sattelfedern abdeckt. Dieser verhindert, daß Ihr Kind sich beim Festhalten am Sattel die Finger einklemmt. Fahrradkindersitze gibt es in Fahrradfachgeschäften, Kaufhäusern und Kindermärkten, aber oft auch gut erhalten in Kinder-Second-Hand-Läden.

Fahrradanhänger

Schwierig wird es selbst für erprobte Radler, wenn man zwei Kinder mitnehmen will, eines hinten im Kindersitz und eines vorne am Lenker. Es kann schnell zu Gleichgewichtsproblemen kommen, wenn man sich durch den Stadtverkehr schlängelt oder plötzlich bremsen muß. Einkaufstaschen zu transportieren wird so gut wie unmöglich, und wenn doch, dann erhöht sich das Risiko noch einmal. Eine Lösung für dieses Problem – allerdings keine billige – sind Fahrradanhänger. Die Preise bewegen sich, je nach Ausstattung, zwischen etwa 800.- und 1600.- DM. Die meisten der angebotenen Anhänger sind aus Alu, also recht leicht zu bewegen, stabil und bieten zwei Kindern Platz. Ein Nylonverdeck schützt gegen Regen. Die Anhänger sind TÜV geprüft – abhängig von Größe und Gewicht können drei- bis sechsjährige Kinder mitfahren. Die Anhänger können an 26" und 28" Fahrräder mit normaler Kettenschaltung und Felgenbremse montiert werden; schwieriger ist die Montage der Anhängerkupplung an Fahrrädern, die eine Nabenschaltung und eine Rücktritt- oder Trommelbremse haben. Das eigene Fahrrad sollte zum Kauf eines Anhängers unbedingt mitgenommen werden.

Mit Anhänger kann man auf der Straße und auf dem Radweg fahren, wobei zu bedenken ist, daß die Radwege in der Stadt meistens sehr schmal angelegt sind und außerdem oft zugeparkt – ein entgegenkommendes Fahrrad kann so schon zum Problem werden und ein Ausweichen auf die Straße ist häufig unumgänglich.

Man sollte auf alle Fälle probefahren, um vor dem Kauf zu testen, ob man sich mit Anhänger noch gut und sicher im Verkehr bewegen kann, und es empfiehlt sich auch vorher auszuprobieren, ob sich die Kinder im Anhänger wohl und sicher fühlen – sie müssen schließlich darin sitzen.

Die Kinderanhänger sind übrigens auch noch als Lastenanhänger zu benutzen, wenn die Kinder mal rausgewachsen sind, oder nicht mitfahren möchten.

Infos zu Fahrradanhängern und zu den verschiedenen Modellen gibt es im Fahrradfachhandel.

Weitersagen!

Eine Information mit Unterstützung des Bundesministeriums für Verkehr

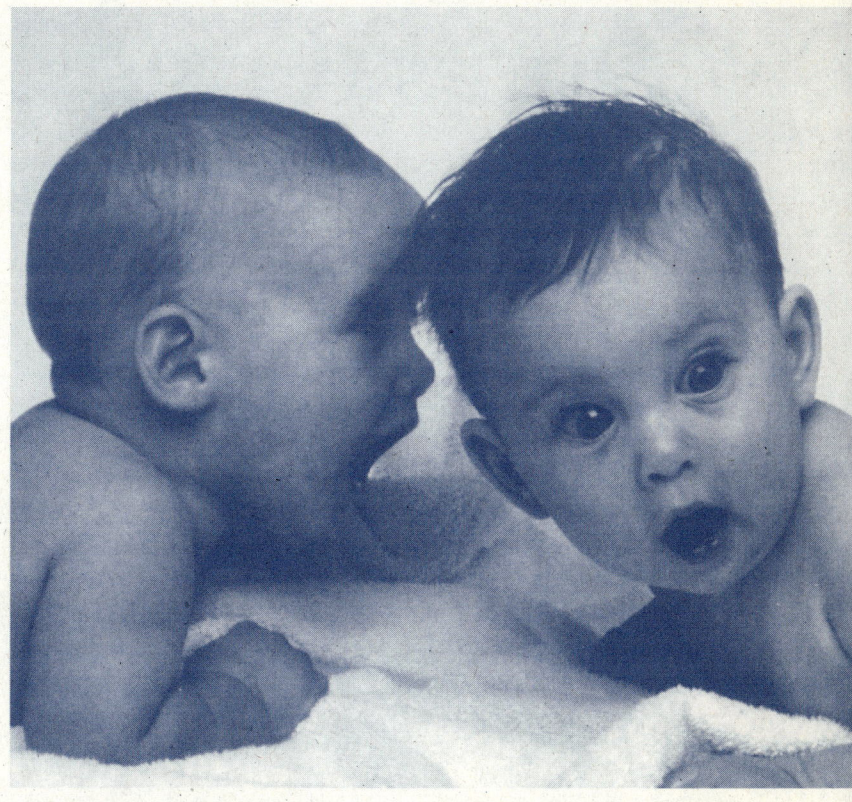

Jetzt halt dich fest und hör gut zu. Also: Die Großen wissen nicht alles. Im Ernst. Sogar Eltern müssen manches lernen. Meine zum Beispiel haben ewig gebraucht, um die Sache mit dem Babysitz zu schnallen. Wo sie doch sonst alles für mich tun. Ich hoffe nur, daß sie jetzt schneller schalten und besser vorbereitet sind, wenn ich mich demnächst auf die Socken mache. Dann wird's erst richtig spannend, verlaß dich drauf.

Liebe Eltern, Kinder brauchen Ihre Hilfe im Straßenverkehr. Unterstützung bei der Verkehrserziehung bietet der Deutsche Verkehrssicherheitsrat: In kostenlosen Veranstaltungen erhalten Eltern von Vorschulkindern und Erstkläßlern Informationen und Tips zu den Themen Kinder als Fußgänger, Radfahrer oder Mitfahrer im PKW. Engagieren Sie sich für die Sicherheit Ihres Kindes - auch im Kindergarten und in der Schule. Eine Postkarte genügt und wir senden Ihnen weitere Informationen.

Deutscher
Verkehrssicherheitsrat e.V.
Beueler Bahnhofsplatz 16
53222 Bonn

SPORT FÜR KIDS

12

- BEWEGUNG FÜR DIE KLEINEN
- GEWINNEN, VERLIEREN
- AGGRESSIONEN
- MANNSCHAFTS-/EINZELSPORT
- UNSPORTLICHE KINDER
- SPORTLICHE GRENZEN
- DIE RICHTIGE ENTSCHEIDUNG
- FÜR EINE SPORTART
- SPORT VON A-Z

"Achtung, fertig, los!" – Da tummeln sich schon die Kleinsten mit Vergnügen. Toben, Spielen, Fangen und Sichbewegen macht allen Kindern Spaß. Aber auch der Wettkampf, sich messen und prüfen, ist ein zumeist spannendes Erlebnis für Kinder. Sport bietet beides. Sport ist gesund, die Lust an Bewegung für Kinder selbstverständlich. Die Bedeutung von Sport erschöpft sich gleichwohl nicht in der – insbesondere in Städten notwendigerweise – organisierten Form des Bewegungswunsches. So schützt Körperbeherrschung zum Beispiel vor Unfällen, und sportliche Aktivität hilft, Aggressionen abzubauen. Nach körperlicher Anstrengung schläft es sich besser, ein gesunder Schlaf wiederum ist die Voraussetzung für hohe Konzentrationsleistungen, etwa in der Schule. Vor allem aber lernen sporttreibende Kinder Verhaltensformen, die in späteren Jahren von Bedeutung sind. Sie wissen mit Siegen und Niederlagen umzugehen, haben Teamgeist entwickelt und sind es gewohnt, sich in sportiver Konkurrenz gegenüber anderen zu behaupten.

Kinder sollten eine Sportart spielerisch erlernen. Das erhält den Spaß am Sport und wird ihren Fähigkeiten und Wünschen auch gerecht. Deshalb ist im Vor- und Grundschulalter das exakte Erlernen technischer Fertigkeiten wenig zweckmäßig. Ab dem zehnten Lebensjahr wächst erst das Interesse der Kinder, Bewegungsabläufe kognitiv zu erfassen und zu beherrschen. Eltern sollten bei der Wahl einer bestimmten Sportart daher darauf achten, daß der natürliche Bewegungsdrang des Kindes unterstützt und gefördert wird.

Gerade in Großstädten sind Gelegenheiten, neue Bewegung zu erfahren, stark eingeschränkt. Spielplätze können freie Bewegung in gewachsener Natur nur ungenügend ersetzen.

Die vielen Sportmöglichkeiten für Kinder sind dagegen zweifelsohne positiv zu bewerten. Selbst ausgefallene Sportarten lassen sich betreiben. Was bleibt, ist die Qual der Wahl.

BEWEGUNG FÜR DIE KLEINEN

Der Gesundheitszustand deutscher Schulkinder ist katastrophal: Ärzte in der Bundesrepublik haben bei der Hälfte der Kinder Haltungsschwächen festgestellt. Etwa ein Drittel weist Koordinationsdefizite auf, ist im negativen Sinn motorisch auffällig oder hat Übergewicht. Dazu gesellen sich zunehmend psycho-soziale Verhaltensauffälligkeiten.

Bewegungserfahrung von klein auf hat nicht nur Auswirkungen auf die motorische Entwicklung. Nicht minder entscheidend ist der Einfluß jeglicher Körper- und Sinneserfahrung auf die gesamte Entwicklung. Darauf zu vertrauen, daß sich der Drang nach Bewegung irgendwann von alleine einstellen wird und ab dem sechsten Lebensjahr die Institution Schule auch den Part der Körpererziehung übernimmt, ist kurzsichtig und fahrlässig.

Denn zum einen wird die Anzahl von Sportstunden an deutschen Schulen eher abgesenkt denn aufgestockt. Zum anderen sind Bewegungserfahrungen gerade in den ersten Lebensjahren besonders wichtig.

ER WILL PROFI WERDEN!

GEWINNEN, VERLIEREN

Kinder, die Sport treiben, lernen nicht nur, sich zu bewegen. Sie erfahren zugleich, was es heißt, zu gewinnen oder zu verlieren. Eltern können ihnen dabei helfen, indem sie vermitteln, daß unabhängig von Sieg oder Niederlage die persönliche Anstrengung und Leistung des einzelnen Kindes Anerkennung verdient. Kinder, die enttäuscht sind, dürfen das zeigen und auch weinen, und sie sollten neben Trost zugleich Lob erhalten. Wichtig ist, daß das Selbstvertrauen unbeschädigt bleibt, daß sie den Mut bewahren, Herausforderungen wieder neu angehen. Zu jeder Lebenserfahrung gehören Niederlagen, die persönliche Einschätzung der eigenen Leistung im Vergleich zu anderen und die Fähigkeit, Niederlagen zu akzeptieren und zu verarbeiten. Eltern, die selbst nur Gewinner schätzen, werden eines allerdings wohl kaum können: Den Kindern nahe zu bringen, daß Sport in erster Linie Freude, nicht aber Streß bereiten soll.

AGGRESSIONEN

Sport bietet eine ausgezeichnete Möglichkeit, eigene Aggressionen abzubauen. Das ist ein Grund, warum sich Kinder besonders für wilde Sportarten begeistern. Im sportlichen "Kampf" um den Ball oder den Sieg, gegen andere und sich selbst, lassen sich Wut oder Zorn ausleben. Austoben können sich Kinder im Wasser, beim Wettlauf, im Zweikampf (Judo, Squash), im Mannschaftssport, wo "wir" gegen "die" antreten.

MANNSCHAFTS-/EINZELSPORT

Der Mannschaftssport hat gegenüber Einzelsportarten einen nicht zu unterschätzenden Vorteil: Die Kinder lernen Teamgeist zu entwickeln. Dazu gehört, zusammenzuhalten, sich gegenseitig zu unterstützen und miteinander zu gewinnen oder zu verlieren. Im Mannschaftssport üben Kinder soziale Regelmechanismen ein, die es ihnen später, im Erwachsenenleben, leichter machen, sich in Gruppen einzuordnen – und zu behaupten.

Tatsächlich gehört es zu den schwierigen Lernprozessen, sich auch im Team zu behaupten. Kinder wissen rasch die Leistungsfähigkeit der einzelnen Mannschaftmitglieder einzuschätzen. Das zeigt sich spätestens bei der Zusammenstellung und Auswahl der Mitspieler. Kinder, die immer ganz zuletzt in eine Mannschaft gewählt oder nur als Ersatzspieler berücksichtigt werden, machen eine harte Zeit mit. Eine Möglichkeit, diese unangenehme Situation zu umgehen, sind veränderte Auswahlkritierien: indem gelost wird oder nach der alphabetischen Reihenfolge.

Zu den Einzelsportarten gehören zum Beispiel das Laufen, Radfahren oder Schwimmen. Es handelt sich verstärkt um Sportarten, die Ausdauer verlangen und die Fähigkeit zur Selbstmotivation. Bei ihnen ist Sorge zu tragen, daß sich Kinder nicht einem ungesunden Einzelkämpfertum verschreiben, das sie von anderen isoliert.

UNSPORTLICHE KINDER

Wenn Kinder ganz und gar unsportlich sind, dann hat das zumeist seinen Grund im Verhalten der Eltern. Ungeschickte Kinder, die in ihren körperlichen Fähigkeiten Gleichaltrigen deutlich hinterherhinken, haben oftmals keine Chance, die körperliche Leistungsfähigkeit überhaupt zu entwickeln. Stets gehen die übereifrigen Mütter und Väter zur Hand, mahnen zur Vorsicht, lassen an Bewegung nichts zu, was auch einmal schief gehen könnte. Dieses Eltern- und Kinderverhalten prägt in der Regel bereits die Krabbelphase, die Folgen sind noch vor dem Schuleintritt erkennbar. Bis dahin bietet sich am ehesten die Möglichkeit zur Korrektur: mit Hilfe spezieller Förderkurse. Kinderärzte können beurteilen, ob das erforderlich ist, oder nicht. Überbehütete Kinder zählen zudem später häufig zu den besonders ängstlichen Kinder. Sie haben nicht gelernt, sich selbst etwas zuzutrauen, kennen ihre körperlichen Leistungsgrenzen nicht. Sie reagieren, wie ihre Eltern es ihnen vermittelt haben: Sie gehen jedem Risiko aus dem Weg, und der Risiken gibt es allzu viele, eben weil sie nicht wissen, wie geschickt oder stark sie tatsächlich sind. Doch das ist nicht die einzige Ursache dafür, daß ein Kind – im Vergleich mit der großen Zahl der anderen – sich im Sport feige zeigt. Häufig reagieren Kinder im Übermaß ängstlich, wenn sie von ihren – sportbegeisterten – Eltern überfordert werden. Das gilt ebenso, wenn Eltern von Kindern verlangen, was ihnen selbst abgeht: Mut und Lust zur sportiven Herausforderung. Kinder folgen dem gelebten Beispiel, nicht dem formulierten Anspruch.

Wenn Kinder keine Zeit mehr haben, um zum Beispiel in Ruhe und ihrem Bedürfnis entsprechend zu spielen, dann verweigern sie sich auch auf andere Weise den sportlichen Anforderungen. Sie werden einfach faul, und es gibt kaum ein Mittel, ihnen die Unlust zum Training oder Wettkaumpf wieder auszutreiben. Eltern sollten also die Grenzen von Kindern akzeptieren, von ihnen nicht mehr einfordern, als ihrem jeweiligen und persönlichen Entwicklungsstand entspricht. Und genauso wenig sollten Eltern Kinder so umsorgen, daß ihnen im Wortsinn kein Raum mehr zum eigenen Bewegen bleibt.

SPORTLICHE GRENZEN

Leistungssport ist nichts für Kinder. Extreme Belastungen von Kindern, die sich noch im Wachstumsprozeß befinden, gefährden die körperliche Entwicklung. Sportverletzungen sind bei intensivem Training die Regel, oftmals kommt es auf Grund von einseitigen Belastungen zu Verschleißerscheinungen, die im Normalfall erst im Alter auftreten. Bleibende Schäden und Sportinvalidität schon im Alter von 30 Jahren kennen frühere Leistungssportler nur zu gut.

Zudem ist die Psyche von Kindern der Anforderung, Höchstleistungen erbringen zu sollen, selten gewachsen. Der Wettkampfdruck mit dem unbedingten Ziel zu gewinnen, entspricht nicht dem Recht auf eine möglichst unbeschwerte Kindheit, die Freiräume für die Persönlichkeitsentwicklung läßt. Die Konzentration auf den Leistungssport bedeutet zugleich, andere Interessen vernachlässigen zu müssen. Eltern sollten darum den eigenen Ehrgeiz zügeln, wenn ihr Kind ein besonderes sportliches Talent zeigt. Und es schützen: vor allzu leistungshungrigen Trainern und Vereinen.

DIE RICHTIGE ENTSCHEIDUNG FÜR EINE SPORTART

Für welchen Sport sich Kinder entscheiden, das sollte ihnen weitgehend selbst überlassen bleiben. Denn sie müssen sich für ihre Disziplin begeistern können, mit Freude bei der Sache sein. Das bedeutet, daß Eltern auch akzeptieren müssen, wenn ihr Kind ganz andere Vorstellung hat, als sie es gerne möchten. Das kann zum Beispiel der Fall sein, wenn der Vater oder die Mutter mit ihrem Kind gern gemeinsam einen Sport betreiben würden – der störrische Nachwuchs dazu aber gar keine Lust hat. Auf jeden Fall sollten Kinder die Chance haben, einzelne Sportarten eine Zeitlang auszuprobieren. So können sie feststellen, ob ihnen etwa Tennis – Boris Becker und Steffi Graf zum Trotz – tatsächlich zusagt oder ob sie sich mit den anderen Mitgliedern der Fußballmannschaft anzufreunden vermögen. Wenn Kinder keine Lust auf Mannschaftssportarten haben, dann macht es keinen Sinn, sie gegen ihren Wunsch im Hockey-Club anzumelden. Doch Eltern können prüfen, ob zum Beispiel Trainingsanforderungen und -zeiten sich mit dem übrigen Lebensablauf der Kinder vereinbaren lassen. Es ist dann gegebenenfalls Aufgabe der Eltern, im Gespräch das Kind zum Beispiel davon zu überzeugen, daß zweimal Training pro Woche und am Wochenende regelmäßig Wettkämpfe zuviel sein können.

Großstadtkindern mangelt es vielleicht an Bewegung, nicht aber an Angeboten dazu. Die Vielfalt der Möglichkeiten zur sportiv-spielerischen Leistung ist kaum mehr zu überblicken, zumal nicht allein die Vereine, sondern auch kommerzielle Anbieter um den Nachwuchs werben. Mehrere hundert Sportvereine mit an die 90 Sportarten bieten Kindern die meisten Möglichkeiten. Allerdings nimmt nicht jeder Verein für jede Sportart Kinder auf. Die Abteilung Freizeitsport der Landeshauptstadt München informiert über die verschieden Sportarten, berät Eltern und Kinder und vermittelt Adressen von Vereinen.

Die Stadt München bietet in vielen Stadtteilen Freizeitangebote insbesondere zur Erhaltung der Gesundheit an, zum Beispiel Fitness- und Konditionstraining, Stretching, Gymnastik, Jazz-, Ski- und Wirbelsäulengymnastik, Aerobic, Jonglieren, Basket- und Volleyball sowie Eltern- und / oder Kinderturnen. Im Rahmen der Ferienangebote des Stadtjugendamtes werden darüber hinaus viele Sport- und Schnupperkurse geboten, die sich großer Beliebtheit erfreuen. Informationen:

■ **Landeshauptstadt München, Freizeitsport**
Auenstrasse 19, 80469 München, Tel. 233 - 87 15

Die Stadt informiert außerdem in einer sehr gut aufbereiteten Broschüre, die 1996 in überarbeiteter Form herausgegeben wird, über das große Sportangebot in München, so daß hier darauf verzichtet wird, alle Sportarten von A-Z detailliert aufzuführen. Zu beziehen ist die Broschüre auch im Jugendinformationszentrum in der Paul - Heyse - Straße 22, 80336 München, Tel. 51 41 06 - 60 und im Kinderinformationsladen der Spiellandschaft Stadt in der Albrechtstrasse 37, 80636 München, Tel. 18 33 35. Natürlich gibt es die Broschüre auch in den Stadtbibliotheken zur Einsicht und zum Ausleihen. Titel: Freizeitsport in München, Herausgeber: Schulreferat - Sportamt der Landeshauptstadt München

BADEBETRIEBE IN MÜNCHEN

Olympia - Schwimmhalle
Olympiapark
0809 München
Tel. 306 72 15 - 0
Sauna, Solarium, Whirlpool, Liegewiese mit Kinderspielplatz, Freizeitsporttreffangebote zum Beispiel Gymnastikprogramme, Wassergymnastik, Schnorcheln, Turmspringen, Kinderspielfeste, Spielprogramme
Träger: Münchner Olympiapark GmbH

**Badebetriebe
der Stadt München:**

Betriebsverwaltung
Rosenheimer - Sraße 1
81667 München
Tel. 2361 - 3412

Hallenbäder:

Cosimabad
Cosimastrasse 5
81925 München
Tel. 91 17 90
Wellenbetrieb, Sauna, Solarium, Heißsprudelbecken, FKK für Familien

Hallenbad Forstenrieder Park
Stäblistrasse 27b
81477 München
Tel. 75 60 57
Sauna, Solarium, Liegewiese, FKK für Familien

Hallenbad Giesing - Harlaching
Klausener Straße 22
81677 München
Tel. 692 55 17
Sauna, Solarium, Liegewiese

Michaelibad
Heinnrich - Wieland - Straße 24
81735 München
Tel. 40 76 91
Sauna, Solarium, Liegewiese
FKK für Familien

Nordbad
Schleißheimer Straße 142
80797 München
Tel. 18 00 91
Schwitzbad, Sauna, Solarium, Wannen- und Brausebad, Liegewiese

Südbad
Valleystrasse 37
81371 München
Tel. 76 15 69
Solarium, Wannen- und Brausebad, Liegewiese

BADEBETRIEBE IN MÜNCHEN

Volksbad
Rosenheimerstrasse 1
81667 Müchen
Tel. 2361 - 3026
Schwitzbad, Solarium, Wannen- und Brausebad, Wärmebad

Westbad
Weinbergerstrasse 11
81241 München
Tel. 88 54 41
Sauna, Solarium, Wannen- und Brausebad, Liegewiese, Wasserrutschbahn, FKK für Familien

Dante - Winterwarmfreibad
Postillonstrasse 17
80637 München
Tel. 15 28 74
von Oktober bis April, Wassertemperaturen von 30 bis 32 Grad
Sauna, Solarium

Sommerbäder:

Sommerbad Allach
Eversbuschstrasse 213
80999 München
Tel. 812 54 27

Dantebad
Dantestrasse 6
80637 München
Tel. 15 28 74
FKK für Familien

Georgenschwaige
Belgradstrasse 195
80804 München
Tel. 30 99 13

Maria Einsiedel
Zentralländstrasse 28
Tel. 723 14 01

Michaelibad
Heinrich - Wieland - Straße 16,
81735 München
Tel. 40 76 91
Riesen - Wasserrutschbahn,
FKK für Familien

Schyrenbad
Claude - Lorrain - Straße 24
81543 München
Tel. 65 37 15

Ungererbad
Traubestrasse 3
80805 München
Tel. 36 98 42

Westbad
Weinbergerstrasse 11
81241 München
Tel. 88 54 41
FKK für Familien

Prinzregentenbad
Prinzregentenstrasse 80
81675 München
Tel. 47 35 49 oder 47 48 08

SPORT VON A - Z

Aikido

- Bayerischer Judo - Verband Georg-Brauchle-Ring 93, 80992 München, Tel. 157 02 - 442
- Aikido Kreis Ohayo e.V., Weißenburgerplatz 5, 81667 München, Tel. 50 56 54
- Aikido Yoshinkan e.V., Auenstrasse 19, 80469 München, Tel. 201 22 90, ab 6 Jahren
- TSV München - Großhadern von 1926 e.V., Heiglhofstrasse 25, 81377 München, Tel. 70 28 25
- TSV München - Milbertshofen e.V., Hans-Denzinger-Straße 2, 80807 München, Tel. 350 80 56 oder Aikido Verband Bayern e.V., Wolfgang Schwatke, Tel. 314 81 62
- ESV München e.V., Herthastrasse 41, 80639 München, Tel. 178 13 78

American Football

- American Football Verband Bayern e.V.,
  Georg - Brauchle - Ring 93, 80992 München, Tel. 15 70 23 90

Spezielle Angebote für Kinder gibt es im Bereich des Flag - Football. Für diesen Bereich zuständig ist Hanna Maurer, Georgenstrasse 97, 80798 München.
Für den Bereich Jugend zuständig ist Achim Schuhmacher, Paarstrasse 1, 86529 Schrobenhausen, Tel. 08252 - 835 75

- Munic Cowboys, Geschäftsstelle Oefelestrasse 9, 81543 München, Tel. 66 33 16
  Angebote für Kinder, Jugendmannschaften
- München Rangers, Helmut Rez, Gröbenzellerstrasse 5, 80997 München, Tel. 140 33 03
  Jugendmannschaften

Badminton

- Bayerischer Badminton - Verband, Georg-Brauchle-Ring 93, 80992 München, Tel. 157 02 - 302 (oK)

Vereine:
- ESV München e.V., Herthastrasse 41, 80639 München, Tel. 178 13 78
- SC Prinz Eugen, Cosimastrasse 60, 81927 München, Tel. 95 58 62

Ballett und Tanz

- ABC Dance Studios, Goethestrasse 34, 80336 München, Tel. 543 97 11 / 22
  Ingolstädterstrasse 12, 80807 München, Tel. 350 75 65 / 6
  Kinderballett ab 6 Jahren, Grundkurse und Aufbaukurse, Modern Dance für Kinder
  Hip Hop und Jazzdance für Teenies
- Abraxas Art Atelier, Lindwurmstrasse 99, 80337 München, Tel. 543 96 33
  Kinderprogramme in Ballett und Rhythmik ab 3 Jahren, altersgemäße Aufbauprogramme,
  Kombinationsprogramme in Jazztanz und Step
- Art Studio Celi Barbier, Schleißheimerstrasse 187 a, 80797 München, Tel. 308 75 25
  Kinderballett für alle Altersstufen ab 5 Jahren, Klassische Ausbildung, Modern Dance, Jazz, Step
- Ballettleistungs Centre J. Rosteck, Westermühlstrasse 8, 80469 München, Tel. 26 43 83
  Kinderballett ab 3 bis 4 Jahren, ab 4 Jahren nach dem Programm der "Royal Academy of Dancing", Prüfungszertifikat nach einem Jahr
- Ballettstudio Bogenhausen, Mauerkircherstrasse 10, 81679 München, Tel. 98 33 72
  Ballettausbildung für Kinder ab 4 Jahren nach dem Programm der "Royal Academy of Dancing", Prüfungszertifikat nach einem Jahr
- Centre Ballet im Karlshof, Karlstrasse 43, 80333 München, Tel. 59 46 09
  Programme für Kinder (Royal Academy of Dancing), ab 3 1/2 Jahren (Babyclass), ab 5 Jahren internationale Zertifikatsprüfung

BALLETTGRUPPEN FÜR JUNGEN SIND IMMER NOCH EINE SELTENHEIT.

- Eltze - Keller, Lachnerstrasse 5, 80639 München, Tel. 16 34 14
  Für Kinder von 3-6 Jahren "spielerisches Ballett", ab 7 Jahren klassisches Ballett, Jazz- und Steptanz für Kinder ab 9 Jahren
- Hasting Studio für Bewegung und Tanz, Königinstrasse 34, 80539 München, Tel. 34 93 24
  Kreativer Kindertanz für Kinder ab 4-5 und 6-7 Jahren, Spiel und Tanz für Eltern und Kinder Moderner Tanz und Improvisationen für 8-10 jährige und Teenies, Jazz Dance, Step - Tanz, African Dance, Kindertanz - Aufführungen
- Iwanson Dance Center, Hansastrasse 39a, 81373 München, Tel. 760 60 85
  Für Kinder ab 3 Jahren Bewegungsübungen mit Musik und tänzerische Improvisationsspiele Moderner Kindertanz ab 5 Jahren, Teeny - Dance ab etwa 11 Jahren (Modern Dance, Jazz und klassisches Ballett), spezielle Vorausbildungsprogramme für Teenies ab 14 Jahren, die nach dem Schulabschluß eine Tanzausbildung beginnen wollen, Fortbildungsprogramme für Laienpädagogen, Unterrichtsmusik für Kindertanz - Pädagogen
- Jump in, Klenzestrasse 55, 80469 München, Tel. 201 61 08
  Ballett für Kinder ab 4 Jahren, Hip Hop für die Kleinen im Alter von 4 -6 Jahren sowie alterspezifisch für 10-13 und 13-15jährige
- Junghanns Kinderballett - Studio, Herzogstrasse 1a, 80803 München, Tel. 33 38 65
  ab 3 Jahren Kinderballett, Jazz- und Steptanz für Kinder ab 8 Jahren
- Krisch Ballett- und Gymnastikschulen, Gräfelfingerstrasse 53, 81375 München, Tel. 71 75 07
  Lindenring 3, 82024 Taufkirchen, Tel. 612 48 28
  ab 5 Jahren tänzerische Gymnastik (Teilnahme 1 Jahr), im Anschluß daran Ballettaufbaugruppen mit verschiedenen Alters- und Leistungsstufen

- Moving Point, Müllerstrasse 43, 80469 München, Tel. 43 26 88
  Tanz und Ballett für Kinder ab 4 Jahren, Klassisches Kinderballett mit stufenweisem Aufbau, Modern Dance, Bauchtanz für Kinder von 3 - 7 Jahren und kreativer Kinderbauchtanz für 8 bis 12 jährige, Flamenco für Kinder von 5 bis 12 Jahren, Jazz für Kids von 5 - 12 Jahren
- Poyer Ballettschule, Schule für anatomisch richtige Erziehung
  Aventinstrasse 1, 80469 München, Tel. 29 12 23
  Kinderballett ab 4 Jahren, klassisches Ballett in altersgerechten Aufbaukursen
- Roleff - King Ballettschule, Enhuberstrasse 8, 80333 München, Tel. 52 12 07
  Fach- und Berufsausbildungsschule
  Ab 6 Jahren werden Kinder in die sogenannte Kinderklasse aufgenommen (wöchentlich einmal Training), Vorbereitungsklassen ab 12 Jahren (mehrmals wöchentlich), Steptanz für Kinder, die an den Schulungsprogrammen teilnehmen, Berufsausbildungsklassen ab 16 Jahren
- Schwarz Stützle Ballettschule, Vulpiusstrasse 68, 81739 München, Tel. 60 37 31
  Ballettgymnastik für Vorschulkinder im Alter von 4 - 6 Jahren, ab 6 Jahren Kinderballett. Eigene Ballettfachschule in Schwabing.
- Söhn Ballettschule, Franz-Joseph-Straße 38, 80801 München, Tel. 34 87 87
  ludwig-Thoma-Straße 30, 82031 München, Tel. 641 53 52
  Ab 4 Jahren Kinderballett als Vorstufe zum klassischen Ballett, klassisches Ballett für Kinder im Schulalter (Folklore und Charaktertanz), Extrakurse in Steptanz, Jazztanz für Kinder ab 12 Jahren. Musicalausbildung für Kinder ab 6 Jahren mit Tanz und Gesang
- Tanzprojekt, Pilgersheimerstrasse 6, 81543 München, Tel. 66 10 20
  Ballett für Kinder ab 4 1/2 bis 5 Jahren, stufenweiser, altersgerechter Aufbau in der Ballettausbildung, Jazztanz für Kinder ab 10 Jahren
- Tanzschule Neubeck, Lindwurmstrasse 103, 80337 München, Tel. 53 01 88
  Bewegung mit Musik, Tanzspiele und Rhythmusklatschen für Kinder im Alter von 4 bis 6 Jahren. Für ältere Kinder weiterführende Lernprogramme bis hin zum Gesellschaftstanz. Auch spezielle Tanzprogramme mit Hip Hop und Techno. Kostenlose Schnupperstunde

Baseball und Softball

- Bayerischer Baseball und Softball Verband e.V.
  Geschäftsstelle München: Postfach 50 01 20, 80971 München, Tel. 157 02 - 239
- Bayerische Baseball und Softball Jugend im BBSV e.V., bbsj-Büro: Am Sportplatz 3, 85356 Freising
  1. Vorsitzender: Kür-Sad Cevik, Tel. 08167 - 9123
  2. Vorsitzender: Marcel Brunnthaler, Tel. 089 - 68 32 26

Vereine:

- 1. SC Gröbenzell e.V., Gröbenzell Blue Caps, Peter Becker
  Oswaldweg 3, 81245 München, Tel. 863 25 4, Jugendleiter: Jens Vierschilling, Tel. 08142 - 51708
  Trainer Jugend: Peter Becker, Tel. 863 25 48
- TSV Grünwald e.V., Grünwald Jesters, Thomass Lix, Perlacher Straße 15, 82031 Grünwald
  Trainer Jugend: Martin Sutor, Tel. 725 19 35
  Trainer Junioren: Bernhard Ertle, Tel. 793 74 26

- SC Eching e.V., Eching Centurios, Carsten Mewaldt
  Büchnerweg 41, 85386 Eching, Tel. 319 35 49
  Trainer Jugend: Martin Speth, Tel. 317 20 10
- TSV Poing e.V., Poing Rangers, Ralf Vogel,
  Benediktbeuernstrasse 4, 85652 Pliening, Tel. 08121 - 8671
  Jugendleiter: Christian Weiss, Tel. 08121 - 81178
- Münchner Baseball Club e.V., Munic Mets, Bettina Belzner
  Limesstrasse 48 b, 81243 München, Tel. 871 41 42
- VGB Haar e.V., Haar Disciples, Todd Covell,
  Von-Gravenreuth-Straße 8, 81827 München, Tel. 430 70 18
  Trainer Jugend: Marcel Brunnthaler, Tel. 68 32 26
- TSV Gauting e.V., Gauting Indians, Leutstettnerstrasse 50, 82131 Gauting, Tel. 850 29 32
  Trainer Jugend: Andy Kalnins, Tel. 850 59 19
- Munic Tigers Baseball Club e.V., Munic Tigers, Erwin Waizenegger
  Theodor-Fischer-Straße 105 a, 80999 München, Tel. 812 45 14
  Trainer Jugend: Robert Rowley, Tel. 26 37 27
- Munic Brewers Baseball Club München 1984 e.V., Munic Brewers
  Alexander Dix, Schlossberg 2, 82343 Pöcking, Tel.: 08157 - 8478 (privat)
- FC Puchheim e.V., PuchheimHornets
  Alfred Hauck, Paul-Ehrlich-Weg 45, 80999 München, Tel.: 08157- 8478 (privat)
- München Ambassadors e.V., Munic Ambassadors
  Josef Dietl, Waldheimplatz 17, 81739 München, Tel. 60 32 50
- Munic Angels Baseballclub e.V., Munic Angels
  Andrea Natterer, Voßstrasse 2, 81543 München, Tel. 66 88 73
- USC München e.V., München Olympic Academics, Andreas Gstettenbauer
  Max-Wönnerr-Straße 17, Tel. 150 68 34, Jugend: Dietmar Holz, Tel. 359 61 71
- Garching Atomics e.V., Thomas Hegering, Fröttmaninger Weg 16, 85748 Garching, Tel. 320 13 18
  Trainer Jugend: Thomas Hegering
- Baseballteam München Caribes e.V.
  José Payome, Frauenstrasse 10, 80469 München, Tel. und Fax 300 51 84
- Baseball Verein Geretsried, Geretried Lizards
  Florian Tandler, Staffelseeweg 8, 82538 Geretsried, Tel. 08171 - 317976

Basketball

- Landeshauptstadt München- Freizeitsport, Tel. 233-8715
- Bayerischer Basketball Verband e.V.,
  Geschäftsstelle, Postfach 500 120, 80971 München, Tel. 15702-300

Angebote für Kinder bis zu 12 Jahren:
- ESV München e.V., Herthastrasse 41, 80639 München, Tel. 178 13 78
- DJK Sportbund München, Helmut Handwerker, Postfach 12 45, 85750 Karlsfeld, Tel. 08131 - 95095
  Trainingsstätten im Raum Laim, Pasing, Nymphenburg

- FC Bayern München, Geschäftsstelle: Säbenerstrasse 51, 81547 München, Tel. 699 31 - 0
  Peter Kemmer, Rungestrasse 41, 81479 München, Tel. 790 12 65
- MTSV Schwabing-München
  Geschäftsstelle: Ursulastrasse 3, 80802 München, Tel. 346809 oder 320 08 40
- München Basket, Geschäftsstelle: Cimbernstrasse 112/III, 81377 München, Tel. 719 55 79
- TSV München - Forstenried, Rainer Herold, Allgäuerstrasse 22, 81475 München, Tel. 755 81 99
- TSV München-Großhadern von 1926 e.V., Heiglhofstrasse 25, 81377 München, Tel. 702825
- TSV München - Milbertshofen, Herbert Verweyen
  Schiltbergerstrasse 2, 81667 München, Tel. 481839 oder 678 122 755

Bewegungsförderung für Kinder und Jugendliche

- Verein zur Bewegungsförderung Psychomotorik e.V.
  Jürgen Schindler, Schleißheimerstrasse 22 - 24, 80333 München, Tel. 529728
- ESV Sportfreunde München-Neuaubing e.V., Papinstrasse 22, 81249 München, Tel. 87 38 70
- ESV München e.V., Sport für haltungsschwache Kinder
  Herthastrasse 41, 80639 München, Tel. 178 13 78

Kinderturnen, Eltern- und Kindturnen, Kinderturnen im Vorschulalter

- Landeshauptstadt München- Freizeitsport, Auenstrasse 19, 80469 München, Tel. 233 - 8715
- Turn- und Sportclub Maxvorstadt e.V., Franz Peterhans
  Schleißheimerstrasse 339, 80809 München, Tel. 351 35 86
- TSV München von 1860 e.V., Grünwalderstrasse 114, 81547 München, Tel. 64 27 85 - 60
- STuBS e.V. Spiel, Turnen und Bewegung Schwabing, Birgit Feltl
  Straßbergerstrasse 12, 80809 München, Tel. 354 20 11 bzw. 542 08 42
  auch für Kinder im Vorschulalter
- Kneipp-Verein München e.V., Türkenstrasse 29/I, 80799 München, Tel. 283780
- 1. Münchner Club für Ausgleichs- und Gesundheitssport e.V.
  Alfred Schaller, Widdersteinstrasse 2, 81545 München, Tel. 642 18 52
- Postsportverein München e.V., Franz-Mader-Str. 10, 80992 München, Tel. 149 40 61
- "Zusammen aktiv bleiben" e.V., Rumfordstrasse 27, 80469 München, Tel. 299920
- ESV München e.V., Herthastrasse 41, 80639 München, Tel. 178 13 78
- Freie Turnerschaft München-Schwabing von 1897 e.V.
  Mainzerstrasse 19, 80804 München, Tel. 36 96 45
- Freie Turnerschaft München-Schwabing von 1897 e.V.
  Mainzerstrasse 19, 80804 München, Tel. 36 96 45
- SV Olympiadorf e.V., c/o Grundschule Nadistrasse, Nadistrasse 3, 80809 München, Tel. 351 67 56
- Freie Turnerschaft München-Nord e.V., Manfred Rausch
  Korbinianstrasse 40, 80807 München, Tel. 351 68 75
- Turnerschaft Jahn München von 1887 e.V., Weltenburgerstrasse 53, 81677 München, Tel. 915294
- SV Zamdorf e.V., Lüderitzstrasse 72, 81929 München, Tel. 93 16 57
- TSV Waldtrudering e.V., Rotkehlchenweg 2, 81827 München, Tel. 430 67 47

- SV Schwarz-Weiß 1931 München e.V.
  Fehwiesenstrasse 115, 81673 München, Tel. 43 43 90
- SV Neuperlach e.V., Bert-Brecht-Allee 17, 81737 München, Tel. 670 23 00
- SC Armin 1893 e.V., Hansastrasse 185, 81373 München, Tel. 760 60 88
- Sudetendeutsche Turnerschaft München e.V., Joachim Menzel, Höllentalstrasse 6
  81377 München, ab 1.2. 1996 Dauthendeystrasse 4, 81377 München, Tel. 741 41 045
- Turnerschaft 1905 München e.V., Johann Gratzer, Frauenalplweg 8, 81825 München, Tel. 439 27 00
- TSV München-Solln e.V., Herterichstrasse 141, 81476 München, Tel. 791 79 41
- Forstenrieder Sport-Club e.V., Kaltschmiedstrasse 9, 81476 München, Tel. 754997
- FC Hertha München e.V., Surheimer Weg 3, 81379 München, Tel. 780 93 79
  Höglwörtherstrasse 219, 81379 München, Tel. 785 50 27
- TSV Forstenried-München e.V., Graubündenerstrasse 100, 81475 München, Tel. 753735
- TSV München-Großhadern von 1926 e.V.
  Heiglhofstrasse 25, 81377 München, Tel. 702825
- Freie Turnerschaft Blumenau von 1966 e.V.
  Geschäftsstelle: Am Hedernfeld 50, 81375 München, Tel. 70 44 66
  Günther Sochatzy, Willibaldstrasse 130, 80689 München, Tel. 703391
- ESV Sportfreunde München-Neuaubing e.V., Papinstrasse 22, 81249 München, Tel. 873870

Eissport

- Bayerischer Eissport - Verband e.V.
  Georg-Brauchle-Ring 93, 80992 München, Tel. 15 702 - 439 oder 15 40 27
- Münchner Eislauf - Verein 1883 e.V.
  Geschäftsstelle: Erika Schaller, Karl-Witthalm-Straße 12, 81375 München, Tel. 70 26 46
  Eiskunstlauf, Eistanzen, Eisschnellauf, Eis-Schießen, Curling
- Münchner Curling Club
  Pascal Piroue´, Röntgenstrasse 5, 82153 Martinsried, Tel. 859 87 19
- SC Prinz Eugen München e.V., Geschäftsstelle: Cosimastrasse 60, 81927 München, Tel. 95 58 62
  alle Sportarten
- Eissportclub Hedos München, Geschäftsstelle: Spiridon-Louis-Ring, 80809 München, Tel. 308 99 30
  Eishockey
- ESV München e.V., Geschäftsstelle: Herthastrasse 41, 80639 München, Tel. 178 13 78
  alle Sportarten
- Gehörlose Bergfreunde München e.V., Jürgen Grundmann
  Hochwaldstrasse 29, 81377 München, Fax 714 56 08, Eishockey, Ski, Tennis, Volleyball

Fechten

- Bayerischer Fechterverband, Georg-Brauchle-Ring 93, 80992 München, Tel. 15702 - 331
  Jugendwart: Florian Weiß, Solothurner Straße 48, Tel. 75 80 08 (privat)
  Im Verband werden Jugendliche ab 12 Jahren trainiert. Darüber hinaus gibt es vereinsinterne
  Angebote.

Sportvereine mit Fechtabteilung:

- TSV Grünwald e.V., Peter Müller, Schachnerstrasse 1, 81379 München, Tel. 723 55 15
- KTF - Luitpold-Gymnasium München e.V.
  Markus Fuchs, Sauerlacher Straße 32, 82515 Wolfratshausen, Tel. 08171 - 22640
- MTV von 1879 München, Geschäftsstelle: Häberlstrasse 11, 80337 München, Tel. 543 84 20
- Olympischer Sport - Club München e.V.
  Josef Weiß, Solothurner Straße 48, 81475 München, Tel. 75 80 08 (privat)
- Postsportverein München e.V.,
  Geschäftsstelle: Franz-Mader-Straße 11, 80992 München, Tel. 149 40 61
  Hans Schönhuber, Sandstrasse 37, 80335 München, Tel. 523 41 60 (privat)
- SC Prinz Eugen e.V., Geschäftsstelle: Cosimastrasse 60, 81927 München, Tel. 95 58 62
  Rolf Göppel, Plankenhofstrasse 34, 81929 München, Tel. 930 41 62
- USC München e.V., Geschäftsstelle: Connollystrasse 32, 80809 München, Tel. 351 96 64
  Peter Spieß, Harrisfeldweg 28, 80939 München, Tel. 316 31 92 (privat)
- ESV München Neuaubing e.V., Geschäftsstelle: Papinstrasse 22, 81249 München, Tel. 87 38 70
  Manfred Wolter, Erzgießereistrasse 20, 80335 München, Tel. 52 99 97 (privat)

Fußball

- Bayerischer Fußball - Verband, Brienner Straße 50, 80333 München, Tel. 542 77 00

An die 180 Fußballvereine und Sportvereine mit Fußballmannschaften gibt es in München, ganz zu schweigen von den vielen Freizeitstätten mit eigenen Fußballmannschaften, die regelmäßig trainieren und Wettkämpfe austragen. Den nächstgelegenen Fußballverein kann man beim Bayerischen Fußball-Verband erfragen. Hier nur einige Fußballclubs:

- FC Bayern München e.V., Geschäftsstelle: Säbenerstrasse 51, 81547 München, Tel. 699 31 - 0
- FC 1960 München, Geschäftsstelle: Grasweg 67 a, 81373 München, Tel. 769 15 16
- FC Hertha München e.V., Höglwörtherstrasse 219, 81 379 München, Tel. 785 50 27
- ESV München e.V., Herthastrasse 41, 80639 München, Tel. 178 13 78
- Postsportverein München e.V.
  Geschäftsstelle: Franz-Mader-Straße 11, 80992 München, Tel. 149 40 61
- SC Armin 1893, Hansastrasse 185, 81373 München, Tel. 760 60 88
- SC Prinz Eugen e.V., Geschäftsstelle: Cosimastrasse 60, 81927 München, Tel. 95 58 62
- SV Schwarz-Weiß 1931 München e.V.
  Fehwiesenstrasse 115, 81676 München, Tel. 43 43 90
- TSV Forstenried - München e.V., Graubündenerstrasse 100, 81475 München, Tel. 75 37 35
- TSV München von 1860 e.V. Grünwalderstrasse 114, 81547 München, Tel. 64 27 85 - 60
- TSV München Großhadern von 1926 e.V., Heiglhofstrasse 25, 81377 München, Tel. 70 28 25
- TSV München Milbertshofen e.V.
  Hans-Denzingerstrasse 2, 80807 München, Tel. 350 80 56
- Turn- und Sportclub Maxvorstadt e.V., Franz Peterhans
  Schleißheimerstrasse 339, 80809 München, Tel. 351 35 86

Hockey

- Bayerischer Hockey-Verband im Bayerischen Landessportverband e.V.
  Georg-Brauchle-Ring 93, 80992 München, Tel. 15702-0
  Jugendwart: Hans Baumgartner, Thalkirchnerstraße 43, 80337 München, Tel. 766 896

Vereine:
- ESV München, Sportplatz: Herthastraße 41, 80639 München, Tel. 178 1378
  Jugendwart: Alexandra Globig, Wotanstraße 17, 80639 München, Tel. 175 008
- TS Jahn München, Sportplatz: Freisinger Landstraße 60, 80939 München, Tel. 325 476
  Postanschrift: Thomas Weinbeck, Georgenstraße 64, 80799 München
  Jugendwart: Ursula Merz, Spilhofstraße 9, 81927 München, Tel. 957 7456
- Münchner SC, Sportplatz: Eberwurzstraße 28, Hans-Fleitmann-Halle, 80935 München, Tel. 351 3552
  Jugendwart: Dr. Peter Caninenberg, Kaiserplatz 4, 80803 München, Tel. 343 414
- TSG Pasing München, Sportplatz: Aubingerstraße 12, 81243 München, Tel. 821 2537
  Postanschrift: Werner Rosenberger, Schikanederstraße 14, 81241 München
  Jugendwart: Gerald Fuchs, Bavariastraße 9a, 80336 München, Tel. 761 857
- TuS Obermenzing, Sportplatz: Meyerbeerstraße 115, 81247 München, Tel. 811 7736
  Postanschrift: Hans Oeckler (Jugendwart), Ernsbergerstraße 27, 81241 München, Tel. 831 304
- MTV 1869 München, Sportplatz: Werdenfelsstraße 70, 81377 München, Tel. 714 4422,
  Postanschrift: Franz Obermeier, Salzmesserstraße 48, 81829 München,
  Jugendwart: Raimund Kacybora, Wastl-Witt-Straße 42, 80689 München, Tel. 7o6 283
- HC Rot-Weiß München, Sportplatz: Grasweg 67a, 81373 München, Tel. 769 516,
  Postanschrift: Doris Bender, Mochostraße 22, 80995 München, Tel. 150 7295,
  Jugendwart: Dieter Stöckl, Tannenstraße 97, 82178 Puchheim, Tel. 800 2731
- HC Wacker München, Sportplatz: Demleitnerstraße 4, 81371 München, Tel. 725 9633,
  Jugendwart: Horst Corduan, Allingerstraße 21, 82178 Puchheim, Tel. 805 334
- TSV Grünwald, Sporthalle: Helmi-Mühlbauer-Halle, Dr.-Max-Straße 20, 82031 Grünwald,
  Abteilung Hockey, Tel. 641 4270, Unterföhring:
- ASV München, Sportplatz: Am Poschinger Weiher 5, 85774 Unterföhring, Tel. 950 3156,
  Postanschrift: Stephan v. Vultejus, Helmtrudenstraße 1, 80805 München
  Tel. 3610 1904 und Tel. 2800 935

Ju Jutsu

- Ju-Jutsu-Verband Bayern e.V.
  Geschäftsstelle München, Georg-Brauchle-Ring 93, 80992 München, Tel. 157 02 - 445

Folgende Vereine bieten Kinderkurse an:
- ESV München e.V., Herthastrasse 41, 80639 München, Tel. 178 13 78
- Ju-Jutsu Club Shaolin München, Beat Bühler, Tel. 523 46 29, Volksschule an der Türkenstrasse
- FC Fasanerie Nord e.V., Wolfgang Folly, Tel. 08131 - 25 785 (privat)
  Turnhalle der Toni-Pfülf-Schule am Lerchenauer See

- SV Neuperlach e.V., Geschäftsstelle: Bert-Brecht-Allee 17, 81737 München, Tel. 670 23 00
  Turnhalle an der Bert - Brecht - Allee 17
- SC Unterpfaffenhofen-Germering e.V., Dietmar Helas, Tel. 08193 - 6550
  Turnhalle in der Kerschensteiner Schule in Germering

Judo

- Bayerischer Judo - Verband e.V.,
  Georg-Brauchle-Ring 93, 80992 München, Tel. 157 02 - 442 oder 438

In München und Umgebung gibt es über 40 Vereine und Clubs, die zum größten Teil auch Judo für Kinder und Jugendliche bieten. Das Angebot für Kinder variiert dabei von spielerischer Einführung mit Judoakzenten über Anfängergruppen, Trainings- und Sportbetrieb mit leistungsorientiertem Charakter bis hin zu Judo mit Selbstverteidigungsaspekten. Interessenten können auch kostenlos 2-3 mal an Probetrainings teilnehmen.

- SC Armin München von 1893 e.V.
  Geschäftsstelle: Hansastrasse 185, 81373 München, Tel. 760 60 88
- ESV München e.V., Geschäftsstelle: Herthastrasse 41, 80639 München, Tel. 178 13 78
- ESV Sportfreunde München-Neuaubing e.V.
  Geschäftsstelle: Papinstrasse 22, 81249 München, Tel. 87 38 70
- FC Fasanerie Nord München e.V.
  Wolfgang Folly, Bahnhofstrasse 70, 85241 Hebertshausen, Tel. 08131 - 25785
- FT München Blumenau e.V., Am Hedernfeld 50, 81375 München, Tel. 70 44 66
- Freie Turnerschaft München Nord e.V.
  Manfred Rausch, Korbinianstrasse 40, 80807 München, Tel. 351 68 75
- Münchner Judoclub e.V., Franz Macek, Dobelweg 24, 85567 Grafing, Tel. 79 06 51
- Kodokan München e.V.
  Charles Rohrhirsch, Kleinhadener Straße 38, 80689 München, Tel. 637 19 99
- Postsportverein München e.V.
  Geschäftsstelle: Franz-Mader-Straße 11, 80992 München, Tel. 149 40 61
- Sportfreunde München-Harteck e.V.
  Geschäftsstelle: Trenkleweg 5, 80937 München, Tel. 311 23 48
- SV München Neuperlach e.V., Bert-Brecht-Allee 17, 81737 München, Tel. 670 23 00
- TSV München-Ost e.V.
  Geschäftsstelle: Sieboldstrasse 4, 81669 München, Tel. 48 73 41 (Di 16-20 Uhr)
- Turnerschaft Jahn München e.V.
  Geschäftsstelle: Weltenburgerstrasse 53, 81677 München, Tel. 91 52 94
- Kulturkreis Ottobrunn e.V., Geschäftsstelle: Rathausplatz 1, 85521 Ottobrunn; Tel. 60 10 11 33
- Verein zur Pflege Altjapanischer Traditionen e.V.
  Peter Ursch, Nanga-Parbat-Straße 83, 80992 München, Tel. 140 41 93

Karate

- Bayerischer Karate Bund e.V., Georg-Brauchle-Ring 93, 80992 München, Tel. 157 02 - 331 Jugendwartin des Bezirk Oberbayern: Irmengard Borgs, Ziegelstatt 3, 85435 Erding, Tel. 08122 - 91460, Landesjugendleiter: Reiner Hager, Viktor-von-Scheffel-Straße 28, 90537 Feucht, Tel. 09128 - 16657

In den verschiedenen Vereinen gibt es Angebote für Kinder und Jugendliche:

- SV 1880 München e.V., Trainingsstätte: Tübingerstrasse 10, 80686 München, Tel. 57 15 56 Ansprechpartner: Sepp Kröll, Tel. 57 12 24, Stilrichtung Shotokan
- TS Jahn München e.V., Trainingsstätte: Weltenburgerstrasse 53, 81677 München, Tel. 91 52 94 Ansprechpartnerin: Helga Hess-Hutter, Tel. 91 11 64, Stilrichtung Goju-Ryu
- MTV München von 1879 e.V., Trainingsstätte: Häberlstrasse 11, 80337 München, Tel. 53 48 90 oder 53 60 96, Ansprechpartnerin: Lotte Glashauser, Tel. 47 59 30, Stilrichtung: Kyokushinkai
- MTSV Schwabing e.V., Trainingsstätte: Ursulastrasse 3, 80802 München Ansprechpartner: Heinrich Büttner, Tel. 359 84 88, Stilrichtung Goju-Kai
- USC München e.V., Trainingsstätte: Zentrale Hochschulsportanlagen, Conollystrasse 32 80809 München, Ansprechpartnerin: Ute Perchtold, Tel. 08141 - 63375, Stilrichtung Shokotan
- DJK SB München Ost, Trainingsstätte: Dietzfelbinger Platz 5, Grundschule, 81739 München Geschäftsstelle: Udo Hartmann, Tel. 637 14 61, Stilrichtung Shotokan
- SV Olympiadorf e.V., Trainingsstätte: Grundschule Nadistrasse 3, 80809 München Ansprechpartner: Jaroslav Polacek, Tel. 49 18 06, Stilrichtung Goju-Ryu
- Münchner Shotokan, Trainingsstätte: Franz-Joseph-Straße 38, 80801 München Ansprechpartner: Christian Grabietz, Tel. 28 47 77, Stilrichtung Shotokan
- JC Sodokan München-Allach e.V., Trainingsstätte: Georg-Reismüller-Straße 45, 80999 München Ansprechpartner: Reiner Möbius, Tel. 812 48 12
- Yamato-Dojo München e.V., Trainingsstätte: ESV Freimann, Frankplatz 15, 80939 München Ansprechpartner: Christian Gückelhorn, Tel. 157 42 51, Stilrichtung Goju-Ryu
- Karate-Dojo München-Solln e.V., Trainingsstätten: Forstenrieder Schule, Impler Schule Ansprechpartner: Klaus Hirsch, Tel. 722 - 26133, Stilrichtung Shotokan
- Karate-Dojo München I e.V., Trainingsstätte: Blumenschule, Blumenstrasse 61, 80331 München Ansprechpartner: Joachim Fuchs, Tel. 48 31 69 oder 313 13 14, Stilrichtung Shotokan
- Kobukan München e.V., Trainingsstätte: Hiltenspergerstrasse 9, 80798 München, Tel. 271 64 44 Ansprechpartner: Wolfgang Spielvogel, Tel. 747 07 47, Stilrichtung Goju-Ryu
- Karate-Kids München e.V., Trainingsstätten: Schule Forellenstrasse 1, Schule am Lehrer- Götz-Weg Ansprechpartner: Harald Warschke, Tel. 499 13 99, Stilrichtung Kyokushinkai
- SC Gröbenzell e.V., Ansprechpartner: Michael Pietzek, Tel. 08142-532 08, Stilrichtung Shotokan
- SC Unterpfaffenhofen, Ansprechpartner: Christian Kirsch, Tel. 84 99 45 Stilrichtung Kyokushinkai
- FC Puchheim e.V., Ansprechpartner: Wolfgang Mandel, Tel. 80 38 28, Stilrichtung Shotokan
- SC Eching e.V., Ansprechpartner: Peter Treutler, Tel. 319 37 78, Stilrichtung Shotokan
- TSV Grasbrunn e.V., Trainingsstätte: Schulturnhalle Leonhard-Stadler-Straße, 85630 Grasbrunn Ansprechpartner: Ursi Schölz, Tel. 46 74 76, Stilrichtung Shotokan

- TSV Grafing e.V., Ansprechpartner: Karl Fottner, Tel. 08092 - 9570, Stilrichtung Shotokan
- Kirchheimer SC e.V., Ansprechpartner: Leo Plank, Tel.: 08121 - 83 33, Stilrichtung Wado-Ryu
- TSV Ottobrunn e.V., Ansprechpartner: Klaus Roith, Tel.: 61 91 44, Stilrichtung Shotokan
- Spielverein Höhenkirchen e.V., Ansprechpartnerin: Frau Neumüller-Huber, Tel.: 601 08 18 Stilrichtung Shotokan
- TSV Neuried e.V., Ansprechpartner: Tobias Schweizer, Tel.: 83 37 09, Stilrichtung Goju-Ryu
- TSV Neufahrn e.V., Ansprechpartner: Ernst Kramer, Tel.: 150 63 20, Stilrichtung Shotokan
- TSV Poing e.V., Ansprechpartner: Christian Schinko, Tel.: 08121 - 83 22

Klettern

Fachverbände:
- Deutscher Alpenverein e.V.
  Hauptverwaltung: Von-Kahr-Straße 2 -4, 80997 München, Tel. 140 03 - 0
  Praterinsel 5, 80538 München, Tel. 235 09 00
  Jugend des Deutschen Alpenvereins: Preysingstrasse 71, 81667 München, Tel. 447 02 03
- T.V. Naturfreunde Deutschlands, Jugendleitung Bezirk München, Oliver Schimmel
  Reichenbachstrasse 53/I, 80469 München, Tel. 201 57 77

Klettern ist "in" bei den Kids, ein Sport, der aber gut erlernt sein will. Der Deutsche Alpenverein und seine rund 30 Sektionen in München sowie der Touristenverein "Die Naturfreunde" mit seinen 22 Naturfreunde-Jugendgruppen in München bieten den Kids professionelle Begleitung und Lernhilfen auch im Vorfeld von Klettertouren.

Auch viele Sportvereine und Jugendverbände gehen mit den Kids auf Tour und nicht zuletzt die Freizeitstätten, die Kinder und Jugendliche auf Berg- und Kletterwanderungen professionell begleiten.

Luftsport

- Luftsport - Verband Bayern e.V.
  Geschäftsstelle: Prinzregenstrasse 120, 81677 München, Tel.: 45 50 32 - 10

Kinder fangen in der Regel mit dem Modellflugsport an. Altersunabhängig lernen die Kids neben der körperlichen Ertüchtigung schon frühzeitig das breite inhaltliche Spektrum des Luftsports kennen, wie zum Beispiel Aerodynamik, Flugphysik, Meteorologie, Flugmechanik, Luftraumnutzung, Luftrecht. Mit der Segelflugausbildung kann man bereits mit 14 Jahren beginnen. Aushändigungstermin der Privatpilotenlizenz ist frühestens der 17. Geburtstag. Ausbildungsbeginn für Motorfliegen, Ballonfliegen und Ultraleichtfliegen ist ab dem 17. Lebensjahr möglich. Mit dem Fallschirmspringen und Drachenfliegen können Jugendliche mit 16 Jahren beginnen.

Die Münchner Geschäftsstelle des Luftsport-Verbandes vermittelt Vereine in Wohnsitznähe.

Motorsport

- Bayerischer Motorsport-Verband e.V.
  Siebenbürgerstrasse 13, 97526 Sennfeld, Tel.: 09721 - 68326

Die Motorsport-Clubs bieten auch für Kinder und Jugendliche Sportarten an: Jugend - Kart - Slalom ab 7 Jahren, Moto - Cross und Trial ab 8 Jahren. Ansprechpartner in München ist die Sportabteilung des ADAC Südbayern.
Adresse: ADAC Südbayern e.V., Ridlerstrasse 35, 80339 München, Hans Götz, Tel.: 519 51 00

Radsport

- Bayerischer Radsportverband e.V., Georg-Brauchle-Ring 93, 80992 München, Tel. 157 02 - 371

Vereine:
- RC Sendling München e.V., Alessandro Baldi
  Lindwurmstr. 179, 80337 München, Tel. 7900 492, Rennsport Straße
- BMX-Vereinigung e.V. Bayern, Manfred Kufer
  Dankwartstraße 11, 80634 München, Tel. 167 460, BMX
- RC Concordia 1986 München e.V., Christl Sauerland, Krokusstraße 71, 80689 München
  Tel. 701 353, Rennsport Straße, Mountainbike, Tourenfahren, Radwandern

- RRC 1902 München e.V.
  Peter Nadler, Silberdistelstraße 4, 80689 München, Tel. 703 144
  Rennsport Straße, Rennsport Bahn, Mountainbike, Breitensport
- RSG Olympiapark München e.V.
  Heinrich Hinterholzer, Weitlstraße 81, 80935 München, Tel. 313 26 82,
  Rennsport Straße, Rennsport Bahn, BMX, Tourenfahren
- RC "Die Schwalben" 1894 München e.V.
  Fritz Jaehnig, Ubostraße 43, 81245 München, Tel. 863 3890
  Rennsport Straße, Rennsport Bahn, Mountainbike, Breitensport
- Forstenrieder-SC München e.V.,
  Walter Schmidbauer, Allgäuer-Straße 69/I, 81475 München, Tel. 759 1284
  Rennsport Straße, Mountainbike, Tourenfahren, Radwandern
- Breitensport, RSC München-Moosach 1895 e.V., Wolfgang Laufer
  Forstenrieder-Allee 139, 81476 München, Tel. 755 2092, Radball
- RV Expreß 1897 München e.V., Horst Rückerl
  Kemptenerstraße 69, 81475 München, Tel. 758237, Rennsport Straße
- RC Weiß-Blau München 1908 e.V., Ludwig Brandmaier, Hochgernstraße 8, 81671 München
  Tel. 402 944, Rennsport Straße, Rennsport Bahn, Mountainbike
- RC Amor 1907 e.V. München, Luise Altweck
  Beuthenerstraße 12, 81929 München, Tel. 933 661, Rennsport Straße
- Münchner Radsportgemeinschaft, Otto Altweck
  Beuthenerstraße 12, 81929 München, Tel. 933 661
- SC Prinz Eugen München e.V., Rainer Kraemer, Freischützstraße 106, 81927 München
  Tel. 953 895, Mountainbike, Tourenfahren, Radwandern
- SV Funkstreife e.V. München, Markus Neumann, Planegger-Straße 1, 82131 Gauting
  Tel. 8500 596, Rennsport Straße, Mountainbike
- RRC Rocking Gruftis, Gunther Vogt, Sudetenstraße 10, 85774 Unterföhring, Tel. 950 4154
  Rennsport Straße, Rennsport Bahn, Mountainbike, Breitensport, Radtanz
- RV Sturmvogel München e.V., Claus Dillinger, Salmdorferstraße 6 B, 85609 Achheim-Dornach
  Tel. 943 327, Rennsport Straße, Rennsport Bahn, Mountainbike, BMX
- Olympischer Sportclub München e.V., Gerhard Werner, Ferdinand-Kobell-Straße 4, 85540 Haar
  Tel. 469 064, Rennsport Straße, Mountainbike, Tourenfahren
- DJK Fasangarten München e.V., Manfred Bock, Albert-Schweizer-Straße 5, 85521 Ottobrunn
  Tel. 609 6692, Tourenfahren, Radwandern, Breitensport
- Rad-Touristik-Club München e.V., Günter Reifenstuhl, Schwalbenstraße 25f, 85521 Ottobrunn
  Tel. 6093 272, Rennsport Straße, Tourenfahren, Breitensport
- BMW-SG München e.V., Andreas Hörmann, Ottobrunnerstraße 23, 85640 Putzbrunn
  Tel. 382 43353, Rennsport Straße, Rennsport Bahn
- RSC Digital München e.V., Gerd Jesse, Konrad-Adenauer-Straße 3, 63486 Bruchköbel
  Tel. 06181 - 72 961, Rennsport Straße, Tourenfahren
- RSV Internationale Bayern-Rundfahrt, Ewald Strohmeier, Weiherfeld 16a, 85456 Wartenberg
  Tel. 08762 - 9690, Rennsport Straße

Reitsport

- Verband der Reit- und Fahrvereine Oberbayern e.V.
  Landshamerstrasse 11, 81929 München, Tel. 92 69 67 30

In München und Umgebung gibt es 28 Reitvereine, die teiweise im Rahmen der Jugendarbeit auch Voltigieren anbieten. In einigen Vereinen können kleine Kinder Ponyreiten üben.

Vereine, die Voltigieren anbieten:
- Reit- und Voltigierverein München - Daglfing e.V.
  Rosemarie Hatzold, Turfstrasse 3, 81929 München, Tel. 93 37 91
- Der fröhliche Reiter - das Pferd als Partner für Behinderte und Nichtbehinderte
  Bärbel Parson, Lindestrasse 3, 82293 Vogach-Mittelstetten, Tel. 08202 - 1878
- Verein Münchner Pferdefreunde Dirnismaning e.V.
  Peter von Barcsay, Pienzenauerstrasse 56, 81925 München, Tel. 98 24 43
- Reitverein Corona München Solln e.V.
  Franz Postl, Schwere-Reiter-Straße 24, 80797 München, Tel. 129 85 61
- Reitergemeinschaft München-Solln-Straßlach e.V.
  Dr. Heinrich Beckmann, Promenadeweg 10, 82049 Pullach, Tel. 92 16 29 45
- Reitverein Würmtal e.V.
  Steffi Spinner-König, Wandlhamerstrasse 23, 82166 Gräfelfing, Tel. 854 44 58

Reitvereine:
- Reit-, Fahr- und Turniergemeinschaft München - Riem e.V.
  Geschäftsstelle: Landshamerstrasse 11, 81929 München, Tel. 90 60 71 oder 90 75 49
- Akademischer Reitclub München e.V.
  Geschäftsstelle: Königinstrasse 34, 80802 München, Tel. 08106 - 20966
- Reitclub Carolus e.V., Doris Kokott
  Alfred-Schmidt-Straße 24, 81379 München, Tel. 723 79 74
- Reit- und Fahrverein Stallgemeinschaft Allach e.V.
  Angelika Zaun, Stuhlbergstrasse 20, 80999 München, Tel. 812 06 05
- Verein für Reit- und Fahrsport München e.V.
  Geschäftsstelle: Waldschmidtstrasse 12 b, 82327 Tutzing, Tel. 08158 - 6536
- Pferdesportclub München e.V., Heidi Kraus
  Dewetstrasse 13, 80809 München, Tel. 35 51 78
- Reitakademie München e.V.
  Geschäftsstelle: Schichtlstrasse 50, 81929 München, Tel. 90 82 90
- Reitclub Halali e.V., Bernd Neuß, Loristrasse 16, 80335 München, Tel. 129 66 38
- Sportverein Weißblau-Allianz München e.V.
  Helmut Jocham, Tarnowitzerstrasse 2, 81929 München, Tel. 93 83 50
- Reitverein Unterföhring e.V.
  Jochen Weiß, Max-Löw-Straße 49, 85579 Neubiberg, Tel. 660 10 450
- Reitclub Isartal e.V., Günther Groß, Schönstrasse 89, 81543 München, Tel. 66 21 59

- Turniersportgemeinschaft Waldhauser Hof Sauerlach e.V.
  Geschäftsstelle: Tegernseer Landstrasse 77, 82054 München, Tel. 08104 - 7755
- Reit- und Fahrverein Haberlhof e.V.
  Geschäftsstelle: Hochstrasse 23, 82024 Taufkirchen, Tel. 614 05 23
- Reitclub Steinsee e.V., Geschäftsstelle: Gut Niederseeon 22, 85665 Moosburg, Tel. 08093 - 4877
- Reit- und Fahrverein Aschheim e.V.
  Geschäftsstelle: Am Birkenhof, 85609 Achheim, Tel. 929 30 32
- Reiterverein St. Leonhard Riedmoos e.V.
  Michael Kellerer, Nymphenburgerstrasse 44, 80335 München, Tel. 129 73 07 oder 59 95 25 54
- Reitergemeinschaft Buchnerhof - Riedmoos e.V.
  Karl Buchner, Am Klösterlmoos 6, 85716 Unterschleißheim, Tel. 315 47 05
- Pferdefreunde Ismaning e.V., Helmut Laux, Jagdhornstrasse 14, 81827 München, Tel. 430 51 27

Ringen

- Bayerischer Ringerverband
  Georg-Brauchle-Ring 93, Agrippina-Haus, 80992 München, Tel. 157 02-370
- ESV München-Ost, Peter Baier, Hans-Jakob-Str. 118, 81825 München
  Tel. 35401-249 oder 456 50 496, Sporthalle: Baumkirchner Str. 57, 81673 München
- SC Armin München, Herbert Widmann, Lindenweg 105, 82024 Taufkirchen
  Tel. 612 21 49 oder 764418, Sporthalle an der Siegenburgstrasse

Rudern

- Bayerischer Ruderverband, Georg-Brauchle-Ring 93, 80992 München, Tel. 1570 - 2368
  Landesjugendleiter: Christian Berger, Otto-Hahn-Straße 19, 93053 Regensburg, Tel. 0941 - 76796

Rudervereine:
- RG München 1972, Dr. Thea Straube, Georg-Hann-Straße 13, 81247 München, Tel. 811 53 30
  (privat) Postanschrift: Postfach 1236, 85759 Oberschleißheim
- Münchner RSV Bayern, Rainer Fischer, Geranienstrasse 4, 82031 Grünwald, Tel. 641 39 55
  (privat) Postanschrift: Peter Wiedemann, Postfach 1710, 82307 Starnberg, Tel. 08151 - 28 370
- Münchner RC von 1880, Paul Leyers, Steinhauser Straße 54, 81677 München, Tel. 47 87 44
  (privat) Postanschrift: MRC, Dampfschiffstrasse 6, 82319 Starnberg
- Olympia-Regattaverein München
  Wolfgang Dykiert, Berliner Straße 36, 80805 München, Tel. 361 71 67 (privat)
- Rhein-Main-Donau SC Nürnberg
  Dr. Peter Moosbrugger, c/o RMD-AG, Rudergruppe Leopoldstrasse 28, 80802 München,
  Tel.: 380 72 82, Postanschrift: RMD SC, c/o Wasser- und Schiffahrtsamt Nürnberg,
  Dürrenhofstrasse 4, 90402 Nürnberg, Tel. 0911 - 94 69 70
- RV Prien von 1990, Bernd Mühlfriedel, Dr. Köberle-Straße 7, 83125 Eggstätt, Tel. 08056 - 212

Schießsport

- Bayerische Schützenjugend im Bayerischen Sportschützenbund e.V.
  Olympia - Schießanlage Hochbrück, 85748 Garching, Tel. 31 69 49
  Bezirksjugendleiter Werner Kellermann
  Marienburgstrasse 19, 81929 München, Tel. 930 46 89

Es gibt in München über 180 Schützenvereine, in denen auch Kinder und Jugendliche ab 12 Jahren (mit Ausnahmegenehmigung ab 8 Jahren) Luftgewehr und Luftpistole trainieren können. Keine Altersbegrenzung gibt es für das Bogenschießen.

Schwimmen

- Delphin Kinderschwimmschule e.V.
  Hanna Wegner, Bayernstrasse 26, 85778 Haimhausen, Tel. 08133 - 6877
  Der überregional tätige Kinderschwimmverein bietet auch Kursprogramme in München an.
  Babyschwimmen ab 3 Monate, Frühschwimmen ab 2 1/2 Jahren, Schwimmen für Kinder ab
  4 1/2 Jahren, Behindertenschwimmen, Heilschwimmen, Schwangerschaftsschwimmen
- Bayerischer Schwimmverband e.V.
  Georg - Brauchle - Ring 93, 80992 München, Tel. 157 46 66

Münchner Schwimmvereine:

Alle aufgeführten Vereine haben Kinder, Jugendliche und Erwachsene als Mitglieder. Für Anfänger und Fortgeschrittene aller Altersgruppen werden Übungs- und Trainingsstunden im Freizeit- und Breitensportbereich sowie im Leistungssport angeboten.

- Damen-Schwimm-Verein München e.V., Geschäftsstelle: Ruth Bauer, Demleitnerstrasse 13, 81371 München, Tel. 76 51 72, Kunstschwimmen, Synchronschwimmen, Schwimmen "Isarnixen"
- Erster Münchner Schwimm - Club, Stempflingeranger 18, 81737 München, Tel. 670 66 88
  Schwimmen
- Freier Wassersportverein München e.V., Geschäftsstelle: Lüderitzstrasse 1, 81929 München, Tel. 930 22 54 (Di ab 16 Uhr), Schwimmen, Kanuabteilung
- Männer - Schwimm - Verein (MSV)
  Geschäftsstelle: Ulrike Haller, Josef-Retzerstrasse 35, 81241 München, Tel. 88 78 23
  Schwimmen für Damen und Herren, Mädchen und Jungen
- Schwimmclub Wasserfreunde München e.V.
  Geschäftsstelle: Gotzingerstrasse 46, 81371 München, Tel. 77 81 89 (Mi und Fr 8 - 12 Uhr)
  Schwimmen, Tauchabteilung
- Schwimm - Verein 1899 München e.V.
  Geschäftsstelle: Kläre Klein, Herderstrasse 18, 80639 München, Tel. 17 38 22
  Schwimmen für Kinder: Erika Zietsch, Schulstrasse 36, 80634 München, Tel. 16 52 44 außer Montag
  Wasserball: Michael Blaschek, Kafkastrasse 6, 81737 München, Tel. 670 46 77

- Verein für volkstümliches Schwimmen
  Geschäftsstelle: Poccistrasse 6, 80336 München, Tel. 725 25 10 (Mo und Do 8 Uhr 30 - 11 Uhr 30)
  Schwimmen, Kunst- und Synchronschwimmen, "Münchner Kindl Nixen"
- Münchner Springerschule, Trainingsgemeinschaft der Münchner Schwimmvereine
  Beppo Herweck, Waisenhausstrasse 30, 80637 München, Tel. 15 54 61

Segeln und Windsurfing

- Bayerischer Seglerverband e.V.
  Geschäftsstelle: Georg-Brauchle-Ring 93, 80902 München, Tel. 157 02 - 366
  Jugendleitung: Tel.: 157 02 - 226
  Landesjugendobmann: Leo Fellmann, Dorfstrasse 42, 87477 Sulzberg-Moosbach
  Tel. 08376 - 46

Segeln und Windsurfen. Vom Spiel zur Übung, vom Breitensport zum Leistungssport: spezielle Trainingsprogramme ermöglichen den Einstieg in diese Sportart. Etwa ab 8 Jahren beginnt die "Jüngsten - Ausbildung", im Jugendalter mit 13/14 Jahren der Einstieg in eine vorolympische Klasse. Jugendwettbewerbe gibt es ab 16 Jahren. Die Vereine und Segelschulen werden über den Bayerischen Seglerverband vermittelt.

Taekwondo

- Bayerische Taekwondo Union e.V.
  Georg-Brauchle-Ring 93/II, 80992 München, Tel. 157 02 - 364

Vereine:
- TSV Milbertshofen, Bardia Manoucheri, Dülferstrasse 30 B, 80933 München, Tel. 313 78 42
- SSV Dachau-Ost, Reinhard Langer
  Olchinger Straße 98, 82194 Gröbenzell, Tel. 08142 - 8642
- Spielgemeinschaft Eichenfeld, Ibrahim Serialtin, Rathenhofener Straße 2, 84094 Elsendorf
- TSV Gauting, Klaus Altschäffl, Richard-Strauß-Straße 8, 82223 Eichenau, Tel. 854 30 44
- TC Geretsried e.V., Salvatore Geraci, Händelstrasse 7, 82538 Geretsried, Tel. 08171 - 31110
- TSV Karlsfeld, Manfred Podlech, Am Eichenberg 20a, 85241 Hebertshausen, Tel. 14 89 25 27
- DJK SB München Ost, Peter Balk, Schneeglöckchenstrasse 113, 80995 München, Tel. 150 40 70
- AGFA-SV München, Robert Stern, Martin-Behaim-Straße 13, 81373 München
- SV Bayerische Versicherungskammer, Herrmann Christ
  Belinzona Straße 5, 81475 München, Tel. 21 60 22 66
- TSV Forstenried, Heinz Burnus, Truderinger Straße 165, 81673 München, Tel. 755 28 46
- SV Gartenstadt Trudering, Thomas Kastlmeier, Meisenstrasse 22, 81827 München, Tel. 430 29 91
- Hanguk Dog. Dochang, Georg Karrenberg
  Postfach 260 140, 80058 München, Tel. 08142 - 13160
- FC Hertha München, Erich Hertlein, Obermoorweg 39, 82205 Gilching, Tel. 08105 - 22586
- TKD - Lehrzentrum Spielverein, Dr. Lösch, Liebherrstrasse 5/I, 80538 München, Tel. 22 92 82

- ESV Neuaubing, Helmut Urban, Ernst-Häckel-Straße 110, 80999 München, Tel. 813 12 62
- TSV München Nord-Ost, Michael Kronthaler, Krausstrasse 8, 81929 München, Tel. 41 40 40 83
- Polizeisportverein München, Rainer Hofer
  Maillingerstrasse 3/I, 80636 München, Tel. 18 46 34 (privat)
- Post - Sportverein München, Johannes Grünberger
  Ittlinger Straße 74, 80933 München, Tel. 314 67 59
- Universitäts - Spielclub München, Werner Schiller
  Volkartstrasse 34, App. 146, 80634 München, Tel. 13 29 52
- TSV Waldtrudering, Christine Patzer, Danklstrasse 10, 81371 München, Tel. 725 07 40
- TSV Neubiberg - Ottobrunn, Frank Scheuchl, Pfanzeltplatz 13, 81737 München, Tel. 673 12 74
- TSV Schleißheim von 1912, Pietro Palmieri, Friedbergerstrasse 29, 85247 Schwabhausen
- TKD KSC Geretsried, Klaus Kerndl, Auf der Haid 5, 82515 Wolfratshausen, Tel. 08171 - 29236
- 1. JC Germering, Horst Hampfler, Hartstrasse 40, 82110 Germering, Tel. 84 83 30
- TSV Haar, Hermann Descy, Herzog-Maximilian-Weg 36, 85551 Kirchheim, Tel. 32318
- SV Studentenstadt, Johannes Kaindl, Christoph-Probst-Straße 12, 80805 München, Tel. 323 39 87
- TKD Karaman, Sedat Karaman, Schanzenbachstrasse 1, 81371 München, Tel. 725 95 96

Tauchsport

- Bayerischer Landestauchsportverband e.V.
  Georg-Brauchle-Ring 93, 80992 München, Tel. 157 02 - 332
  Jugendleiterin: Karin Bär, Bahnhofstrasse 48, 86807 Buchloe, Tel. 08241 - 4674
  Jugendleiter: Ralf Steinmeyer, Oytalstrasse 5, 86183 Augsburg, , Tel. 0821 - 66 61 23
  1. Stellvertreter: Christian Pietschmann, Stupfstrasse 14, 80634 München, Tel. 16 98 68
  2. Stellvertreter: Dieter Dück, Faust-von-Stromberg-Straße 33, 91056 Erlangen, Tel. 09135 - 87 59
  Nach den Richtlinien des Verband Deutscher Sporttaucher e.V. können Kinder und Jugendliche ab 12 Jahren den Grundtauchschein erwerben, die Junior - Schnorchelscheine im Alter von 8-12 Jahren und den Deutschen Jugend-Sporttauchschein "DJTSA" mit 10-17 Jahren.

Vereine:
- ESTC München, Werner Seckler, Kardinal-Wendl-Straße 60, 82515 Wolfratshausen, Tel. 75 80 72
- Münchner Tauchergemeinschaft, Zenon Kaleniecki
  Altöttingerstrasse 28, 81673 München, Tel. 651 64 59 (privat)
  Postanschrift: P. Bitschnau, Friedrich-List-Straße 131a, 81377 München, Tel. 38 95 52 69
- Süddeutscher Tauchclub 1950 München, Clemens Scherer
  Wittelsbacherstrasse 15, 80469 München, Tel. 201 30 32 (privat)
  Postanschrift: B. Kronawitter, Am Stutenanger 8, 85764 Oberschleißheim
- Münchner Sub Aqua Club, Postfach 1344, 82155 Gräfelfing, Tel. 759 52 98
- TC Muräne München, Josef Wollsperger, Schäringerplatz 9, 80634 München, Tel. 16 93 51
- TC Seeteufel München, Gerd Högel, Baumstänglstrasse 16, 80999 München, Tel. 812 24 92
- TSC Poseidon München, Dr. K.-D. Kohrt, Leutstettener Straße 71, 81477 München, Tel. 785 19 25
- LSSC MUC Tauchen e.V., Dirk Pfeiffer
  Ringhofferstrasse 100, 85716 Unterschleißheim, Tel. 317 13 29 oder 0161 - 280 31 77

- SC Wasserfreunde München, Abteilung Tauchen
  Peter Wörz, Taubrunnenweg 15, 84424 Mittbach-Isen, Tel. 08124 - 1559 (privat)
- SV Stadtwerke München, Abteilung Tauchsport
  Walter Kroneck, Reicherstorffer Weg 40, 80937 München, Tel. 31 16 61
- SC Prinz Eugen München, Abteilung Tauchen
  Udo Kempe, Cosimastrasse 60, 81927 München, Tel. 95714 - 229 (dienstlich)
- Sp Vgg Unterhaching, Geschäftsstelle: Am Sportpark 1, 82008 Unterhaching, Tel. 811 50 57
- Tauchsportfreunde Dachau e.V., Uwe Hackland
  Hochstrasse 16, 85258 Weichs, Tel. 0836 - 59 44 (privat)
- Tauchclub Conger München, Wolfgang Nagel, Falkenhorstweg 25, 81476 München

Tennis

- Bayerischer Tennis - Verband e.V., Georg-Brauchle-Ring 93, 80992 München, Tel. 157 02 64 -0
  Jugendwart: Wolfgang Schölzel, Clemensstrasse 18, 80803 München, Tel. 39 37 90

Sage und schreibe 109 Tennisclubs und Sportvereine mit Tennisabteilung gibt´s in München. Jeder Tennisverein bietet spezielle Angebote für Kinder und Jugendliche wie zum Beispiel Schnupperkurse oder auch Turniere. Geboten werden außerdem Breitensport und „Jüngstentennis" sowie überregionale Veranstaltungen für Kinder und Jugendliche.

Tischtennis

- Bayerischer Tischtennis - Verband e.V., Georg-Brauchle-Ring 93, 80992 München
  Ansprechpartner: Norbert Metzger, Tel. 15 702 - 420

Mehr als 50 Vereine bieten in München und Umgebung Tischtennis für Kinder und Jugendliche an, als Breitensport ebenso wie als Leistungssport. Infos und Adressen sind über den Verband erfragbar.

Turnspiele

- Bayerischer Turnspiel -Verband e.V., Georg - Brauchle - Ring 93, 80992 München
  Landesjugendwart: D. Schmidt, Chiemgaustrasse 32, 81549 München, Tel. 690 92 17
- Turnerschaft 1905 München e.V., Karl Baudrexel
  Fasanenstrasse 40, 82008 Unterhaching, Tel. 40 49 20
- Postsportverein München e.V., Hans Fichtl
  Großfriedrichsburger Straße 8, 81827 München, Tel. 430 03 32
- FTM-Schwabing, Oliver Fischer, Pössenbacher Straße 3, 81479 München, Tel. 791 89 62
- TV-Planegg-Krailling, Heinz Hasholzner, Föhrenstrasse 6, 82110, Germering, Tel. 84 41 05
- FC-BW-Verwaltung, Heinrich Heide, Rockefellerstrasse 26, 80937 München, Tel. 311 58 85
- SV Weißblau - Allianz, Rudolf Irmler, Brandenburgerstrasse 24, 80805 München, Tel. 361 89 72
- SV Pullach, Hermann Jakob, Heilmannstrasse 57, 82049 Pullach, Tel. 793 35 02
- SG - Siemens - Süd, Rainer Kellermann, Johann-Clanze-Straße 23, 81369 München, Tel. 769 38 48
- SC Prinz Eugen, Dirk Nietzel, Düsseldorferstrasse 13, 80804 München

- FTM-Süd, Dietmar Schmidt, Chiemgaustrasse 32, 81549 München, Tel. 690 92 17
- SG - Siemens - München - Ost, Klaus Stanelle, Jagdfeldring 40, 85540 Haar, Tel. 46 99 86
- Gehörlosen Bergfreunde, Erich Bergmann, Rosenstrasse 1, 85250 Pfaffenhofen, Tel. 08441 - 370

Die Freizeitangebote sind von Verein zu Verein unterschiedlich, doch allen gemeinsam sind die Turnspiele.

Skisport

- Bayerischer Ski - Verband: Ansprechpartnerin: Monika Liebich
  Georg - Brauchle - Ring 93, 80992 München, Tel. 157 02 - 325
- Skiverband München e.V., Pfarrstrasse 7, 80538 München, Tel. 29 32 82

Der Bayerische Skiverband veranstaltet jedes Jahr in den Osterferien das BSV - Race - Camp für Mädchen und Buben im Alter von 8 bis 15 Jahren, die sich für den alpinen Rennsport interessieren.

- Deutscher Alpenverein e.V., Hauptverwaltung: Von-Kahr-Straße 2 -4, 80997 München,
  Tel. 140 03 - 0, Praterinsel 5, 80538 München, Tel. 235 09 00
  Jugend des Deutschen Alpenvereins: Preysingstrasse 71, 81667 München, Tel. 447 02 03
- T.V. Naturfreunde Deutschlands, Jugendleitung Bezirk München
  Oliver Schimmel, Reichenbachstrasse 53/I, 80469 München, Tel. 201 57 77

Vereine, die auch Skisport anbieten:
- ESV München, Herthastrasse 41, 80639 München, Tel. 178 13 78
- Postsportverein, Franz - Mader- Straße 10, 80992 München, Tel. 149 40 61
- SC Armin, Hansastrasse 185, 821373 München, Tel. 760 60 88
- SC Prinz Eugen, Cosimastrasse 60, 81927 München, Tel. 95 58 62

Volleyball

- Landeshauptstadt München- Freizeitsport, Tel. 233-8715
- Bayerischer Volleyball-Verband e.V., Georg-Brauchle-Ring 93, 80992 München
  Tel. 157 02-305

Für Kinder bis zu 12 Jahren:
- SG Solln/ Würmtal, TSV München-Solln, Stefan Gular
  Wilhelm-Leibl-Str. 15, 81479 München, Halle Drygalski Allee

Für Kinder bis zu 13 Jahren:
- SG Solln-Würmtal (männlich), Adresse siehe oben
- TSV Forstenried, Josef Wölfl, Reuterstrasse 88, 80689 München, Tel. 587583
- DJK/SB München Ost, Peter Wahrendorf, Quiddestrasse 41, 81735 München, Tel. 676732

STADTKINDER & IHRE UMWELT

13

- UMWELTGRUPPEN
- FÜR ELTERN UND KINDER
- PFLANZEN
- TIERE
- BÜCHER & BROSCHÜREN

City-Kids erleben ihre Umwelt als wenig natürlich: Beton und Verkehr, Müll und Lärm, Menschen in Mengen aber kaum Tiere prägen die Welt der großen Städte. Um so wichtiger ist es zu wissen, wo die Stadt anderes bietet – und wie Eltern ihren Kindern neue Erfahrungen und ein möglichst naturnahes, umweltverbundenes Aufwachsen ermöglichen können.

So spannend das Leben in der Stadt auch ist, Stadtkinder vermissen manchmal Freiheiten und Erlebnisse, die für Kinder auf dem Land alltäglich sind. Die Stadt bietet Kindern eingeschränkte Möglichkeiten, sich in naturnahen Gebieten zu bewegen. Stadtkinder wissen aus eigenem Erleben vergleichsweise wenig über Pflanzen und Tiere. Die Nahrungskette beginnt für sie häufig im Supermarkt nebenan oder – seltener – beim Einkauf auf dem Markt.

Stadtkinder sind Umweltbelastungen und -gefährdungen ausgesetzt. Messungen in Kindernasen-Höhe, durchgeführt von Greenpeace, beweisen: Kinder atmen Autoabgase viel direkter ein, als es Erwachsene tun. Die Folge ist eine seit Jahren steigende Zahl umweltbedingter Krankheiten bei Kindern. Medizinische Untersuchungen weisen auf eine zunehmende Schwächung des Immunsystems von Kindern hin, sie werden anfälliger für Erkältungskrankheiten und leiden häufig unter Allergien.

Doch die Zerstörung der Umwelt belastet Kinder noch auf eine andere Weise. Kinder wissen um die Gefahr, daß Menschen die natürlichen Lebensbedingungen auf der Erde unwiederbringlich vernichten. Denn Kinder sind heute informiert. Sie verfolgen Berichte über Ozonloch und Klimakatastrophe, Tankerunglücke und Waldsterben im Fernsehen, am Radio oder in der Zeitung. Sie sehen die Bilder sterbender Robben, von Pflanzen mit Sonnenbrand, von ölverschmierten und flugunfähigen Vögeln. Sie haben von Hungerkatastrophen, Überschwemmungen und Erdrutschen gelesen und gehört. Machen diese Meldungen bereits Erwachsene pessimistisch, so bekommen erst recht Kinder tiefsitzende Zukunftsängste.

Um so wichtiger ist es, in Kindern den Glauben daran zu fördern, die Welt lasse sich zum Guten hin verändern. Das zu erreichen, ist gar nicht so schwierig – und kann Kindern wie Erwachsenen viel Freude bereiten. Das gilt zum Beispiel für die Entdeckung der Natur. Sie soll erlebbar sein – mit allen Sinnen. Kinder wollen den Wind in Blättern rauschen hören, frische Frühlingsluft riechen, feuchtes Moos fühlen, selbstgepflückte Beeren schmecken oder Vögel fliegen sehen.

Typisch für Kinder sind ihr Idealismus und ihr Optimismus. Darum schlummert in fast jedem Kind ein kleiner Umweltschützer. Für Kinder, die sich für den Schutz der Umwelt begeistern, gibt es ein breites und noch wachsendes Angebot an Aktivitäten im Umweltschutz.

Das beginnt mit faszinierenden Büchern und kindgerechten Broschüren. Immer mehr Kinder machen zudem in Umweltschutzorganisationen mit, wie **Greenpeace "Greenteams"**, die **Naturfreundejugend**, die **Wanderjugend** oder die **"Panda-Clubs"** des **WWF**, um nur einige wenige zu nennen. Zum Bund für Umwelt und Naturschutz Deutschland (BUND) gehören 600 Jugend- und 150 Kindergruppen, die Deutsche Tierschutzjugend hat rund 300 Mitgliedsgruppen. Die Aktivitäten dieser Kinder- und Jugendgruppen reichen von Bäume pflanzen bis zur Veranstaltung von Müll-Demos.

IMMER MEHR STADTKINDER ENGAGIEREN SICH
IN UMWELTSCHUTZORGANISATIONEN.

Umweltgarten Neubiberg
Über 32 000 qm groß, am südostlichen Stadtrand von München gelegen, ist der Umweltgarten wie ein großer, ursprünglicher Bauernhof angelegt. Finanziert aus Mitteln der Gemeinde Neubiberg (deren Bürger, Schüler und Kinder sich persönlich um dieses Projekt verdient gemacht haben), des Freistaates Bayern, des WWF Deutschland sowie Spenden, haben vor allem Kindern die Möglichkeit, elementare Lebens- und Naturerfahrungen zu machen, die Kreisläufe der Pflanzen zu beobachten und die natürliche Entwicklung verschiedener Tiere und ihr Verhalten mitzuerleben, um gleichzeitig zu erfahren, wo menschliche Grundnahrungsmittel herkommen. Der Umweltgarten bietet ein umfangreiches Umweltbildungsprogramm und steht im Rahmen der Umwelterziehung allen Kindern, Jugendlichen und Erwachsenen zur Verfügung.

Die einzelnen Lernbereiche im Kurzüberblick:

- Heckenzäune und Hügelsträucher aus einheimischen Gehölzen
- Steingärten mit typischen Gebirgspflanzen, deren Bestand heute durch menschliche Einwirkungen bedroht ist.
- Sträucher und Staudengärten mit heimischen Staudenpflanzen, Beeren- und Ziersträuchern
- Ruderalflächen mit spontaner Vegetation und seltenen Pflanzenarten
- lebendige Trockenmauern aus Natursteinen und einer Vielzahl von Pflanzen und Tieren, die dort gerne siedeln. Tips zum Aufschichten von Naturmauern.

- Kleintiergehege mit Hühnern, Enten, Gänsen und Hasen. Anschauung für artgerechte Haltung von Haus- und Nutztieren
- Stallgestaltung für Ponys, Schafe und Ziegen mit ausgewogener Futterversorgung.
- die Tierweide mit seltenen und bedrohten Haustierrassen, wie zum Beispiel Kärtner Brillenschafe, Dartmoor-Ponys, bunte, deutsche Edelziegen.
- der Naturteich mit Wasser- und Sumpfpflanzen, Brutstätten für Vögel und einer Vielfalt an Tieren (Insekten, Kleintiere und Amphibien), die sich unter natürlichen Bedingungen in Kleingewässern ansiedeln.
- die Streuobstwiese mit 40 verschiedenen alten Obstbaumsorten und Anregungen für naturnahe Obstbaumpflege
- Das Bienenhaus mit 6 Bienenvölkern und Honigsammelaktionen im Frühjahr. Infos über bienenfreundliche Pflanzen.
- die Feldhecke mit vielen Pflanzen (Laubbäume, Kräuter und Krautsäume), Nistplätzen sowie Tieren, die sich dort gerne ansiedeln
- der Heilkräutergarten mit Aufklärung über Nutzung und Verwendungsmöglichkeiten, Anbau von Heilpflanzen und Identifizierung von Giftpflanzen
- die Kompoststrasse mit Hinweisen zum richtigen Aufbau für die Gewinnung von Humuserde, geeignete und nicht geeignete Kompostmaterialien
- der Acker mit wichtigen heimischen Getreidesorten und Feldfrüchten
- der Bauerngarten mit Nutz- und Zierpflanzen mit Beispielen für mehrjährige Fruchtfolge
- die Kräuterspirale als Demonstrationsbeispiel für Gewürzgärtchen auf kleinstem Raum
- der Gehölzlehrpfad mit heimischen Sträuchern und seltenen Gehölzen und ihr Wert für die Tierwelt
- Nisthilfen durch natürliche Hecken sowie Nisthöhlen
- Wildblumenwiesen mit Gräsern und Kräutern mit Anregungen für den eigenen Garten

Einmal wöchentlich finden am Marktplatz im Gelände des Umweltgartens **Bioverkäufe** statt: natürlich erzeugte Lebensmittel und umweltfreundliche Waren für den täglichen Bedarf, angebaut nach strengen Richtlinien wie sie von Naturland, Bioland und vom Demeterbund vorgegeben werden. Und natürlich ist der Marktplatz zugleich eine Begegnungsstätte für Besucher aus der ganzen Region. Das Informationshaus am Marktplatz im Umweltgarten ist Anlaufstelle für alle Umweltgartenbesucher. Hier stehen Interessenten die Präsenzbibliothek mit 500 Büchern zum Thema Natur- und Umweltschutz, viele Umweltspiele sowie Lehr-, Dokumentar-, Trick- und Spielfilme zur Verfügung. Im Informationshaus werden auch Anmeldungen für Gruppenführungen und Veranstaltungen entgegengenommen.

BUCHTIP

Jana Frädrich, Marion Loewenfeld
Kinder, Umwelt und Natur
Ravensburger Buchverlag, 1994

Im Schulgarten können alle Schüler, ob groß oder klein mitarbeiten und dabei den Werdegang des Lebens vom Samenkorn zur Pflanze bis zur Blüte und Frucht und wieder zurück zum Samenkorn erleben. Die Ökoschule ist das Zentrum für Umwelterziehung im Umweltgarten Neubiberg. Sie bietet Räume für Ausstellungen, Vorträge, Kurse, Beratungen, Vorführungen und Kinderaktionen. Von Mai bis Oktober betreuen die Umweltgarten-Mitarbeiter mehr als 100 Schulklassen und Kindergruppen. Insgesamt nehmen jährlich mehr als 10 000 Kinder und Jugendliche an den Veranstaltungen des Umweltgartens teil.

Kinderaktionen im Neubiberger Umweltgarten:

- Umweltpapier - selbst gemacht
- Neubiberger Bienenwochen
- Garten zum mitmachen
- Kinder vermeiden Mülll
- Umweltspiel - Tage
- Im Garten der fünf Sinne
- Vom Schaf zum Schal
- Naturerfahrungsspiele
- Umweltfreundliche Schultasche
- Wasser ist Leben
- Umweltfilm - Tage
- Spielen mit der Kraft der Sonne

- **Umweltgarten Neubiberg**
   Äußere Hauptstrasse 10, 85579 Neubiberg, Tel. 600 12 16
   oder über die Gemeinde Neubiberg, Tel. 600 12 13, Frau Eckardt.

Münchner Kinder- und Jugendfarm

Freiräume für Erfahrungen mit und in der Natur bietet die Münchner Kinder- und Jugendfarm. Auf der bauernhofähnlichen Anlage können die Kids bei der Tierpflege helfen und Pflanzen kennenlernen. Auf dem Bauplatz lernen sie, wie Zäune und Ställe gebaut und wieder instand gesetzt werden. Tierpflege: Ziegen, Kaninchen, Katzen, Hunde, Hühner, Ponys und Schweine wollen artgerecht gefüttert sein. Manche Tiere müssen auch geputzt und ihre Ställe ausgemistet werden, damit sie sich wohlfühlen können. Auch der Umgang mit Erde und Pflanzen will gelernt sein: Gartenarbeit mit umgraben, Samen setzen, pflanzen und ernten. Kenntnisse in der pflanzlichen Nahrungsmittelproduktion können dabei ebenfalls erworben werden. Ökologische Kreisläufe und Nahrungsketten werden bewußt, die Zusammenhänge des Lebens verständlich.
Möglichst über längere Zeiträume sollen Kinder oder Jugendliche diese Erfahrungen im Naturgeschehen machen und Verantwortung für ihre Handlungen entwickeln.

- **Münchner Kinder- und Jugendfarm**
   Wiesentfelser Straße 59, 81249 München, Tel. 871 12 87
   Öffnungszeiten: Im Sommer Di-Fr von 13 Uhr 30 bis 18 Uhr, samstags von 10 Uhr 30 bis 18 Uhr
   Im Winter Di-Fr von 12 Uhr 30 bis 17 Uhr, samstags von 9 Uhr 30 bis 17 Uhr
   Gruppenbesuche sollten so früh als möglich angemeldet werden!

Mobil Spiel Ökoprojekt / Münchner Umweltzentrum

Wer Anregungen, Ideen und Projekte für die Umweltbildung sucht, ist hier bestens aufgehoben:

Familienprogramme und Spielaktionen, Beratungen und Serviceleistungen und eine Umweltbibliothek werden hier geboten. Nicht nur Pädagogen sondern auch interessierte Laien können viele Anregungen und professionelle Begleitung finden.

Die Umweltbibliothek umfaßt über 1000 Bücher und Broschüren, die der ökologischen Kinder- und Jugendarbeit dienen. Literaturrecherchen werden unterstützt. Die Bibliothek kann nach telefonischer Absprache genutzt werden. In Fragen ökologischer Praxisarbeit werden Beratungen geboten, die von der Planung bis zur Durchführung reichen.

Papierschöpf- und Erfahrungskisten bieten konkrete Hilfestellungen zur Durchführung ökologischer Aktionen."Die Ökokiste" - Sets können für 20.- DM an alle Interessenten ausgeliehen werden:

- die Papierschöpfkiste mit Schöpfrahmen, Quirls, Mixern, Nudelwalker und eine Anleitung zum Papierschöpfen. Diese Ausrüstung ist für kleine Gruppen gedacht, die aus Altpapier Umweltschutzpapier herstellen wollen.

- die Naturerfahrungskiste Thema Wasser enthält spezielle Geräte für Naturerfahrungen und Wasseruntersuchungen wie Becherlupen, Käscher, Siebe, Stereomikroskope und Expeditionsmikroskope und natürlich auch einen Leitfaden mit Anregungen und Bestimmungshilfen

- Die Naturerfahrungskiste Thema Wald und Erde ist mit speziellen Geräten für Naturerfahrungen ausgestattet: Stereolupen, Lupen, Ferngläser etc. für Naturerfahrungsspiele und -erkundungen im Wald und für Bodenuntersuchungen. Ein Leitfaden bietet Anregungen und Bestimmungshilfen.

Wer sich für ökologische Fragestellungen interessiert, kann am Arbeitskreis Ökopädagogik teilnehmen. Hier gibt es Austauschmöglichkeiten über Konzepte, Aktivitäten und Neuigkeiten im Bereich der Umweltbildung und viele Anregungen.

Familienprogramme bieten Eltern und Kindern ab 6 Jahren viele Naturerfahrungsspiele und Naturerkundungen. Eltern- und Kind - Spaziergänge im Umkreis Münchens werden im Frühjahr und Herbst unter fachkundiger Anleitung geboten. Kinderprogramme mit altersübergreifenden Spielaktionen wie "Sommerwend- und Feuerspiele" gehören ebenso zum Angebot. Darüber hinaus werden ökologische Familienbildungswochen unter dem Motto:"Der Natur auf der Spur" für Eltern mit Kindern zwischen 5-12 Jahren organisiert. Viele Fortbildungsprogramme und Praxis-Seminare stehen nicht nur Multiplikatoren der Kinder- und Jugendarbeit offen, sondern auch ökologisch interessierten Laien. Titel: "Wunderland am Wegesrand","So geschwind wie der Wind" oder "Bunt wie ein Regenbogen".

- **MobilSpiel Ökoprojekt,** Welserstrasse 15, 81373 München, Tel. 769 60 25

Jugendorganisation Bund Naturschutz

Umwelterziehung und umweltbewußte Freizeitgestaltung: Durch Entdecken, Erforschen, Experimentieren soll die Natur als etwas Spannendes und Wertvolles erfahrbar werden. Kindgerecht werden biologische und ökologische Zusammenhänge in der Natur vermittelt und die Wege zu einem verantwortungsvollen Umgang mit der Natur aufgezeigt. In der Gruppe haben die Kinder die Möglichkeit, die Natur ganzheitlich zu erleben und Beziehungen zu sich selbst, untereinander und zu Lebendigem herzustellen. Das Stichwort hierfür lautet "Sozialökologie". Gleichzeitig werden die

Kinder über ihre Rechte nach angemessener Beteiligung und Mitgestaltung an Entscheidungen in Zusammenhang mit ihrer Lebensumwelt aufgeklärt, und sie lernen, die Zeichen dafür zu setzen, zum Beispiel durch Bäume pflanzen, Spielplätze bespielbar machen, Gärten gestalten, Wände begrünen, Baumhäuser bauen oder Tümpel ausgraben. Wer sich für die Jugendorganisation interessiert oder gar selbst eine Gruppe gründen möchte, der wendet sich an die folgende Adresse:

- **Jugendorganisation Bund Naturschutz,** Kreittmayrstrasse 32, 80335 München, Tel. 18 80 74.

Naturfreunde München e.V.
Ende des 19. Jahrhunderts wurde der Touristenverein "Die Naturfreunde" in Wien gegründet, mit dem Ziel ArbeiterInnen und ihren Kindern Möglichkeiten zur Freizeitgestaltung in der Natur zu bieten. In München gibt es 22 Ortsgruppen, die Häuser und Almhütten in den Bergen unterhalten. Die Naturfreundejugend veranstaltet viele Kinder- und Ferienfreizeiten mit Wandern, Bergsteigen, Klettern, Winter- und Wassersport. Das Motto: "Aktiv für die Natur und in der Natur". Außerdem gibt es viele Kulturangebote speziell für Kinder.

- **Naturfreundejugend München,** Reichenbachstrasse 53, 80469 München, Tel. 201 57 77

Landesbund für Vogelschutz München
Naturschutzjugend München im Landesbund für Vogelschutz (LBV). Der Verband fördert den bewußten Umgang mit Natur und Umwelt. Es gibt verschiedene Kindergruppen, die nach Altersstufen aufgebaut sind. Kinder ab 5 Jahren können teilnehmen. Die Umweltwerkstatt ist nicht nur Treffpunkt, sondern hier steht auch umfassendes Lern- und Anschauungsmaterial bereit. Doch vor allem haben Naturerfahrungen und Naturerforschungen Priorität. Alle zwei Wochen können 9-12jährige Münchner Kinder unter Aufsicht am Flaucher spielen, Stegbrücken bauen, auf Bäume klettern und schauen, was an der Isar so alles wächst, kreucht und fleucht. Nistkästenreinigungsaktionen werden sogar in der Innenstadt unternommen. Dabei lernen die Kinder, wie Rückschlüsse auf die Vogelart zu ziehen sind, erfahren, ob die Brut geschlüpft ist, notieren, was sie vorgefunden haben und säubern die Kästen für's neue Vogel-Jahr. Intensive Naturerlebnisse rund um die Uhr bieten die Sommerlager mit Zelteln, Kochen am Lagerfeuer und vielen Naturerkundungen.

- **Landesbund für Vogelschutz München,** Rumfordstrasse 16, 80469 München, Tel. 29 77 77

Bund der Pfadfinderinnen und Pfadfinder BdP Landesverband Bayern e.V.
Der BdP ist der international anerkannte, interkonfessionelle Pfadfinderbund in Deutschland und gehört den pfadfinderischen Weltverbänden an. Ideologien haben hier keine Chance. Vielmehr geht es den örtlichen Stämmen darum, Toleranz, Hilfsbereitschaft, Eigenverantwortung, Zusammenarbeit mit Spiel und Spaß sowie "learning by doing" zu praktizieren. In München und Bayern gibt es etwa 80 Stämme mit je 15 bis 160 Mitgliedern. Die 6-11jährigen "Wölflinge" können gemeinsam wilde Spiele, Ausflüge mit kleinen Zeltlagern erleben, viel über die Natur erfahren und sogar Praktisches wie Erste Hilfe erlernen. Die 12-16jährigen Jungen und Mädchen, sprich: Pfadfinderinnen und Pfadfinder, unternehmen Fahrten, übernachten in Zeltlagern, machen Musik und spielen auch Theater, organisieren, soweit möglich, sich selbst in ihren Gruppenaktivitäten, sporteln und erkunden die Umwelt.

Das Erleben der Natur, verantwortungsvoller Umgang mit der Umwelt und ökologisches Bewußtsein spielen dabei eine wichtige Rolle. (→ Kapitel "Politik und Verbände")

- **Bund der Pfadfinderinnen und Pfadfinder BdP Landesverband Bayern e.V.**
  Severinstrasse 5, 81541 München, Tel. 69 24 396

Jugend des Deutschen Alpenvereins

Die Jugend des Deutschen Alpenvereins ist ein eigenständiger Jugendverband. Zu den Zielen ihrer Kinder- und Jugendarbeit gehören unter anderem die Förderung von umweltbewußtem Denken und Handeln und die Persönlichkeitsentwicklung junger Menschen. Schwerpunkt ist die Arbeit in Kinder- und Jugendgruppen. In München gibt es etwa 40 Gruppen, altersmäßig gestreut zwischen 5 und 25 Jahren. Diese Gruppen treffen sich regelmäßig in München und führen an Wochenenden und in den Ferien vielfältige Aktivitäten durch, von gemeinsamen Wanderungen, Klettern, Skitouren, Höhlenbegehungen bis hin zu Jugendaustauschmaßnahmen.

- **Jugend des Deutschen Alpenvereins,** Preysingstrasse 71, 81667 München, Tel. 447 02 03

Urbanes Wohnen e.V.

Urbanes Wohnen ist ein gemeinnütziger Verein zur Verbesserung des Wohnens in der Stadt. Das Aufgabenspektrum reicht vom Wohnumfeld (z.B. Hofbegrünung, Mietergärten) bis hin zur Konzeption ganzer Wohnanlagen. Der Verein arbeitet dabei im Auftrag von Landesbehörden, Kommunalverwaltungen, Bau- und Sanierungsträgern oder Privatpersonen. Die Mitwirkung der Bewohner/innen bei Planung, Bau und Verwaltung ihrer Wohnanlage spielt dabei eine zentrale Rolle. Interdisziplinäre Teams leisten Hilfe zur Selbsthilfe für bessere Lebens- und Wohnbedingungen in der Stadt. Es gibt in München die Projektgruppe "grüne Schul- und Spielhöfe", die mehr Raum für Kinder mit ihnen erschließt und verbessert. Außerdem wurde die Landesaktion "Grün für unsere Kinder" ins Leben gerufen. Den Kindern gesunde Lebens- und Entwicklungsmöglichkeiten zu sichern und sie zu verantwortungsbewußtem Umgang mit der Natur und dem Leben zu motivieren, ist hier das Ziel. Naturspielräume werden dabei auch als Freiräume und Erfahrungsräume für Kinder gesehen, die Experimente, Naturerlebnisse und Aktivitäten wie zum Beispiel Lagerfeuer, Baumhausbau, Wasserlaufstauen ebenso ermöglichen wie den erhaltenden Umgang mit der Natur. Nicht zuletzt aber soll der ganze Lebensbereich der Kinder spielerisch erfahren werden, sei es auf dem Balkon, im Hof, in Nischen und Ecken, auf Straßen und Plätzen, im Schulhof oder auf dem Weg zur Schule. Selbsthilfegruppen werden durch Informationen, Anregungen, Beratungen und durch einen mobilen Werkzeugverleih unterstützt.

- **Wohnumfeld-Werkstatt, Grüne Schul- und Spielhöfe**
  Kazmairstrasse 23, 80339 München, Tel. 50 202 - 50 / 51

Greenpeace

Kinder und Jugendliche im Alter von 10-14 Jahren, die sich für den Umweltschutz engagieren möchten, können im Greenteam, der Greenpeace - Kinder- und Jugendgruppe mitarbeiten oder sogar selber eine eigene Greenteam - Gruppe gründen. Ob sie gegen den Verpackungsmüll kämpfen wollen oder für den Schutz bedrohter Tiere, ob ihnen die dicke Luft in den Städten stinkt oder ihnen die Regenwaldabholzung Sorgen macht: in den Greenteams können die Kids aktiv werden. Die Greenpeace - Kontaktgruppe in München ist ihnen dabei behilflich. Für Umweltspürnasen hat Greenpeace ein Handbuch heraus gebracht. Darin steht, wie man ein Umweltproblem aufstöbern und angehen kann. Viele Tips, Tricks, Adressen und allerhand Wissenswertes kann man bei der Lektüre auch erfahren.

■ **Greenpeace,** Frohschammerstrasse 14, 80807 München, Tel. 359 24 25, Mo-Do von 18 - 20 Uhr

Viele Freizeitstätten bieten Ökoprojekte vom Biotop im Garten über Naturerforschungen bis hin zu Veranstaltungen mit Umweltthemen. Hier eine Auswahl von Einrichtungen, die im Rahmen der Kinder- und Jugendpädagogik Ökologie und Umweltbewußtsein unterstützen:

FREIZEITSTÄTTEN DIE ÖKOPROJEKTE ANBIETEN

Kindertreff Rumfordschlössl
Englischer Garten 5
80538 München
Tel. 34 11 97
Ökologie und naturkundliche Arbeit mit Kindern, Ökopädagogik, Naturerforschungen, Ökogarten

Abenteuerspielplatz Hasenbergl
Weitlstrasse 125
80935 München
Tel. 314 11 45
Biotop mit Wildgelände, Blumenbeete, Gemüseanbau

Jugendtreff Neuhausen, "s´Haneberger"
Hanebergstrasse 14
80637 München
Tel. 15 69 90
biologischer Gartenbau

Kinderhaus Harthof
Wegenerstrasse 9
80937 München
Tel. 311 61 55
Ökopädagogik, Ökogarten

Kinderhaus Wolkerweg
Wolkerweg 15a
81375 München
Tel. 70 17 17
Ökopädagogik, Blumen- und Kräutergarten

Kinder- und Jugendtreff Moosach
Leipzigerstrasse 2
80992 München
Tel. 140 38 50
Gruppenprojekte und Informationsveranstaltungen zum Thema Umwelt

Spiel- und Begegnungszentrum Sendling
Danklstrasse 34
81371 München
Tel. 76 59 42
Naturerfahrungen, Ökopädagigik, Ökogarten

Spielhaus am Westkreuz "Känguruh"
Umweltprojekte z.B. zum Thema Ozon und Sonne, Anbau und Untersuchung von Pflanzen, die empfindlich auf Bodenozon reagieren, Erklärung der Entstehung von Bodenozon, Anlage von Gartenbeeten

Echo e.V.
Westendstrasse115/Rgb.
80339 München
Tel. 502 01 48
Naturstation und Lernprozesse mit Tieren

WEITERE ADRESSEN VON UMWELTGRUPPEN

Arbeitsgemeinschaft Igel e.V.
Gärtnerstrasse 32
82194 München

Artists United for Nature e.V.
Frohschammerstrasse 14
80807 München
Tel. 35 50 18

Deutsche Umweltaktion DUA
Am Anger 38
82166 Gräfelfing
Tel. 85 21 49

Deutscher Jugendbund für Naturbeobachtungen c/o Regensburger
Mädelegabelstrasse 17
81825 München
Tel. 430 08 55

Deutsche Gesellschaft für Sonnenenergie e.V.
Augustenstrasse 79
80333 München
Tel. 52 40 71

Förderverein Münchner Müllinitiativen e.V.
Klenzestrasse 37
80469 München
Fax 202 25 31

Global Challenges Network e.V.
Frohschammerstrasse 14
80807 München
Tel. 359 82 46

Greenpeace Kontaktgruppe München
Frohschammerstrasse 14
80807 München
Tel. 359 24 25

Interessengemeinschaft der Umweltgiftgeschädigten Selbsthilfezentrum München
Bayerstrasse 77a/Rgb
Tel. 950 52 54

Isartal - Verein e.V.
Uhlandstrasse 5
80336 München
Tel. 53 64 65

Isarwasser e.V.
Hertlingerstrasse 1
811545 München
Tel. 642 16 60

Landesbund für Vogelschutz in Bayer e.V.
Rumfordstrasse 16
80469 München
Tel. 29 77 77

Landesfischereiverband Bayern e.V.
Pechdellerstrasse 16
81545 München
Tel. 64 42 14

Landesverband Bayerischer Kleingärtner e.V.
Steiermarkstrasse 41
81241 München
Tel. 56 88 83

Landesverband Bayern des BUND e.V.
Kirchenstrasse 88
81675 München
Tel. 45 99 180

München 2000 autofrei
Hitzestrasse 6
81927 München
Tel. 910 19 11

Münchner Umweltzentrum e.V.
Welserstrasse 15
81373 München
Tel. 769 60 25

Mütter gegen Atomkraft e.V.
Frohschammerstrasse 14
80807 München
Tel. 35 56 53

Nord-Süd-Forum e.V. c/o Dritte-Welt Café
Daiserstrasse 9
81371 München
Tel. 747 07 44

Pro Regenwald e.V.
Frohschammerstrasse 14
80807 München
Tel.: 359 86 50

Robin Wood e.V.
Leonrodstrasse 19
80634 München
Tel. 16 81 17

Schutzgemeinschaft Alpen e.V.
Altersheimerstrasse 16
81545 München
Tel. 64 34 52

Schutzgemeinschaft Angerlohe e.V.
Ratzelstrasse 41
80997 München
Tel. 812 11 47

WEITERE ADRESSEN VON UMWELTGRUPPEN

Schutzgemeinschaft Deutscher Wald Landesverband Bayern e.V.
Ludwigstrasse 2
80539 München
Tel. 28 43 94

Schutzgemeinschaft Freunde des Forstenrieder Parks e.V.
Arnikaweg 25
81337 München
Tel. 714 94 21

Schutzgemeinschaft Isaranlagen e.V.
Widenmayerstrasse 3
80538 München
Tel. 22 40 42

Touristenverein "Die Naturfreunde"
Reichenbachstrasse 53
80469 München
Tel. 201 57 77

Umweltinstitut München e.V.
Elsässerstrasse 30
81667 München
Tel. 480 29 17

Arbeitsgemeinschaft der Verbraucherverbände e.V.
Heilsbachstr. 20
53123 Bonn
Tel. 0228/64890

Arbeitsgemeinschaft Ökologischer Forschungsinstitute (AGÖF)
Rheingasse 8–10
53113 Bonn
Tel. 0228/630129

Emil Grünbär Club A.U.G.E. e.V.
Reimerstwiete 22
20457 Hamburg
Die Mitgliedschaft kostet montl. 3.- DM.
Der Club: - setzt sich für Umweltschutz ein, - liefert Tips und eine Menge Infomaterial zum Thema Umwelt, - gibt am Umwelttelefon Antworten auf Fragen, - kommt mit seinem Umweltmobil, dem Puppentheater und seiner „Mitmachausstellung" in Kindergärten, Schulen und Verbrauchermärkte.

Umweltambulanz
Humboldtstr. 56
22083 Hamburg
Info-Telefon 040/22802-533

Umweltstiftung World - Wide Fund for Nature (WWF)
Schusterstrasse 28
81447 München
Tel. 791 23 15
- Panda Club -
Koordinierungsstelle
Untere Brandstraße 64
70567 Stuttgart
Die Umweltstiftung WWF Deutschland bietet zur Zeit für Kinder und Jugendliche zwei Möglichkeiten zum aktiven Mitmachen im Umwelt- und Naturschutz an.
1. Panda Club's = Kontinuierliche Jugendclubs, die von qualifizierten Betreuern geleitet werden.
2. Aktion "Jugend schützt Natur" in Zusammenarbeit mit der AOK.

Eltern für unbelastete Nahrung e.V (EfuN)
Bundesgeschäftsstelle Kiel mit Labor
Helga Rommel
Königsweg 7
24103 Kiel
Tel. 0431/672041
Fax 61917
Ziel: Verantwortungsbewußte und ungeschönte Aufklärung über menschenverachtende radioaktive Gefährdung und Schadstoffvergiftung und ihre gesundheitsschädigenden Folgen (z.B. in Nahrungsmitteln, Trinkwasser usw.).
Veranstaltungen: Seminare, Vorträge, Informations- und Beratungsstände auf Umweltmessen, Beteiligung an Kindertagesstätten- und Schulbildungsprojekten. Mitgliederzeitschrift erscheint 14tägig.

Deutscher Arbeitsring für Lärmbekämpfung e.V. (DAL)
Informationszentrum Lärm
Frankenstraße 25
40476 Düsseldorf
Tel. 0211/489520
Fax 442634
Bundesweit tätiger Umweltverband, der sich für Verbesserung der Lebensqualität durch Minderung des Lärms und angemessenen Schutz der Ruhe einsetzt. Das gemeinsame Ziel ist auf die Verbesserung der Lebensqualität gerichtet.
(siehe Broschüren)

Städtischer Umweltladen

Für Umweltschutz im Alltag ist jeder verantwortlich. Wissenswertes erfährt man dazu im städtischen Umweltladen. Hier kann man Auskunft über viele Umweltthemen bekommen, wie zum Beispiel Energieeinsparung, Luftreinhaltung und Lärmbelästigung, Schadstoffprobleme in der Wohnung, umweltfreundliche Reinigungs- und Waschmittel. Auch über den Elektrosmog (Belastung durch elektromagnetische Wellen, Haushaltsgeräte, Elektrokabel, Funkantennen etc.) kann man alles in Erfahrung bringen und sich umweltfreundliche Tips für den Garten holen (Schädlingsbekämpfung, Kompostierung, Anlage von Gartenwiesen und Teichen, Umgang mit Bienen und Wespen etc.). Auch über das "Stadt - teil -Auto", das sogenannte Car-Sharing werden nützliche Hinweise geboten.

Im Umweltladen gibt es außerdem viele interessante Broschüren zu fast allen Umweltthemen, die man kostenlos mitnehmen kann sowie eine kleine Handbibliothek zur Einsicht. Tips, wie man München naturnah erleben kann, geben zwei Broschüren, die das Umweltschutzreferat der Stadt herausgegeben hat. "Rad und Tat" bietet u.a. viele Anregungen für Radltouren von Park zu Park. "Biotope in der Stadt München" erklärt die grünen Oasen und ihre schützenswerte und vielfältige Welt mit Pflanzen und Tieren. Beide Bröschüren sind kostenlos im stätischen Umweltladen erhältlich.

- **Umweltladen,** Rindermarkt 10 / Eingang Pettenbeckstrasse, 80331 München, Tel. 233 66 66
  Öffnungszeiten: Mo-Do von 8 Uhr 30 bis 17 Uhr 30, Fr von 8 Uhr 30 bis 16 Uhr 30.

Neben den Informationen durch das Umwelttelefon des Städtischen Umweltladens kann man im Rahmen der kommunalen Umweltberatung telefonische Auskünfte zu folgenden Umweltthemen erhalten:

- Abfall: Tel. 233 - 3 12 33
- Ozon: Tel. 5207 - 365
- Energiesparberatung: Tel. 2361 - 44 44
- Kompostberatung: Tel. 233 - 7920
- Kleingartenfachberatung: Tel. 233 - 225 24 / 42
- Baumschutz: Tel. 233 - 2 37 27
- Verbraucherfragen Trinkwasser: Tel. 2361 - 33 92
- Gewerbeabfallberatung: Tel. 233 - 44 44
- Grünanlagenaufsicht: Tel. 233 - 76 56

ALLE PFLANZEN - AUCH GIFTIGE - GEHÖREN IN DIE NATUR.

PFLANZEN

Pflanzen sind für die Menschen lebensnotwendig. Sie produzieren Sauerstoff, befeuchten die Luft, spenden Schatten und erfreuen Auge und Seele. Kinder für Pflanzen zu begeistern, heißt darum auch, sie für das Leben und die Natur zu begeistern. Pflanzen lassen sich zum Beispiel auf Naturlehrpfaden kennenlernen, wo sie auf bebilderten Tafeln in ihren Eigenarten beschrieben sind. Dort erhalten Kinder oft Anregungen, die zum Nachdenken und Forschen ermuntern. Auch ein Besuch im Palmengarten ist für kleine und große Pflanzenliebhaber immer lohnenswert.

Eltern und Kindern macht es Spaß, ihre Wohngebiete zu bepflanzen. Kindern ist dies ein Beispiel für wichtige Eigeninitiative. Das Warten auf Entscheidungen von Stadtverwaltungen kann leicht zum traurigen Geduldsspiel werden. Schon das Entfalten einer Knospe gemeinsam zu beobachten, belohnt die Mühe, Blumen, Sträucher oder Bäume zu pflanzen.

Auch in der Wohnung ist Platz für Naturerfahrungen. Blumentöpfe und verschiedene Samen genügen. Kräutersamen zu säen, das Wachstum zu beobachten und die Kräuter dann zum Kochen zu verwenden, ist für Kinder anschaulich. Die meisten Kinder sammeln gerne allerlei Krimskram. Wie wäre es mit einer selbst angelegten Sammlung von Blättern, Rinden und Bildern der dazu gehörenden Früchte? Das bereitet Freude, und ist lehrreich.

Giftpflanzen

Jährlich ereignen sich mehr als 1000 Unfälle mit giftigen Pflanzen. Giftpflanzen wachsen in Haus und Garten ebenso wie in Freizeit- und Parkanlagen. Diese frei wachsenden Giftpflanzen lassen sich – anders als etwa Chemikalien im Haus (→ Kapitel "Sicherheit") – nicht vor Kindern verschließen. So

schützt nur das Wissen um die Gefährlichkeit dieser Pflanzen vor bösen Folgen.

Bereits einige heimische Wildpflanzen enthalten für den Menschen gefährliche Gifte. Der Genuß ihrer Samen, Wurzeln, Blätter oder Früchte kann gesundheitliche Schäden hervorrufen, schlimmstenfalls tödlich enden. Besonders gefährdet sind kleine Kinder, weil sie aus Neugierde alles in den Mund stopfen. Darum reicht es nicht aus, Kinder über mögliche Gefahren giftiger Pflanzen aufzuklären. Notwendig ist es zu wissen, wie im Fall einer Vergiftung reagiert werden muß und wie Erste Hilfe geleistet werden kann.

Aufpassen sollten Eltern, deren Kinder zu Allergien neigen. Sehr sensible Menschen reagieren schon mit Juckreiz, wenn sie sich nur in der Nähe bestimmter Pflanzen aufhalten. Noch häufiger sind sogenannte Kontaktallergien: Reaktionen der Haut auf Berührung. Ein Beispiel, das jeder kennt, ist die (ungiftige) Brennessel. Andere Pflanzen, wie etwa die Erdbeere, können Allergien auf dem Weg über den Magen-Darm-Trakt auslösen.

Übrigens: Giftpflanzen sind nicht weniger nützlich als ungiftige Pflanzen. Sie haben ihren Platz und ihre Rolle in der Natur. Oft braucht sie sogar der Mensch: Etwa in der Medizin – oder auch nur, um sich an ihrer Blütenpracht zu erfreuen.

Allgemeine Vergiftungserscheinungen

Haut- und Augenreizung; Übelkeit, Durchfall, Schwindel, Schweißausbrüche, Krämpfe, blaue Lippen, Atemlähmung, Unruhe, Sehstörung, Halluzinationen, Herzstillstand, Gesichtsröte, Magenschmerzen, erweiterte Pupillen.

Einige häufig wachsende, aber harmlose Giftpflanzen in näherer Umgebung:

Zwergholunder, Bilsenkraut, Buchsbaum, Buschwindrose, Christophskraut, Schneebeere, Eberesche, Efeu, Eibe, Faulbaum, Färberginster, Gemeiner Schneeball, Kartoffel, Kreuzdorn, Lorbeerkirsche, Maiglöckchen, Narzisse, Pfaffenhütchen, Riesenbärenklau, Roßkastanie, Roter Fingerhut, Rote Heckenkirsche, Schöllkraut.

Vorsicht vor Seidelbast, Maiglöckchen, Fingerhut, Goldregen und Tollkirsche - sie bzw. ihre Früchte sind sehr giftig. Deshalb: weg von Kindern!

Giftpflanzen in Kübeln und Töpfen

- Der Baumstechapfel (alle Teile hochgiftig): Dekorative Kübelpflanze mit trompetenförmigen, stark duftenden Blüten (weiß) und großen eiförmig zugespitzten Blättern

- Der Oleander (stark giftig): Immergrüner Strauch mit lederartigen, schmalen Blättern, große Blüten in weiß, hellrosa oder rot, hat schotenartige Balgkapseln mit Samen als Frucht. Der Oleander lockt Kinder oft zum Verzehr. Zum Glück sind seine Blätter und Blüten recht bitter.

VERGIFTUNGSZENTRALEN

München Tel. 4140 - 2211
Berlin Tel. 030/19240

BROSCHÜRE

Giftpflanzen (Heft 39)
Schriftenreihe der HAGE

- Hessische Arbeitsgemeinschaft für Gesundheitserziehung
Heinrich-Heine-Str. 44-46
35039 Marburg
Tel. 06421/60070 Fax 600711

- Der Wunderbaum (hochgiftige Samen):
  Er hat große handförmige Blätter, rötliche Blüten, kugelige, stachelige oder glatte Kapseln mit drei Samen (bohnenartig): die tödliche Dosis!

Giftige Zimmerpflanzen

- Kolbenfaden oder Aronstabgewächse:
  sehr großer Blütenstand, scharlachrote, erbsengroße Beeren mit süßem Geschmack. (alle Teile, auch Beeren hochgiftig)

- Kroton – Wolfsmilchgewächs:
  Giftig sind Blätter und Samen, Hauptwirkstoff ist der Pflanzensaft

- Madagaskar Grün/Hundsgiftgewächs:
  Giftig sind besonders die Wurzeln

- Liliengewächse:
  Giftig sind hauptsächlich die Knollen

- Wüstenrose:
  Die Pflanze führt stark giftigen Milchsaft.

- Azalee oder Rhodendron:
  Alle Pflanzenteile giftig / Grad der Giftigkeit der einzelnen Zuchtformen unterschiedlich.

- Narzissengewächs:
  zwei bis drei Gramm der Zwiebel sind tödlich

- Dieffenbachie:
  Wegen ihrer Anpassungsfähigkeit stark in Mode gekommene Pflanze. Alle Pflanzenteile sind giftig. Der Saft der Pflanze ist stark hautreizend.

TIERE

Fast alle Kinder wünschen sich irgendwann einmal ein eigenes Tier. Kein Wunder, sind Tiere doch in vieler Hinsicht die idealen Spielkameraden. Kinder schätzen es, daß Tiere sie wichtig nehmen, ihnen zuhören und auf sie reagieren. Mit Tieren zu spielen, macht Spaß, ist voller Überraschungen und fordert die Phantasie von Kindern heraus. Kinder lernen zugleich, im Umgang mit Tieren andere Lebewesen zu achten. Drohgebärden, Zeichen von Angst und Wut, aber auch des Wohlseins zu erkennen, ist eine gute Lebenserfahrung. Mit Tieren begreifen Kinder die Gesetze der Natur: von der

Geburt über die Kindheit, das Älterwerden - bis hin zum Tod.

Doch ob Hund oder Katze, Meerschweinchen oder Maus, Hase oder Vogel: Tiere sind keine Konsumgüter. Ein Tier braucht den ihm entsprechenden Lebensraum, ausgewogene Ernährung, Platz und vor allem viel Zuwendung.

Zur Verantwortung gegenüber dem Tier gehört, sich klarzumachen, wie alt und wie groß das Tier werden kann, wieviel Platz es (dann) braucht, ob Nachbarn oder Vermieter mit dem neuen Haushaltsgenossen einverstanden sein werden, wer auf das Tier in den Ferien aufpassen und es versorgen soll und ob nicht ein Familienmitglied eine Tierhaarallergie hat. Sind diese Fragen beantwortet, kann der Familienrat gemeinsam beschließen, welches Tier zum Kind und zur Familie paßt.

Eine **Katze** läßt sich in der Wohnung halten. Sie wird schnell sauber, jedoch muß das Katzenklo häufig gereinigt werden. Katzen haaren das ganze Jahr über und wetzen ihre Krallen (deshalb Kratzbaum anschaffen). Nicht kastrierte Katzen können mit ihrem Liebesjammer sehr laut werden. Sind Katzen den Umgang mit Kindern von klein auf gewöhnt, sind sie gemeinhin ausgesprochen spielfreudig und werden sehr anhänglich und schmusebedürftig. Für Kinder ab fünf Jahren. Katzen die herausgelassen werden koten leider gerne in (Kinder-) Sandkästen.

Hunde sind ausgesprochene Kinderfreunde. Richtig erzogen, erweisen sie sich als gehorsam und anhänglich. Zudem ist kaum ein anderes Tier so stark in seinem Verhalten auf den Menschen bezogen. Hunde brauchen viel Platz in der Wohnung und täglich Auslauf: zweimal täglich einen Spaziergang - nicht nur kurz "Gassi gehen"! Der Hund muß im Urlaub versorgt werden. Die Haftpflichtversicherung ist teuer. Außerdem muß Hundesteuer bezahlt werden.

Hunde können schon mal zubeißen, selbst wenn sie gerne schmusen. Kleinere Kinder sollten nicht mit einem Hund allein gelassen werden. Für Kinder ab fünf Jahren (wenn der Hund neu angeschafft wird).

Der **Wellensittich** ist ein anhänglicher, geselliger Vogel, der möglichst ganz jung in die Familie kommen sollte. Lebt er als Einzelsittich in der Wohnung, erweist er sich als guter Kamerad. Manchmal lernt er sogar ein wenig sprechen. Voraussetzung ist täglich mindestens eine halbe Stunde Zuwendung. Sittiche lieben es im Mittelpunkt des Interesses zu stehen. Sie benötigen einen möglichst großen Käfig mit Badegelegenheit, der jeden Tag zu säubern ist. Für Kinder ab acht Jahren.

Das **Meerschweinchen** eignet sich bestens als Freund von kleinen Kindern. Denn es läßt sich ohne Widerspruch beschmusen und herumtragen, ist rasch ausgesprochen anhänglich und beißt nicht. Weil Meerschweinchen gesellige Naturen sind, sollten sie möglichst zu zweit sein. Allerdings vermehren sie sich dann auch sehr schnell. Ein Meerschweinchen benötigt einen Käfig (100 cm x 80 cm), der mindestens alle zwei Tage gereinigt wer-

---

TIP

Für alle ein Problem:
Hundekot auf Gehwegen, Spielplätzen etc.
Hundehalter sollten die Häufchen ihrer Hunde selbst beseitigen - die Stadtreinigung kann dies nicht leisten. Die "Aktion Mensch und Hund" informiert (gegen DM 2.- in Briefmarken) über fast dreißig verschiedene Methoden, Hundehäufchen auf zumutbare Weise, leicht und einfach zu beseitigen.

- Aktion Mensch und Hund
  Werner Schack
  Bockhorst 43d, 22589 Hamburg
  Tel. 040/8703068 , Fax 8700538

KINDER SAMMELN WICHTIGE ERFAHRUNGEN IM UMGANG MIT TIEREN.

den muß - sonst stinkt es rasch. Für Kinder ab drei bis vier Jahren.

Zwergkaninchen werden leider so gut wie nie sauber. Sie nagen zudem die halbe Wohnung an, während sie - mindestens ein halbe Stunde täglich - frei herumlaufen. Dafür toben Zwergkaninchen gerne mit Kindern herum und sind meist sehr anschmiegsam (besonders die Weibchen). Viele Tiere sind handzahm, andere können auch zubeißen. Ihr Käfig muß jeden Tag gereinigt werden. Für Kinder ab sechs Jahren.

Eine **weiße Maus** ist rasch zahm und beißt nicht. Sie macht ungeheuren Spaß und ist sehr gelehrig. Mäuse mögen es, gestreichelt zu werden und in der Kleidung am Körper herumzutollen. Sie sind pflegeleicht, alle drei Tage muß der Käfig gereinigt werden. In der Zwischenzeit genügt es, feuchte Stellen im Streu zu entfernen. Zu bedenken ist, daß es bei Pärchenhaltung viele Junge gibt. Für Kinder ab sechs Jahren.

Generell gilt: Tiere verkümmern, beschäftigt man sich nicht mit ihnen. Kinder sammeln wichtige Erfahrungen im Umgang mit Tieren. Sie lernen Respekt, Verantwortung und Rücksicht zu üben. Ein Tier für das Kind läßt sich mit Hilfe von Zeitungsannoncen finden, in Tierhandlungen oder - heimen, am besten vielleicht beim qualifizierten Züchter.

Achtung: Vögel nur aus Zucht kaufen! Andere Vögel leiden häufig unter der nicht ungefährlichen Papageienkrankheit (Psittacose).

BÜCHER UND BROSCHÜREN

**Kleingewässer -
Teich, Tümpel, Weiher**
Jedicke, E.
Otto Maier, Ravensburg 1988

Brachland als Lebensraum
Jedicke, E.
Otto Maier, Ravensburg 1988

**Wir tun was für Eidechsen
und Schlangen**
Reichholf, J. H.
G. Steinbach (Hrsg), Aktion Ameise
Franckh-Kosmos, Stuttgart 1992

Tiere auf Wohnungssuche
Ratgeber für mehr Natur am Haus
Schreiber, R. L.
Deutscher Landwirtschaftsverlag,
Berlin 1993

Wissenschaft schafft Freude
Vorschulkinder erfahren
Naturgesetze
Graeb, Gerhard:
München: Don Bosco-Verlag 1992

**Kinder machen so starke
Sachen, damit die Umwelt
nicht umfällt**
Earthwork Group/Hamburg
Carlsen Verlag, Reinbek 1993

Das Umwelt Buch
Ökologische Zusammenhänge
verstehen
Spurgeon, Richard:
Hamburg: Ars Edition 1991
(mit praktischen Experimenten und
Projekten)

Mit Freude Natur erleben
Naturerfahrungsspiel für alle
Cornell, Joseph:
Verlag an der Ruhr, 1992

Komm mit, wir machen was
Ein Umweltbuch für alle, die mit
Kindern leben
Kirsch, Rudolf:
Ökotopia-Verlag; Münster 1991
Ein Buch, das Erfahrungen und Einsichten in ökologische Zusammenhänge vermittelt — auch mit der Hilfe der darin enthaltenen Spiele und Experimente. Es wird vervollständigt mit einer ausführlichen Bibliographie und Adressenteil zum Thema.

Tiere am Teich
Dreyer, E.-M., Friedrich, W. u.
Franckh-Kosmos Verlag, Stuttgart
1994

**Es war einmal ein
Blauer Planet**
Fernandes, K.
Coppenrath, Münster 1992

Mein Freund der Seehund
Gersmeier, R., Hagemann, K.
Coppenrath, Münster 1993

Die fröhliche Spielwiese
Über 80 lustige Spiele und Spielgeräte zum Selbermachen
Bruns, S. u. H.
Kösel, München 1986

Die Krötenmutter
Naujock, C., Heyne, I.
Wolfgang Mann, Berlin 1989

Zimmerluft – Dicke Luft
Schadstoffe in Innenräumen und
was man dagegen tun kann.
Katalyse e.V.
Kiepenheuer u. Witsch, Köln 1992

Gesund Wohnen - umweltbewußt bauen
Leibold, Gerhard:
Humboldt Verlag, München 1992

**Mein Zuhause – giftfrei und
gesund**
Steinbach, Paul:
GU Verlag, München 1992

**Schimmelpilz in Wohnräumen
- was tun**
Bieberstein, Horst:
alpha&omega Verlag, Stuttgart 1993

Ratgeber Gesundheit: Allergien
Stiftung Warentest
1991, 254 Seiten
über Stiftung Warentest Vertrieb
Postfach 810660
70523 Stuttgart
Tel. 0180/2321313

Allergie – Was tun?
Fuchs, Erich Prof. Dr. med.:
Piper Verlag, München 1992

Gentechnik im Einkaufskorb
Symposium zur Anwendung der
**Gentechnik in Lebensmitteln
Problem Ozon**
Information zur Ozonbelastung am
Boden während der Sommermonate
Hessisches Ministerium für Jugend,
Familie und Gesundheit

Sommer, Sonne und ... Ozon
Deutsche Angestelltenkrankenkasse
(DAK)
Öffentlichkeitsarbeit
Nagelsweg 27 - 35
20097 Hamburg

BÜCHER UND BROSCHÜREN

Rabe, Frosch + Sonnenblume
3.- DM
Stadtgeschichten zum Umwelttag
1.- DM
erhältlich bei: Deutscher Naturschutzring e.V.
Kahlkuhlstr. 24, 53227 Bonn

Meine Umweltfibel
Mal-, Bastel-, Rätselbuch
1,50 DM
zu beziehen über
Aktion Saubere Landschaft
Friedrich-Ebert-Str. 17
40210 Düsseldorf

- **Spaß am Umweltschutz**
- **Bürger im Umweltschutz**
- **Im Zeichen der Zeit**
- **Haushaltstips für Umweltbewußte**

kostenlos erhältlich beim Umweltbundesamt
Bismarckplatz 1, 14193 Berlin

- **Lärmfibel "Straßenverkehr"**
  DM 5,—
- **Lärmfibel "Selbsthilfe bei Lärmbeschwerden"**
  DM 4,—

Deutscher Arbeitsring für Lärmbekämpfung e.V. (DAL)
Informationszentrum Lärm
Frankenstr. 25
40476 Düsseldorf
Tel. 0211/488499, Fax 442634

- **Mach Mit beim Umweltschutz**
- **Mitgliederzeitschrift "perpedes"**

Deutsche Wanderjugend
Wilhelmstr. 39
75378 Bad Liebenzell
Tel. 07052/3131

- **Arbeitshilfe Wasser**
- **Arbeitshilfe der AG Wandern**

Deutsche Wanderjugend LV Hessen
Carlo-Mierendorff-Straße 4
64823 Groß Umstadt
Tel. 06078/4516 oder 06163/3725

Naturschutzbund Deutschland (NABU) e.V.
Herbert-Rabius-Straße 26
53225 Bonn
Gegen Rückporto erhält man dort eine Materialliste (Broschüren, Infohefte, Zeitschriften etc.)

Naturschutzjugend Deutschland
Königstr. 74
70597 Stuttgart
Tel. 0711/7656612
Hier gibt es eine ganze Broschürenserie zum Thema Kinder und Umweltschutz, Materialien zum Lesen, Basteln zu verschiedenen Themen, Aktionstips und Seminar- und Freizeitprogramme.

SICHERHEIT

14

- FORMALDEHYD IM HAUS?
- KINDER IM AUTO
- KINDER AUF DEM FAHRRAD
- DER SICHERE SCHULWEG
- SICHERHEITSTRAINING
- FEUERWEHR
- HILFSORGANISATIONEN
- WAS TUN WENN DOCH ETWAS PASSIERT?
- NOTFALLHILFE

Kinder sind immer auf Entdeckungsreise – ob in der Wohnung, im Garten oder auf der Straße. Voller Tatendrang erforschen sie die Welt und sind dabei kaum zu stoppen. Zum Leidwesen vieler Eltern. Denn Eltern möchten Kinder natürlich vor möglichen Unfällen und drohenden Verletzungen bewahren. Doch Kinder lassen sich nicht ewig behüten, sie lernen schnell und am besten selbst, mit alltäglichen Gefahren zu leben. Gleichwohl gibt es einfache, nützliche Tips, die helfen, für das Kind einen möglichst sicheren Lebensbereich zu schaffen. Darüber informiert ein reichhaltiges Kurs- und Beratungsangebot.

Was zu tun ist, um Kinder vor etwaigen Schäden zu schützen, richtet sich nach ihrem jeweiligen Alter- und Entwicklungsstand. Säuglinge etwa können Risiken selbst noch nicht erkennen, sie sollten daher in einer möglichst gefahrfreien Umwelt aufwachsen. Ab dem 3. und 4. Lebensjahr aber lernen Kinder, mit Gefahren umzugehen. Je früher sie dabei eigene Erfahrungen sammeln, desto eher werden sie sich auch sicherheits- und selbstbewußt verhalten. Eine überängstliche Gängelung des Kindes erreicht nur das Gegenteil. Ein Unfall ist selten Zufall, die meisten Unfälle sind vermeidbar. Das beginnt schon damit, daß sich Eltern ihrer Vorbildfunktion bewußt werden: Leichtfertiges Verhalten übernehmen Kinder unweigerlich.

Ebenso wichtig ist es, einen Blick dafür zu entwickeln, wo Gefahren für Kinder lauern. Dazu genügt häufig bereits ein Rund-"Gang" in Kinderaugen-Höhe. So lassen sich zu Hause schnell die zahlreichen Ecken und Kanten entdecken, an denen sich Kinder regelmäßig die Köpfe stoßen. Aus dieser ungewohnten Perspektive realisieren Eltern ebenso leicht das Gefahrenpotential herunterhängender Elektrokabel, Blumenranken oder Tischtücher. Über den Herd ragende Pfannenstiele, Nähnadeln auf dem Teppichboden, tief unten im Schrank "gut versteckte" Haushaltsreiniger oder Steckdosen in Fußleistenhöhe sind genauso einfach aufzuspüren, begeben sich Eltern einmal auf Krabbel-Niveau. Einmal erkannt, ist es nicht schwierig, vielen Risiken vorzubeugen: Steckdosen lassen sich kindersicher abdecken, Türen und Schubladen verriegeln, gefährliche Stoffe können entweder entsorgt oder für Kinder tatsächlich unerreichbar verwahrt werden, der Herd ist problemlos mit einem Schutzgitter auszurüsten, und Pfannenstiele sind ohne weiteres auch zur Seite oder zur Herdmitte zu drehen.

Vorsicht sollten Eltern auch im eigenen Garten walten lassen. Am Gartenteich, mit der Regentonne oder im Kinderplanschbecken dürfen kleine Kinder nie ohne Aufsicht durch Erwachsene spielen. Sie von den Geschwistern beaufsichtigen zu lassen, genügt nicht – Ertrinken ist eine der häufigsten Todesursachen von Kleinkindern. Unfälle lassen sich vermeiden, wenn Teiche eingezäunt oder mit einem stabilen, kaum sichtbaren Gitter knapp unterhalb der Wasseroberfläche versehen werden. Regentonnen sollten einen festen Deckel besitzen,

SCHUTZ-SCHALTER

Ein Fehlerstrom-Schutzschalter (FI-Schalter) erhöht wesentlich die Sicherheit im Haushalt. Werden bei einem defekten Gerät stromführende Teile berührt, sorgt er für eine Unterbrechung der Stromzufuhr innerhalb von 0,2 Sekunden. Tödliche Stromstöße sind damit nahezu auszuschließen. Die Installation erfolgt im Sicherungskasten der Wohnung oder des Hauses und sollte nur durch einen Fachmann vorgenommen werden.

BROSCHÜREN

Empfehlenswert sind die folgenden, kostenlosen Broschüren. Sie enthalten Checklisten für eine sichere Kinderumwelt und anschauliche Informationen zur Verhütung von Kinderunfällen:

- **Chemie ist nichts für kleine Kinder**
- **Wasser hat keine Balken**
- **Gefahr in den vier Wänden**
- **Das Paradies hat manche Tücken**
- **Sichere Räder für kleine Radler**

alle bei der Strom Verbraucherzentrale Bayern e.V.
Mozartstr. 9
80336 München
Tel. 089/5398724, zu erhalten.

Die neue Sicherheitsfibel
Bundeszentrale für gesundheitliche Aufklärung
Ostheimer Str. 200
51109 Köln
Tel. 0221/8992-0

Verbraucher-Rundschau 12/94
Heilsbachstr. 20
53123 Bonn
0228/6489-0

- **Sicherheit für Ihr Kind - (k)ein Kinderspiel**
  mit Checkliste für den Einkauf von sicheren Haushalts- und Kinderbedarfsartikeln
- **Sichere Ausrüstung beim Skifahren**
- **Sichere Fahrrad-Kindersitze**

Gegen Einsendung eines frankierten Rückumschlags sind hier diese kostenlosen Broschüren zum Thema "Sicherheit" erhältlich:
Bayerisches Landesinstitut f. Arbeitsschutz
Pfarrstr. 3
80538 München
Tel. 089/21841

Der Sicherheit von Kindern, den typischen Gefahrenquellen und wie man sie ausschalten kann,
ist das Heft 12/94 der Verbraucher-Rundschau gewidmet. Zum Preis von DM 3,25 zuzügl. Versandkosten erhältlich bei der Verbraucherzentrale Bayern e.V.
Mozartstr. 9
80336 München
089/5398724

Kinderfahrradhelme
Tips, Testergebnisse und Einkaufshilfen zum diesem Thema sind hier kostenlos erhältlich.
Stiftung Warentest
Lützowplatz 11-13
10785 Berlin
Tel. 030/2631-0

---

den Kinder nicht entfernen können. Insektenstiche können insbesondere Kinder mit Neigung zu Allergien gefährden. Kinder sollten darum nicht aus dunklen Flaschen oder Dosen trinken – allzu oft hat auch eine Wespe Geschmack am meist süßen Inhalt gefunden. Als Vorsichtsmaßnahme vor einem lebensbedrohlichen Stich ist es ratsam, Kindern einen Strohhalm oder ein Glas anzubieten. Im Sommer locken natürlich auch Eis, Kuchen und Brote mit süßem Aufstrich Wespen an.
Aus dem Kinderspielbereich sollten zudem giftige Pflanzen verbannt sein (→ Kapitel "Umwelt").

FORMALDEHYD IM HAUS?

Formaldehyd ist eine gesundheitsgefährdende Chemikalie, die in Wohnräumen zum Beispiel von Möbeln, Spanplatten, Sperrholz, Fußbodenbelägen, Wand- und Deckenverkleidungen, Leimen, Lacken und Isoliermaterialien freigesetzt werden kann. Aber auch Desinfektionsmittel, Kleider und Tabakrauch enthalten oftmals Formaldehyd. Waren bislang aufwendige und teure Laboruntersuchungen notwendig, um festzustellen, ob der vom Bundesgesundheitsamt empfohlene "Innenraumrichtwert" von 0,1 ppm (parts per million) in der eigenen Wohnung nicht überschritten wird, so kann dies jetzt jedermann/frau selbst überprüfen. Mit Hilfe des Dräger Bio-Check F, einem speziell zu diesem Zweck entwickelten Bio-Sensor mit einfacher Handhabung. Nach rund zweistündiger Messung läßt sich anhand einer Farbskala die Höhe der Formaldehydkonzentration feststellen. Der Dräger Bio-Check F ist in allen Apotheken unter der Pharma-Nummer 4898239 erhältlich, zum Preis von rund 45.- DM.

AUTO

Zwei von drei im Auto getöteten Kindern könnten noch am Leben sein, hätten ihre Eltern sie richtig gesichert. Zu diesem Ergebnis kommt eine Studie der Auto-Versicherer aus dem Jahre 1991. Damals kamen 196 Kinder als Mitfahrer ums Leben, über 16000 wurden verletzt. Jedes zweite Opfer war jünger als sechs Jahre. Eine Konsequenz daraus ist die Einführung der Kindersitzpflicht im April 1993. Seitdem dürfen Kinder bis zwölf Jahren, die kleiner als 1,50 m sind, nur in speziellen Rückhalteeinrichtungen im Auto mitgenommen werden (§21 Abs. 1 a StVO)

Beim Kauf eines solchen Sitzes ist auf die DIN-Norm 4849 oder die europäische Norm für Kindersicherheit ECE44 zu achten. Kindersitze testen regelmäßig die Automobilclubs, Fachzeitschriften und die Stiftung Warentest, die Testergebnisse sind bei der Verbraucherzentrale einzusehen.

Außer für Babys in dafür zugelassenen Sitzschalen ist für Kinder bis zum zwölften Lebensjahr die Mitfahrt auf dem Beifahrersitz verboten. Sie müssen auf der Rückbank sitzen und angeschnallt sein. Solange sie für die normalen Gurte noch zu klein sind, muß man spezielle Rückhaltesysteme benutzen. Diese müssen amtlich genehmigt und für das Kind geeignet sein. Altersgerechte Rückhaltesysteme verhindern, daß Kinder durch die Frontscheibe geschleudert werden oder schwere Quetschungen bzw. Prellungen im Bauch- und Halsbereich erleiden können. Gegenstände auf der Hutablage (oder bei Kombis im Laderaum) können sich beim starken Abbremsen in unvermutete Geschosse verwandeln und zu erheblichen Verletzungen führen. Daher sollten diese Gegenstände entfernt oder mit einem Netz gesichert werden. Eltern sollten die Kindersicherung der hinteren Türen einlegen und darauf achten, daß Kinder nur auf der Gehwegseite ein- und aussteigen. – Aber Achtung Fahrradwege!

MIET-BABYSITZ

Zum Kauf eines neuen Baby- oder Kindersitzes gibt es Alternativen: Mieten, Tauschen oder Second-Hand. So muß man nicht beides anschaffen. erst einen Babysitz und später, wenn das Kind größer und älter wird, auch noch einen Kindersitz. Mieten, (ver-) kaufen oder tauschen kann man in Second-Hand-Geschäften auf Basaren oder mittels einer Annonce in den Anzeigenblättern.

FAHRRAD

Als Radfahrende sind Kinder besonders gefährdet und müssen daher entsprechend vorsichtig sein. Es kommt nicht nur auf ein sicheres Fahrverhalten, die nötigen Verkehrskenntnisse, sondern auch auf ein sicheres Rad und einen sicheren Helm an.

Kinder müssen frühzeitig über Verkehrsregeln und Gefahrenstellen aufgeklärt werden. Klar ist, daß Eltern sich dann selbst vorbildlich im Straßenverkehr verhalten.

MANCHMAL KÖNNEN ELTERN GAR NICHT SO SCHNELL REAGIEREN,
WIE DIE KLEINEN KLETTERN KÖNNEN.

Ein Fahrrad mit dem GS-Zeichen oder einem Aufkleber DIN 79110 erfüllt die Mindestanforderungen an Sicherheitsstandards – das Minimum für ein Kinderfahrrad!
Grundsätzlich braucht ein Fahrrad zwei Bremsen: vorne eine Felgenbremse, hinten am besten eine wartungsarme und wirkungsvolle Rücktrittbremse. Die Handbremse muß vom Kind mit wenig Kraft betätigt werden können. Der Kettenkasten sollte geschlossen sein, damit eine flatternde Hose nicht plötzlich die Kette blockiert und die Fahrt unsanft beendet. Lenkerenden und -befestigung sollten gut gepolstert sein – so lassen sich bei Stürzen innere Verletzungen vermeiden. Schutzbleche müssen abgerundet sein und dürfen keine scharfen Kanten aufweisen. Der Sattel sollte schmal, gut gepolstert und in der Höhe so eingestellt werden, daß das Kind noch mindestens mit den Fußspitzen den Boden berühren kann. Stützräder sind nur ein vorübergehendes Provisorium – trotzdem müssen sie stabil und gut befestigt sein. Auch eine Beleuchtungsanlage, zumindest aber Rückstrahler gehören selbstverständlich zur Ausstattung eines Kinderfahrrades.
Beim Radfahren sollten Kinder einen Schutzhelm tragen. Gute Schutzhelme sind innen gefüttert, der Kopfgröße des Kindes angepaßt und tragen das TÜV- oder GS-Zeichen bzw. einen Aufkleber "entspricht ANSI-Norm". Kinderschutzhelme kosten zwischen 50 und 100 DM. Eine leuchtfarbene Sicherheitsfahne am Fahrrad macht das Kind selbst zwischen parkenden Autos erkennbar.
Für Kinder ist jeder Ausritt auf dem eigenen Drahtesel ein Abenteuer. Daher sollten Eltern ihr Kind erst dann alleine fahren lassen, wenn sie davon überzeugt sind, daß es das Fahrradfahren auch beherrscht. Eltern und Kinder sollten gemeinsam üben – zuerst einmal da, wo wenig los ist. Bei einem Ausflug ins Grüne genau beobachten, wo es noch "hapert".

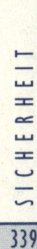

DER SICHERE SCHULWEG

Nicht immer ist der kürzeste Schulweg auch der sicherste! Eltern sollten daher überlegen, welche Gefahrenpunkte auf dem Schulweg lauern und wie man sie – z.B. durch einen Umweg – vermeiden kann. Gehen Sie mit Ihrem Kind den Schulweg mehrmals ab und erklären Sie ihm, wie es sich an gefährlichen Stellen zu verhalten hat. Begleiten Sie ihr Kind auch nach dem ersten Schultag gelegentlich, so erkennen Sie neuentstandene Gefahrenpunkte, wie z.B. Baustellen.

Geht Ihr Kind zu spät zur Schule, mahnen Sie es nicht zur Eile, stattdessen geben Sie ihm besser eine Entschuldigung mit. Aus Angst vor Tadel und angetrieben zur Hast, übersehen Kinder Gefahren im Straßenverkehr.

> **TIP:**
> Bei schlechtem Wetter oder in der Dämmerung tragen Kinder Sicherheitskleidung. Leuchtend farbige Ranzen, Jacken oder auch Aufnäher sorgen dafür, daß ihr Kind rechtzeitig bemerkt wird.
> Schulweg-Ratgeber – Informationen zum sicheren Schulweg
> hrsg. von AOK/ADAC dort erhältlich.

SICHERHEITSTRAINING – ANGEBOTE FÜR KINDER UND ELTERN

Der ADAC Bayern bietet ein vielfältiges Programm mit Angeboten für folgende Zielgruppen: Kinder, Jugendliche, Eltern, Erziehende und Lehrende zur Sicherheit von Kindern im Straßenverkehr.

Sicher gehen kinderleicht
Die Übungen dieses Geschicklichkeitsspieles dienen der Förderung von Körperbeherrschung, Wahrnehmung und Bewegungskoordination. Sie tragen dazu bei, Kinder auf die Bewältigung gefährlicher Situationen im täglichen Leben vorzubereiten.

Kind und Verkehr
Dieses Programm richtet sich an Eltern von Vorschulkindern. Es beinhaltet Medien und Maßnahmen für Eltern, mit denen die Verkehrserziehung eingeleitet werden soll. Behandelt werden die Themen "Kinder als Fußgänger", "Kinder als Radfahrende" und "Kinder als Mitfahrende".

Fahrradturnier
Radfahrende Kinder gehören mit zu den am stärksten gefährdeten Verkehrsteilnehmern. Der ADAC führt deshalb gemeinsam mit der AOK seit mehr als 25 Jahren Fahrradturniere mit 8-15 Jährigen durch. Die Turniere haben zwei grundlegende Zielsetzungen:
Die Vermittlung und Einübung fahrpraktischer Fertigkeiten und die Feststellung und Behebung von Sicherheitsmängeln an Fahrrädern.

Schulwegsicherheit
Hier engagiert sich der ADAC bei der Beseitigung von Schwachstellen und Gefahrenpunkten auf dem Schulweg. Auch bei der Erstellung von Schulwegplänen ist er behilflich. Zum Schulanfang bietet der ADAC Eltern einen Schulwegratgeber an.

Veranstaltungen für ErzieherInnen und LehrerInnen
Bei diesen Veranstaltungen werden Aspekte rund um den Schulweg behandelt, z.B.:
- Zurechtfinden im Lebensraum
- Partnerschaft auf der Straße
- Überqueren der Fahrbahn
- Verkehrsregeln und Zeichen

- **ADAC München**
  Am Westpark 8, 81373 München, Tel. 7676-0

Neben dem umfangreichen "Handbuch für Verkehrssicherheit" bietet der ADAC eine Vielzahl von Broschüren zum Thema Verkehrssicherheit und Verkehrserziehung:
- Mit dem Fahrrad unterwegs
- Kinder auf der Straße gehen uns alle an
- So werden Kinder sattelfest
- Kinder als Mitfahrer

Trainingsprogramme für Kindergarten- und Schulkinder werden auch regelmäßig von der Münchner Verkehrspolizei, Abt. Verkehrserziehung und -aufklärung, (Tel. 214-7550) durchgeführt. Zum Angebot gehört die Verkehrspuppen-Bühne mit dem Verkehrskasperl und immer wieder neuen Stücken, die von den Beamten selbst geschrieben werden. Die Verkehrspolizisten stehen auch für Veranstaltungen außerhalb von Schule und Kindergarten zur Verfügung.

Kinder-Verkehrs-Club
Die Deutsche Verkehrswacht hat mit der Einrichtung des Kinder-Verkehrs-Clubs ein Verkehrserziehungsprogramm entwickelt, das Kinder spielerisch an eine aktive, verantwortungsbewußte Teilnahme am Verkehr heranführen soll. Angesprochen sind Eltern mit Kindern im Alter von etwa drei Jahren – das Programm begleitet die Kinder dann bis zur Einschulung. In dieser Zeit erhalten die KVC-Mitglieder alle sechs Monate Päckchen mit altersgerechten Verkehrsspielen (für drinnen und draußen) und entsprechendem Anleitungsmaterial und Übungshinweisen für die Eltern. Spielerisches Lernen und gemeinsame Übungen mit den Eltern – dies bereitet die Kinder Schritt für Schritt auf die Verkehrswirklichkeit vor. Der erste Schulweg ist dann kein Problem mehr.
Der Mitgliedsbeitrag im KVC kostet pro Kind und Jahr 42.- DM, Versandkosten inklusive. Weitere Infos und Anmeldeformulare gibt es kostenlos unter folgender Adresse:

- **Deutsche Verkehrswacht e.V.**
  Am Pannacker 2, 53340 Meckenheim, Tel. 02225/884-0

- **Verkehrswacht München e.V.,** Ridlerstraße 35a, 80339 München, Tel. 540133-10
  Die Verkehrswacht München bietet anschauliches Material und informative Hilfen zur Verkehrserziehung. Sie wendet sich dabei vor allem an Erzieher, Pädagogen und Kindergärtner, denen sie auch Fortbildungsmöglichkeiten bietet. Aber auch Eltern, die grundlegende Fragen zur Verkehrserziehung haben, können sich hierhin wenden.

- **Arbeitskreis Verkehr und Umwelt**
  Exerzierstraße 20, 13357 Berlin, Tel. 030/927473
  Der Arbeitskreis Verkehr und Umwelt. unterstützt und koordiniert vielfältige verkehrspolitische Aktionen. Sie vertreibt die 40seitige Broschüre "Verkehrte Kinder", ein Grundlagenwerk über Kinder-Verkehrsunfälle, Ursachen, Hintergründe, mögliche Gegenmaßnahmen, Kritik an herkömmlicher Kinder-Verkehrserziehung. Eine handlungsorientierte Schrift, die zum Preis von DM 4.- hier erhältlich ist. Für Klassen- oder Schulprojekte steht eine Fülle von Unterrichtsmaterialien zum Thema "Verkehr und Umwelt" zur Verfügung

- **Deutsches Kinderhilfswerk e.V.**
  Langwieder Hauptstraße 4, 81249 München, Tel. 8461059 und Tel. 8642550
  Auch hier erhält man umfangreiches Material zum Thema Verkehrssicherheit/kinderfreundliche Stadt.

- **Kinderschutzzentrum München**
  Pettenkoferstr. 10a, 80336 München, Tel. 55536
  Das Kinderschutzzentrum ist eine zentrale Anlaufstelle für Informationen, Kritik und Initiativen zur Verbesserung der Verkehrssituation von Kindern

- **Mercedes-Förderungswerk Verkehrssicherheit für Kinder**
  Postfach, 70322 Stuttgart, Tel. 0711/1759003
  Mit der Einrichtung der Vorschul-Parlamente, die mit verschiedensten Aufklärungs- und Trainingsprogrammen Verkehrserziehung und Öffentlichkeitsarbeit betreiben, unterstützt das "Mercedes-Förderungswerk Verkehrssicherheit für Kinder" die Arbeit der Münchener Verkehrspolizei.

Weitere Adressen:

- **ACE-Region Süd**
  Bayerstr. 69, 80335 München, Tel. 5309069
- **Arbeitsgemeinschaft Deutscher Verkehrserzieher (ADV)**
  Im Ostkamp 6, 31246 Lahstedt, Tel. 05172/2031
- **AvD – Automobilclub von Deutschland**
  Lyoner Str. 16, 60528 Frankfurt, Tel. 6606-0; Pannenhilfe: Tel. 0130-9909

ADFC Allgemeiner Deutscher Fahrrad-Club
Für alle RadfahrerInnen die richtige Adresse. Engagiert sich für mehr Sicherheit und Umweltschutz im Verkehr und bietet eine Menge Serviceleistungen: Veranstaltung und Beratung von Touren, Radreisen, Seminare, Technik- und Reparaturkurse. Außerdem kümmert sich der ADFC um die Belange der Radfahrenden bei der örtlichen Verkehrsplanung. Broschüre "Fahr Rad... aber richtig" mit Tips für noch mehr Spaß am Radfahren ist im Infoladen erhältlich.

- **ADFC, Bezirksverein München**
  Steinstraße 17, 81667 München, Tel. 4801001

Sicherheitstraining für Autofahrer

Dieses Programm, vom Deutschen Verkehrssicherheitsrat entwickelt, dient der "Weiterbildung" von Autofahrenden. Also auch ein Programm für alle Eltern, die viel unterwegs sind und möglichst sicher ihr Fahrzeug beherrschen wollen. Es wird von der Verkehrswacht und den Automobilclubs durchgeführt, die auch gerne über das wo und wie informieren.

DEA Mediathek der Deutschen Verkehrswacht

Die DEA der Deutschen Verkehrswacht wurde 1991 von der Deutschen Verkehrswacht e.V. und der DEA Mineraloel AG als zentrale Institution für audiovisuelle Medien zum Thema Verkehrssicherheit gegründet. Ziel ist, einen aktiven Beitrag zum Thema Verkehrssicherheit zu leisten.
Das nach pädagogischen Gesichtspunkten ausgewählte Filmmaterial ist auf Videokassetten jedermann zugänglich. Sowohl private Nutzer als auch MultiplikatorInnen – Vereine, Kindergärten, Schulen, Institutionen etc. – können bei der Mediathek kostenlos Filme leihen. Der Entleiher zahlt lediglich die Postgebühren für Zustellung und Rücksendung. Der Filmbestand umfaßt zur Zeit über 400 Titel, diese sind in einem kommentierten Filmkatalog aufgeführt. Der Filmkatalog der Mediathek wird Ihnen auf schriftliche oder telefonische Anforderung zugesandt.

- **DEA Mediathek der Deutschen Verkehrswacht**
  Am Pannacker 2, 53340 Meckenheim, Tel. 02225/8848-0/ 1, Fax 88482

FEUERWEHR UND HILFSORGANISATIONEN

Feuerwehr und Hilfsorganisationen bieten nicht nur eine große Zahl von Kursen und Ausbildungen an, sondern Kindern und Jugendgruppen auch eine spannende Freizeitgestaltung. Dabei können Kinder den Umgang mit Gefahren spielerisch erlernen und sind so in der Lage, Gefahrensituationen zu meistern.

Feuerwehr München

Das Spiel mit dem Feuer ist für Kinder faszinierend. Wie verzaubert strahlen ihre Augen vor einem hell erleuchteten Weihnachtsbaum oder vor einer Kerze. Feuer ist faszinierend, doch Feuer ist auch gefährlich. Niemand weiß dies besser als die Profis der Berufsfeuerwehr München.

Genau 48 193 mal wurde die Feuerwehr im Jahr 1994 alarmiert. Dabei gehört zu ihren Aufgaben längst nicht mehr nur der vorbeugende und abwehrende Brandschutz, sondern auch technischer und Unfall-Hilfsdienst bei Notfällen aller Art, seien es Verkehrsunfälle, Einstürze, Explosionen, Überschwemmungen oder Gas- und Ölunfälle. Die Branddirektion betreibt zudem den gemeinsamen Notarztdienst sowie einen speziellen toxikologischen Notarztdienst - seit 1978 auch einen Neugeborenen-Notarztdienst und seit Anfang 1990 einen Kindernotarztdienst. 1994 wurden mehr als 700 Risiko-Neugeborene in den speziell ausgerüsteten Rettungswagen der Feuerwehr in Krankenhäuser mit Intensivpflegestation gebracht.
Eine Aufgabe der Feuerwehr ist die Aufklärung und Beratung zu allen Fragen des Brandschutzes. Im Rahmen der Öffentlichkeitsarbeit werden daher auch Führungen von Schulklassen durchgeführt,

die die Kinder mit der Arbeit der Berufsfeuerwehr vertraut machen. In Kindergärten werden auf Wunsch Feuerwehrfahrzeuge vorgeführt.

- **Die Branddirektion**
  Blumenstraße 34, 80331 München, vermittelt gerne einen Termin: Tel. 2353-001

Ist das Interesse an der Feuerwehr erst einmal geweckt, bieten sich verschiedene Möglichkeiten für Jugendliche, selbst in einer der Freiwilligen Feuerwehren aktiv zu werden.
Ab 14 Jahren können Mädchen und Jungen in eine der 6 Jugendfeuerwehren aufgenommen werden. Fast in jedem Stadtteil gibt es diese Möglichkeit. Die Jugendfeuerwehren bieten Spiel, Sport, Abenteuer, Fahrten ins In- und Ausland, Wettkämpfe und vor allem viel Spaß. Außerdem erhalten die Nachwuchsfeuerwehrleute eine eigene Uniform und Grundkenntnisse der Feuerwehrarbeit. Im Sommer werden die theoretischen Kenntnisse bei Übungen und Wettkämpfen praktisch angewandt. Die Jugendfeuerwehr rückt dann mit den Fahrzeugen der "richtigen" Feuerwehr aus.
Die Jugendfeuerwehr ist für viele ihrer Mitglieder das Sprungbrett in die Einsatzabteilungen der Freiwilligen Feuerwehren oder sogar in die Berufsfeuerwehr.

Technisches Hilfswerk - THW
Die Bundesanstalt Technisches Hilfswerk ist eine vom Bund getragene Katastophenschutz-Organisation. Als humanitäre Hilfsorganisation leistet sie technische Hilfe bei Katastrophen, großen Unglücken und anderen Notlagen im In- und Ausland. Zu den Aufgaben des THW gehört u.a. die Rettung und Bergung von Personen, Tieren und Sachwerten aus Gefahrenlagen, der Bau von Stegen, Brücken, Wegen oder Flößen, das Instandsetzen von Versorgungs- und Entsorgungsanlagen. In München gibt es fünf Ortsverbände des THW, von denen zwei spezielle Jugendgruppen für Jugendliche zwischen 10 und 18 Jahren unterhalten. Spielerisch, abwechslungsreich und doch sachlich-informativ wird den "Helfern von morgen" ein attraktives Programm geboten. Vor allem die Technikfreaks kommen hier voll auf ihre Kosten, sei es bei der Holzbearbeitung, beim Bau von Flößen oder beim Umgang mit Leinen und mit elektrischen und hydraulischen Aggregaten. Außerdem werden Fahrten und Wettkämpfe durchgeführt. Informationen:

- **THW-Ortsverband München-Mitte**
  Domagkstr. 33, 80807 München, Tel. 3234000
  THW-Ortsverband München-West
  Ubostraße 7, 81241 München, Tel. 8634186

Arbeiter Samariter Bund
Der Arbeiter-Samariter-Bund ist eine unabhängige Hilfsorganisation, die auf vielen Gebieten aktiv ist, so u.a. im Rettungsdienst, Sanitätsdienst und Katastrophenschutz. Das Angebot in der Ausbildung umfaßt Kurse in Sofortmaßnahmen am Unfallort, Erste-Hilfe-Kurse, Herz-Lungen-Wiederbelebung und speziell für Eltern ein "Erste Hilfe Kurs bei Kindernotfällen". Dieser Kurs beinhaltet Themen wie richtiges Verhalten bei Notfällen, Erkennen von lebensbedrohlichen Störungen, Wundversorgung, Bewußtseinsstörungen, Die wichtigsten Erkrankungen im Säuglings- und Kindesalter, Atemspende, Herz-Lungen-Wiederbelebung. Die Kursdauer beträgt 8 Doppelstunden, die

Kosten (DM 40,- pro Person bzw. DM 70,- für Elternpaare) werden zum Teil von den Krankenkassen übernommen. Informationen unter 089/74363104.#

Die Arbeiter-Samariter-Jugend (ASJ) hat es sich zur Aufgabe gemacht, Kindern und Jugendlichen Verantwortung zu übertragen, sie übernimmt soziale Aufgaben u.a. auch im Rahmen der Mutterorganisation. So werden zum Beispiel regelmäßig Erste-Hilfe Kurse für Kinder durchgeführt, in denen schon die Jüngsten das richtige Verhalten bei Notfällen lernen (Informationen unter 74363-104, Thomas Klug). Die ASJ bietet darüberhinaus regelmäßige Gruppenabende, Seminare, Veranstaltungen und Zeltlager auf Landes- und Bundesebene.
Informationen unter 74363-206, Kolja Erd.

- **Arbeiter-Samariter-Bund**
  Kreisverband München, Adi-Maislinger-Straße 6-8, 81373 München, Tel. 74363-0

Bayerisches Rotes Kreuz

Das Bayerische Rote Kreuz bietet eine ganze Reihe von Lehrgängen, Schulungsmaterialien, Videos und Trainingsprogrammen für Kinder und Jugendliche an. "Trau Dich", ein Projekt zur Ersten Hilfe und Unfallverhütung für Kinder im Alter von 3 bis 7 Jahren wird in Zusammenarbeit mit interessierten Kindergärten angeboten, und beinhaltet Themenkreise wie "Trösten", "¡Hilfe holen", "Wundversorgung", "Verbrühungen und Verbrennungen", "Bewußtlosigkeit" und "Insektenstiche". "Junior-Helfer", ein Erste-Hilfe-Programm für Kinder im Grundschulalter, umfasst auch Unterrichtsmaterialien und Videobänder für den Grundschulunterricht. Für Eltern, Erzieher und Jugendgruppenleiter wird außerdem ein Lehrgang "Erste Hilfe am Kind" angeboten. Das Bayerische Jugendrotkreuz bietet Jugendlichen ab 14 eine Fülle von weiteren Aktivitäten. Informationen unter:

- **Bayerisches Rotes Kreuz**
  Seitzstraße 8, 80538 München, Tel. 2373-1

Johanniter-Unfall-Hilfe

Die Johanniter-Unfall-Hilfe übernimmt folgende Aufgaben: Rettungsdienst, Blut- und Organtransport, Sanitätsdienst und Katastrophenschutz. In der Ausbildung bietet die JUH neben den Sofortmaßnahmen am Unfallort, Erste-Hilfe Lehrgängen und Erste-Hilfe am Kind (in Zusammenarbeit mit der Barmer Ersatzkasse) auch Kurse für Eltern und Erzieher an, die sich mit Notfällen in Säuglings- und Kleinkinderalter beschäftigen: In 5 Doppelstunden wird dabei auf typische pädiatrische Notfälle vorbereitet wie Pseudokrupp, Kehldeckelentzündung, Fieberkrämpfe, Zeckenbisse, Atem- oder Herzkreislaufstillstand.
Der Kurs "Ersthelfer von Morgen" macht Kinder im Vor- und Grundschulalter mit der Ersten Hilfe vertraut. Dieses Angebot richtet sich vor allem an Kindertageseinrichtungen und Grundschulen.

Die wichtigsten Zielsetzungen sind:

- Frühe Sensibilisierung für die Erste Hilfe,
- Vermittlung von Basiswissen und -fertigkeiten der Ersten Hilfe und Unfallprophylaxe.

Insgesamt bieten die Johanniter 14 Unterrichtseinheiten mit einer Dauer von 45 Minuten für die Ausbildung im Vor- und Grundschulalter an, die von speziell geschulten Ausbildern durchgeführt werden. Für Kindergärten und Grundschulen entstehen dabei keine Kosten.

- **Johanniter Unfall Hilfe, Kreisverband München**
  Schäftlarnstr. 9, 81371 München, Tel. 72011-0

Malteser-Hilfsdienst

Der Malteser-Hifsdienst ist in München in den Bereichen Rettungsdienst, Sanitätsdienst, Katastrophenschutz und Auslandsrückholdienst engagiert. Dazu kommt ein vielfältiges Kursangebot: z. B. Lebensrettende Sofortmaßnahmen am Unfallort, Erste-Hilfe Lehrgänge und Erste-Hilfe für Notfälle im Säuglings- und Kleinkindesalter. Letztere umfassen 8 Studen und finden in der Regel monatlich oder zwei Mal im Monat statt. Die Lehrgangsgebühren werden von fast allen Krankenkassen zu 100% zurückerstattet. Informationen und Anmeldungen zu den Kursen unter Tel. 089/4360 8133

- **Malteser-Hilfsdienst e.V.**
  Streitfeldstraße 1, 81673 München, Tel. 43608-1

Deutsche Lebens-Rettungs-Gesellschaft

Die DLRG ist die größte freiwillige Wasserrettungsorganisation der Welt. Für Kinder und Jugendliche bietet die DLRG ein breites Programm: vom Anfängerschwimmkurs über erste Abzeichen bis zum Juniorretter und Schnorcheltauchschein gibt es ein breites Kursangebot. Alles ohne Leistungsdruck, aber mit vielen Erfolgserlebnissen und Spaß in der Gruppe.
Informationen zum aktuellen Kursangebot man bei:

- **DLRG Ortsverband München,** Lilienstraße 15, Tel. 486645

WAS TUN, WENN DOCH ETWAS PASSIERT IST?

Zunächst einmal vor allem eines: Ruhe bewahren! Oft wirken Unfälle mit Kindern besonders dramatisch, weil das Kind laut schreit oder stark blutet, obwohl die Verletzung vergleichsweise harmlos ist. Jetzt ist es wichtig, dem Kind die Sicherheit zu geben, daß seine Eltern wissen, was zu tun ist. Schimpfen ist völlig fehl am Platz.
Es zahlt sich aus, wenn man einen Erste-Hilfe Kurs oder sogar einen Kurs Erste-Hilfe am Kind besucht hat. Ein vollständiger Verbandskasten sollte sowieso immer im Haus sein.
Bei leichten Verletzungen und Erkrankungen teicht es den Haus- oder die Kinderärztin/der Kinderarzt aufzusuchen. Er kann nach gründlicher Untersuchung und der Erstversorgung über eine weitere Behandlung oder die Überweisung an einen Spezialisten entscheiden. Außerhalb der Sprechzeiten ist der Ärztliche Notdienst für Hilfesuchende da.
Bei schweren Verletzungen und lebensbedrohlichen Erkrankungen und Vergiftungen sofort den Rettungsdienst – Notruf 112 – verständigen.
Bei Vergiftungen zusätzlich eine Vergiftungszentrale anrufen. Sagen Sie, was das Kind geschluckt hat,

außerdem wann und wieviel, bei Medikamenten den genauen Namen. So kann der Gesprächspartner schnell herausfinden, was zu tun ist. Das Kind sollte nicht ohne Anweisung zum Erbrechen gebracht werden, dies kann seinen Zustand verschlimmern.

Notrufnummern
- Feuerwehr/Rettungsdienst/ Notarztwagen: Tel. 112
- Ärztlicher Notdienst/Rettungsleitstelle München: Tel. 19222
- Kassenärztlicher Bereitschaftsdienst: Tel. 558661
- Vergiftungszentrale: Tel. 4140/2211
- Nothilfestationen für Kinder - Krankenhaus München Schwabing:
- Chirurgische Nothilfe für Kinder Tel. 3068/459
- Internistischer Notdienst für Kinder Tel. 3068/589
- Dienstbereite Apotheken: Tel. 594475

Für den Notfall sollten diese Nummern immer griffbereit sein, zusätzlich die Nummer des Haus- und Kinderarztes. Auch der Babysitter sollte sie kennen.
Kinder sollten schon so früh wie möglich lernen, wie man im Notfall Feuerwehr oder Polizei erreicht und was die Helfer wissen müssen. Üben!

- **Wo:**
  genaue Angabe des Notfallortes (Straße, Hausnummer, Stockwerk)
- **Was:**
  kurze Beschreibung der Not- oder Unfallsituation (z. B. Sturz mit dem Fahrrad, Stromschlag)
- **Wie viele:**
  Anzahl der betroffenen Personen
- **Welche Verletzung:**
  kurze Schilderung der Erkrankung oder Verletzung (z.B. starke Blutung, Atemnot, hohes Fieber)
- **Warten:**
  auf Rückfragen der Rettungsleitstelle, nur diese soll das Gespräch beenden.

RICHTIG VERSICHERT

15

- GESETZLICHE UND PRIVATE KRANKENVERSICHERUNG
- HAFTPLICHTVERSICHERUNG
- GESETZLICHE UNFALLVERSICHERUNG
- FAMILIEN-UNFALLVERSICHERUNG
- MEHR ZUM THEMA VERSICHERUNGEN

Vorsorge zu treffen ist meistens noch kein Thema für junge Leute, die alleine leben. Wird eine Familie gegründet, ändert sich das.

Gerade Eltern sorgen sich, daß ihnen etwas zustoßen könnte. Denn in solchen Fällen sind nicht nur sie, sondern auch die von ihnen abhängigen Kinder die Leidtragenden. Kinder selbst wiederum können Gefahren oft nicht einschätzen, stellen aus Übermut oder Leichtsinn Dinge an, deren Folgen für die Familien kaum zu verkraften sind.

Gleichwohl sollten Eltern nicht um jeden Preis versuchen, sich gegen alle Risiken dieser Welt zu versichern. Das raten zwar häufig die Versicherungsgesellschaften und deren Vertreter, doch die Versicherungsbeiträge reißen ein nicht unerhebliches Loch in die Haushaltskasse.

Worauf es ankommt, ist die richtige Auswahl aus dem mannigfachen Katalog der Versicherungsangebote. Kranken- und unfallversichert zu sein empfiehlt sich zweifellos. Eine private Haftpflichtversicherung gehört ebenso zu jedem Haushalt mit Kindern.

DIE GESETZLICHE KRANKENVERSICHERUNG

Arbeitnehmer, die brutto nicht mehr als 6000 Mark pro Monat verdienen, sind in der gesetzlichen Krankenversicherung pflichtversichert. Ohne zusätzliche Kosten genießen auch Ehepartner, die nicht berufstätig sind, Versicherungsschutz. Das gilt auch für die Kinder, so lange sie nicht selbst ein eigenes Einkommen beziehen. Es genügt, der Krankenkasse die Geburt des Kindes formlos mitzuteilen, dann ist es automatisch mitversichert.

Anders als freiberuflich Tätige und Selbständige sind auch Arbeitslose und Sozialhilfeempfänger sowie deren Angehörige gesetzlich krankenversichert. Ebenso bleiben Mütter oder Väter in der Zeit des dreijährigen Erziehungsurlaubs beitragsfrei krankenversichert. Unter einer Voraussetzung: Sie dürfen nicht mehr als 19 Stunden pro Woche arbeiten und nicht mehr als 580 Mark monatlich verdienen.

Der Beitrag zur gesetzlichen Krankenversicherung richtet sich nach dem Einkommen des Versicherten, die Versicherungsleistungen der einzelnen Kassen unterscheiden sich kaum. Arzt-, Krankenhaus- und Medikamentenkosten zahlt die Krankenkasse – bis auf die sogenannte Selbstbeteiligung. Dazu zählen zum Beispiel Rezeptgebühren (nicht bei Medikamenten für Kinder) und die Zuzahlung beim Krankenaufenthalt (derzeit zwölf Mark pro Tag).

Teuer kann es werden, wenn die Eltern ihre Kinder im Krankenhaus nicht allein lassen wollen. Die gesetzliche Krankenkasse bezahlt nur dann den Aufenthalt einer Betreuungsperson, wenn der Arzt schriftlich bestätigt, daß dies aus medizinischen Gründen notwendig ist. Zusätzliche Probleme gibt es, wenn die Kinder in Mehrbettzimmern untergebracht werden. Sind dort alle Betten belegt, können die Eltern eben nicht bei ihrem kranken Kind bleiben.

DIE PRIVATE KRANKENVERSICHERUNG

Arbeitnehmer, deren durchschnittliches Monatseinkommen 6000 Mark – brutto – überschreitet, können zwischen der gesetzlichen und privaten Krankenversicherung wählen. Die private Krankenversicherung kostet, je nach Versicherungsunternehmen, für eine dreiköpfige Familie rund 1000

DA KANN SCHON MAL EINE FENSTERSCHEIBE ZU BRUCH GEHEN

Mark pro Monat – ohne den Anteil, den der Arbeitgeber zur Krankenversicherung beisteuert. Bei einer privaten Krankenversicherung wird jedes Familienmitglied einzeln versichert. Kinder zum Beispiel sind nicht automatisch mitversichert. Pro Kind berechnen private Krankenkassen im Durchschnitt einen monatlichen Beitrag von rund 180 bis 200 Mark. Das bedeutet: Eine Familie mit zwei Kindern spart in der gesetzlichen Krankenversicherung rund 250 Mark monatlich im Vergleich zu einer privaten Krankenversicherung. Mit nur einem Kind dagegen kann bereits die private Versicherung billiger sein.

Geld läßt sich zudem sparen, wenn beide Elternteile berufstätig sind und ein Partner privat, der andere jedoch gesetzlich versichert ist. Dann können die Kinder über die gesetzliche Krankenversicherung mitversichert werden. Wer freiberuflich oder als Selbständiger arbeitet, ist von der Versicherungspflicht in der gesetzlichen Krankenkasse ausgenommen bzw. ausgeschlossen. Nur Freiberufler und Selbständige, die zuvor als Arbeitnehmer Mitglied einer gesetzlichen Krankenkasse waren, dürfen dies auch bleiben. Und – noch eine Ausnahme – Selbständige, die bis Ende 1988 einer gesetzlichen Krankenkasse angehörten.

Zu den Vorteilen einer privaten Krankenversicherung gehören vielfach bessere Serviceleistungen: freie Arztwahl, freie Zimmerwahl im Krankenhaus, höhere Erstattungen beim Zahnersatz. Und nicht selten kümmern sich auch die Ärzte intensiver um ihre Privatpatienten. Doch die private Krankenversicherung hat im Vergleich zur gesetzlichen Krankenversicherung auch Nachteile. Eine Übersicht:

ZUSATZVERSICHERUNG

Mütter oder Väter von Kleinkindern sollten eine Zusatzversicherung abschließen, die es ihnen erlaubt, in einem gemeinsamen Zweibettzimmer das Kind rund um die Uhr auch im Krankenhaus zu betreuen. Die Eltern können in einem solchen Fall selbst dann für ihr Kind da sein, wenn das aus rein medizinischer Sicht nach Ansicht der Ärzte nicht geboten ist. Daß "rooming-in" zum Leistungskatalog der privaten Krankenkasse gehört, sollte schriftlich bestätigt werden. Es ist nicht immer automatisch Bestandteil der tariflichen Leistungen.

VOR- UND NACHTEILE DER PRIVATEN KRANKENVERSICHERUNG

Vorteile

- Freie Arztwahl, freie Zimmerwahl im Krankenhaus, höhere Erstattungen beim Zahnersatz
- Auch nach einer problemlosen Geburt kann der Aufenthalt in einem Mehrbettzimmer nervtötend sein. Vor allem, wenn Mütter sich für "rooming in" entscheiden und mit ihrem Baby in trauter Ruhe zusammen sein möchten. Das gilt noch mehr nach einer schwierigen oder komplikationsreichen Geburt. Vor dem Ansturm allerlei Verwandtschaft der Bettnachbarinnen sind dann nur Privatversicherte geschützt, die sich ins Einbettzimmer flüchten können.
- Werden Kinder von Heilpraktikern behandelt, zahlt die private Krankenkasse fast immer, die gesetzliche nie.
- Einzelne private Versicherer haben mittlerweile ihre Angebote verbessert und gewähren Müttern in den ersten sechs Monaten des Erziehungsurlaubs Beitragsfreiheit. Es empfiehlt sich, die zugesagten Leistungen genau zu überprüfen!
- Müssen Kinder ins Krankenhaus, können Privatversicherte in der Regel ohne Probleme bei dem Kind bleiben.

Nachteile

- Bei schwangerschaftsbedingten, mehrmonatigen Erkrankungen oder Liegezeiten zahlen viele private Krankenversicherungen kein Krankentagegeld, wohl aber die gesetzlichen.
- Die Kosten der Sterilisation (als Verhütungsmaßnahme) tragen die privaten Krankenkassen — anders als die gesetzlichen — in der Regel nicht. (Ausnahme: Es ist eine Indikation gegeben.)
- Einen Anspruch auf eine bezahlte Haushaltshilfe im Krankheitsfall gibt es bei den privaten Krankenkassen, im Unterschied zu den gesetzlichen, nicht.
- Die Versicherungsbeiträge zur privaten Krankenkasse müssen auch während des dreijährigen Erziehungsurlaubs gezahlt werden — und zwar die Arbeitgeber- wie die Arbeitnehmeranteile. In der gesetzlichen Krankenversicherung spart man in dieser Zeit gegenüber der privaten Konkurrenz leicht 20000 bis 30000 Mark.
- Die privaten Krankenversicherungen leisten keine Lohnfortzahlung an Eltern zur Betreuung eines kranken Kindes. In der gesetzlichen Krankenversicherung dagegen haben Vater und Mutter einen Anspruch auf jeweils zehn bezahlte Betreuungstage für jedes kranke Kind, bei mehreren Kindern jeweils 25 Tage. Alleinerziehende können sogar 20 Betreuungstage je Kind in Anspruch nehmen, bei mehreren Kindern maximal 50 Tage im Jahr.

Geändert hat ein Großteil der privaten Krankenkassen mittlerweile einige Vertragsbedingungen, die zuvor für die Versicherten von Nachteil waren. So haben Kinder von privat versicherten Eltern Anspruch darauf, ebenfalls in der privaten Krankenkasse versichert zu werden. Neugeborene können und müssen in den ersten beiden Monaten nach der Geburt bei der Gesellschaft angemeldet werden, bei der ein Elternteil versichert ist. Die Versicherung muß dann dieses Kind als neues Mitglied aufnehmen, ganz gleich, wie krank es eventuell ist. Wird das Kind bei einer anderen privaten Versicherung, in der die Eltern nicht Mitglied sind, angemeldet, kann die Gesellschaft die Aufnahme jedoch ablehnen.

DIE PRIVATE HAFTPFLICHTVERSICHERUNG

Nach Gesetz und Rechtsprechung haftet jeder Bürger für den Schaden, den er einem anderen schuldhaft zugefügt hat. Das gilt im Prinzip auch für Kinder. Bis zum 7. Lebensjahr gelten Kinder zwar als nicht schuldfähig – und sind damit auch nicht für die Schäden haftbar zu machen, die sie anrichten. Wohl aber die Eltern, wenn diese ihre Aufsichtspflicht verletzt haben.

Natürlich sind es nicht allein Kinder, die zum Beispiel mit ihrer Lust am Streichholzspiel schnell die gesamte Familie in den finanziellen Ruin stürzen können. Auch Erwachsene können mit ein wenig Pech oder durch eine dumme Bewegung leicht eine Katastrophe auslösen. Und in die Gefahr geraten, ein Leben lang – bis zur Pfändungsgrenze – schadensersatzpflichtig zu werden.

Um diesem Risiko zu entgehen, empfiehlt sich der Abschluß einer privaten Haftpflichtversicherung für die gesamte Familie. Sie kostet – je nach Versicherungsgesellschaft – zwischen 100.- Mark und 200.- Mark jährlich. Die Zahl der Kinder ist für die Beitragshöhe nicht von Bedeutung.

Leben Partner mit Kindern unverheiratet in einer Wohnung zusammen, genügt ebenfalls der Abschluß nur einer gemeinsamen Haftpflichtversicherung. Allerdings müssen die Partner und die Kinder der Versicherung bekannt sein. Auch nichteheliche Kinder können im Vertrag eines Elternteils mitversichert werden. Das gilt auch dann, wenn der Vertragsinhaber nicht der leibliche Vater oder die Mutter des Kindes ist. Für eine Mitversicherung des Kindes genügt es, Lebenspartner des Vaters oder der Mutter zu sein.

Alleinstehende sollten sich vor den billigen Singletarifen hüten, wenn sie ein Kind bekommen. Es lohnt sich, dann den normalen Haftpflichtbeitrag zu zahlen, sonst ist das Kind nicht mitversichert. Schüler, Auszubildende und Studenten sind über ihre Eltern haftpflichtversichert, so lange sie sich in der ersten Ausbildung befinden, zuvor nicht berufstätig waren und über kein eigenes Einkommen verfügen. Und auch, wenn sie nicht in häuslicher Gemeinschaft mit den Eltern leben, das muß der Versicherung aber bekannt sein.

SCHADENSFÄLLE

**Die Versicherungsgesellschaften zahlen nicht immer für Schäden, die Kinder unter sieben Jahren anrichten. Voraussetzung für die Leistungspflicht des Versicherers ist nicht nur, daß die Kinder unbeaufsichtigt waren, als sie den Schaden verursachten. Zudem muß die Aufsichtspflicht von seiten der Eltern oder sonstiger sorgeberechtigter Personen verletzt worden sein. Wenn kleine Kinder zum Beispiel mit ihrem Fahrrad ein parkendes Auto streifen und den Lack verkratzen, dann geht der Geschädigte womöglich leer aus. Dann nämlich, wenn der begleitende Erwachsene zwar aufgepaßt hat, aber nicht mehr eingreifen konnte. In diesem Fall sind weder die Versicherung noch die Eltern für den Schaden haftbar zu machen. Lassen Eltern ihre Kleinen aber ohne Aufsicht herumfahren, dann verletzen sie ihre Aufsichtspflicht: Die Versicherung muß zahlen.
Und generell gilt: Für geliehene Sachen gibt es keinen Versicherungsschutz.**

DIE GESETZLICHE UNFALLVERSICHERUNG

Wer in einem Dienst-, Arbeits- oder Lehrverhältnis steht, ist in der gesetzlichen Unfallversicherung versichert. Gleiches gilt für Kinder in Kindergärten, für Schüler und Studenten. Der Versicherungsschutz umfaßt Unfälle

- am Arbeitsplatz, im Kindergarten, in Schule oder Universität,
- auf dem Weg dorthin und
- auf dem Weg zurück nach Hause.

Zu den Leistungen dieser Versicherung zählen die Übernahme der Kosten einer Heilbehandlung, die Zahlung von Berufshilfe, Übergangsgeld, Verletztenrente und Sterbegeld sowie von Witwen- und Waisenrenten.

Bei Unfällen in der Freizeit kommt die gesetzliche Unfallversicherung hingegen nicht für die Folgeschäden auf. Verunglückt etwa ein Kind beim Spielen so schwer, das es im nachhinein eine spezielle Ausbildung benötigt, dann gibt es hierfür kein Geld von der gesetzlichen Unfallversicherung.

Die Beiträge hierzu werden von den Arbeitgebern finanziert. Die Entschädigungssummen der gesetzlichen Unfallversicherer liegen am Rande des Existenzminimums – und darunter!

DIE PRIVATE FAMILIENUNFALLVERSICHERUNG

Im Haus und im Straßenverkehr, bei der Arbeit und in der Freizeit, im Urlaub, auf der ganzen Welt und rund um die Uhr: Die private Unfallversicherung schützt bei Unfällen in allen Lebensbereichen. Sie stellt eine sinnvolle und notwendige Ergänzung der Gesetzlichen Unfallversicherung dar – so sind heute ca. 40% der Bundesbürger zusätzlich privat unfallversichert. Sind die Eltern bereits anderweitig privat unfallversichert, läßt sich relativ preiswert eine besondere Kinderunfallversicherung abschließen.

Zu den Leistungen einer privaten Unfallversicherung zählen neben Invaliditätszahlungen das Übergangsgeld, Tagegeld, Krankenhaustagegeld, Genesungsgeld und Zahlungen im Todesfall.

Von besonderer Bedeutung ist die Absicherung gegenüber den Folgen der Invalidität. So lassen sich Leistungen wie die Finanzierung einer vielleicht notwendigen, speziellen Ausbildung, der Umbau der Wohnung oder die Garantie laufender Unterhaltszahlungen vereinbaren. Hier sollte eine möglichst hohe Absicherung vorgenommen werden.

Eine Unfall-Invaliditäts-Absicherung empfiehlt sich für Eltern, die keine Berufsunfähigkeits-Versicherung abschließen wollen oder können. Zwar bleibt das Risiko ungedeckt, aufgrund von dauernder Krankheit Einschränkungen in der Lebensqualität und -haltung hinnehmen zu müssen. Dafür ist aber der monatlich zu zahlende Versicherungsbeitrag relativ gering – und gerade die Eltern kleinerer Kinder wissen den gemeinsamen Unterhalt für den Notfall gesichert.

Kinder selbst sind die am stärksten unfallgefährdete Bevölkerungsgruppe. Das legt den Abschluß einer Unfall-Invaliditäts-Versicherung auch für sie nahe. Manche Versicherungsgesellschaften bieten auch Beitragsfreiheit bis zu einem bestimmten Alter an, wenn die Eltern oder ein Elternteil mit einer vergleichsweise hohen Mindestsumme bereits dort versichert ist. Informieren Sie sich bei Ihrer Versicherung!

Die Berufsunfähigkeitsversicherung schließt eine drohende Versorgungslücke, die bei Berufs- und Erwerbsunfähigkeit leicht entstehen kann. Zwar zahlt dann auch die gesetzliche Rentenversicherung. Doch vor dem normalen Ruhestandsalter sind deren Renten meist mehr als dürftig!

WER HILFT WEITER & LITERATUR

**Verbraucherberatung
Verbraucherzentrale
Bayern e.V.**
Mozartstr. 9
80336 München
Tel. 5398724

Private Versicherungen
Kalischko, Norbert:
Beck Rechtsberater: dtv 2. Auflage,
München 1991

**Gesamtverband der
Deutschen Versicherungswirtschaft e.V. (GDV)**
Presse und Information
Walter-Flex-Straße 3
53113 Bonn
Tel. 0228/9162137

**Versicherungs- und
Rentenratgeber für Frauen**
Kazemich, Susanne:
Konkret Literatur Verlag 1992

**Meine Rechte und Pflichten
als Versicherungsnehmer**
Meinzold, Gerhard:
Beck Rechtsberater; dtv, 3. Auflage,
München 1989

Bund der Versicherten e.V.
22052 Hamburg
Tel. 040/6417194
für Mitglieder
Tel. 04193/94220

**Risikovorsorge
auf dem Prüfstand**
Rurup, Prof. Dr. (Hrsg.):
Kursbuch Versicherungen; Fischer
Taschenbuch Verlag, Berlin 1993.

MEHR ZUM THEMA VERSICHERUNGEN

Versicherungsbeiträge lassen sich von der Steuer absetzen. Nicht alle, wohl aber zum Beispiel die private Haftpflichtversicherung, die Familienunfallversicherung, die private Kranken- und Berufsunfähigkeitsversicherung. Das senkt die Kosten des Versicherungsschutzes. Geld spart auch, wer die Tarife der einzelnen Versicherer vergleicht. Die Beitragsunterschiede lohnen die Zeit, etwa zu einem Gespräch in der Verbraucherzentrale oder für einen Blick in detaillierte Ratgeber.

Während die Beiträge zur Kinderunfallversicherung für alle Altersstufen gleich sind, bemessen sie sich bei Volljährigen nach der beruflichen Tätigkeit.
Die private Unfallversicherung gilt in allen üblichen Lebensbereichen, z.B. im Haus, im Straßenverkehr, bei der Arbeit, in der Freizeit, im Urlaub, auf der ganzen Welt und rund um die Uhr; sie zählt für alle Unfälle.
Es können Leistungen wie Invaliditätszahlungen, Übergangsgeld, Tagegeld, Krankenhaustagegeld, Genesungsgeld und Todesfall-Leistung vereinbart werden.
Im Falle einer Invalidität läßt sich so zum Beispiel eine spezielle Ausbildung oder der laufende Unterhalt finanzieren. Die Beiträge für die Unfallversicherung sind steuerlich abzugsfähige Vorsorgeaufwendungen.

KINDER HABEN RECHTE!

16

- KÖRPERLICHE UNVERSEHRTHEIT
- RAT IN NOTSITUATIONEN
- GEWALT GEGEN KINDER
- SCHULPFLICHT
- SCHEIDUNGSPROBLEME
- ADOPTION
- PFLEGESTELLEN

Eltern üben über ihre Kinder Macht aus in einem Maß, wie es keinem Menschen gegenüber einem anderen erlaubt ist. Das leitet sich aus der Pflicht und der Verantwortung von Eltern gegenüber ihren Kindern ab, für diese zu sorgen und sie zu erziehen. Die Ziele der Erziehung sind von seiten des Staates ebenso wenig festgelegt wie die Methoden, diese zu erreichen. Strafbar sind laut Gesetz allein Übergriffe mit schweren körperlichen oder seelischen Schädigungen des Kindes. Der Staat verbietet auch "entwürdigende Erziehungsmaßnahmen" – freilich ohne näher zu definieren, was darunter zu verstehen sei. Und nur in schwerwiegendsten Fällen, wenn das Wohl des Kindes akut gefährdet ist, können die Jugendämter als vollziehende Gewalt in das Sorgerecht der Eltern eingreifen, es entziehen.

Im Vergleich mit dem Elternrecht an ihren Kindern, sind die Rechte von Kindern kaum geschützt. Daß auch Kinder Rechte haben, nicht weniger, als es die Menschenrechtskonvention für Erwachsene vorsieht, soll die sogenannte Kinderrechtskonvention der UNO zum Ausdruck bringen, der der Bundestag zugestimmt hat. Danach haben Kinder das Recht auf freie Meinungsäußerung – zumindest in den sie persönlich betreffenden Fragen – und das Recht auf freie Informationsbeschaffung. Kinder genießen ebenso Gedanken-, Gewissens- und Religionsfreiheit und das Recht der Versammlungsfreiheit. Daneben gibt es gesetzliche und durch Rechtsprechung festgelegte Pflichten der Eltern, aus denen sich – wenn auch nicht explizit – Rechte von Kindern ableiten lassen. Dazu gehört die Unterhaltspflicht, bis das Kind über eine abgeschlossene Berufsausbildung verfügt und für sich selbst sorgen kann. Bei der Entscheidung für Beruf und Ausbildung haben Eltern Neigung, Eignung und den Willen des Kindes zu berücksichtigen. Und auch die Verwaltung des kindlichen Vermögens übernehmen Eltern nur treuhänderisch – ab 1.000 Mark. Die Verantwortung für Kinder und ihre Rechte liegt immer in der Hand der Erwachsenen – jeder Erwachsene sollte sich fragen, ob ihm das bewußt ist.

Das Münchner Kinder- und Familienbüro hat seit neuestem eine eigene Rechtsberatung für Kinder- und Jugendliche eingerichtet - eine Initiative, die in einem ganz entscheidenden Punkt der Eigenständigkeit von Kinderinteressen gerecht zu werden versucht und damit zugleich für ein neues Verständnis von Kinderpolitik wichtige Akzente setzt. Das Kinder- und Familienbüro, das als Drehscheibe zwischen Stadtjugendamt, Eltern, Kindern und freien Trägern und Initiativen der Kinder- und Jugendhilfe fungiert, ist darüberhinaus eine zentrale Anlaufstelle für alle, deren Anliegen es ist, den Bedürfnissen der Münchner Kinder ein politisches Forum zu geben.

- **Münchner Kinder- und Familienbüro**
  Pettenkoferstr. 40, Rgb, 80336 München, Tel. 535356

AUCH KINDER HABEN RECHTE.
ES GIBT SOGAR EINE KINDERRECHTSKONVENTION DER UNO.

KÖRPERLICHE UNVERSEHRHEIT

Kinder zu züchtigen, gilt selbst heute noch in vielen Familien als akzeptable Erziehungsmethode. Das hat eine lange Tradition – und seinen Ursprung in einer Respektlosigkeit gegenüber Kindern, die eigentlich überwunden sein sollte. Mit Schlägen werden Kinder erniedrigt: Sie zielen nicht nur darauf ab, körperlichen Schmerz zu erzeugen, sondern richten sich stärker noch gegen das Selbstbewußtsein und das Selbstwertgefühl von Kindern. Schläge disziplinieren, indem sie zu Gehorsam und Unterordnung zwingen. Eltern, die Kinder schlagen, glauben nicht an deren Fähigkeit zur Einsicht und Selbstverantwortung. Und damit verstoßen schlagende Eltern nicht nur gegen das Recht auf körperliche Unversehrtheit, das Kinder wie Erwachsenen zusteht. Sie zerstören auch das Ideal einer demokratischen Erziehung, die Kindern die Chance geben möchte, zu eigenverantwortlichen, selbstbewußten Erwachsenen heranzureifen.

Eltern, die ihre Kinder zu mündigen, die Würde der anderen respektierende Menschen erziehen möchten, verstoßen bereits dagegen, wenn sie die gemeinhin als harmlos angesehene Ohrfeige als bewußtes Mittel gegen die ihnen anvertrauten schwächeren Menschen einsetzen. Anders verhält es sich, gehen Eltern einmal die Nerven durch. Wenn sich Zorn unkontrolliert in einem Klaps entlädt, ist das sicher kein Grund, stolz darauf zu sein. Aber auch kein Grund, ewig mit sich selbst zu hadern. Wichtiger wäre es, Kindern später zu erklären, was Anlaß der Wut war, daß es dem Erwachsenen auch leid tut – und miteinander Frieden zu schließen. Auch Kinder haben eine Entschuldigung verdient, wurden sie ungerecht behandelt. Viele Eltern wiederholen mit den Schlägen gegen ihre Kinder Erfahrungen, unter denen sie selbst in ihrer Kindheit zu leiden hatten. Die Erinnerung daran ist kein schlechter Prüfstein für das eigene Verhalten.

Aber nicht immer zeigt sich körperliche Gewalt in offensichtlichen Formen wie blauen Striemen oder offenen Wunden. Dazu zählt zum Beispiel ebenso Vernachlässigung. Babys, die nicht gewaschen und gewickelt werden, leiden. Zu den brutalen Verhaltensweisen gegenüber Kindern, selbst im Baby- und im Kleinkindalter, gehören gleichermaßen die Verweigerung von Essen und Trinken bis hin zur Unterernährung. Kinder von Prügeleltern, aber ebenso schlagende Eltern brauchen Hilfe. Sie findet man in anoymen Selbsthilfekreisen und Gesprächsgruppen oder beim Kinderschutzbund. Darüber hinaus ist jedermann ganz persönlich aufgefordert, seinen Beitrag für eine Erziehung ohne Schläge zu leisten. Zu körperliche Züchtigung zu schweigen, das Wissen über Prügeleltern zu verschweigen, schafft Mittäterschaft.

KINDER DÜRFEN TOBEN

Einige Gerichtsurteile legen das Recht der Kinder auf Bewegung, Spiel und dem damit verbundenem Lärm in Mietshäusern fest. Kinder dürfen auch dann in der Wohnung herumlaufen und spielen, wenn das Getrappel in der Nachbarwohnung vernehmbar ist. Der Lärm spielender Kinder muß in gewissem Umfang von jedem Hausbewohner hingenommen werden. (LG MünchenI, 20 S 8842/85, AG Hannover, 523 C 4320/84; AG Kiel, 8c 383/83; AG Neuss, 36 C 232/88. Rollschuh- und Radfahren im Treppenhaus sind verboten, ebenso das Fahrstuhlfahren nur zum Spaß. Ist das Spielen im Hof und Garten erlaubt, dann dürfen die Kinder dort auch mit Freunden herumtollen (AG Solingen, 11 C 235/78). Lachen, Schreien und Weinen von Kleinkindern muß von jedem Hausbewohner hingenommen werden, wenn auch die Eltern auf Ruhe während der üblichen Ruhezeiten achten müssen (AG Bergisch Gladbach, 26C 14/82; AG Münster, 28 C 539/82; AG Aachen, 15 C 152/74).

RAT IN NOTSITUATIONEN

Die Lebenssituation (z.B. beengte Wohnungen oder eine hektische Lebensweise) setzt heutzutage eine sehr große Kompromißbereitschaft in den Familien voraus. Viele Beteiligte bekommen schnell das Gefühl, keiner nähme Rücksicht auf die individuellen Bedürfnisse, keiner hört mehr zu, man wird überhaupt nicht wahrgenommen.

Manchmal reicht es dann schon, sich einfach mal auszusprechen, in anderen Fällen müssen weiterführende Schritte eingeleitet werden. Es gibt viele Kinder, Jugendliche und Eltern, die das Gefühl haben, daß sie keinem ihre Probleme anvertrauen können. Es kann aber auch sein, daß sie sich niemandem öffnen wollen, den sie kennen, mit dem sie befreundet oder verwandt sind. In solchen Situationen können die MitarbeiterInnen von anonym arbeitenden Telefonberatungsstellen erste AnsprechpartnerInnen sein.

In München gibt es zwei Telefonberatungen für Kinder und Jugendliche: Das Sorgentelefon für Kinder und Jugendliche (die sogenannte "Nummer gegen Kummer") und das Kinder- und Jugendtelefon des Kinderschutzzentrums. Die MitarbeiterInnen wollen den AnruferInnen Hilfe in für sie schwierigen Lebenslagen geben. Gerade für Kinder und Jugendliche bedeutet eine Beratung am Telefon oft die einzig realisierbare Möglichkeit, Kontakt zu einer Beratungsstelle zu knüpfen. Zum einen können sie frei wählen, wann und von wo sie anrufen möchten. Zum anderen sind sie anonym, d.h. die Hemmschwelle, etwas zu erzählen, ist geringer, und sie brauchen keine Angst zu haben, daß jemand etwas über das Gespräch erfährt.

Natürlich haben auch Eltern die Möglichkeit, in problematischen Situationen als erste Kontaktperson eine MitarbeiterIn von einer Telefonberatung zu wählen. In München gibt es – wie in allen größeren Städten – eine evangelische und eine katholische Telefonseelsorge. Aber auch die MitarbeiterInnen der Sorgentelefone legen nicht auf, wenn Eltern dort anrufen. Manchmal hilft ein Gespräch mit einem/r Mitarbeiter/in, manchmal stellt sich heraus, daß direkte, persönliche Hilfe notwendig ist. Auch auf diese Fälle sind die MitarbeiterInnen vorbereitet. Da die Telefonberatungsstellen fester Bestandteil des sozialen Netzes Münchens sind, kann die jeweilige Beratung passende Stellen empfehlen oder auch dorthin vermitteln.

GEWALT GEGEN KINDER

Gewalt gegen Kinder zeigt sich in vielen verschiedenen Formen, die sowohl unabhängig voneinander auftreten können, wie auch zusammen.

Körperliche Mißhandlung liegt vor, wenn Kindern durch körperliche Gewaltanwendung, wie z.B. Schläge mit harten Gegenständen ernsthafte, vorübergehend oder bleibende Verletzungen zugeführt werden. Von Kindesmißhandlung wird gesprochen, wenn gewalttätiges Verhalten ein Grundelement der Erziehung ist. Körperliche Vernachlässigung bezeichnet den Zustand, wenn ein Kind von Eltern oder ErzieherInnen nicht gut versorgt wird. Körperliche Vernachlässigung äußert sich z.B. darin, daß Kinder unzureichend gekleidet sind, hygienisch schlecht versorgt sind und ihnen eine medizinische Versorgung vorenthalten wird. Seelische Mißhandlung bezeichnet eine feindliche oder abweisende Haltung der Bezugspersonen gegenüber einem Kind als Bestandteil der Erziehung, so z. B. Liebesentzug, verbale Härte, Gleichgültigkeit. Von seelischer Vernachlässigung wird gesprochen, wenn dem Kind das für seine Entwicklung notwendige (Familien-)Klima vorenthalten wird, keine oder zu wenig Aufmerksamkeit und Wärme gegeben wird, es nicht zum Spielen ermuntert wird, dem Kind keine Sicherheit und Geborgenheit geboten wird. Eltern reagieren oftmals aus Überforderung, eigenem Streß oder persönlichen Problemen härter als sie es selbst vielleicht wollen. Kinder sind aber nicht für den psychischen Zustand ihrer Eltern verantwortlich.

Eine besonders brutale Form der Gewalt an Kindern ist sexueller Mißbrauch, d.h. ein Kind wird einer sexuellen Handlung ausgesetzt, die nicht zu seinem Alter und seiner (sexuellen) Entwicklung paßt. Die Formen, denen Kinder ausgeliefert sind, sind vielfältig: Sie müssen lüsterne Blicke ertragen, Zungenküsse geben, sich nackt zeigen und berühren lassen, Pornoaufnahmen machen lassen, Pornographie ansehen, den Erwachsenen mit Hand oder Mund befriedigen, sie werden vergewaltigt und noch vieles andere mehr. Nicht selten werden schon Säuglinge sexuell ausgebeutet. Sexueller Mißbrauch ist nicht Liebe, sondern Gewalt und

NUMMERN FÜR NOTSITUATIONEN

Da die telefonischen Beratungsstellen anonym arbeiten, werden nur die entsprechenden Telefonnummern veröffentlicht:

- **Kinder- und Jugendtelefon des Deutschen Kinderschutzbunds**
  Tel. 089/11103

- **Evangelische Telefonseelsorge**
  Tel. 11101

- **Katholische Telefonseelsorge**
  Tel. 11102

- **Notrufnummer des Kinderschutzzentrums München**
  Tel. 089/555356

- **Mädchenhaus in München Zufluchtstelle der Initiative Münchner Mädchenarbeit**
  Tel. 089/183609

- **Notrufnummer der Frauenhilfe München**
  Tel. 089/35483-0 oder 35483-11

schadet Kindern immer. Jegliche Form von Gewalt an Kindern passiert sowohl Mädchen wie auch Jungen (Anm.: Die Begriffsbestimmung erfolgte nach Frank/1990, Steinhausen/1988).

Die Täter kommen in der Regel aus dem sozialen Umfeld: Vater, Stiefvater, Opa, Onkel, Nachbar, Jugendgruppenleiter, Sporttrainer etc. Sexueller Mißbrauch durch völlig Fremde ist demgegenüber selten. Verstärkt sind es immer noch Männer, die Kinder zu ihrer Befriedigung benutzen. Natürlich ist auch eine Täterin möglich, dies kommt allerdings in sehr viel geringerem Maße vor.

Sowohl Opfer wie auch Täter brauchen dringend Hilfe, wobei auch hier ganz klar herausgestellt sein soll: Kinder tragen niemals Verantwortung für einen sexuellen Übergriff!

Die Anzeichen für einen sexuellen Mißbrauch sind selten direkt sichtbar. Das Kind schämt sich, fühlt sich hilflos und ohnmächtig ausgeliefert; glaubt, es sei selbst an der Situation schuld. Da der Täter dem Kind meist bekannt ist, kann er es dazu bringen, das Geheimnis für sich zu behalten. Doch auch, wenn es nicht offen darüber spricht, sendet ein sexuell mißbrauchtes Kind Signale. So ändert es vielleicht ohne ersichtlichen Grund sein Verhalten, ist verschlossen, übernervös und unruhig, meidet plötzlich bestimmte Orte, Situationen oder Personen.

Erwachsene können einiges tun, um die Gefahr zu senken, daß Mädchen und Jungen Opfer sexueller Ausbeutung werden. Gestatten Sie dem Kind eine eigene Meinung. Zwingen Sie es nie, Berührungen hinnehmen zu müssen und seien Sie offen für Ihr Kind. Glauben Sie, was es erzählt – Phantasien über sexuelle Handlungen entstehen nicht ohne entsprechende Erfahrungen.

Offenbart sich ein Kind einem Erwachsenen ist es wichtig, nicht gleich in ‚blinden' Aktionismus zu verfallen. Das Kind hat wahrscheinlich sehr lange gebraucht, um sich gerade diesem Erwachsenen anzuvertrauen und ihn auch sorgfältig ausgewählt. Dieser sollte dem Kind zeigen, daß es richtig war, ihm seine Erfahrungen zu schildern. Hat der Erwachsene das Gefühl, Hilfe zu benötigen, so sollte er sie für sich holen und nicht das Kind vorschnell zu Beratungsstellen schicken. Jeder Schritt soll mit dem Kind abgesprochen und nichts über seinen Kopf hinweg geregelt werden, sonst verliert es das mühsam aufgebaute Vertrauen.

Es gibt in der Stadt eine Reihe von Beratungsstellen, die sich auf Gewaltprobleme spezialisiert haben. Daneben haben sich auch viele Arbeitskreise gebildet, die auf diesem Gebiet arbeiten.

Entsteht also ein Verdacht auf sexuelle Gewalt, oder brauchen Eltern und ihre Kinder aufgrund familiärer Gewaltproblematiken Hilfe, sollte niemand sich scheuen, das bestehende Angebot anzunehmen und gemeinsam mit MitarbeiterInnen Lösungsmöglichkeiten zu überlegen. Dieser Weg zeigt, daß ein Erwachsener für das Kind und für sich Verantwortung übernimmt.

Erster Ansprechpartner können auf jeden Fall die Außenstellen des Allgemeinen Sozialen Diensts in den einzelnen Stadtteilen sein. Hier wird auf Wunsch anonym beraten und an entsprechende Institutionen weitervermittelt:

■ **Allgemeiner Sozialdienst**
Orleansplatz 11, 81667 München, Tel. 234361

Beratungsstellen des Stadtjugendamtes, die spezielle Hilfen für Konflikt- und Belastungssituationen anbieten, finden sich im Jugendamt:

- **Städtische Beratungsstelle f. Eltern, Kinder u. Jugendliche**
  Paul-Heyse-Straße 20/IV, 80336 München, Tel. 233-5776 o. 5767

und in den Stadtteilen Schwabing (391014), Laim (701672), Neuhausen (166086), Hasenbergl (3132425), Pasing (89617-272), München-Ost (69923-55) und Neuperlach (672900).
Außerdem besteht in familiären Konfliktsituationen die Möglichkeit einer längerfristigen pädagogischen Unterstützung und Beratung durch eine speziell als Erziehungsbeistand bestellte Fachkraft:

- **Abt. Kinder- und Jugendsozialarbeit Erziehungsbeistandschaften**
  Orleansplatz 11, 81667 München, Tel. 233/7466

WEITERE ANLAUFSTELLEN

Deutscher Kinderschutzbund Kinderschutzzentrum München
Pettenkoferstr. 10a
80336 München
Tel. 555356
Hilfen, Beratung, auch Krisenintervention und Hausbesuche für Eltern und Kinder in Not, wenn es zu Gewalt gegen Kinder kommt. Befristete Aufnahme in Kinderwohngruppen ist möglich.

Kinderzentrum München
Heiglhofstraße 63
81377 München
Tel. 71009-0
Beratung, Frühdiagnostik und Therapie bei sexuellem Mißbrauch, Kindesmißhandlung und Kindesvernachlässigung.

Sozialer Beratungsdienst
Helene-Mayer-Ring 25
80809 München
Tel. 3513925
Beratung in familiären Konfliktsituationen. Hierfür steht außerdem die Beratungsstelle am Stanigplatz (314001-33) zur Verfügung.

Kinderschutz & Mutterschutz e.V.
Blumenstr. 1
80331 München
Tel. 2317160
Der Verein versteht sich als Anwalt für Kinder und Jugendliche in Notsituationen, sowie als Ansprechpartner für Eltern und Alleinerziehende, in Problemfällen. Er bietet u.a. auch betreutes Wohnen für Jugendliche, die ihr Zuhause verloren haben, sowie verschiedene betreute Wohngruppen für Kinder an.

SOS Kinderdorf: Beratungsstelle f. Kinder, Jugendliche und Eltern
Ollenhauerstr. 7
81737 München
Tel. 672033
Beratungs- und Hilfsangebote für Familien in Neuperlach, Ramersdorf und Berg am Laim

Caritas Beratungsstelle f. Eltern, Kinder und Jugendliche
Herzogspitalstraße 7
80331 München
Tel. 2606245/46
Die Caritas bietet Beratung in familiären Problemsituationen außerdem in Neuforstenried Tel. 7559250 und Oberföhring Tel. 952048.

Evangelisches Beratungszentrum
Landwehr Str. 15 Rb.
80336 München
Tel. 59048-130
Außenstelle Pasing: Tel. 8348866

Beratungsstelle der Arbeiterwohlfahrt für Eltern, Kinder und Jugendliche
Plivierpark 5
81737 München
Tel. 6371500
Die Arbeiterwohlfahrt verfügt über 5 weitere Beratungsstellen in den Außenbezirken
- Planegg Tel. 8595820
- Neubiberg Tel. 6019364
- Unterschleißheim Tel. 31066459
- Ismaning Tel. 3202744
- Garching Tel. 3202744.

WEITERE ANLAUFSTELLEN

Münchner Jugendförderung e.V.
Feldmochinger Str. 372
80995 München
Tel. 3142048
Anlaufstelle für Eltern, Kinder und Jugendliche in häuslichen Belastungssituationen. Die Münchner Jugendförderung unterhält außerdem drei Kinder- und Jugendwohngruppen und eine heilpädagogische Tagesstätte.

Münchner Informationszentrum für Männer
Landwehrstraße 8/I
80336 München
Tel. 5439556
Beratung und Selbsthilfe für Männer in Trennungs- und Krisensituationen, Auseinandersetzung mit der Gewalttätigkeit von Männern gegenüber Frauen, Selbsthilfegruppen für Opfer sexueller Gewalt und sexuellen Mißbrauchs

Biederstein-Zentrum
Biedersteiner Str. 29
80802 München
Tel. 3849/3345 u. 3341
Eine international renommierte Einrichtung mit Modellcharakter, die u.a. Beratung und Therapie in psychischen und sozialen Belastungssituationen, Familientherapie, Jugendlichenberatung bietet. Die Arbeit orientiert sich an den neuesten Entwicklungen tiefenpsychologischer und psychoanalytischer Erkenntnisse. Beratung bei Schulschwierigkeiten, Kontaktproblemen, depressiven Verstimmungen, Selbstmordgefährdung und Suchtgefahr sind daher Schwerpunkte.

IMMA e.V. - Initiative Münchner Mädchenarbeit
Jahnstr. 38
80469 München
Tel. Zufluchtstelle: 183609
Beratungsstelle: 02607531
Selbsthilfegruppen: 267676
Wohngruppe: 8120345

Frauenhilfe München
Tel. 35483-0 oder 35483-11
Hilfe, Zufluchtstätte und vorübergehende Wohnmöglichkeit für Frauen und Kinder, die von Mißhandlung bedroht sind. Die Adresse ist zum Schutz der Betroffenen anonym.

Amyna
Westermühlstr. 22
80469 München
Tel. 2017001
Beratung, Fortbildung, Selbstverteidigungs-Kurse, außerdem ein Zeitungsarchiv und eine umfangreiche Infothek mit Sach- und Fachbüchern, Romanen, Autobiografien, Spielen, Videofilmen und Fachzeitschriften zum Thema sexuelle Gewalt gegen Kinder.

Ausgerissen, was nun?
Paul Heyse Str. 22
80336 München
Tel. 88 55 26
Information, Beratung und Hilfe für jugendliche Ausreißer, auf Wunsch anonym

SCHULPFLICHT

Mit sechs Jahren sind Kinder schulpflichtig. Das gilt freilich nur für Kinder, die vor dem 1. Juli Geburtstag haben. Kinder, deren Geburtstag in das dritte Quartal fällt, sind sogenannte Kann-Kinder. Hier steht den Eltern die Entscheidung frei, das Kind noch im selben oder erst ein Jahr später einschulen zu lassen. Doch die Entscheidung darüber, wann ein Kind zur Schule gehen sollte, kann nicht allein mit Hilfe von Geburtstagen getroffen werden. Denn die Entwicklung von Kindern verläuft ausgesprochen unterschiedlich. Nicht jedes Kind ist mit sechs Jahren auch schulreif. Die Schulreife bezieht sich nicht nur auf die Fähigkeit des Kindes, dem Lernprogramm folgen, es bewältigen zu können. Ebenso wichtig sind die sozialen Voraussetzungen. Dabei geht es darum, ob das Kind das Leben in der Schule, in der Gruppe mit anderen bewältigen kann. Kinder, die in einer Gruppe noch unsicher und ängstlich sind, haben vermutlich auch größere Schwierigkeiten, den Schulstreß durchzustehen. Werden Kinder zu früh eingeschult, besteht die Gefahr, daß sie "hinterherhinken", daß sie mit Schule gleich die Erfahrung von Mißerfolgen und Freudlosigkeit verbinden.

SCHULINFORMATION

Schulreferat der Landeshauptstadt München
Neuhauser Straße 39
80331 München
Tel. 233-1

Ausgewählte Abteilungen:
- Rechtsabteilung:
  Tel. 233/8659
- Sportamt:
  Tel. 233/8752
- Volks- und Sondervolksschulen:
  Tel. 233/8503
- Realschulen:
  Tel. 233/6572
- Gymnasien:
  Tel. 233/8877
- Berufsschulen:
  Tel. 233/6523

Städtische Schul- und Bildungsberatung
St-Paul-Straße 9/II
80338 München
Tel. 233/6567
Sprechstunden tägl. 9.00-12.00 Uhr

Schulpsychologischer Dienst
Tel. 233/8230

Schulberatung für Ausländer/innen und Aussiedler/innen
Goethestrae 53
80336 München
Tel. 233/6874

Staatliche Schulberatung München Stadt und Land
Herzogspital-Straße 12
80331 München
Tel. 263730

Psychologische Beratungsstelle f. Hochbegabtenfragen
Hansastr. 39
80686 München
Tel. 7607000 und 2180-5149
Hilfe und Beratung für hochbegabte Schüler, deren Eltern, Lehrer und Ausbilder

Schülerförderung I
Alter St. Georgs Platz 4
80809 München
Tel. 3518113

Schülerförderung II
Aubinger Str. 54
81243 München
Tel. 8344455

Psychosozialer Beratungsdienst Milbertshofen
Georgenschwaigstr. 23
81243 München
Tel. 35651503
Wegen des hohen Ausländeranteils in Milbertshofen - immerhin leben hier gut ein Viertel der Münchner Ausländer - bietet die Beratungsstelle muttersprachliche Beratung für Türken, Griechen, Italiener und Menschen aus Ex-Jugoslawien.

Beratungs- und Informationsstelle f. Linkshänder u. umgeschulte Linkshänder
Sendlinger Str. 17
80331 München
Tel. 268614
Beratung für Eltern von Linkshändern, deren Probleme sich häufig beim Schuleintritt zeigen.

Begabungspsychologische Beratungsstelle
Leopoldstr. 13
80802 München
Tel. 2180-6333

ÖKNI (Ökumenische Kontaktstelle)
Westendstr. 161
80339 München
Tel. 508691
Gezielte Hilfen für ausländische Schüler

Arbeitskreis für Ausländerfragen in Haidhausen e.V.
Rosenheimer Str. 123
81667 München
Tel. 484542
Hausaufgabenbetreuung, Deutschförderung und Integrationshilfen vor allem für türkische Mädchen und Jungen.

Internationales Jugendzentrum Haidhausen
Einsteinstraße 90
81675 München
Tel. 471041
Gezielte Förderangebote und ausbildungsbegleitende Hilfen für ausländische Schüler.

Initiativgruppe zur Betreuung ausländischer Kinder
Hermann Lingg Str. 12
80336 München
Tel. 5309039
Spezielle Hilfs- und Beratungsangebote für ausländische Schüler (Hausaufgabenbetreuung, Deutschkurse, ausbildungsbegleitende Hilfen)

P.I.B.
Karlstr. 34
80333 München
Tel. 591791 und 597555
Information und Beratung bei schulischen u. persönlichen Problemen

SCHULINFORMATION

STÜPS
Schäufeleinstraße 18
80689 München
Tel. 576798
Beratung bei Schulschwierigkeiten, Problemen in der Familie oder in Freundschaften und Partnerschaften, in Fragen der Berufswahl oder bei Schwierigkeiten mit der Lehrstellen- und Arbeitsplatzsuche

Eltern, Kind und Schule
Liebherrstr. 5/IV
80538 München
Tel. 225436
Der Verein arbeitet ausschließlich im Münchner Osten und nur im Grundschulbereich. Er ist Ansprechpartner für Lehrer und Eltern bei Schulproblemen und bietet verschiedene Formen intensiver Einzelbetreuung für betroffene Familien und Lehrer an.

Mädchenprojekt
Güllstraße 3
80336 München
Tel. 7255112
Beratung und Selbsterfahrungsgruppen für Mädchen, Lernhilfen und Wochenendseminare zur Berufsorientierung.

Schulreifetests können helfen, die Entscheidung über den Zeitpunkt der Einschulung zu treffen. Selbst wenn sie umstritten sind. Das beginnt bereits damit, daß es von der Tagesform des Kindes abhängig ist, ob es optische Formen differenzieren, Zahlenreihen nachsprechen und beim Zeichnen an diesem Tag konzentriert. Wichtiger könnte das Gespräch mit dem Kindergarten-Personal sein. Es kennt das Kind genauer und vermag seinen Entwicklungsstand auch im Vergleich mit anderen Kindern einzuschätzen. Eltern, die selbst daran zweifeln, daß der Zeitpunkt der Einschulung richtig gewählt ist, sollten sich dazu entschließen, die Einschulung eher noch ein Jahr hinauszuschieben. Das Kind kann dadurch nur gewinnen: einen selbstsichereren Start in Schulleben und ein Jahr, in dem es vom Schulstreß verschont bleibt und unbekümmert dem kindlichen Spiel weiterhin frönen darf. Die endgültige Entscheidung über die Schulreife trifft das Staatliche Schulamt auf Antrag der Eltern. Grundlage hierfür ist eine schulärztliches Gutachten und, wenn erforderlich, ein pädagogisch-psychologisches Gutachten.

Auch schulpflichtige Kinder werden durch eine schulärztliche Untersuchung sowie durch einen vor der Einschulung stattfindenden Test auf ihre Schulreife hin geprüft. Kinder, die obwohl sie schulpflichtig sind noch nicht den körperlichen, geistigen und seelischen Entwicklungsstand haben, werden nach Absprache mit den Eltern, dem schulärztlichen und dem schulpsychologischen Dienst für ein Jahr zurückgestellt.

WENN ELTERN SICH TRENNEN

Wenn sich die Eltern trennen, dann ist das für Kinder ein dramatischer Einschnitt ins Leben. Die Einheit aus Vater, Mutter und Kind zerbricht. Damit fertig zu werden, verlangt einem Kind viel ab. Kinder empfinden das Weggehen eines Elternteils zunächst auch als eigenes Verlassenwerden. Sie geben sich die Schuld an der Trennung der Eltern und fürchten nichts mehr, als daß nun auch der zweite Elternteil sie verläßt. Schmerzen und Ängste verstärken sich noch, erleben Kinder, wie Eltern sich während der Trennungsphase gegenseitig verletzen, im Streit um Unterhalt, Besuchsregelung, Vermögen und Sorgerecht. Ist mit der Trennung der Verlust der gewohnten Wohnung und des bisherigen sozialen Umfeldes verbunden, wird die Erschütterung der kleinen Menschen nochheftiger.

Doch die Scheidungsfolgen müssen nicht den bösen Verlauf nehmen, der ihnen gemeinhin angedichtet wird. Eine Trennung, die mit Rücksicht und in gemeinsamer Liebe zum Kind erfolgt, kann am Ende das Leben auch der Kinder bereichern.

Das setzt zunächst einmal voraus, jahrelange Scheidungskriege zu vermeiden. Dazu gehört, die Rechte der Kinder anzuerkennen. Kinder gehören nicht dem einen oder anderen Partner. Kinder haben das Recht auf beide Elternteile, Vater wie Mutter haben auch nach der Trennung die Pflicht zur Sorge. Das bedeutet, daß nicht ein Elternteil einfach aus dem Leben des Kindes verschwindet. Selbst sporadische Kontakte – zumeist zum Vater – halten Kinderpsychologe immer noch für besser als gar keine. Dann nämlich hat das Kind keinerlei Chance, sich überhaupt mit Vater – oder Mutter – auseinander zu setzen.

Kinder brauchen aber vor allem das Gefühl von Ehrlichkeit und Verläßlichkeit. Trauer und Zorn dürfen gezeigt, die Gründe der Trennung ausgesprochen werden – so, daß sie dem Kind eingänglich sind. Werden Termine abgesprochen, an denen sich der Elternteil, der die bislang gemeinsame Wohnung verläßt, und das Kind sehen, müssen sie auch wirklich eingehalten werden.

Vor allem aber darf das Kind weiterhin beide Elternteile, Vater und Mutter, lieben. Das Kind in die Konflikte der Scheidenden einzubeziehen, ihm das Gefühl zu geben, es müsse sich für eine Seite entscheiden, überfordert das Kind nicht nur: Es ist eigensüchtig, rücksichtslos und fügt ihm in brutaler Weise Pein zu.

SCHEIDUNGSHILFE

Anwaltskammer München
Tel. 532944-0
Hier können Namen und Adressen von spezialisierten AnwältInnen erfragt werden.

**IETE
Intakte Elternschaft trotz Scheidung**
Germersheimer Str. 26
81541 München
Tel. 496411
Die Beratungsstelle für Familien vor, während und nach der Trennung/Scheidung bietet für jede Trennungsphase Informationen, Einzelgespräche therapeutische Familienberatung, Gruppengespräche, Mediation (außergerichtliche Regelung von Trennungs-/Scheidungsfolgen). Schweigepflicht und Nichtparteilichkeit sind selbstverständlich. Das Erstgespräch ist kostenlos, bei weiteren Beratungen sind Spenden erwünscht

Meine-deine-unsere Kinder
Ehrwalder Str. 74
81377 München
Tel. 7141942
Angebot: Vorträge, Informations- und Wochenendveranstaltungen und therapeutische Arbeit zur spezifischen Problematik von Stieffamilien, das Angebot richtet sich allerdings überwiegend an Fachleute aus pädagogischen und therapeutischen Berufen sowie an Institutionen mit Angeboten für Betroffene.

Verein Humane Trennung und Scheidung
Postfach 2103
80052 München
Tel. 5309539
Der Verein bietet Beratung für Familien in Trennungs- und Scheidungssituationen, und eine Liste von Broschüren und Büchern zum Thema.

Trennung und Scheidung e.V. (TUSCH)
Güllstr. 3
80336 München
Tel. 774041

Familien-Notruf München
Pestalozzistr. 46
80469 München
Tel. 269194 o. 394477

**Bundesarbeitsgemeinschaft für Familienmediation
Rechtsanwaltskanzlei
Schulz & Beumer**
Rathausplatz 22
22926 Ahrensburg
Tel. 04102/54541

Kinder sollten zudem die Chance erhalten, den jeweiligen Elternteil dann zu sehen, zu sprechen, wann sie es möchten. Papa anzurufen, muß eine Selbstverständlichkeit sein dürfen.

Kinder brauchen gerade in der Trennungszeit besonders viel Liebe, das Gefühl von Geborgenheit und Sicherheit. Kinder müssen ihren Schmerz zeigen, die Trauer über den Verlust der Familieneinheit ausleben dürfen. Und Eltern sollten auch zulassen, daß Kinder – oft noch lange nach der Trennung – davon träumen, daß Mama und Papa wieder zusammen kommen. Das verlangt aber zugleich, daß dem Kind ehrlich gesagt wird, daß es dazu nicht kommen wird. Andere Reaktionen stürzen die Kinder erneut in Unsicherheit.

All dies setzt voraus, daß sich das trennende Paar darüber verständigt, daß das gemeinsame Elternsein nicht mit der Beziehung endet. Möglichst rasch Konflikte abzubauen, das neue Verhältnis bei aller Klarheit langsam aber beständig einzuüben, ist sicherlich schwierig aber Pflicht gegenüber der Verantwortung für das Wohl von Kindern.

Dem unbestreitbaren Verlust kann dann ein neuer Reichtum entgegen stehen. Zwei Wohnungen, zwei Urlaube, zwei Freundeskreise der Eltern und all der davon ausgehenden Inspiration, die Erfahrung, daß Vater und Mutter selbst unter schwierigen Bedingungen zu ihrem Kind stehen, das Erleben besonderer Vertrautheit mit dem jeweils einen Elternteil.

ADOPTION

Paare, die ein Kind adoptieren, wollen sich damit zumeist einen Herzenswunsch erfüllen: Ein eigenes Kind. Nur ein Zehntel aller Adoptionseltern hat bereits leibliche Kinder.

Die Zahl derjenigen, die sich ein Adoptivkind wünschen, ist bei weitem größer als die Zahl der Kinder selbst. Ein Adoptivkind könnte im Durchschnitt zwischen 30 Bewerberpaaren wählen. Entsprechend lange dauert es, bis sich der Wunsch nach dem eigenen Kind erfüllt – wenn überhaupt. Das gilt besonders, wenn das Adoptivkind im Säuglingsalter sein soll.

Adoptiveltern sollten sich gewissenhaft fragen, woraus sich der Kinderwunsch speist. Kinder taugen zum Beispiel als Kitt für eine Beziehung, die ihre beste Zeit bereits hinter sich hat, herzlich wenig. Unrecht geschieht Kindern, die sich an einer genauen Vorstellung vom Wunschkind messen lassen müssen, vom Charakter bis zum Aussehen. Adoptivkinder haben das Recht auf ihre eigene Persönlichkeit.

Dazu zählen auch Verhaltensweisen, die sich Adop-

OFFENE ADOPTION

Ein neues Modell:
Bei der offenen Apotion sucht die leibliche Mutter zusammen mit den zugelassenen Vermittlern (Jugendamt, Wohlfahrtsverbände) für das Kind geeignete Adoptiveltern aus. Zwischen Mutter, Kind und Adoptiveltern kann der Kontakt aufrecht erhalten werden. Vorteile sind, daß das Kind weiß, woher es kommt und wer es ist und sich die leibliche Mutter Schuld- und Schamgefühle ersparen kann. Sie weiß ihr Kind in guten Händen. Da es für dieses Modell keine festen, staatlicherseits kontrollierten Regeln gibt, ist die Basis das gegenseitige Vertrauen. Alle Absprachen müssen selbst getroffen und verantwortet werden. Alle Rechte liegen - wie bei dem klassischen Adoptionsmodell- bei den Adoptiveltern.
Kontaktvermittlung für offene Adoptionen:

- Bundesverband für Pflege- und Adoptiveltern
  Roggenmarkt 9, 48143 Münster
  Tel. 0251/45940

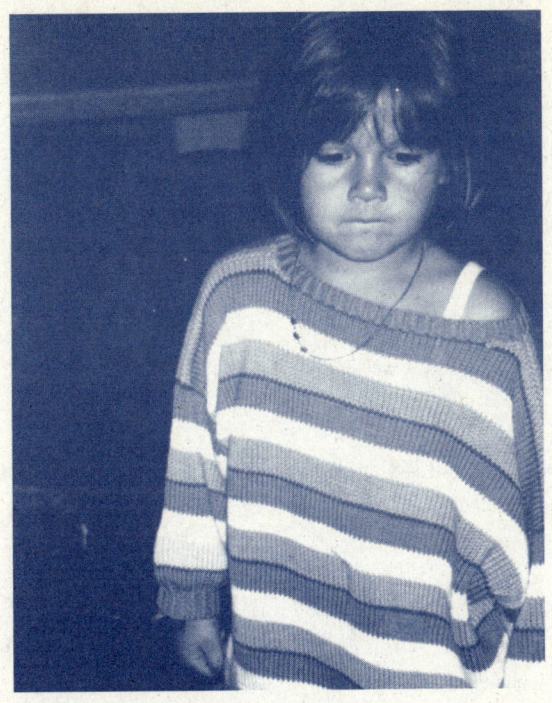

ÄLTERE KINDER WILL KAUM NOCH EINE FAMILIE ADOPTIEREN.

tiveltern gar nicht gewünscht haben. Der verbreitete Egoismus von Heimkindern gehört zu deren erlernten Lebensmustern, Anpassungsschwierigkeiten sind ebenso normal wie die Angst vor Berührung und ungewohnter Zärtlichkeit. Zu den Voraussetzung einer Adoption gehört ein Mindestalter. Frauen müssen wenigstens 21 Jahre alt sein, Männer 25 Jahre alt. Eine Adoption ist bei den Jugendämtern zu beantragen, das Formularwesen verspricht einen langen Papierkrieg. Nach Abschluß des Adoptionsverfahrens dauert es im Schnitt nochmals zwei Jahre, bis das "richtige" Kind gefunden ist.

BUCHTIPS:

- "Wie adoptiere ich ein Kind"
  Dr. Helga Oberloskamp, 220 Seiten
  Beck-Recht-Berater, Deutscher
  Taschenbuchverlag, München 1993

- "Adoption - Zueinander kommen -
  Miteinander leben"
  von A. Sorosky, A. Baran und R. Pannur
  Rowolt, Reinbeck bei Hamburg 1992

- "Adoption fremdländischer Kinder" –
  Erfahrungen und Orientierungshilfen
  Margot Weyer, Quell-Verlag, 1992

PFLEGESTELLEN

Für die Entwicklung eines Kindes ist ein Familienleben von großer Wichtigkeit. Manchmal befindet sich jedoch die Herkunftsfamilie in einer solch problematischen Situation, daß sie vorübergehend den kindlichen Bedürfnissen nicht mehr gerecht werden kann, sei es aus finanziellen, psychischen, familiären oder anderen Gründen. Bis zur Klärung der Lage sollte das Kind nicht auf eine Familie verzichten müssen. Stehen keine Verwandte zur Verfügung, die das Kind bei sich aufnehmen, kann eine Pflegefamilie eine gute Lösung sein. Um solch eine familienähnliche Situation schaffen zu können, wurden in den letzten Jahren verschiedene Betreuungs- und Erziehungsformen durch Pflegeeltern entwickelt. Bei den bisher bestehenden Möglichkeiten der Familienpflege auf Zeit wird meist nach Dauer, Art und Aufgabe unterschieden, und sie beinhaltet z.B. folgende Formen:

Tagespflegestellen
Die Betreuungszeiten sind in der Regel an den Werktagen von morgens bis abends oder auch stundenweise. Wichtig ist hierbei die gute Zusammenarbeit zwischen den leiblichen und den Pflegeeltern.

Wochenpflege
Die Wochenpflege umfaßt fünf Tage pro Woche, das Kind schläft dann auch bei den Pflegeeltern und ist am Wochenende bei den Eltern. Diese Form wird in der Regel nur gewählt, wenn die Arbeitszeiten der Eltern sich in die Abend- und Nachtstunden hineinzieht.

Kurzzeit- oder Bereitschaftspflege
Hier betreuen Pflegeeltern Kinder, bei denen noch geklärt werden muß, wie ihre zukünftige Versorgung geregelt wird (Herkunfts- oder Pflegefamilie).

Kurzzeitpflege
Diese Form wird gewählt bei einer vorübergehenden, zeitlich überschaubaren Abwesenheit der leiblichen Eltern, wie z.B. bei einem Krankenhausaufenthalt.

Vollzeitpflege
Bei langfristigen, tiefsitzenden Problemen innerhalb der Herkunftsfamilie, die nicht in absehbarer Zeit gelöst werden können, kommen Kinder in eine Vollzeitpflege, deren Ende in der Regel nicht abgesehen werden kann. Diese Form ist für die betreffenden Kinder oft am schwersten auszuhalten, da sie sich auf nichts verlassen und dadurch nirgends richtig einleben können.

Pflegeeltern haben eine schwierige Aufgabe. Die Kinder, die während einer gewissen Zeit bei ihnen leben, haben oft schon verschiedene Betreuungsformen (z.B. Heimaufenthalt) hinter sich und sind dadurch mißtrauisch und ängstlich geworden. Vermittlungsstellen für Pflegekinder achten deshalb besonders darauf, daß Pflegeeltern besonders geeignet sind. Sie sollten sich in besonderem Maße über ihre Motivation bewußt sein, sollten Einfühlungsvermögen, Toleranz und erzieherische Fähigkeiten mitbringen. Außerdem sollte die berufliche und wirtschaftliche Lage sowie die Wohnverhältnisse die Aufnahme eines Kindes ermöglichen. Die Bereitschaft zur Zusammenarbeit mit dem Jugendamt und den leiblichen Eltern muß gegeben sein.

Zukünftige Pflegeeltern werden in Seminaren auf ihre neue Arbeit vorbereitet und erhalten während der Dauer der Pflegschaft kompetente Begleitung und Fortbildung. Können die leiblichen Eltern nicht dafür aufkommen, stellt das Jugendamt finanzielle Mittel für die Lebenshaltungs- und Erziehungskosten eines Kindes zur Verfügung. Zusätzliche Mittel können im Einzelfall gewährt werden. Das Jugendamt ist ständig für viele Kinder, die in Familien mit Problemen oder in Heimen leben, auf der Suche nach qualifizierten, aufgeschlossenen Eltern die bereit und in der Lage sind, diese verantwortungsvolle Aufgabe zu übernehmen.

ADOPTIONS- & PFLEGEKINDERBERATUNG

In Bayern kann man wählen zwischen der Adoptionsvermittlungsstelle des Jugendamts und denen der Wohlfahrtsverbände:

Stadtjugendamt
Abt. Fremdunterbringung
Orleansplatz 11
81677 München
Tel. 233/23309

Katholische Jugendfürsorge
Sachgebiet Pflegekinderdienst und Adoption
Adlzreiterstr. 22
80337 München
Tel. 7205-269

Adoptionsvermittlungsstelle des Diakonischen Werks
Pirckheimerstraße 6
90408 Nürnberg
Tel. 0911/9354329
Die Adoptionsvermittlung des Diakonischen Werks in Nürnberg ist zentral für ganz Bayern zuständig.

Internationaler Sozialdienst
Am Stockborn 5-7
60439 Frankfurt/M
Tel. 069/95807-02
Neben anderen Aufgaben enthält der ISD als staatlich anerkannte Adoptionsvermittlungsstelle Adoptionsprogramme mit folgenden Ländern: Indien, Rumänien und Ecuador; von den Philippinen können nur ältere Kinder vermittelt werden. Zur Information über die Adoptionssituation anderer Länder (insbesondere Lateinamerika und Osteuropa/Balkanstaaten) stellt der ISD Informationsmaterial zur Verfügung. Grundsätzlich berät der ISD in allen Fragen, die internationale Adoptionen betreffen und führt in zahlreichen Fällen die Koordination der Adoptionsverfahren mit ausländischen Fachstellen durch.

Zentrale Adoptionsstelle Bayerisches Landesjugendamt
Richelstraße 11
80602 München
Tel. 1301-1
Auch das Bayerische Landesjugendamt steht als Ansprechpartner für alle Fragen im Zusammenhang mit Adoptionen zur Verfügung.

Bundesverband für Pflege- und Adoptiveltern
Roggenmarkt 9
48143 Münster
Tel. 0251/45940

Evangelische Jugendhilfe
Blutenburgstr. 71
80636 München
Tel. 089/126991-50

Münchner Kinder- und Familienbüro
Pettenkoferstr. 40, Rgb
80336 München
Tel. 089/535356
Hier trifft sich regelmäßig der Verein f. Pflege- und Adoptiveltern München u. Umgebung. Ein offener Treff, der Möglichkeiten für Beratung und Erfahrungsaustausch bietet.

ALLEIN ZU DRITT

17

- AMTSPFLEGSCHAFT
- SORGERECHT
- UNTERHALTSGELD
- STEUERLICHE REGELUNG
- VORMUNDSCHAFT
- ERBE
- INTERESSENVERBÄNDE

Der "Familienstand" ist eines der wichtigsten amtlichen Erfassungskästchen, aber Ämter und Parlamentarier scheinen mit der Auswertung der "Kästchen" nichts anfangen zu können.

Etwa 1,5 Millionen Frauen und Männer in Deutschland ziehen ihre minderjährigen Kinder ohne einen Partner groß, jedes siebte Kind wächst mit nur einem Elternteil auf. Einelternfamilien sind somit längst keine Seltenheit mehr – und doch gelten sie nach wie vor im gesellschaftlichen Bewußtsein als Ausnahme. Alleinerziehende und ihre Kinder sehen sich zum Beispiel mit dem scheinbar unausrottbaren Vorurteil konfrontiert, sie seien benachteiligt und damit zu bedauern. Immerhin, langsam deutet sich ein Wandel im Verständnis der Situation von Einelternfamilien an. Das beginnt damit, daß es mittlerweile allgemein als vorteilhafter angesehen wird, wenn Kinder nur bei einem Elternteil leben, da sie auf diese Weise nicht mehr den Streit und die Aggressionen der klassischen Familie von Vater und Mutter erleben, wenn diese sich nicht mehr zu lieben vermögen.

Tatsächlich sind Kinder von Alleinerziehenden nicht um ihre Lebenschancen betrogen. Im Gegenteil, ein Gutteil der Einelternfamilien bewältigt die Herausforderungen des Alltags nicht schlechter als die Normalfamilie. Ihre Situation ist freilich prinzipiell auch nicht besser. Die Probleme der einzelnen Familienformen sind zwar unterschiedlich, zum Teil, aber natürlich ähnlicher Natur.

Einige Schwierigkeiten, mit denen Alleinerziehende sich oftmals plagen, ist zum Beispiel das schlechte Gewissen gegenüber den Kindern. Das wird aus dem Vorurteil gespeist, Kindern in Einelternfamilien müsse etwas fehlen – eben der andere Elternteil. Frauen und Männer, die sich darum bemühen, Vater- und Mutterrolle gegenüber ihrem Kind zu übernehmen, stoßen nicht nur schnell an Grenzen der Überforderung. Sie neigen auch dazu, Kinder zu sehr behüten zu wollen. Das besonders enge Verhältnis zu der alleinerziehenden Mutter oder dem alleinerziehenden Vater kann schließlich dann zu einem Problem werden, wenn sich die Kinder in der Pubertät von den Eltern zu lösen suchen. Hinzu kommt, daß Scheidungskinder in der Regel stärker unter Trennungsängsten leiden als gemeinhin andere Kinder.

Die größte Herausforderung, vor der sich Einelternfamilien gestellt sehen, ist freilich in vielen Fällen finanzieller Natur. Im Durchschnitt erreicht das Pro-Kopf-Einkommen in einer Einelternfamilie nur 80 Prozent der Höhe, die in der Normalfamilie erzielt wird. Insbesondere die Einkommensverhältnisse alleinerziehender Frauen sind häufig alles andere als zufriedenstellend. Gerade alleinerziehende Mütter kleiner Kinder haben wenig Chan-

> **VATERSCHAFTSANERKENNUNG**
>
> Für die Anerkennung der Vaterschaft für ein nichteheliches Kind, muß ein Antrag beim Jugendamt, beim Standesamt oder bei einem Notar gestellt werden. Die Bearbeitung des Antrags ist gebührenfrei. Es müssen der Personalausweis und eine Geburtsurkunde des Vaters vorliegen. Bei Vätern nicht deutscher Staatsangehörigkeit kann die Geburtsurkunde evtl. nachgereicht werden, oder durch einen anderen Nachweis ersetzt werden, da die Beschaffung manchmal schwierig ist.
>
> Dem Jugendamt fällt, wenn es die Amtspflegschaft hat, die Klärung der Unterhaltspflicht zu. Geprüft wird auch, ob der Vater mit der Mutter und dem Kind in einer Lebensgemeinschaft lebt. Ist dies der Fall, wird die Unterhaltspflicht nur im Sonderfall durch das Jugendamt geregelt. Wurde die Amtspflegschaft schon vor der Geburt des Kindes aufgehoben, genügt auf dem Antrag eine Unterschrift der Mutter.
>
> Die Zustimmungsfrist für den Antrag läuft ein halbes Jahr. Hat das Jugendamt bzw. die Mutter (sie wird vom Jugendamt befragt) bis dahin nicht zugestimmt, muß ein neuer Antrag gestellt werden.

cen, berufstätig zu werden oder zu bleiben. In Scheidungsfällen reichen oftmals die Unterhaltszahlungen kaum aus oder werden nicht selten verweigert. Ein Gutteil alleinerziehender Frauen ist daher auf Sozialhilfe angewiesen.

Um so wichtiger ist es da zu wissen, was Alleinerziehenden zusteht. Dazu zählen finanzielle Hilfen ebenso wie Rechtsansprüche, die Alleinerziehenden – entsprechend ihrer besonderen Lebenslage – den Alltag erleichtern sollen.

JUGENDAMT/AMTSPFLEGSCHAFT

Die Mütter nichtehelicher Kinder verfügen nicht allein über das Sorgerecht. Der Staat beansprucht es ebenfalls – in Form der sogenannten Amtspflegschaft. Im Alltag ist dies kaum von Bedeutung, für Alleinerziehende gleichwohl eine ärgerliche Anmaßung. Die Amtspflegschaft soll die Interessen des Kindes sicherstellen – als wäre eine alleinerziehende Frau dazu allein nicht in der Lage! Diese Kompetenz wird Alleinerziehenden nach einer Scheidung übrigens nicht abgesprochen: Bei geschiedenen Alleinerziehenden gibt es keine Amtspflegschaft.

> **AMTSPFLEGSCHAFT**
>
> Am besten noch vor der Geburt des Kindes die Aufhebung der Amtspflegschaft beantragen! Darüber entscheidet ein Amtsrichter. Stellt man den Antrag noch vor der Geburt – möglichst schon 8 Wochen vorher – kommt das Jugendamt bei der Geburt des Kindes gar nicht mehr zum Zuge und taucht auch in den Geburtsurkunden und Akten gar nicht mehr auf. Den Antrag muß jede/r beim Jugendamt in der jeweiligen Bezirksverwaltung stellen.
> Ein Vertreter des Jugendamtes darf sich jedoch zu Hause umsehen, ob das Kind gut untergebracht sein wird und in vernünftigen Verhältnissen leben wird.

Die Amtspflegschaft wird vom Jugendamt ausgeübt. Zu dessen Aufgaben zählt insbesondere die Feststellung der Vaterschaft und Geltungmachung von Unterhaltsansprüchen des Kindes sowie die Regelung von Erbschaftsangelegenheiten beim Tod des Vaters. Sind Vaterschaft und Unterhaltsansprüche geklärt, ist es zumeist einfach die Amtspflegschaft aufzuheben.
(BGB 4. Buch § 1617)(➜Kapitel "Unser Baby").

NAMENSRECHT BEI NICHTEHELICHEN KINDERN

Das Kind trägt als Geburtsnamen den Familiennamen, den seine Mutter zur Zeit der Geburt führt. War sie vor der Geburt verheiratet und hat nach ihrer Scheidung einen Doppelnamen behalten, trägt das Kind nur den Ehenamen. Auskünfte in allen namensrechtlichen Angelegenheiten (Heirat, Namensänderung) gibt das Standesamt.

UMGANGSRECHT

Der Vater eines nichtehelichen Kindes hat – anders als bei ehelichen Kindern – kein automatisches Umgangsrecht mit dem Kind. Das Umgangsrecht ist abhängig vom Einverständnis der Mutter. Wenn die Mutter dem Vater ein Umgangsrecht verweigert, kann es der Vater eventuell mit vormundschaftsrechtlicher Hilfe erzwingen. Das Vormundschaftsgericht kann dann dem Vater die

Befugnis zum persönlichen Umgang mit dem Kind zusprechen, wenn es dem Wohl des Kindes dient. Zur Zeit wird eine Gesetzesänderung geplant, nach der der Vater ein Umgangsrecht hätte, wenn es dem Wohle des Kindes nicht widerspricht. Das hieße, daß nicht mehr der Vater beweisen müßte, daß ein Besuchsrecht gut für das Kind wäre, sondern daß die Mutter beweisen müßte, daß das Besuchsrecht schlecht für das Kind wäre. Über diese Gesetzesänderung ist jedoch noch nicht entschieden (BGB 4. Buch § 1711).

SORGERECHT

Steht das Sorgerecht bei verheirateten Paaren beiden Partnern zu, so ist es bei unverheirateten Paaren auf die Mutter beschränkt. Im Fall einer Scheidung kann das Sorgerecht beiden Eheleuten zugesprochen werden, wenn sie es einvernehmlich beantragen.

Für ein Kind kann man natürlich auch ohne formelles Sorgerecht sorgen. Das Sorgerecht ist aber nicht bedeutungslos. Ohne offizielles Sorgerecht können Väter oder Mütter zum Beispiel im Krankheitsfall nicht über die Behandlung des Kindes entscheiden, die Lehrer müssen keine Auskunft über die schulischen Leistungen des Kindes erteilen, und die Fahrt ins Ausland wird möglicherweise zu einem Problem: Die Kinder können nicht im Paß des Vaters oder der Mutter eingetragen werden (Regelung nach FGG § 50a ff in Scheidungsfällen).

SORGERECHTSVERTRETUNG

Nichteheliche Väter können sich von der Mutter des gemeinsamen Kindes eine generelle Vollmacht für eine Sorgerechtsvertretung gegenüber Ämtern, Ärzten, Schulen etc. für das Kind geben lassen. So eine Vollmacht kann allerdings die alleinsorgeberechtigte Mutter jederzeit widerrufen.

ADOPTION DES EIGENEN KINDES

Es besteht die Möglichkeit, das eigene Kind zu adoptieren. Das kann dann sinnvoll sein, wenn der Vater keine Rechte – wie z.B. das Umgangsrecht – mehr gegenüber dem Kind haben soll. Die Adoption des eigenen Kindes hat zur Folge, daß das Verwandtschaftsverhältnis zwischen Kind und Vater erlischt und das Kind als eheliches Kind gilt. Der Vater hat dann keine Rechte mehr gegenüber dem Kind. Auch die Pflichten des Vaters erlöschen, wie z.B. Unterhaltspflicht und das Pflichterbe.

Das Verfahren bei einer Adoption des eigenen Kindes verläuft folgendermaßen:

- Es muß ein Antrag auf Adoption über eine/n Notar/in gestellt werden.
  - Kinder ab 14 Jahren stellen diesen Antrag selbst.
  - für Kinder unter 14 Jahren muß ein/e Amtspfleger/in bestellt werden, die/der dem Antrag zustimmen muß.
- Familienstammbuch, Abstammungsurkunden und Gesundheitszeugnisse von Mutter und Kind müssen bei der Adoptionsstelle vorgelegt werden.
- Vom Jugendamt muß ein Bericht angefertigt werden.
- Der Antrag auf Adoption muß von der/dem Notar/in beurkundet werden.
- Über den Antrag entscheidet dann das Familiengericht.

DIE FINANZIELLEN FRAGEN UND DER STREIT UMS SORGERECHT STEHEN BEI TRENNUNGEN FAST IMMER AN.

- Das Familiengericht wird der Adoption zustimmen, wenn
  - die Adoption im Kindeswohl liegt,
  - zu erwarten ist, daß zwischen der Mutter und dem Kind ein Eltern-Kind-Verhältnis "entsteht".

Der Adoption wird i.d.R. nicht zugestimmt, wenn bereits ein Besuchsrechtsverfahren gelaufen ist. Die Adoption ist dazu gedacht, das Kind vor etwaigen Unterhaltsansprüchen seitens des Vaters zu schützen. Voraussetzung für die Zustimmung zur Adoption ist, daß die Mutter nachweislich für den Unterhalt des Kindes aufkommt (BGB 4. Buch § 1741).

UNTERHALTSGELD/UNTERHALTSVORSCHUSS

Unterhaltspflichtig sind stets die leiblichen Eltern gegenüber ihren Kindern. Darüber hinaus haben Ehepartner einen gegenseitigen Unterhaltsanspruch, wenn sie sich scheiden lassen. Dabei gibt es keine generelle zeitliche Begrenzung der Unterhaltsdauer. Die Höhe des zu zahlenden Unterhalts hängt ab vom Verdienst sowohl des Unterhaltspflichtigen als auch des zu Unterhaltenden.
Das Unterhaltsrecht unterscheidet strikt zwischen verheirateten und unverheirateten Paaren. Die Mutter eines nichtehelichen Kindes hat gegenüber dem Vater des Kindes nur einen sehr begrenzten Unterhaltsanspruch. Er endet maximal, wenn das Kind ein Jahr alt ist, und beginnt sechs Wochen vor der Geburt. Voraussetzung hierbei ist, daß die Mutter aufgrund einer Krankheit oder wegen der Notwendigkeit, das Baby zu betreuen, selbst nicht arbeiten kann. Zudem muß die Mutter bedürftig,

der Vater leistungsfähig sein. Das bedeutet im Einzelfall, daß etwa Mutterschaftsgeld den Unterhaltsanspruch verringert. Der Vater muß zum Beispiel auch dann weniger zahlen, wenn er noch eine Ehefrau und gemeinsame Kinder zu versorgen hat. Im Prinzip richtet sich die Höhe dieses begrenzten Unterhaltsanspruches jedoch immer danach, was die Mutter hätte verdienen können, wenn sie arbeitsfähig wäre. Fest stehen dagegen die Sätze, die für den Unterhalt von Kindern nach der Scheidung zu entrichten sind. Das ist der sogenannte Regelunterhalt. Er soll dem "Regelbedarf" eines Kindes entsprechen – in Abhängigkeit vom Alter des Kindes. Der Regelunterhalt wird hin und wieder den steigenden Lebenshaltungskosten angepaßt.

Der mit den Regelsätzen festgelegte Mindestunterhalt kann sich erhöhen, wenn zum Beispiel der Vater gut verdient. Bei der Festsetzung des Unterhalts orientieren sich die Gerichte an der "Düsseldorfer Tabelle" (s. u.). Zu den Vorteilen des Regelunterhalts gegenüber individualisierten Festlegungen gehört, daß er mit einem vereinfachten Gerichtsverfahren durchzusetzen ist.

Ist der Unterhaltsanspruch geklärt, bedeutet dies jedoch nicht in allen Fällen, daß auch gezahlt wird. In dieser äußerst unangenehmen Situation, die viele Alleinerziehende – insbesondere Frauen – nur zu gut kennen, gibt es die Möglichkeit, mit Hilfe des sogenannten Unterhaltsvorschusses über die Runden zu kommen.

DÜSSELDORFER TABELLE

Nettoeinkommen	Kindesunterhalt - Jahre		
	0–6 Jahre	7–12 Jahre	13–18 Jahre
bis 2400	349	424	502
2300–2600	375	450	530
2600–3000	400	480	565
3000–3500	435	525	615
3500–4100	475	570	675
4100–4800	515	620	735
4800–5700	565	680	805
5700–6700	615	740	875
6700–8000	665	805	945
über 8000	nach den Umständen des Falles		

Stand: 1.1.1996

Die seit Januar 1996 geltende Neuregelung des Kindergeldes hat u.a. zum Ziel, Unterhaltskosten zu mindern. Deshalb gilt, daß bei Trennung oder Scheidung der Eltern vorrangig die Person das Kindergeld erhält, in deren Obhut sich das Kind befindet (Obhutsprinzip).

Unterhaltsvorschuß erhalten Kinder alleinstehender Elternteile, wenn der andere Elternteil

- sich den Zahlungsverpflichtungen gegenüber den Kindern entzieht oder
- zu den Unterhaltsleistungen ganz oder teilweise nicht in der Lage ist oder,
- ohne Waisenbezüge zu hinterlassen, verstorben ist.

Der Anspruch ist ausgeschlossen, wenn beide Elternteile – ob sie miteinander verheiratet sind oder nicht – in häuslicher Gemeinschaft leben oder wenn der Elternteil, bei dem das Kind lebt, wieder geheiratet hat.

Der Antrag auf Unterhaltsvorschußzahlungen wird beim Jugendamt gestellt. Zuständig ist das

- **Stadtjugendamt, Abt. Amtspflegschaft/Amtsvormundschaft**
  Orleansplatz 11, 81667 München, Tel. 233/8219
  Sprechzeiten: Mo, Mi, Fr 8.30–12.00 Uhr

Im Falle gerichtlicher Auseinandersetzung um Unterhaltszahlungen gibt es im übrigen die Möglichkeit, Prozeßkostenhilfe zu beantragen. Nähere Auskünfte dazu erteilt der

- **Allgemeine Sozialdienst (ASD)**
  Orleansplatz 11, 81667 München, Tel. 233/4361

Die seit Januar 1996 geltende Neuregelung des Kindergeldes hat u.a. zum Ziel, Unterhaltskosten zu mindern. Deshalb gilt, daß bei Trennung oder Scheidung der Eltern vorrangig die Person das Kindergeld erhält, in deren Obhut sich das Kind befindet (Obhutsprinzip).

KINDERGARTEN- UND BETREUUNGSPLÄTZE

Die vergleichsweise wenigen Betreuungsplätze für Kinder sind nach Gesetzeslage bevorzugt an Alleinerziehende zu vergeben. Gleichwohl müssen Alleinerziehende häufig genug um den Platz in der Kinderkrippe oder im Kindergarten kämpfen. Sie sollten sich dennoch nicht entmutigen lassen und für ihr Recht einstehen. Insbesondere Frauen bleibt meistens auch keine andere Wahl.

HAUSHALTSFREIBETRAG/KINDERBETREUUNGSKOSTEN

Alleinerziehende haben die Möglichkeit, ihr zu versteuerndes Einkommen pauschal um den sogenannten Haushaltsfreibetrag zu verringern. Dieser Freibetrag in Höhe von 5616 Mark pro Jahr ist an eine einfache Bedingung geknüpft: Das Kind, das der oder die Alleinerziehende versorgt, muß zum Jahresanfang mit Hauptwohnsitz beim alleinerziehenden Elternteil gemeldet sein. Der Anspruch auf den Haushaltsfreibetrag muß beim zuständigen Finanzamt angemeldet werden.
Alleinerziehende können zudem Kinderbetreuungskosten von der Steuer absetzen. Hiermit sind zwar keineswegs alle Kosten gemeint, die durch die Betreuung von Kindern entstehen. Der Nachhilfe- oder Flötenunterricht sowie der Mitgliedsbeitrag im Sportverein wirken sich zum Beispiel nicht steuermindernd aus. Als Faustregel gilt: Die Vermittlung besonderer Fähigkeiten, Aufwendungen für den Unterricht oder Freizeitaktivitäten können nicht von der Steuer abgesetzt werden. Kinderbetreuungskosten werden jedoch von den Finanzämtern anerkannt, wenn bestimmte Voraussetzungen erfüllt sind – aber keine Kindergartenkosten!
Bei Alleinerziehenden bedeutet dies, daß die Kosten wegen der Berufstätigkeit oder wegen einer Erkrankung der Betreuungsperson, also Mutter oder Vater, entstehen. Oder weil die körperliche oder geistige Behinderung des Kindes ein außergewöhnliches Maß an Betreuung erfordert. Zu den Kosten, die das Finanzamt akzeptiert, gehören zum Beispiel Ausgaben für den Kindergarten und die Tagesstätte, für die Tagesmutter und HaushaltsgehilfInnen sowie für die Betreuung bei den Schulaufgaben bis zu einem bestimmten Alter des Kindes.
Absetzbar sind höchstens 4000 Mark im Jahr für das erste und jeweils 2000 Mark für alle weiteren Kinder. Zuvor wird freilich von

den Kosten, die man geltend macht, noch ein Betrag abgezogen. Das ist die sogenannte zumutbare Eigenbelastung, die wiederum abhängig vom Einkommen und der Kinderzahl ist. Wer sehr gut verdient, kann auf diesem Weg Steuern sparen. Menschen mit Durchschnittseinkommen haben aber in der Regel nichts von dieser Möglichkeit des Steuerrechts. Sie sollten darum einen anderen Weg wählen, den der sogenannte Pauschbeträge. Wenn Alleinerziehende die Voraussetzungen erfüllen – also zum Beispiel berufstätig sind –, können sie ohne Nachweis der tatsächlich entstandenen Kosten pauschal 480 Mark im Jahr als Kinderbetreuungskosten absetzen.

- Finanzamt München I, A-E, Karlstr. 9, Tel. 5995-01
- Finanzamt München II, F-I, Deroystr. 20, Tel. 1252-02
- Finanzamt München III, J-M, Deroystr. 18, Tel. 1252-03
- Finanzamt München IV, N-S, Deroystr. 4, Tel. 1252-04
- Finanzamt München V, Sch, T-Z, Deroystr. 4, Tel. 1252-05

SOZIALHILFE

Alleinerziehende haben Anspruch auf den sogenannten Mehrbedarfszuschlag, wenn sie Voraussetzungen für Sozialhilfezahlungen erfüllen (siehe auch: Sozialhilfe).
- 20% Mehrbedarfszuschlag für werdende Mütter ab 12. Schwangerschaftswoche.
- 40% Mehrbedarfszuschlag für Alleinerziehende mit einem Kind unter sieben Jahren.
- 40% Mehrbedarfszuschlag für Alleinerziehende mit zwei oder drei Kindern unter 16 Jahren.
- 60% Mehrbedarfszuschlag für Alleinerziehende mit vier oder mehr Kindern unter 16 Jahren.

BEIHILFE FÜR ALLEINERZIEHENDE

Es gibt die Möglichkeit, Sozialhilfe einmalig für ein Neugeborenes zu beantragen, auch wenn Eltern nicht sozialhilfeberechtigt sind (z.B. Studenten).
(→ Kapitel "Recht", Adressen der Sozialstationen) Sozialhilfe wird als sogenannte nachrangige Hilfe gewährt. Dies bedeutet, ein Anspruch auf Sozialhilfe ist erst dann gegeben, wenn alle anderen Möglichkeiten ausgeschöpft sind. Das bedeutet zum Beispiel, daß Eltern verpflichtet werden können, ihre Kinder zu unterstützen – sofern sie selbst dazu in der Lage sind, also wenn deren Einkommen bestimmte Höchstgrenzen überschreiten. Das gleiche gilt für nichteheliche Partner. Auch sie können zur finanziellen Unterstützung herangezogen werden.

Stiftungen zur Unterstützung von Schwangeren, Alleinerziehenden und Familien in Not
Wenn alle gesetzlichen Leistungen ausgeschöpft sind bzw. nicht ausreichen besteht die Möglichkeit, sich an eine der Stiftungen zur Unterstützung von Schwangeren, Familien oder Alleinerziehenden in Notsituationen zu wenden. Beratung und Information hierzu leisten folgende Beratungsstellen:

- **Allgemeiner Sozialdienst**
  Orleansplatz 11, 81667 München, Tel. 089/234361

- **Sozialdienst Katholischer Frauen e.V.**
  Marsstr. 5, 80335 München, Tel. 55981-0

- **Evangelisches Beratungszentrum**
  Landwehrstr. 15, 80336 München, Tel. 59048-150

- **Pro Familia**
  Türkenstraße 103, 80799 München, Tel. 399079

- **Staatliches Gesundheitsamt**
  Am Neudeck 6, 81541 München, Tel. 62430

- **Gesundheitsbehörde**
  Karlstraße 40, 80333 München, Tel. 5207256

- **Psychosoziale und rechtliche Beratung Alleinerziehender im Dekanat München**
  Schwanthalerstr. 32, 80336 München, Tel. 089/598181

"Finanzielle Hilfe zur Selbsthilfe" leistet die **"Landesstiftung Hilfe für Mutter und Kind"**, ein Förderprogramm für Schwangere, kinderreiche Familien und Alleinerziehende mit Kleinkindern oder Kindern im schulpflichtigen Alter, die sich in einer unverschuldeten Notlage befinden.
Mögliche Hilfeleistungen sind: Erhaltung und Beschaffung von Wohnraum, Finanzierung notwendiger Anschaffungen, Sicherstellung des Lebensunterhalts und Minderung von Schuldverpflichtungen. Ein Rechtsanspruch auf die Leistungen der Stiftung besteht nicht.
Voraussetzung für die Bewilligung der Hilfe ist, daß die Sozialhilfeverwaltung, das Jugendamt, das Gesundheitsamt oder ein Verband der freien Wohlfahrtspflege das Hilfegesuch befürwortet. Dem Antrag muß also in jedem Fall ein Gespräch mit einer der oben angegebenen Beratungsstellen vorausgehen, die bei der Antragstellung hilft, und auch über eventuell in Frage kommende weitere Stiftungen berät.

- **Landesstiftung "Hilfe für Mutter und Kind" (Familie in Not)**
  Schellingstr. 155, 80799 München

Die Landesstiftung "Hilfe für Mutter und Kind" ist auch zuständig für die Vergabe von Fördergeldern der Bundesstiftung "Mutter und Kind - Schutz des ungeborenen Lebens". Zweck dieser Stiftung ist es, werdenden Müttern in Notlagen zu helfen, "... um ihnen die Fortsetzung der Schwangerschaft zu erleichtern." Dabei handelt es sich um finanzielle Hilfen, z.B. für die Erstausstattung des Kindes, die Weiterführung des Haushalts, die Wohnung und Einrichtung und die Betreuung des Kleinkindes.
Auch für die in Anspruchnahme der Bundesstiftung ist ein Gespräch mit dem Allgemeinen Sozialdienst oder einer anderen Beratungsstellen erforderlich. Nach eingehender Beratung wird ein Antrag mit einem Bericht von der Beratungsstelle an die Bewilligungsstelle des Landes geschickt.

Diese entscheidet über die Vergabe der Mittel. Möglich ist eine einmalige Hilfe und/oder eine monatliche Hilfe. Die Mittel der Stiftung dürfen nicht auf soziale Leistungen wie Sozialhilfe oder Kindergeld angerechnet werden.
Mitzubringende Unterlagen: Einkommensnachweise, Sozialhilfe, Arbeitslosengeld oder -hilfe, Unterhaltsbescheinigung, Mietvertrag, Heizkosten, Strom, Versicherungsbeiträge, Schulen, d.h. Belege über alle Einkommensquellen und sämtliche Ausgaben, Mutterpaß.
Die Ziele der Stiftung und die Vorgehensweise bei der Bewilligung sind umstritten, vor allem deshalb, weil kein Rechtsanspruch auf diese Hilfe besteht.

HILFE BEI WOHNUNGSNOT

In Zeiten von Wohnungsnot und explodierender Mieten haben es Alleinerziehende besonders schwer, eine angemessene Wohnung für sich und ihre Kinder zu finden. Alleinerziehende, die in dieser Situation Wohngeld beantragen (→Kapitel "Recht"), sollten beachten, daß auch die Partner einer nichtehelichen Lebensgemeinschaft als Familienangehörige behandelt werden. Das bedeutet, daß deren Einkünfte bei der Prüfung auf Wohngeldanspruch mit berücksichtigt werden.
Der Wohnberechtigungsschein (siehe auch: Wohnberechtigungsschein) ist nicht nur Voraussetzung dafür, eine Sozialwohnung anmieten zu können. Auf dem Wohnberechtigungsschein wird zudem festgehalten, wie dringend der Wohnbedarf ist.
Es gibt dazu eine Einteilung in Dringlichkeitsstufen von 1-6. Dringlichkeitsstufe 1 besteht z.B., wenn bereits eine Räumungsklage, die bisherige Wohnung betreffend, vorliegt. Dringlichkeitsstufe 3 besteht, wenn eine Kündigung ausgesprochen wurde. Innerhalb einer Dringlichkeitsstufe haben Schwangere Vorrang. (Schwangeren steht im Amt für Wohnungswesen, Burgstr. 4, Tel. 089/233-1 ein eigener Beratungs- und Vermittlungsdienst zur Verfügung)
Um einen Wohnberechtigungsschein zu bekommen, muß beim Amt für Wohnungswesen ein Antrag gestellt werden. Dem Antrag sind folgende Unterlagen beizufügen: aktuelle Verdienstnachweise, Mietvertrag der derzeitigen Wohnung, Meldebescheinigung für alle im Haushalt lebenden Personen, Pässe von ausländischen Antragstellern.
Amt für Wohnungswesen → Kapitel "Recht".

"VATERSCHAFTSPROBLEME"

Eine Frau ist nicht verpflichtet, den Namen des Vaters ihres Kindes preiszugeben. Im Prinzip können weder Gericht noch Jugendamt oder eine andere Behörde die Mutter dazu zwingen. Entschließt sich jedoch eine Frau, den Namen des Vaters – zumindest gegenüber dem Staat und seinen Institutionen – für sich zu behalten, hat dies unter Umständen unangenehme Folgen.
Zu den möglichen Konsequenzen gehört, daß die Amtspflegschaft aufrechterhalten bleiben kann. Beantragt die Frau Sozialhilfe, muß sie zudem mit einer Kürzung der sonst üblichen Zahlung rechnen. Ohne Anerkennung der Vaterschaft sind des weiteren keine Unterhaltsansprüche durchzusetzen. Weil die Frau damit auf Geld, das ihr oder dem Kind zusteht, verzichtet, läßt sich auch gegen eine verminderte Sozialhilfe wenig ausrichten. Sie wird eben als nachrangige Hilfe nur gewährt,

wenn alle sonstigen Quellen zur Bestreitung des Lebensunterhaltes ausgeschöpft sind.

Die Verpflichtung, Unterhalt zu zahlen, ist der Grund dafür, daß eine Reihe von Männern ihre Vaterschaft zunächst bestreiten. In solchen Fällen hilft eine Feststellungsklage vor Gericht. Dort muß sich die Frau mit einem möglicherweise wütenden Mann nicht herumstreiten. Als Zeugin der Verhandlung beizuwohnen, gehört zwar zu ihren Pflichten, doch kann sie die Aussage verweigern. Das Jugendamt selbst strengt im Namen des Kindes das Verfahren an, und es vertritt das Kind auch bei der Feststellung von Unterhaltsansprüchen und bei Erbschaftsangelegenheiten, wenn der Vater gestorben ist.

Wichtig für alleinerziehende Frauen ist zu wissen, daß sie jederzeit eine Vaterschaft feststellen lassen können. Die frühere Entscheidung, auf die Klärung der Vaterschaft zu verzichten, kann jederzeit revidiert werden. Problematisch wird es jedoch, im nachhinein Unterhaltsansprüche für die Zeit seit der Geburt des Kindes geltend zu machen.

Frauen, die eigentlich entschlossen sind, auf die Vaterschaftsfeststellung zu verzichten – aus welchen Gründen auch immer –, sollten sich damit auseinandersetzen, daß das Kind selbst irgendwann den Namen des Vaters wissen möchte.

Natürlich ist es nicht die Regel, daß die Vaterschaft vor Gericht festgestellt werden muß. Bei Paaren, die zum Beispiel ohne Trauschein zusammen leben, genügt es, auf dem Jugendamt offiziell die Vaterschaft anzuerkennen. Das kann bereits vor der Geburt des Kindes geschehen. Danach gibt es dann eine beglaubigte Urkunde für das Stammbuch mit einem entsprechenden "amtlichen" Vermerk.

VORMUNDSCHAFT UND ERBE

Ledig mit Kindern

Ihr Kind oder Ihre Kinder erben als Erbe(n) erster Ordnung vor allen anderen Verwandten Ihren gesamten Nachlaß. Eine eindeutige Situation.

Bei einem minderjährigen Kind allerdings wird die Situation komplizierter. Das Vormundschaftsgericht wird zum Wohle des Kindes einen Vormund unter den Verwandten des Kindes suchen. Auch der andere Elternteil – soweit bekannt – kommt hier in Frage; eine Lösung, die vielen ledigen Eltern nicht recht ist, da der andere Elternteil häufig keine Beziehung zu den Kindern hat. Wie auch immer: Der durch das Gericht bestellte Vormund übernimmt mit dem Sorgerecht über die Kinder meist auch die Verfügung über das gesamte Vermögen der Kinder, also auch die Erbschaft.

Besser ein Testament machen

Da Kinder von Alleinerziehenden ohnehin Alleinerben sind, scheint es sinnvoller, unter den Kindern den Nachlaß aufzuteilen und eventuelle weitere Wunscherben zu benennen. Für noch nicht erwachsene Kinder benennt man einen Testamentsvollstrecker, dem die Verwaltung des Vermögens der Kinder – auch über die Volljährigkeit hinaus – anvertraut werden kann. Drängend aber ist bei minderjährigen Kindern das Problem: **Wem möchte ich die Sorge für mein Kind anvertrauen?**

FÜR MINDERJÄHRIGE ERBEN SOLLTE MAN EINEN TESTAMENTSVOLLSTRECKER BENENNEN, DER DAS VERMÖGEN DES KINDES VERWALTET.

Einen Vormund für ein minderjähriges Kind benennen

Im Testament kann ein Vormund für minderjährige Kinder durch eine einfache Willensäußerung benannt werden. Im Prinzip reicht ein Blatt Papier, auf dem handschriftlich (wie im Testament) der Wunsch-Vormund für das Kind benannt wird und auf dem durch Datum und Unterschrift sichergestellt ist, daß es sich um eine Willensäußerung handelt.

Ist ein Wunsch-Vormund in einem Testament genannt, wird diese Willenserklärung vom Vormundschaftsgericht i.d.R. anerkannt. Das Vormundschaftsgericht ist nach dem Gesetz gehalten, zum Wohle der Kinder zu entscheiden. Es ist in dieser Entscheidung im Grundsatz an Ihre Willensäußerung gebunden. Nur gravierende Gründe können das Gericht veranlassen, die Willenserklärung nicht zu berücksichtigen und die benannte Person von der Vormundschaft auszuschließen.

Vormundschaft bedeutet, daß bei einem minderjährigen Kind oder mehreren minderjährigen Kindern dem Vormund die Sorgepflicht und die Verfügungsgewalt über das Eigentum des Kindes zukommt. Allerdings setzt das Gesetz der Vormundschaft enge rechtliche Grenzen. Sie können aber in Ihrer Verfügung eines Wunsch-Vormundes die rechtlichen Grenzen ausdehnen und ihn so zum befreiten Vormund machen, der relativ frei im Umgang mit dem ihm anvertrauten Vermögen ist.

Einen Testamentsvollstrecker benennen

Der Testamentsvollstrecker ist verpflichtet, im Interesse der Kinder das Vermögen zu verwalten. Allerdings ist der Testamentsvollstrecker zugleich berechtigt, für diese Leistung, sprich: für die Vermögensverwaltung, ein angemessenes Honorar zu fordern.

Erbe vom Vater

Ein nichteheliches Kind ist allerdings nur mit seinem Vater verwandt, wenn die Vaterschaft feststeht. Deshalb kann es diesen auch beerben.

Wenn der Vater neben dem nichtehelichen noch eheliche Kinder hat, steht dem nichtehelichen Kind nicht der "normale" gesetzliche Erbteil zu, sondern ein sog. "Erbersatzanspruch". Das ist ein Anspruch (Geldwert) gegen den gesetzlichen Erben in Höhe des Wertes des gesetzlichen Erbteils. Wenn das Kind 21 Jahre wird, hat es die Möglichkeit, anstelle des Erbanspruchs bereits zu Lebzeiten des Vaters einen vorzeitigen Erbausgleich in Geld zu verlangen. (→ Kapitel "Recht")(BGB 4. Buch Erbfolge § 1924 und 1934a).

Inzwischen hat die Bundesregierung eine Änderung dieser Regelung beschlossen, danach sollen nicht eheliche Kinder im Erbrecht in jeder Hinsicht gleichgestellt werden.

VERBÄNDE

Alleinerziehende erziehen ihre Kinder zwar allein, müssen dabei jedoch nicht allein bleiben. In einer Reihe von Verbänden und Organisationen haben sich Alleinerziehende zusammengeschlossen: zum Erfahrungsaustausch, zur (politischen) Interessenvertretung, zur gegenseitigen Hilfe. Von besonderer Bedeutung ist dabei der Verband Alleinstehender Mütter und Väter (VAMV). Er berät nicht nur bei Erziehungsfragen, sondern unterstützt Alleinerziehende auch bei Behördengängen, informiert über das Scheidungsrecht und hilft bei Trennungsproblemen.

Selbsthilfegruppen, regelmäßige Treffs und Beratung für alleinerziehende Mütter und Väter bieten folgende Institutionen:

VERBÄNDE DIE ALLEINERZIEHENDE BERATEN

Verband alleinstehender Mütter und Väter
Selbsthilfeorg. und Beratungsstelle
Kistlerstraße 1
81539 München
Tel. 6927060

SIAF e.V.
Stadtteil-Initiative f. Alleinerz. Frauen
Sedanstraße 37
81667 München
Tel. 4488281

Verein Humane Trennung und Scheidung
Postfach 2103
80052 München
Tel. 5309539
Beratung und eine Liste von Broschüren und Büchern zum Thema sind hier erhältlich.

IETE (Intakte Elternschaft trotz Trennung/Scheidung)
Germersheimer Str. 26
81541 München
Tel. 496411

Münchner Kinder- und Familienbüro
Pettenkoferstr. 40, Rgb
80336 München
Tel. 535356
Jeden 2. und 4. Fr. im Monat trifft sich hier der "Väteraufbruch für Kinder e.V." für Sprechstunden und gemeinsame Aktivitäten im Rahmen eines offenen Treffs, der Neueinsteiger jederzeit willkommen heißt.

Alleinerziehende Mütter und Väter
Rochusstraße 5
80333 München
Tel. 2137236

Alleinerziehende Mütter und Väter im Evang.-Luth. Dekanatsbezirk München
Seidlst. 8/VI
80335 München
Tel. 598181

Trennung und Scheidung e.V. (TUSCH)
Güllstr. 3
80336 München
Tel. 774041
Selbsthilfegruppen, juristische, psychologische, soziale Hilfestellungen und Beratung (anonym), Vorträge zu verschiedenen Themenstellungen.

VERBÄNDE DIE ALLEINERZIEHENDE BERATEN

Münchner Familienbeirat (MBS)
Franziskanerstr. 16
81669 München
Tel. 4891500

Haus Dorothee
Falkenstraße 40
81541 München
Tel. 668708

Mütter-Väter-Zentrum Neuhausen
Nymphenburger Str. 38
80335 München
Tel. 188307

Väteraufbruch für Kinder e.V.
Christian Sowade
Schleißheimer Str. 74
80797 München
Tel. 089/7371500 (tagsüber) oder
Tel. 524816 (abends)

Väter für Kinder e.V.
Postfach 380268
80615 München
Tel. 155926

Allgemeiner Sozialdienst
Orleansplatz 11
81667 München
Hilfe bei der Durchsetzung von Ansprüchen nach den Sozialleistungsgesetzen, u.a. auch bei er Inanspruchnahme von Stiftungen; Beratung bei Familienkonflikten, Trennung und Scheidung, Erziehungsaufgaben, Umgangsrecht und Sorgerechtsregelungen. Die Mitarbeiter arbeiten stadtteilbezogen und stehen unter Schweigepflicht

Psychosoziale und rechtliche Beratung Alleinerziehender im Dekanat München
Schwanthalerstr. 32
80336 München
Tel. 598181

Münchner Informationszentrum für Männer
Landwehrstraße 8/I
80336 München
Tel. 5439556
Beratung und Selbsthilfe für Männer in Trennungs- und Krisensituationen, Auseinandersetzung mit der Gewalttätigkeit von Männern gegenüber Frauen.

Familienzentrum Unterschleißheim
Alexander Pachmann Straße 40
85716 Unterschleißheim
Tel. 3102505
Eine Reihe spezieller Angebote für Alleinerziehende z.B. Mutter-Kind-Gruppen, offene Treffs mit Kinderbetreuung, Still- und Neugeborenen-Gruppen

Müttertreff Moosach
Scharnhorststr. 2
80992 München
Tel. 1491532

ZUM WEITERLESEN

Gemeinsames Sorgerecht - zwischen Ideologie und Realität
zum Preis von 6.- DM incl. Versandkosten, VAMV

Ich erziehe allein
Problemlösungen und Ermutigungen für die Erziehung ohne Partner. 2. Behr, Sophie/Häsing, Helga
Auflage, rororo Elternrat Taschenbuch, Berlin 1984

Kind und Beruf
Gutschmidt, Gunhild
Alltag alleinerziehender Mütter.
Beltz, Weinheim 1986

Die Zweitfamilie
Giesecke, Hermann,
Leben mit Stiefkindern und Stiefvätern. Klett-Cotta, Stuttgart 1987

Mutter hat einen Freund
Häsing, Helga
Fischer Taschenbuch, Frankfurt 1983

Ledige Schwangere
Themenmappe Nr. 3
2. Auflage, April 1993
Themenschwerpunkte: Meinungen und Einschätzungen zum Thema; Darstellung der Schwangerenarbeit im VAMV; Erfahrungsberichte; Praktische Hilfen und Tips für Schwangere und Alleinerziehende; Unterhalt; Finanzen; Berufstätigkeit, VAMV

ZUM WEITERLESEN

Alleinerziehende Studentinnen
Themenmappe Nr. 4
Themenschwerpunkte: Finanzierung und Organisation des Studiums; Kinderbetreuung; Erfahrungsberichte; Forderungen, VAMV

Sozialhilfe für Alleinerziehende
Themenmappe Nr. 6
Juni 1993
Themenschwerpunkte: Recht kennen – Recht bekommen; Armut in der Bundesrepublik; Mutterwut (Erfahrungsbericht); Sozialhilfe: Informationen – Hilfen – Kritische Anmerkungen, Erfahrungsbericht einer Betroffenen; Forderungen und Ausblicke, Literaturhinweis, VAMV

Alle Themenmappen kosten 3.- DM plus Porto und Versand (1,50 DM) und können bestellt werden beim Verein Alleinerziehender Mütter und Väter (Adresse s.o.)

Scheidung ohne Richter
Heiner Krabbe
Rowohlt-Taschenbuch Verlag, Berlin

Verlorene Liebe - gemeinsame Kinder
elterliche Sorge nach der Trennung
Christa Brauns-Hermann,
Bernd Busch, Hartmut Dinse
rororo, Reinbek 1994

Scheidungsratgeber von Frauen für Frauen
Geschrieben von 25 Juristinnen.
nachgedruckt, rororo Taschenbuch,
Berlin, Reinbek Juni 1994

Im Guten auseinandergehen
Christian Stadler und Gabi Golling
Knaur Droemer, München 1994

Faire Scheidung durch Mediation
Dr. Gisela und Dr. Hans-Georg Mähler u.a.
Gräfe und Unzer, 1994

Gruppeninterventionsprogramm für Kinder mit getrennt lebenden oder geschiedenen Eltern
Fthenakis, Wassilios E., u.a.
Hrsg. von der LBS-Initiative Junge Familie, mit Begleitheft im Ordner,
Beltz, Weinheim 1995

Trennung, Scheidung, Wiederheirat
Ratgeber, herausgegeben und zu beziehen bei der LBS-Initiative Junge Familie, Postfach 101461, in 41564 Kaarst
Beltz, Weinheim 1995

Der Unterhaltsvorschuß -
Eine Hilfe für Alleinerziehende
Bundesministerium für Familie, Jugend und Senioren, Broschürenstelle. PF 201551

Eltern bleiben Eltern
Hilfen für Kinder bei Trennung und Scheidung
Deutsche Arbeitsgemeinschaft für Jugend- und Eheberatung e.V. (DAJEB), Neumarkter Str. 84c,
81673 München
Tel. 089/4361091

Wohngeld
Presse und Informationsamt der Bundesregierung
53113 Bonn
Welckerstraße 11

Leitfaden der Sozialhilfe
6.- DM, Bezug → Kapitel "Recht"

POLITIK FÜR KINDER

18

- KINDER- UND FAMILIENBÜRO
- KINDER- UND JUGENDFOREN
- SPIELLANDSCHAFT STADT
- JUGENDVERBÄNDE
- WOHLFAHRT
- AUSLÄNDISCHE KINDER
- BERUF UND POLITIK
- INTERNATIONALE ORGANISATIONEN

Nie wurde soviel Aufhebens um Kinder gemacht wie heute. Und nie war es so nötig. Die Welt, in der sie sich zurechtfinden müssen, wird immer komplizierter, und die Zeit, die ihnen bleibt, das alles verstehen zu lernen, bleibt im wesentlichen gleich. Alle müssen sich einen immer höheren Stand des Wissens aneignen. Aber immer noch starten alle bei Null. Zwischen den Lernschritten Köpfchen-Hochhalten und Computer-Bedienen liegen heute kaum zehn Jahre.

Vor 100 Jahren reichte es aus, lesen, rechnen und parieren gelernt zu haben, um einen passablen Erwachsenen abzugeben. Heute kommen der Führerschein, die Grundlagen von MS-DOS, demokratische Umgangsformen und das Verständnis des Englischen als elementare Kulturtechniken hinzu. Nicht nur die Menge des anzueignenden Wissens belastet Kinder. Zunächst stehen sie dieser komplizierten Welt hilfloser gegenüber als jemals früher. Vor 100 Jahren war auch für ein dreijähriges Kind das meiste, was ein Erwachsener tat, unmittelbar verständlich. Heute kann kaum ein Kind sich 100 Meter vom Haus entfernen, ohne die geheimnisvollen Regeln des Verkehrs zu kennen. Spontan findet sich bei uns niemand zurecht. Viele beklagen das, aber es ist einfach so.

Soll Kindern das Leben nicht noch schwerer werden, muß die Politik ihre Interessen in den Blick nehmen, Kindern Aufmerksamkeit schenken und ihnen Hilfen an die Hand geben. Niemand kann damit rechnen, daß das von selbst geschieht. In jede Gemeinde gehört heute wenigstens ein Kinderbeauftragter. Und das ist noch eine Kümmerform der notwendigen Beteiligung von Kinderinteressen.

Wichtig ist, daß Kinder auch selber gehört werden, wenn es um ihre Interessen geht. Denn zum ersten können Kinder nur so lernen, ihre Interessen zu artikulieren, zum zweiten unterscheiden sich die tatsächlichen Probleme der Kinder gelegentlich von dem, was Erwachsene darüber denken, und zum dritten repräsentieren Kinder die Zukunft, die die Erwachsenen gern verdrängen.

Subjekt der Kinderpolitik sind aber erst einmal nicht die Kinder, sondern Erwachsene. Wer das leugnet, macht sich etwas vor. Kinder sind Objekte dieser Politik, und wenn sie gut ist, wachsen die Kinder langsam in die Rolle des Subjekts hinein.

Den Kinderinteressen am nächsten sind Eltern. Sie sind es, die als Akteure der Kinderpolitik zunächst in Frage kommen. Allerdings sind sie zeitlich meist sehr belastet und haben nicht „genug Luft", abends noch in Verbänden oder der Politik permanent aktiv zu sein. Aber wer Kinderpolitik will, muß sich an junge Eltern und an Kinder wenden. In den großen Städten sind es meist viele verschiedene Institutionen, Ämter, Verbände oder Elterninitiativen, die sich für eine Politik für Kinder stark machen. Traditionell gehören die Jugendämter dazu.

DAS JUGENDAMT

- **Jugendamt der Stadt München**
  Orleansplatz 11, 81667 München, Tel. 233-1 (Zentrale).
  Die Aufgaben des Jugendamtes der Stadt ergeben sich aus dem Kinder- und Jugendhilfegesetz (KJHG): Helfen und Beraten von Kindern, Jugendlichen und Erziehungsberechtigten im Einzelfall.

Interessenvertretung überall da, wo Rahmenbedingungen die Entwicklung von Minderjährigen und jungen Erwachsenen beeinträchtigen und die Lebenssituation maßgeblich erschweren.
Gesetzlich festgelegt durch das KJHG ist außerdem, daß jede kreisfreie Stadt und jeder Kreis ein

Jugendamt errichten muß. Während in vielen Städten der Bundesrepublik das Jugendamt eine eigene, gesonderte Verwaltungseinheit bildet, ist es in München im Bereich des Sozialreferates angesiedelt. Das Jugendamt im Sozialreferat nimmt dabei eigenständig die Aufgaben wahr, wie sie im Kinder- und Jugendhilfegesetz (KJHG) vorgeschrieben sind.

Auf den Aufbau einer gesonderten Verwaltungsorganisation des Jugendamtes wurde verzichtet und statt dessen den Querschnittsaufgaben bei der Vertretung von Kinderinteressen in Zusammenarbeit mit anderen Referaten der Stadt München wie zum Beispiel das Schul-, Planungs-, Gesundheits-, Bau- oder Kreisverwaltungsreferat Priorität eingeräumt, um referatsübergreifend Konsequenzen für die Kinderpolitik zu ziehen und neue Kooperationsstrukturen zu schaffen. Deshalb wurde eine Verwaltungsdrehscheibe eingerichtet, die referatsübergreifend die Kooperation und Koordinierung von Verwaltungswegen im Bereich der Kinderpolitik übernimmt. Die Federführung liegt im Kinder- und Familienbüro des Stadtjugendamtes, das 1994 geschaffen wurde.

Das Münchner **Kinder- und Familienbüro** des Sozialreferates / Stadtjugendamt ist ein bundesweit neues Kooperationsmodell im Sinne einer übergreifenden kommunalen Kinderpolitik, bei der die Eigenständigkeit von Kinderinteressen konzipiert und praktiziert werden soll. Hier arbeitet das Stadtjugendamt mit anderen Institutionen, freien Trägern der Kinder- und Jugendhilfe sowie mit Kindern und Eltern zusammen. Das Münchner Kinder- und Familienbüro ist ein zentraler Informationsort für Kinder und ein Kommunikationsort für Einzelne und Gruppen. Es steht allen Münchnern offen. Kinder und Erwachsene können hier ihre Fragen und Interessen vortragen, sich mit anderen Kindern, Jugendlichen und Erwachsenen treffen oder an den offenen Angeboten und Veranstaltungen teilnehmen. Sprechstunden bieten das Stadtjugendamt (montags von 10 Uhr bis 12 Uhr und 16 Uhr bis 19 Uhr) sowie der Verein für Pflege- und Adoptiveltern München und Umgebung e.V., der Arbeitskreis der Stillgruppen, der Gemeinsame Kindergartenelternbeirat (GKB), der Verband binationaler Familien- und Partnerschaften (IAF), der Gemeinsame Krippenelternbeirat, der Bayerische Elternverband e.V. sowie Väteraufbruch für Kinder e.V.. Offene Angebote bieten zum Beispiel der Deutsche Kinderschutzbund, die Münchner Aktionswerkstatt Gesundheit (Mag´s), MobilSpiel e.V. (Münchner Spielkistl) und die Spiellandschaft Stadt mit Spiel- und Ferienaktionen.

■ **Kinder- und Familienbüro**
Pettenkoferstrasse 40, 80336 München, Tel. 53 53 54, Fax 233 - 6109

Das Jugendamt hat seine Amtszentrale am Orleansplatz und liefert die Vorarbeit für den Jugendhilfeausschuß: Hier werden der Rahmen und die Ziele der Arbeit in den verschieden Bereichen der Jugendhilfe festlegt. Dieser Vorentwurf wird dann vom Jugendhilfeausschuß verabschiedet. Der Kinder- und Jugendhilfeausschuß ist ein wichtiges Forum für die Artikulation von kinderpolitischen Forderungen sowie die Vertretung von Kinderinteressen. Durch seine Beschlüsse nimmt der Kinder- und Jugendhilfeausschuß unmittelbar auf die Wahrnehmung von Kinderinteressen durch die Verwaltung des Jugendamtes und seine anwaltschaftliche Vertretung im Vollzug Einfluß.

Es ist geplant, in den 24 Bezirksausschüssen Kinderbeauftragte zu benennen, die als AnsprechpartnerInnen für die Kinder ihres Stadtbezirks zuständig sind und ihre lebensweltorientierten Interessen wahrnehmen. Die Kinderbeauftragten der Bezirksausschüsse sollen auch an den zentralen Kinder- und Jugendforen teilnehmen.

Vielen Bürgern fallen bei dem Jugendamt nur Begriffe wie Jugendkriminalität, Jugendrichter, Drogenmißbrauch von Minderjährigen oder Sorgerechtsregelungen ein. Das Amt wird also als Stelle für Eltern, Kinder und Jugendliche mit schlimmen Problemen gesehen. Richtig ist aber, daß das Jugendamt nicht erst dann eingreift oder Hilfe anbietet, wenn derartig alarmierende Situationen bereits entstanden sind: Unterstützung wird nicht erst geleistet, wenn z.B. Familien so stark zerrüttet sind, daß ein weiteres Zusammenleben von Eltern und Kindern unmöglich wäre. Vielmehr werden Beratung und Hilfe auch schon vor dem Auftreten von ernsthaften Krisen und Konflikten angeboten.

Zu den Aufgaben von Sozialreferat und Stadtjugendamt zählen unter anderem:

- Förderung der Erziehung in der Familie (Beratung in Fragen der Partnerschaft, Trennung und Scheidung, Vater-/Mutter-Kind-Einrichtungen, Betreuung und Versorgung des Kindes in Notsituationen)
- Hilfe zur Erziehung (Erziehungsberatung, Heimerziehung oder sonstige betreute Wohnformen, Leistungen zum Unterhalt des Kindes oder des Jugendlichen, sozialpädagogische Familienhilfe bzw. Hilfe für Familien bei Bewältigung der Erziehungsaufgaben, Erziehung in einer Tagesgruppe)
- Förderung von Kindern in Tageseinrichtungen und in Tagespflege
- Vorläufige Maßnahmen zum Schutz von Kindern und Jugendlichen (Inobhutnahme von Kindern und Jugendlichen bei einer geeigneten Person, in einer Einrichtung oder sonstigen betreuten Wohnform)
- Streetwork und Ortsfremdenbetreuung (Betreuung von in der Regel ausgerissenen Kindern und Jugendlichen, deren Eltern/Sorgeberechtigten nicht in Frankfurt wohnen)
- Schutz von Kindern und Jugendlichen in Familienpflege und in Einrichtungen
- Mitwirkung in gerichtlichen Verfahren (Mitwirkung in Verfahren vor den Vormundschafts- und den Familiengerichten, bei Straftaten von Jugendlichen Klärung von evtl. sozialen Ursachen)
- Pflegschaft und Vormundschaft für Kinder und Jugendliche
- Jugendberufshilfe (Übergang von Schule zu Beruf, Jugendwerkstätten, Jugendberatungsstellen)
- Schulsozialarbeit (Sozialpädagogen kümmern sich zusammen mit den Lehrern um verhaltensauffällige Kinder)
- Allgemeiner Kinder- und Jugendschutz und in bezug auf Drogen, Sekten und Jugendpflege (z.B. aus dem Verkehr ziehen von kinder- und jugendgefährdenden Video- und Computerspielen)
- Familienbildung
- Hilfe und Angebote für Alleinerziehende
- Zusammenarbeit mit Trägern der freien Jugendhilfe (siehe hierzu unter 2.) und deren Förderung und Unterstützung.

Kinder, Jugendliche und Eltern können sich mit ihren Sorgen und Problemen an die Beratungsstellen des Stadtjugendamtes in ihrer Umgebung wenden:

- **Beratungsstelle für Eltern, Kinder und Jugendliche**
  Paul - Heyse - Straße 20, 80336 München, Tel. 233 - 5776 oder 5767
  Mo - Do 8 bis 16 Uhr, Fr 8 bis 12.30 Uhr

Außenstellen:

- **Nord - Schwabing**
  Haimhauserstrasse 13, 80802 München, Tel. 39 10 14 oder 33 91 20
- **Nord - Hasenbergl**
  Wintersteinstrasse 12, 80933 München, Tel. 313 24 25 oder 314 60 82
- **Nordwest**
  Waisenhausstrasse 20, 80637 München, Tel. 16 60 86 oder 16 10 67
- **Ost (Giesing, Harlaching)**
  Oberbibergerstrasse 45, 81547 München, Tel. 69923 - 55 bis 59
  West - Pasing
  Hillernstrasse 1, 81241 München, Tel. 233 - 37 294
  Südwest - Laim
  Rushaimerstrasse 2, 80689 München, Tel. 546 73 60

Im Kinder- und Jugendhilfebereich ist die Partizipation der Kinder ein Postulat. Das Kinder- und Jugendhilfegesetz schreibt es vor. Kinder sollen mitbestimmen, sich austauschen, und ihre Wünsche und Interessen äußern und vertreten können. In München bieten die freien Träger, Initiativen und Verbände ein weitgestecktes Netz von Angeboten für Kinder und Jugendliche und viele Erfahrungs- und Gestaltungsmöglichkeiten für die Artikulierung und Intensivierung mitbestimmter Kinderpartizipation. Darüber hinaus wurden eigenständige Organisationsformen zur Vertretung von Kinderinteressen geschaffen, das sogenannte **"Münchner Modell"**. Zu nennen sind dabei die spielpädagogischen und kinderkulturellen Angebote der Delegationsträger des Stadtjugendamtes wie die Pädagogische Aktion / Spielkultur e.V., Kultur- und Spielraum e.V. und der Verein Spiellandschaft Stadt, die Aktivitäten der über 60 Kinder- und Jugendverbände, die sich im Kreisjugendring München Stadt zusammengeschlossen haben, die über 40 Freizeit - Einrichtungen des Kreisjugendrings München - Stadt und nicht zuletzt die Kinder- und Jugendforen, die für eine unmittelbare Kinderpartizipation sorgen.

MÜNCHNER KINDER- UND JUGENDFOREN

Das Kinder- und Jugendforum versteht sich als politische Arena für die Wünsche, Sorgen und Forderungen von Kindern und Jugendlichen. Hier können die Kinder Anträge stellen, über die alle gemeinsam abstimmen. Politiker werden in die Pflicht genommen. Paten für die Umsetzung der Kinderwünsche werden gemeinsam bestimmt und bekommen ein Taschentuch mit Knoten auf den Weg. Auf dem nächsten zentralen Kinder- und Jugendforum müssen sie berichten, was aus dem Antrag der Kinder geworden ist. Viermal im Jahr gibt es dieses große, stadtweite Kinder- und Jugendforum. Mindestens zweimal findet es im Großen Sitzungssaal des Münchner Rathauses statt, sonst im Kindercafe der Pasinger Fabrik. Bei dieser Gelegenheit können die Kinder Politikern sagen, was Kindersache ist oder mit Stadträten diskutieren und gemeinsam Aktionen planen. Die Aktionsgruppe des Kinder- und Jugendforum trifft sich jeden zweiten Mittwoch in der Pasinger Fabrik. Mitmachen können alle Kinder ab 9 Jahren und Jugendliche, die mitreden und mitgestalten wollen, wenn es um ihre Anliegen geht.

Zu erreichen ist das Kinder- und Jugendforum an jedem Donnerstag Nachmittag in der Pasinger Fabrik zwischen 15 Uhr und 17 Uhr 30

- **Kinder- und Jugendforum**
  August-Exter-Straße 1, 81245 München, Tel. 821 11 00
  Rund um die Uhr ist der Anrufbeantworter des Kinder- und Jugendforum unter der gleichen Nummer erreichbar.

Inzwischen wurden in verschiedenen Stadtteilen dezentrale Kinder- und Jugendforen eingerichtet. Sie werden vom zentralen Kinder- und Jugendforums-Dienst, der Kinder- und Jugendforumsdrehscheibe, unterstützt. Bei Kultur und Spielraum e.V. ist sie angesiedelt.
In München gibt es ein breit gefächertes Netz an spiel- und kulturpädagogischen Angeboten durch die Delegationsträger des Stadtjugendamtes wie die Pädagogische Aktion / Spielkultur e.V., Kultur- und Spielraum e.V. und den Verein Spiellandschaft Stadt e.V. Pädagogisch betreute Spielaktionen werden begleitet in Kinderkulturzentren, in Spielhäusern, Bibliotheken, auf Spielplätzen und in Parks, öffentlichen Grünflächen bis hinein in Spiel-Straßen und Wege, die Kinder sich selbst erobern.

SPIELLANDSCHAFT STADT

1985 wurde die Arbeitsgeneinschaft Spielandschaft gegründet, in der sich inzwischen an die hundert verschiedene Mitmacher (Vereine, Initiativen, Institutionen, Ämter der Stadt München) zusammengefunden haben, um Spielraum und Spielanlässe zu schaffen und die Spielmöglichkeiten und Rechte der Kinder zu verbessern. Über 100 000 Kinder, Eltern und Familien nehmen jährlich an den Veranstaltungen teil, die von der Arbeitsgemeinschaft initiiert und durchgeführt werden. Seit 1988 gibt es den Verein Spiellandschaft e.V.. Dessen Hauptanliegen ist es, die Arbeitsgemeinschaft zu unterstützen, konzeptionell zu fördern und als Lobby für das Kinderspiel einzutreten. Die ganze Stadt soll als Spiellandschaft erschlossen, Spiel- und Aktionsräume zugänglich gemacht und neue Erfahrungszusammenhänge vermittelt werden. Aktiven Gruppen und Institutionen wird Hilfestellung geboten. Gleichzeitig werden die Anliegen der Kinder in die Gremien der Stadt- und Grünplanung eingebracht.

Hier einige Programme der Arbeitsgemeinschaft:

- Spielaktionen und Feste wie zum Beispiel das traditionelle Eröffnungs - Spielfest im Mai
- Familiensonntage
- Spielraumerweiterungen durch Schulhoföffnungen
- Spiele im direkten Wohnumfeld (Spiele auf Wegen, Hof- und Straßenspiele)
- Spiel- und Stadtteilforschungen mit Kindern
- Kinderstadtteilpläne
- Modellprojekte wie "Spokus" (vom Gesundheitscheck, gesunde Ernährung, Massage bis hin zu Werbeplakaten zum gesunden Leben aus Kinderhand) oder die Spieleerfinderwerkstatt.
- Projekt Spielplatzpaten
- Projekte zur ökologischen Kinderkulturarbeit

Eine wichtige Anlaufstelle für Eltern und Kinder ist der Kinder-Informations-Dienst Spiellandschaft Stadt (KIDS). Hier werden alle Informationen zum Thema Spiel und Spielmöglichkeiten in der Stadt gesammelt und nutzbar gemacht. Die Zeitung der Spiellandschaft Stadt, die einmal im Jahr erscheint, erfüllt den gleichen Zweck. Im Kinderinformationsladen erfahren Eltern und Kinder alles über Spielfeste und Spielaktionen, Kinderkinos, Kindertheater, Kinderdiscos, Spielhäuser, Spielplätze. Hier kann man Spieltips bekommen, den Spielkoffer ausleihen und sich Ideen und Hilfen für Spielfeste holen. Der Verein Spiellandschaft Stadt unterhält darüber hinaus das "Känguruh"-Spielhaus am Westkreuz. Zu diesem Projekt gehört auch der mobile Spieldienst mit dem Spielbus sowie die Gestaltung des Außengeländes um das Spielhaus (Bürgerpark). (→ Kapitel "Kunst und Kultur")

- **Kinderinformationsladen**
  Di-Fr 13-17 Uhr, Albrechtstrasse 37, 80636 München, Tel. 18 33 35

- **Das Kinder-Informations-Telefon**
  gibt unter der Nummer 18 33 33 rund um die Uhr Programmtips für die kommenden Tage.

Pädagogische Aktion / Spielkultur e.V.
Dieser gemeinnützige Verein engagiert sich für Spielraum, Spielanimation, Kinder- und Jugendkultur und bietet spiel- und museumspädagogische Programme mit vielen Einzelprojekten an.
- Die Spielbusse des Vereins fahren durch die Stadt und warten an vielen
- Plätzen mit den unterschiedlichsten Spielangeboten auf (→ Kapitel "Spiele")

Museumspädagogik als mobiles und stationäres Projekt: Lebendiges Kindermuseum orientiert sich an kindlichen Aneignungsformen und Lernmöglichkeiten. Museum spielen: Die Kinder sammeln Dinge, erkunden Umgebungen, befragen Leute, besorgen Leihgaben oder stellen selbst welche zur Verfügung. Die gesammelten Gegenstände werden dann "museal" behandelt, also erforscht, manchmal wieder hergerichtet, beschriftet, katalogisiert und inventarisiert. Eine Ausstellung wird zusammengestellt. Überlegt, was wozu paßt, schöne, passende und witzige Präsentationsformen ersonnen. (→ Museomobil in den Kapiteln "Spiele" und "Kunst und Kultur")
- Sinnenreich: Das Projekt Oikos fordert zur Entfaltung der Sinne auf mit einer Vielzahl an Geräten zum Sehen, Hören, Riechen, Tasten, Schwingen und zur Erfahrung des Gleichgewichtsinns.
- Erforschung von interaktiven Feldern und neuen Lern- und Spielwelten: Multimedia, interaktives Fernsehn/Kino, virtuelle Realitäten, Cyberspacing, Computer- und Videospiele
- Spielfeste werden gestaltet z.B. Indianerspiele, Piratenlager, Mitwirkung an den Münchner Sommerspielaktionen, Reichenbachstrasse 12, 80469 München, Tel. 260 92 08

 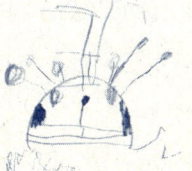  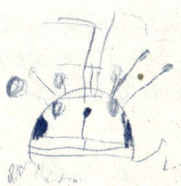 

Kultur und Spielraum e.V.
Der gemeinnützige Verein nimmt im Auftrag des Stadtjugendamtes drei Programmbereiche mit eigenständigen Inhaltsprofilen wahr:
- als Träger der beiden Kinder- und Jugendkulturwerkstätten in der Pasinger Fabrik und in der Seidlvilla (→ Kapitel "Kunst und Kultur")
- als Anbieter von kulturpädagogischen Diensten, Spiel- und Aktionsräumen für die ganze Familie und mobilen kulturpädagogischen Begleitprogrammen zu Austellungen. So werden zum Beispiel Ausstellungen zu Thema Asylsuche, Eßkultur oder Bücherschauen im Gasteig durch Mitspielaktionen begleitet. Zu Drachenausstellungen gibt es Spiele und Aktionsprogramme zum Thema Dinosaurier. Und wenn es um die "verflixte Schönheit" geht, werden didaktische Spielkoffer mit vielen praktischen Sachen und Gesundheitstips gleich mitgeliefert. Darüber hinaus werden viele Programme auch im Auftrag von privaten Kooperationspartnern gestaltet und gehen auf Tournee.
- als federführender Betreuer von Projekten im Bereich "Kinder und Politik" wie die Kinderspielstadt "Mini München", die alle zwei Jahre stattfindet und die Münchner Kinder- und Jugendforen (in enger Zusammenarbeit mit dem Arbeitskreis "Kinder- und Jugendforen"). Ursulastrasse 5, 80802 München, Tel. 34 16 76

FREIE/PRIVATE TRÄGER DER JUGENDHILFE

Aufgaben der Jugendhilfe werden nicht ausschließlich von öffentlichen Trägern wie dem Jugendamt im Sozialamt, seinen Delegationsträgern und dem Kinder- und Familienbüro übernommen: Daneben gibt es viele freie Träger, das sind hauptsächlich kirchliche Einrichtungen, Wohlfahrtsverbände, Jugendverbände aber auch Selbsthilfegruppen, Elterninitiativen und Jugendclubs: Sie haben es sich ebenfalls zur Aufgabe gemacht, Kindern und Jugendlichen im Einzelfall zu helfen und sich überall dort für sie einzusetzen, wo ihre Interessen gefährdet erscheinen. Um als Träger der freien Jugendhilfe zu gelten, muß ein Anerkennungsverfahren des Jugendamtes, bei dem die Entscheidung vom Jugendhilfeausschuß getroffen wird, durchlaufen werden: Kriterien hierfür sind insbesondere fachliche Voraussetzungen zur Verwirklichung geplanter Maßnahmen, Wahrnehmung gemeinnütziger Ziele, eine angemessene Eigenleistung des Trägers, Erbringung einer förderlichen Arbeit bezüglich der Ziele des Grundgesetzes und eine zweckentsprechende und wirtschaftliche Verwendung der Mittel.

Erst nach erfolgreicher Anerkennung gibt es die Hoffnung auf finanzielle Zuschüsse durch die Stadt. Aber auch wenn sich diese Hoffnung erfüllt, müssen die freien Träger meist erhebliche Beträge durch Spenden, Mitgliederbeiträge und andere finanzielle Unterstützung aufbringen. Die in der Politik immer wieder gern geführte Diskussion um Sozialkürzungen bringt besonders die privaten Träger in Zwangslagen: Freizeit- und Hilfsangebote werden teilweise reduziert, der Stellenabbau ist überall im Gespräch.

KREISJUGENDRING MÜNCHEN STADT

Der Kreisjugendring München - Stadt ist ein freiwilliger Zusammenschluß Münchner Jugendverbände und Träger von Freizeiteinrichtungen. Derzeit sind im Kreisjugendring München - Stadt 61 Verbände mit rund 160 000 Kindern und Jugendlichen im Alter von 6 - 27 Jahren organisiert. Die Mitglieder der Verbände gehören den verschiedensten Nationalitäten, Konfessionen und gesellschaftlichen Gruppen an. Im Bereich der offenen Arbeit ist der Kreisjugendring München - Stadt Träger von 42 städtischen Einrichtungen im Stadtgebiet München. Damit ist der Kreisjugendring München - Stadt einer der größten freien Träger von Jugendarbeit in Deutschland.

Freizeitstätten
Die 42 städtischen Freizeitstätten sind über das ganze Stadtgebiet verteilt. Die inhaltlichen Ausrichtungen variieren je nach Bedarfslage und Besucherstruktur im Stadtteil. Die konzeptionelle Ausrichtung der Häuser ist unterschiedlich. Neben einer großen Anzahl von offenen Kinder- und Jugendtreffs mit einem breiten Angebotsspektrum gibt es in den verschiedenen Stadtteilen Abenteuerspielplätze, Häuser mit vorwiegend musischen Angeboten, Stadtteil- und Bewohnerzentren sowie Jugendkultureinrichtungen. Die Aktivitäten umfassen folgende Bereiche:

- Multikulturelle Angebote
- Angebote im Rahmen geschlechtsspezifischer Pädagogik
- Mitbestimmung
- Hilfen und Beratung
- Freizeitgestaltung
- Feste
- Fahrten und internationale Begegnungen
- Mittagsbetreuung von Schülern- und Schülerinnen
- Integration von Flüchtlingskindern
- Ausstellungen, Open-Air-Veranstaltungen, Theateraufführungen etc. und -jugendliche
  (→ Kapitel "Spiele" und "Kunst und Kultur")

Die Freizeitstätten sind 4 Regionen zugeordnet, für die jeweils ein Regionalleiter bzw. eine Regionalleiterin zuständig ist. Auf den Regionalkonferenzen werden Erfahrungen ausgetauscht, die pädagogischen Angebote überprüft und die Weiterentwicklungsmöglichkeiten in der Region koordiniert. Überregional findet der Fachaustausch in Facharbeitskreisen statt. Thematische Schwerpunkte wie zum Beispiel offene Arbeit mit Kindern, Arbeit mit Mädchen und jungen Frauen, Jungen- und Männerarbeit, interkulturelle Arbeit und Ökopadagogik werden hier behandelt und kollegiale Hilfestellungen geboten.

JUGENDVERBÄNDE UND -GEMEINSCHAFTEN

Die im Kreisjugendring München - Stadt zusammengeschlossenen Verbände vertreten nicht nur die Interessen ihrer Mitglieder, sondern übernehmen auch Gesamtverantwortung für die Belange von Kindern und Jugendlichen in München, was zum Beispiel auch in der Übernahme der Trägerschaft von Freizeiteinrichtungen zum Ausdruck kommt. Darüber hinaus haben sich diese unterschiedlichen Organisationen das gemeinsame Ziel gesetzt, junge Menschen zur aktiven Mitgestaltung der freiheitlich demokratischen Gesellschaft zu befähigen, sie zum kritischen Denken anzuregen, solidarischen Denken einzuüben und dazu beizutragen, daß junge Menschen zur Entfaltung und Selbstverwirklichung ihrer Persönlichkeit befähigt werden.

SPORT

- **Münchner Sportjugend im BLSV**
  Hans Radspieler, Georg- Brauchle-Ring 93, 80992 München, Tel. 157 02 - 206 oder 226
  Die Münchner Sportjugend (MSJ) ist der Spitzenverband aller Münchner Vereine und Fachverbände, die Jugendsport anbieten. Der Dachverband ist zugleich die Interessenvertretung von rund 95 500 jugendlichen Sportlerinnen und Sportlern, die in rund 350 Münchner Sportvereinen mit Jugendarbeit organisiert sind. Es gibt Sportveranstaltungen und Spiele, Ferienfreizeiten und Reisen, kreative Angebote und Festivals.

- **Solidaritätsjugend Deutschlands**
  Petra Salvermoser, Marchgrabenplatz 7, 80805 München, Tel. 368 96 64
  Jugendarbeit und Freizeitsport: Förderung von Toleranz, Fairness und sportlichem Miteinander. Kunst-, Gestaltungs- und Bildungsangebote sowie Wochenend- und Urlaubsfahrten.

BERUF UND POLITIK

- **Deutscher Gewerkschaftsbund, Kreis München, Abteilung Jugend**
  Schwanthalerstrasse 64, 80336 München, Tel. 54 33 0 - 135
  Dieser Dachverband von 16 Einzelgewerkschaften engagiert sich in seiner Jugendarbeit für junge Arbeitnehmer(innen). Vielfältige Angebote und Aktivitäten im Bereich Bildung, Technik, Reisen, Freizeitgestaltung, Völkerverständigung, Musik und Kunst.

- **Jugend der Deutschen Angestellten-Gewerkschaft**
  Reinhardt Semmler, Türkenstrasse 9, 80333 München, Tel. 231 80 30
  Die DAG-Jugend unterstützt ihre Mitglieder (in München rund 800 an der Zahl) und bietet Information, Beratung, Bildungsangebote, Freizeiten und Reisen.

- **Deutsche Beamtenbundjugend Bayern, Kreisjugendleitung München**
  Dachauerstrasse 4 / V, 80335 München, Tel. 55 70 20
  Er ist Dachverband von etwa 22 Einzelverbänden und bietet den rund 1600 jungen Beschäftigten im öffentlichen Dienst Münchens Beratung und Unterstützung. Seminare mit unterschiedlichen Themen zum Beispiel EDV, Rhethorik oder gesellschaftspolitischen Inhalts werden veranstaltet. Freizeitprogramme und Reisen sind Teil der politischen Bildung.

NICHT ALLE JUGENDVERBÄNDE ARBEITEN MIT
KLEINEN KINDERN - ANRUFEN GENÜGT.

■ **Sozialistische Jugend Deutschlands - Die Falken**
Sandstrasse 31, 80335 München, Tel. 523 41 55
Die Falken sind ein Kinder- und Jugendverband mit einer sehr langen Tradition, die auf das Jahr 1904 zurückgeht. Nach dem ersten Weltkrieg entwickelte sich daraus ein Jugendverband der Sozialdemokratischen Partei, dem schon bald ein Zusammenschluß von Kindern aus Arbeiterfamilien, die "Kinderfreunde" folgten. Nach dem 2. Weltkrieg vereinigten sich Kinderfreunde und Arbeiterjugend und gründeten die SJD - Die Falken. In München gibt es 6 Gruppen der Falken, die Gruppenarbeit im Stadtteil, Zeltlager, Ferienfreizeiten oder Rockfeten organisieren und sich dabei für Freiheit, Frieden, Gerechtigkeit und Selbstbestimmung international engagieren. Es gibt kreative Angebote mit Malen, Modellieren, Filmen und Fotografieren und eine Theatergruppe, die Stellung zu gesellschaftspolitischen Themen nimmt. Workshops werden zu Themen wie Drogen, Sexualität, Rechtsextremismus, Sozialabbau und Ökologie geboten. Auch der Abenteuerspielplatz Ramersdorf (→ Kapitel "Spiele") wird von den Falken unterhalten.

■ **Kreisjugendwerk der Arbeiterwohlfahrt München, c/o Landesjugendwerk Bayern**
Valpichlerstrasse 70, 80686 München, Tel. 58 83 84
Seit Jahrzehnten ist die Arbeiterwohlfahrt Trägerin von Krippen, Kindergärten, Horten und anderen Einrichtungen im Kinder- und Jugendhilfebereich Münchens. Die AWO ist einer der Spitzenverbände der freien Wohlfahrtspflege und in vielen Bereichen der sozialen Wohlfahrt tätig. Allein in München bestehen über 60 Einrichtungen. Innerhalb des Bereichs des Kreisjugendwerks gibt es die Ortsgruppe Neuperlach mit mehr als 60 Mitgliedern im Alter von 5 bis 25 Jahren. Hier werden Informationen, Beratungen und Bildungsveranstaltungen, Spiele und bildnerisches Gestalten sowie Seminare zum Thema Umwelt geboten.

- **Bund der Kaufmannsjugend im DHV**
  Günter Biesenberger, Marsstrasse 12, 80335 München, Tel. 59 11 50
  Dieser gewerkschaftsunabhängige Jugendverband vertritt die Interessen von jugendlichen Angestellten. Angestellte und AZUBIS können Mitglieder werden.
  Der Bund berät, informiert seine Mitglieder, bietet Bildungsveranstaltungen und Lehrgänge zu Prüfungen an. Jugendfahrten auch über die Grenzen Europas hinaus bieten die Möglichkeit fremde Kulturen intensiv kennenzulernen.

- **Jugendclub Courage in der DFG - VKO**
  Alte Allee 48, 81245 München, Tel. 834 26 93
  Dieser pazifistische Jugendverband wendet sich gegen Gewalt und Kriegsdienst und bezieht Stellung für Frieden und Verständigung. Die rund 200 Mitglieder in München haben ein Alter zwischen 18 und 30 Jahren. Informationsveranstaltungen, Beratung und Bildungsprogramme werden geboten.

KONFESSIONELLE JUGENDVERBÄNDE

- **Bund der Deutschen Katholischen Jugend (BDKJ), Stadtvorstand**
  Theatinerstrasse 3, 80333 München, Tel. 290 68 - 0
  Der BDKJ hat in München und Umgebung etwa 17 000 Mitglieder im Alter von etwa 8 bis 30 Jahren, die sich den christlich - humanistischen Grundwerten verpflichtet fühlen. Seinen 6 Mitgliedsverbänden dient er zugleich als Dachverband und nimmt deren Anliegen und Interessen in kirchlichen, staatlichen und politischen Gremien wahr. Die Mitgliedsverbände:

- **Christliche Arbeiterjugend (CAJ)**
  Die 6 Münchner Ortsgruppen arbeiten vor allem erlebnisorientiert. Es gibt viele kreative und sportlliche Freizeitangebote. Speziell für Mädchen wurde der Giesinger Mädchentreff mit Cafe´und Bastelraum eingerichtet.

- **Katholische Studierende Jugend (KSJ) und Jugendverbände der Gemeinschaften Christlichen Lebens (GCL) München**
  Gemeinsame Freizeitgestaltung und Interesse an religiösen und politischen Themen stehen im Vordergrund. Es gibt 4 Ortsgruppen mit etwa 370 Mitgliedern (GCL - Neuried, KSJ - Unterhaching), MC - Schwabing (GCL) und KSJ - Sauerlach). Das Angebot umfaßt Bildungsveranstaltungen, sportliche Aktivitäten, Kreativworkshops, Spielseminare, Ausflüge und Reisen.
  Das durchschnittliche Beitrittsalter liegt bei 12 Jahren. Die Kinder und Jugendlichen kommen meistens aus dem Gymnasialbereich.

- **Katholische Junge Gemeinde (KJG)**
  Die rund 100 Gruppen und Pfarrgemeinschaften weisen etwa 600 Mitglieder auf.
  Das Mindesteintrittsalter in eine Kindergruppe beträgt 8 Jahre. Die Katholische Junge Gemeinde ist im kulturellen, ökölogischen, politischen und sozialen Bereich aktiv. Außerdem werden Ferienfahrten und Freizeiten mit Sport, Spiel und Festen unternommen.

- **Kolping Jugend München**
  Im Sinne des religiösen Vermächtnisses des Priesters Adolph Kolping wird die Jugendarbeit in den Kolpingfamilien praktiziert: Bildungsarbeit und Glaubensbildung. Die Kolpingjugend ist eine große Gemeinschaft von 2 500 Kindern, Jugendlichen und jungen Erwachsenen im Alter von 6 - 30 Jahren. Geboten werden Bildungsseminare und Bildungsfahrten, Sportprogramme, Turniere, Kreativkurse, Theaterveranstaltungen, religiöse Lehrgänge, Freizeiten für Kinder, Zeltlager und Familienferien.

- **Deutsche Pfadfinderschaft St. Georg (DPSG)**
  Im Großraum München gibt es 4 Bezirke mit 22 Stämmen und rund 4300 Mitgliedern. Ein Beitritt ist ab 8 Jahren möglich. Das Angebotsspektrum reicht von Ferienaktivitäten in eigenen Ferienhäusern, Zeltlagern und Erlebnispädagogik bis hin zu Wochenendworkshops zum Beispiel mit internationalen, interkulturellen, ökologischen oder entwicklungspolitischen Themen. Die Integration Behinderter ist ebenfalls ein besonderes Anliegen. Außerdem werden Spiel- und Sportprogramme gestaltet. Kapuzinerstr. 39, 80469 München, Tel. 2010278

- **Pfadfinderinnen St. Georg (PSG)**
  In 5 Ortsgruppen sind 400 Mädchen und junge Frauen im Alter von 6 bis 26 Jahren organisiert. Es gibt Bildungs- und Kreativangebote, Wochenend- und Ferienfreizeiten zum Beispiel mit Zeltlagern und Abenteuertouren, karitative Aktionen und Gesprächsrunden über gesellschaftliche Themen (Drogen, Umweltschutz, Religion, sexuelle Gewalt etc.).
  Erzbischöfliches Jugendamt, Theatinerstr.3, 80333 München, Tel. 29068 - 144

- **Evangelische Jugend München**
  Gunther Fröhlich, Birkerstrasse 19, 80636 München, Tel. 12 00 56 - 0
  In fast allen evangelisch-lutherischen Kirchengemeinden in München werden Kindergruppen angeboten. Dort treffen sich Kinder unter fachkundiger, speziell ausgebildeter, ehrenamtlicher Leitung wöchentlich an einem Nachmittag. Das Programm der Kindergruppen ist bunt und vielfältig. Spiel und Spaß werden allen Beteiligten garantiert. Ziele und Inhalte, die in den Gruppen berücksichtigt werden:
  Gemeinschaft erleben und gestalten, die biblische Botschaft erfahrungs- und erlebnisorientiert anbieten, Öffnung des Horizontes der Kinder für die Situation des Nächsten, individuelles, soziales und politisches Lernen, Wege zum Frieden suchen und finden, Kirche als Lebensraum Kindern nahebringen und anbieten etc.. In den Ferien werden zahlreiche Freizeiten und Fahrten angeboten. Berühmt sind die Zeltlager bei Königsdorf jedes Jahr in den Pfingstferien.
  Die Evangelische Jugend München ist ein Kinder- und Jugendverband. Im Stadtgebiet zählen über 10 000 Kinder und Jugendliche als Mitglieder. Rund 1000 ehrenamtliche MitarbeiterInnen gestalten

in über 500 Kinder- und Jugendgruppen die Angebote. Weitere Angebote u.a. auch im Jugendhilfebereich bieten die Arbeitsbereiche: Aus- und Fortbildung, Industriejugendarbeit, Berufsbezogene Jugendhilfe, Freiwillige Soziale Dienste, SchülerInnenarbeit, Eine-Welt-Arbeit, Soziale Rehabilitation, Offene Behindertenarbeit, Sport, Beratung für Kriegsdienstverweigerer und die "Jugendkrisenberatung". Zur Evangelischen Jugend München gehören die Verbände: Christlicher Verein Junger Menschen (CVJM), Jugendbund für Entschiedenes Christentum (EC) und der Verband Christlicher Pfadfinderinnen und Pfadfinder (VCP).

- **Christlicher Verein Junger Menschen (CVJM)**
  Dirk Wahlandt, Landwehrstrasse 13, 80336 München, Tel. 55 21 41 - 0 oder
  Norman Kämpfer (Leiter des Kinder- und Jugendbereichs)
  Theo-Prosel-Weg 16, 80797 München, Tel. 12 15 67 - 20
  Seit 1886 gibt es den den Christlichen Verein Junger Menschen in München. Im CVJM und seinen über 100 Gruppen sind alle Menschen, ob jung oder alt, willkommen. In 42 Gruppen treffen sich wöchentlich mehr als 450 Kinder und Jugendliche zwischen 6 und 15 Jahren. Die Gruppenprogramme bieten viele Möglichkeiten mit Sport, Spiel, Basteln, Singen, Kochen, Tanzen und Theaterspielen. In München unterhält der CVJM verschiedene Einrichtungen der Jugend-, Sport- sowie Bildungs- und Freizeitarbeit. Dazu gehören eine Jugendfreizeitstätte mit Sporthalle, ein internationales Jugendgästehaus mit Jugendrestaurant, das auch im weltweiten Verbund des YMCA (Young Men Christian Association) bekannt ist sowie ein Studentenwohnheim und einen Ferienhof in der Nähe des Starnberger Sees. Es gibt Ferienfreizeiten für Jungen und Mädchen und Bergtouren für Familien.

- **Adventsjugend, Südbayerische Vereinigung**
  Tizianstrasse 8, 80638 München, Tel. 15 91 34 - 15
  Der Verband setzt sich für christliche Lebensführung ein und hat in München etwa 500 Mitglieder zwischen 4 und 27 Jahren.

- **Evangelische freikirchliche Gemeinde**
  Anja Merz, Regina-Ullmann-Straße 56, 81927 München, Tel. 95 48 37

- **Jugend der Evangelisch-methodistischen Kirche**
  Andrea Schubert, Enhuberstrasse 10, 80333 München, Tel. 52 79 96

- **Evangelisch-reformierte Jugend**
  Frau Witte, Reisingstrasse 11, 80337 München, Tel. 26 53 42

- **Jugend in der Christengemeinschaft**
  Kaulbachstrasse 95, 80802 München, Tel. 34 17 20

- **Jugendbund für Entschiedenes Christentum**
  Siegfried Winkler, Möhlstrasse 20, 81675 München, Tel. 47 11 13

- **Jugend- und Kulturzentrum der Israelitischen Kultusgemeinde München**
  Tel. 47 10 67
  Das Jugend- und Kulturzentrum setzt sich für Toleranz gegenüber Minderheiten und Achtung vor Andersdenkenden ein. Kinder und junge Erwachsene bis zu 27 Jahren können je nach Alter an Kreativangeboten, Spiel- und Sportmöglichkeiten, Bildungsprogrammen zum Beispiel im Bereich Sprachen, Literatur, Philosophie und Kultur oder an Gesprächskreisen zu Themen wie Zeitgeschichte, Judentum etc. teilnehmen. Ausstellungen werden mitgestaltet. (Man denke nur an so bekannte Ausstellungen wie zu Kurt Tucholsky und Stefan Zweig im Gasteig.) Ferien- und Freizeitangebote im In- und Ausland und Jugendaustausch-Programme werden organisiert und begleitet.

- **Zionistische Jugend in Deutschland, Ortsgruppe München,** Tel. 47 10 67

WOHLFAHRT UND HELFENDE JUGENDVERBÄNDE

- **Bayerisches Rotes Kreuz, Jugendgemeinschaft**
  Peter Scharl, Seitzstrasse 8, 80538 München, Tel. 23 73 - 281
  Das Jugendrotkreuz München hat über 400 Mitglieder im Alter von 6 bis 27 Jahren. Freude am sozialen Engagement und medizinisches Interesse stehen im Vordergrund. Beliebte Lerninhalte im Dienst am Mitmenschen bieten die Erste Hilfe- und Sanitätskurse mit weiterführenden Schulungen. Freizeitaktivitäten werden 6 - 12 jährigen behinderten und nicht behinderten Kindern im Rahmen der Kinderstadtteilerholungen geboten. Bei internationalen Austauschprogrammen begegnen sich Jugendgruppen und lernen voneinander. Freizeitmöglichkeiten werden auch in Form von Bergwanderungen, Hüttenwochenenden, Skifahren sowie anderen Sportprogrammen wie Hallenfußball geboten. In München bietet das Bayerische Rote Kreuz den offenen "Zenetti Treff" in der Adelzreiterstrasse 27 (siehe auch Kapitel 8 Kultur) mit vielen Gruppenangeboten. Im Rahmen der mobilen Sozialarbeit werden Kinder und Jugendliche im Stadtteil durch das Bayerische Rote Kreuz betreut.

- **Malteser Jugend im Malteser - Hilfsdienst e.V. in der Erzdiözese München und Freising**
  Stephan Kreye, Diözesanjugendreferent, Streitfeldstrasse 1, 81673 München, Tel. 436 08 - 43
  Der Malteser Hilfsdienst: vielfältige soziale Aufgaben nehmen die über 1000 ehrenamtlichen HelferInnen der Erzdiözese München und Freising wahr, nach dem alten Leitsatz des Malteser - Ritterordens: „Wahrung des Glaubens und Hilfe den Bedürftigen". Das Angebot reicht von der Erste-Hilfe-Ausbildung für Lernende bis zum konkreten Einsatz mit Notfallrettung, Zivil- und Katastrophenschutz. Soziale Dienste, Behindertenfahrdienste und Hilfsgütertransporte in Krisengebiete werden geleistet und im Rahmen der Hospizarbeit besondere Pflegedienste wahrgenommen.

Der Jugendverband des Malteser Hilfsdienstes, die Malteser Jugend, wurde 1979 gegründet. Jungen und Mädchen im Alter von 8 bis 18 Jahren treffen sich zu Gruppenstunden und gemeinsamen Aktivitäten: vom Zeltlager über Spiel und Sport bis hin zu Erste-Hilfe- und sozialen Projekten unter dem Motto: „Gemeinsam helfen hat Zukunft". Das Projekt: „Kinder helfen Kindern" bietet Erste-Hilfe-Kurse für 9 bis 12jährige. Unfallverhütungen, richtiges Sozialverhalten bei Unfällen, wie man Zuwendung gibt und Hilfe holt, bei Schürfwunden, Knochenbrüchen, Bewußtlosigkeit, starken Blutungen, Verbrennungen, das alles wird Kindern altersgerecht vermittelt.

- **Jugend des Arbeiter-Samariter-Bundes, Jugendstelle im Kreisverband München**
  Adi-Maislinger-Straße 6-8, 81373 München, Tel. 743 63 - 0

- **Jugendzug der Johanniter-Unfall-Hilfe e.V.**
  Daniela Dietl, Isartalstrasse 38, 80469 München, Tel. 76 44 37
  Auf der Grundlage einer christlich-helfenden Einstellung können Kinder ab 10 Jahren medizinische Grundkenntnisse erwerben. Spielerisch und fundiert werden Erste-Hilfe-Maßnahmen erlernt., soziale und gesellschaftliche Probleme (Beziehungen, Tod, Pubertät, Sexualität etc.) diskutiert. Auf Stadtteilfesten oder in öffentlichen Veranstaltungen können die Kinder die erworbenen Fähigkeiten demonstrieren. Auch an Rettungsschwimmkursen können sie teilnehmen. Das richtige Verhalten in medizinischen Notfällen und die Erstversorgung sind dabei ein wichtiger Teil des Lernprogramms, natürlich angepaßt an die jeweilige Altersstufe. In den Sommerferien werden Erste-Hilfe-Kurse speziell für Ferienpaßkinder angeboten. Neben der altersgerechten Ausbildung bekommen die Kinder dabei auch einen Einblick in den Alltag einer Rettungswache und können den Rettungswagen besichtigen.

- **Deutsche Lebensrettungsgesellschaft (DLRG)**
  Oliver Krämer, Oberföhringer Straße 156, 81925 München, Tel. 95 29 37
  Die DLRG - Jugend München gliedert sich in 5 Ortsgruppen. Mitmachen können schon Kinder im Vorschulalter. Das Angebot für kleine Leute umfaßt vor allem Schwimmausbildung bis hin zum Rettungsschwimmer mit 12 Jahren. Im Bereich der Jugendpflege werden internationale Begegnungen, Austausch, Zeltlager, Skilager und Veranstaltungen für Kinder wie Disco, Feiern und Feste geboten. Auch Familienreisen werden organisiert.

- **Jugendgruppe der Freiwilligen Feuerwehr München**
  Andreas Igl, Heimeranstrasse 10, 80339 München, Tel. 50 91 28

- **THW-Jugend München-West**
  Robert Neuhauser, Kleinhadener Straße 37, 80689 München, Tel. 740 94 39
  Das Technische Hilfswerk vermittelt den Kids spielerisch den Umgang mit Geräten und Materialien, die für künftige Helferdienste nützlich, wenn nicht sogar unerläßlich sind.

- **Katholisches Jugendsozialwerk München e.V.**
  Thomas Gittrich, Dachauer Straße 23, 80335 München, Tel. 55 25 07 - 0

NATUR UND UMWELT

- **Jugend des Deutschen Alpenvereins (JDAV) Bezirksverband München,**
  Werner Birkl - Frischhut, Preysingstrasse 71, 81667 München, Tel. 447 02 03
  (→ Kapitel "Umwelt")

- **Jugendorganisation Bund Naturschutz**
  Stefan Blersch, Böttingerstrasse 12, 80796 München, Tel. 30 46 63
  (→ Kapitel "Umwelt")

- **Landesbund für Vogelschutz e.V.**
  Ulrich Dopheide, Rumfordstrasse 16, 80469 München, Tel. 29 77 77 oder 29 55 85
  (→ Kapitel "Umwelt")

- **T.V. Naturfreunde Deutschlands, Jugendleitung Bezirk München**
  Oliver Schimmel, Reichenbachstrasse 53/I, 80469 München, Tel. 201 57 77
  (→ Kapitel "Umwelt")

- **Jugendgruppe des Fischereivereins Krauss Maffei e.V.**
  Ulrich Bauer, Guido - Schneble - Straße 11, 80689 München, Tel. 56 52 17

- **Deutsche - Reform - Jugend, Gruppe München**
  (zur Zeit nicht aktiv), Dagmar Odszuck, Schlüsselbergstrasse 12, Tel. 431 20 20

PFADFINDER

- **Bund der Pfadfinderinnen und Pfadfinder (BdP)**
  Angela Wambach, Severinstrasse 5, 81541 München, Tel. 692 43 96
  (→ Kapitel "Umwelt")

- **Deutsche Pfadfinderschaft St. Georg (DPSG)**
  Norbert Huber, Kapuzinerstrasse 39, 80469 München, Tel. 201 02 78

- **Pfadfinderinnenschaft St. Georg (PSG)**
  Erzbischöfliches Jugendamt, Theatinerstrasse 3, 80333 München, Tel. 290 68 - 144

- **Verband Christlicher Pfadfinderinnen und Pfadfinder (VCP)**
  Arnold Müller, Autharistrasse 49, 81545 München, Tel. 642 12 47
  In diesem Pfadfinderverband haben sich evangelische Kinder und Jugendliche im Alter von 6 bis 26 Jahren zusammengeschlossen. In München gibt es etwa 110 MitgliederInnen. In den bei den Stämmen werden Spiel, Sport, Musik, Kunst und bildnerisches Gestalten gepflegt. Die zahlreichen Bildungsseminare und Kurse sind auf die verschiedenen Altersgruppen abgestimmt.

Gemeinsam werden Freizeiten zum Beispiel mit Wandern, Bergsteigen, Klettern, Skifahren verbracht und Feste gefeiert. Auch Reisen ins Ausland werden unternommen.

- **Pfadfinderbund Weltenbummler, Landesverband Bayern e.V.**
  Horst München, Herbert Vavra, Greinerberg 14, 81371 München, Tel. 723 72 66
  Die rund 250 Münchner Weltenbummler unterschiedlicher Nationalität gehen gerne auf Tour und unternehmen Reisen ins Ausland. Vielfältige Bildungs- und Freizeitprogramme werden geboten.

- **Pfadfinderschaft Grenzland**
  Thomas Helfer, Hofbrunnstrasse 4, 81479 München, Tel. 79 49 67
  Rund 500 Kinder und Jugendliche haben sich in München in dieser Pfadfinderschaft organisiert, die zugleich Mitglied im Deutschen Pfadfinderverband (DPV) e.V. ist. Die Mitglieder sind mindestens 7 Jahre alt und kommen aus verschiedenen Nationalitäten.

- **Ukrainischer Pfadfinderbund e.V. in Deutschland**
  Olga Tkaszenko, Hansastrasse 112, 81373 München

KULTUR UND FOLKLORE

- **Arbeitsgemeinschaft Bayerische Gebirgs- und Volkstrachtenvereine,**
  Sieglinde Kaminsky, Heßstrasse 94/I Rgb., 80797 München, Tel. 129 56 57

- **Trachtenjugend Gau München und Umgebung**
  Günther Tschirner, Elisabethplatz 3, 80796 München, Tel. 271 16 92

- **Russische Jugendgruppe in München**
  Frau von Landesen, Damaschkestrasse 76, 81825 München, Tel. 42 87 74

INTERKULTURELLE JUGENDVERBÄNDE

- **Deutsche Jugend in Europa (djo), Ortsgruppe München,**
  Bodenseestrasse 5, 81241 München, Tel. 821 27 62 oder 821 28 62
  Die djo - Deutsche Jugend in Europa ist ein demokratischer, überparteilicher und überkonfessioneller Jugendverband. Das Ziel ist, den Menschenrechten überall auf der Welt zum Durchbruch zu verhelfen und einem weltweiten Verbot von Massenvertreibungen Gültigkeit zu verschaffen. Der Verband möchte Kindern, Jugendlichen und jungen Erwachsenen soziale, kulturelle und politische Handlungsräume eröffnen. Dabei tragen Erlebnisse und Erfahrungen in der Gemeinschaft zur Kreativität, zur Persönlichkeitsfindung und zum sozialen Lernen bei und befähigen zur Selbstbestimmung, verantwortlichem Handeln sowie zur Mitgestaltung der Gesellschaft. Geboten werden Ferienfreizeiten im Sommer und im Winter mit Spiel, Sport und

vielen kreativen Möglichkeiten. Nach dem Motto: "Jugend ohne Grenzen" werden Radltouren durch Europa unternommen und der Kontakt zu anderen Jugendgruppen hergestellt. Hilfsaktionen für bedürftige Kinder im Ausland werden organisiert. Die djo setzt sich ebenfalls für Volksgruppen und Minderheiten ein und macht ihre Geschichte und Kulturen, ihre Sitten und Gebräuche erfahrbar und trägt damit auch zu deren Erhaltung bei.

- **IG - Jugend in der Initiativgruppe zur Förderung von ausländischen Kindern, Jugendlichen und Familien e.V.**
Hermann-Lingg-Sraße 16, 80336 München, Tel. 530 90 39
Die Aktivitäten der Initiativgruppe haben das Ziel, die allgemeine Gleichstellung von AusländerInnen/Einwanderinnen zu erreichen. Der Schwerpunkt liegt bei der schulischen und beruflichen Ausbildung ausländischer Kinder, Jugendlicher und Erwachsener. Deshalb hat die IG vielfältige außerschulische Fördermaßnahmen entwickelt und ist Träger von sozialen und pädagogischen Projekten wie zum Beispiel Schülerförderung mit Hausaufgabenhilfen, Vorbereitungskurse auf den Hauptschulabschluß, Lern- und Spielgruppen, Erziehungs- und Bildungsberatung, Deutsch-Sprachkurse, ausbildungsbegleitenden Hilfen in vielen Berufsrichtungen, Frauenprojekte und Jugendwohngemeinschaften. In der Jugendarbeit werden außerdem Freizeitaktivitäten, Informations-, Kultur- und Diskussionsveranstaltungen geboten.

- **Internationaler Jugendclub - Verein für Internationale Jugendarbeit**
Maria Rüdiger, Jutta Kleiber, Friedrich-Loy-Straße 16, 80796 München, Tel. 300 85 84
Im internationalen Jugendclub treffen sich deutsche und ausländische Jugendliche und junge Erwachsene vor allem weiblichen Geschlechts im Alter von 17 bis 27 Jahren. Die Begegnungsstätte bietet die Möglichkeit, Gleichaltrige aus unterschiedlichen Nationalitäten kennenzulernen, Freundschaften zu schließen und dabei auch gleichzeitig Fremdsprachen einzuüben. Diskussionsangebote zu verschiedenen Themen stellen den Dialog zwischen den Nationalitäten her. Kulturfahrten in andere Länder und internationale Feste mit Tanz und Musik dienen der Völkerverständigung. Freizeitveranstaltungen und Kreativangebote wie Theaterspielen, finden regelmäßig statt.

Der gemeinnützige Verein für Internationale Jugendarbeit wurde 1882 gegründet und ist Mitglied des Diakonischen Werkes und der evangelischen Frauenarbeit in Deutschland. Auf internationaler Ebene ist er der World Young Women´s Association (YWCA) angeschlossen. Der Verein hat die Aufgabe, berufstätige oder noch in der Berufsausbildung stehende junge Menschen im In- und Ausland zu fördern und ihnen Beistand und Hilfe zu gewähren. Im Vordergrund stehen neben dem Internationalen Jugendclub drei weitere Arbeitsbereiche:

Das Marie-Luise-Schattenmann-Haus ist ein Mädchenwohnheim mit einer integrierten sozialtherapeutischen Abteilung. Es steht Mädchen und jungen Frauen offen, die eine berufliche oder schulische Ausbildung machen.

Die Au-pair Vermittlungs- und Beratungsstelle vermittelt deutsche Au-pairs ins Ausland und ausländische Jugendliche in deutsche Gastfamilien.

Der Projektladen, "Ausländerarbeit in Haidhausen" ist eine sozialpädagogische Einrichtung für ausländische Frauen und Mädchen in Haidhausen.

- **Türkisch-deutscher Jugendclub e.V., Serdar Yolcu**
  Hasan Özdemir, Breisacher Straße 12, 81667 München, Tel. 448 21 04

- **Schlitzohr (Kulagi Kesik) e.V.**
  Hasan Turhal, Parkstrasse 5, 80339 München, Tel. 58 89 62

- **Jugendkomittee aus Kurdistan in München, Gemeinschaft kurdischer Jugendlicher in München**
  Iman Arslan, Bergmannstrasse 35, 80339 München, 2. Kontaktadresse: Deutsche Jugend in Europa (djo), Kreisverband Müchen, Bodenseestrasse 5, 81241 Müchen, Tel. 821 27 62

- **Tunesischer Jugendclub**
  Rahma Hadjri, Am Anger 8, 86438 Kissing, Tel. 08233 / 20651

- **Jugendgruppe des jugoslawischen Zentrums**
  (zur Zeit nicht aktiv), Schwanthalerstrasse 80, 80336 München

INTERNATIONALE JUGENDVERBÄNDE

- **Junge Europäer München**
  Friedrich Menzel, Einsteinstrasse 119, 81675 München, Tel. 688 57 41
  Dieser Verband engagiert sich für die Realisierung des europäischen Einigungsprozesses. In Seminarveranstaltungen erhalten die über 100 Mitglieder viele Informationen über die politische, soziale und wirtschaftliche Situation in der Europäischen Union.

- **Jugendgruppe AFS interkulturelle Begegnungen e.V.**
  Ivo Kusch, Kantstrasse 16, 80807 München, Tel. 356 71 40
  In Deutschland gehören dem AFS (American Field Service) mehr als 2000 junge Menschen ab 15 Jahren an. Die Jugendgruppe setzt sich aktiv für Völkerverständigung und Toleranz auf der Basis eines demokratischen Bewußtseins ein. Bildungsveranstaltungen, Schüleraustausch und Auslandskontakte werden geboten.

- **Esperanto - Jugend München**
  Postfach 20 07 12, 80007 München

- **Youth for Understanding, Jugendgruppe München**
  Michael Popovic, Am Fohlengarten 10 b, 85764 München, Tel. 315 46 78 oder 315 46 61
  Diese Vereinigung ehemaliger Austauschschüler setzt sich aktiv für die Völkerverständigung ein.

Austauschprogramme und längere Auslandsaufenthalte für Schüler und Schülerinnen werden organisiert und durch Vorbereitungskurse und Bildungsveranstaltungen begleitet.

- **Deutsche Gesellschaft für internationale Kinder- und Jugendbegegnungen (CISV), Gruppe München e.V.**
Christine Imelauer, Pirmaterstrasse 19, 81375 München, Tel. 71 76 60 oder
Gudrun Pirker, Leuthenerstrasse 7, 81476 München, Tel. 75 87 41
Diese weltumspannende Organisation wurde mit dem Ziel gegründet, durch internationale Ferienlager und Austauschprogramme von Kindern und Jugendlichen ein besseres Verständnis für die Völker und ein friedliches Zusammenleben zu fördern. Die CISV Children´s Internatinal Summer Villages bieten bereits Kindern ab 11 Jahren die Möglichkeit in kleinen Gruppen mit geschulten Betreuern an einem internationalen Ferienlager teilzunehmen und dabei Erfahrungen über andere Länder zu sammeln. Im Interchange für 12-15jährige finden zwischen München und anderen Städten im Ausland Gruppenaustausch unter fachlicher Betreuung statt. Für Jugendliche im Alter von 16 bis 18 Jahren werden spezielle Programme geboten wie zum Beispiel die dreiwöchigen Seminarcamps, die zu bestimmten Themen veranstaltet werden. Dabei lernen die Jugendlichen, die Unterschiede der einzelnen Kulturkreise kennen.
Alle CISV - Mitglieder zwischen 15 und 27 Jahren gehören der Juniorgruppe an, die im Rahmen des Vereinslebens ein eigenes Programm und selbstständige Aktivitäten organisiert. Spiele, Feste und Familienausflüge werden organisiert.

HOBBY

- **Junge Briefmarkensammler Bayern - Deutsche Philatelisten-Jugend,**
Günther Grigat, Johann-Clanze-Straße 14, 81369 München, Tel. 760 58 47

TIP:

Der Kreisjugendring München-Stadt hat ein Handbuch herausgegeben, das 55 angeschlossene Kinder- und Jugendverbände ausführlich vorstellt. Der Titel: "Kinder und Jugendliche führen Regie". Es ist zum Preis von 14,80 DM im Jugendinformationszentrum (JIZ) in der Paul-Heyse-Straße 22, 80336 München, Tel.: 51 41 06 - 60 erhältlich. Geöffnet ist es Mo bis Fr von 12 bis 18 Uhr, donnerstags bis 20 Uhr. Telefondienst ab 10 Uhr. Vorbeischauen lohnt sich. Hier gibt es viele nützliche Informationen für Freizeit und Sport, über Veranstaltungen, Programme oder Seminare. Jede Menge Broschüren zu vielen interessanten Themen kann man kostenlos mitnehmen. Im Jugendinformationszentrum kann man auch Jugendherbergsausweise, den Ferienpaß oder Karten des Jugendkulturwerks bekommen. Die Mitarbeiter sind für Gespräche offen, geben Auskunft über Beratungsstellen und helfen weiter.

GESELLSCHAFTSPOLITIK

- **Gleich & Gleich, lesbiSchwules Jugendnetzwerk München**
  c/o Sub-Zentrum Schwuler Mann
  Müllerstrasse 38, 80469 München

- **Junge Presse Bayern e.V.**
  Christine Wittig, Walther Schneeweiß, Kaulbachstrasse 85/III, 80802 München, Tel. 34 53 00

Neben den im Kreisjugendring München-Stadt organisierten Verbänden gibt es noch viele freie Träger, meist kirchliche Einrichtungen, Wohlfahrtsverbände, Selbsthilfegruppen und Initiativen, die Eltern, Kinder und Jugendliche unterstützen.

FAMILIEN- UND SOZIALVERBÄNDE

- **Caritasverband der Erzdiözese München und Freising e.V.**
  Pater-Rupert-Mayer-Haus, Hirtenstrasse 4, 80335 München, Tel. 55169 - 0
  Dieser Wohlfahrtsverband der katholischen Kirche übernimmt vielfältige Aufgaben im sozialen Bereich. Der Caritasverband der Erzdiözese München und Freising ist zugleich Spitzenverband der freien Wohlfahrtspflege für über 1700 Facheinrichtungen. Zu den angeschlossenen Verbänden gehören zum Beispiel der Malteser-Hilfsdienst, der Sozialdienst katholischer Frauen, Stiftungen etc.. Traditionell unterhält der Caritasverband Jugendwohnheime, Kindergärten sowie Kinderhorte und -krippen. Im Bereich der Familienpflege gibt es Einrichtungen wie Ehe-Partnerschafts- und Familienberatungsstellen, Mutter-Kind-Heime, Frauenhäuser. Gesundheitshilfe wird durch Sozialstationen, Krankenhäuser, Erholungsheime oder Müttergenesungsheime geboten. Im Bereich der Behindertenhilfe wurden Tagesstätten, Schulen, Werkstätten, Heime, Wohngruppen, Frühförderstellen, Beratungsstellen und sozialpsychiatrische Dienste eingerichtet. Der Caritasverband ist ebenfalls Träger von Selbsthilfegruppen.

Die Caritas-Zentren in den Münchner Stadtteilen sind die zentralen Anlauf-, Informations- und Beratungsstellen des Caritasverbandes. Auf dem Gebiet der Kinder-, Jugend- und Familienarbeit bieten die Erziehungsberatungsstellen sofort Unterstützung, wenn es um Schwierigkeiten in den Familien oder aufgrund von Trennung und Scheidung geht. Auch bei Gewaltproblemen in Familien und von Jugendlichen wird Beratung geboten.

Erziehungsberatungsstellen

- **Caritas Beratungsstelle für Eltern, Kinder und Jugendliche**
  Herzogspitalstrasse 7, 80331 München, Tel. 260 62 45 / 46

- **Caritas Beratungsstelle für Eltern, Kinder und Jugendliche**
  Cosimastrasse 123, 81925 München, Tel. 95 20 48

- **Caritas-Zentrum Neuforstenried**
  Königswieserstrasse 12, 81475 München, Tel. 755 92 50

- **Caritas-Zentrum Neuperlach**
  Lüdersstrasse 10, 81737 München, Tel. 67 82 02 - 24

- **Deutscher Familienverband e.V., Zweigverband München**
  Winfriedstrasse 18, 80639 München, Christine Zull, Tel. 178 26 15 Angelika Ellerbeck, Tel. 178 31 12
  Das Motto des Deutschen Familienverbandes lautet: "Der Familie verpflichtet". Der Verband versteht sich als Sprecher der Familie auf Bundes-, Landes- und auf kommunaler Ebene. Das politische Ziel ist es, eine gerechtere Familienpolitik zu verwirklichen. Der Zweigverband München bietet Familien mit Kindern die Möglichkeit, Kontakte miteinander aufzunehmen und an Freizeitangeboten teilzunehmen. In schwirigen oder speziellen Lebenslagen wird Hilfestellung geboten. Familienkuren und Mutter-Kind-Kuren werden vermittelt.

AUSLÄNDISCHE KINDER, JUGENDLICHE UND FAMILIEN

- **Internationales Mütterzentrum**
  Guldeinstrasse 31 und 36, 80339 München, Tel. 502 55 92 oder 502 25 98
  Das Mütterzentrum - eine Einrichtung der Inneren Mission München e.V. - ist ein interkultureller Treffpunkt für ausländische und deutsche Frauen mit ihren Kindern sowie Mädchen im Westend. Ausländische und deutsche Beraterinnen geben Informationen, vermitteln Kontakte und Hilfsmöglichkeiten. Beratungstermine können telefonisch vereinbart werden. Zu den vielfältigen Angeboten gehören Deutschkurse mit Alphabetisierung, internationale Kochkurse, der Mini - Club für Mütter mit Kindern und internationale Mädchengruppen. Familienfeste, Ausflüge, Seminare oder kulturelle Veranstaltungen finden statt.

- **Projekt - Laden, Ausländerarbeit in Haidhausen**
  Metzstrasse 37, 81667 München Tel. 48 36 68
  der Projekt - Laden gehört zum Aufgabenbereich des Vereins für Internationale Jugendarbeit e.V. in München. Seit einem Jahrhundert bietet der Verein Mädchen und jungen Frauen in sozial schwierigen Situationen Schutz und Beratung. Der Projekt - Laden ist für AusländerInnen und Deutsche im Bereich Haidhausen und angrenzender Stadtviertel ein Treffpunkt mit interkulturellen Begegnungen und Austauschmöglichkeiten. Mädchen und Frauen aus dem ehemaligen Jugoslawien und unterschiedlicher ethnischer Herkunft können im Projektladen ihre Probleme unter fachkundiger Leitung besprechen oder an kunsttherapeutischen Programmen zur Konfliktbewältigung teilnehmen. Orientierungshilfen, Beratungsgespräche sowie Informationsveranstaltungen zu speziellen Themen werden geboten. Hausaufgabenbetreuung und Hilfen bei schulischen Problemen sollen die soziale Benachteiligung verringern. Darüber hinaus gibt es internationale Kinderspielgruppen für 9 bis 12 jährige, den internationalen Mädchentreff, Mutter-Kind-Gruppen, den internationalen Elterntreff, das internationale Frauencafé und viele Möglichkeiten zur gemeinsamen Freizeitgestaltung einschließlich Festen und Flohmärkten.

POLITIK FÜR ELTERN UND KINDER

■ Kinderschutz & Mutterschutz e.V.
Blumenstrasse 1, 80331 München, Tel. 231 71 60
Der Verein Kinderschutz & Mutterschutz wurde 1901 gegründet. Seine Aufgabenstellung ist, Kinder und Jugendliche vor Verwahrlosung und Mißhandlung zu schützen, Eltern in der Erziehung zu unterstützen und Familien und Alleinerziehenden in schwierigen Situationen Hilfe zu geben. Unterstützung wird durch folgende Einrichtungen geboten:

■ Offene Jugendhilfe
Liebherrstrasse 5, 80538 München, Tel. 212 39 40, Beratung von Eltern und Kindern, Besuchsregelungen, Pflegschaften, betreutes Wohnen für Jugendliche

■ Sozialpädagogische Familienhilfe
Liebherrstrasse 5, 80538 München, Tel. 212 39 40
In Zusammenarbeit mit dem Stadtjugendamt wird Familien oder alleinerziehenden Eltern mit Kindern in Krisen sozialpädagogische Familienhilfe geboten.

■ Jugendberatung Kreppe
An der Kreppe 5, 81667 München, Tel. 448 92 19
Beratung bei der Berufswahl, Ausbildungsplatzsuche, soziale Gruppenarbeit für Haupt-, Berufsschüler und Auszubildende, Mädchengruppen, Arbeit mit jugendlichen Ausländern, Schülerbetreuung. Außerdem unterhält der Verein ein heilpädagogisches Heim, eine heilpädagogische Tagesstätte und heilpädagigische Wohngruppen sowie eine staatlich anerkannte Ersatzschule zur Erziehungshilfe.

■ Deutscher Kinderschutzbund e.V. (DKSB), Ortsverband München
Pettenkoferstrasse 10a, 80336 München, Tel. 55 53 59
Kinderschutzzentrum Tel. 55 53 56

Das Kinderschutzzentrum München des Deutschen Kinderschutzbundes richtet sein Angebot als Familienberatungsstelle an Kinder, Eltern und Familien, die von Gewalt betroffen sind. Die Hilfeangebote reichen von Beratung, Therapie und Alltagshilfen bis zur möglichen Unterbringung von Kindern in der Kinderwohngruppe. Häufig erleiden gerade Kinder alle Arten von Gewalt: Kindermißhandlung, Kindervernachlässigung und sexueller Mißbrauch. In diesen Fällen und bei ähnlich schwerwiegenden Gefährdungen der Entwicklung von Kindern durch ihre Eltern bietet das Kinderschutzzentrum Hilfen für die ganze Familie an. Oftmals sind gewaltsame Entwicklungen Ausdruck von Hilflosigkeit und Überlastung. Das Kinderschutzzentrum möchte deshalb Eltern und Kinder ermutigen, sich selbst Hilfe zu holen und sie für Beratung und Annahme von Hilfen zu motivieren. Die Arbeit des Kinderschutzzentrums orientiert sich dabei an den Ursachen von Gewalt und deshalb am Prinzip "Hilfe statt Strafe". Die MitarbeiterInnen unterliegen der Schweigepflicht und behandeln alle Informationen vertraulich. Den oft vielfältigen Ursachen entsprechend, macht das Kinderschutzzentrum ein umfassendes psychosoziales Hilfsangebot. Im Mittelpunkt stehen dabei,

Telefonberatung, Krisendienste, Familienberatung und Familientherapie oder soziale Hilfen.
Da Familien mit Gewaltproblemen oft nicht den Mut haben, sich Hilfe zu holen, sind es häufig Angehörige, Nachbarn, Lehrer oder Ärzte, die sich an das Kinderschutzzentrum wenden. In vielen Fällen ist es möglich, diese Personen so zu beraten, daß sie selbst Hilfe leisten können oder versuchen, bei der betroffenen Familie die Bereitschaft zu fördern, sich fachkundige Hilfe zu holen. Das Kinderschutzzentrum ist von Montag bis Donnerstag von 9 - 12.30 und von 13.30 - 17Uhr, freitags von 9 - 12.30 und von 13.30 bis 16 Uhr geöffnet. Sofortige Hilfe bei Sorgen, Kummer und Problemen bietet das Kinder- und Jugendtelefon bei Wahl der "Nummer gegen Kummer" (Tel. 1 11 03) montags bis freitags in der Zeit von 15 - 19 Uhr. Ein weiterer Arbeitsschwerpunkt des Kinderschutzbundes ist der Besuchsdienst für Kinder im Krankenhaus, wenn die Eltern überlastet sind. Die ehrenamtlichen HelferInnen sind immer da, wenn ein Kind sie braucht, trösten sie und spielen mit ihnen. Darüber hinaus wurde eine „Kinderwohngruppe" eingerichtet. Hier finden Kinder Aufnahme, die ernstzunehmenden Gefährdungen wie Kindermißhandlung, sexuelle Gewalt und Kindervernachlässigung ausgesetzt sind. Mit diesem Krisen- und Hilfsangebot wird gleichzeitig eine ambulante Familienberatung durch das Kinderschutzzentrum verbunden. Aufnahmemöglichkeit besteht für 9 Kinder im Alter bis zu 14 Jahren für maximal 6 Monate.

- **Verein für Raueninteressen e.V.**
Maximilianstrasse 6, 80539 München, Tel. 290 44 63 Mo-Fr von 9.30 - 13 Uhr
Der Verein für Faueninteressen wurde 1894 als Zentrum der Münchner Frauenbewegung gegründet, um Frauen Bildungschancen, gesellschaftliche und staatsbürgerliche Rechte zu verschaffen. Mit seinen sozialen und frauenfördernden Projekten bietet der Verein wichtige Hilfen für Frauen, Familie und Gesellschaft an. Spezielle Projekte zur Motivation und Orientierung wenden sich an Frauen ab 35 Jahren, die den Wiedereinstieg in den Beruf finden wollen oder an Frauen ab 55 Jahren, die neue Chancen im "Spurwechsel" wahrnehmen möchten.

Darüber hinaus bietet der Verein für Raueninteressen Bildungsveranstaltungen, staatsbürgerliche Gesprächskreise, Arbeitskreise sowie Kurse für kreatives Gestalten.

- **Frauenbörse**
Rumfordstrasse 25, 80469 München, Tel. 29 39 68
Die Münchner Frauenbörse ist ein offener Frauen - Treffpunkt für Kontakte und zur Information und Weiterbildung. Konkrete Starthilfen werden geboten, neue Berufsfelder aufgebaut, Eigenständigkeit und Eigeninitiative unterstützt.

- **Münchner Helfer Information**
Tel. 290 44 65
Diese Einrichtung ist eine zentrale Informations- und Vermittlungsstelle für Frauen und Männer jeden Alters, die sich im sozialen Bereich engagieren wollen.

- **Hauswirtschaftliche Beratung für verschuldete Familien**
Tel. 290 44 78
In enger Zusammenarbeit mit dem Allgemeines Sozialdienst der Stadt München wird Beratung für wirtschaftliche Haushaltführung, preisbewußtes Einkaufen, gesunde Ernärung etc. geboten.

Zu Hause gesund werden. Dieses Projekt vermittelt kurzfristig zuverlässige Helferinnen, die kranke Kinder zu Hause pflegen, wenn die Eltern aus beruflichen Gründen dazu nicht in der Lage sind.

■ **Mütterladen Giesing, Mütter für Mütter e.V.**
Brünnstrasse 5, 81541 München, Tel. 692 51 02
Der Mütterladen Giesing ist ein Selbsthilfeprojekt, das sich an Mütter und Väter wendet und auch für Teilnehmer aus angrenzenden Stadtteilen und den Stadtrandgebieten offen ist. Der Mütterladen ist Ort der Begegnung, des Erfahrungsaustausches und der Weiterbildung. Bildungs- und Beratungsangebote, Informationsveranstaltungen, Kurse und Gesprächskreise werden gemeinsam organisiert. Zu unterschiedlichen Themen gibt es Arbeitsgruppen. Als selbstverwaltetes und selbstorganisiertes Projekt sind alle Mütter und Väter zur Mitarbeit aufgerufen. Sie können ihre eigenen Fähigkeiten einbringen und anderen vermitteln. Regelmäßig finden Stillgruppen, Gymnastikkurse, Konversationskurse in Englisch und Second-hand-Märkte statt.

■ **Väteraufbruch für Kinder e.V., Ortsverband München**
Helene-Mayer-Ring 14/I, 80809 München, Tel. 354 14 91 oder
Schleißheimerstrasse 74, 80797 München, Tel. 52 48 16
Der Väteraufbruch ist ein gemeinnütziger Verein mit Ortsverbänden im gesamten Bundesgebiet. Der Väteraufbruch ist in politischen Initiativen und Aktionen zu Vater- und Kinderthemen aktiv und wendet sich an Männer und Frauen, die Vater-Kind-Beziehungen aktiv mitgestalten möchten. Der Verein bietet zugleich Vätern in Krisensituatonen wie zum Beispiel nach Trennung und Scheidung Beratung und Hilfe zur Konfliktbewältigung. Die lebendige Vater-Kind-Beziehung zu fördern ist dabei ein wichtiges Ziel. Der Münchner Verein bietet unter anderem offene Vätertreffen, Telefonberatung, Beratung durch Rechtsanwälte sowie Vater-Kind-Aktivitäten, zum Beispiel mit regelmäßigen Treffmöglichkeiten im Kinder- und Familienbüro des Stadtjugendamtes. Kinder, die mit oder wegen ihrer Väter Probleme haben können sich über das Kindertelefon (Tel. 53 53 54) Hilfe holen.

■ **Verband alleinstehender Mütter und Väter e.V. (VAMV), Ortsverein München**
Kistlerstrasse 1, 81539 München, Tel. 692 70 60
Dieser Verband ist eine Selbsthilfeorganisation und Beratungsstelle für alleinerziehende Mütter und Väter und deren Kinder. Er fordert gesellschaftliche Anerkennung für Einelternfamilien, vertritt deren Interessen und finanzielle Ansprüche und fördert zugleich die Hilfe zur Selbsthilfe, ohne Staat und Gesellschaft aus ihrer Verantwortung zu entlassen. Der VAMV bietet Beratung in Trennungssituationen, bei Erziehungsfragen, für ledige Mütter und Schwangere, in familienrechtlichen Fragen und in allen psychosozialen Bereichen. Im Umgang mit Behörden und Ämtern wird konkrete Hilfe geleistet und über staatliche und sonstige Hilfen aufgeklärt. Parallel dazu finden Informationsveranstaltungen, Gruppenangebote zu verschiedenen Themen, Wochenendseminare, offene Treffs mit Kinderbetreuung sowie gemeinsame Freizeitaktivitäten, Feste, Flohmärkte und Ausflüge statt.

INTERNATIONALE ORGANISATIONEN

- **UNICEF**
  Arbeitsgruppe München, Föhringer Allee 1, 85774 München, Tel. 950 53 77
  Das Kinderhilfswerk der Vereinten Nationen wurde 1946 gegründet, um notleidenden Kindern im zerstörten Nachkriegseuropa schnell und wirksam zu helfen. Heute arbeitet UNICEF vorrangig an der Verbesserung der Lebensbedingungen für Kinder in Entwicklungsländern und überall dort, wo Kinder in Notsituationen sind, durch Sofortmaßnahmen in aktuellen Notstandsgebieten, durch langfristige Hilfe bei medizinischer Versorgung, Verbesserung der Ernährungssituation, Bildungs- und Hygieneprogramme.
  In den Industrieländern wird UNICEF durch die nationalen Komitees vertreten. Das Deutsche Komitee der UNICEF wurde 1953 gegründet und trägt durch Spenden und Informationsarbeit zu den weltweiten UNICEF - Maßnahmen bei. Es wählt auch beispielhafte Projekte in bestimmten Ländern aus.
  UNICEF - Spendenkonto: 300 000 bei allen Banken und Sparkassen sowie bei der Postbank Köln.

- **Children For A Better World e.V.**
  Begonienstrasse 1, 80939 München, Tel. 324 36 09
  Diese gemeinnützige Kinderhilfsorganisation wurde auf Initiative des Verlegers Dr. Florian Langenscheidt 1994 gegründet, mit dem Ziel, die Situation von Kindern weltweit zu verbessern - ohne Ansehen der Hautfarbe, der Religion und der Nation. Der Verein möchte Kindern und Jugendlichen dabei helfen, Notsituationen zu überwinden und zu einer kinder- und umweltfreundlichen Gesellschaft beitragen. Dabei stehen die Hilfe zur Selbsthilfe und Eigenverantwortung an erster Stelle. Die Aktionen und Projekte werden unter Mithilfe von Kindern und Jugendlichen geplant und durchgeführt.
  Zu den Projekten zählen unter anderem ein therapeutischer Bauernhof in Oberbayern, die Rettungsaktion: Planet Erde, die Schule der Fantasie für Flüchtlingskinder, Projekte mit dem Off-Road-Kids-Förderverein in Donaueschingen für obdachlose Straßenkinder in Deutschland, ein Waisenhaus in Ruanda, Schulen in Südindien und Nepal. Auch Hilfen für Flüchtlingskinder, Spielzeug- und Kleidersammlungen werden organisiert.
  Spendenkonto: 16 61 61 0 Deutsche Bank München

- **terre des hommes**
  Elfriede Wolf, Katharina-Eberhard-Straße 10, 85540 Haar, Tel. 46 80 48
  Für Kinderrechte in der ganzen Welt setzt sich diese Organisation ein. Kinder und Jugendliche bis zu 18 Jahren, die allein nach München kommen, finden hier Betreuung. Über Kinderrechte steht umfangreiches Informationsmaterial zur Verfügung, das auch in Schulen oder zu Ausstellungszwecken gezeigt werden kann (Tel. 704478).